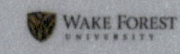

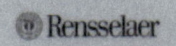

金色启航系列丛书

美国 50 所最佳大学

The Guide
of American Universities Top 50

吴尔奕 孙驭 编著

首都师范大学出版社

图书在版编目（CIP）数据

美国50所最佳大学/吴尔奕，孙驭编著—北京：首都师范大学出版社，2011
ISBN 978-7-5656-0278-8

Ⅰ．①美… Ⅱ．①吴… ②孙… Ⅲ．①高等学校—简介—美国 Ⅳ．①G649．712．8

中国版本图书馆CIP数据核字（2011）第014538号

美国50所最佳大学
THE GUIDE OF AMERICAN UNIVERSITIES TOP 50

编　　著：	吴尔奕　孙驭
策划推广：	北京金色启航咨询有限公司
出版发行：	首都师范大学出版社
印　　刷：	廊坊市蓝菱印刷有限公司
开　　本：16开	印　张：30.75　字　数：749千字
版　次：2011年4月第1版	印　次：2011年4月第1次印刷
定　价：119.00元	

版权所有·侵权必究

凡购本社图书，如有缺页、倒页、脱页，由发行公司负责退换。

写在前面的话

虽然已经在大洋彼岸落脚一段时间了，我们两个人还是觉得生活在梦里——美国大学的梦里。

在这梦里有着秀丽雅致的校园，不仅散发着浓厚的书卷气息、洋溢着艺术氛围，而且处处郁郁葱葱、充满了如画的风景。在这梦里有着很多大名鼎鼎的教授，一如清华大学的老校长梅贻琦教授曾说："大学者，非谓有大楼之谓也，乃有大师之谓也"。他们乐于站在本科基础课的讲堂里，启蒙未来的大师。在这梦里有来自世界各地的青年英才，把他们的激情和青春挥洒在科学研究、课堂辩论、创作报刊杂志、组织活动、服务社区上。曾经觉得出国留学（尤其是能够到美国排名前50的高校深造）是一个非常遥远、非常飘渺的梦，没有想到，梦竟然变成了一件实实在在的事。

这一切都离不开之前在国内的努力、坚持以及父母亲和其他亲人的帮助。我们常常回想起挑灯夜战准备托福考试的煎熬，回想起从北京打"飞的"奔赴香港参加SAT考试的经历，回想起家人为了帮我们申请美国大学浏览网页查询资料的艰辛……当年任何一个环节的放弃，都会使美国梦成为永久的痴想。英国温斯顿·丘吉尔爵士曾说过："成功不是终点，失败也并非末日。最重要的，是具备勇气，一直前行。" 当一个人为实现梦想苦苦追寻的时候，需要这样一种意志和品格。

坚持，是一种信念。无论在国内，还是在国外，要获得最美丽的生活，要实现自己最大的价值，要能够对社会、对他人有所回报，就要坚持自己的目标和梦想。

坚持，是一种过程。这个世界上，天上掉馅饼的事几乎为零，或者没有什么事情是一蹴而就的。在梦想实现之前，需要耐得住寂寞、孤独和暂时的不成功。

坚持，是一种生活方式。学习也好，工作也好，生活也好，都需要用一种坚持的态度去完成。这种生活方式可以磨练自己的意志力。坚持住人生信念，没有什么困难是不可以克服的。

同时，我们深知坚持的痛苦与艰辛。作为"过来人"的我们一直有一个愿望——将自己申请留学的心得与准备留学的朋友以及他们的家人分享，希望能作为你们启航之时的拐杖，帮助和支持你们实现梦想。为此，我们利用业余时间编著了这本介绍美国50所最佳大学的资料。本书对美国排名前50所大学进行了全方位的剖析，从学术特点到校园氛围，从建校历史到著名校友，从当地地理和人文环境到交通设施。我们希望通过这本书的分类编撰，朋友们可以有章可循，根据自己的喜好选择适合自己的大学，而不使美国梦夭折在选校这个比语言考试更为重要的步骤上。

以前，很多介绍国外大学的书籍都是专家、海归学者等成年人精心编撰的，作为90后出生的一代人，我们很年轻，缺乏经验，但我们有颗火热的心，想通过我们多方收集的留学信息，为更多希望出国留学的朋友们提供帮助，让他们顺利地启航，早日成功地到达彼岸。这是我们第一次编著这样的书，不妥之处，敬请指正，以便再版时修正。

90后的朋友们，祝愿你们在申请留学这条艰辛之路上坚持到底，早日梦想成真！

注：1、所有图片均来自学校网站和互联网。
　　2、所有SAT、ACT成绩要求取中间值50%，即25%至75%。

目录

加利福利亚州
加州理工学院 California Institute of Technology　　3
斯坦福大学 Stanford University　　12
加州大学伯克利分校 University of California, Berkeley　　22
加州大学戴维斯分校 University of California, Davis　　30
加州大学欧文分校 University of California, Irvine　　37
加州大学洛杉矶分校 University of California, Los Angeles　　44
加州大学圣迭戈分校 University of California, San Diego　　53
加州大学圣塔芭芭拉分校 University of California, Santa Barbara　　60
南加州大学 University of Southern California　　66

康涅狄格州
耶鲁大学 Yale University　　75

哥伦比亚特区
乔治敦大学 Georgetown University　　87

佛罗里达州
迈阿密大学 University of Miami　　97

佐治亚州
埃默里大学 Emory University　　107
佐治亚理工学院 Georgia Institute of Technology　　113

伊利诺伊州

西北大学 Northwestern University ... 123

芝加哥大学 University of Chicago ... 132

伊利诺伊大学厄巴纳-香槟分校 University of Illinois, Urbana-Champaign ... 142

印第安纳州

圣母大学 University of Notre Dame ... 153

麻萨诸塞州

波士顿学院 Boston College ... 163

布兰迪斯大学 Brandeis University ... 171

哈佛大学 Harvard University ... 178

麻省理工学院 Massachusetts Institute of Technology ... 191

塔夫茨大学 Tufts University ... 202

马里兰州

约翰斯·霍普金斯大学 Johns Hopkins University ... 211

密西根州

密西根大学安娜堡分校 University of Michigan, Ann Arbor ... 221

密苏里州

圣路易斯华盛顿大学 Washington University in St. Louis ... 233

北卡罗来纳州

杜克大学 Duke University ... 243

北卡罗来纳大学教堂山分校 University of North Carolina, Chapel Hill ... 252

维克弗斯特大学 Wake Forest University … 260

新罕布什尔州

达特茅斯学院 Dartmouth College … 269

新泽西州

普林斯顿大学 Princeton University … 279

纽约州

哥伦比亚大学 Columbia University … 291

康奈尔大学 Cornell University … 301

纽约大学 New York University … 311

伦斯勒理工学院 Rensselaer Polytechnic Institute … 319

罗切斯特大学 University of Rochester … 325

叶史瓦大学 Yeshiva University … 332

俄亥俄州

凯斯西储大学 Case Western Reserve University … 341

宾夕法尼亚州

卡内基梅隆大学 Carnegie Mellon University … 349

利哈伊大学 Lehigh University … 358

宾州州立大学帕克分校 Pennsylvania State University, University Park … 365

宾夕法尼亚大学 University of Pennsylvania … 372

罗得岛州

布朗大学 Brown University … 383

田纳西州
范德比尔特大学 Vanderbilt University　　　　　　　　　　　　　　　395

得克萨斯州
莱斯大学 Rice University　　　　　　　　　　　　　　　　　　　405
得克萨斯大学奥斯汀分校 University of Texas, Austin　　　　　　　413

弗吉尼亚州
威廉和玛丽学院 College of William and Mary　　　　　　　　　　423
弗吉尼亚大学 University of Virginia　　　　　　　　　　　　　　432

华盛顿州
华盛顿大学 University of Washington　　　　　　　　　　　　　443

威斯康星州
威斯康星大学麦迪逊分校 University of Wisconsin, Madison　　　　455

附录
参考书目　　　　　　　　　　　　　　　　　　　　　　　　　　465
参考网站　　　　　　　　　　　　　　　　　　　　　　　　　　466
美国部分学术奖项简介　　　　　　　　　　　　　　　　　　　　469
美国部分奖学金简介　　　　　　　　　　　　　　　　　　　　　474
美国大学协会简介　　　　　　　　　　　　　　　　　　　　　　477

2011 年美国 50 所最佳大学排名榜目录

排名	大学名称	所在州	页码
1	哈佛大学 Harvard University	麻萨诸塞州	178
2	普林斯顿大学 Princeton University	加利福利亚州	279
3	耶鲁大学 Yale University	康涅狄格州	75
4	哥伦比亚大学 Columbia University	纽约州	291
5	斯坦福大学 Stanford University	加利福利亚州	12
5	宾夕法尼亚大学 University of Pennsylvania	宾夕法尼亚州	372
7	加州理工学院 California Institute of Technology	加利福利亚州	3
7	麻省理工学院 Massachusetts Institute of Technology	麻萨诸塞州	191
9	芝加哥大学 University of Chicago	伊利诺伊州	132
9	杜克大学 Duke University	北卡罗莱纳州	243
9	达特茅斯学院 Dartmouth College	新罕布什尔州	269
12	西北大学 Northwestern University	伊利诺伊州	123
13	圣路易斯华盛顿大学 Washington University in St.Louis	密苏里州	233
13	约翰斯·霍普金斯大学 Johns Hopkins University	马里兰州	211
15	康奈尔大学 Cornell University	纽约州	301
15	布朗大学 Brown University	罗得岛州	383
17	莱斯大学 Rice University	得克萨斯州	405
17	范德比尔特大学 Vanderbilt University	田纳西州	395
19	圣母大学 University of NotreDame	印第安纳州	153
20	埃默里大学 Emory University	佐治亚州	107
21	乔治敦大学 Georgetown University	哥伦比亚特区	87
22	加州大学伯克利分校 University of California, Berkeley	加利福利亚州	22
23	卡内基梅隆大学 Carnegie Mellon University	宾夕法尼亚州	349
23	南加州大学 University of Southern California	加利福利亚州	66
25	加州大学洛杉矶分校 University of California, LosAngeles	加利福利亚州	44
25	弗吉尼亚大学 University of Virginia	弗吉尼亚州	432
25	维克弗斯特大学 Wake Forest University	北卡罗来纳州	260
28	塔夫茨大学 Tufts University	麻萨诸塞州	202
29	密西根大学安娜堡分校 University of Michigan,AnnArbor	密西根州	221

排名	大学名称	所在州	页码
30	北卡罗来纳大学教堂山分校 University of North Carolina, Chapel Hill	北卡罗来纳州	252
31	威廉和玛丽学院 College of William and Mary	弗吉尼亚州	423
31	波士顿学院 Boston College	麻萨诸塞州	163
33	纽约大学 New York University	纽约州	311
34	布兰迪斯大学 Brandeis University	麻萨诸塞州	171
35	佐治亚理工学院 Georgia Institute of Technology	佐治亚州	113
35	加州大学圣迭戈分校 University of California, SanDiego	加利福利亚州	53
37	利哈伊大学 Lehigh University	宾夕法尼亚州	358
37	罗切斯特大学 University of Rochester	纽约州	325
39	加州大学戴维斯分校 University of California, Davis	加利福利亚州	30
40	加州大学圣塔芭芭拉分校 University of California, SantaBarbara	加利福利亚州	60
41	凯斯西储大学 Case Western Reserve University	俄亥俄州	341
41	伦斯勒理工学院 Rensselaer Polytechnic Institute of Technology	纽约州	319
41	华盛顿大学 University of Washington	华盛顿州	443
41	加州大学欧文分校 University of California, Irvine	加利福利亚州	37
45	威斯康星大学麦迪逊分校 University of Wisconsin, Madison	威斯康辛州	455
45	得克萨斯大学奥斯汀分校 University of Texas, Austin	得克萨斯州	413
47	伊利诺伊大学厄巴纳-香槟分校 University of Illinois, Urbana-Champaign	伊利诺伊州	142
47	宾州州立大学帕克分校 Pennsylvania State University, UniversityPark	宾夕法尼亚州	365
47	迈阿密大学 University of Miami	佛罗里达州	97
50	叶史瓦大学 Yeshiva University	纽约州	332

加利福尼亚州
California（CA）

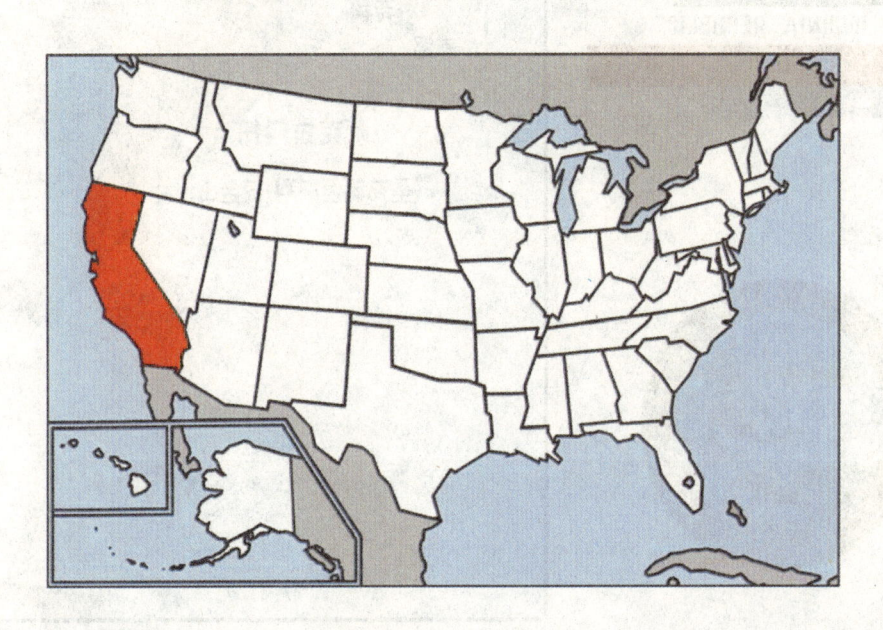

学校英文名称	学校中文名称	2011 年排名	所在地区
California Institute of Technology	加州理工学院	7	帕萨蒂纳 Pasadena
Stanford University	斯坦福大学	5	帕拉托 Palo Alto
University of California, Berkeley	加州大学伯克利分校	22	伯克利 Berkeley
University of California, Davis	加州大学戴维斯分校	39	戴维斯 Davis
University of California, Irvine	加州大学欧文分校	41	欧文 Irvine
University of California, Los Angeles	加州大学洛杉矶分校	25	洛杉矶 Los Angeles
University of California, San Diego	加州大学圣迭戈分校	35	圣迭戈 San Diego
University of California, Santa Barbara	加州大学圣塔芭芭拉分校	39	圣塔芭芭拉 Santa Barbara
University of Southern California	南加州大学	23	洛杉矶 Los Angeles

California

州旗

州徽

州示意图

昵称：	黄金之州、金州	地区划分：	远西部地区
州府：	萨克拉门托 Sacramento	主要城市：	旧金山 San Francisco 洛杉矶 Los Angeles 圣迭戈 San Diego
时区：	太平洋时区 UTC-8/-7	人口：	3836 万人
面积：	410000 平方千米 全美第 3 名	加入联邦时间：	1850 年 9 月 9 日 第 31 个加入美国联邦
消费税：	8.25%	网站：	http://www.state.ca.us

California Institute of Technology　加州理工学院

排　　名：	7	校训：	校徽：
建校时间：	1891 年	The truth shall make you free.	
学校类型：	私立		
IBT 最低线：暂无 SAT： 　　CR：　690 – 760 　　Math：　710 – 770 　　Writing：　680 – 770 ACT Composite：33 – 35 注：提供所有的 SAT I 和 SAT II 成绩；		学校网址：www.caltech.edu	
		申请网址： 　　http://www.admissions.caltech.edu	
		咨询电话：626-395-6341	
		咨询传真：626-683-3026	
		咨询邮箱：ugadmissions@caltech.edu	
送分代码： 　　IBT：　4034 　　SAT：　4034 　　ACT：　0182		申请费：$65	吉祥物：
		学　费：$34989	
		总费用：$52389	
毕业率： 　　4 年毕业率：　80% 　　6 年毕业率：　87%		申请截止时间： 　　EA：11 月 15 日 　　RD：1 月 15 日	
学生人数： 　　在校生总数：　2130 　　本科生人数：　951		申请材料邮寄地址： California Institute of Technology Office of Undergraduate Admissions Mail Code 10-90 Pasadena，CA 91125　USA	
人员比： 　　师生比：　1 ：3 　　男女生比：　68 ：32 　　国际学生比：　9%			

校园标志性建筑

　　加州理工学院主校园占地 124 英亩（约 0.5 平方千米），位于加利福尼亚州帕萨蒂纳市（Pasadena），在洛杉矶城区东北方向大约 18 千米处。校园在老帕萨蒂纳城和帕萨蒂纳剧场区之间，这两处是加州理工学院学生频繁度短假的地方。

◎学校概况

　　"感动中国"组委会曾授予钱学森这样的颁奖词：在他心里，国为重，家为轻，科学最重，名利最轻。他是知识的宝藏，是科学的旗帜，是中华民族知识分子的典范。早在 1935 年 9 月钱学森就进入美国麻省理工学院航空系学习，1936 年 9 月转入美国加州理工学院航空系，师从世界著名空气动力学教授冯·卡门，先后获航空工程硕士学位和航空、数学博士学位。之后，钱学森和导师冯·卡门共同开创了举世瞩目的"卡门－钱近似公式"。1938

布劳恩体育中心（Braun Athletic Center）是加州理工学院标志性建筑之一，该中心位于校园加州大道和威尔逊大街的拐角处，为学生们提供了现代化的健身设施，包括网球场、游泳池等等。

布劳恩体育中心

密立根池塘（Millikan）和密立根图书馆也是该校标志性的建筑。每年万圣节，该校的学生都有一个传统，就是聚集在这里试图回答那个永久的问题："一个南瓜在冰冻成液氮之后从9层高的楼上摔下后会变成什么样子？"（"What does a pumpkin look like after it's frozen in liquid nitrogen and dropped from the top of a nine-story building?"）

校园重大历史事件

➢ 1891年，加州理工学院成立，属于私立大学。理工学院最早是由地方商人和政治家思鲁（Amos G. Throop）先生在帕萨蒂纳市中心设立，取名思鲁大学（Throop大学）。虽有大学之名，实际上却只是一所工艺技术学校。

➢ 1907年，学校取消了原有的商业、师资训练和中小学等课程，只留下理工学院，提供电机、机械

从此，扬帆启航……

年起，钱学森担任理工学院航空系讲员、讲师、副教授、教授，并在校内的"喷气推进实验室"任主任、教授。1955年钱学森回国，为中国航空航天事业的创建和发展做出了不可磨灭的贡献。从此，钱学森的名字传遍了世界。

钱学森所在的加州理工学院（缩写为Caltech或CIT）位于加利福尼亚州的帕萨蒂纳（Pasadena），创建于1891年，是美国的一所久负盛名的研究型大学，在数学和物理方面的研究最出色，也许只有麻省理工学院可与之媲美。虽然这所学校规模不算大，只有50.18公顷（约0.5平方千米）土地面积且专业课程有限，只有1000余名研究生和900余名本科生，却被誉为美国乃至世界顶尖的科技理工类学院。

贝克曼研究所

加州理工学院拥有世界最顶尖的一批科学家，美国《探索》杂志于2008年评选出了美国20位40岁以下的最聪明的科学家，他们被视为各自研究领域的天才，取得了累累硕果，在这20位天才科学家中加州理工学院的教授竟占4席。

现任校长是钱缪（Jean-Lou Chameau），这位土木工程学教授于2006年9月1日起担任加州理工学院第8任校长。在此之前，钱缪从2001年6月至2006年8月曾任佐治亚理工学院教务长和副校长。

加州理工学院有六大学系：生物学、化学及化学工程、工程与应用科学、地质学及行星学、人类学和社会科学、物理数学和天文学。

加州理工的特点是：

第一，以小为美，以小为精。在美国著名大学中，加州理工学院是一所比较年轻的学府。可是，就是这所与斯坦福大学、加

和土木工程学士学位课程。于是更形成了该校"小而精小而美"的特色。

➢ 1920年，该校改名为"加州理工学院"，沿用至今。在此之前，该校就以Throop大学、Throop工艺学院和Throop技术学院而知名。

➢ 1926年，航空技术研究生院创立，它最后吸引到了冯·卡门（Theodore von Kármán），他后来为喷气推进实验室的创立做出了贡献，并且奠定了加州理工作为火箭科学的前沿中心之一的地位。

➢ 1990年，加州理工学院开始逐步跃居美国一流大学前列。

校园杰出人物

迄今为止，加州理工有31位毕业生和教授获得32次诺贝尔奖，47人获得国家科学奖章，12人获得国家技术奖章，5人获得生态领域的"诺贝尔奖"——克拉夫奖。

现任教授中有63名国家科学院院士，29名国家工程院院士，75名国家文理学院院士。

到2009年，加州理工共有31人获得诺贝尔奖，其中17位校友，14位非校友的教授，和4位既是校友又是教授。这31人共获得32项诺贝尔奖，因为鲍林一人获得诺贝尔化学和和平两个奖。诺贝尔奖获得者名单如下：

➢ 罗伯特·格拉布斯（Robert Grubbs），该校教授，获得2005年诺贝尔化学奖。

➢ 休·大卫·波利策（Hugh David Politzer），该校教授，获得2004年

州大学比肩而立的年轻学府，与它们共同撑起了西部学术大厦，与美国东部常春藤老牌名校相互呼应。如同东部的哈佛大学一样，加州理工学院的校园一点都不引人注目。校园面积不过占一个街区大小，周围是绿树掩映的居民区，不注意的话连墙上的校名都看不见，更无法想象里面是曾出现过众多诺贝尔奖得主的卧虎藏龙之地。加州理工学院是精英学府的典范，自创始以来一直秉承"小而精"的办学理念。

贝克曼实验室

有人常把加州理工学院跟麻省理工学院作比较。加州理工学院比MIT晚建30年，1891年才建校，规模也小得多。MIT有4500多人的本科生队伍，再加上研究生，校园里有将近1万名学子。而在加州理工学院呢，本科生人数不到一千人，加上研究生也不过两千多人，在规模上，这是一所小学校；从环境来讲，这里风景秀丽，校园内点缀着荷花池、橄榄树，比起MIT工厂厂房似的建筑确实是胜之一筹。加州理工学院藏书只有53万册，虽不算少，但比起MIT的250万册来实在相形见绌。另外，它的机构设置简单，学校的院系设置不分校、院、系3级，而是直接分为6个系。

加州理工学院的国际影响与其规模远不相称。这与该校始终遵循"学科不求过多，范围不求过宽，严格保证学生入学和学习质量，宁缺勿滥，精益求精"的办学方针，以及扎扎实实"为教育事业、政府机构和企业发展培养急需的具有创新能力的科学家和工程师"的不懈努力是分不开的。

第二，节奏紧张，压力巨大。"压力"就是加州理工学院的代名词，这里的学业负担之重，学习节奏之紧，分量之多，很少有其他的大学能赶得上。一位学生规劝想申请加州理工的高中生说："除非你想当科学家或是工程师，不然千万不要到这儿来上

诺贝尔物理学奖。
- 弗农·史密斯（Vernon L. Smith），1949年毕业，理学学士，获得2002年诺贝尔经济学奖。
- 利兰德·哈特韦尔（Leland H. Hartwell），1961年毕业，理学学士，获得2001年诺贝尔生理或医学奖。
- 艾哈迈德·泽维尔（Ahmed H. Zewail），该校教授，获得1999年诺贝尔化学奖。
- 罗伯特·默顿（Robert C. Merton），1967年毕业，科学学士，获得1997年诺贝尔经济学奖。
- 道格拉斯·奥谢罗夫（Douglas D. Osheroff），1967年毕业，理学学士，获得1996年诺贝尔物理学奖。
- 爱德华·刘易斯（Edward B. Lewis），1942年毕业，博士，该校教授，获得1995年诺贝尔生理或医学奖。
- 鲁道夫·马卡斯（Rudolph A. Marcus），该校教授，获得1999年诺贝尔化学奖。
- 威廉·福勒（William A. Fowler），1936年毕业，博士，该校教授，获得1983年诺贝尔物理学奖。
- 肯尼思·威尔逊（Kenneth G. Wilson），1961年毕业，博士，获得1982年诺贝尔物理学奖。
- 罗杰·斯佩里（Roger W. Sperry），该校教授，获得1981年诺贝尔生理或医学奖。
- 罗伯特·威尔逊（Robert W. Wilson），1962年毕业，博士，获得1982年诺贝尔物理学奖。

学。"在南加州明媚灿烂的阳光中，迪斯尼、好莱坞等娱乐胜地以及洛杉矶近在咫尺，竟有加州理工学院的学生4年都没迈出过他们124英亩（0.5平方千米）的校园一步，你相信有这样的事吗？

达布尼屋（本科生宿舍）

留在这里的学生们则是出了名的"工作狂"，平均一个星期学习50个小时，毕业前必须修满486小时的课程，也就是平均每个学期5门课，一年3个学期共修15门课——大部分人甚至比这还多。学院将每一年分成3个学期（trimester）。所有的学生都必须上5门物理、2门化学、2门数学、1门生物、1门天文或是地质，另外，还要上2门实验课。在这里，几乎人人都抱着一种"不管教授们给我们布置什么难题都能完成"的豁出去了的态度。

在加州理工学院，一个人想完成所有功课是根本不可能的，因此，"集体做题"不但常见而且非常必要，整夜不睡地做题也是家常便饭。因此有学生说："我最恨的事就是解题才解到一半，就发现太阳已经升起来了。"

幸好，与美国东北部马萨诸塞州的那所同样名闻遐迩的理工学院MIT一样，新生们第一年上的课都不给以字母表示的成绩，只给打"通过"或"不通过"，这无疑是校方尽力想给学生们纾解点压力的结果。于是，新生们在完全跟上加州理工学院"让人喘不过气"的节奏之前，有一年的适应时间。

第三，科学技术，唯一主题。在加州理工学院，科学是唯一的主题。这里有美国大学中最现代化的实验室比如：布斯计算中心、Hale天文台、地震实验室、Kerckhoff海洋实验室、Bia Bear太阳系观测站、Palomar天文台、Owens峡谷射电天文台、NASA的喷气推进实验室、环境质量实验室，新成立的位于夏威夷的亚毫米观测站、斯坦福线性加速器中心等。有世界上口径最大的天

➢ 威廉•利普斯科姆（William N. Lipscomb），1946年毕业，博士，获得1976年诺贝尔化学奖。

➢ 霍华德•特明（Howard M. Temin），1960年毕业，博士，获得1975年诺贝尔生理或医学奖。

➢ 李奥•詹姆斯•雷恩沃特（Leo James Rainwater），1939年毕业，理学学士，获得1975年诺贝尔物理学奖。

➢ 罗纳托•杜尔贝科（Renato Dulbecco），前该校教授，获得1975年诺贝尔生理或医学奖。

➢ 戴维•巴尔的摩（David Baltimore），该校教授，获得1975年诺贝尔生理或医学奖。

➢ 马克斯•德尔布吕克（Max Delbrück），该校教授，获得1969年诺贝尔生理或医学奖。

➢ 默里•盖尔-曼（Murray Gell-Mann），该校教授，获得1969年诺贝尔物理学奖。

➢ 理查德•费曼（Richard Feynman），该校教授，获得1965年诺贝尔物理学奖。

➢ 查尔斯•汤斯（Charles H. Townes），1939年毕业，博士，获得1964年诺贝尔物理学奖。

➢ 莱纳斯•鲍林(Linus Pauling)，1925年毕业，博士，该校教授，获得1962年诺贝尔和平奖。

➢ 鲁道夫•莫斯鲍尔（Rudolf Mossbauer），该校教授，获得1961年诺贝尔物理学奖。

➢ 唐纳德•格拉泽（Donald A. Glaser），1950年毕业，博士，获得1960年诺贝尔物理学奖。

文望远镜——凯克（Keck）望远镜，还有全美国最高比例的人均电脑拥有量。

许多著名的物理学家、化学家也在加州理工学院做出了震动科学界的发现。爱因斯坦在这里放弃了他的"宇宙不变论"，而认可了"宇宙扩展论"；物理学家卡尔•安德逊在这里发现了阳电子；在这里，性格外向、诙谐幽默的诺贝尔化学奖得主理察•费尔曼几十年如一日地授课，成为学生们最崇拜的教授之一。

现在，这里还有诺贝尔化学奖获得者鲁道夫•马尔克斯、诺贝尔物理奖获得者莫利•吉尔曼，以及在1997年荣膺诺贝尔生物奖的艾德•路易斯。

加州理工学院的学生本来对研究就有浓厚的兴趣，在这里，"连新生都有机会搞研究"，学习不一定要拘泥于课堂上。早在20世纪40年代，冯•卡门教授这样评价他的学生钱学森："他在许多数学问题上和我一起工作。我发现他非常富有想象力以及天赋的数学才智，他非凡的洞察力可以准确地把数学与物理图型巧妙的结合在一起。作为一个青年学生，他帮我提炼了某些我自己的思想，使一些很艰深的命题变得豁然开朗。"

加州理工学院的科研工作名声在外，每年要和它签研究合同都得排队。虽然2005年的加州理工学院预算超过5亿美元，但学费收入只占3%，科研收入占48%。当然来自社会的各种赞助和投资回报也是加州理工学院的主要收入。

第四，学风优良，人才出众。加州理工学院建校以来，逐渐形成的优良学风和特色文化是其成为世界一流大学的根本保证。这包括学生刻苦学习，互相扶持，充满学术自由的学风；科学研究上讲究多学科交叉，研讨和充分自由交流的研究风气；追求质量、精益求精的管理文化；整个校园充满追求科学真理、献身科学的学术风气等。在这里，也有很出名的"荣誉规章"（Honor Code），由学生们来共同监督执行。荣誉规章旨在推动建立一种相互尊重和信任的氛围，让加州理工学生享受更加宽松的学习和生活气氛。路不拾遗、拾金不昧是起码的道德要求，最重要的还是严格遵守学术道德。例如，"荣誉规章"允许教授让学生把大多数考试试卷拿回家去做，绝不会有人作弊。

加州理工学院每年只招收230名左右本科生，平均每年都要淘汰1/5左右的后位学生，其中不乏世界各国的优秀学子。研究生、博士生也有类似的苛刻淘汰比例。多少年来，这所学校出来的都是尖子中的尖子，名校的声望就是这样确立的。在课程设置上，加州理工学院也是重开课质量，而不盲目追求课程的门数。

- 乔治·比德尔（George W. Beadle），该校教授，获得1958年诺贝尔生理或医学奖。
- 威廉·肖克莱（William Shockley），1932年毕业，理学学士，获得1956年诺贝尔物理学奖。
- 莱纳斯·鲍林（Linus Pauling），1925年毕业，博士，该校教授，获得1954年诺贝尔化学奖。
- 爱德温·麦克米伦（Edwin M. McMillan），1928年毕业，理学学士；1929年毕业，科学学士，获得1951年诺贝尔化学奖。
- 卡尔·安德森（Carl D. Anderson），1927年毕业，理学学士；1930年毕业，博士，该校教授，获得1936年诺贝尔物理学奖。
- 托马斯·亨特·摩根（Thomas Hunt Morgan），该校教授，获得1933年诺贝尔生理或医学奖。
- 罗伯特·米利根（Robert A. Millikan），该校教授，获得1923年诺贝尔物理学奖。

其他杰出人物：
- 戈登·摩尔（Gordon Moore），1954年毕业，博士，英特尔公司的创办者之一，摩尔定律的创立者。
- 马丁·施密特（Marten Schmidt），天文学家，类星体的发现者。
- 法兰克·卡普拉（Frank Capra），1918年毕业，理学学士，奥斯卡最佳导演奖3次得主。
- 周培源，1928年毕业，博士，理论物理学家、流体力学家。
- 谈家桢，1936年毕业，博士，中国现代遗传学奠基人。

为了掌握科技市场动态，各系每年都邀请企业界、工业部门和研究机构的权威人士参加顾问委员会，向他们咨询，以便及时调整自己的发展战略，从而在激烈的科技竞争中处于领先地位。

诺斯·穆德实验室

第五，领导得力，经费充足。加州理工学院的历届校长都是著名的科学家，他们对发展科学教育事业倾注了巨大的热情。1997年，时任校长戴维·巴尔的摩博士开始执掌加州理工，他是世界著名的生物学家，1975年由于在病毒学方面的杰出成就而赢得了诺贝尔生理或医学奖。他曾是麻省理工学院的生物学教授，并于1982年开始担任洛克菲勒大学校长。20世纪70年代，他与其他几位著名生物学家在国际科学政策制定上起着关键作用，这些政策涉及DNA的合成研究、建立遗传学领域的研究标准等方面。1999年，他赢得由克林顿总统颁发的国家科学奖章。

历史上，加州理工一直致力于赢得多方面的经费支持，今日更加如此。现在，美国有18个由大学代管的国家实验室，它们每年需要联邦政府拨款30多亿美元，而由加州理工学院代管的"喷气推进实验室（Jet Propulsion Laboratory，JFL）"的份额占到拨款总数的30%，1995年联邦政府给其的拨款达到10.56916亿美元。此外，校友捐助、学费以及社会各界的捐赠也是非常大的经费来源。

2001年，加州理工学院收到有史以来数目最大的一笔捐款：英特尔公司创始人摩尔及其妻子捐赠的3亿美元以及以他们夫妇命名的基金会的捐款3亿美元，共计6亿美元。摩尔曾在1954年取得加州理工学院化学博士学位。

第六，大智若愚，娱人娱己。全美国只有麻省理工学院和加州理工学院这两所大学，校方公开承认他们容忍学生们的恶作剧。

➢ 赵忠尧，1930年毕业，博士，物理学家，中国核物理的奠基人。
➢ 冯元桢，1948年毕业，博士，生物力学的奠基人。
➢ 林家翘，1944年毕业，博士，力学和数学家，当代应用数学学派的领路人。
➢ 登月宇航员哈里森·施密特（Harrison Schmitt），1972年12月7–19日曾执行阿波罗17号任务，是地质学家，也是直至今日唯一登上过月球的职业科学家。

所在地概况及公共设施

加州是一片得天独厚的富饶土地，西边傍海，东面环山，而帕萨蒂纳正是加州洛杉矶市东北部靠山的一个小城镇，现有人口14万多人。这个地方汲取了加州阳光和山中清新空气的精华，极为精致而优雅，很多洛杉矶的富人都选择在这里安家，老城镇又叫老帕萨蒂纳。帕萨蒂纳因其"玫瑰碗"和每年的玫瑰花车游行而闻名。

帕萨蒂纳

玫瑰杯是美国大学橄榄球碗杯赛中历史最悠久和最著名的碗杯赛，球赛被称为玫瑰杯，通常于元旦在加州帕萨蒂纳的玫瑰碗体育场举行。除了碗杯赛外，玫瑰碗球场也

谁也无法想象，这个世界著名的精英学府，里面没有种类繁多的俱乐部、体育队，就连橄榄球队都没有——当你学得昏天黑地的时候，其他一切都不那么重要了。

尽管压力非常大，但加州理工学院的学生仍然会挤出时间，来设计和实行一些让人啼笑皆非的恶作剧。一年一度的"逃学日"更是学生们大显身手的好机会，这是加州理工学院古怪的春季盛典，年轻的天才们可以用一整天的工夫来斗智斗力。

在这一天，四年级的学生们会把自己的宿舍用电缆、钢筋甚至电脑密码封锁起来，只留下一些蛛丝马迹暗示怎样开门，然后就全体撤出学校，留下低年级学生们在这里苦思冥想如何进门，获得"战利品"——四年级学生留下的食品。

有时候，四年级学生们还会采取"反破坏行动"，他们在临走之前把书架或是床挪到门边让想破坏的人打不开门，然后从窗户跳出去。于是，一个绞尽脑汁要进门，一个绞尽脑汁不让进门，渐渐的，这场每年必有的战争越闹越大，常常让双方都筋疲力尽却乐不可支。

此类的恶作剧常常延伸到麻省理工等其他高校和校外其他地方，例如，一些学生调皮地调换几个字母，将知名的好莱坞（Hollywood）标志改成"Caltech"（加州理工），还有学生将橄榄球比赛的"玫瑰碗"球场的记分牌虚构成加州理工队以99:0的超大悬殊比分战胜麻省理工队。

从加州理工学院的特点可以看出，一所大学之所以能够成为一流大学，是多方面因素作用的结果。从历史上说，大学的崛起恐怕不是一时的"爆发"，而是通过外在机遇与自身努力长期共同促进的结果。固然某些时候存在大学的超常发展现象，但就多数大学而言，能够成为一流大学主要还是基于长期的努力。

从宏观方面说，国家政治的稳定与经济的繁荣几乎是大学获得发展的必要前提。毕竟，从长远来说，世界一流大学与世界一流国家才是相称的，只有国家富裕才能提供足够的人力、财力等方面的支持。相反地，不发达的经济只能成为国家（包括大学）发展的阻碍。应该承认，美国一直实行的市场经济，大学相互之间的竞争促使大学消除懈惰，不断进取。

从微观方面说，一所大学是否成功，还与领导是否得力、大学定位是否准确、师资是否雄厚、经费是否充足等因素有关。加州理工学院几乎在上述每一个因素都占尽先机。从建校之初的思鲁普（Throop）大学、思鲁普工艺学院到加州理工学院，从创校之初的天文学家海勒（George Ellery Hale）博士到现任校长钱缪举行过其他运动项目，比如1998年举办美国职业足球大联盟决赛，以及1984年奥运会、1994年世界杯和1999年女足世界杯的比赛。

玫瑰碗体育场

玫瑰花车游行这项美国全国性的盛事是帕萨蒂纳的又一骄傲。现在，从每年12月31日下午开始，美国各地的民众就聚集到这里，大多数人在大街上席地而卧，等待第二天用玫瑰和其他鲜花装扮的花车驶过。在玫瑰花车游行活动中还将选出六名玫瑰公主和一名玫瑰皇后，她们将作为帕萨蒂纳的形象大使，参加多项媒体公关活动，推广慈善和环保等公益事业。

抵达方式

洛杉矶国际机场（Los Angeles International Airport）是美国加州大洛杉矶地区的主要机场，是世界上第5繁忙的机场，同时也是该地区最大、距离市区最近的机场，现在每年可接待旅客6100万人和200万吨货物。游客到达洛杉矶国际机场的时候，所有的往返交通工具，出租车、巴士、轻轨汽车和其他车辆就已经排成了方阵，等待着把他们迅速运往城市的各个角落。

从此，扬帆启航……

博士，加州理工学院致力于培养社会需要的高素质人才，董事会很早就把学院政策定为追求最重要的科学研究，同时据于"研究工作有利于提升教学水准"的基本认识，把教学与科研紧密结合起来数十年不动摇。

◎学校图书馆

密立根图书馆

加州理工学院图书馆系统包括五个分馆，分别是密立根图书馆（Millikan Library）、谢尔曼图书馆（Sherman Fairchild Library）、人文学科与社会科学图书馆、天体物理图书馆和地质行星科学图书馆。其中密立根图书馆和谢尔曼图书馆是最重要的两个。

密立根图书馆是学校的中心图书馆，规模最大，其馆舍也是全校最高的建筑，图书馆管理、馆际互借、文献传递服务都集中在这里。它主要收藏生物、化学、数学、物理学科的文献资料，以及人文社会科学期刊、政府文献、美国历史和社会科学专著等，还收藏缩微资料。

谢尔曼图书馆主要收藏工程及应用学科的文献资料，包括环境科学、计算机科学、化学工程、航空技术、机械工程、应用物理和应用数学等方面。该图书馆共有70多万册藏书，订阅了超过2228种纸质期刊和2959种电子期刊，还收藏了种类丰富的技术报告、政府文献和地图资料。

人文学科与社会科学图书馆以收藏人文社会科学文献资料见长的图书馆，它位于达布尼大楼的一层。主要收藏文学、艺术、哲学、欧洲史、亚洲史、古代历史专著等，以及音乐CD。天体物理图书馆和地质行星科学图书馆以提供其相关专业书籍和文献见长。

加州理工学院图书馆系统还拥有丰富的电子资源，共有133

个数据库，近万种电子期刊，还收藏有博士、硕士电子学位论文 8691 份。图书馆系统通过 SFX 技术将馆藏的各种资源整合，根据学科可以查找相关的馆藏图书、电子图书、数据库、在线免费期刊等。

◎学校生活条件

一年级新生被要求居住在校园内并可选择居住在 8 处本科生宿舍中的任意一处，95%的本科生愿意按照校园内住宿制度一直在学生宿舍居住。加州理工独特的住宿制度是模仿英国牛津、剑桥的寄宿学院制度，虽然其宿舍的规模和特点更像哈佛大学的宿舍制度。与寄宿学院制度相像，加州理工的学生宿舍包含了两个紧密相连的概念，——既作为服务于大多数成员所居住的楼房，又作为服务于其成员的社会活动中心。一年级之后，学生们如果愿意也可以选择到校外租房居住，但是 80%的学生十分愿意住在校内的学生宿舍，一直到毕业。即使是搬到校外居住的学生，通常在校内也留有自己的"地盘"，这样就可以回"家"参加派对和聚餐。

这个世界著名的精英学府，里面没有种类繁多的俱乐部、体育队，就连橄榄球队都没有。但是，这所大学有着 150 多个学生社团，涉及的领域十分广泛，包括政治、学术、娱乐、艺术、宗教、服务等等。

洛杉矶的公共汽车

洛杉矶的地铁站

洛杉矶大众捷运系统是美国加州洛杉矶地区的城市大众捷运系统，由洛杉矶大都会交通运输局负责营运。于 20 世纪初中叶营运的太平洋电力铁路红色列车与洛杉矶铁路的黄色列车，可视为今日系统的前身。目前，此系统拥有三条轻轨系统与两条地下铁路，路线总长共计 117 千米，62 个车站。

Stanford University　斯坦福大学

排　　名：	7	校训：	校徽：
建校时间：	1891 年	*Die Luft der Freiheit weht.* （德语） The wind of freedom blows.	
学校类型：	私立		
IBT 最低线：		学校网址：http://www.stanford.edu	
SAT：		申请网址：	
CR：	660 – 760	http://www.stanford.edu/dept/uga /application	
Math：	680 – 780		
Writing：	670 – 760	咨询电话：650-723-2091	
ACT Composite：	30 – 34	咨询传真：650-723-6050	
注：必须提交两科 SAT II 成绩			
送分代码：		咨询邮箱：intl.admission@stanford.edu	
IBT：	4704	申请费：$90	吉祥物：
SAT：	4704	学　费：$38700	
ACT：	0434	总费用：$54947	
毕业率：		申请截止时间：	
4 年毕业率：	79%	EA：11 月 1 日	
6 年毕业率：	93%	RD：1 月 1 日	
学生人数：		申请材料邮寄地址：	
在校生总数：	16182	Office of Undergraduate Admission Montag Hall 355 Galvez Street Stanford, CA 94305-6106　USA	
本科生人数：	6532		
人员比：			
师生比：	1 : 6		
男女生比：	49 : 51		
国际学生比：	6%		

校园标志性建筑

　　在美国的大学中，斯坦福校园很有特点，所有楼房都是黄砖红瓦，一律是 17 世纪西班牙传道堂式的建筑风格，这里没有哈佛、耶鲁大学那些年代不同、风格迥异的楼房，更少了东北部的大学楼房墙壁上爬满的常春藤。走进斯坦福校园，首先看到的是好几千米长的棕

◎**学校概况**

　　人们在探寻美国硅谷成就的时候，就会发现促成其腾飞的两个翅膀——资金和技术。资金是风险投资的支持，而风险投资所青睐的也是有发展前景的技术。而提到硅谷的技术，就不能不提到著名的斯坦福大学，硅谷的崛起和斯坦福大学综合实力的提升，有赖于产学研相结合的成果；硅谷和斯坦福大学的关系正是产学研相结合的典范。斯坦福大学美国最著名的顶级学府之一，是一所注重理、工、医学科的综合性私立大学。但是，该校的法学、社会科学和人文科学也毫不逊色，在全美具有很大的名气，其中

榈树大道，还有土黄色石墙环绕下的红屋顶建筑，拱廊相接，绿树成行。在蓝天和红顶建筑两种色彩的衬托下，在古典与现代的辉映中，校园为学生和学者们提供了浓浓的文化和学术氛围，也提供了充足阳光和清新空气的自然环境，给人以难以忘怀的印象。

心理学、历史学、大众传播、戏剧、工商管理（MBA）、经济学、英语等专业在美国大学相应领域排名中居于前6名。

校门前的棕榈树大道

纪念大教堂

斯坦福大学的标志性建筑当属兴建于1903年的纪念大教堂。这座教堂是斯坦福夫人为纪念已故丈夫，斯坦福大学的捐助人和创始人利兰·斯坦福而建造的纪念教堂。教堂正面以四幅代表Love（爱）、Hope（希望）、Faith（信义）、Charity（博爱）的精美而感人的壁画寄托了她对斯坦福先生的追思和怀念。教堂的外墙图案属于文艺复兴时期的风格，用马赛克拼成，上面有金色的天空。教堂内部金碧辉煌，有着极其精美的壁画和一个巨大的管风琴。教堂上方是一个透

如果说，哈佛与耶鲁大学是美国传统人文精神的象征，那么，斯坦福大学则是21世纪科技精神的代表。斯坦福大学最与众不同的地方，就是它没有像哈佛、耶鲁一样悠久的历史、传统的积淀。这所1891年正式开放招生，年纪刚刚100多岁的大学，比起东部那些建校300来年的大学来，就像是一个充满了青春朝气的少年。它没有沉重的过往负担，没有岁月在它脸上刻下的沧桑，更少了一点承上启下的历史使命感。斯坦福大学有的是机会和可能性，有的是年轻人取之不尽、用之不竭的朝气。从某种意义上讲，斯坦福和东海岸的老牌院校一样优秀，甚至在诸多方面是全美国最好的。

现任校长是约翰·亨尼斯（John L. Hennessy），这位美国知名的电气工程教授和计算机专家于2000年10月起就任斯坦福大学第10任校长。在此之前，他曾任斯坦福大学的教务长。

斯坦福大学由7个学院组成：人文及科学院、工学院、地球科学院、教育学院、商学院、法学院和医学院。许多斯坦福学生以理科学习为志愿，修医学院的预备课程和理工学系课程的学生总是人满为患，医科、电子/电机工程、环境工程、统计学、石油工程、生物化学、机械工程、计算机工程、工业工程、运筹学、航天工程、数学、化学、物理、地质科学、化学工程、土木工程等学科都排名全美前10名。生物学、人体生物学是斯坦福大学生最热门的专业，紧随其后的是经济学和计算机科学。

斯坦福大学商学院和哈佛大学商学院被认为是美国最好的商学院。这两所学院多次在美国权威杂志的商学院排名中并列第一。

明的圆顶，是教堂内部光线的主要来源。20世纪，旧金山发生的两次大地震对教堂造成了严重损坏。虽然建筑的整体框架并未倒塌，但钟楼和外墙上精美的马赛克损坏严重。1989年大地震之后，教堂整整关闭了4年以进行修复，现在教堂内外均看不出地震破坏的痕迹。整座教堂给人一种充满艺术生命力的灵动又不失庄严的感觉。

胡佛纪念塔

离教堂的不远处，是该校另一处标志性建筑——胡佛纪念塔。这是1941年为庆祝斯坦福大学建校50周年而建的，同时为了纪念时任美国总统胡佛对学校建设做出的巨大贡献。纪念塔下面特别设立了一个展室用来介绍胡佛总统的生平及业绩。胡佛塔共有48个钟，最大的钟上刻着这样的文字："我只为和平而鸣。"斯坦福大学的学生在毕业典礼时戴的帽子上，都会有象征胡佛塔的标志。塔高约285英尺（约87米），在低层建筑居多

斯坦福大学医学院在医疗、科研及教学等领域处于世界的领先地位，它同时也处于美国生物技术和信息技术中心的腹地，对临床及实验室的研究成果应用于医疗起了促进作用。今天，世界已公认了斯坦福大学医学院在心脏内外科上的领导地位。

商学院

法学院

斯坦福的学制与其他大学不同。在校规中，把一年分成四个学季，学生们每个学季都要选不同的课。因此，斯坦福学生比那些两学期制大学学生学习的课程要多，压力也更大。斯坦福学生必须在九个领域完成必修课，其中包括文化与思想、自然科学、科技与实用科学、文学和艺术、哲学、社会科学和宗教思想等。除此之外，学生的写作和外语水平必须达到一定标准。

在斯坦福的校园里，一年四季都可以穿着短裤跑步，或是在开阔的草地上带着墨镜晒太阳。斯坦福的学生每人都有古铜色的皮肤。

一般说来，斯坦福大学有四大特点：

一是，在专业设置上，斯坦福综合了哈佛大学和麻省理工学

的大学校园内，显得鹤立鸡群。可以从里面坐电梯直上14层的塔顶，从这里可以俯瞰整个斯坦福大学校园和旧金山湾，景色相当美丽壮观。塔内的胡佛研究中心是斯坦福大学的重要研究机构，在东亚研究、台海两岸问题研究上具有独霸美国西海岸的学术地位。

老尤宁楼

还有一处有名的建筑是老尤宁楼（Old Union），兴建于20世纪初，缘于时任美国总统胡佛的提议。一开始老尤宁楼只是用来作为学生集合、活动、娱乐的场所，里面设有小礼堂、餐厅、图书室等等。有一段时间，其中部分建筑被征用做学校行政办公室。目前，所有建筑已经恢复初始的功能并对学生开放。

校园重大历史事件

➢ 1884年3月13日，当时加州铁路大王、曾担任加州州长的老利兰·斯坦福和妻子简年仅15岁的儿子小利兰·斯坦福在意大利游历时染病而亡。老利兰·斯坦福和妻子简决定捐钱在帕拉托（Palo Alto）成立以他儿子名字命名的大学，并把自己8180英亩（约33平方千米）用来培训优种赛马的农场拿出来

院的特点。在美国，一个大学的综合排名其实没有多少意义，关键看专业的好坏。美国最热门的专业首推医学，然后是法律、工程和商学。斯坦福大学是美国唯一一个在医学、法律、工程和商学这四大热门领域都名列前茅的学校。和斯坦福大学相比，美国其他名校似乎都显得有些"缺胳膊少腿"：哈佛和耶鲁的工科很弱，普林斯顿和麻省理工则没有医学院和法学院。

仅以医学为例，斯坦福大学医学院在医疗、科研及教学等领域处于世界的领先地位。因为地处美国生物技术和信息技术中心的腹地，加快了临床及实验室的研究成果应用于医疗领域的速度。斯坦福大学医学院在心脏内外科、肿瘤、放射诊断及神经科学等许多学科取得了举世瞩目的医学成果。斯坦福大学医学院的心脏移植技术处于领先地位，已成为世界上治疗终末心衰通行的手段。而其用于治疗冠状动脉疾病的经皮穿刺技术的新进展，亦处于心脏介入技术的前沿。

二是，在办学理念上，斯坦福集哈佛大学和麻省理工学院之长于一身。斯坦福既强调素质教育，又强调专业教育。该校要求学生文理兼顾，做既有理科知识，又有人文修养的通才学生。如同研究生课程一样，斯坦福95%的本科课程均由教授授课，79%的班级学生人数低于30人。有人曾这样说，给斯坦福的学生讲课的教授都是精英中的精英。其中一个重要原因是，仰仗其雄厚的经济实力，斯坦福寻觅到许多一流的教授；凭借其现代的办学理念，斯坦福保留住不少杰出的专家。

罗夫莱楼，斯坦福校园里最古老的建筑之一

美国大学里有一个说法："哈佛的人能写不能算，麻省的人能算不能写"，反映出哈佛侧重文科而麻省侧重理工科，但实际上哈佛有世界上最好的数学和物理学专业。而斯坦福大学综合了

作为学校的校园。他们决定以该学校来纪念他们的独子,利兰·斯坦福曾说:"加利福尼亚的孩子会是我们的孩子。"

➢ 1885年1月28日,老利兰·斯坦福当选为美国参议员。

➢ 1885年11月11日,建立斯坦福大学的许可证得以批复执行。1887年5月14日,斯坦福大学举行开工建设奠基仪式。

➢ 1891年3月22日,戴维·斯塔尔·乔丹接受老利兰·斯坦福之邀担任斯坦福大学首任校长。斯坦福大学的校训,由乔丹校长选定为:"Die Luft der Freiheit weht." 这句话译自德语,意思是"让自由之风劲吹"。

➢ 1891年10月1日,经过6年的建造和计划后,斯坦福大学正式开学,第一年有559名学生和15名教师(其中7名来自康奈尔大学)。学校最初开放时不收取学费,这一直持续到20世纪30年代。

➢ 1893年,老斯坦福议员逝世,斯坦福大学的存亡受到了一定威胁。一桩关于斯坦福遗产金额1500万的政府诉讼,加上这一年的经济大恐慌让学校入不敷出。大多数校董事提议在财政理清前暂时闭校。但简·斯坦福坚持学校继续运作。面对学校可能面临的财政危机,她在1893至1905年间担起了主持学校财政、行政和发展方面的重任。她自掏腰包来支付薪水,甚至一度需要典当自己的首饰。当诉讼终于在1895年决定不起诉时,斯坦福大学宣布当天为学校节日。

这两所名校的优点,人文理工兼修。随着大学名声鹊起,该校越来越引起各界的关注。虽然同是世界著名私立大学,哈佛和斯坦福在最初的办学理念上有着很大的区别。哈佛历史悠久、积淀深厚,建校之初主要是为了培养和造就"上帝的仆人"——神职人员;而斯坦福年轻气盛、功力"较浅",建校伊始,该校关注更多的不是灵魂的拯救,而是文化知识和现代科学的传播。

西班牙传道堂式建筑

三是,在校园建设上,斯坦福的校园被认为是美国三个最美的校园之一。到过斯坦福大学的人,虽然不一定人人都喜欢这所学府的专业或者学术风格,但基本上都非常认可校园的美丽独具匠心,将艺术气质、学术氛围和自然景色有机地糅合在一起。一般说来,美国另外两个校园最美的大学是康奈尔大学和普林斯顿大学。

纪念教堂内部

斯坦福占地35平方千米,是美国面积第二大的大学,校园总规划由当时享有盛誉的园林建筑师弗雷德里克·奥尔姆斯特

➢ 1906年，旧金山大地震摧毁了主方院（包括最初的斯坦福纪念教堂），以及最早标志学校入口的大门。

➢ 1941年6月，斯坦福庆祝建校50周年，为纪念时任胡佛总统（斯坦福大学首届毕业生）对该校建设的贡献而建造胡佛纪念塔。

校园杰出人物

斯坦福大学现有18.8万名健在的校友，分布在包括美国在内的143个国家。迄今为止，该校培养了2位美国总统、26位诺贝尔奖获得者、142位美国艺术科学院院士、84位国家科学院院士和14位国家科学奖得主，以及数不胜数的企业家；拥有世界一流的师资，主要教授都是相关领域的翘楚，在职的1700多位教授中，有17位诺贝尔奖得主（篇幅有限，恕不一一列出），他们中的代表人物有：

➢ 约翰·斯坦贝克（John Ernst Steinbeck, Jr.），1919至1925年在该校就读，美国作家，分别获得1937年、1939年、1952年普利策小说奖，获得1962年诺贝尔文学奖。

➢ 肯尼思·艾诺（Kenneth J. Arrow），1941年毕业，硕士学位，美国经济学家，该校荣誉教授，获得1972年诺贝尔经济学奖，是目前获得该奖项最年轻的教授。

➢ 盖理·贝克尔（Gary Becker），1957至1968年在该校任教，美国经济学家，获得1992年诺贝尔经济学奖。

（Frederick L. Olmsted）担当，而具体设计由年仅28岁的查尔斯·库里奇（Charles A. Coolidge）负责，从1887年开始动工，用了4年时间精心施工，1891年竣工。整个校园环境十分幽静、整洁、秀美，给人以一种庄重、典雅和舒适的感觉。斯坦福人从不掩饰对自己学校的自豪感，从教授到学生都是如此，有时候他们甚至经常拿其他名校开玩笑，揶揄别人校园某些方面的不足。

一年四季都阳光充裕的校园

四是，在教学、科研导向上，斯坦福大学不断鼓励学生联系实际、开拓创业。 与哈佛、麻省理工等老牌名校不同，斯坦福大学建校的年代恰逢美国工业革命高歌猛进的时期，其办学宗旨带有强烈的时代烙印，实际上是理想主义和现实主义相结合的结果。该校既强调教学严谨的一面，又突出学以致用的一面；注重学术、科研，但更重视将知识和技能用于实际，迅速把科研成果转化为生产力，应用最新技术来开发新产品。校方始终鼓励学生跟企业合作，参与社会实践，注重职业技能和创新能力的培养，这是斯坦福最明显的一个特点。斯坦福大学早就有培养优秀学生的美名。和许多重要的大学近年来才为学生提供较多的研究机会不同，斯坦福大学的学生往往只要发一个电子邮件就可以得到科研工作的机会，尤其是在夏季。

孵化硅谷是斯坦福大学鼓励学生创业的一个示例。很多早期在帕拉托市的工程师都是斯坦福的毕业生。"硅谷之父"弗瑞德·特尔曼，从小在斯坦福校园长大，1922年他在斯坦福大学获

➢ 迈隆·斯科尔斯（Myron S. Scholes），1981 至 1996 年在该校任教，加拿大出生的美国金融经济学家，获得 1997 年诺贝尔经济学奖。

➢ 迈克尔·思朋斯（Andrew Michael Spence），曾任该校商学研究生院院长，美国经济学家，获得 2001 年诺贝尔经济学奖。

➢ 约瑟夫·斯蒂格利茨（Joseph E. Stiglitz），1988 至 2001 年在该校任教，美国经济学家，现任美国布鲁金斯学会高级研究员，哥伦比亚大学教授，获得 2001 年诺贝尔经济学奖。

➢ 唐·佛瑞鲍契（Don E. Fehrenbacher），1953 至 1984 年在该校任教，美国历史学家，获得 1979 年普利策历史奖。

➢ 杰克·雷克夫（Jack Rakove），该校现任历史学教授，美国历史学家，获得 1997 年普利策历史奖。

➢ 华莱士·史德格奈（Wallace E. Stegner），曾在该校任教，美国历史学家和环境学者，获得 1972 年普利策小说奖。

➢ 布兰德利·埃弗龙（Bradley Efron），1960 年毕业，博士学位，美国统计学家，现为该校教授，获得 2005 年美国国家科学奖章。

斯坦福大学其他杰出人物还有：

➢ 赫伯特·胡佛（Herbert C. Hoover），1895 年毕业，学士学位，曾任第 31 届美国总统（1929 至 1933 年）。

➢ 约翰·肯尼迪（John F. Kennedy），1940 年在该校攻读

得化学和电子工程两个硕士学位，1924 年返回斯坦福大学工作。1937 年他担任电子工程系主任。大家熟悉的是他为他的学生惠利特和普卡德出谋划策建立了著名的惠普公司。特尔曼教授于 1951 年创建了斯坦福研究园区。

如果说 20 世纪 20 年代斯坦福大学还只是一所名不经传的"乡村大学"，到了 1960 年它便名列前茅，到 1985 年更被评为全美大学的第一名，是斯坦福大学的崛起为硅谷微电子工业创造了条件，硅谷是世界最先进人才和最尖端技术的聚集地。到 2000 年，硅谷地区的 GDP 总值已超过 5000 亿美元，相当于当年中国 GDP 总值的 50%。可以说，硅谷是当时美国经济的助推器。硅谷取得的这些骄人业绩，都离不开斯坦福这个孵化器。当然，硅谷的成就也反过来促进了学校的发展，学校有了自己的实践基地，也得到了毕业生们的大批捐款，仅惠普公司的捐款就达到数亿元，真正达到了企业、学校双赢的局面。

从这个意义上讲，斯坦福确实做到了在集教育、科研于一体，在向社会输送人才的同时，也用自己的科研成果为社会进步、为经济发展服务。与其他美国私立大学相比，斯坦福的过人之处在于它与工商业界和各政府部门有着密切联系，一群具有影响力和国际视野的校友从旁指点，使它在天时、地利、人和方面取得优势。

计算机科学大楼

◎学校图书馆

由于基金雄厚、经费充足，教学设备也配置齐全，斯坦福大学图书馆系统承担着为该校的教学和科研提供信息和知识方面不可或缺的服务和支持的重任。第一任校长戴维·乔丹很重视图书馆的作用，他曾经写下这样的感慨："一个伟大的图书馆是建立一所伟大的学府的必然要素。"图书馆藏有超过 850 万本书籍、

MBA，曾任第35届美国总统（1961至1963年），1963年被暗杀。

➢ 埃胡德·巴拉克（Ehud Barak），1979年毕业，硕士学位，曾任以色列第10任总理（1999至2001年）。

➢ 鸠山由纪夫（Yukio Hatoyama），1976年毕业，博士学位，曾任日本第60任内阁总理大臣（2009年9月至2010年6月）。

➢ 沃伦·克里斯多夫（Warren Christopher），1949年毕业，学士学位，曾任第63任美国国务卿。

➢ 康多莉扎·赖斯（Condoleezza Rice），1993至1999年任该校教务长，曾任第20任美国国家安全事务顾问（2001至2005年）、第66任美国国务卿（2005至2009年）。

➢ 理查德·莱文（Richard C. Levin），1968年毕业，学士学位，美国经济学家和教授，耶鲁大学校长。

➢ 威廉·伦奎斯特（William Rehnquist），1948年毕业，学士学位、硕士学位，美国律师、法学家和法官，担任美国第16任首席大法官（1986至2005年）。

➢ 桑德拉·奥康纳（Sandra Day O'Connor），1950年毕业，学士学位，美国最高法院第一个女法官（1981至2006年）。

➢ 查尔斯·西蒙尼（Charles Simonyi），1977年毕业，博士学位，软件开发专家，曾任微软公司的产品开发主任，Microsoft Word的发明人。

➢ 杨致远（Jerry Yang），1994年

美国50所最佳大学

一所伟大的学府的必然要素。"图书馆藏有超过850万本书籍、学术期刊和其他印刷品等，还有150多万种音像资料，并以每年15万册的速度继续增长，图书馆年均投入超过1700万美元。图书馆服务对象甚至扩展到大学以外的读者，他们在登记后每年可以享受7天的免费服务。

格林图书馆

斯坦福大学图书馆系统已经成为了一个拥有20个图书分馆的大型信息服务机构与信息中心。其中主馆是格林图书馆（Cecil H Green Library）。梅尔图书馆（J. Henry Meyer Library），有大量东亚藏书和供学生使用的媒体资源。其他重要藏书分布在雷恩医药图书馆（Lane Medical Library）、特曼工程图书馆（Terman Engineering Library）、杰克森商业图书馆（Jackson Business Library）、法尔克纳生物图书馆（Falconer Biology Library）、卡勃利教育图书馆（Cubberley Education Library）、布莱纳地球科学图书馆（Branne Earth Sciences Library）、斯旺化学及化工图书馆（Swain Chemistry & Chemical Engineering Library）、乔森政府文献馆（Jonsson Government Documents）、克劳恩法律图书馆（Crown Law Library）、斯坦福附属图书馆（Stanford Auxiliary Libraries，SAL）、SLAC图书馆、胡佛图书馆（Hoover Institution Library & Archives）、斯坦福直线加速器中心图书馆（SLAC National Accelerator Laboratory Library）、位于霍普金斯海洋站的米勒海洋生物图书馆、音乐图书馆、唐氏综合症救助图书馆以及大学特别收藏中。这些分馆由各院系的院长和系主任负责管理，而其他的分馆则由斯坦福大学馆馆长直接负责管理，它们共同组成了斯坦福大学图书馆这一庞大的信息机构。此外，图书馆也承担着其他的一些信息服务功能，包括斯坦福大学档案室的功能等。

随着图书馆数字化技术的发展，斯坦福也在大力加强数字图

毕业，硕士学位，雅虎的创办人之一和前首席执行官。
➢ 罗伯特·平斯基（Robert Pinsky），曾在该校就读，硕士学位，博士学位，美国桂冠诗人。
➢ 艾琳·柯林斯（Eileen Collins），1986年毕业，硕士学位，美国航天飞机第一位女性指挥官。

除此之外，它还有7位数学领域最高的终身成就奖沃尔夫奖（Wolf Prizes）得主，4位新闻最高奖普利策奖得主。

所在地概况及公共设施

斯坦福大学座落在加利福尼亚州帕拉托市（Palo Alto），位于旧金山半岛旧金山城南约30英里（约48千米）的地带。Palo Alto指的是旧金山湾的红杉树。1876年，老斯坦福在这里购买了263公顷（2.63平方千米）土地，作为养马牧场。后来又扩大到3237公顷（32.27平方千米），成为今天斯坦福大学校园的地盘。在斯坦福大学的徽标以及体育运动标志中就有红杉的形象。

斯坦福的校风比较保守，校园本身就犹如一座宁静的小镇，有超市、购物中心、医院等，校园环境优美，如不踏出校门，很容易便和尘世隔绝。在平坦的草坪上，和那些古希腊哲学家的雕塑相伴，书生意气油然而生，或许是与生俱来，也或许是受周围环境的感化，许多人都不难发现斯坦福的学生们都有美国人那种敢怒敢言、言论自由和崇尚个人自由至上的精神。

以电子书为主体的全新"无书图书馆"，预计将于2011年对用户开放。校内另设有7000多部电脑供学生使用，亦设有多个电脑室及电脑中心为学生提供服务。学生可利用网络与校内的师生联系。

斯坦福大学还有斯坦福电子研究实验室、斯坦福线形加速实验室、汉森物理实验室、同步加速器辐射研究室、霍普金斯海洋研究站、能源研究所、胡佛战争研究中心、国际问题研究中心等科学研究机构。

◎**学校生活条件**

斯坦福大学的学生宿舍一般划分为住宅、小团体的房屋、公寓和套房。每个居住类型都提供了一种独特的生活方式，努力满足不同学生的需要。

95%以上的本科生在其学习的4年中都居住在校园内。学校为本科生住宿提供80种不同形式的住宿设施，包括以学术为中心的、适应多种文化交流的和语言交流的住处；学生自主管理的宿舍；公寓以及传统的宿舍楼等等。教员或高级职员在一年级新生宿舍、以学术为中心的宿舍和一些高年级学生宿舍作为指导老师和舍监，与本科生生活在一起。大约13%的学生加入了校方承认的17个兄弟会或11个姐妹会组织，成为其中的一员。这些学生社团中，7个兄弟会和3个姐妹会提供住处安排。每年斯坦福提供给本科生和会议嘉宾的餐食达300多万份。

学生餐厅

斯坦福大学的学生以"拼命读书、玩命找乐"而远近闻名。斯坦福大学有大约630个学生社团，涵盖学生们感兴趣的各个领域：学术、国际政治、环境、宗教、种族、社会、社区服务和娱乐等。学生刊物有《斯坦福日报》等。这些学生社团平时具有代

旧金山位于北美加利福尼亚州沿岸北纬30至40度间的大陆西岸，是典型的海洋气候，四季如春。附近的太平洋潮流很冷，所以在夏天最高温度也很少达到30℃，一年大约只有一个星期会接近40℃。9月是最暖和的月份。旧金山地势位于山口，冰冷的海风一直从这里吹入东部，所以每天温差很大，夏天半夜也可能下降到10度以下。城内晴天并不很多，在冬天经常下雨，而夏天有很多雾。

抵达方式

旧金山国际机场（San Francisco International Airport）是旧金山湾区和加利福尼亚州北部最大的机场和主要的国际门户。

在公共运输上，旅客可使用在国际航厦内的湾区捷运（BART）来往于东湾和旧金山市区；从半岛和南湾来的旅客可搭乘加州火车（Caltrain）到密尔比瑞站改乘湾区捷运到机场。

斯坦福大学位于旧金山与圣何塞之间的帕拉托市（Palo Alto），旧金山机场的东南部，距离旧金山机场1小时左右车程。

校方对学生进行日常管理的部分职能。

校园内雅致的环境

斯坦福大学拥有一批艺术社团。戏剧社团包括羊头剧团社和斯坦福莎士比亚社团。音乐系还有许多乐团，包括五个合唱团、斯坦福管弦交响乐团、斯坦福太鼓社和斯坦福管乐团。最有特色的是斯坦福的社交舞和葡萄酒舞社团，受到舞蹈历史学家理查德·鲍威尔斯影响，以及数以百计的学生和校友支持。斯坦福每月举行3次非正式的舞会，每季度举行一次大型舞会，包括秋天的雷格泰姆舞会，冬天的斯坦福维也纳舞会和春天的大舞会。

此外，斯坦福师生对体育活动十分热心，有时竟然达到如痴如醉的境界。校方早已把体育放到几乎与学术同等重要的位置。校内的体育设施齐全，有能容纳8.5万人的体育馆、高尔夫球场和游泳池等，充分体现了校园面积大的好处。斯坦福一直为自己的体育传统而骄傲，1990年以来，该校获得了美国大学生体育协会各项比赛中的73个冠军，还为美国在国际体育赛事中摘取几十枚金、银牌。

University of California, Berkeley　加州大学伯克利分校

排　　名：	22
建校时间：	1868 年
学校类型：	公立
IBT 最低线：	83
SAT：	
CR：	620 – 740
Math：	650 – 770
Writing：	640 – 750
ACT Composite：	30 – 34
送分代码：	
IBT：	4833
SAT：	4833
ACT：	不详
毕业率：	
4 年毕业率：	60%
6 年毕业率：	不详
学生人数：	
在校生总数：	33903
本科生人数：	24636
人员比：	
师生比：	1 : 15
男女生比：	45 : 55
国际学生比：	3%

校训：

Fiat Lux （拉丁语）
Let there be light.

学校网址：http://www.berkeley.edu

申请网址：
ucinfo@ucapplication.net

咨询电话： 800-523-2048 （In CA）
　　　　　 925-808-2181

咨询传真：

咨询邮箱：ucinfo@ucapplication.net

申请费：$60
学　费：$28264
总费用：$42758

申请截止时间：
RD： 11 月 30 日

申请材料邮寄地址：
International Admission Specialist
110 Sproul Hall, #5800
Berkeley, CA 94720-5800　　USA

校徽：

吉祥物：

校园标志性建筑

　　加州大学伯克利分校坐落于旧金山东湾伯克利的山丘上，在原来的一片原始森林中建成，它从伯克利城区一直延伸到林木覆盖的伯克利山麓，占地 1230 多英亩（约 5 平方千米）。校园内终年绿树成荫，草坪如毯，溪流潺潺，大树参天，花开不谢。80 多座各种风格的

◎学校概况

　　美国旧金山的金门大桥在很多美国电影里象征着梦想和追求，不论是跨越它去追寻自己的情人，还是去追求崭新的生活，这座大桥都给人一种蓬勃向上的力量。如果从伯克利山顶上鸟瞰金门大桥和海湾大桥，旧金山湾的全貌尽收眼底，这一刻，那种梦想和追求似乎并不遥远。这座依山而建的高等学府，风格各异的教学楼和图书馆都掩映在山脚下翠色逼人的树丛中，景色秀美怡人，随处可以感受到宁静和谐的自然气息。淡紫色的鲜花丛中，一个古色古香的大钟楼非常突出。游客们从海湾大桥上可以看到

建筑物散布其间，更显得清幽典雅，让人流连忘返。

校园多元的建筑风格和学校的气氛都体现了"学识城市"的理想。最具代表性的是伯克利分校的标志性建筑——萨瑟塔。这个在校园深处德维内尔人文大楼后面的广场上耸立的高塔是仿照威尼斯圣玛可塔的式样设计的，塔高307英尺（约94米）；塔内有12个大铜钟，大小不一，最大的重达4118磅（约1.9吨）。萨瑟塔的顶端还建有一个48个钟铃的报时钟。大钟每天敲响三次，报时钟24小时报时，钟声悠扬，在整个校园里回荡，别有一番情趣。如果天气晴好，游人登上塔楼，可清晰地远眺旧金山市全貌，清澈蔚蓝的海湾、气势如虹的金门大桥以及各式各样的建筑群等等，享受一览众山小的感觉。

这个加州大学伯克利分校的地标性建筑。

从校园东山山坡上可以远眺金门大桥

与加州大学伯克利得天独厚的自然环境相媲美的，是它享誉世界的学术地位与人文氛围。美国加州大学系统的10所分校中，伯克利分校是历史最久、最著名的一所（缩写 UC Berkeley 或 UCB，别名 Cal）。它也是美国大学协会的创始会员之一。

加州大学伯克利分校是全球领先的学术机构和公立大学。在其所拥有的100多个子学科里，有众多世界级的学术大师。这所公立大学与私立的斯坦福大学、加州理工学院共同支撑起与美国东部常春藤大学相比肩的西部学术脊梁。截至1998年，这所占地1232英亩（约5平方千米）、在读学生3.4万左右的巨型大学有22位毕业生获得过诺贝尔奖。

现任校长是罗伯特·柏吉诺（Robert J. Birgeneau），这位知名的物理学教授于2004年9月22日就任加州伯克利分校第9任校长。在此之前，柏吉诺曾自2000至2004年任加拿大多伦多大学第14任校长。

伯克利分校共有14个学院：化学院、工程学院、环境设计学院、文理学院、自然资源学院、沃尔特·哈斯商学院（Haas School of Business）、教育学研究生院、新闻学研究生院、法学院、信息研究学院、验光学院、公共卫生学院、公共政策研究生院、社会福利学院等，下辖100多个系和系内研究组。除系外，校园内还有40多个组织研究部门配合进行研究和教学。伯克利分校是一所研究型大学，它拥有全美最大的研究生部。另外，伯克利还设有许多重要的研究机构，其中包括隶属于美国能源部的3个闻名世界的国家实验室：劳伦斯伯克利实验室（Lawrence Berkeley Laboratory）、劳伦斯利弗莫尔国家实验室（Lawrence Livermore National Laboratory）和洛斯阿拉莫斯国家实验室（Los Alamos

萨瑟塔

杜伊图书馆（Doe Library）和

希腊剧场，在建筑师约翰·盖伦·霍华德的监督下，于 1902 年到 1917 年之间落成。由这位著名建筑师设计的建筑物体现了欧洲古典建筑的优美、典雅和尊严，而其浓郁的人文色彩，与周围其他风格较为现代的大楼，形成了强烈的对比。这两种迥然不同的建筑风格并没有使校园显得杂乱无章，相反，古典和现代风格的相互交融淋漓尽致地展现了人类智慧的多元性质。

杜伊图书馆

校园重大历史事件

➢ 1868 年，由加利福尼亚学院以及农业、矿业和机械学院合并而成，创建于奥克兰市。

➢ 1873 年，当 North Hall 和 South Hall 完工后，学校正式迁至旧金山附近的伯克利市。

➢ 第二次大战期间，伯克利的劳伦斯放射实验室承包了美国军方的原子弹研发计划。

➢ 1942 年，罗伯特·奥本海默（Robert Oppenheimer）教授被任命为执行曼哈顿计划的科学部门的领导者。

➢ 1952 年，采用现校名。加州大学（University of California）成

National Laboratory）。

伯克利的组织结构是：以传统的多学科综合的文理学院为主，以新兴学科和专业学院为辅。文理学院是西方教育体制中一种传统的分学科综合教育组织，以系为主干，伯克利的文理学院是 14 个学院中最重要，也是学生人数最多的一个学院，它共有 6 个学部，46 个系。

为纪念曾任校长本杰明·惠勒而命名的惠勒楼

从学校创立时起，伯克利就开始成为美国西部最重要的学术与文化重镇。直到 20 世纪 60 至 70 年代后，它在美国西部大学中的首席地位才因为旧金山湾区南部的斯坦福大学的崛起而受到挑战，形成现在伯克利与斯坦福在美国西部双雄对峙的局面。但是在全美公立大学里面，伯克利仍然是当仁不让的执牛耳者。其原因是：

第一，兼容并包，思想自由。这是伯克利办学指导思想的核心。加州大学素以学术自由和学生自治著称。在伯克利，没有来自保守传统的约束，没有不可逾越的清规戒律。伯克利分校坚持学术民主，不搞论资排辈，不拿名人和权威压人。学校要求新教师不与著名教授合作搞科研、写论文，鼓励他们自己去开创新的研究领域。这一做法是鼓励竞争，让学术领域充满勃勃生机的明智之举。伯克利分校充分发挥教授会的力量，教授会拥有相当大的权力，教授是决定教育方向、参与决策、推动实施的"主要力量"。

第二，尊师重教，吸引人才。伯克利拥有阵容强大的教师队伍。据 1997 至 1998 年度的统计，全校共有教授 1661 人，其中男教授占 77%，女教授占 23%，少数民族占 16%，获得终身职位的教授占 80%，有 8 名诺贝尔奖获得者，121 名美国科学院院士，76 名美国工程科学院院士，198 名美国艺术科学院院士，140 名

> 20世纪中期是伯克利在物理学、化学和生物学研究方面获得长足发展的黄金时代。凭借由物理学家恩尼斯特·劳伦斯（Ernest O. Lawrence）发明的粒子回旋加速器，在这所大学的研究学者发现了许多重于铀的元素。锫(Berkelium)和锎(Californium)是为表扬这所大学来命名的，而铹(Lawrencium)和𫟷(Seaborgium)则是以此校的劳伦斯和葛兰·希柏格（Glenn T. Seaborg）的名字来命名的。

> 1964年，在伯克利发起的言论自由运动（Free Speech Movement）改变了一代人对政治和道德的看法。伯克利在越南战争期间由于其学生对于美国政府的抗议活动而变得全球知名。

> 1966年 美国教育理事会评定该校为美国最杰出的研究生培训中心。

校园杰出人物

建校近150年来，伯克利分校为世界各地培养了无数的优秀人才，截止到2010年6月，伯克利仍然健在的校友达45.8万多人。校友中有25人获得诺贝尔奖，其中2009年的诺贝尔奖，就有3位得主与伯克利有关，在世界各国大学的历史上，很少出现过这种情况。这些诺贝尔奖获得者包括（篇幅有限，恕不一一列出）：

> 奥利弗·威廉森（Oliver E. Williamson），1988年起担任该校

古根海姆奖获得者，22名麦克阿瑟奖获得者，3名普利策奖获得者，其中包括现任奥巴马政府能源部长的华裔朱棣文（Stephen Chu）教授。创业和创新的第一要素是人才。雄厚的师资为伯克利分校的教学质量和科研发展奠定了坚实的基础，同时也为它吸引了许多优秀的学生，并且在一定程度上提高了学校的声誉，为学校吸引来了大量的科研资金。

第三，尊重个性，充满活力。 伯克利学生有很强的主人翁意识，积极介入学校与社会生活。学生的这种社会参与意识往往是通过形形色色的社会团体来实现的，这里的学生组织与学生社团非常多，也非常活跃。学生是校园的真正主人。学校主要道路两边的杆子上悬挂着学生的大幅照片，上面写着他们对伯克利生活的感言；学校的中心区域，有一块巨大的宣传栏树立在路边，上面印着上百个学生的头像与他们对学校的看法。加州伯克利大学的校园生活比较丰富多彩，学生十分积极和活跃，在做学问方面更是独立思考，如饥似渴地学习，他们为所有出现在自然科学和社会科学领域的新观点、新进展而欢呼，是真正想改变世界，让世界变得更美好的一群人。

第四，师生平等，氛围宽松。 在伯克利的学校教育上，老师与学生的地位完全平等。大多数教室里没有所谓的"讲台"，老师"高高在上"的形象便无影无踪。一些大的阶梯教室甚至是学生在上，老师在下。上课的时候，气氛非常活跃，学生发言积极。有时候，因为要求发言的学生太多或者老师没看到，有的学生一时没机会发言，于是他们便一直将手举着，直到获得发言机会。

师生在轻松愉快的氛围中进行学术探讨与交流是伯克利大学比较常见的教学方式。学校实行1学年分3学期制，学制4年，修满180学分可获学士学位。研究生部负责管理全校各学院研究生的学习。该校的研究生部是美国最大的研究生部，研究生占学生总数的三分之一，每年约有500名研究生获得博士学位。此外，学校还设立研究所与研究中心，以及大学推广部等。学校在暑假还开设暑期班。

第五，"班长"得力，决策得当。 伯克利这颗新星之所以这么迅速地在西海岸升起，它的历代"掌门人"可以说功不可没。伯克利的幸运之处还在于它不是只拥有一两个优秀的校长，而是它的历任校长都声名卓著、才能突出。这也并非偶然的现象，这和加州大学评议会十分重视校长的聘请不无关系。吉尔曼、惠勒、斯普劳尔、克拉克·克尔、田长霖这些功勋卓著的校长们无不在加州大学的发展史上写下了凝重的一笔。

HASS 商学院的教授，美国经济学家，获得 2009 年诺贝尔经济学奖。
➢ 卡罗尔·格雷德（Carol W. Greider），1987 年毕业，博士学位，美国分子生物学家，获得 2009 年诺贝尔生理学或医学奖。
➢ 伊丽莎白·布莱克本（Elizabeth H. Blackburn），1978 年起担任该校分子生物学教授，澳大利亚出生的美国生物学家，获得 2009 年诺贝尔生理学或医学奖。
➢ 安德鲁·法尔（Andrew Fire），1978 年毕业，学士学位，美国生物学家，斯坦福大学教授，获得 2006 年诺贝尔生理学或医学奖。
➢ 约翰·马瑟（John C. Mather），1974 年毕业，博士学位，美国天体物理学家，获得 2006 年诺贝尔物理学奖。
➢ 托马斯·谢林（Thomas C. Schelling），1944 年毕业，学士学位，美国经济学家，获得 2005 年诺贝尔经济学奖。
➢ 朱棣文（Steven Chu），1976 年毕业，博士学位，该校实验室主管（2004 年至今），美国能源部部长（2009 年至今），获得 1997 年诺贝尔物理学奖。
➢ 亨利·托布（Henry Taube），1940 年毕业，博士学位，加拿大出生的美国化学家，获得 1983 年诺贝尔化学奖。
➢ 吉拉德·德博鲁（Gerard Debreu），该校经济与数学教授（1962 至 2004 年），获得 1983 年诺贝尔经济学奖。
➢ 捷斯劳·米洛兹（Czeslaw

这里要着重介绍一下田长霖教授。田教授不仅是伯克利的骄傲，更是华人的骄傲。1990 年 2 月 15 日，加州大学董事会任命华裔教授田长霖为加州大学伯克利分校第八任校长（1990 至 1997 年），这是全美著名公立大学的第一位华裔校长。他治校的第一个方向就是"致力于维持加大伯克利在师资和学术上的杰出地位"，坚持"多元而卓越"的治校理念。在其任内，伯克利吸引了全国最有才华也最多样的学生。同时伯克利想要的顶尖人才，80%都争取到了，他们为伯克利的进步做出了极大的贡献。由此，田长霖获得了广泛的赞誉，赢得了人们的尊重。

史鲍尔广场代表自由的精神，常常可以看到各种集会活动

第六，校企联手，创新创业。伯克利分校毗邻硅谷，因此与许多国际高科技大型企业有紧密的联系。在一个高度发达的市场经济环境中，产学研以及风险投资好像受到魔力的驱使，不约而同地聚集到一起。每年有不少毕业生进入高科技企业就职，这些企业为学生们提供了很好的就业环境。许多毕业生也到全美各大学担任教授，使伯克利分校成为校中之校。距加州伯克利分校仅两个街区的一幢建筑物的四层楼上，有一个英特尔伯克利实验室。虽然只有 10 余人，它所从事的却是有潜力改变英特尔未来业务的研究。自 2001 年成立以来，该实验室借助加州伯克利大学雄厚的科研实力，已在全世界声名远扬，而其奥秘就在于英特尔公司独创的开放和合作研究（OCR）模式。实验室主任由来自加州伯克利大学的研究人员担任，任期两到三年。每当主任轮换时，约三分之二的已有研究项目得以保留，而其余三分之一则由新主任选定。2008 年 7 月，安东尼·约瑟夫成为英特尔伯克利实验室第四任主任。此前，他在加州伯克利大学工作 9 年，是该校电气工程及计算机科学领域的领军人物。他继续深化实验室与加州伯克利大学的合作关系，包括增加共同研究项目的数量，以及让更多的

Milosz），该校斯拉夫语言文学教授（1961 至 2004 年），波兰诗人，获得 1980 年获诺贝尔文学奖。

➢ 查尔斯·托尼思（Charles H. Townes），该校物理学教授（1967 年至今），美国物理学家，获得 1964 年诺贝尔物理学奖。

➢ 欧文·查伯伦（Owen Chamberlain），该校物理学教授（1958 至 2006 年），美国物理学家，获得 1959 年诺贝尔物理学奖。

➢ 艾米里奥·塞格雷（Emilio G. Segrè），该校物理学教授（1946 至 1989 年），美国物理学家，获得 1959 年诺贝尔物理学奖。

➢ 格林·西博格（Glenn T. Seaborg），1937 年毕业，博士学位，该校化学教授（1937 至 1999 年）和校长（1958 至 1961 年），美国化学家，获得 1951 年诺贝尔化学奖。

➢ 爱德文·麦克米兰（Edwin McMillan），该校化学教授（1946 至 1991 年），美国化学家，获得 1951 年诺贝尔化学奖。

其他杰出的校友还有：

➢ 安德鲁·格鲁夫（Andrew Grove），1963 年毕业，博士学位，匈牙利裔美国实业家和工程师，前英特尔公司总裁。

➢ 戈登·摩尔（Gordon E. Moore），1950 年毕业，学士学位，英特尔公司创始人之一和摩尔定律发明人。

➢ 史蒂夫·沃兹尼亚克（Steve Wozniak），曾在该校就读，1975 年离开，美国电脑工程师，苹果电脑公司创始人之一。

学生进入实验室。

正因为伯克利分校上述特点和教育精神体现了其对社会真挚的关怀和强烈的道德义务，尊重个人的权利和自由，并以务实的方式实现理想，加州伯克利大学才被公认为世界顶尖的学府之一。但是，由于加州伯克利大学是一所公立大学，设施和财力当然不能与富有的私立大学相媲美，近 10 年来本科排名一直屈居全国性大学第 21 或 22 位。

◎学校图书馆

伯克利分校的占地总面积约为 5 平方千米，而主校区约 72 公顷（0.72 平方千米）。加大伯克利图书馆系统共有 23 个专业的图书馆和一流的人类学、古生物学和自然科学博物馆。图书馆的建筑风格各异，共有藏书 920 万册，是北美地区第四大的图书馆，名列在国会图书馆、哈佛大学图书馆和耶鲁大学图书馆之后。

典雅的杜伊图书馆北阅览室

杜伊图书馆（Doe Libraries）是伯克利分校校园内图书馆系统的中心图书馆，该馆是根据图书馆的捐助人查尔斯·富兰克林·杜伊的名字命名，在时任校长本杰明·惠勒的游说下，1904 年杜伊将财产遗赠用于图书馆的建设。

杜伊新馆工程是 20 世纪 90 年代伯克利分校的主图书馆改造工程的一部分。该校的主图书馆部分由杜伊图书馆和莫菲特图书馆（Moffitt Libraries）组成。旧金山EHDD建筑师事物所为改造工程所作的设计包括一个地下图书馆即杜伊新馆，以及地面有杜伊老馆和莫菲特馆合成的大片绿地。到 1995 年初，新馆部分已基本竣工。新馆设计在地下，一方面利用杜伊老馆地平与莫菲特馆地平之间近两层的高差取得了与莫菲特馆的有效联系，胡斯主馆部分成为一个整体；另一方面则使地面留出大量的绿地，以后将成

➢ 比尔·乔伊（Bill Joy），1979年毕业，硕士学位，太阳微系统公司（Sun Microsystems）创始人之一和公司总裁。

➢ 厄尔·沃伦（Earl Warren），1912年毕业，学士学位，第14任美国最高法院大法官（1953年10月至1969年6月）。

➢ 彼得·切宁（Peter Chernin），曾在该校学习、毕业，获得学士学位，美国新闻集团总裁兼首席运营官。

➢ 焦立中（Leroy Chiao），1983年毕业，学士学位，美国国家航空和宇宙航行局华裔宇航员，曾于2004年10月13日至2005年4月24日在国际空间站工作过。

➢ 田长霖（Chang-Lin Tien），该校第8任校长（1990至1997年）也是美国第一任亚裔著名大学的校长，著名传热学家，机械工程系教授。美国国家工程院院士、中国科学院外籍院士。

所在地概况及公共设施

旧金山（San Francisco），也称圣弗朗西斯科或三藩市，是美国西部重要的海港城市，金融、贸易和文化中心。伯克利大学俯视旧金山湾，是一个占地1232英亩（约5平方千米）的宁静校园，学校周围风景很好，到处郁郁葱葱。

旧金山海关区诸港是美国最繁忙的国际港口之一。当地经济以服务业为主，金融和国际贸易也很发达。美国最大的银行之一——美洲银行总部就设在这里。旧金山还

从此，扬帆启航……

为伯克利校园内最大的公共活动场地，这是对学校师生的一个不小的贡献。新馆地面部分的外形好似醋栗，别具匠心，设计者把老馆的大台阶向绿地方向平移，使新馆的四个采光天窗正好落在其上，采光天窗被作成传统的形式，并在护墙上使用掺花岗岩石屑的混凝土来模仿老馆的面材，使之非常自然地成为老馆立面的一部分，同时也丰富了绿地朝向老馆一侧的边界线。这些周到的设计充分展示了建筑师在外形设计上对环境的重视。

与杜伊纪念图书馆相邻的还有班克罗夫特图书馆（Bancroft Library）。

莫菲特本科生图书馆

◎ **学校生活条件**

学生们经过萨瑟门可到达校园中心的史鲍尔广场

在伯克利你有各式各样的住房的选择。虽然学生宿舍只能满足四分之一学生的学生宿舍需求，但学校保证一年级新生在校园里的住房。大多数的学员公寓提供餐饮、座谈会、学习室和现场学术服务，如辅导、咨询、计算机协助。此后，大多数的高年级学生便各显神通，在校园附近寻找、租借公寓。这些学院外的住

盛产各种水果、蔬菜以及鲜花。旧金山是一座国际化城市，人口构成复杂，有很大的亚洲人、意大利人、法国人、墨西哥人、黑人和西班牙人的社区。市内的唐人街据称是亚洲以外最大的华人社区。旧金山也是一个文化底蕴浓厚的城市，市内有世界闻名的柯伦剧院和金门剧院。北海湾有一条长约9千米的海滩，是全国艺术家的一个活动中心。

旧金山金门大桥

受到海洋气候影响，旧金山气温长年保持在稳定的低温中，终年多雾，有"小雾都"之称。

抵达方式

旧金山国际机场位于旧金山市南方大约13英里（约21千米）。

从旧金山市区到加州伯克利大学，坐的是往Richmond方向的北行地铁。大约40分钟，在Downtown Berkeley站下车，出站北行两分钟，过一个街区就能抵达伯克利分校。

房一般都在一至几英里的地方。此外，大约10%的男生加入兄弟会，10%的女生加入姐妹会，并选择在同一地方租用公寓。此外，校园为1000人左右的已经结婚的、单亲家庭的或同性伴侣的学生保留了公寓房。

伯克利有700多个校园学生团体。伯克利校园是一个折衷的、有趣的和丰富多彩的供学生生活和学习的地方，主要体现在广泛建立的俱乐部和学生组织上。比如，伯克利的行进乐队、悬挂式滑翔俱乐部、广播电台KALX、民族协会、幽默和文学杂志，辩论队和各种各样的文化和政治团体。如果你找不到最适合您兴趣的社团，你也可以自己组织一个新的团体，因为学校的社团以各种形式出现、形成和变化，以满足各种需求的学生。

希腊剧场

伯克利还有各种各样的校内讲座、演唱会、座谈会、研讨会、庆典、戏剧、展览、电影等等，闻名世界的学者也经常来到校园，提供很多跟学生见面的机会，对此有兴趣的学生可以经常跟踪此类活动日程。此外，从校园到旧金山海湾地区的奥克兰及周边市区的伯克利社区也很方便，仅需10分钟左右。

在美国的大学运动联赛里因以往只有一所加州大学，因此伯克利一直以California作校名，简称Cal，并沿用至今；其吉祥物蜕变自加州徽号，故其学生亦常自称"金熊"。

University of California, Davis 加州大学戴维斯分校

排　　名：	39	校训：	校徽：
建校时间：	1905 年	*Fiat Lux* （拉丁语）	
学校类型：	公立	Let there be light.	
IBT 最低线： 80		学校网址： http://www.ucdavis.edu	
SAT：		申请网址：	
CR：	570 – 690	http://admissions.ucdavis.edu	
Math：	610 – 730	咨询电话： 530-752-3614	
Writing：	580 – 710	咨询传真： 530-752-1280	
ACT Composite： 26 – 32		咨询邮箱：	
注： 提交 2 科 SAT II 成绩		undergraduateadmissions@ucdavis.edu	
送分代码：		申请费： $70	吉祥物：
IBT：	4834	学　费： $34863	
SAT：	4835	总费用： $47361	
ACT：	0450	申请截止时间：	
毕业率：		RD： 11 月 30 日	
4 年毕业率：	42%		
6 年毕业率：	60%	申请材料邮寄地址：	
学生人数：		Undergraduate Admissions	
在校生总数：	31392	University of California, Davis	
本科生人数：	24425	One Shields Avenue	
人员比：		Davis, CA 95616-8507　USA	
师生比：	1 : 15		
男女生比：	45 : 55		
国际学生比：	3%		

校园标志性建筑

在加州大学系统下的各校中，戴维斯分校校园占地面积最大，总共有 5300 多英亩（约 21.5 平方千米）。校园内有近千栋风格各异的建筑，包括传统的挤奶厂和现代的水泥钢筋楼房。戴维斯分校是加州大学系统中唯一有两条高速公路经过的大学：80 号州际高速公路和

◎ 学校概况

在美国北加州中央谷地有一个城市叫做戴维斯，这里地形平坦，土壤非常肥沃，农业因此相当发达，附近的大学城里农田星罗棋布，有着宽阔的平原，平静的湖水，依稀的树影和在岸边整齐列队的大鸟。校园的绿化树既有树冠如伞的橡树等乔木，也有万年青等灌木，还有高大如树木一样的仙人掌等旱带植物，让人忘却了自己是身在校园。学生在这样的田园牧歌式的环境中学习应该会感觉非常惬意和幸福，想必会留恋这种在大自然的环抱中追求知识、追求真理的过程。即使是在数九寒冬，当地的气候也

113号高速公路。校园的大部分位于113号高速公路西侧,是供农业、生物和环境研究之用的开阔田野,还是灵长类动物研究中心和学校的飞机场所在地。

戴维斯水塔

该校标志性的建筑是校园那座在阳光下耀眼的白色水塔。实际上,戴维斯分校校园拥有能够提供满足自己需要的基础设施,包括学校供水、污物处理、飞机场、警察以及消防部门等等。但是,这些设施并不惠及学校所在的小城,所以校方和当地行政当局要花大气力达成协议以保证建立比较融洽的学校和地方的关系。

1928年建成的乔治哈特楼

校园重大历史事件

➤ 1905年,加州州长乔治·帕迪签署法令,以建立一个美国加州大学农场学校,这便是加州大学戴维斯分校创校初衷。以农学起家,

比较暖和,不像美国东北部和五大湖地区的那些高校处处天寒地冻、冰天雪地,这里气温大约10℃左右,连冰雪的影子也见不到。但戴维斯分校师生们说,那已经是他们很冷的天气了。可以想象,戴维斯分校就好像是一所建在公园或温室里的大学,就不难理解,为何加州大学戴维斯分校建校之初是以农业立校了。

加州大学戴维斯分校(又常译为戴维斯加州大学,简称UC Davis),位于美国加利福尼亚州的戴维斯市(Davis),是一所男女合校的公立大学,也是加州大学的10所分校之一,它在美国公立大学中排行第11名。

戴维斯分校虽然不如加州大学伯克利分校和洛杉矶分校那么有名,但在校的学生们都很注重自己的学业,有些系科绝对具有世界一流水平,而且周围的生活环境非常舒适,生活质量颇具水平,很适合对生命科学感兴趣的中国学生。加大戴维斯是世界农业与环境科学研究的教育中心,其农业与环境科学相关的学科包括植物科学、动物科学及农业经济和管理科学都在全美大学排名前10。

负责本科生注册的姆拉克楼

作为一个综合性研究型大学,加州大学戴维斯分校的使命是产生、发展、传播和应用知识,以促进我们整个社区和世界各地人类状况的改变。在这方面,加州大学戴维斯分校致力于发展和维持下列学科作为重点:艺术、人文、生物、物理科学和社会科学学科;农业与环境学科和工程;教育专业研究、法律、管理、医学、护理和兽医学。

戴维斯分校现任校长是琳达·凯特希(Linda P. B. Katehi),这位美国国家工程院院士、美国国家技术和创新奖评审委员会主席于2009年8月17日成为戴维斯分校的第6任校长。在此之前,2006至2009年凯特希曾任伊利诺伊大学厄巴纳-香槟分校教务长这所农场学校属加州大学系统 10 个分校区之一。
➢ 1908 年，第一批学生入校学习。
➢ 1915 年，该校农场管弦乐团组建，第一个教室和图书馆竣工。
➢ 1946 年，飞灵波特酒厂成立于二战刚刚结束之时。飞灵波特酒厂是美国第一家使用正统葡萄牙传统品种酿制波特酒的酒厂，是美国波特酒的先驱。当时，加州大学戴维斯分校开始实验葡萄牙的葡萄品种在加州的生长情况。
➢ 1978 年，白人越战老兵阿伦·贝克申请加州大学戴维斯分校医学院被拒，事后他发现在他申请被拒的同时，加大戴维斯分校接受了成绩不如他的其他族裔学生。案件上诉到最高法院。大法官们以 5:4 的票数，承认平等权利法案符合宪法。但法庭同时裁定，学校在招生时尽管可以考虑学生的种族背景，却不能依据种族来划出定额，后者违反宪法。因此，法庭最终裁决加州大学戴维斯分校必须接受贝克入学。

校园杰出人物

戴维斯分校现有健在的校友近 20.6 万人，分布在美国各州和世界很多国家。建校 100 多年来，该校培养了数以万计的毕业生，其中杰出的代表人物有：
➢ 古德夫·库许（Gurdev S. Khush），1957 年毕业，博士学位，印度水稻育种学家，前国际水稻研究所（IRRI）遗传部主任，沃尔夫

和负责学术事务的副校长。

戴维斯分校目前共有 4 所学院，包括：农业及环境科学学院、工程学院、生物科学学院及文理学院；还有 6 所职业学院，包括：管理学院、教育学院、法学院、医学院、兽医学院、护理学院。本科专业达 102 个之多。

戴维斯分校环境非常舒适，比加州大学伯克利分校、加州大学洛杉矶分校更为放松，该校的特点不是十分鲜明，从以下几个方面或许能概括：

第一，生命科学为主，农业研究为本。戴维斯分校创立的缘起是政府决定设立一所州立的农业学校（即戴维斯分校的前身），以供加州大学的学生学习最新的农业知识及技术。至今，加州大学戴维斯分校已发展成为囊括各领域学科的全方位大学，并有杰出的表现，闻名于国际，其中生命科学和农业科技最为抢眼，在兽医学、生物科技及工程等领域也都有独到的贡献。

无论哪个专业，该校学生都必须完成一系列最基本的核心课程。学校实行学季制，也就是说课程的进展比其他以学期制为基础的大学快得多。该校的学术氛围营造出良好的学习环境，学生们认为相互之间竞争的味道较浓，虽然这种竞争尚未达到你争我夺的程度，对于很多人来说，星期六在图书馆挑灯夜战并不少见。在加州大学系统的分校中，戴维斯分校的本科毕业率是最高的。

医学院

第二，校风充满活力，经费较为宽裕。戴维斯分校的校风积极而明快，追求真理是办学的理念，坚强的师资阵容及高水平的学生素质显示出其强大的教育实力。该校目前共有 110 种大学部的主修课程及 70 种研究所课程可供选读；拥有来自海外 118 个国家的国际学生，由此而生的形形色色文化，使该校的文化特色更加丰富而多元化。此外，在运动方面该校也有杰出的成就。

农业奖和世界粮食奖得主。
➢ 海瑟·法戈（Heather Fargo），1975年毕业，科学学士学位，加利福尼亚州首府萨克拉门托市前市长（2000至2008年）。
➢ 甄文达（Martin Yan）：1975年毕业，硕士学位，厨师，电视节目Yan Can Cook的主持人。
➢ 戴维·奈克（David Lake），1975至1978年在该校就读，华盛顿葡萄酒酿酒先驱，葡萄酒大师。
➢ 斯蒂芬·罗宾逊（Stephen K. Robinson），1978年毕业，学士学位，美国宇航员。
➢ 安娜·埃斯科贝多·卡布拉尔（Anna Escobedo Cabral），1987年毕业，政治学学士学位，曾任美国财政部财务长（2005至2009年）。
➢ 安·玛格丽特·维尼曼（Ann Margaret Veneman），曾在该校就读，学士学位，美国农业部部长（2001至2005年），后任联合国儿童基金会执行主任（2005至2010年）。
➢ 史蒂芬·坦斯利（Steven Tanksley），植物学家，康乃尔大学教授，美国国家科学院最年轻的院士，2004年和袁隆平共同获得沃尔夫农业奖。
➢ 邦尼·巴斯勒（Bonnie Bassler），曾在该校任教，美国分子生物学家，现任普林斯顿大学教授。
➢ 迈克尔·谢帕德（H. Michael Shepard），曾在该校就读，学士学位，美国癌症生物学家，赫塞汀（抗体药物）发现者。

戴维斯分校为该校的学术科研以及加州的发展提供完善的实验室及专业人员，享有全国高知名度的科学研究成就。该校的学术研究非常活跃，获得的研究经费预算也相当充沛，并提供高额的奖学金来鼓励教学与学术革新。

植物和环境科学大楼

第三，追捧环保时尚，保持群体多元。戴维斯分校地处小镇，但校园自身面积很大，达5300英亩（约21平方千米），学生人数占戴维斯镇5万人口的一半左右。虽然加州大学戴维斯分校校园很大，而且大学城是以科技成就闻名于世，但最普遍的代步工具却是自行车而不是汽车。学生们认为在校园中骑自行车是一件轻松的事情，而且有利于保护学校周边的环境，校园内还有专门为自行车设置的交通信号，每栋大楼都有一个专用的自行车停车场。戴维斯甚至还因此赢得了"自行车之城"的别称，显示出这个城镇友善与安全的一面。因此，到过这所学府的人说道："在戴维斯，没有自行车可能就寸步难行。"

学生们自己经营的公共汽车系统提供了另一种方便的交通工具，大多数校外的住宅与公共汽车站仅有几步的距离。

戴维斯分校学生大多数来自中低产背景的家庭，很重视自己的教育，平等地对待每一个人，善良且乐于助人。学校倾向于招收少数族裔学生，以体现校园文化背景的多元化，但是少数族裔学生一般只愿意与本族的学生紧靠在一起。例如，和其他许多加州学校一样，戴维斯有近40%的亚裔美国人，来自中国的留学生很容易融入这个群体之中。但是，这样的做法也有弊端，正是由于这个群体人数很多，一些中国留学生要冲破这个交际圈子与其他群体的人交往就变得不太方便。

戴维斯分校并不因为所处的地方很小而是块休闲的乐土，这里没有什么天上掉馅饼的美事，因为该校的学生很清楚，如果在

从此，扬帆启航……

➢ 安娜·艾斯科维度·卡贝尔（Anna Escobedo Cabral），1987年毕业，学士学位，美国第42任财政部长（2005至2009年）。

➢ 李健孙（Gus Lee），在该校就读，博士学位，作家，作品有《中国小子》（China Boy，1991）、《荣誉与责任》（Honor and Duty，1994）、《老虎尾巴》（Tiger's Tail，1996）和《缺乏确凿的证据》（No Physical Evidence，1998）。

➢ 庄思浩（Alfred Chuang）：曾在该校就读，硕士学位，BEA系统有限公司（企业应用基础架构解决方案的领先提供商）共同创始人、CEO兼总裁。

所在地概况及公共设施

戴维斯地处北加州中央谷地的中心地带，西临太平洋海岸线，东接壮观的内华达山脉；戴维斯靠近加州首府萨克拉门托，只有15英里（约24千米）距离，距离繁荣的旧金山湾区、太平洋也只有2小时的车程，然而却依然保有小镇的纯朴风貌。戴维斯的天气舒适宜人，春秋两季并不明显，冬天极少降雪，而夏天总是阳光普照，较干燥而炎热，如同一般人对阳光加州的印象，但由于海风调节，使得气候更加温和而适合居住。

戴维斯附近具有相当丰富的旅游资源，只要驱车70英里（约112千米），就可以抵达休憩的胜地，这里河川蜿蜒，湖水如镜，还可探访历史上的古老矿脉；至于有"世界上最美丽的图画"之称的太

这所大学4年不努力拼搏，那就很难体验到取得学术成就的快乐，也享受不起这所学校生活环境所带来的舒适。

校园中罗伯特·安纳森的雕塑作品

◎**学校图书馆**

戴维斯分校图书馆系统藏书329万多册，在北美地区研究型大学图书馆中排名靠前。图书馆系统由以下这些图书分馆组成：皮特·席尔兹图书馆（Peter J. Shields Library）、卡尔森健康科学图书馆（Carlson Health Sciences Library）、布莱斯德尔医学图书馆（Blaisdell Medical Library in Sacramento）、物理学和工程学图书馆、农业和资源经济图书馆（Agricultural & Resource Economics Library）、法学图书馆以及妇女运动资料研究中心（Women's Resources & Research Center）。

皮特·席尔兹图书馆

◎**学校生活条件**

加州大学戴维斯分校为学生在校园内和戴维斯社区提供不同

浩湖（Lake Tahoe）、内华达山脉及世界知名的产酒地"纳帕溪谷酒乡"（Napa Valley，与戴维斯相距约150英里（约241千米）），都是戴维斯邻近地区的休闲胜地。

纳帕溪谷酒乡

戴维斯的人文资源丰富，生活机能完善；邻近的大城市还提供了表演艺术及娱乐选择。戴维斯的居民相当具有生态环保意识及义工精神，关心公共事务及福利，融合了小镇风情与大都会的生活机能，"麻雀虽小，五脏俱全"，是个名符其实的友善小城市。

抵达方式

距离戴维斯最近的机场是位于加州首府的萨克拉门托国际机场（Sacramento International Airport），这是通往北加州地区、美国其他城市的重要门户。这个机场位于离萨克拉门托城区12英里（约19千米）的地方，为13家大型航空公司和一家小型航空公司提供服务。

萨克拉门托国际机场为包括萨克拉门托6个郡、威格威尔、纳帕山谷和塔霍湖等地的北加州地区提供航空服务。其繁忙的直达航

的住宿选择。学生的住宿分三种类型：学生宿舍、公寓和校外社区住宿。作为该校新入学的学生，只要符合规定，可以获得一年的校园内住宿保证。一年级新生和24岁以下的学生可在学生宿舍或学生公寓得到一个单位的住宿空间，年龄未达到24岁的转学学生或超过24岁的学生可在校外租借房或公寓解决住宿问题。一年级以后，学生们可自己选择在校园内或校外住宿，绝大多数的住宅与校园各种设施都相距不远。学生宿舍一共有17个住宿会所，包括34幢宿舍楼，分布在校园西侧的三个区域：Segundo（在西北角）、Tercero（在西南角）、Cuarto（在校园之外，但离校园也较近）。所有的区域都共享室内室外的空间、餐厅、洗衣设备、学术和计算机资源。

学校体育馆

里根宿舍楼的主休息大厅

戴维斯社区有5万人口，其中一半是在校学生，这就为学生带来了一种"小镇即校"的感觉，学生和当地居民相处融洽。该校委托加州最大的WISE基金会安排住宿家庭，使学生可进一步体验美国的家庭生活。学生在住宿家庭里可以有自己的房间，可选

线可以到达下列地方：纽约城、纽瓦克、华盛顿特区、亚特兰大、芝加哥、达拉斯、丹佛、火奴鲁鲁、休斯敦、拉斯维加斯、纽约、费城、凤凰城、波特兰、盐湖城、西雅图、堪萨斯城以及所有加州主要城市。

萨克拉门托国际机场

择每日包两餐或是三餐，价格也很合理。加州大学戴维斯分校也提供非常著名的巴士服务，即Unitrans，其商标类似伦敦的双层巴士，它从1968年开始运作，在美国运输系统中应该是唯一的提供通用（非观光）日常经营服务的老式双层巴士。该系统的运作和管理完全由学生，并提供整个城市的固定航线运输。还有一家校园巴士服务的穿梭巴士，往来于加州大学戴维斯分校和加州大学伯克利分校之间，星期一至星期五，每日两次。

学生可加入活动和娱乐中心，使用健身设备、或是到手工中心参加陶艺课程；同时戴维斯附近拥有许多的户外设施，不论是攀岩、骑自行车、或是高尔夫球运动都是很盛行，或是到邻近的加州首府萨克拉门托市，享受都会生活，并欣赏美国职业篮球比赛的盛况。学校的学生服务中心提供学术辅导以及保险手续的相关帮助。加州大学戴维斯分校校园安全状况很好，校方十分重视校园安全，努力确保校园内学生、教员、员工和参观者的安全。

University of California, Irvine 加州大学欧文分校

排　　名：41	校训：	校徽：
建校时间：1964 年	*Fiat lux* （拉丁语）	
学校类型：公立	Let there be light.	
IBT 最低线：80	学校网址：http://www.uci.edu	
SAT：	申请网址：	
CR： 520 – 640	http://www.admissions.uci.edu	
Math： 570 – 680	咨询电话：949-824-6703	
Writing： 530 – 640	咨询传真：949-824-2711	
ACT Composite：不详		
注：提交 2 科 SAT II 的成绩	咨询邮箱：admissions@uci.edu	
送分代码：	申请费：$70	
IBT： 4859	学　费：$22021	吉祥物：
SAT： 4859	总费用：$39750.25	
ACT： 不详		
毕业率：	申请截止时间：	
4 年毕业率： 57%	RD：11 月 30 日	
6 年毕业率： 79%		
学生人数：	申请材料邮寄地址：	
在校生总数： 27631	Office of Admissions and Relations with Schools	
本科生人数： 22122	University of California, Irvine	
人员比：	260 Aldrich Hall, Irvine,	
师生比： 1：19	CA 92697-1075　USA	
男女生比： 47：53		
国际学生比： 2%		

校园标志性建筑

　　加州大学欧文分校占地 1474 英亩（约 6 平方千米），中心校园有点像围绕着奥德里奇公园（Aldrich Park）而划出的不规则圆，起初被称之为中央公园，被环路（Ring Road）和围绕着环路的大楼一层一层包围。为进一步强调这个设计，所有的学术部门都位于这

◎ 学校概况

　　提起加利福尼亚州，人们脑海中浮现的总是一片可供度假休闲的海滩、一片阳光灿烂的大地和一片绿树成荫的农场，对于孩子们来说，可能最直观的东西就是加州多汁美味的橙子。非常有趣的是，加州的南部竟然有一个地方就叫做"橙县"。橙县是位于美国加州南部的一个郡，西濒太平洋，在洛杉矶的东南方，面积 2455 平方千米，人口 300 万人，是加州人口第二多的郡。该郡成立于 1889 年，名称来自当时的主要农作物——橙子。加州迪士尼乐园即位于橙县境内的阿纳海姆（Anaheim）。橙县白人居民多，

个中心附近,而且本科生学院要比研究生学院离这个中心更近。

奥德里奇公园

在奥德里奇公园,有着很多枝叶茂盛的树木,非常适合当地的地中海式的气候。公园中间是花园和纪念欧文分校建立的牌匾。环路是师生到中心校园的主要步行小径。大多数学院和图书馆都排列于这条路的附近,每所学院都有着自己的中心大厦,与奥德里奇公园相连接。

主题宿舍

贝克曼中心

从此,扬帆启航……

平均收入高,消费力强,许多好莱坞明星及名人(包括股神瓦伦·巴菲特)在海边的高档社区都有自己的房产,华人住在这里的也很多,知名的华人包括体坛名将郎平、体操名将李小平夫妇以及演艺界的李玟,都在橙县的塔斯汀(Tustin)、拉古纳山庄(Laguna Woods)、新港(Newport Beach),以及欧文(Irvine)等市安家落户。当然,这里还有一所知名的大学。

加州大学欧文分校位于加利福尼亚州橙县中心位置的欧文市,建于1964年,是加州大学诸分校中最年轻的分校之一,但其发展极为迅速。20世纪60年代初,现校址所在地还是一片荒芜的大平原,是一家公司的养牛牧场所在地。

加州大学欧文分校校风开放,十分愿意接受一些新的信息和文化,因此也是成长最快速的一所分校。它虽然是加州大学各成员学院中最年轻的一所,但排名却紧追伯克利、洛杉矶和戴维斯等分校之后,名列全美最好的公立学校前10名之中。

现任校长是迈克尔·德雷克(Michael V. Drake),这位医学博士2005年7月起担任加州大学欧文分校第5任校长。在此之前,德雷克自2000至2005年曾任加州大学负责健康事务的副校长。

生物科学学院

加州大学欧文分校由8所本科生学院、2所研究生院、一个系和一个跨学科研究领域组成。其中本科生学院包括:艺术学院、生物科学学院、工程学院、健康科学学院、人文科学学院、医学院、物理科学学院、信息和计算机学院等。研究生院包括:商学院、法学院。主要专业有财经类、法律、纺织与服装、工程技术、管理、环境、建筑、教育、理科学、旅游、农林类、人文艺术、社科类、生物、体育、新闻传播、信息科学、医学、语言、自然科学等。

此外,欧文分校还有相当一批研究所,它们是:公共政策研究中心、癌症研究中心、激光研究中心、运输研究所、加州通信

除了奥德里奇公园，欧文分校的标志性建筑还有 Arryo Vista 主题宿舍，这里有 42 套住房，9 个姐妹会和 5 个兄弟会将这里作为他们的住处和活动场所。贝克曼中心（Beckman Center）也是校园的标志性建筑之一，这是校园里获过大奖的会议场所。

校园重大历史事件

与加州大学其他分校的校园不同，欧文分校不是根据大学所在地命名的，在 1965 年欧文分校建立之时，欧文市还不存在（欧文市 1975 年才建市），"欧文"是引用了当地拥有 9.4 万英亩（约 380 平方千米）的欧文农场场主詹姆斯·欧文的名字。早在 1960 年，欧文公司就以 1 美元的价格将欧文农场的 1000 英亩（约 4 平方千米）土地卖给了加州大学，因为公司明文规定禁止将财产捐赠给公共实体。

➤ 1964 年 6 月 20 日，美国第 36 任总统林登·贝恩斯·约翰逊（Lyndon Baines Johnson）在 15000 人的集会上宣布加州大学欧文分校成立。

➤ 1965 年 10 月 4 日，加州大学欧文分校正式开学，当时有 1589 名学生，241 名员工，119 名教员和 43 名助教。但是，当时很多校舍还在建设过程中，只有 75% 的校舍竣工了。学校采取边建设、边开学的方式，尽快使学校的学术和科研走上正常的轨道。

➤ 1966 年 6 月 25 日，加州大学欧文分校举行首次毕业典礼，14

和信息技术研究所、全球和平和冲突研究中心、非常规安全事务研究中心、国家燃料电池研究中心、生物学研究中心等科研机构。欧文分校的特殊设备包括生物身体组织博物馆、电子显微镜、原子炉、激光研究中心、淡水及沼泽储存库、农场学校等。

作为年轻的学府，加州大学欧文分校的主要特点有：

第一，**理科为主，兼顾文科**。加州大学欧文分校是 20 世纪 60 年代根据加利福尼亚州高等教育总体规划而新建的 3 所高校之一，另外两所是圣迭戈分校和圣克鲁兹分校。该校数学和自然科学实力最强，学生们认为该校的基础是数学、自然科学和工程学，这些学科要比人文社会科学力量雄厚。这一点，从学生们最喜欢的专业就可窥见一斑。

人文科学学院

欧文分校最受欢迎的学科是生物学、化学、工程学，社会生态学、英文、经济和政治科学也颇受青睐。

除该校重视理科的倾向之外，学校还明确要求学生具有各方面的知识素养，包括社会科学、人文科学和数学。这里的艺术学院拥有排名全美靠前的专业，包括舞蹈、戏剧、音乐以及数字艺术。为拓展学生的知识面和适应时代发展的需求，该校还增加了一些新的专业课程，比如，全球文化、文学新闻、生物医学工程和德国研究。

第二，**大班教学，助教辅导**。一般说来，欧文分校倾向于大班教学，虽然要"考虑到专业不同、班级不同的具体情况。"写作或艺术班级人数最多在 20 至 30 之间，而低年级的生物课最多达 450 人。一位心理学专业的学生说，"我所在的班级，平均人数在 150 至 200 之间。"学生们说，一些课程，例如，写作及一些热门的专业课，由于竞争太激烈，很难进入。

和大部分大学一样，学生们最大的抱怨是很少能有接近教授特别是名牌教授的机会。但该校的助教资源比较丰富，正是由于

名学生毕业，10 人被授予学士学位，3 人被授予硕士学位，1 人被授予博士学位。

校园杰出人物

1995 年，加州大学欧文分校成为本校教职员中同一年在两个不同领域同时获得诺贝尔奖的美国和世界第一所公立大学，再加上 2004 年的一位诺贝尔奖得主，该校一共有 3 位诺贝尔奖获得者。他们是：

➢ 弗雷德里克·莱茵斯（Frederick Reines），1966 年任该校教授，美国物理学家，获得 1995 年诺贝尔物理学奖。

➢ 弗兰克·舍伍德·洛兰德（Frank Sherwood Rowland），现任该校教授，美国化学家，获得 1995 年诺贝尔化学奖。

➢ 欧文·罗丝（Irwin A. Rose），现任该校教授，美国生物学家，获得 2004 年诺贝尔化学奖。

该校的杰出校友还有：

➢ 罗伊·费尔丁（Roy Fielding），2000 年毕业，博士学位，因特网先锋人物，HTTP 1.1 的发明者，阿帕奇基金的创始人之一。

➢ 詹姆斯·麦卡弗里（James D. McCaffrey），1975 年毕业，学士学位，软件工程师，因在组合数学和软件测试自动化领域的贡献而知名。

➢ 巴特·科斯柯（Bart Kosko），1987 年毕业，博士学位，混合智能系统专家。

➢ 迈克尔·查邦（Michael

这些助教工作非常得力，或许他们采取了比教授更为有效的办法，学生中很少有人对助教产生抱怨。学生学习的成绩是否能得到 A，取决于教授的选择和专业的不同。得到 A 可能性是有的，但有些教授将门槛设置得很高，一些年纪较大的教授比较认真，往往不容易通融。

第三，**校史较短，充满活力**。加州大学欧文分校建立于 1965 年，是全美大学中较为年轻的。除了拥有崭新优美的建筑外，教职人员皆具有深厚的专业背景，其中有三人为诺贝尔奖的获得者。因为生物科学是欧文分校最好和学生选修最多的学科，不少有志于将来念医科的青年人，都希望能在这里修读生物学。

医学院

物理科学学院

欧文分校强调将学生置于独立学习、调查研究、发挥主观能动性和创造性的过程之中，并将这些作为课堂教学的重要补充。该校设置各种课程的基本考虑是基于这样的理念，即一个学生积累的大学学习经验应该为他提供一种对自身智力的理解和对事物的洞察力。在实验室或田野里进行独立的调查研究，在实践中写作和参与艺术创作，是在这所学校的学习经历中很正常的组成部分。

Chabon），1987 年毕业，硕士学位，因小说《The Amazing Adventures of Kavalier & Clay》获得 2001 年普利策小说奖。

➤ 理查德·福特（Richard Ford），1970 年毕业，硕士学位，美国作家，获得 1995 年普利策小说奖。

➤ 迈克尔·拉米雷斯（Michael Ramirez），1984 年毕业，学士学位，现任《投资者商业日报》高级编辑，获得 1994 年普利策社论性漫画奖。

➤ 蒂尔·威克斯（Teal Wicks），2005 年毕业，学士学位，美国歌唱演员和舞台剧演员，因在旧金山和洛杉矶演出音乐剧《罪恶坏女巫（Wicked）》中的"坏女巫"角色而出名。

所在地概况及公共设施

欧文市是个人口约 20 万人的小城市，是美国加利福尼亚州橙县的一个城市，位于该县中部。面积约 180 平方千米。橙县是位于美国加利福尼亚州南部的一个县，在洛杉矶以南 40 英里（约 64 千米）、圣迭戈以北 80 英里（约 129 千米）处，是由著名美国建筑师威廉·佩雷拉（William Leonard Pereira）精心规划出的梦想城市。橙县这个靠近洛杉矶南方的小县，有着 42 英里（约 68 千米）长的美丽海湾、两大港口、广阔的空间、多元化的文化艺术气息、世界级的购物中心及社区，这里的气候宜人，每年平均有 143 天的艳阳天。洛杉矶市郊的加州迪士尼乐园即位于橙县的第二大城安那罕市（Anaheim，该

欧文分校的学生成分比较多元化，是美国少数几个拥有高加索后裔学生的学校，这里有一半以上的学生是亚裔美国人，包括不少在美国落地生根的台湾人、香港人、日本人、韩国人、新马泰人等。这既是加州大学系统的特点之一，也是中国留学生比较容易融入其中的重要条件之一。

社会生态学院

欧文分校的很多学生都希望能够完成一篇荣誉论文或其他研究工作，从而有机会参加"本科生研究机会项目"（Undergraduate Research Opportunities Program）。这个项目，为本科生提供了一个得到有价值的研究实验的机会。在教师的直接指导下，参与这个项目的本科生有资格自愿参与和学术有关的一些研究课题，亲自动手做相关试验。这个项目开始于 1995 年，近年来越来越多的本科生参与其中。在完成一年左右时间的研究基础上，参加"本科生研究机会项目"的学生有希望在学校研究讨论会上提交自己的研究成果。

总而言之，欧文分校这所以研究为基础的高校，为学生们提供了丰富的在实际工作中一试身手的机会，学校的管理者坚信，学生们通过实践来学习可以取得事半功倍的成效，也可以获得从书本上很难得到的东西。欧文分校教育宗旨的一个重要方面是强调将学生置于独立思考、调查研究和创造性的过程之中，并将这一过程作为课堂教学的有力补充。

◎ **学校图书馆**

欧文分校图书馆系统由 5 个图书馆组成，包括杰克·兰森图书馆（Jack Langson Library）、弗朗西斯科·阿亚拉科学图书馆（Francisco J. Ayala Science Library）、格林根医学图书馆（Grunigen Medical Library）、图书馆方法研究中心（Libraries Gateway Study Center）和法学图书馆。

从此，扬帆启航……

市也是美国职棒大联盟洛杉矶天使主场所在地)，而县内的华裔人口则多聚居于橙县中部富裕的新兴城市——欧文市。而加州大学欧文分校的校舍建筑也配合整个欧文市而设计，环境之优美、各处显示出绿化成果，这里没有所谓的贫民区，生活环境及学区的风貌极佳。

欧文可以说是一个"定做出来的城市"，整个城市无论是市容绿化还是街道走向的规划都非常完善，空间舒适宽敞的市景令人印象深刻。此外，治安良好也是欧文引以为傲的特色，欧文是美国治安良好城市排名的榜上常客，整个城市显得相当安详和谐。

加州大学欧文分校的校园十分美丽迷人，新颖的校园建筑、优良的师资、凉爽的气候，均是学生们的最爱。

抵达方式

约翰·维恩机场

加州大学欧文分校附近有一机场，叫约翰·维恩机场（John Wayen Airport），是世界上第15大吞吐量的机场，也是橙县境内唯一的商业机场，每年服务740万人次的旅客，起降飞机达41.8万次。距机场大约10英里（约16千米），

该校图书馆系统拥有340多万册图书、7.4万种纸质或电子期刊、290多万个缩微胶卷、12.7万种地图和图标资料以及计算机文件、音像音频资料等。欧文分校图书馆系统还以拥有很多优质的收藏和档案而知名。除了批判理论档案和南亚地区档案之外，这里还有舞蹈表演艺术、地区历史等珍贵收藏。杰克·兰森图书馆收藏有很多东亚地区，包括中国、日本和韩国的资料。

图书馆

该校几乎所有的院系都有自己的阅览室和学术会议室，作为对图书馆系统的补充，它们保存少量的藏书和资料，为讲课、研究生研讨以及学术会议提供支持。此外，图书馆系统还提供24小时服务的咖啡屋、学生中心、多重用途的计算机实验室和研究区域等。作为当地最大的信息资源，每年这个图书馆系统还负责接待上百万的校外社区的参观者或读者。

◎学校生活条件

1745名学生正准备创造新的吉尼斯纪录

欧文分校学生的住宿质量超乎想象的好，Vista del Campo学生公寓获得加州和全美奖项，包括美国住房建筑商协会所颁发的"最佳学生住宅公寓社区"称号。校园学生宿舍共有10.5万张床

Amtrak 和 Metrolink 提供连接火车站和机场的运输服务。

此外，欧文分校距离洛杉矶约50英里（约80千米）。洛杉矶国际机场是世界上第5繁忙的机场，同时也是最大、距离市区最近的机场，现在每年可接待旅客6100万人和200万吨货物。

洛杉矶大众捷运系统是美国加州洛杉矶地区的城市大众捷运系统，由洛杉矶大都会交通运输局负责营运。于20世纪初中叶营运的太平洋电力铁路红色列车与洛杉矶铁路的黄色列车，可视为今日系统的前身。目前，此系统拥有三条轻轨系统与两条地下铁路，路线总长共计118千米，62个车站。

的空间（其中4000张床的空间是2000年以后建设的），校外还有2750张床的住处，距离校园较近，步行即可到达。大约一半以上的学生在校内的宿舍离奥德里奇公园仅几步之遥。该校保证所有新生可以在校内住宿两年、所有新到的转学学生可以在校内住宿一年，同时也视专业情况，保证新录取的硕士生、博士生可以在校内住宿两至三年。

欧文分校有500多个学生社团，其中涵盖了多元文化、文艺演出、政治、宗教、服务、社会事务、娱乐、特殊兴趣、学术和国际事务等领域。该校的部分学生也对"希腊式"生活感兴趣，18个兄弟会和18个姐妹会吸引了约8%的男生和8%的女生，几乎每个周末都有自己的聚会和活动。

欧文分校的体育运动比较普及，但很出色的竞赛项目不多，没有其他大学传统的橄榄球队。比较值得自豪的是男子水球项目，过去的30多年一直名列23个全美大学运动队的前5名。该校运动设备有体育馆、游泳池、篮球场、网球场、健身房、舞蹈室及田径场，还有一个5000座位的多功能体育馆。校内提供多种社团活动，学生可自选参加，其中中国同学会尤其活跃，常举办各式文化交流活动。

University of California, Los Angles   加州大学洛杉矶分校

排　　名：23	校训： *Fiat lux* （拉丁语） Let there be light.	校徽：
建校时间：1919 年		
学校类型：公立		
IBT 最低线：87　　Listening:　17　　Reading:　21　　Speaking:　24　　Writing:　25	学校网址：http://www.ucla.edu	
	申请网址：　http://www.admissions.ucla.edu	
	咨询电话：310-825-3101	
SAT:　　CR:　570 – 680　　Math:　600 – 730　　Writing:　580 – 700	咨询传真：310-206-1206	
	咨询邮箱：ugadm@saonet.ucla.edu	
ACT Composite: 24 – 31		
送分代码：　　IBT　　4837　　SAT　　4837　　ACT　　0448	申请费：$60	吉祥物：
	学　费：$22021	
	总费用：$52561	
毕业率：　4 年毕业率：64%　6 年毕业率：87%	申请截止时间：　RD：11 月 30 日	
学生人数：　在校生总数：39593　本科生人数：26162	申请材料邮寄地址： Undergraduate Admissions and Relations with Schools （UARS） 1147 Murphy Hall, Box 951436 Los Angeles, CA 90095-1436 USA	
人员比：　师生比：　1：16　男女生比：44：56　国际学生比：4%		

校园标志性建筑

　　加州大学洛杉矶分校占地 419 英亩（约 1.7 平方千米），有着 163 多幢大小不等的建筑物，该校以其校园内拥有的许多优美建筑和风景而举世闻名。整个校园被不正式

◎学校概况

　　洛杉矶是好莱坞的故乡，是美国电影的摇篮，是美国影星的家园。游客到了洛杉矶，一定会去参观好莱坞影城，津津乐道地评论和八卦贝莱尔（Bel-air，美国前总统里根的居住地）和贝弗利山庄（Beverly Hills）的主人们，因为大多数好莱坞的明星们以及众多的富豪都住在这里，比如演艺明星汤姆·克鲁斯、尼古拉

地分为南北两个校园，这两个校园都位于大学占地的东半部。北校园是原校园的中心，建筑以意大利文艺复兴时代建筑闻名，其中的鲍威尔图书馆（Powell Library）成为好莱坞电影的最佳拍摄场景之一。这里是艺术、人文、社会科学、法律和经济等学科的中心。北校园的中心是被橡树环绕的迪克森广场。这个广场曾在许多电影中出现。

鲍威尔图书馆内部

南校园的建筑物比较新，它的风格与北校园截然不同，这里是物理、生物科学、数学和工程技术等自然科学的中心。医学和它的附属建筑既不算南校园也不算北校园。

加州大学洛杉矶分校座落于洛杉矶繁华的西木区（Westwood），占地400多英亩（约1.6平方千米），没有围墙，整所大学与城市融为一体，车辆行人可以出入无拘。古老的欧式建筑掩映在绿树红花之间，随处可见松鼠跳跃嬉戏。

学校最初的校园设计遵循伦巴蒂文艺复兴艺术风格。包括中央图书馆在内的第一批四座建筑展现了精美的艺术细节，为校园面貌奠定了基础。第二次世界大战后，受到当时建筑潮流的影响，出现了很多现代化的简约建筑。20世纪

斯·凯奇，足球明星贝克汉姆，篮球明星科比、乔丹等等。进入这个顶级豪华的居住区，仿佛置身于一个世外桃源，四周到处翠绿晶碧，花团锦簇，大片的细绒如丝的草地覆盖着土地，粗壮的棕榈树在半空中撑开巨大的伞状的叶子，红、粉、蓝、黄、橙、白的花朵缀满了树木、藤蔓、篱笆，夏日的骄阳在头顶照耀，但地面上完全是一派春天的景色。

人们也许不了解，距离贝莱尔、贝弗利山庄、圣塔摩尼卡（Santa Monica State Beach，洛杉矶最有名的海滩之一）仅十几分钟车程，便是素有"小巴黎"之称的西木区（Westwood），这里有一个未来好莱坞明星和专业人才的摇篮，这就是加州大学洛杉矶分校（简称UCLA）。这所名校在洛杉矶处于绝佳的地理位置，离太平洋沿岸仅5英里（约8千米）的车程，位于一个时尚、充满购物乐趣及交通方便的地区，整个校园也如公园一般优美。加州大学洛杉矶分校是一所位于加利福尼亚州洛杉矶的美国顶尖的公立大学之一，是美国商业金融、高科技产业、电影艺术等专业人才的摇篮；是加州大学系统中的第二所大学，与加州大学伯克利分校齐名，皆是美国享有盛名的公立大学。它是南加州地区入学竞争最激烈的学校，也是整个加州学生人数最多的大学。

现任校长是吉恩·布洛克博士（Dr. Gene Block），这位精神病学和生物行为科学教授于2007年8月起担任加州大学洛杉矶分校校长。在此之前，他曾担任弗吉尼亚大学副校长和教务长。

多德楼

加州大学洛杉矶分校由1所本科生学院——文理学院、7所

90年代后兴建的工程大部分回归了建校之初的设想。

罗伊斯楼

罗伊斯楼（Royce Hall）是校园中四幢最初的建筑之一，现已成为加州大学洛杉矶分校的象征，大楼外观的设计灵感来自于意大利米兰的圣安布洛乔教堂。

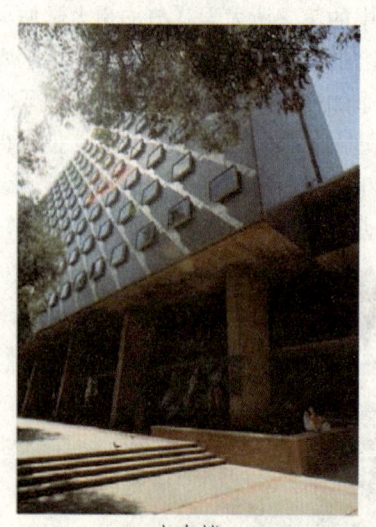

本奇楼

校园里最高的建筑是以校友拉尔夫·本奇的名字命名的本奇楼。本奇是一个非洲裔美国人，因调停巴勒斯坦的犹太人和阿拉伯人之间的冲突，使之达成停战协定而获得1950年诺贝尔和平奖。在这座建筑的入口，本奇的半身塑像俯瞰着弗兰克林·D·墨菲雕塑庭

专业学院和5所医学院组成。文理学院下设人文科学部、社会科学部、生命科学部、自然科学部、本科生部及国际学院，其各个学部下面又包含35个系——人文科学部下辖哲学、英语、法语、德语、比较文学等16个系；社会科学部下辖人类学、社会学、政治学、经济学、历史、地理学等9个系；自然科学部下辖物理学、数学、化学、统计、大气与海洋等6个系；生命科学部下辖心理学等4个系。7所专业学院是：艺术和建筑学院、教育和信息研究研究生院、亨利·萨缪利工程和应用科学学院（Henry Samueli School of Engineering and Applied Science）、法学院、安德森管理学院、公共事务学院，戏剧、电影和电视学院。5所医学院是：戴卫·格芬医学学院（David Geffen School of Medicine）、神经心理研究所、护理学院、牙医学院和公共卫生学院。

法学院

以上五所医学院加上加州大学洛杉矶分校医学中心及与其相关的研究和医疗中心，被统称为加州大学洛杉矶分校卫生科学中心。2005年加州大学洛杉矶宣布了一个建立干细胞生物学和医学研究所的五年计划。加利福尼亚州是目前美国唯一的一个为新的胚胎干细胞系列研究提供公共经费的州。加州大学洛杉矶分校还与加州大学圣塔芭芭拉分校一起，建立了加利福尼亚纳米系统研究所来创新纳米技术。

加州大学洛杉矶分校的特点有以下几个：

第一，学术实力，非凡脱俗。加州大学洛杉矶分校是互联网的发源地，更发现了全球第一例艾滋病。该校在学术上曾获多项殊荣，包括多项全美的科学奖章和诺贝尔奖。加州大学洛杉矶分校拥有全球所有大学中最大的电影和电视档案库，仅次于国会图书馆。加州大学洛杉矶分校的科研能力在全球公立大学中一直处

院。他是获此殊荣的第一个没有欧洲背景的个人和加州大学洛杉矶分校校友。

校友捐赠给学校的礼物

校园重大历史事件

➢ 1881 年，在洛杉矶居民的强烈游说下，加利福尼亚州立法机构授权在洛杉矶城区成立加州州立师范学院（后来的圣何塞州立大学）南部分校，以培训教师，满足南加州人口增长对教育的需求。1919 年 5 月 23 日，当时的加州州长威廉·斯蒂芬斯签署命令成立加州大学南部分部，学校的创始人是导演欧内斯特·卡罗尔·摩尔。

➢ 1927 年，学校改名为 University of California at Los Angeles，1958 年改为现在的名称。在最初的十年，学校位于今天称为佛蒙特大道的地方。1927 年 9 月 21 日，新校区开始修建。

➢ 1929 年，该校搬到了今天的校址西木区（Westwood），位于贝弗利山庄、贝莱尔、盖蒂艺术中心（Getty Center）与好莱坞附近。

➢ 1933 年，学校开始设立硕士学位，3 年后开始设立博士学位。加州大学洛杉矶分校在二次大战后 25 年中取得了重大的发展，修

于领先地位，科研基金总数多年处于全美前五。

加州大学洛杉矶分校学术环境充满了竞争和紧张，以知识的传导为主，以学生毕业后的就业能力为制定教育方针的重要考量因素。学生们都很聪明、勤奋，但要想在众多的尖子生中出类拔萃极其不易。该校学科种类齐全，较强的专业非常之多，拥有很强的学术名誉。有些学科和院系在全美处于领先水平，像大气与海洋科学、地球与空间科学、医学院、教育学院、安德森管理学院、工程和应用科学学院，特别是电气工程，被公认为是具有学术领头人的地位；戏剧、电影和电视学院也堪称一流，其学生有机会到意大利维罗那进行交换生项目的学习。

与其他实行双学期制的大学相比，加州大学洛杉矶分校实行比较特别的"学季制"，每个学年被分为 3 个阶段，每个阶段为期 10 周，这样的学习模式往往会让学生觉得时间很紧张，课业也更多。该校学生人数众多，课堂人数自然也很多。三分之二的本科课堂的人数在 50 人上下。虽然有的专业班级规模大，但是可以通过修读其他感兴趣的专业或语言课程来平衡，语言课程通常是低于 20 人的小班授课。加州大学洛杉矶分校的教授都很优秀，十分愿意接受学生的拜访和提问，他们知识渊博，平易近人，能为学生提供很多帮助。

神经精神病学研究所和医院

第二，课程设置，丰富多彩。除了熟知的表演艺术课程、社会学科、商业学科、工程生化、法律医学外，加州大学洛杉矶分校有关于电影电视制作、行销公关及广告的科系是全美国最好的，所以这里是好莱坞娱乐圈精英的摇篮。课程方面，学校提供超过 3000 个科系与课程供学生选择，除了可以自由跨系选课及转系外，学生还可以交换学生的方式到国外修课且获得学校承认的学

建了大量的校舍，学生人数大增。

校园杰出人物

加州大学洛杉矶分校先后共有6名教授与5名校友获得诺贝尔奖，他们是：

➢ 路易斯·伊格纳罗（Louis J. Ignarro），该校现任教授，美国药理学家，获得1998年诺贝尔生理学或医学奖。

➢ 保罗·波伊尔（Paul D. Boyer），自1963年起，任该校教授，美国生物化学家和分析化学家，获得1997的诺贝尔化学奖。

➢ 唐纳德·克拉姆（Donald J. Cram），1947至1955年，任该校助理教授，1955至1987年任该校教授，美国化学家，获得1987年诺贝尔化学奖。

➢ 朱利安·施温格（Julian S. Schwinger），1972年起任职于该校，美国理论物理学家，获得1965年诺贝尔物理奖。

➢ 威拉德·利比（Willard F. Libby），1959至1976年任该校教授，美国物理化学家，获得1960年诺贝尔化学奖。

➢ 理查德·赫克（Richard F. Heck），1952年毕业，学士学位，1954年毕业，博士学位，美国化学家，获得2010年诺贝尔化学奖。

➢ 埃莉诺·奥斯特罗姆（Elinor Ostrom），1954年毕业，学士学位，美国政治学者，获得2009年诺贝尔经济学奖，是历史上第一个获得诺贝尔经济学奖的女性。

➢ 威廉·夏普（William F.

分。该校学生除了美国本地学生外还包括来自世界125个国家，堪称一个小型学术联合国。

加州大学洛杉矶分校新生录取率不到22%，然而该校设有推广进修部，在繁华的大洛杉矶地区提供极具声望的教育课程，给予工作的成年人或学术条件稍弱的学生机会进入加州大学洛杉矶分校进修或攻读学位。更有暑期进修课程开放给外国高中及本科的学生修课。这就为外国学生提供了一条进入加州大学洛杉矶分校的捷径。如果未来取得加州大学洛杉矶分校的正式入学许可，所修习的学分可以全部抵免。暑期课程所提供的大学学分课程包罗极广，除了英语课程外，几乎涵盖文、理、工、商、管理及艺术等各个领域。

布罗德艺术中心

第三，多元文化，五洲四海。加州大学洛杉矶分校充满无限活力，非常多元化。来到该校学习的学生都能很快融入学校开放的授课环境和浓厚的电影艺术氛围中，所以，在这里每个学生的学习生活都会异常精彩。各种文化千差万别但又相互交融，构成了洛杉矶分校最具魅力的个性特征之一。

从学生构成来看，将近40%的本科生是亚裔学生，与美国其他大学相比这个比例是相当庞大的，亚洲文化的影响可见一斑。西班牙裔占16%，非洲裔占3%。这里的学生来自非常不同的文化背景，无论什么兴趣、信仰和文化，都能够被大家理解和接受。该校有好几个学生主办的杂志，包括女性杂志《一起》(Together)、美国亚裔的新闻杂志《太平洋纽带》(Pacific Ties)。加州大学洛杉矶分校还是美国极少数允许男性同性恋兄弟会和女性同性恋姐妹会存在的大学之一。

加州大学洛杉矶分校的多元化还表现在与社区和当地主流文

Sharpe），1955 年毕业，学士学位，1956 年毕业，硕士学位，斯坦福大学金融学教授，获得 1990 年诺贝尔经济学奖。
➢ 罗伯特·布鲁斯·梅里菲尔德（Robert Bruce Merrifield），1949 年毕业，博士学位，美国生物化学家，获得 1984 年诺贝尔化学奖。
➢ 格伦·西博格（Glenn T. Seaborg），美国科学家，获得 1951 年诺贝尔化学奖。
➢ 拉尔夫·本奇（Ralph Bunche），1927 年毕业，学士学位，美国政治学者，获得 1950 年诺贝尔和平奖，是第一个获得诺贝尔和平奖的黑人，也是获此殊荣的第一个有色人种。

此外，还有 9 位教员曾荣膺国家科学奖；2008 年有两位教授获得普利策奖；有上百人荣膺古根海姆&富布赖特奖学金奖。该校校友中的杰出人物还有：
➢ 陶哲轩（Terence Tao），澳籍华裔，获得 2006 年数学领域的诺贝尔奖——菲尔兹奖。
➢ 贾雷德·戴蒙德（Jared Diamond），医学院生理学家、美国科学院院士，其历史著作《枪支、细菌、钢铁：人类社会的各种命运》获得 1998 年普利策历史类奖。
➢ 艾略特·希（Elliott See），1962 年毕业，学士学位，美国国家航空和宇宙航行局宇航员。
➢ 格伦·杜姆克（Glenn S. Dumke），1942 年毕业，博士学位，美国历史学家，曾任加州州立大学校长（1962 至 1982 年）。

化机构的合作。洛杉矶分校的直播节目在洛杉矶的罗伊斯大厅展映。同卡内基大厦和林肯大厦一样，罗伊斯大厅是全美国最大的音乐厅之一，它不仅因其内部完美无瑕的装潢和纤毫毕现的声效而享誉全球，而且也因出产杰出的艺术家而蜚声海内外。作为加州大学洛杉矶分校的现场直播演出场所，罗伊斯大厅最宝贵的遗产不仅仅在于为公众提供一份时兴文化潮流的菜单，更在于它在其他文化事业中所扮演的重要角色。

第四，当地氛围，贬褒不一。洛杉矶的城市主题文化为"艺术梦幻"。艺术家们的艺术梦幻，成就了这个城市的无限资源，成就了好莱坞无烟工厂的巨大市场。这种紧跟市场脚步、紧随市场脉搏的文化现象与新英格兰地区传统的文化背景、文化理念和文化习俗有着巨大的差异。洛杉矶常常被形容成一个阳光充沛但缺少文化的城市。洛杉矶当地的文化习惯不一定被所有学生接受。"洛杉矶文化"是指极快的生活节奏、好莱坞式的娱乐方式和过于注重外表的社交模式。入乡随俗，不管人们喜欢或不喜欢，这种文化氛围对加州大学洛杉矶分校的校园文化产生着无法消除的影响。尽管不少人对这种文化中的肤浅成分和媚俗倾向十分讨厌，比如学生的浓妆艳抹、怪异发型，借用认识的名人来抬高自己身价的行为等等，但也有很多人对阳光充足的南加州沿海地带比较留恋。

加州大学洛杉矶分校与坐落在洛杉矶另一端的南加州大学（USC）学校综合实力非常接近，在全美的排名也不分伯仲，为"同城死敌"。每当两家在各大体育赛事中狭路相逢，火药味自然不会轻。与南加州大学橄榄球比赛的前一周被洛杉矶分校的同学称为"Beat SC Week"。

80 多年的发展让加州大学洛杉矶分校从单纯的两年制大学发展成了国际性的研究型大学。作为一个领头的科学研究中心，加州大学洛杉矶分校拥有 190 多个学术研究领域和杰出的教师队伍，其优越的学术成就使得该校长期稳居美国最优秀大学的排名之列。该校历年来投入研究的经费是其他学校的 3 倍以上，足见其对学术品质的重视。尽管该校规模很大，但校园内人人都十分友好，体现出团结向上的学校精神。

◎ 学校图书馆

加州大学洛杉矶分校图书馆系统拥有 10 个分图书馆，它们是学院（本科生）图书馆（鲍威尔图书馆，Powell Library）、艺术图书馆、路易斯·达林生物医学图书馆（Louise M. Darling

➢ 汤姆·梅恩（Thom Mayne），1993年任职于该校，2005年普立兹克（Pritzker）建筑奖获得者。

所在地概况及公共设施

加州大学洛杉矶分校的校园位于洛杉矶西部，日落大道的南部。这个校园的建筑和优美的风景受到很多旅游者的赞扬。该校周围是洛杉矶地区最精华的地段，是最安全及时尚的区域。

洛杉矶也是全球流行文化的领头城市，在大众娱乐——诸如电影、电视、音乐方面构成了洛杉矶的国际声誉和全球地位。这里拥有妇孺皆知的好莱坞电影王国、迪斯尼乐园，充满中国传统气氛的中国城是让很多在美国的华人感觉非常亲切的地方。洛杉矶因好莱坞的存在而名扬全球，洛杉矶也因好莱坞的电影业而成为世界电影之都，所以说好莱坞的高度就代表着洛杉矶的高度，好莱坞的成功也就代表着洛杉矶的成功，好莱坞是洛杉矶城市主题文化的极致彰显。

好莱坞山

洛杉矶位于地中海型气候带，气候温和。大体上终年干燥少雨，只是在冬季降雨稍多。全年阳光明

Biomedical Library）、理查德·鲁道夫东亚图书馆（Richard C. Rudolph East Asian Library）、休与海柔尔·达林法学图书馆（Hugh and Hazel Darling Law Library）、尤金与玛克辛·罗森菲尔德管理图书馆（Eugene and Maxine Rosenfeld Management Library）、音乐图书馆、查尔斯·扬研究图书馆（Charles E. Young Research Library）、南部图书馆和科学与工程图书馆，以及其他11个档案室、阅览室和研究中心。该馆藏书已经超过800万册，期刊达7万多种。就藏书量而言，该馆是美国第14大图书馆。这也是加州大学洛杉矶分校闻名遐迩的一大理由。

鲍威尔图书馆

加州大学洛杉矶分校校内的第一个图书馆"大学图书馆"（现鲍威尔图书馆）最早成立于1884年，甚至比洛杉矶分校的历史还要悠久。1910年伊丽莎白·法戈成为大学的第一位图书管理员。1944年，劳伦斯·鲍威尔成为图书馆长，开始对图书馆进行一系列大修和改造。1959年，他被任命为图书馆学院的院长。1973年，佩姬·阿克曼成为"大学图书馆"馆长，是美国同类大小图书馆的第一位女性馆长。她亲自完成加州大学洛杉矶分校各学院图书馆间的协调，形成了一套新的行政管理网络，至今仍被使用。她退休时，该校图书馆系统已经在不同的馆长领导下取得了平稳的进步。目前图书馆馆长是加里·斯特朗，2003年9月1日起担任现职。

现在的鲍威尔图书馆大楼建造于1929年。这是一座典型的意大利罗马式建筑，八角形的顶层塔楼具有意大利博洛尼亚的斯泊卡洛教堂塔楼特征，而图书馆主入口的设计风格则吸收了意大利维罗纳圣·齐诺教堂的建筑特色。鲍威尔图书馆建成初期作为人文和社会学科图书馆使用，目前则主要为本科学生提供图书及电

媚，基本上极少时间会在冰点以下，气候温和宜人，平均气温12℃左右。

抵达方式

洛杉矶国际机场（Los Angeles International Airport，当地人一般皆以洛杉矶国际机场的代号"LAX"来称呼该机场），是美国加州大洛杉矶地区的主要机场，是世界上第5繁忙的机场，同时也是最大、距离市区最近的机场，现在每年可接待旅客6100万人和200万吨货物。

该地区其他主要的商业机场还有：洛杉矶世界机场、鲍勃·霍普机场、长滩机场、约翰·韦恩机场、帕姆代尔地区机场、范-纳依斯机场、安大略国际机场。

洛杉矶大众捷运系统是美国加州洛杉矶地区的城市大众捷运系统，由洛杉矶大都会交通运输局负责营运。于20世纪初中叶营运的太平洋电力铁路红色列车与洛杉矶铁路的黄色列车，可视为今日系统的前身。目前，此系统拥有三条轻轨系统与两条地下铁路，路线总长共计118千米，62个车站。

学校班车

虽然校园内有许多地下和地上的停车场，停车场的数量还是不

子书籍资料等服务。

◎学校生活条件

加州大学洛杉矶分校为10000多名本科生和2900多名研究生提供住宿，约91%的该校全日制学生居住在校园内。校园西部的一个山坡上的14个宿舍群里住着近8000名学生。这里还有4个学生食堂。从2010年开始他们可以住4年，也就是说在整个学业期间都可以在校园内住宿。

1976年开办的第一家咖啡屋

自2009年秋启动的宿舍扩建计划将在原有宿舍的周围建设4座新的宿舍楼以及一个新的食堂。工程预计将于2013年完工。届时校内住宿人数可增加约1500人。此项工程的宗旨在于为所有想住在校内的学生提供宿舍。

体育馆

加州大学洛杉矶分校是体育传统强校，是全美运动排名第一的大学。该校体育社团获奖不断（该校的篮球队在全美大学生体育协会（NCAA）中获得冠军最多，号称篮球学校）。该校曾在著

从此，扬帆启航……

够。学校向职工和从远处来的学生提供停车优惠，鼓励住在离学校5英里（约8千米）以内的学生使用公共交通工具。学校另有每日发出的160辆班车（Vanpool），为洛杉矶地区85个社区的学生提供接送服务。班车最远可到达距学校80千米以外的圣伯纳迪诺郡。

名教练约翰·伍登（John Wooden）的率领下，夺得10届NCAA男子篮球赛冠军，其中最为辉煌的是1967至1973年的7连霸。历年来有250多名洛杉矶分校的运动员参加奥林匹克运动会，获得195枚奥运奖牌。学校传统的运动项目，如篮球、田径及美式足球的成绩更可说是冠于全美。如果您想要寻找的是一所拥有高知名度的、优良的学术水准及疯狂的美式运动项目的大学，加州大学洛杉矶分校绝对是全美国您最好的选择。

University of California, San Diego　加州大学圣迭戈分校

排　　名：	35	校训：		校徽：
建校时间：	1959 年	*Fiat Lux*（拉丁语）		
学校类型：	公立	Let there be light.		
IBT 最低线：	83	学校网址：http://www.ucsd.edu		
SAT：		申请网址：		
CR：	540 – 660	http://www.ucsd.edu/apply/		
Math：	600 – 710	undergraduates		
Writing：	560 – 670	咨询电话：858-534-4831		
ACT Composite：	24 – 30	咨询传真：858-534-5629		
注：提交 2 科不同学科 SAT II 成绩		咨询邮箱：admissionsreply@ucsd.edu		
送分代码：		申请费：$60		吉祥物：
IBT：	4836	学　费：$22021		
SAT I：	4836	总费用：$50737		
ACT：	不详			
毕业率：		申请截止时间：		
4 年毕业率：	55%	RD：11 月 30 日		
6 年毕业率：	83%			
学生人数：		申请材料邮寄地址：		
在校生总数：	29110	Admissions Advising		
本科生人数：	23143	Student Services Center, First floor, south		
人员比：		UC San Diego, 9500 Gilman Drive MC		
师生比：	1：19	0021La Jolla,		
男女生比：	48：52	CA 92093-0021　USA		
国际学生比：	7%			

校园标志性建筑

圣迭戈分校校园环境优美，建筑风格以 16 世纪文艺复兴时期西班牙的建筑为蓝本。校园位于南加州圣迭戈市的拉荷亚（La Jolla）社区，毗邻美国与墨西哥边界，邻近太平洋。校园占地面积约 1200 英亩（4.9 平方千米）。

该校标志性建筑当数建成于

◎学校概况

世界上有一个地名在西班牙语国家里经常被重复使用，这就是圣地亚哥（Santiago）。智利首都圣地亚哥，是一座拥有 400 多年历史的古城；位于古巴东部的圣地亚哥，是古巴的第二大城市和第二大海港；巴拿马第三大城市、贝拉瓜斯省首府圣地亚哥是这个国家最古老的城市之一；西班牙西北部城市圣地亚哥在中世纪为朝圣地，有建于 1532 年的古老大学。在美国加利福尼亚州与墨西哥交界处有一港口城市，它是西海岸的天然良港，也是加州南部唯一的天然良港，扼控着太平洋东部海域，名叫San Diego，

从此，扬帆启航……

1970 年的盖泽尔图书馆（Geisel Library），这幢以混凝土和玻璃为主要建筑材料的未来派的建筑由美国著名建筑学家威廉·佩雷拉（William Pereira）设计。这个图书馆起初被称为"中央图书馆"，直到 1993 年才重新翻修完工，后来被称为大学图书馆。1995 年这幢建筑以奥德丽和西奥多·苏斯·盖泽尔（当地人称为"苏斯博士"）的名字命名，以纪念他们对图书馆建设的慷慨解囊。盖泽尔一家是圣迭戈分校所在地拉荷亚的长期居民。这座图书馆里包含了文科图书馆、曼德维尔特殊收藏图书馆、理科和工程图书馆、社会和人文学科图书馆等 4 个图书馆。

由于特殊的造型和精美的设计，这幢大楼曾多次作为电影场景的外景地，其中包括 2010 年电影《盗梦空间》中的白雪城堡。

盖泽尔图书馆

校园重大历史事件

➢ 1956 年，加州大学董事会最初批准建设圣迭戈分校时，其设想是将这所学府办成在自然科学和工程领域有所建树、在质量上能够与加州理工学院相媲美的研究生院。圣迭戈的居民十分支持这所高校的建设，投票决定将斯克利普斯

因读音基本相近，常常被错译为"圣地亚哥"，正确译名应为圣迭戈。这是美国一座古老的城市，也是美国的第七大城市，约有 130 万人口，多为墨西哥和西班牙人的后裔，通行西班牙语。该市的气候条件非常好，邻近海滩和山峰，每年吸引数以万计来自世界各地的游客，户外活动多种多样，包括游泳、潜水、爬山和攀岩等。在一座平顶山上，有一所知名的高校，可俯瞰圣迭戈湾。这就是加州大学圣迭戈分校（简称UCSD）。

加州大学圣迭戈分校是一所位于美国加州的著名公立大学，为美国全国性第一级的大学，也是一所天主教教育机构。这所学府属于加州大学系统之一，位于南加州圣迭戈市的拉荷亚（La Jolla）社区。加州大学圣迭戈分校是美国最著名的公立大学之一，也是世界著名的研究性大学，在美国以至全球均享负盛名，多年来的大学评比中加州大学圣迭戈分校也是名列前茅。

厄尔·沃伦学院

成立于1959 年的加州大学圣迭戈分校拥有占地 500 多英亩（约 2 平方千米）的校园，虽然建校只有短短的 50 年，但是已经成为美国顶尖以研究科学为主的研究型公立大学。此间学校亦被誉为"公立常春藤"之一，同时也是美国重要的学术联盟美国大学协会的成员。

现任校长是玛丽·安妮·福克斯（Mary Anne Fox），这位世界闻名的化学教授自2004 年7月9日开始担任该校的第7任校长。在此之前，福克斯从 1998 至 2004 年任北卡罗莱纳州立大学第 12 任校长，并且是该校杰出的化学教授。

加州大学圣迭戈分校有如下几个特点：

第一，学士学院系统。学校以自然科学著称，大学部共有 6 所小型学院，每所学院有自立的住宿设备及不同的毕业标准。学生可在任何一个学院攻读然后顺利毕业。这个组织方式是从牛津大学和剑桥大学引用过来的，有点跟加州大学圣塔克鲁兹分校和普林斯顿大学大学类似。每个学院有它自己的校园和学生宿舍，其学科设置也各不相同，每个学院的学科要求和学术思想也各不研究院（美国太平洋海岸的综合性海洋科学研究机构）附近海边的59英亩（约0.24平方千米）山地转让给圣迭戈分校。

➢ 1960年，该校的研究生部开学，当时仅有20名教职人员，专业涉及物理、生物、化学和地球科学等。玛丽亚·格佩特-梅耶同年被任命为该校的物理教授，她于1963年获得诺贝尔物理学奖。

➢ 1963年，新招聘的自然科学和工程学院教学人员全部到岗，社会科学和人文科学学院的大楼也在施工中。首任校长赫伯特·约克（Herbert York）辞职，约翰·加尔布雷斯（John Semple Galbraith）于1964年上任担任第二任校长。

➢ 1964年，圣迭戈分校开始迎来第一批181名本科生新生，次年被指定为罗杰·芮维尔学院的学生。同年，联邦政府批准成立第二学院，该学院在1966年4月被重新命名为约翰·缪尔学院。1966年圣迭戈分校医学院也招收该院的第一批本科生。

校园杰出人物

加州大学圣迭戈分校现有13万健在的校友，分布在加州、美国以及世界各国的科学、商务、研究、艺术、社会革新和政治事务等领域，发挥着重要作用。历史上曾有16位诺贝尔奖获得者出自加州大学圣迭戈分校。他们是：

➢ 阿内丝·阿尔文（Hannes Alfven），1967至1991年担任该校教授，获得1970年诺贝尔物理学

相同。这样的组织方式使得整个大学对于每个学生来说变小了，因为同一学院的学生是同在一起吃住的。大多数进入圣迭戈分校的新生都会用头两年的时间在自己的学院生活和学习。

加州大学圣迭戈分校有6个学院：罗杰·芮维尔学院（Roger Revelle College）、约翰·缪尔学院（John Muir College）、瑟古德·马歇尔学院（Thurgood Marshall College）、厄尔·沃伦学院（Earl Warren College）、埃莉诺·罗斯福学院（Eleanor Roosevelt College）、第六学院（Sixth College）。1964年建立的罗杰·芮维尔学院是该校的第一个学院，其主要方向是经典的文学艺术。1967年建立的约翰·缪尔学院是第二个学院，提供弹性且有选择性的基本教育。1970年建立的瑟古德·马歇尔学院强调合作和多文化主义。1974年建立的厄尔·沃伦学院强调全面化的教育，同时要求其学生选择两个不相关的学科作为主科。1988年建立的埃莉诺·罗斯福学院强调全球化，其教育结合文化和跨学科，包含西方和非西方的文化。2002年建立的第六学院强调文化、艺术和技术中的历史和哲学联系。

埃莉诺·罗斯福学院

约翰·缪尔学院 　　　　　校园小径

第二，两种文化氛围。圣迭戈分校呈现出两种不同的校园文化。一种文化是由非常用功的自然科学专业学生所带来的，他们

奖。
- 悉尼·布里诺（Sydney Brenner），曾任该校医学院副教授，获得2002年诺贝尔生理学或医学奖。
- 弗朗西斯·克里克（Francis H. C. Crick），曾任该校教授，英国分子生物学家、物理学家和神经系统科学家，获得1962年诺贝尔生理学或医学奖
- 保罗·克鲁岑（Paul Crutzen），1992年以来任该校教授，获得1995年诺贝尔化学奖。
- 罗纳托·杜尔贝科（Renato Dulbecco），曾任该校名誉教授，获得1975年诺贝尔生理学或医学奖。
- 罗伯特·恩格尔（Robert F. Engle），1975年任该校教授，2003年退休，获得2003年诺贝尔经济学奖。
- 玛丽亚·格佩特-梅耶（Maria Goeppert-Mayer），1960年起任该校教授，直到1972年去世，获得1963年诺贝尔物理学奖。
- 克莱夫·格兰杰（Clive W. J. Granger），该校名誉教授，获得2003年诺贝尔经济学奖。
- 罗歇·吉耶曼（Roger Guillemin），1970年在该校实验室工作，直到1989年退休，获得1977年诺贝尔生理学或医学奖。
- 罗伯特·霍利（Robert W. Holley），曾任该校医学院副教授，获得1968年诺贝尔生理学或医学奖。
- 哈里·马科维茨（Harry M.

肩负着大量的学术任务，所以他们并不会把大部分精力放在校园活动上。另一种文化主要是由那些所学学科比较容易的学生引领的氛围，他们组织兄弟会和姐妹会的聚会，在海滩附近安排很多活动，以享受和取乐为主要目的，仅此而已。

由于圣迭戈分校缺少社区的感觉，所以这个地方很难像美国东部地区的学府一样形成自己独特的校园文化，没有大学精神，学生们认为他们的生活并不是典型的大学生活。这是学生过度专注于学业和冷漠的环境两方面原因造成的结果。除了学习之外，一个重要原因是旅游业十分发达的圣迭戈房租太高，导致了校园以外不可能有学生聚居的地方。学府所在地拉荷亚（La Jolla）就禁止成立学生联谊会并且不允许这个组织有房子。学生们因此认为当地人极端的势利，学生们和拉荷亚社区的关系也并不融洽。

第六学院

第三，雄厚研究实力。 在一流教育实力的基础上，圣迭戈分校还着重强调其以科研为导向的高等学府定位。学校每年平均有19亿的研究经费，超过了伯克莱分校和洛杉矶分校，居于加州大学系统的首位。圣迭戈分校也拥有一流的研究和教学设施，建有音乐研究中心、语言研究中心、加利福尼亚研究所、地球和行星物理学研究中心、海洋资源研究中心、纯自然科学和应用科学研究所、癌症研究中心、天文物理和空间科学研究中心、进化生物学研究中心、能源研究中心、圣迭戈巨型计算机研究中心、信息处理研究中心、拉美研究中心、美国——墨西哥研究中心等一大批科研机构。

圣迭戈分校非常重视本科教育，这从2万多名本科生和4千余名研究生的学生人数比例就可以看出一二。学校采取小班授课，学术气氛浓厚，是向往新鲜事物、追求超越平凡的学子们游学的天堂。圣迭戈分校有着坚强的师资阵容，其理科师资力量排在全美公立大学的首位，其教师中还产生了5位诺贝尔奖得主和一位宇航员。

Markowitz），现任该校金融经济学教授，获得 1990 年诺贝尔经济学奖。

➢ 马里奥·莫利那（Mario J. Molina），2004 年起任该校教授，获得 1968 年诺贝尔化学奖。

➢ 乔治·帕拉德（George E. Palade），1990 至 2008 年任该校教授，获得 1974 年诺贝尔生理学或医学奖。

➢ 莱纳斯·鲍林（Linus Pauling），曾任该校教授，获得 1954 年诺贝尔化学奖和 1962 的诺贝尔和平奖。

➢ 钱永健（Roger Y Tsien），1989年以来任该校教授，获得2008年诺贝尔化学奖。

➢ 哈罗德·尤瑞（Harold C. Urey），曾任该校教授，获得 1934 年诺贝尔化学奖。

所在地概况及公共设施

圣迭戈位于加州西南部，是美国的第 6 大城市，以全美国最舒适的气候、主题娱乐公园和文化历史建筑闻名，被评为美国最棒的 10 个城市之一，同时也是美国最安全的城市之一。无论是充满殖民风味的西班牙式建筑，还是帆船游艇林立的拉荷亚海滩，或是美国青少年最爱的圣迭戈海洋世界及圣迭戈动物园等，圣迭戈以美丽风光及其友好的居民吸引了全世界各地的观光客。此外，圣迭戈已成为加州第二个以高科技产能为主轴的城市，直逼旧金山湾区的硅谷，已不仅是一个观光的胜地，更是美国西岸未来 10 年经济及教育发展最快

美国 50 所最佳大学

太阳神

最新的统计数据中显示，申请加州大学圣迭戈分校的学生数量越来越多，名列加州大学系统前列。该校拥有的宽裕的联邦教育经费与世界级的研究实验室、教室设备和专业图书馆等资源，更使其在各种权威校际评鉴中，始终名列前茅。圣迭戈分校现有约 2.7 万名学生，校内各种设施齐全，奥林匹克游泳池、最先进的健康运动设施中心，书店、戏院、音乐厅，各种不同口味的餐厅、社团文化中心等，应有尽有。在此学习，国际学生们有机会体验到真正的美国式大学生活。

◎**学校图书馆**

本科生图书馆

作为美国研究图书馆协会最年轻的会员，圣迭戈分校图书馆名列北美公共研究型图书馆第 25 名,拥有 700 万种纸质和数字图书、期刊和多媒体资料，为该校的师生和公共成员服务。每天，有 7300 多人造访圣迭戈分校的 9 个图书分馆，另外每天还有

加州大学圣迭戈分校

速的城市。今天，在圣迭戈聚集了许多著名的无线通信公司。除高通外，德州仪器、三星、Intel、摩托罗拉、松下等全球主流的高科技企业均在此地设有专门的无线通信研发机构。

南加州几乎代表着完美的天气、美丽的海滩和友善放松的环境。而圣迭戈市，简直就是天堂。这个受欢迎的加州发源地有理想的气候，漫无边际的沙滩、深海港口和各种让人留恋往返的景点。你可以在这个人间仙境去尝试打高尔夫球、网球、冲浪、潜水、风帆、钓鱼、滑水、骑马、溜冰或慢跑，户外的娱乐是数不尽的。

圣迭戈属地中海型气候。平均气温：1月13℃，8月22℃。极端最低气温-3.9℃，最高43.9℃。年降水量265毫米，12月至次年3月为雨季。

抵达方式

圣迭戈是美国最好的大学城之一，往南就是墨西哥，往北就是洛杉矶，距离大学约两个小时的车程。

圣迭戈国际机场，也称林德博格国际机场（Lindbergh International Airport），是圣迭戈最主要的商业机场。该机场是美国最繁忙的单跑道机场，每年有超过1700万游客往返于该机场。往返于该机场的有美国国内航班，另外还有往返于墨西哥、加拿大等地区的国际航班。圣迭戈国际机场离市区只有3英里（约5千米）的距离。

87500人次访问这个图书馆的网址。这个图书馆还统领着圣迭戈区域的图书馆网络，使得所有图书馆卡持有者能够在圣迭戈郡境内的任何一所图书馆借阅图书。

圣迭戈分校图书馆系统共由9个分馆组成，其中包括：文科图书馆、生物医学图书馆、图书馆和教学计算服务中心、国际关系和太平洋研究图书馆、曼德维尔特殊收藏图书馆、医学中心图书馆、理科和工程图书馆、斯克利普斯海洋研究所图书馆、社会和人文学科图书馆。

◎ **学校生活条件**

需要申请校内宿舍的学生可以通过电子邮件申请选择自己的宿舍，在3月到5月份之间，申请者需要经常查看来自负责学生宿舍办公室的回音。例如，2010年5月18日就是所有6个学术学院的宿舍选择日。当然，具体开始的时间6个学院可能各不相同，但是所有的学生可以在这一天选择校内的宿舍。详情可登录圣迭戈分校的官方网站。

学生宿舍楼间回廊

高年级的学生可以到校外租房居住，但需要花费相当多的时间和精力，比如要准备好一份承租人的简历，确定租房的类型和具体要求，查询校外房源的名单，等等。也可以通过报纸的广告和互联网进行查询。

圣迭戈分校正式登记注册的学生社团有约500个，涉及上百个领域。

体育运动颇受该校学生们欢迎，学校共参加全美大学生体育协会23个校际项目的比赛。圣迭戈分校共获得29个全美冠军、67个地区冠军和75个协会冠军。其中，女子排球、网球多次获

机场巴士不仅通往市中心，还停靠于 the main Santa Fe Station，此站可换乘火车站和有轨电车。

公共汽车、火车、高速公路、渡轮以及电车都是圣迭戈最为经济和方便的公共交通设施。城市不仅有着非常发达的美国国内城市间交通网，其本身的公共交通网同样非常发达。近 50 千米长的轻轨电车线路环绕着圣迭戈市中心，同时还与东郡（East County）、旧城、密申谷（Mission Valley）等地相连。

圣迭戈城当地的公共巴士由圣迭戈通运公司负责。大部分线路的常规价格为 2.25 美元。在机场、公交车站、火车站或港口码头都不需要叫出租车。不过，如果您需要去往其他地方，则可以通过拨打电话或是在路边叫出租车。如果您只是在圣迭戈市区游览是不需要租车的，但如果您想去其他城市或是前往墨西哥，租车自驾无疑是最为方便快捷的方式。

得全美冠军，男子水球、排球也实力不俗。

"海神"精神

主体育馆

University of California, Santa Barbara 加州大学圣塔芭芭拉分校

排　　　名：39	校训： Fiat lux （拉丁语） Let there be light.	校徽：
建校时间：1909 年		
学校类型：公立		
IBT 最低线：79	学校网址：http://www.ucsb.edu	
SAT：		
CR： 540 – 660	申请网址：http://www.admissions.ucsb.edu	
Math： 550 – 670	咨询电话：805-893-2881	
Writing： 540 – 690		
ACT Composite：24 – 30	咨询传真：805-893-2676	
送分代码：	咨询邮箱：admissions@sa.ucsb.edu	
IBT： 4835		
SAT： 4835	申请费：$60	吉祥物：
ACT： 不详	学　费：$22021	
毕业率：	总费用：$34565.14	
4 年毕业率： 62%	申请截止时间：	
6 年毕业率： 81%	RD： 11 月 30 日	
学生人数：	申请材料邮寄地址： Office of Admissions 1210 Cheadle Hall University of California Santa Barbara, CA 93106-2014　USA	
在校生总数： 22026		
本科生人数： 18415		
人员比：		
师生比： 1 : 17		
男女生比： 45 : 55		
国际学生比： 1%		

校园标志性建筑

　　加州大学圣塔芭芭拉分校是美国仅有的几所拥有自己海滩的大学之一，占地 1055 英亩（约 4 平方千米），位于洛杉矶西北 100 英里（约 161 千米）处的加州海滩上。校园可划分为三个部分：主校园、史托克校园（Storke Campus）和西校园（West Campus）。它们围绕着景岛社区（Isla Vista）。校园三

◎**学校概况**

　　里维埃拉（Riviera）别名蔚蓝海岸，是对西班牙、法国及意大利在地中海沿岸地区的统称。那里是一片金色阳光、蔚蓝海水的天地。有人把美国加州的圣塔芭芭拉市（Santa Barbara）称之为美国的"里维埃拉"，这一点也不夸张。圣塔芭芭拉市在洛杉矶以北 120 英里（约 193 千米）处，这里处处充满地中海风情，白墙红瓦、盎然绿意、湛蓝的海水、金黄色闪耀的沙滩，海边棕榈树非常修长，沿海岸一字排开，加上色彩缤纷的花园草圃，整个市容显得雅致迷人，似乎是披上一层欧式风格的浪漫面纱。这里是加州最安全和富裕的城市之一，既拥有悠闲的海湾生活，同

面被太平洋海水所包围，有着数英里长的海岸线和自己的环礁湖，沿着这些海岸线、环礁湖，修建了多条步行道和自行车小径。

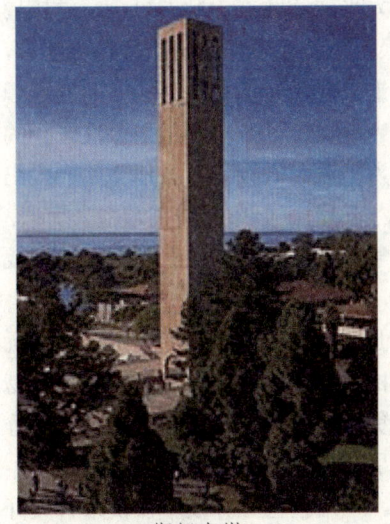

斯托克塔

斯托克塔（Storke Tower）既是圣塔芭芭拉分校标志性建筑物，也是圣塔芭芭拉市最高的建筑，建成于 1969 年。校园里很多早期建筑均是著名的设计师查尔斯·卢克曼的作品，采用弗兰克·劳埃德·赖特风格，大量运用有图案的煤渣砖。这些设计理念在该校其后的很多建筑物上都可以看到。

坎贝尔会所（Campbell Hall）是该校最大的讲堂，拥有 860 个座位，这里也是圣塔芭芭拉分校进行系列艺术、讲课的主要场所，经常有为校园和附近社区的特别演出、电影、讲座等活动。

校园重大历史事件

➢ 1909 年，加州大学圣塔芭芭拉分校的前身——圣塔芭芭拉州

时散发迷人的都会色彩，众多好莱坞明星在此置业，例如迈克尔·杰克逊（Michael Jackson），著名电视女主持人欧普拉（Oprah Winfrey）等，山谷地区豪宅林立。

在圣塔芭芭拉市以北 10 英里（约 16 千米）处的一个半岛上，有一所最受冲浪、滑雪爱好者欢迎的学府，因为其校园有海滩让学生冲浪，附近有可以进行冬季滑雪的山坡，这里两面环海，紧临太平洋，水上活动十分兴盛，游泳、冲浪、钓鱼、赏鲸、风帆，均是校园的热门活动，若是怕水的话，也有攀岩、登山、健行、骑马等活动。这就是加州大学圣塔芭芭拉分校。

加州大学圣塔芭芭拉分校（简称 UCSB）是美国加利福尼亚州大学系统的 10 所分校之一。近 10 年来，加州大学圣塔芭芭拉分校为美国学术实力提升最快的学府之一，时常会在各项的评比中看得到学校的名称。该校师资力量也非常雄厚，学校中有 5 位教授曾荣获诺贝尔物理学奖、化学奖的殊荣。其工学院、文理学院、海洋研究十分出名。圣塔芭芭拉分校拥有 12 个国家研究中心，其中包括卡夫利理论物理研究所（the Kavli Institute for Theoretical Physics）、南加州地震中心（Southern California Earthquake Center）和材料研究实验室（Materials Research Laboratory）。

令人心旷神怡的圣塔芭芭拉校园

现任校长是杨祖佑（Henry T. Yang），这位美国国家工程院院士于 1994 年 6 月开始成为加州大学圣塔芭芭拉分校的第 5 任校长。在此之前，杨祖佑曾任普渡大学工程学院院长。2009 年 10 月 20 日，杨祖佑还获选兼任美国大学协会主席（Chairman of the Association of American Universities，AAU）。

圣塔芭芭拉分校主要热门科系有人类学、经济学、哲学、地理学、计算机科学、语言学、心理学、社会学、环境科学、社会

从此，扬帆启航……

立学院创建，其教学重点是教师培训、工业艺术、家政学和外国语。
➢ 1944年，根据校董事会的决定，圣塔芭芭拉州立学院并入加州大学系统，由此，该校转变成为以研究为主导的大学。时任州长厄尔·沃伦（Earl Warren）签署了一项法案，批准了这一合并。
➢ 1958年，大学正式更名为加州大学圣塔芭芭拉分校。
➢ 20世纪60至70年代初，加州大学圣塔芭芭拉分校以较为激进的方式，与伯克利分校成为全美闻名的反对越战的重要基地。
➢ 1995年，加州大学圣塔芭芭拉分校被选为美国大学协会（Association of American Universities，简称AAU）成员。

校园鸟瞰

校园杰出人物

美国加州大学圣塔芭芭拉分校，有9位教授或校友获得过诺贝尔奖。他们是：
➢ 戴维·格罗斯（David Gross），现任该校教授和理论物理学院院长，美国粒子物理学家，获得2004年诺贝尔物理学奖。
➢ 艾伦·黑格（Alan Heeger），1982年起至今任该校教授，获得2000年诺贝尔化学奖。

科学、数学、历史学、通讯、电子工程、生物化学、舞蹈、音乐、物理学、化学工程、生物科学、人文、商业、机械与环境工程等。

加州大学圣塔芭芭拉分校的特点如下：

第一，校园生活多姿多彩。 具有得天独厚风景的加大圣塔芭芭拉分校为学生们提供了远眺太平洋和北方山脉的机会，学校周围有聚会、狂欢的维斯塔岛和娱乐设施一应俱全的圣塔芭芭拉市，美妙的周边环境营造出了一个十分轻松、适合工作和学习的理想场所。由于地理位置的优越、当地文化的影响和学生个性张扬的结果，圣塔芭芭拉分校被冠名为"派对学校"。虽然学生们提出的口号是"Study hard and party hard"，但依照传统习俗来衡量，该校相当一些学生还是仅仅把学业当成是参加派对和在海滩嬉戏之间所不得不忍受的事情。

当然，任何事情都有其两面性，如果有人不能控制自己贪玩的愿望和追求享受的本性，这种娱乐气氛很浓的环境往往很容易消磨斗志，会变成影响学业的负担。不管怎么说，圣塔芭芭拉分校每年夏季的毕业派对，据说是全美最疯狂的海滨派对了。

第二，学术空气吸引人才。 圣塔芭芭拉分校不仅仅只有美好的海景，而且有良好的设施、严谨的学术氛围和一流水平的教授。该校的办学风格是将较多的注意力集中于科研，鼓励本科生将精力投入到自己感兴趣的研究项目上，在学习知识的同时培养动手能力，并能得到享誉世界的教授们的指导。

现任校长杨祖佑认为，圣塔芭芭拉分校有一个重要的目标，这就是营造一个智力环境，吸收天才、留住天才。天才包括高质量的学生和教授，高质量的学生会吸引高质量的教授，高质量的教授也会吸引高质量的学生。千方百计吸引人才，不惜代价留住人才，为教授提供上好的研究环境和团队，是让有潜力在获得诺贝尔奖的教授不断在校园里冒出的秘诀。

为了达到这个目标，1997年初，杨祖佑校长从加州飞到新泽西州，邀请普林斯顿大学理论物理学家戴维·格罗斯加盟加州大学圣塔芭芭拉分校。他们谈了整整一个下午，格罗斯提出4个要求，他承诺全部满足，格罗斯随即成为加州大学圣塔芭芭拉分校的教授，并于2004年荣获诺贝尔物理学奖。此后，2000年，杨祖佑三顾茅庐，将日本蓝色激光发明者中村修二请到加州大学圣塔芭芭拉分校。2006年，他陪同中村修二前往芬兰首都赫尔辛基，接受芬兰总统颁发的千禧年技术奖及100万欧元奖金，刚回到大学不久，中村修二就告诉他，附近另外一所大学要为自己建一座大楼，请他和研究团队过去工作。杨祖佑劝道：你别走，我将

- 沃尔特·科恩（Walter Kohn），1984年起任该校教授，现为名誉教授，获得1998年诺贝尔化学奖。
- 赫伯特·克勒默（Herbert Kroemer），现任该校电气和计算机工程学教授，获得2000年诺贝尔物理学奖。
- 芬恩·基德兰德（Finn Kydland），获得2004年诺贝尔经济学奖。
- 卡罗尔·葛瑞德（Carol W. Greider），1983年毕业，学士学位，获得2009年诺贝尔生理学或医学奖。
- 爱德华·普莱斯考特（Edward C. Prescott），1984年任该校经济学教授，获得2004年诺贝尔生理学或医学奖。
- 弗兰克·维尔泽克（Frank Wilczek），曾在该校任教授，获得2004年诺贝尔物理学奖。
- 约翰·罗伯特·施里弗（John Robert Schrieffer），1980至1984年任该校理论物理学院教授和院长，获得1972年诺贝尔物理学奖。

圣塔芭芭拉分校其他杰出人物还包括：
- 罗杰·赫奇考克（Roger Hedgecock），1968年毕业，学士学位，前加利福尼亚州圣迭戈市市长。
- 理查德·安德森（Richard Anderson），1978至1982年曾在该校就读，前美国职业篮球运动员。
- 杰弗里·亨利（Jeffery O. Henley），曾在该校就读，学士学位，甲骨文公司（Oracle公司，全

为你建一座大楼。现在，中村修二愉快地留在了圣塔芭芭拉分校。杨祖佑说："聘请这些教授，不是因为他们能获得诺贝尔奖，而是因为他们非常优秀。作为校长，我大概要用80%的时间与教授和学生们交谈，倾听他们的意见，让他们愉快地呆在学校，互相努力合作，我每天都要做这样的工作，我喜欢这样的工作。"

理论物理研究所

第三，本科教学卓有成效。 以往，圣塔芭芭拉分校是所不起眼的偏僻校园，经过数十年的努力却成了美国科学和工程学者向往的教育胜地，憧憬着把学校办好的世界各国大学校长，也纷纷前去取经。该校对本科生的通识教育要求所有的本科生须完成4门专业课，即写作、非西方国家文化、定量关系和种族学，其他的课程还有外国语、社会科学和艺术。为了帮助本科生学好这些课程，圣塔芭芭拉分校还是加州大学系统海外教育课程的总部，将学生送往世界100多个国家进行学习。

通常角度不同，看问题的立场就有所不同。学生家长一般关注大学的教学质量、安全、图书馆设备和生活环境，而学生则非常重视"平衡"。所谓"平衡"，就是要在学术方面有知识上的满足、智慧上的挑战，还要有富于意义、多姿多彩的校园生活。该校听取家长和学生两方面的意见，除了在校园大兴土木，建造设备完善的宿舍，还加开专为大一新生开办的"100位大师讲座"，请知名的教授为新生作演讲，让他们在挑选就读的院系时，有大师的意见作为参考；学校也为本科生提供各种做研究的机会。在从事科研的教授和教师的带领下，学生们不仅能掌握基本技能，拓宽知识面，而且还能培养自己在实际工作中需要的想象力、创造力和注意力。这些改进都是逐步推进的。

球最大的信息管理软件及服务供应商）董事长。
➤ 艾利克·罗斯（Eric Roth），在该校就读，学士学位，美国电影剧作家，因《阿甘正传》获得1994年奥斯卡最佳编剧奖。

所在地概况及公共设施

圣塔芭芭拉分校校园虽较近于戈勒塔市（Goleta），但行政上仍隶属于戈勒塔市东面的圣塔芭芭拉市。圣塔芭芭拉市在美国全国的中小城市绿化竞赛中获得了"林中之城"的称号。该市气候温和、空气清新、沙滩绵软、海水碧清、树木成林、鲜花飘香，生活环境良好，社会秩序安定、娱乐设施齐全，被誉为"太平洋岸边的乐园"，被评为美国西部十个最安全的居住区之一，不少富贾巨商、政界要员和社会名流来此定居、度假、旅游。1953年，约翰·肯尼迪总统在此度过了蜜月；1981至1989年，圣塔芭芭拉西北部山中里根的别墅一度成为举世瞩目的焦点，里根总统在他"西部的白宫"里接待了戈尔巴乔夫和伊丽莎白女王二世；1992年克林顿在他当选总统后不久也来到电影制造商哈里·汤姆逊位于圣塔芭芭拉海边的别墅里度假。

圣塔芭芭拉市是一个充满多元文化及文艺气息的市镇，拥有历史博物馆、艺术博物馆、艺术画廊、自然社会博物馆、历史名人手迹博物馆、海岸铁路博物馆和5个大型剧院。这里的户外活动十分时尚，

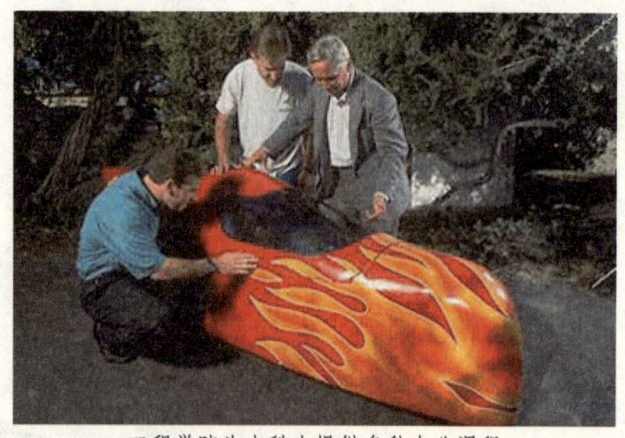

从此，扬帆启航……

工程学院为本科生提供多种专业课程

圣塔芭芭拉分校有着一流的社区环境、聪明的莘莘学子，以及足够的空间容纳用于教学、科研以及其他创新活动所需的一流设备，校园更是一个充满温情、和谐氛围的小家园，能够让师生之间建立起亲密的关系。该校通过常规的教学计划和手段，培养学生扎实的专业技能基础和对事物敏锐的洞察力，并帮助他们掌握多种学科的学习方法。

◎学校图书馆

藏书达200多万册的戴维森图书馆

圣塔芭芭拉分校图书馆系统由唐纳德·戴维森图书馆（Davidson Library）和艺术图书馆（Arts Library）组成，藏书300多万册，还有50多万份联邦、州和外国政府文件，32万种录音资料、370万种缩微胶卷、47万份地图、320万份卫星和航空图像资料。特色收藏有手稿和档案，包括表演艺术、加州种族及多元文化档案等收藏。

这个图书馆系统为该校2万多学生、上千名教职员工以及圣

尤其是水上活动更加刺激，如：游泳、冲浪、钓鱼、赏鲸、风帆等，均是这里的热门活动。这里还有攀岩、登山、健行、骑马等陆上活动吸引学生来参加。

圣塔芭芭拉市东西连着 4 个卫星城，分别是戈力塔（Goleta）、蒙特西托（Montecito）、萨默兰（Summerland）和卡平特里亚（Carpinteria）。

圣塔芭芭拉市的年均气温 22℃，年降雨量 460 毫米。加州大学圣塔芭芭拉分校曾经在 20 世纪 90 年代初的一项非正式的票选中，得到全美大学生的青睐，荣获"最好玩的学府"之美称。

抵达方式

圣塔芭芭拉机场休息厅

圣塔芭芭拉机场（Santa Barbara Municipal Airport）位于戈力塔，是加州最繁忙的机场之一，位于圣塔芭芭拉城区以西 7 英里（约 11 千米）。该机场的大部分高于海平面 10 至 15 英尺（约 3 至 5 米）。目前，有 6 家航空公司在这家机场运营，每天有 40 多个航班往来于圣塔芭芭拉和其他 9 个城市之间。

塔芭芭拉社区提供服务，其中位于唐纳德·戴维森图书馆附近的研究阅览室提供 24 小时服务。

唐纳德·戴维森图书馆是该校主图书馆，以 1947 至 1977 年时任的该图书馆馆长唐纳德·戴维森的名字命名，他的领导才能和理念使得圣塔芭芭拉分校图书馆成为世界杰出的研究型大学图书馆。馆内的一、二、四、五、八层大厅提供无线上网服务，在八层大厅可以观赏到校园的全景和远处的海景。

艺术图书馆的服务方针是为美术和音乐方面的学术项目提供支持，它不仅拥有重要的图书及期刊收藏，还有大量的特别资源，比如拍卖册和展览册、丰富的录音数据及乐谱数据等。

◎学校生活条件

加州大学圣塔芭芭拉分校有 8 幢学生宿舍楼，其中 7 幢位于主校园，1 幢位于景岛社区北西校园的入口。这些宿舍楼可供 4700 名学生入住，并与教室、饭厅以及娱乐设施相距很近，十分方便。由于校园宿舍条件非常好，只有 29% 的学生，而且大多数是新生，才有可能获得宿舍居住，其他绝大多数的学生都在校外租房，其中景岛社区因离校园很近最受青睐。圣塔芭芭拉的社区对学生十分欢迎，学生们也活跃了社区的文化气氛。

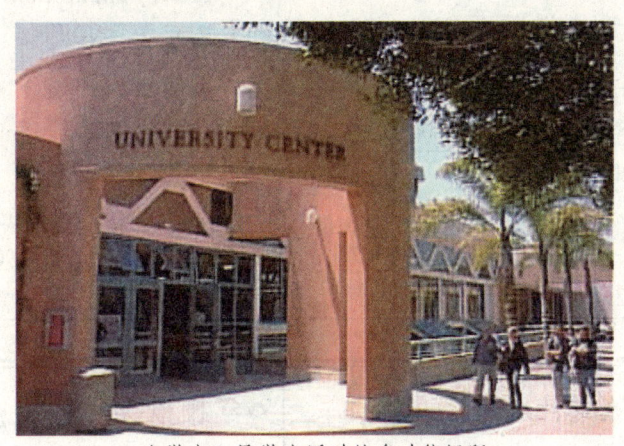

大学中心是学生活动的多功能场所

圣塔芭芭拉分校学生较为传统，具有较好的社会公德。94% 的学生来自加州，仅有 4% 的男生加入兄弟会，7% 的女生加入姐妹会。该校没有橄榄球队，学生们热衷于自己进行各种项目的体育锻炼，对足球、垒球、排球、曲棍球十分爱好。

University of Southern California　南加州大学

排　　名：23	校训：	校徽：
建校时间：1880 年	*Palmam qui meruit ferat* （拉丁语）	
学校类型：私立	Let whoever earns the palm bear it.	
IBT 最低线：100	学校网址：http://www.usc.edu	
注：每部分得分不低于 20	申请网址：	
SAT：	http://www.usc.edu/admission/undergraduate	
CR：　620 – 720		
Math：　650 – 750	咨询电话：213-740-1111	
Writing：　640 – 740	咨询传真：213-821-0200；213-740-6616	
ACT Composite：29 – 33	咨询邮箱：ois@usc.edu	
送分代码：	申请费：$65	吉祥物：
IBT：　4852	学　费：$41022	
SAT：　4852	总费用：$55578	
ACT：　不详	申请截止时间：	
毕业率：	Priority application：12 月 1 日	
4 年毕业率：68%	RD：1 月 10 日	
6 年毕业率：86%	申请材料邮寄地址：	
学生人数：	USC Office of Admission	
在校生总数：35000	Undergraduate	
本科生人数：17000	University Park Campus	
人员比：	Los Angeles，CA 90089-0911　USA	
师生比：　1：9		
男女生比：　45：55		
国际学生比：7%		

校园标志性建筑

　　南加州大学公园校区位于南洛杉矶的 West Adams 区，在洛杉矶市区南方约 3 英里（约 5 千米）处，建成于 1880 年，占地 155 英亩（约 0.6 平方千米）。校园边界由北边与东北边的 Jefferson Boulevard、东南边的 Figueroa Street、南边的 Exposition Boulevard，以及西边的

◎学校概况

　　1984 年 7 月 28 日，第 23 届奥运会在美国洛杉矶举行。这届奥运会创造了世界体育史上的奇迹，不仅给参赛运动员和全世界留下了难忘的印象，而且还获得高额赢利，赢利总额竟达 2.15 亿美元。洛杉矶奥运会主席彼得·尤伯罗斯（Peter Ueberroth）利用自己的聪明才智，使组委会的工作井井有条，不仅没有出现亏空，而且有盈余。洛杉矶在举办第 23 届奥运会时，没有专门建奥运村，而是将奥运村分设在两所大学美丽的校园内，一所是加州大学洛杉矶分校，另一所就是南加州大学。

Vermont Avenue 所组成。在 20 世纪 60 年代，穿越校园的车辆会被取缔。大学公园校区位于洛杉矶地标的徒步范围内，像神殿礼堂、斯台普斯中心和洛杉矶纪念体育场。对于电影制片人来说，是一个非常好的校园场景外景地，诸如不少影视中的哈佛大学、加州大学伯克利分校场景均在此拍摄。大部份建筑为罗马式风格，尽管有些建筑如宿舍、工程学院、物理科学实验室是近代风格建筑（特别是校园北边两栋粗犷风格的宿舍），与校园内大多数的红砖建筑形成了强烈的对比，美丽的校园景致亦与校园外的市区环境形成了一种对比。

南加州大学的昵称是特洛伊人，作为其象征的特洛伊铜像"特洛伊汤米"于 1930 年 6 月 6 日落成于校园中心。这座真人大小的特洛伊骑士铜像是为了纪念南加州大学建校 50 周年而建的。铜像由雕塑家罗杰·诺布尔·伯纳姆以南加州大学橄榄球运动员为模特塑造而成。在铜像的基座上镌刻着描绘理想中特洛伊人品格的字句："忠诚、博学、灵巧、勇敢、有雄心壮志"。

特洛伊铜像

校园周边夜景

南加州大学位于加州洛杉矶市中心，由基督教监理会于 1880 年创立，是加州及美国西海岸最古老的私立大学，也是世界领先的私立研究型名校之一。虽然只有 100 多年的历史，南加州大学的课程水平极受肯定，其中商学院、电影、传播、建筑、医学及理工学院等系科在美国大学中相当知名，在《美国新闻与世界报道》的排名榜上也从不缺席。尤其电影学院伴随着好莱坞的电影工业发展，造就了不少电影界的奇才。

现任校长是马克斯·尼基亚（C. L. Max Nikias），这位拥有个人专利的电气工程师于 2010 年 8 月刚刚就任南加州大学的第 11 任校长。在此之前，尼基亚自 2005 年 6 月至 2010 年曾任南加州大学的学术总负责人。

南加州大学是一所综合性的大学，除最大的文理学院之外，还有 18 个学院，系科齐全，各具特色。其中包括：利文撒尔会计学院（Leventhal School of Accounting）、建筑学院、马歇尔商学院（Marshall School of Business）、电影艺术学院、安南伯格传播与新闻学院（Annenberg School for Communication & Journalism）、赫尔曼·奥斯特罗牙医学院（Herman Ostrow School of Dentistry）、罗西尔教育学院（Rossier School of Education）、维特比工程学院（Viterbi School of Engineering）、罗斯基美术学院（Roski School of Fine Arts）、戴维斯老年病学院（Davis School of Gerontology）、古尔德法学院（Gould School of Law）、凯克医学院（Keck School of Medicine）、桑顿音乐学院（Thornton School of Music）、职业科学和职业治疗学院、药学院、戴维森人体生物运动学和物理治疗学院（Division of Biokinesiology and Physical Therapy）、社会工作学院以及政策、规划和发展学院。

南加州大学是少数同时拥有两座由美国国家科学基金会

从此，扬帆启航……

（NSF）提供资金设立的工程研究中心（ERC）的院校，分别是专门研究网络及多媒体的综合多媒体系统中心（IMSC）和微电子生物系统中心（BMES）。此外，南加州大学被美国国土安全部选为第一所国土安全卓越中心。

南加州大学学生来源非常广泛，构成比较复杂，过去曾以拥有众多富有、骄纵的富家子弟而知名，如今此类情况有所改善，但贫富悬殊情况仍较为严重，而且南加州大学学生人数较多，校园很大，要十分确切地概括其特点并非易事。具体说来，这所高等学府有这样几个特色：

第一，较为鲜明的学校精神。南加州大学具有积极向上的氛围、相对多元的学科结构（包括美国著名的电影学院），还有体育比赛胜利激发出来的学校自豪感和成功运作的校友会，这些都促成了这所学校校园精神的形成。"特洛伊人"是南加州大学学生的昵称，其橄榄球队的队名就叫"特洛伊人"。根据希腊神话中的记述，特洛伊人是指那些居住在古老特洛阿德地区（位于小亚细亚）特洛伊城的古老公民，在传说中特洛伊城却被视为希腊城邦的一部分，拥有与希腊文化相似的社会。古希腊盲诗人荷马在史诗《伊利亚特》和古罗马诗人维吉尔在《埃涅阿斯记》中都把特洛伊人描述成意志坚强、勤劳勇敢的人。在西方文化里，"特洛伊人"代表"勤勉的人、有毅力的人、英勇奋斗的人"。一些南加州大学的学生认为，一旦成为特洛伊骑士，将永远是一名特洛伊战士。学校精神是南加州大学最强大的支撑力量。

特洛伊精神

除了位于洛杉矶市区南方约 3 千米处的主校区（"大学公园校区"）之外，学校也于市区北方 2 英里（约 3 千米）处设立了健康科学校区；在尔湾（Irvine）里的橘郡中，设立了商学、药学、社工和教育学院；还有在维吉尼亚州阿灵顿郡（Arlington County）以及马里纳·戴尔·雷伊（Marina del Rey）设立的信息科学研究所；公共管理学院则位于卫星校区加州首府萨克拉门托（Sacramento）。

校园重大历史事件

➢ 1880 年，该校创办的最初资金由三位富有的洛杉矶居民捐赠。创建初期，是一所卫理公会派大学，共招收了 53 位学生和 10 位教职人员，马里恩·麦金莱·瓦德（Marion McKinley Bovard）被任命为南加州大学的第一任校长。首届毕业生只有 3 人，两男一女。数十年后，南加州大学不再带有宗教信仰色彩，正式独立于卫理公会派。

➢ 1912 年，《洛杉矶时报》体育

爱德华·多希尼纪念图书馆

第二，较为富庶的资金来源。作为一所私立大学，南加州大学的经济来源是学费和捐款。南加州大学本身就是洛杉矶地区最大的私人企业雇主，每年在洛杉矶都会提供 40 亿美元的经济输

记者欧文·波导将南加州大学运动员的战斗精神与古代的特洛伊人的精神相提并论，由此产生了该校的"特洛伊人"传统。

➤ 1914年，一些国际学生在来自亚洲、拉丁美洲和欧洲的学生中创办"四海一家俱乐部"以"增进友谊"。著名的美籍非洲裔政治领袖、教育家和作家布克·华盛顿（Booker Taliaferro Washington）访问南加州大学校园。

➤ 1924年，南加州大学创建美国第一所国际关系学院。该大学形成了第一套正式的同学会惯例。

➤ 1935年，美国总统富兰克林·德拉诺·罗斯福（Franklin Delano Roosevelt）访问南加州大学校园，并接受荣誉法学博士学位。

➤ 1950年，南加州大学英语教授、远程教育先驱福兰克·巴克斯特（Frank Baxter）被《生活》杂志评为美国8名最佳教授之一。

➤ 1984年，洛杉矶举办第23届奥运会，南加州大学公园校区是最大的奥运村所在地。美国总统罗纳德·里根在奥运会正式开幕前访问南加州大学。南加州大学成为世界上第一所给职业科学专业授予博士学位的大学。

➤ 1994年，南加州大学洛克碳氢研究所所长乔治·奥莱教授获得诺贝尔化学奖。

➤ 2006年，南加州大学宣布建立该校的美中研究所，这是一家跨学科中心，重点研究中美关系，致力于与政策有关的社会科学研究。

出；而南加州大学的学生每年在地方上的花费则高达4.06亿美元、造访校园的游客则提供了另外的1230万美元的花费。南加州大学最近的筹款活动中，为学校筹得29亿美元，这个数字名列美国高等教育历史上总筹款额第二。如此高的款项使得南加州大学及其合作伙伴在短期内完成了兴建27幢新大楼的工程，为学生提供了超过75万平方米的活动、科学研究、教学及医疗空间。此外，南加州大学是该校校友的联络中心，校友会的覆盖面广而且运作得非常成功，这些校友们的捐款也是学校的一个重要资金来源。例如，著名的校友有电影《星球大战》的导演乔治·卢卡斯和音效大师班·布特，《达芬奇密码》的导演朗霍华，《阿甘正传》的导演罗勃辛密克斯、约翰米辽士，《巧克力工厂》的导演大卫·L·沃尔普，这些校友在功成名就后以资金赞助学校的发展，是校方丰沛的财源之一。

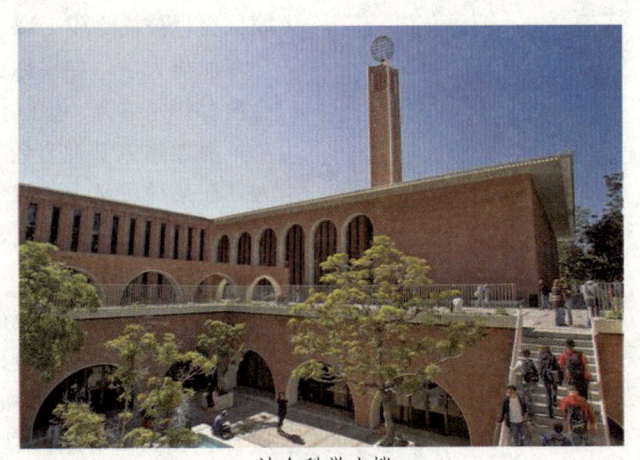

社会科学大楼

第三，较为宽泛的学术领域。南加州大学对本科生横跨艺术和人文、社会科学和自然科学以及职业技能的主修科目和副修科目有综合考虑。实际上，美国国内其他大学在本科生选择副修科目的宽度方面都无法与南加州大学相比。该校的理想就是为了21世纪的生活，帮助学生开发欧洲文艺复兴时期最杰出的思想家所展示的那些充满活力的智能。为此，南加州大学创设了一项学术荣誉计划，旨在奖励一些本科生在宽广的学术领域有所发展，以一门主修科目和一门副修科目（或两门主修科目）毕业，接受这项荣誉者将被授予南加州大学的文艺复兴学者称号。比如，本科生可以主科修历史、副科修商务，或主科修工程、副科修电影，还可以修物理和古希腊文学两门主科，或主科、副科各修其他很多毫不相干的专业等等。这样做的目的，不是为了传统意义上的

校园喷泉

校园杰出人物

南加州大学现有健在的校友 23.3 万人，散布在美国和世界各地，覆盖面广而且在各自领域获得不少成就，事业非常成功，他们中的代表人物有：

➢ 乔治·奥莱（George A. Olah），现任南加州大学教授、南加州大学洛克碳氢研究所所长，获得 1994 年诺贝尔化学奖。

➢ 尼尔·阿姆斯壮（Neil Armstrong），1970 年毕业，硕士学位，2005 年获荣誉科学博士学位，第一位踏上月球的人类宇航员。

➢ 查尔斯·伯尔顿（Charles F. Bolden, Jr.），1977 年毕业，硕士学位，美国航天飞机宇航员及负责人，美国国家航空和宇宙航行局管理层成员。

➢ 乔治·卢卡斯（George W. Lucas），曾在该校就读，电影导演，最著名的作品为《星球大战》系列。

➢ 吉恩·波利托（Gene Polito），1940 年毕业，学士学位，美国电影摄影师，该校电影艺术学院教授。

➢ 亚当·赫伯特（Adam Herbert），1966 年毕业，学士学位，1968 年毕业，硕士学位，曾任印第安纳大学第 17 任校长（2003 至

扩展，也不是涵盖很多科目，而是扩展宽度、加大深度，释放两个不相干科目之间跨学科的知识能量。经过这种方式教育的学生将会对 21 世纪面临的挑战和机遇有足够的准备。

第四，较为明显的"希腊式"现象。在南加州大学，虽然只有 14%的男生加入了兄弟会和 15%的女生加入了姐妹会，但是这些组织对学生们的社交活动产生的影响是巨大的。参加兄弟会和姐妹会在美国校园也被称作"希腊式"（Go Greek）或"希腊生活"（Greek life），因为每一个兄弟会、姐妹会通常都用 1 至 3 个希腊字母来为自己的组织命名。最早的兄弟姐妹会是一群学生秘密的组织在一起讨论一些教授们认为十分有争议的话题，他们定期集会，一起讨论学术问题，当然也会一起今朝有酒今朝醉。美国几乎每个大学都有兄弟、姐妹会，但是现在人们提到希腊生活的时候首先想到的肯定不是学术讨论，在一些电影中兄弟会、姐妹会也被描绘成一群"派对野兽"（Party animal）聚集的组织。在南加州大学，如果你是一个没有加入兄弟会的男生，那么你就会被有些兄弟会、姐妹会的狂热分子看作是失败者。

南加州大学拥有较雄厚的教学力量，该校正式教员达 3200 人。在某种意义上，教员和学生们之间的联系越来越得到加强，学科间日益加强的交流和交互式的学习方式将教授和管理人员与学生们联系到一起。这种良好的师生关系，使得该校的气氛融洽，即使是学生毕业后离校很长时间，该校仍然会与他们保持联络。这应该是南加州大学最具优势的地方，因为到目前为止这是不少面临就业的本科生所关心的大事。除了很强的校友会网络，南加州大学还为本科生提供攻读学位的机会。

瓦德大楼

此外，南加州大学在国际教育方面处于领先地位，拥有美国

2007年），也是非洲裔美国人第一次担任这个职务。

➢ 爱丽丝·加斯特（Alice Gast），1980年毕业，学士学位，2006年起，担任利哈伊大学第13任校长至今，也是该校第一任女性校长。

➢ 约翰·米尔斯海默（John Mearsheimer），1974年毕业，硕士学位，美国政治学家，现任芝加哥大学教授。

➢ 杰瑞·巴斯（Jerry Buss），1956年毕业，硕士学位，1958年毕业，博士学位，洛杉矶湖人队的业主。

➢ 雷·艾拉尼（Ray R. Irani），1957年毕业，博士学位，美国西方石油公司首席执行官。

➢ 劳拉·斯坎德拉·特伦布雷（Laura Skandera Trombley），1989年毕业，博士学位，美国彼泽学院（Pitzer College）院长。

所在地概况及公共设施

洛杉矶是位于美国西岸加州南部的城市，是全世界的文化、科学、技术、国际贸易和高等教育中心之一，还拥有世界知名的各种专业与文化领域的机构。大量的移民使洛杉矶成为一个多民族、多种文化色彩的国际性城市，各色人种聚居的地区形成了各自的"城"。洛杉矶也是美国华人的主要聚集地之一，约有40万左右华人居住于此。

洛杉矶，已成为美国石油化工、海洋、航天工业和电子业的最大基地。它是美国科技的主要中心之一，拥有科学家和工程技术人员

美国50所最佳大学

高等学校中人数最多的国际学生以及一个世界范围的校友联系网络。由于其研究、教学和服务横跨许多国家，南加州大学正在为全球市场的振兴做着人才方面的准备。

◎**学校图书馆**

法学图书馆的林肯室

南加州大学图书馆系统共有21个分馆，其中包括会计学图书馆、建筑和美术图书馆、博克曼伊比利亚和拉丁美洲研究中心、罗伊·克罗克商务图书馆、戏剧影视图书馆、牙医图书馆、爱德华·多希尼纪念图书馆、东亚图书馆、福伊希特万格图书馆、老年医学图书馆、林荫大道图书馆、利维图书馆、法学图书馆、哲学图书馆、健康科学图书馆、音乐图书馆、科学和工程学图书馆、冯·克莱因斯密德中心国际和公共事务图书馆等。

整个图书馆系统共藏书410万册，电子图书35万册，缩微胶片640万个，视频资料320万种，以及手稿和档案4.8万份等。

◎**学校生活条件**

40%南加州大学的学生住在校园内，因为校外的住房既贵也不好找。例如，位于校园老马蹄（Horseshoe）部分的房间竟然比其他地方传统的带有卫生间的两居室还要贵。最好的办法就是及早申请，因为宿舍制度是先到先得。

在南加州大学，即使是在充满传统气息的学生宿舍，也配备了现代化的设备，包括客户服务中心、电脑处理的入门监控系统、智能卡控制的洗衣设施等。在校园内的Parkside，是最新建成的国际住宿学院，可为400学生提供住处，餐厅供应各式各样的国际美食，提供跨文化的科目。大学为学生宿舍装备了高速的以太网，与校园网和互联网相连接，还有免费的电话和有线电视接口。

南加州大学

的数量位居全美第一，享有"科技之城"的称号。近年来，洛杉矶的金融业和商业也迅速发展，数百家银行在洛杉矶设有办事处，包括许多著名的国际大财团，已成为仅次于纽约的金融中心。

洛杉矶位于地中海型气候带，气候温和。大体上终年干燥少雨，只是在冬季降雨稍多。全年阳光明媚，基本上极少时间会在冰点以下，气候温和宜人，平均气温12℃左右。

抵达方式

洛杉矶国际机场是世界上第5繁忙的机场，同时也是洛杉矶最大、距离市区最近的机场，现在每年可接待旅客6100万人和200万吨货物。

该地区其他主要的商业机场还有：洛杉矶世界机场、鲍勃·霍普机场、长滩机场、约翰·韦恩机场、帕姆代尔地区机场、范-纳依斯机场、安大略国际机场。

洛杉矶大众捷运系统是美国加州洛杉矶地区的城市大众捷运系统，由洛杉矶大都会交通运输局负责营运。目前，此系统拥有三条轻轨系统与两条地下铁路，路线总长共计118千米，62个车站。

从此，扬帆启航……

南加州大学共有学生社团725个，涉及学生生活及其所关注的很多方面，包括学术和非学术的领域。过去的100多年来，南加州大学已经成为洛杉矶的高等院校，与当地社区的联系越来越密切。约有半数的大学生自愿参加社区服务计划，服务范围从周边的环境延伸到整个洛杉矶。

瓦德剧院

南加州大学的体育成绩亦很值得学生骄傲。它是美国所有大学中曾夺得第二多冠军奖的大学，总共得到104个冠军。南加州大学是美国大学体育联盟（NCAA）第一类组、太平洋十大学联会的一员，并且总共赢得史上84个的NCCA团队冠军。南加州大学和宿敌加州大学洛杉矶分校的对抗是极为著名且疯狂的，两者在学术上也都有很杰出的成就，而在体育上的竞争程度更是绝无仅有。但是南加州大学跟圣母大学的竞争比跟洛杉矶加大的竞争早上三年。与圣母大学的竞争主要是来自于每年一度的美式足球赛。两校在大学足球的竞争上堪称是全国最激烈的。南加州大学的运动风气兴盛，美国各大职业联盟里，一些鼎鼎大名的球星，也有许多是从南加州大学毕业的，例如：多年前轰动一时的著名橄榄球球星辛普森（O.J. Simpson）。

康涅狄格州
Connecticut（CT）

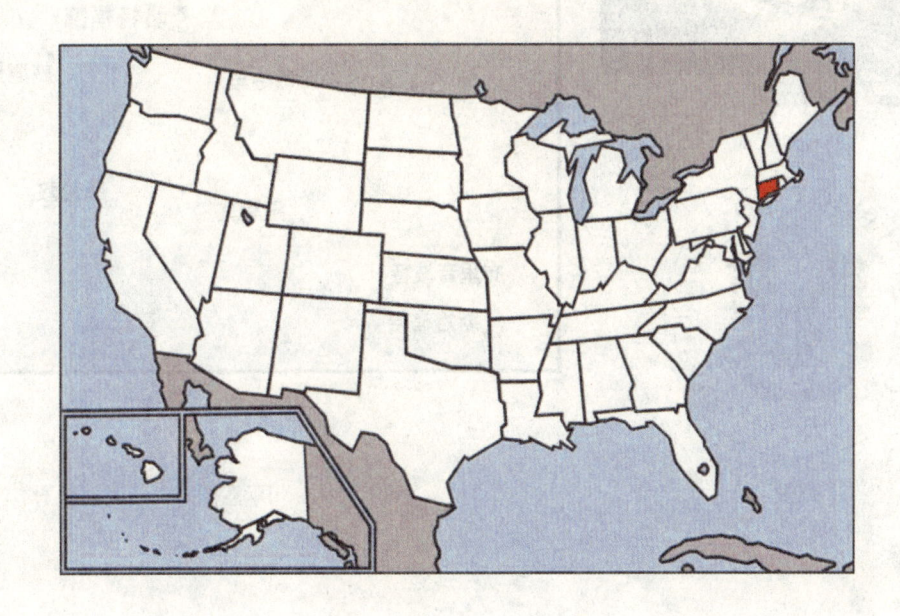

学校英文名称	学校中文名称	2011年排名	所在地区
Yale University	耶鲁大学	3	纽黑文 New Haven

Connecticut

州旗

州徽

州示意图

昵称：	宪法之州；豆蔻之州	地区划分：	新英格兰地区
州府：	哈特福德 Harford	主要城市：	纽黑文 New Haven
时区：	东部时间 UTC-5/-4	人口：	350 万人（2006 年）
面积：	13023 平方千米 全美第 48 名	加入联邦时间：	1788 年 1 月 9 日 第 5 个加入美国联邦
消费税：	6%	网站：	http://www.ct.gov

Yale University　耶鲁大学

排　　名：　3	校训：	校徽：
建校时间：　1701 年	*Lux et veritas* （拉丁语）	
学校类型：　私立	Light and truth.	
IBT 最低线：100	学校网址：www.yale.edu	
Listening：　26		
Reading：　26	申请网址：	
Speaking：　26	http://www.yale.edu/admissions/	
Writing：　22	index.html	
SAT：	咨询电话：203-432-9300	
CR：　700 – 800		
Math：　700 – 800	咨询传真：203-432-9370	
Writing：　700 – 790		
ACT Composite：30 – 34	咨询邮箱：student.questions@yale.edu	
送分代码：	申请费：$65	吉祥物：
IBT：　3987	学　费：$33030	
SAT：　3987	总费用：$45670	
ACT：　0618		
毕业率：	申请截止时间：	
4 年毕业率：　不详	EA：11 月 1 日	
6 年毕业率：　不详	RD：1 月 15 日	
学生人数：	申请材料邮寄地址：	
在校生总数：　11416	Office of Undergraduate Admissions	
本科生人数：　5247	38 Hillhouse Avenue	
人员比：	New Haven, CT 06511	
师生比：　1 : 6	USA	
男女生比：　51 : 49		
国际学生比：　9%		

校园标志性建筑

耶鲁大学的美丽校园环境甚为著名。歌特式建筑和乔治王朝式的建筑与现代化的建筑交相互映，使得整个校园呈现出古典和秀丽之美。从纽黑文城区的护理

◎学校概况

耶鲁大学成立于 1701 年，是一所美国私立研究型大学。它和哈佛、普林斯顿大学齐名，规模比哈佛小，比普林斯顿大。历年来这三所顶尖高校共同角逐美国大学和研究生院前三名的位置。该校在教授阵容、课程安排、教学设施方面都堪称一流。该校共有学生 11000 多人，其中研究生占一半以上，由此可见其教学的

学院到神学院附近树荫覆盖的住宅区,中央校园共占地 1.25 平方千米。

哈克尼斯塔

耶鲁校园大多数古建筑为哥特式风格,大多建于 1917 至 1931 年期间。虽然校园的大多建筑都呈现出中世纪的建筑风格,使用大型的石材,但事实上大多都采用的是 1930 年通用的钢结构框架,唯一的例外是高 201 英尺(约 61 米)的哈克尼斯塔(Harkness Tower),在建造时曾经是世界上最高的全石质结构。该塔曾在 1964 年加固,以在其内部安装耶鲁纪念组钟,共计 54 口。现在该组钟每日中午 12:30 分和下午 5:00 整由耶鲁大学的一个专门的学生团体奏响,选奏的音乐从经典组钟乐到披头士都有所选择。

康涅狄格楼

校园内最古老的一幢建筑"康涅狄格楼"属于佐治亚风侧重点。由于学生来源优秀,加上该校学风严谨,到耶鲁大学攻读学位的人一定能获得一般普通学校所无法拥有的一流高等教育。

现任校长是理查德·莱文(Richard Charles Levin),这位著名的经济学家于 1993 年起就任耶鲁大学第 18 任校长,是目前任期最长的常春藤名校校长。在此之前,从 1974 至 1993 年,莱文任耶鲁大学经济系主任和教授。

耶鲁大学是美国一所重要的研究型大学,由三个主要部分组成:耶鲁学院(本科教育)、艺术和科学研究生院,以及其他专业学院。其他专业学院有 10 所:建筑、艺术、神学、戏剧、森林与环境研究、法学、管理学、医学、音乐、护理学和公共卫生。本科生专业有 78 个之多,据统计,本科生最青睐的专业是:政治学、历史、经济和心理学。

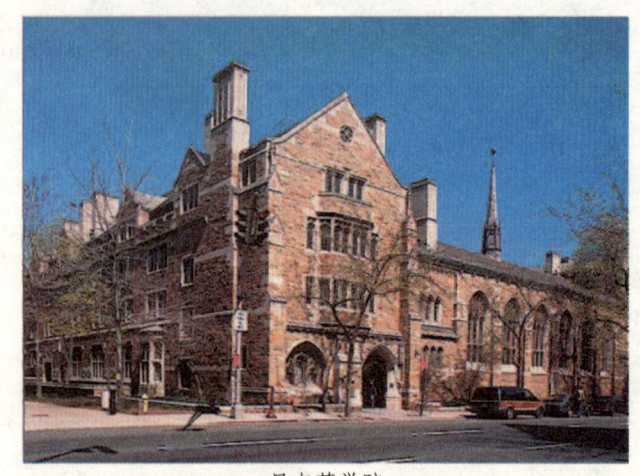

贝克莱学院

耶鲁大学的教职员人数达 3619 位,本科生的课程全部由教授负责授课。在杰出的教师团队率领下,耶鲁在上述研究生院和专业学院的基础上从事高水平的教学和科研工作。作为美国著名大学的前三甲之一,耶鲁大学有三个特点:

第一,耶鲁最重要的管理特色是"教授治校",这一特色对美国高等教育产生了巨大影响。耶鲁第 8 任校长蒂莫西·德怀特(1795 至 1817 年任职)聘任了三位后来成为著名科学家的优秀教授:西利曼、在德怀特之后出任校长的杰里迈亚·戴(1817 至 1846 年任职)和语言教授金斯利,让他们负责各自学科的发展和建设。建校初期,经过几任校长的努力,耶鲁逐渐形成了董事会不具体参与校务管理,而由教授会治校的法规。耶鲁大学的教授对学生的利益特别关心,对学院的名气特别重视,对教学质量要

格，看起来也似乎更为现代。这个建筑建于1750年，现坐落于老校园中，为哲学系所在地。

一些现代建筑也常被作为建筑史中的典范出现在教科书中，其中包括毕巴底自然历史博物馆、耶鲁大学美术馆、耶鲁大学英国艺术中心、艺术和建筑系大楼。

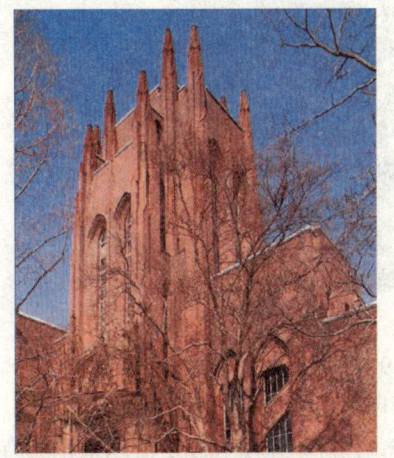

毕巴底自然历史博物馆

耶鲁大学英国艺术中心

百内克古籍善本图书馆是当今世界上最大的专门收藏古籍善本的图书馆。它坐落于休伊特庭院的旁边。图书馆地面以上六层的书库由一个玻璃的立方体环绕，而玻璃立方的外面则有一个更大的与之不接触的"盒子"罩住。这座建筑的墙壁是由2英尺（约3米）

求非常严格。在耶鲁大学，教授就是学校的主人，既是管理者，也是教学者、研究者。教授治校的传统使耶鲁没有庞大的脱离教学的行政人员队伍，也没有专门的行政大楼。由此开始了美国大学的"教授治校"进程，教授治校逐步成为美国大学中的基本治理制度。

达文波特学院

建于2005年的丹尼尔·马隆工程中心

第二，耶鲁大学最典型的代表词是"思考思辨"。这里主要的培养目标是要让学生学会独立思考，对任何问题都要有自己的看法，进行思辨地接受。这里不迷信权威，不崇拜权威。这样的思考对于形成独立的个体意识，提高生活的勇气十分重要。该校强调对社会的责任感，蔑视权威、追求自由和崇尚独立人格被认为是"耶鲁精神"的精髓，它是耶鲁人奉献给世人的一份宝贵财富。

第三，耶鲁大学拥有常春藤名校思想最自由和活跃的学生群体。《波士顿环球报》曾经写道："如果有那么一所学校能够自称在过去60年为美国培养了高级领袖，那就是耶鲁大学。"自1972

见方的产自佛蒙特州的半透明大理石构成，因此可以使馆内微亮而防止阳光中的其他有害射线破坏馆藏图书。

此外，耶鲁还保留着面积为243公顷（2.43平方千米）的运动场地和自然保护区。

校园重大历史事件

➢ 1701年，康州法院同意詹姆士·皮尔庞等一批公理会传教士的建议，成立一所教会学校。10位受托管理学校的牧师从他们藏书不多的图书馆里拿出40本书，作为建校的资本，这十位教士，现今被认为是耶鲁大学的创始人。同年10月，哈佛大学毕业生亚伯拉罕·皮尔逊被推举为第一任校长，教会学校正式成立。

➢ 1718年，英国东印度公司高层官员伊莱休·耶鲁先生向这所教会学校捐赠了一些物品和417本书。为感谢耶鲁先生的捐赠，学校正式更名为"耶鲁学院"，这就是今日耶鲁大学的前身。

➢ 1828年，在杰里迈亚·戴校长的领导下，耶鲁大学发表了著名的《耶鲁报告》。《耶鲁报告》的发表对美国高等教育产生了很大影响。19世纪初期，德国的"学习自由"思想对美国的影响相当深刻，美国大学不仅接受了"学习自由"的理念，而且第一次通过创立选修制和学分制使"学习自由"制度化。

➢ 1830年，耶鲁首次接受国际学生，第一位拉丁美洲的学生注

年来，耶鲁大学校友在历次的美国总统大选中不断有人或代表民主党或代表共和党参选。对于耶鲁大学校友在越南战争之后美国总统大选之中所占的特别比例有诸多解释，其中许多解释都将其归结于20世纪60年代以来耶鲁大学校园内的浓厚政治运动氛围和威廉·柯枫牧师（William Sloane Coffin）对许多后来的参选人的影响。耶鲁大学现任校长莱文将该校的重心描述为"培养未来领袖的实验室"。

大学剧院

如今，耶鲁本科生中有约9%的国际学生，全部学生中有16%的国际学生。耶鲁杰出的教师团队中有很多人在其他国家留学，其研究范围涉及全球重点领域，国际学术研究和交流越来越成为耶鲁学院课程的重要内容。

耶鲁与中国的关系十分密切，源远流长，培养出相当一批杰出的中国留学生，他们包括：容闳、詹天佑、颜福庆、马寅初、晏阳初、李继侗、杨石先、施汝为、陈嘉、王家楫、高尚荫、唐耀、杨遵仪、应开识、林璎等等。目前，中国学生是耶鲁最大的外国留学生群体，以至于现任校长理查德·莱文不无感慨地说，"失去中国学生，耶鲁将黯然失色。"

梅森实验室

册入学。

➤ 1847年，艺术和科学研究生院建立；1861年，授予美国历史上第一个博士学位。

➤ 1854年，第一位中国学生容闳在耶鲁获得学士学位，成为在西方获得该学位的第一位中国人。

➤ 1860年，耶鲁开始首次接纳女研究生，直到1969年，耶鲁才首次注册登记女本科生，实现男女同校。

➤ 1930年，耶鲁开始建立"住宿学院"制度。

校园杰出人物

美国历史上曾有5位前总统毕业于耶鲁：威廉·霍华德·塔夫脱、杰拉尔德·鲁道夫·福特、乔治·布什、比尔·克林顿、乔治·W·布什，以及现任总统奥巴马。所以，耶鲁素有"总统摇篮"之称。

除了总统之外，该校还培养了众多美国政坛的领袖人物：如前任副总统切尼（虽然辍学，但也出身耶鲁）、现任国务卿希拉里、民主党副总统候选人利伯曼、前国务卿赖斯、印第安纳州州长罗伯特·奥尔、密苏里州州长约翰·阿合克罗夫特、俄亥俄州州长理查德·塞莱斯特，还有韩国前国务总理李洪九等一些外国政治家。

1789年以来的美国内阁中，9%的成员来自耶鲁，10余位美国最高法院大法官都曾在耶鲁学

◎学校图书馆

耶鲁大学图书馆是世界上规模第二大的大学图书馆系统。该图书馆系统为耶鲁大学和其学术社团在世界范围内的教学和科研任务提供服务支持，在促进知识增长方面贡献不菲。其与众不同的地方和力量所在是其丰富的藏书和对各种资料的收集，包括约1250多万册图书及全部媒介的信息，从古代纸莎草早期印刷书籍到现今电子数据库，应有尽有。图书馆正进行多项改造工程以扩充其对物理形态和数字形态的各种文本的收藏。耶鲁大学图书馆有22幢大楼，分布在校园的各处，其中包括最大的史德林纪念图书馆（Sterling Memorial Library）、百内克古籍善本图书馆（Beinecke Rare Book & Manuscript Library）和法学院图书馆。学校还在纽黑文郊区设有藏书库，以收藏长久不用的图书。

史德林纪念图书馆

史德林纪念图书馆位于学校中心区域，有400万册藏书，是耶鲁大学图书馆系统的核心。百内克古籍善本图书馆则收藏有迄今为止发现的最早的活字印刷本古腾堡圣经。该校图书馆大部分图书使用国会图书馆编目法，一些较早的收藏仍使用耶鲁编目法。所有收藏都登陆于Orbis目录系统（法学院收藏另使用Morris目录系统），并与美国主要的图书馆建立了馆际互借协议，与个别大学图书馆之间实行次日送达服务，使教授和学生可以迅速地得到需要的资料。另外学校的诸多设施由称为Eli Express的速递服务连接，学生可选择在任何一个图书馆提取索要的图书和归还图书。这些服务对本科学生和教授都是免费的，只对研究生收取一定的费用。

习。耶鲁毕业生还成为众多著名大学的创始人或第一任校长，如普林斯顿大学、康奈尔大学、约翰斯·霍普金斯大学、哥伦比亚大学、芝加哥大学等，并因此将"美国学院之母"的桂冠奉献给自己的母校。

最让耶鲁引以为豪的学生应是1773级的学生、被美国人称为民族英雄的内森·黑尔。黑尔在美国独立战争中深入英军防线搜集情报时被捕，并被处以绞刑。就义前，他留下了世代相传的豪言壮语："我唯一的憾事就是没有第二次生命献给我的祖国。"

在耶鲁大学众多的学术精英中，有18位学者曾荣获诺贝尔奖，他们是：

➢ 彼得·戴蒙德（Peter A. Diamond），1960年毕业，学士学位，麻省理工学院教授，获得2010年诺贝尔经济学奖。

➢ 保罗·克鲁格曼（Paul Krugman），1974年毕业，学士学位，普林斯顿大学教授，获得2008年诺贝尔经济学奖。

➢ 艾德蒙·费尔普斯（Edmund S. Phelps），1959年毕业，博士学位，哥伦比亚大学教授，获得2006年诺贝尔经济学奖。

➢ 约翰·费恩（John B. Fenn），1940年毕业，博士学位，耶鲁大学教授，获得2002年诺贝尔化学奖。

➢ 雷蒙德·戴维斯（Raymond Davis Jr.），1942年毕业，博士学位，宾夕法尼亚大学教授，获得2002年诺贝尔物理学奖。

从此，扬帆启航……

史德林纪念图书馆一角

关于耶鲁图书馆系统的建立还有一个流传很久的故事。1701年，康涅狄格的居民达成协议，要在该殖民地设立一所学院。被指派执行此项决议的10位教士在布兰福德教区的牧师宅第召开了首次会议。每一位与会成员都带来了一些书，并把他们捐赠给未来的学院。他们把书放在一张大桌子上，然后声明，"我捐献这些书，用于建立这个殖民地的学院。"这个故事表明了人们对于图书馆在创建耶鲁学院初期所起到的决定性作用的重视。

耶鲁学院在初期曾几度搬迁，直到1718年才在纽黑文的一座三层楼房里定居下来。位于二楼的图书馆当时在殖民地驻伦敦代表杰里迈亚·德鲁默的努力下已获得众多的捐赠，使藏书总数达到了1000册。其中，牛顿捐了他的《光学》和《原理》。天文学家哈利也送了自己所编的阿波洛尼厄斯著作。1733年，耶鲁学院从伯克莱主教那里获得了900多册书的捐赠，"堪称是一次性运抵北美的最佳图书收藏"。

1763年，耶鲁图书馆搬到了一座与学院教堂分享的古典式建筑里。这一年，又从贾雷德·埃利奥那里获得了第一笔十英镑购置图书的专用基金。直到1843年，该校第一座独立的图书馆大楼终于落成。这个建筑的整体设计模仿了剑桥大学国王学院的教堂，有个高耸的尖顶。1889年附加了一座罗马建筑风格的大厅，1905年又建造了一座哥特式的大厅。最后，该图书馆被约翰·史德林遗赠款所兴建的史德林纪念图书馆所取代。

在19世纪，人们还没意识到善本书收藏对于大学的重要价值。图书馆每天仅仅开放几个小时，大学董事会很不情愿将资金用于图书馆购书和维修图书馆大楼的设施。当时，在决定建造史德林图书馆之时，耶鲁大学的英国文学教授昌西·布鲁斯特·廷克在一次校友会上大声疾呼：新建的大楼并不就是耶鲁的图书馆，

- 乔治·阿克尔洛夫（George Akerlof），1962 年毕业，学士学位，加州大学伯克利分校教授，获得 2001 年诺贝尔经济学奖。
- 戴维·李（David Lee），1959 年毕业，博士学位，康奈尔大学教授，获得 1996 年诺贝尔物理学奖。
- 威廉·维克里（William Vickrey），1935 年毕业，学士学位，获得 1996 年诺贝尔经济学奖。
- 艾瑞克·威萧斯（Eric Wieschaus），1974 年毕业，博士学位，获得 1995 年诺贝尔生理学或医学奖。
- 阿尔佛雷德·吉尔曼（Alfred G. Gilman），1962 年毕业，学士学位，耶鲁大学教授，获得 1994 年诺贝尔生理学或医学奖。
- 莫里·盖尔曼（Murray Gell-Mann），1948 年毕业，学士学位，加州理工学院教授，获得 1969 年诺贝尔物理学奖。
- 拉尔斯·昂萨格（Lars Onsager），1935 年毕业，博士学位，耶鲁大学教授，获得 1968 年诺贝尔化学奖。
- 约书亚·莱德伯格（Joshua Lederberg），1948 年毕业，博士学位，洛克菲勒大学教授和校长，获得 1958 年诺贝尔生理学或医学奖。
- 迪金森·理查德（Dickinson W. Richards），1917 年毕业，学士学位，获得 1956 年诺贝尔生理学或医学奖。
- 约翰·恩德斯（John F. Enders），1920 年毕业，学士学位，美国医学科学家，获得 1956 年诺

真正的图书馆是指楼内的图书。他希望校友们有力出力，有钱出钱，为耶鲁的图书馆做出贡献。廷克呼吁校友捐赠图书的第一个显著成果就是来自多瑙河畔梅尔克修道院的一部古腾堡圣经，捐赠者是耶鲁最慷慨的赞助人之一，爱德华·哈克尼斯夫人。除了这位捐赠者之外，对于耶鲁图书馆的发展做出最大贡献的就是廷克本人和詹姆斯·巴布。作为一位受人爱戴的教授，廷克对于英国文学的热忱影响了不止一代的收藏家。巴布是 1945 至 1965 年间的耶鲁大学图书馆馆长，这二位的专业领域都是 18 世纪的英国研究，所以这个领域的藏书成为耶鲁的强项并非偶然。

图书收藏的急剧增长意味着需要有更多的书架空间。史德林图书馆建成 30 年之后，其藏书设施都已经饱和。百内克家族的三兄弟这时自告奋勇地提出要为耶鲁捐款建一座新楼来作为善本书图书馆。这三兄弟自然都是从耶鲁毕业的，也是颇有名气的收藏家：佛雷德里克·百内克收藏有关美国西部的作品，埃德温·百内克收藏罗伯特·路易斯·斯蒂文森的作品，而沃尔特·百内克收藏詹姆斯·巴里的作品。这座新图书馆于 1964 年 4 月正式开放，是至少过去 200 年中最富有想象力的图书馆建筑。该楼的外部是用镶嵌在伍德伯里花岗岩里的佛蒙特大理石砌成的，大楼正面的水平线条将访问者引入一个充满欢愉和惊讶的迷宫。馆内最主要的装饰物就是书籍本身。书库是外露的，共分 6 层，每层有 7 格书架，所有的书一律书脊朝外，环绕着大厅中央。这是一座集中了很多优点的图书大楼，阅览室大厅雍容华贵，行政管理简明便利，还有一个金碧辉煌的展览大厅。

百内克古籍善本图书馆

◎学校生活条件

耶鲁大学实行类似牛津大学和剑桥大学的"住宿学院"制

贝尔生理学或医学奖。
➢ 欧内斯特·劳伦斯（Ernest O. Lawrence），1925年毕业，博士学位，耶鲁大学教授，获得1939年诺贝尔物理学奖。美国劳伦斯利物摩尔国家实验室和美国劳伦斯伯克利国家实验室均以他的名字命名。
➢ 乔治·惠普尔（George H. Whipple），1900年毕业，学士学位，美国医学家，获得1934年诺贝尔生理学或医学奖。
➢ 辛克莱·刘易斯（Sinclair Lewis），1908年毕业，学士学位，美国小说家和剧作家，获得1930年诺贝尔文学奖。

所在地概况及公共设施

作为一个具有新英格兰特色的城市，纽黑文经历了几十年重大经济发展后，已经成为了美国一个重要的文化中心和旅游中心。在过去的20年间，许多科技和生化公司及耶鲁投资的其他产业给纽黑文带来了新的变化。2003年，纽黑文市被选为All-America City，以表彰其悠久的殖民时期建筑风貌和历史厚重的耶鲁大学。

纽黑文为耶鲁大学的学生提供了许多娱乐和学习的机会。耶鲁大学有多个实习项目，与纽黑文市政厅和其他机构保持关系。耶鲁大学处于纽黑文的中心，周围有各种俱乐部、电影院、剧场和大小食肆。同时耶鲁的良好声誉也为纽黑文市带来了丰富的文化

度。新生被随机分配到该校12个住宿学院中，除极少数特别情况外，所有学生都将在学院中居住四年时间（大一和大二的学生必须居住在宿舍）。这一制度已经实行了70多年，是耶鲁的最重要的特色之一。在享受综合性大学的丰富资源和文化氛围的同时，住宿学院让学生体验到各个小学院内部的凝聚力和友谊，这个制度对其成员没有任何限制，为耶鲁学生们所津津乐道。正如一个学生所说："尽管离开了家庭，但在这里我很容易与大家相处。"这样的制度，可以达到培养学生们的耶鲁精神、忠诚和社会意识的目的。

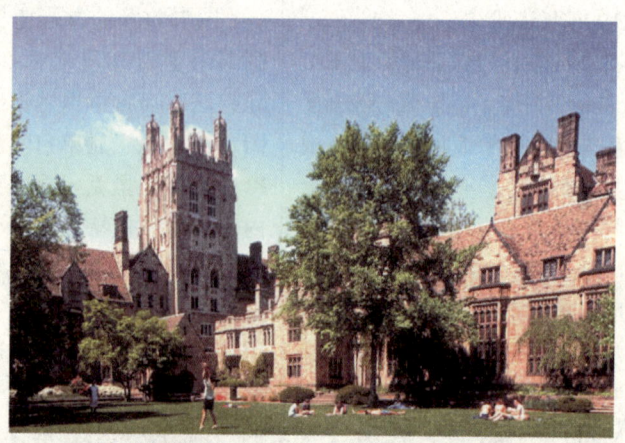

布兰福德庭院是耶鲁一种典型的学生宿舍

每年春天"社区大学日"活动受到当地家庭和中小学生的欢迎

在每个学院，耶鲁努力使整个大学社区体现出个性。从这个意义上讲，各个学院是耶鲁大学不同的小社区，它们各有自己的院徽、院监、餐厅、起居室以及秘密的口号和团体。这种居住制度为学生提供了一个熟悉和舒适的人居环境，与教师和行政人员之间的良好的人际关系以及令人兴奋的课外学术探索的机会。每

生活。例如，耶鲁大学剧场历来都是百老汇剧目的试演场，导演往往在首演翌日非常关注耶鲁每日新闻所刊登的学生评论。

耶鲁大学搬来这座小城已逾200年，城里有着浓厚的文化积淀和传统的城市精神。各个时期的特色建筑比比皆是，绿地映着各种形态的小楼，清新怡人。这里有句俗语形容城市一景："教堂比教室多，松鼠比人多。"现任耶鲁大学校长理查德·C·莱文是一位在纽黑文生活了30年的居民，他对这个城市做出这样的评价：纽黑文是一个伟大的城市，大而有趣，小而温馨。当然，学生对纽黑文也有微词，认为这不是一个典型的大学城，而是一个带有不少问题的城区，包括犯罪和贫困。但他们还是觉得这里相对比较安全，其原因主要是当地的艺术、文化氛围，还有很多餐馆，甚至有学生说，纽黑文和耶鲁相互依存，谁也离不开谁。

纽黑文所在的康涅狄格州，是新英格兰区域中最南部的一州。该州气候温和多雨，四季分明。有时于每年8至9月间受飓风影响，但不严重。冬季平均温度稍低于0℃，夏季平均气温约为21至24℃，平均年降水量为1092毫米。

抵达方式

由于城市较小，纽黑文到中国任何一个城市都没有直接到达的航班。可以先从中国乘飞机直飞纽约，或到旧金山、洛杉矶、

所学院都拥有自己完备的设施，包括餐厅、图书馆、健身房、艺术工作室、琴房、照相暗室、电脑室、洗衣房、台球室、乒乓室、学生厨房等，大部分学院还拥有自己的电影院或剧院，攀岩室、壁球馆和桑拿房等，这些设施都24小时对本院学生开放。每所学院有一位院长（Master）和一位学监（Dean），分别负责学生的社交活动和学习生活。每周各院院长还邀请各个领域的著名人士举办茶会，称为"Master Tea"，本科学生都可参加，受邀的名人不乏美国和世界政、商、体育、娱乐、社会公益等领域的著名人物。

毕业庆典

该校还以学生社团闻名，目前共有240多个学生社团，有的已有上百年的历史，有的才刚刚建立。耶鲁政治联盟是美国最古老的学生政治组织，也通常是耶鲁大学最大的学生团体，有许多曾为校友的政治领袖任顾问，其中有约翰·克里、杰拉德·福特等人。《耶鲁每日新闻》为美国最早的大学校报，自1878年创立至今一向为思想交流的重要平台。Dwight Hall 是一个独立的非赢利性社会服务团体，每年有超过2000名本科生为纽黑文的60多个项目工作。另外值得一提的还有耶鲁大学议会，主要负责组织一些全校性的活动和提供学生服务。

耶鲁学院在 12 个住宿学院之间进行的业余体育联赛是学生生活中的一个重要部分，也是许多历史长久的学院之争（一种友好的竞争关系）的重要部分。每年共分三个赛季，包括秋季、冬季和春季，每个赛季都包括超过十种项目，其中一般都是男女混合参赛。体育比赛的项目除了正式项目外，还有保龄球、台球等项目。每学年末，获得分数最高的学院会被授予 Tyng 杯。此外，耶鲁共赞助35个校级运动队参加常春藤联赛、美东大学体育联赛

芝加哥等地，再转机飞往纽约或波士顿。

从纽约、波士顿到耶鲁所在地纽黑文（New Haven），可自行驾车，驱车不到两个小时就可到达目的地。也可从纽约的中央火车站坐短途火车到纽黑文，因为艾玛特拉克铁路把波士顿南站和波士顿后港火车站与普罗维顿斯、纽黑文和纽约市连接在一起，更把纽黑文和新英格兰城镇同蒙特利尔连为一体。铁路交通相当便利。从纽约肯尼迪国际机场，可乘坐地铁4、5、6、7路车去中央火车站，或乘坐 M1、M2、M3、M4、M5、M42、M101、M102、Q32 路公共汽车专线汽车前往。

到达纽约后，机场还有通往纽黑文的长途班车，美国人称之为"灰狗"巴士。

和新英格兰地区校际帆船联赛。耶鲁大学还是全美大学生体育协会（NCAA）的成员。同其他的常春藤联盟成员大学一样，耶鲁并不提供专门的奖学金给运动员，不再跻身于美国大学篮球和美式足球的顶尖球队中。然而，耶鲁大学却是美式足球的发源地，是由当时的球员及教练 Walter Camp 在十九世纪末二十世纪初期从橄榄球和英式足球中借鉴来的。

耶鲁拥有大量的体育设施，包括耶鲁体育场（因其形状也被称为"耶鲁碗"，也是美国第一座这样形制的球场）、Walter Camp Field 体育中心、Payne Whitney 体育/健身馆、Corinthian 游艇俱乐部（建于1881年，培养了多名奥运会运动员）等。

耶鲁体育场

哥伦比亚特区
District of Columbia
（Washington, D.C.）

学校英文名称	学校中文名称	2011 年排名	所在地区
Georgetown University	乔治敦大学	21	哥伦比亚特区 District of Columbia

District of Columbia

州旗

州徽

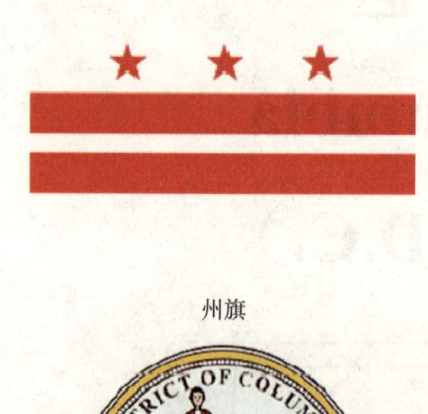

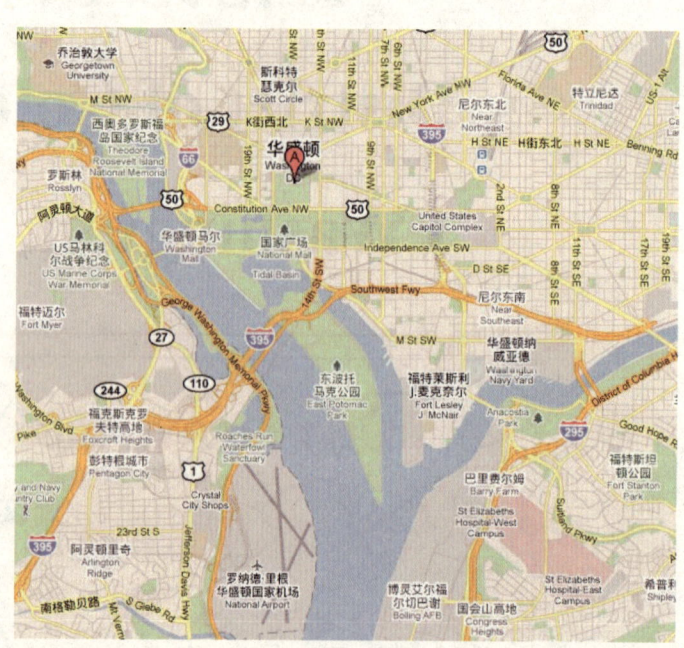

昵称：	DC	地区划分：	中东部地区
州府：	华盛顿 Washington	主要城市：	华盛顿 Washington
时区：	东部时间 UTC-5/-4	人口：	57 万人（2000 年）
面积：	177 平方千米	加入联邦时间：	1790 年 7 月 16 日
消费税：	5.75%	网站：	http://www.dc.gov

Georgetown University   乔治敦大学

排　　名：21	校训：
建校时间：1789 年	*Utraque Unum* （拉丁语）
学校类型：私立	Both into One.
IBT 最低线：100	学校网址：http://www.georgetown.edu
SAT:	申请网址：
CR：　650 – 750	http://uadmissions.georgetown.edu
Math：　650 – 750	咨询电话：202-687-3600
Writing：　不详	咨询传真：202-687-5084
ACT Composite：27 – 33	咨询邮箱：guadmiss@georgetown.edu
注：建议提交 SAT II 成绩	
送分代码：	申请费：$65
IBT：　524	学　费：$40203
SAT：　5244	总费用：$55248
ACT：　0668	
毕业率：	申请截止时间：
4 年毕业率：　不详	EA：11 月 1 日
6 年毕业率：　不详	RD：1 月 10 日
学生人数：	申请材料邮寄地址：
在校生总数：　11979	Georgetown University
本科生人数：　7038	Office of Undergraduate Admissions
人员比：	Room 103 White Gravenor Hall
师生比：　1：11	37th and O Streets, NW
男女生比：　48：51	Washington, D.C. 20057-1002 USA
国际学生比：　6%	

校徽：

吉祥物：

乔治敦大学

校园标志性建筑

　　乔治敦大学在华盛顿特区有 3 个校园：本科生校园、医学中心和法学中心。乔治敦大学本科生校园、医学中心相邻为伴，共同构成主校园，位于波托马克河岸的高地上，俯瞰北弗吉尼亚。校园正门被称作希利门（Healy Gates）。主校园占地 104 英亩（约

◎学校概况

　　乔治敦大学创建于 1789 年，是美国最古老的大学之一和美国首都华盛顿特区声誉最高的 4 年制综合性私立大学。这所高校位于首都华盛顿特区市中心，坐落在风景美丽如画的乔治城以及波多马克河边（Potomac River），在美国总统白宫西北面 2 英里（约 3.2 千米）左右的地方。乔治敦大学被认为是美国 25 所全明星顶尖大学之一，也被认为是美国最好的天主教耶稣会大学。美国前总统比尔·克林顿、菲律宾前总统阿罗约等政界知名人士都是乔治敦大学的校友。

从此，扬帆启航……

0.4平方千米），有63幢楼房，可以为80%的本科生提供宿舍和各种各样的体育健身设施。绝大多数楼房采用哥特式建筑风格和乔治王朝时代砖墙建筑特色。校园绿地由喷泉、大片花丛、公墓、小树林和开放式的四方院等构成。

希利楼

主校园过去以达格尔伦四方院为中心，虽然如今红色广场已经取而代之成为学生生活的焦点。建于1877至1879年的佛兰德·罗马式风格的希利楼（Healy Hall）是乔治敦大学校园的建筑瑰宝，也是美国国家历史的标志性建筑。希利楼和建于1844年的乔治敦大学天文台都属美国历史遗产。

乔治敦大学天文台

校园重大历史事件

➤ 1789年，受教皇的指派，约翰·卡罗尔（前天主耶稣会会士）成为美国第一位罗马教堂主教。卡

在美国，乔治敦大学的门槛很高，录取率仅为19%，低于8所老常春藤名校中的康奈尔、布朗等，属于美国入学竞争最激烈的顶尖大学阵营。该校与哈佛大学、耶鲁大学、普林斯顿大学、斯坦福大学等均被公认为全美最好的大学。在过去的200多年里，乔治敦大学在学士和硕士教育里实现了最初建校所拥有的耶稣教理想。乔治敦有着悠久而闻名的历史，那就是与它从全美各地和全世界各国吸引学生入学一样，该校从公共部门到私有部门都经常能吸引世界级的领袖人物来到校园访问或讲演。

现任校长是约翰·德吉奥亚（John J. DeGioia），这位哲学教授于2001年7月1日起担任乔治敦大学第48任校长。在此之前，德吉奥亚曾任该校的副校长。

700座的加斯顿楼是知名人士演讲的地方

乔治敦大学设有4所本科学院、3个研究生院与专业学院以及其他学院项目，本科学院是：乔治敦学院、沃尔什外交事务学院（Edmund A. Walsh School of Foreign Service，SFS）、麦克多诺商学院（Robert Emmett McDonough School of Business，MSB）、护理与健康研究学院。研究生院是：医学院、文理研究生院、法学中心。其他学院是：继续教育学院。

对于那些对国际关系、经济学和商科感兴趣的学生来说，乔治敦大学是一个首选之地。这是因为：

第一，"近水楼台先得月"。学校地处美国首都华盛顿使乔治敦大学占尽了地利之便，相比其他高等学府，乔治敦的师生有更多的机会跟美国乃至全世界的顶尖学者和政要人物保持密切的接触，联邦政府的办公厅，就在咫尺之遥。不少外国驻美使节的儿女，都选择在乔治敦大学念书，也扩大了大学的国际影响。事实上，美国国务院每年举办的外交部考试也以乔治敦大学的学生罗尔是本杰明·富兰克林和托马斯·杰佛逊的同事，他相信民主的胜利要依靠受教育、有道德的公民。他精心安排新大学的早期发展，于1月23日获得土地，并建立起大学最早的建筑达尔格伦四方院。

➢ 1791年11月22日，威廉·盖斯顿成为该校第一位注册的学生，盖斯顿后来成为美国众议院议员。

➢ 1810年，第一个学生社团联谊会创立，该社团的性质为虔诚的宗教团体。

➢ 1861年，美国南北战争爆发，严重影响了乔治敦大学的发展，该校有1141名学生和校友应征入伍，联邦军队征用大学的建筑作为军用。到1861年5月林肯总统视察校园时，已经有1400名军人驻扎在校园，将其作为临时住处。

➢ 1874年，帕特里克·弗朗西斯·希利就任乔治敦大学校长，成为白人占主导地位大学的第一位非洲裔美国人校长。

➢ 1919年，艾德蒙·沃尔什创建乔治敦大学外交学院，为外交事务和对外商务培养人才。随后，在20世纪，多个新的学院建立。

➢ 1966年10月4日，美国国会通过一项法案，第一次以法律形式认定"乔治敦大学"的校名。在此之前，1844年的法案只承认"乔治敦学院"有效，即仅仅是乔治敦大学一个分支的文理学院。

校园杰出人物

乔治敦大学诞生了很多政治报考人数最多。不少学生都承认，如果不在华盛顿，学校就不是乔治敦大学了，地处首都华盛顿的优势怎么强调也不过分。

乔治敦大学的文科专业很强，最受欢迎的专业包括国际关系、政府管理、英语、金融和护理。语言和语言学系是美国大学仅有的一个本科生专业，授予9种语言的学位以及语言学和比较文学的学位。乔治敦大学很少有较弱的专业，各个专业的吸引力主要是因为教授的缘故。外交事务学院为全美同类学院中的佼佼者，其原因是国际经济、地区和比较研究以及外交史等专业在全美数一数二，这里吸引了许多重量级政治家前来担任全职的教职人员或客座教授。这些教授中，马德琳·科贝尔·奥尔布赖特（Madeleine Korbel Albright）更为特殊，她毕业于乔治敦大学，后来回到母校当了一名教授，1996年她成为美国历史上第一位女国务卿，从政坛退出后她梅开二度，又回到乔治敦大学继续执教。

欢迎校友的横幅

第二，"四海之内皆兄弟"。虽然乔治敦大学是一所天主教大学，一半以上的学生信仰天主教，但也有不少非天主教徒学生，甚至还有很多信奉无神论的学生。学校在招收学生时并不看他们的宗教背景，对信奉天主教的学生在录取标准上跟其他学生一视同仁。正因为如此，乔治敦大学的学生拥有几乎所有你能想象到的宗教背景。有学生说："我还从来没在其他地方听到这么多不同的语言和遇到这么多不同背景的学生"；"我们来自于美国和世界各地，但我们的共同点是灵活、社会化、充满活力"。

200多年来，乔治敦大学一直保留着浓厚的宗教传统，不仅仅限于天主教，而是倡导宗教多元化。校园内神父可以说处处可见，事实上全部新生的宿舍，每层楼都有一名神父，担任舍监或辅导工作，不过，他们从来不会主动向你传教，只是在需要时竭

明星，如美国前总统克林顿、菲律宾前总统阿罗约、美国前国务卿奥尔布赖特，还有20位美国国会议员等，因而享有"培养政治家的摇篮"的美誉。

➢ 威廉·杰弗逊·克林顿（William Jefferson Clinton），1968年毕业于外交事务学院，学士学位，1993至2001年曾任美国第42届总统。

➢ 安东尼·斯卡利亚（Antonin Scalia），1957年毕业于乔治敦学院，学士学位，美国最高法院资深法官。

➢ 威廉·麦克多诺（William McDonough），1962年毕业于文理研究生院，硕士学位，纽约联邦储备银行前总裁和首席执行官，美林证券公司副主席。

➢ 葛罗瑞亚·马卡帕加尔·阿罗约（Gloria Macapagal Arroyo），1968年毕业于外交事务学院，学士学位，前菲律宾总统。

➢ 斯图尔特·彭博（Stuart Bloomberg），1972年毕业于乔治敦学院，学士学位，美国广播公司娱乐部门前主席，制片人。

➢ 玛格丽特·艾德森（Margaret Edson），1992年毕业于文理研究生院，硕士学位，曾获得普利策文学奖。

➢ 帕克里克·尤因（Patrick Ewing），1985年毕业于乔治敦学院，学士学位，前职业篮球运动员，曾在纽约尼克斯队、西雅图超音速队和奥兰多魔术队效力。

➢ 迪肯贝·穆托姆（Dikembe

诚帮忙。其实校园里不仅有很多神父，还有其他各种你能想象到的世界主要宗教的神职人员，其中包括天主教、基督教、犹太教、伊斯兰教、东正教等。为了保持大学的宗教传统，大学还特意规定所有本科学生在大学前两年都必须修读两个学期的哲学和神学课程。德吉奥亚校长说，我们从来不认为宗教传统妨碍科学研究，刚好相反，天主教非常强调提高人类生活品质和拯救生命，而这刚好是科学研究的目的。总的说来，该校努力在宗教和科学之间"保持良好的平衡"，在保留宗教传统的同时让师生享有充分的学术自由。

达尔格伦教堂是校园内天主教主教堂

第三，"学术超群视野宽"。乔治敦大学师资力量雄厚，备受尊敬的教授们，经常在华盛顿政府部门工作或者和政府合作，其丰富的实际工作经验让他们更加胜任各自的教学工作。世界知名的教授和专家汇聚于此，指导着世界最前沿的学术研究课题。如，隆巴迪综合癌症研究中心（Lombardi Comprehensive Cancer Center）的理查德·施莱格尔教授领导研发出了世界第一支宫颈癌疫苗；麦克多诺商学院教授彼得拉·里奥利的著作《T恤的全球之旅》获得《金融时报》高盛年度优秀商业图书最终提名；客座法学教授约翰·罗伯茨是最高法院的首席大法官。在这所具有学士、硕士、博士学位授予权的研究型大学里，学校致力于卓越的本科教育，很多本科生获得过著名的罗氏奖学金、马歇尔奖学金等。

乔治敦大学的学生来自全世界138个国家，这里的课业多少是很好控制的，并不重，但要面临学习质量上的挑战。超过一半的学生在读本科期间都有机会到国外短期学习。教师也来自许多不同的国家，与全世界44个国家的相关机构保持着科研合作关

Mutombo），1991 年毕业于语言和语言学学院，学士学位，职业篮球运动员，在休斯敦火箭队效力。

所在地概况及公共设施

华盛顿，全称"华盛顿哥伦比亚特区"，美国首都，是为纪念美国开国元勋乔治·华盛顿和发现美洲新大陆的哥伦布而命名的。华盛顿是美国的政治中心，白宫、国会、最高法院以及绝大多数政府机构均设在这里。华盛顿面积最大的建筑是位于波托马克河河畔的美国国防部所在地——五角大楼。

华盛顿纪念碑

林肯纪念堂

华盛顿还是美国的文化中心

系。目前乔治敦大学在卡塔尔首都多哈还建立了分校。这一切表明，乔治敦大学非常国际化，这对培养具有世界眼光的领导者是必要的。该校还十分注重国际间的交流与合作，先后与全球许多著名高校签署了 233 项合作备忘协议，如与中国的清华大学、厦门大学、中国人民大学、复旦大学等院校就有着长期的学术交流与合作。乔治敦大学的毕业生目前在政治、文学、艺术、商业等全球各个领域都占据着重要的领导位置。

医学牙医大楼

第四，"左邻右舍关系佳"。乔治敦大学拥有良好的社会形象，建校 200 多年来一直与联邦政府保持着密切的往来，向华盛顿特区及周边地区的政府机构和商业组织提供服务、帮助和资源，在经济、文化和社会建设等方面扮演着重要的角色。乔治敦大学为周边地区的"邻居"提供一系列服务，包括杰出学者或公众人物的演讲、各种各样的再教育、超过 100 万册的图书资源、宗教服务、文化艺术表演、服务社团、运动健身设备等。在过去的几十年中，从教育服务、经济发展规划到健康援助、儿童发展，乔治敦大学为华盛顿特区政府和当地居民投入了大量的各类资源。

乔治敦大学对于华盛顿特区经济的重要影响不单单体现在为华盛顿特区的发展投入了多少资金，而且还体现在学校的师生员工支出以及学校投资支出的增值效应上。目前，有超过 35000 名校友生活在华盛顿特区。在 2007 年，乔治敦大学对华盛顿特区的经济贡献主要表现在以下几个方面：向居住在华盛顿特区的员工支付一亿多美元的薪水；花费超过五千万元向当地企业购买商品或服务；向华盛顿特区缴纳 900 多万元的税费；为约 5400 名当地居民提供工作机会等。

之一。全市有乔治敦大学、乔治·华盛顿大学等9所高等院校。创建于1800年的国会图书馆（The Library of Congress）是驰名世界的文化设施，华盛顿歌剧院（Washington Opera）、华盛顿国家交响乐团（National Symphony Orchestra Washington）、肯尼迪艺术中心（Kennedy Arts Center）等都是美国著名的文化机构。华盛顿还有美国国家艺术博物馆（National Museum of American Art）、自然历史博物馆（American Museum of Natural History）、国家宇航博物馆（National Air & Space Museum）等许多著名博物馆。

国会图书馆

肯尼迪艺术中心

华盛顿在波托马克河东北岸，靠近弗吉尼亚州和马里兰州，在美国不算很大的城市，但却是美国最美丽的城市。有三条河流经华盛

从此，扬帆启航……

外交事务学院

第五，"以人为镜明得失"。除了"政治家的摇篮"，乔治敦大学还有一个美名有些人可能不知道，那就是"NBA超级明星的摇篮"。帕特里克·尤因、阿伦佐·莫宁和迪肯贝·穆托姆博这样的NBA超级明星都是乔治敦大学的毕业生。学校长期形成的传统使得学生们全力以赴地支持和追捧篮球明星和篮球运动，尤其是篮球场上的喧嚣和激情让新生更加容易融入这所著名的高校。

乔治敦大学球队当中最重要的球队就是男子篮球队，乔治敦大学的男子篮球还与美国国家男篮有着较深的渊源，帕特里克·尤因是从乔治敦大学走出去的"最伟大的篮球明星"。尤因在其职业生涯的绝大部分时间里都待在NBA，他还担任过休斯顿火箭队的助理教练，主要负责姚明的训练工作。

这里有着很强的体育运动项目设置，总共有27个主要体育项目，从橄榄球到足球，再到田径、篮球、高尔夫球、网球、篮球和排球，这些运动在乔治敦大学都很发达。乔治敦大学约有10%的学生参加校际体育比赛。乔治敦大学的办学理念就是要培养各个领域的领导者。学校认为体育是对本科教育的极好补充，有利于培养学生的领导能力。积极参加体育活动的学生毕业后一般都能在事业上取得成功。

除此之外，华盛顿及其许多从业和社交机会也是吸引学生们选择乔治敦大学的重要因素。很少有人带着遗憾离开这个大都市，不会有比华盛顿更好的提供实习和校外活动机会的城市了。当然，乔治敦大学的经济学和商学也很强，麦克多诺商学院的高层经管教育专业培养了很多高层经管人员，他们在竞争激烈的全球商业环境中不断取得成功。拥有理论和实践双重优势的企业领导者们，以及一个有着丰富国际经验和大量全国资本资源的学术团体，使顿，分别为波多马克河、安那考斯迪亚河和石溪。

美国国家艺术博物馆藏品

华盛顿气候温和，四季分明。8月份平均气温约30℃，湿度大，常见雷雨。春秋两季温和，平均气温约20℃。春天相对干燥。夏秋之交会受到飓风影响。冬季气温会降到冰点以下，年平均降雪量381毫米。秋天和春天的气候相当理想，十月的夜晚干爽宜人，降霜时，连行道树的树叶也开始从绿色转为红、橙、黄、棕等多彩纷呈的颜色。

抵达方式

华盛顿·杜勒斯国际机场（Washington Dulles International Airport），位于弗吉尼亚州，离华盛顿特区约半小时车程，是联合航空公司及独立航空公司的转运中心。

巴尔的摩–华盛顿国际机场（Baltimore-Washington International Airport），位于马里兰州巴尔的摩近郊，离华盛顿特区一小时车程，是西南航空主要营运点之一。

乔治敦大学的高层经管教育闻名遐迩。

◎学校图书馆

乔治敦大学图书馆系统共有7个图书馆，其中包括：劳茵格纪念图书馆（Lauinger Memorial Library，主图书馆，藏有普通丛书、政府文件和善本书）、布洛姆科学图书馆（Blommer Science Library）、达尔格伦纪念图书馆（Dahlgren Memorial Library，医学和学术计算机中心）、母婴健康图书馆（Maternal and Child Health Library）、国家生物伦理学文学参考资料中心（National Reference Center for Bioethics Literature）、爱德华·贝内特·威廉姆斯法学图书馆（Edward Bennett Williams Law Library），以及伍德斯托克神学中心图书馆（Woodstock Theological Center Library）。

该图书馆系统藏书240万册，还有4.8万种纸质和电子期刊。此外，学生和教授还可在华盛顿研究图书馆和国会图书馆借阅图书。特别是1970年建成的劳茵格纪念图书馆为该校迅速增长的图书馆收藏提供了更大的空间。

不仅如此，该校法学图书馆还是美国第5大法学图书馆。

爱德华.贝内特.威廉姆斯法学图书馆

◎学校生活条件

乔治敦大学所有的学生宿舍、联排别墅和公寓为72%的本科生提供了住房。2003年末，该校新建的西南四方形住宅工程竣工，为学生们又提供了一处907个床位的宿舍楼，还包括一个很先进的大餐厅和地下停车场。

乔治敦大学有注册的学生社团172个，主要涉及的领域涵盖体育运动、媒体、出版、艺术、宗教、志愿者和服务等。

从此，扬帆启航……

里根华盛顿国家机场（Ronald Reagan Washington National Airport），位于弗吉尼亚州阿灵顿，离华盛顿特区最近（约11千米），以全美航空和达美航空的接驳班机为主。

华盛顿地铁为美国第二繁忙的地铁系统，仅次于纽约地铁，于1976年通车。服务范围包含特区及邻近马里兰州的乔治王子县、蒙哥马利县及弗吉尼亚州的费尔法克斯郡、阿灵顿县、亚历山卓市，目前共有红、橙、蓝、绿、黄五线，共有86个车站及171千米长的轨道。华盛顿地铁是分区计费的，也就是说它是依据所乘距离和时间计费，费用并不固定。

虽然天主教学校不一定要求与"希腊式"的生活系统相隔离，但乔治敦大学官方不承认或资助学生中的兄弟会、姐妹会，或其他秘密学生社团。尽管如此，希腊式组织在校园也有活动，虽然其成员没有被要求一起住在兄弟会的所在地。不仅这样，乔治敦大学学生与附近其他大学和学院的兄弟也有联络。

过去，乔治敦大学对服饰要求极其严格，要求全体男生都要穿西装打领带，女生则不能穿超短裙，只能穿长裙和网状的长统袜。但在如今的大学校园里，学生穿着却都十分随便，并没有什么特别之处。所谓的严格服饰是在20世纪60年代之前，60年代之后随着校园运动的风起云涌，大学对学生的着装就不再有具体要求，理由是统一着装束缚了大学生的个性和自由精神。

《普林斯顿大学评论》将乔治敦大学列为美国十佳大学城之一，但是在主校园，附近居民和大学里的师生的关系常常显得比较紧张，主要是由于校园设施施工，学生群体的扩大，还有噪声和酗酒等问题。

佛罗里达州
Florida（FL）

学校英文名称	学校中文名称	2011 年排名	所在地区
University of Miami	迈阿密大学	47	科勒尔·盖布尔斯 Coral Gables

州旗

州徽

州示意图

昵称：	阳光之州	地区划分：	东南部地区
州府：	塔拉哈西 Tallahassee	主要城市：	奥兰多 Orlando 迈阿密 Miami
时区：	东部时区 UTC-5/-4	人口：	159 万人（2000 年）
面积：	170451 平方千米 全美第 22 名	加入联邦时间：	1845 年 3 月 3 日 第 27 个加入美国联邦
消费税：	6%	网站：	http://www.myflorida.com

University of Miami 迈阿密大学

排　名：	50	
建校时间：	1925 年	
学校类型：	私立	

IBT 最低线： 80
SAT：
　　CR：　　570 – 680
　　Math：　600 – 700
　　Writing：570 – 670
ACT Composite： 27 – 31

送分代码：
　　IBT：　5815
　　SAT：　5815
　　ACT：　0760

毕业率：
　4 年毕业率：　64%
　6 年毕业率：　不详

学生人数：
　在校生总数：　13370
　本科生人数：　10379

人员比：
　师生比：　1 : 11
　男女生比：48 : 52
　国际学生比：10%

校训：
Magna est veritas （拉丁语）
Great is the truth.

学校网址： http://www.miami.edu

申请网址：
http://www.miami.edu/index.php/admission

咨询电话： 305-284-4323；
　　　　　305-284-2271（国际学生招生处）

咨询传真： 305-284-2507

咨询邮箱： intl.admission@miami.edu

申请费： $65
学　费： $36188
总费用： $53460

申请截止时间：
　EA： 11 月 1 日
　ED： 11 月 1 日
　RD： 1 月 15 日

申请材料邮寄地址：
Office of Admission
PO Box 248025, Coral Gables,
FL, USA　33124-4616

校徽：

吉祥物：

校园标志性建筑

主校区：位于迈阿密市南部郊区的科勒尔·盖布尔斯市，其中包括 9 个学院，占地 230 公顷（2.3 平方千米），134 座楼宇，建筑面积共 570 万平方英尺（约 0.5 平方千米）。2005 年以来，大约有 56 万平方英尺（约 52000 平方米）的新建筑设施投入使用，包括玛塔与奥斯

◎学校概况

迈阿密大学是美国东南地区提供科研与教学领域最广泛的大学之一，是一所著名的国家级大学。这所私立大学拥有 15000 多名来自美国 50 个州和世界 148 个国家和地区的学生，是一个充满活力和多样性的学术社区，其特点在于偏重教和学、发现新知识，主要为佛罗里达南部地区以及其他地区提供服务。

现任大学校长是唐娜·沙拉拉（Donna E. Shalala），这位政治学教授于 2001 年 6 月 1 日就任迈阿密大学第 5 任校长。在此之前，沙拉拉从 1993 年至 2001 年曾任美国卫生部部长。

汀·威克斯音乐图书馆和技术中心（Marta and Austin Weeks Music Library and Technology Center）。

音乐图书馆和技术中心

主校区还有校园剧场、杰里·赫尔曼剧场（Jerry Herman Theatre），用于学生戏剧和音乐剧演出；豪尔赫·佩雷斯建筑中心（Jorge M. Perez Architecture Center）是建筑学院展示其建筑设计作品的艺术殿堂。

杰里·赫尔曼剧场

豪尔赫·佩雷斯建筑中心

从此，扬帆启航……

这所私立大学由12个学院组成：米勒医学院（Miller School of Medicine）、罗森斯蒂尔海洋及环境科学学院（Rosenstiel School of Marine and Atmospheric Science）、法学院、工商管理学院、建筑学院、教育学院、工程学院、福斯特音乐学院（Frost School of Music）、研究生院、文理学院、信息学院、护理和健康学院。该校为本科生和研究生提供180多个专业和项目，被认为是美国本土学生最想就读的高等学府之一；校园环境极佳，被誉为全美校园环境最优美的大学之一。

米勒医学院

迈阿密大学的主要特点有以下几个方面：

第一，既享受到宜人的气候，又能学到丰富的知识。终年可见的阳光、清新宜人的海滩、多姿多彩的文化，这就是迈阿密大学的读书环境，这所大学的地理环境是其他很多美国大学所不曾拥有的，因为它位于佛罗里达州迈阿密市的一个具有魅力的郊外。当一月份，美国东北部地区大学的学生需要忍受严寒和冰雪的时候，这里的学生却可以在阳光下享受20℃左右的舒适天气，在这样一种舒适宜人的气候环境下，学习恐怕就不会是一种枯燥乏味的事情了。

学生不仅一年四季都可以在去上课的路上边倾听哗啦啦的喷泉，边享受温暖的阳光，而且可以在带有露天阳台的教室里静心地听课。迈大的本科生课程大部分由教授亲自讲授，而不是由助教讲授，很多课程都具有挑战性，特别是自然科学和工程专业。学生们特别赞赏生动活泼的教学方式，尤其是那种辅以参观法院、

医学院校区：雷纳德·米勒医学院校区位于迈阿密市区，由约68公顷（0.68平方千米）校有土地和从迈阿密大学/杰克逊纪念医疗中心复合体租赁的153公顷（1.53平方千米）的土地组成。

此外还有位于弗吉尼亚基尔的罗森斯蒂尔海洋及环境科学学院校区、南校区和里士满校区。

校园重大历史事件

➢ 1925年，当科勒尔·盖布尔斯市（Coral Gables）的创始人乔治·梅里克（George E. Merrick）捐献160英亩（约0.5平方千米）土地和400万美元用于建设该校时，迈阿密大学开始起步。当时，人们对于这所大学未来的财政状况过于乐观，因为南佛罗里达的房地产处于高涨时期。

➢ 1926年秋，第一批372位学生到迈阿密大学注册报到。但同时，房地产开始崩溃，又由于一场飓风的袭击，房地产试图尽快回升的希望很快破灭。在此后的15年中，该校几乎无力改变经济困难的局面。由于银根太紧以至于梅里克楼（校园中的第一幢大楼）一直处于烂尾楼状态达20多年。

➢ 1929年，在佛罗里达州的经济崩溃之后，董事长沃尔什和大学董事会其他成员辞去职务。迈阿密大学的经济陷入极度困难，大学生们不得不挨家挨户募集资金以保证学校开学。

➢ 1932年，迈阿密大学申请破产。

观看电影、游览校史陈列馆等活动的课堂教学，确保了课堂的趣味性。

斯托尔礼堂

第二，既强调重点专业的科研，又抓紧所有专业的教学。迈阿密大学拥有全美一流的海洋生物专业，也是美国在音乐工程领域第一所授予学位的大学。常言道："靠山吃山，靠水吃水。"迈阿密大学地处佛罗里达州，距离大西洋非常近，早在1943年就成立了海洋实验室，邀请研究员和海洋学家与该校的教授一起经营这个海洋研究机构，使教学、基础研究和实用性海洋研究三位一体，后来又将研究活动拓展到热带环境研究领域。1961年，该实验室更名为海洋科学研究所，1969年，该研究所又更名为现在的罗森斯蒂尔海洋及环境科学学院。

福斯特音乐学院

另外，该校的福斯特音乐学院现有700多名学生，专业有器乐演奏、声乐表演、音乐工程、音乐教育、作曲和音乐戏剧等，当然还有一个独特的专业是爵士乐。

该校大部分的医学研究工作集中在米勒医学院，其他领域的

➢ 1934年7月，迈阿密大学重新组建，董事会被托管理事会取代。1940年，当地社区领导人取代教职员工和行政人员作为受托人。

➢ 1943年，成立海洋实验室（1969年更名为罗森斯蒂尔海洋及环境科学院）。

➢ 1961年，迈阿密大学放弃种族隔离的政策，开始招收非洲裔美国学生。而后，非洲裔美国学生被允许参加所有的学生活动和体育运动。

校园杰出人物

虽然迈阿密大学没有东部地区名校那样聚集着很多诺贝尔奖获得者，但校友中也不乏杰出人物和各领域的精英，他们是：

➢ 唐纳德·贾斯庭斯（Donald Justice），1945年毕业，学士学位，美国诗人，获得1980年普利策诗歌奖。

➢ 丹尼尔·巴瑞（Daniel T. Barry），1982年毕业，博士学位，美国工程师、科学家，退役的美国国家航空和宇宙航行局宇航员。

➢ 肯德尔·亨特（T. Kendall en?Hınt），1965年毕业，学士学位，VASCO国际数据安全公司创始人、董事长和首席执行官。

➢ 马特·鲁贝尔（Matt Rubel），1980年毕业，硕士学位，Collective Brands, Incorporated总裁和首席执行官。

➢ 哈尔·罗森布鲁斯（Hal Rosenbluth），1974年毕业，学士学位，Take Care Health Systems合

研究也有几十个，包括工程学、教育学、心理学等。自然科学方面，化学、微生物学和植物学等专业都很突出。该校建于1925年，当时随着该地区房地产热应运而生。在这所研究型大学，每年用于研究以及项目赞助的经费达3.26亿美元。

杰里·赫尔曼剧场内部

第三，既刻苦攻读，又玩命享乐（Work hard, play hard.）。一流的学术氛围加上悠闲的校园生活，是迈阿密大学魅力独具之处。该校对学术方面的要求因院系各异而不尽相同，但总体感觉，对本科生的教学十分严格，其中7年制的医学专业只提供给少数杰出的本科生，还有一些双学位的专业，包括法律、商务管理、物理治疗、生物医学工程和医学都要求学生达到很高的分数。建筑学系深获好评，然而，该系只收60名新生。该校一半以上的本科生班级不超过16名学生；全校75%以上的班级不超过25名学生。会计学也很不错，可不易应付。该校与英国最顶尖的帝国理工学院签订了战略合作协议，在工程与信息技术方面建立世界级的合作研究项目。

除了治学严谨的学术氛围之外，迈阿密学生的课外活动也丰富多彩，不像其他学校那样只专注于某几项活动。该校的橄榄球队、棒球队和女子网球队都很出色，各种水上运动和户外活动也很流行。不过，校园文化生活的主体还不仅仅是这些，在迈阿密大学还活跃着200多个学生社团，其中包括兄弟会和女学生联谊会。这些社团为学生们丰富校园生活，寻找朋友和友谊提供了更多的机会。更重要的是，迈阿密这座城市具有天时地利人和的优势，人们普遍具有善于放松自己、调节自己的心态，都是其他地方或社区所不具备的。

第四，既鼓励竞争上进，又推行校园住宿。迈阿密大学鼓励学生在教授们的办公时间向他们请教。为激励学生们在学术上力

伙人和董事长。
➢ 杰克·可雷顿（Jack Creighton），1966 年毕业，学士学位，Weyerhaeuser Company 和 United Airlines 前首席执行官。
➢ 布鲁斯·霍恩斯比（Bruce Hornsby），1977 年毕业，学士学位，美国歌手、钢琴家，获得 1987 年、1989 年和 1993 年格莱美奖。
➢ 格罗瑞亚·伊斯特芬（Gloria Estefan），1979 年毕业，学士学位，美籍古巴歌手、女演员，曾 5 次获得格莱美奖。

所在地概况及公共设施

迈阿密大学地理位置优异，离美国航天总署的卡纳维尔角只有几个钟头路程，开车几小时就能到达奥兰多和世界最大的迪斯尼乐园。

迈阿密海滩

迈阿密市建于 1896 年，地处美国东南端，面积 34.3 平方千米，是全美第 11 大都市。在过去十年

争上游，学校还为新生设有荣誉课程。高中毕业被录取的新生中位于前 5% 的人，SAT 的分数最低需 1360 分或 ACT 的分数最低需 31 分，才有可能申请这项荣誉课程。这项荣誉课程每学期提供 200 门的课程，一般说来，荣誉课程的班级为小型研讨班，以便形成互动性强的班级研讨学习模式。此外，该校还在医学院设置了一个更高级别的荣誉课程，经过 7 到 8 年的学习，学生们可以同时获得一个科学学士学位和一个医学博士学位。

商业管理学院

迈阿密还模仿耶鲁大学的做法，实行校园住宿制。美国很多规模较大的学府都存在着学生觉得缺少人与人之间交流与沟通的问题，但迈阿密大学构建了一个由 5 个男女集中住宿区组成的住宿体系以解决这一问题。学校指定一个高级管理人员为学生开办论坛、音乐会、讲座、社交活动以及每月一次的社区聚餐。这些管理人员会在各个住宿区内举行学习间隙的休息活动，并邀请来自各个领域的人一起讨论当下的热点问题等等。

该校学生赞扬迈阿密大学在学术和体育方面这些年来取得的成绩，他们将成绩归功于唐娜·沙拉拉校长卓有成效的管理，正是由于她所做的很多事情，迈阿密才能声名鹊起；也正是由于所有的师生真正在乎这所高等学府，迈阿密大学才以其热带风光、海景校园和学术声誉吸引着越来越多的青年人。

◎学校图书馆

迈阿密大学图书馆，包括奥特·里克特图书馆（Otto G. Richter Library）和在建筑、商业、法律、医药、音乐、海洋及环境等学院的图书馆，藏书超过 77159 种、330 万册，有 67894 种电子期刊、550974 种电子书籍、400 万份缩微文献、153700 种音频、电影、录像等资料。

中，迈阿密市进出口贸易额每年增长20%。目前，迈阿密市已不仅是"通往美洲的门户"，而且是一个国际性的贸易、商业中心。迈阿密也是除了纽约之外的全美国际金融业务中心，素有"中南美贸易金融之都"之称，拥有100多家外国银行。迈阿密市联邦储备机构每年处理的金额达1.5万亿美元。

作为旅游度假胜地，每年吸引超过1100万人次的旅客。迈阿密海岸风景秀丽，延绵不绝的白色沙滩约占全美国沙滩的四分之一长度，是美国退休人士最爱居住的城市之一。如今的迈阿密是老年人与时装设计师、比基尼泳装模特儿和古巴移民的天堂。迈阿密有两大国家公园，即大沼泽地国家公园（Everglades National Park，美国第三大国家公园）和比斯坎国家公园（Biscayne National Park，美国高级潜水地区之一），每年都吸引着众多游客前来探访令人叹为观止的原始景观。游客或在寂静的水道里划独木舟，或在比斯坎湾乘坐喷气式滑水车，也可沿着公路骑自行车或是沿着有各式水禽的池塘徒步旅行。从现代文明转换到自然天地，在迈阿密仅需几分钟的时间。

大沼泽地国家公园

从此，扬帆启航……

奥特·里克特图书馆

奥特·里克特图书馆是迈阿密大学主图书馆，其他均为分图书馆。奥特·里克特图书馆是在联邦政府登记的出版物收藏馆，在其特别藏品部和古巴遗产收藏室，保存着相当数量的珍贵书籍、地图、手稿以及迈阿密大学的档案。

法学图书馆

除了奥特·里克特图书馆之外，还有朱迪·普罗科普·纽曼信息资源中心（商务）（Judi Prokop Newman Information Resources Center（Business））、玛塔与奥斯汀·威克斯音乐图书馆、保罗·布韦松参考资料图书馆（建筑）（Paul Buisson Reference Library（Architecture））、罗森斯蒂尔海洋及环境科学院图书馆（Rosenstiel School of Marine and Atmospheric Science Library）、纪念路易斯·考尔德图书馆（医学）（Louis Calder Memorial Library（Health Sciences））和迈阿密大学法学图书馆（University of Miami Law Library）等。

迈阿密大学的图书馆藏书量也许不是最丰富的，但这里简约、现代的装饰风格，再加上窗外宜人的阳光、风中轻轻摇曳的棕榈

迈阿密属亚热带气候，为美国本土冬季最温暖的城市。1月平均气温19.5℃，7月28.3℃；年平均降水量1290毫米，大部降于夏季。气候湿热。夏季6至8月间午后有雷阵雨，夏秋之交易受飓风侵袭。

抵达方式

迈阿密国际机场

迈阿密主要的国际集散地是迈阿密国际机场（Miami International Airport），这是世界上最繁忙的机场之一，每年旅客超过3500万人次。迈阿密机场是美洲航空公司的主要集散地和最大单一国际门户。

此外，劳德代尔堡·好莱坞国际机场（Fort Lauderdale-Hollywood International Airport）也为这个都市区的城市服务，而且使用它的南佛罗里达旅客比使用迈阿密国际机场的更多。可以先从中国乘飞机到纽约、旧金山、洛杉矶、芝加哥等地，再转机飞往迈阿密。

迈阿密地铁公司在位于科勒尔·盖布尔斯的主校区设有大学站。地铁将迈阿密大学与迈阿密市区、Brickell, Coconut Grove 和其他迈阿密邻近的城市相连接。从市区和 Brickbell 乘地铁到迈阿密大学

树，以及热带和亚热带的风景，阅读也就变成了惬意生活的一种方式了。

◎学校生活条件

大学村（学生宿舍）

校园餐厅

位于科勒尔·盖布尔斯市（Coral Gables）的主校区居住着4450名注册学生。居住在这里的学生的构成不成比例，84%的新生住在校园，而其他年级的43%学生也住在校园内。迈阿密大学主校区的住宿系统由5个寄宿学院和2个仅供本科学生居住的公寓式复合体构成。5个寄宿学院包括：the Florence Ruth Hecht, 斯坦福亨利王的"新生塔楼"，the Daniel J. Mahoney, Jay F. W. Pearson 和 Julian S. Eaton 宿舍。2个公寓式复合体包括供高年级学生居住的公寓区（校区里最老的宿舍，原本是已婚退伍兵和他们家属住房）和2006年完工的大学村。大学村为约780名学生提供居住空间，公寓区将于2010的春季学期结束后关闭。

大学村在2009年7月31日以前曾允许研究生和法学院学生居住。在此以后，科勒尔·盖布尔斯的主校区不再为任何研究生

约需 15 分钟。

迈阿密公共交通十分方便。在迈阿密，市区内往返的公共汽车线路均以数字命名：如 57 路、62 路等。以大写字母代表的公共汽车线路如 G 线、M 线、S 线等则跨越各个海堤大道往东去往不同的海滩。市中心还有在高架轨道上呈环形路线运行的叫做 metromover 的公共交通系统，只有一节车厢，无人驾驶，运行、报站、开门、关门全靠自动控制，免费乘坐。

提供住宿。迈阿密大学不为已经有孩子的学生或已婚的学生提供住宿。1990 年起，也不再为运动员提供单独的宿舍。

该校的住房部为学生、教职员工提供校外居住服务。该校还为科勒尔·盖布尔斯和南迈阿密的学生校外居住提供指南。

迈阿密大学的餐厅设计得非常可爱，且有不同国家的食物供学生选择，有点像在美食街的感觉。这里不仅仅有漂亮的餐厅，还有时髦的咖啡吧，可以无限时上网。

佐治亚州
Georgia（GA）

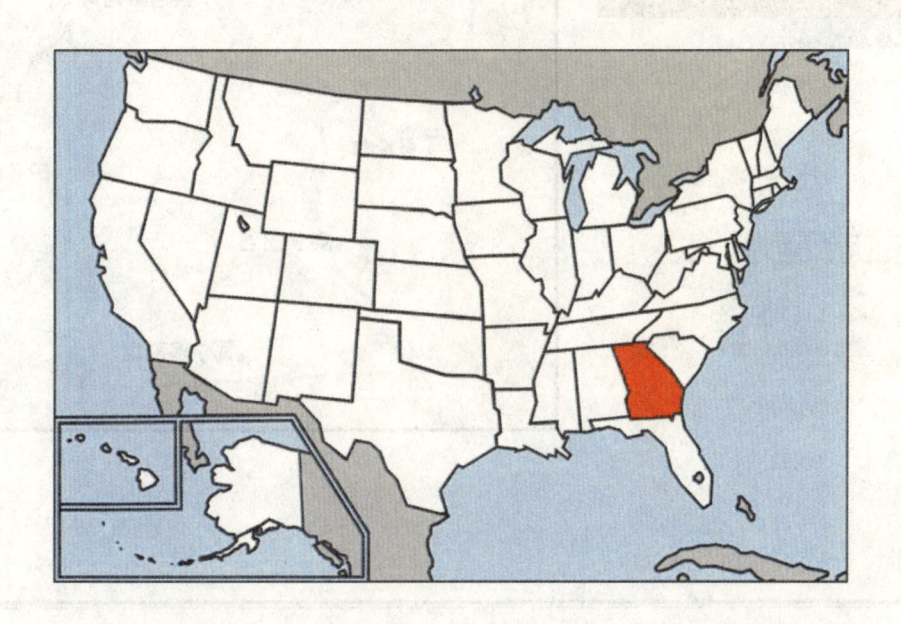

学校英文名称	学校中文名称	2011年排名	所在地区
Emory University	埃默里大学	20	亚特兰大 Atlanta
Georgia Institute of Technology	佐治亚理工学院	35	亚特兰大 Atlanta

州旗

州徽

昵称：	南方帝国之州或桃子州	地区划分：	东南部地区
州府：	亚特兰大 Atlanta	主要城市：	亚特兰大 Atlanta 萨凡纳 Savannah
时区：	东部时区 UTC-5/-4	人口：	936 万人（2006 年）
面积：	152488 平方千米 全美第 24 名	加入联邦时间：	1788 年 1 月 2 日 第 4 个加入美国联邦
消费税：	4%	网站：	http://www.georgia.gov

Emory University   埃默里大学

排　　名：	20
建校时间：	1836 年
学校类型：	私立
IBT 最低线：	100
SAT：	
CR：	640 – 730
Math：	660 – 750
Writing：	650 – 740
ACT Composite：	29 – 33
送分代码：	
IBT：	5187
SAT：	5187
ACT：	0810
毕业率：	
4 年毕业率：	83%
6 年毕业率：	87%
学生人数：	
在校生总数：	13381
本科生人数：	7231
人员比：	
师生比：	1 : 7
男女生比：	42 : 58
国际学生比：	8%

校训：

Cor prudentis possidebit scientiam
（拉丁语）
The wise heart will possess knowledge

学校网址： http://www.emory.edu

申请网址：

http://www.emory.edu/home/admission

咨询电话： 609-258-3060

咨询传真： 609-258-6743

咨询邮箱： admiss@learnlink.emory.edu

申请费： $50

学　费： $38600

总费用： $53556

申请截止时间：

EDI：   11 月 1 日
EDII： 1 月 1 日
RD：   1 月 15 日

申请材料邮寄地址：

Emory University
Undergraduate Admission Office
Boisfeuillt Jones Ctr, Atlanta,
GA 30322   USA

校徽：

吉祥物：

校园标志性建筑

埃默里大学位于亚特兰大的上流社区。整个校园有不少洋溢着地中海风情的意大利建筑，古典精致，漫步其中仿佛置身于美丽的欧洲南部。所有建筑物均用昂贵的大理石建成，没有任何两栋楼房的外观设计相雷同。埃默里大学校园内植有 600 多种树木，校园的 60% 都

◎学校概况

作为全球最大的饮料公司，总部设在美国亚特兰大的可口可乐公司，在全世界销售 500 余种产品，但主要产品为老少皆宜的碳酸饮料，其酷爽怡神的口味和充满自由活力的品牌形象备受消费者，特别是年轻消费者的欢迎。这家公司在注重广告效应的同时，也在追求所谓"神奇的效果"，做一些有意义的事情。例如，在南非，为提高黑人生活条件设立了 1000 万美元的"平等机会基金"。在资助有创新意义的教育和环境保护等项目方面可口可乐也有所作为，其中对教育资助的最重要的项目就是支持埃默里大

从此，扬帆启航……

被葱郁的森林所覆盖，人们到此漫步似乎在植物园中徜徉，其优雅、静谧的自然氛围让人赏心悦目。

考克斯会馆（Cox Hall）的钟楼，是埃默里大学校园中心的标志性建筑，目前该会馆是几个计算机中心之一。

Robert W. Woodruff 图书馆是大学图书馆系统的中心，是以该校的一位捐赠者的名字冠名的。

考克斯钟楼

校园重大历史事件

➢ 1836 年，一组卫理公会教徒筹划和组建了小镇牛津和埃默里学院，校名是为纪念知名的卫理公会主教约翰·埃默里，而小镇取名牛津，与享有声望的英国大学城同名，是因为两位卫理公会教徒约翰和查尔斯·卫斯理，他们都是牛津大学的毕业生。

➢ 1838 年，在获得佐治亚州给予埃默里学院特许状之后两年，9 月 17 日，首任校长伊格内修斯·阿方索·菲佑到任，仅有 3 位教员和 15 名新生及二年级学生。

➢ 1861 年，内战期间，埃默里

学的发展。20 世纪 70 年代初，可口可乐公司总裁伍德罗夫曾给埃默里大学一次性捐赠了 1.05 亿美元的该公司股票，是当时美国高等教育史上最大数额的捐赠，使得埃默里大学拥有充足资源以聘请优秀教职员及推行研究项目，因此埃默里大学被民间称之为"可口可乐大学"。

位于亚特兰大市郊区的埃默里大学

埃默里大学建于 1836 年，是一所历史悠久、卓有成就的综合性私立名校，近一个世纪以来素享有"南哈佛"的美誉。坐落于世界名城佐治亚州的亚特兰大，依靠国际商业大财团可口可乐董事会的巨额资本，埃默里大学奠定了其世界级学术殿堂的地位，历史上也曾是全美十大老牌名校。该校的历史最高综合排名是全国前九名，素有"南方长春藤"之称，与杜克大学、莱斯大学等齐名。

这是一所勇于探索、注重道德、文化多元的顶级学府，通过开展教学、研究、学术、卫生保健和社会活动等，师生相互合作，使该校成为国际公认的杰出的文科学院、超棒的职业技能学院以及美国东南部领先的卫生保健系统之一。

现任校长是詹姆斯·瓦格纳博士（James W. Wagner），这位工程学教授于 2003 年 9 月起担任埃默里大学校长。在此之前，他曾任美国华盛顿天主教大学教务长和代校长。

埃默里大学有 4 所学院开设本科生课程，包括埃默里文理学院、戈伊祖塔商学院、护理学院、牛津学院；还有 7 所学院开设研究生课程，包括戈伊祖塔商学院、莱尼研究生院、法学院、医学院、罗琳斯公共卫生学院、堪德拉神学院与护理学院。另外还有 40 多个研究所和研究中心。

学院被迫暂时关门。这年秋天，每一位学生都奔赴战场，学院的受托人在整个非常时期关闭学院。学院的建筑曾被用作交战双方的医院或指挥部。

➤ 1866 年，埃默里学院重新开学后，学院的图书馆毁于战火，学院数额不多的捐赠也被耗尽。

➤ 1880 年，乔治·塞奈，一位布鲁克林的银行家和卫理公会教徒被时任校长埃迪克·海古德的布道所感动，前后捐出 25 万多美元，用于偿还学院的债务、修建校舍以及其他。

➤ 1979 年，可口可乐公司总裁伍德罗夫 20 世纪 70 年代初曾给埃默里大学一次性捐赠了 1.05 亿美元的该公司股票，是当时美国高等教育史上最大数额的捐赠，令埃默里大学拥有充足资源以聘请优秀教职员及推行研究项目，在此后 20 年里，这笔捐款给埃默里大学的发展带来了深远影响，使之跻身于美国顶级研究型大学的行列。因此，埃默里大学被民间称之为"可口可乐大学"。

校园杰出人物

埃默里大学拥有杰出的校友，其中具有代表性的人物包括：

➤ 吉米·卡特（Jimmy Carter），自1982年以来为埃默里大学教授，美国第 39 任总统，获得 2002 年诺贝尔和平奖。

➤ 沃尔·索因卡，曾任埃默里大学杰出的访问教授，阿尔及利亚诗人和剧作家，获得 1986 年诺贝尔

现代化的生物医学研究大楼

威廉姆斯医学教育大楼

埃默里大学的主要特点包括以下几个方面：

第一，学术氛围浓厚。 埃默里大学为四年制，提供了一种严谨的、宽泛的文化氛围。所有调查都表明埃默里学生毫不隐讳自己对学习的极度热情。这一点不是每个学校都具备的气氛，也不是每个学生都具备的素质，因为这里不仅可以提供愉快的 4 年本科学习经历，而且能让学生从校园、从当地社区得到特别的实践锻炼。

很多学生觉得典型的埃默里学生应该是既勤奋刻苦，又懂得劳逸结合。他们非常聪明，富于智慧，让校园生活有趣、诙谐、充满青春活力，而不是整日躲在象牙塔里啃书本。从政治上来讲，这个校园与很多南方学府比起来更少保守或守旧的成份，也没有多少心胸狭隘的地方。

埃默里不仅学术氛围好，而且为学生提供当今大学中不多见的综合服务。除了教授们勤奋工作，成为学生们成功的重要催化

文学奖，成为第一个获得该奖的非洲人。

➤ 纽特·金里奇（Newt Gingrich），1965年毕业，学士学位，曾任美国众议院议长（任期1995至1999年）。

➤ 凯瑟琳·曼戈尔德（Catherine Manegold），该校新闻学教授（2005年退休），普利策奖获得者，《纽约时报》记者。

➤ 艾萨克·霍普金斯（Isaac Stiles Hopkins），1859年毕业，学士学位，曾任佐治亚理工学院教授和第一任校长（1888至1896年）。

➤ 安德鲁·斯莱德（Andrew Sledd），1914至1939年在该校任教授，美国神学家，曾任佛罗里达大学首任校长（1905至1909年），美国南方大学校长（1910至1914年）。

➤ 杜玛斯·马隆（Dumas Malone），1910年毕业，学士学位，美国作家，曾任哈佛大学出版社社长，获得1975年普利策历史奖。

➤ 哈金，本名金雪飞，英文笔名Ha Jin，华裔美国作家。曾在埃默里大学教授诗歌和小说创作课程。现在波士顿大学任教。

➤ 伊莎贝尔·威克逊：获得普利策奖的记者，前《纽约时报》记者。

➤ 韩启德，中华人民共和国全国人民代表大会常委会副委员长，九三学社中央主席，1985至1987年在埃默里大学药理系进修。

➤ 波比·琼斯（Bobby Jones）曾在该校就读，唯一获得大满贯的高尔夫业余选手，高尔夫大师赛的

剂之外，学校管理人员也努力满足学生们的需求，学校里很多设备都是应学生们的要求而建设的。尽管埃默里是一所大学，但这所学校给人以小学校的感觉，学生们在享受大学校广泛机遇的同时，仍然受益于小型文科学校的优点。

第二，实习机会颇多。埃默里大学地处美国很有魅力的城市——亚特兰大，这个地方到处充满了文化资源，也有很多商业机遇，因为可口可乐、美国有线电视新闻网、美国快递巨头联合包裹（UPS）及很多世界级的公司总部都在这个城市，自然也为埃默里学生提供了较多的实习机会。《普林斯顿评论》曾这样评价埃默里大学："这里是寻找暑期工作机会和上大学的好地方。"

除了地理优势，"打铁还得自身硬"，埃默里大学的毕业生在工作中表现出色，颇受赞誉，这也是很多大公司愿意为埃默里学生提供实习机会的重要原因。不少东南部大学都带有过多的南方色彩，埃默里大学却独树一帜，将精力放在教学创新、教书育人，逐步培养学生的正直感和荣誉感等方面，使得学生在这所学校里"决不会把学术当作儿戏"，因为稍有松懈，成绩就会不尽如人意。

实习机会的增多，不仅锻炼了学生，开阔了他们的视野，同时给教学工作带来了不少社会需求的信息，让教授们得以不断改进教学内容和方法，为学生提供愉快的4年本科学习经历，为社会输送更多能学以致用的人才，同时又获得了大公司和其他用人单位的信任和好评，从而形成促进学生们成长的良性循环。

第三，教研经费充足。2010财政年度，埃默里大学的研究经费超过5.35亿美元。2009年，大学资产已达到56亿美元，是美国以哈佛为首的富豪大学俱乐部的第9大成员，仅在哈佛、耶鲁、斯坦福、普林斯顿、麻省理工、密西根、宾夕法尼亚和哥伦比亚大学之后。2010至2011年的年度学校运营预算为32亿美元。

埃默里虽是个中型的学府，但学校奖学金较多，对于成绩优异的学生而言，获得奖学金或全免学费不是什么难事。很多学生，特别是那些拿奖学金的人，家庭经济条件并不宽绰，然而，学生们之间的交流是没有什么障碍的。

第四，校园文化多元。埃默里的校园文化呈多元化的趋势，学生来自各种各样的家庭背景，他们中也不乏富裕人家，其中相当一大部分是犹太人。尽管学校存在这种贫富家境的差距，有的悬殊还不小，但学生们有一点是共同的，这就是对学术的执着追求，有时候执着得有些狂热。

学生中也流行"希腊"文化，大约有近30%的学生社团属于

创始人。

所在地概况及公共设施

亚特兰大（Atlanta）是位于佐治亚洲的美国著名的花园城市，各色花卉在春天里竞相开放，争奇斗艳，景色秀丽。而埃默里大学为这个美国南部城市里的一景。埃默里大学的学生常常说，他们的校园是"亚特兰大市中心一片美丽的岛屿"。美国的有线电视新闻网（CNN）和埃默里的大恩人可口可乐公司，这两个全球超级重量级企业以及其他大公司的总部都设在这里。亚特兰大作为国际大都市，为埃默里大学的发展做出了重要贡献。该大学也与当地的美国联邦储备银行（Feb，即美国中央银行）、美国国家医学控制中心总部以及一些全球财富500强集团建立了紧密的合作关系，为学校的学术科研创造了坚实的基础。

亚特兰大

曾毁于美国南北战争的亚特兰大是新一代的城市，金融和工商业较发达。全球财富500强的企业有400家在这里设立公司，在数量上仅次于纽约和休斯敦。亚特兰大举行过第26届奥运会，在现代奥

兄弟会或姐妹会类型。但也有人说，有时候看起来参加兄弟会或姐妹会的人达到80%，尤其是在开舞会的场合。那些没有参加"希腊"式生活的学生坚持认为，他们没有任何远离所谓社会生活的感觉。很多兄弟会或姐妹会的学生也和其他没有入会的学生相处得很好。

"山不在高，有仙则名；水不在深，有龙则灵。"埃默里大学科众多，共有60多个本科专业。其中商学、经济学、政治学、心理学和生物学等专业最受学生的青睐。文理学院、商学院、医学院、牙医学院、法学院都办得很有特色，享有很高的声誉。

◎学校图书馆

伍德福图书馆

埃默里大学图书馆系统共有9个主要的大型图书馆，共藏书约340万册，图书馆同时也提供众多电子信息，包括超过56000册的电子书刊。学校最主要的图书馆Robert W. Woodruff图书馆，为师生们提供了一整套完善的服务，提供大学内几乎所有的课程信息（更侧重于艺术与科学方面），还包括著作原稿、稀有书籍、共享信息、数字图书等。Woodruff图书馆的硬件设施包括图书借阅馆、电子教室、远程学习教室、埃默里大学互动学习中心、Music and Media Library、电子数据中心、小组研究室，舒适的数据连接研究室和爵士乐手咖啡室。

◎学校生活条件

70%以上的埃默里的本科生居住在校园内，其中新生和二年级学生被要求住在校园内，以培养社区意识并适应学院生活。本

运的百年诞辰，实现了奥运家庭的大团圆。奥运会的举办，充分显示出它作为世界城市的风貌，也促进了埃默里大学的校园建设。至少，埃默里的新生宿舍装上了空调——因为埃默里大学把一部分宿舍腾出来作为奥运会的运动员公寓。这里没有东北部大学令人难以忍受的严酷冬天，有的只是美国南部"和颜悦色"、似乎永远是温吞吞的气候，当然，南方的夏天在相当长的时间段里自然是酷热难耐的。

抵达方式

亚特兰大有全世界旅客转乘量最大、最繁忙的机场之一——亚特兰大哈兹菲尔德□杰克逊国际机场（Hartsfield-Jackson Atlanta International Airport）。该机场位于美国佐治亚州亚特兰大市中心南方约11千米处，是一座24小时不间断运营的机场，来自世界各地的航空公司以此为重要枢纽。旅客可由此机场飞向全世界超过45个国家、72个城市及超过243个目的地（含美国）。亚特兰大为美国南部最大的都市，所以许多乘客会选择搭乘美国国内线的班机到此（这样的乘客占所有乘客数目的比重高达57%），然后转乘其他飞机到邻近的城市，使亚特兰大机场成为一个以转机为导向的机场，因此客流量极大。如果以国际线的班次来看，亚特兰大机场在全美排名第二，仅次于纽约肯尼迪国际机场。

科生在校园里的住宿有着较为广泛的选择，从宿舍楼的双人间到套房，以及附近的克莱尔蒙特校园公寓等等，这些学生宿舍都有自己特点的学生活动和学术中心，而且宿舍的卧室配有足够尺寸的床、厨房、卫生间，每个单元还有洗衣机和烘干机。

享受着晴朗天气的埃默里学生

该校校园内有约320个学生俱乐部和社团，包括学生会、各种兴趣爱好以及服务性团体。其中最著名的是埃默里学生联合会和学生活动理事会。

活跃的学生社团

埃默里大学的学生对体育运动情有独钟，该校18个项目的运动队都是美国全国大学体育协会（National Committee Association America，NACC）三级协会有力的竞争者，尽管不是经常获得比赛的冠军。埃默里的吉祥物是一只叫做"Swoop"的鹰。埃默里的学生奉行"运动属于所有人"哲学，重在参与。

Georgia Institute of Technology 佐治亚理工学院

排　　名：	35
建校时间：	1885 年
学校类型：	公立

IBT 最低线：100
SAT：
CR： 580 – 680
Math： 650 – 750
Writing： 580 – 670
ACT Composite： 27 – 31

送分代码：
IBT： 5248
SAT： 5248
ACT： 0818

毕业率：
4 年毕业率： 31%
6 年毕业率： 76%

学生人数：
在校生总数： 18742
本科生人数： 12565

人员比：
师生比： 1 : 14
男女生比： 68 : 32
国际学生比： 5%

校训：

Progress and Services.

学校网址：http://www.gatech.edu

申请网址：
　　http://www.gatech.edu/admissions

咨询电话：404-894-4154

咨询传真：404-894-9511

咨询邮箱：admission@gatech.edu

申请费：$65

学　费：$24280

总费用：$36540

申请截止时间：
　EA： 10 月 1 日
　RD： 1 月 15 日

申请材料邮寄地址：
Office of Undergraduate Admission
Georgia Institute of Technology
Atlanta, Georgia 30332-0320　USA

校徽：

吉祥物：

校园标志性建筑

佐治亚理工学院位于亚特兰大市的中心地带，占地 400 英亩（约 1.6 平方千米），校园里到处都是红砖楼房和绿色的小山丘。在这里，2 万名本科生和研究生接受集中的技术型的高等教育。校园建筑基本上反映了佐治亚理工学院成长的历程，有乔治亚复兴建筑风格和哥

◎学校概况

中国人没喝过可口可乐的人比较少，不知道可口可乐总部在亚特兰大的人比较多。可口可乐总部那座楼就在佐治亚理工学院隔壁，只隔了一条街，当夜幕降临的时候，可口可乐总部大楼就会出现一个与十几层楼房一样高大的可乐巨瓶形象，瓶口上方的可口可乐英文标识好似一团不灭的火焰飘荡着，整个瓶体就好像一个火炬。不过这个总部并不欢迎一般的游客，在市中心，另有一个可口可乐世界是供游客游玩的地方。亚特兰大市中心离佐治亚理工学院校园说起来也不远，从校园南端出发，向南步行最多

特式建筑风格，建筑年代有 20 世纪 40 至 60 年代、70 至 80 年代，也有近年来的配备了各种高科技设施的新建筑。

不列颠餐厅（Britain Dining Hall）是该校东校园的主餐厅，是新生们十分愿意去的地方。该餐厅式样古典，有点像中世纪的教堂，内部四周大圆柱上精心雕刻着秀美的纹饰，彩色玻璃上绘制有标志性的人物图像。

不列颠餐厅

位于东校园的技术广场（Technology Square）于 2003 年 8 月正式开放，该广场共花费 1.79 亿美元，从而为当地社区增添了不少光彩，同时也吸引了众多的旅游者和参观者。

校园重大历史事件

➢ 1885 年，佐治亚技术学院（佐治亚理工学院的前身）建立。1888 年 10 月，该校正式开学，当时仅 84 名学生。该校的建立标志着南方的农业经济向工业经济转型的开

半个小时就到了。在校园里的开阔地带一抬头就能看到的，除了可口可乐总部以外，还有南方贝尔总部（Bellsouth，是美国第三大电信公司），以及其他一些办公高楼。美国的财富 500 强大公司，有 12 个总部设在亚特兰大。亚特兰大在这一指标上仅次于纽约、休斯敦而位于全美第三。

校园一角

佐治亚理工学院是位于美国佐治亚州亚特兰大的公立研究型大学，是美国顶尖的理工学院，排名仅次于麻省理工学院和加州理工学院，名列全美第三。一般人说到的美国三大理工学院，麻省理工最强，是当之无愧的龙头老大；加州理工学院理科不输给麻省理工，但工科略逊，当居第二；佐治亚工科强于加州理工，但弱于麻省，理科虽说近年急起直追，毕竟底子薄，相对比较落后，只好当老三。佐治亚理工学院的商学院近几年排名上升势头也十分迅猛。

该校现任校长是乔治·巴德·皮特森（G.P. "Bud" Peterson），这位机械工程学博士于 2009 年 4 月 1 日起成为佐治亚理工学院第 11 任校长。在此之前，皮特森博士 2000 至 2006 年分别任科罗拉多大学波尔得分校校长和纽约特洛伊的伦斯勒理工学院教务长。

佐治亚理工学院主要由以下 6 个学院组成：建筑学院、自然科学学院、计算机学院、管理学院、工程学院、伊凡·艾伦文理学院（Ivan Allen College of Liberal Arts）。建筑学院的专业包括：建筑学、土木建筑、城市和区域规划、工业设计和音乐。自然科学学院包括：应用生理学、生物学、化学和生物化学、地球和大气科学、数学、物理、生理学。计算机学院的专业包括：计算科学和工程、计算机科学、交互式计算。管理学院的专业包括：本

始。在其开办的前 50 年中，佐治亚理工学院从一所职业院校成长为公认的地区性技术型大学。

➢ 1905 年，时任美国总统西奥多·罗斯福（Theodore Roosevelt）访问该校校园，并发表关于技术教育重要性的演讲，同每一位学生握手问候。

➢ 1912 年，该校商业夜校开学。1917 年，这所夜校接受了第一名女生，虽然佐治亚州立法机构直到 1920 年才正式允许招收女生。1919 年，安妮·怀斯（Annie T. Wise）成为该校第一位女性毕业生，并在次年成为该校第一位女性教职人员。

➢ 1934 年，工程试验站（佐治亚理工研究所的前身）由哈里·沃恩创办，最初预算为 5000 美元（约等于今天的 82020 美元），共有 13 名兼职的教职人员。

➢ 1948 年，佐治亚技术学院更名为佐治亚理工学院，反映该校办学方向的转变，教学重点开始转向先进的技术和科技研究方面。

➢ 1952 年，佐治亚理工学院开始正式招收女生。

➢ 1961 年，佐治亚理工学院成为美国南方第一所没有经过法院裁定而可以招收非洲裔美国人学生的高校。

校园杰出人物

佐治亚理工学院有两位诺贝尔奖获得者：

➢ 吉米·卡特（Jimmy Carter），1943 至 1946 年在该校学习数学课

科生课程、全日制的工商管理硕士、工商管理硕士夜校课程，技术管理中的工商管理硕士、全球执行工商管理硕士、博士课程，执行教育课程。工程学院的专业包括：航空航天工程、生物医学工程、化学和生物分子工程、民用和环境工程、电气和计算机工程、工业和系统工程、材料科学和工程、机械工程。文理学院的专业包括：经济学，历史、技术和科学，国际关系，文学、交流和文化，现代语言和公共政策。

健康服务大楼

佐治亚理工学院有三个与众不同的特点：

第一，学校具有很强的学术氛围。 数学、自然科学、工程学是佐治亚理工学院的核心学科，学习的过程非常的艰难，课程进度不会为任何人而减慢，哪怕全班学生没有一个人跟得上。该校的学生学习十分刻苦，并以他们对工程学的极度关注引以为荣。在其他一些公立大学，学术优秀的学生可能会以一种喜欢派对的形象示人，而在背地里专心学习，以免被别人取笑。但在佐治亚，学术上优秀的学生会受到大家的尊重，这所学校非常适合那些勤奋进取的学生。

在佐治亚理工学院的历史上，其教育称得上是真正的素质教育，学生的考试成绩只占总成绩的 25%左右，平时成绩才最为关键，作业、课程设计、课程报告都会列入平时的考核中。学院特别注重培养学生的各种能力。在学习中，学生要通过课程必须要做"课程报告"，这样的报告不仅提高了学生的语言表达能力，使人与人之间得以顺畅地交流，还让学生能学习到更多与课程相关的内容，拓宽了知识面。尽管每门课程需要做 2 至 3 次报告，但学生们都不会去抄袭他人的课程设计。

程，佐治亚州第76任州长（1971至1975年），第39届美国总统（1977至1981年），获得2002年诺贝尔和平奖。

➢ 凯瑞·穆利斯（Kary Mullis），1966年毕业，学士学位，美国生物化学家，获得1993年诺贝尔化学奖。

佐治亚理工学院其他杰出人物有：

➢ 约翰·布洛克（John F. Brock），1971年毕业，硕士学位，现任美国可口可乐公司董事长和首席执行官（2006年至今）。

➢ 迈克·杜克（Mike Duke），1971年毕业，学士学位，美国沃尔玛集团总裁和首席执行官。

➢ 韦恩·克拉夫（G. Wayne Clough），1964年毕业，学士学位，曾任该校校长（1994至2008年），是该校第一位担任该校校长的校友，现任该校名誉校长。

➢ 詹森·摩根（W. Jason Morgan），1957年毕业，学士学位，美国地球物理学家，获得2003年美国国家科学奖章。

➢ 艾利克·鲍伊（Eric A. Boe），1997年毕业，硕士学位，美国国家航空和宇宙航行局宇航员。

➢ 迈克尔·克利福德（Michael R. Clifford），1982年毕业，硕士学位，美国国家航空和宇宙航行局宇航员。

➢ 迈克尔·阿瑞德（Michael Arad），1999年毕业，硕士学位，美国著名建筑设计师，其作品从5201件应征的设计作品中脱颖而

从此，扬帆启航……

第二，即使学的都是理工科专业，学生们也有着不同的理想和目标。在佐治亚理工，一些学生想获得机械工程的学位，一些学生想成为心理学家，一些学生想成为软件工程师，甚至一些人想成为机器人专家。因此，该校为不同理想的人提供了不同的选择。比如计算机学院，目前定义了4种角色，分别是实践者、企业家、发明家和交流者。学生选择一个或多个角色获得学分，这些角色有助于学生进行课程选择并引导他们选择学院提供的课外活动。

森特尼尔研究大楼

在这里，一个想成为实践者的学生，可以选择真实世界的实验室课程，因为该课程允许学生组建开发小组并为一个实际的客户解决实际问题。一个想成为企业家的学生可以在管理学院修一个或多个学分，并且通过参与新项目中的商业实践机会，获得学分。

生物工程和生物科学实验室

出，为世界贸易中心新址提供了全新的设计。

➢ 詹姆斯·奥布里恩（James F. O'Brien），2000年毕业，学士学位，加州伯克利分校计算机科学教授。

➢ 亚历克斯·斯诺任（Alex C. Snoeren），1997年毕业，学士学位，加州大学圣迭戈分校计算机科学教授。

➢ 吉恩·斯帕福德（Gene Spafford），1981年毕业，学士学位，普渡大学计算机科学教授，计算机安全专家。

➢ 杰夫·特林寇（Jeff Trinkle），1979年毕业，学士学位，伦斯勒理工学院计算机科学系主任和教授。

➢ 约翰·波特曼（John Portman），1950年毕业，美国建筑学家，曾设计多幢知名度较高的建筑，例如：上海世界金融中心、太阳信托广场、威斯汀桃树酒店（The Westin Peachtree Plaza）等。

所在地概况及公共设施

亚特兰大市

佐治亚的校园并不是很大，位于亚特兰大的中城地段。亚特兰大是可口可乐的故乡，也是CNN的故乡，《飘》的故乡，马丁·路德·金的故乡，20世纪60年代曾是美国黑人民权运动的中心之一，马

佐治亚理工学院的工程学闻名世界，其工程学院是全美最优秀的工程学院之一。在《美国新闻与世界报道》给出的2009年研究生院排名上，佐治亚理工学院的工程学院连续四年名列第四，仅次于麻省理工学院、斯坦福大学和加州大学伯克利分校。作为一所以理工科著称的学院，佐治亚理工学院最具特色的学科自然是工科，总共设有14个门类，几乎每科都很出色，以化学、电子工程、航天、工业系统、太阳能工程、建筑工程和计算机科学见长，尤其是宇航工程的核工业制造专业居全美前5名。

马库斯纳米科技研究中心大楼

第三，课外生活略显单调。由于学习负担相当沉重，大多数学生整天都在为学业奔忙，总是在担心明天的测验、后天的考试。大部分个人的事情只能挤到周末去处理，如果不努力就会完不成任务。因为学习压力较大，学生只有极少数的时间能够用在社交活动上。该校的教授大多专注于学术研究，与学生交流相对较少，低年级的课堂上学生太多，他们很难有机会与教授进行面对面的沟通。

一般说来，男生占所有学生的近70%。这种情况对女生来说再好不过了，因为"物以稀为贵"，女生在这里格外受到欢迎。不过对男生来说，就会有相当大的压力，毕竟在学习和生活两个方面都充满了竞争。周末，校园里有时会让人有空荡荡的感觉，联谊聚会通常是每个周末校园里唯一举办的活动。

尽管学生们热爱亚特兰大的夜生活，那里有许多表演、电影和其他娱乐活动，而且学校就坐落在城市的中心区，但多数学生还是难得到市区消遣。联谊聚会通常是每个周末校园里唯一举办的活动，而且佐治亚理工学院很多学生都来自本州，回家是他们周末的最佳选择，因而，周末的校园里就会有空荡荡的感觉。留守在校园的学生们，不少人几乎从来就没有离开过校园，在有限丁·路德·金著名的演说《我有一个梦想》早已成为千古绝唱。这些都是亚特兰大人引以为傲、举世皆知的人和物。

已有上百年历史的州议会大厦

尽管佐治亚州的大多数地区都很贫困，而且文化种类比较单一，亚特兰大却是个特例。这个城市文化种类呈多元化，夜生活多姿多彩并且以音乐为主，整座城市很有国际水准。1996年是现代奥运的百年诞辰，7月19日至8月4日在美国亚特兰大举行的第26届奥运会实现了奥运家庭的大团圆。亚特兰大有许多公园，市内的格兰特公园是最大的公园之一，除花草、树木和雕塑外，还有现代化的动物园和专门为儿童开设的动物园。亚特兰大整座城市就像一座大花园，是美国著名的花园城市。春暖花开之际，各色花卉交相辉映，争奇斗艳，景色秀丽迷人。

奥林匹克体育场

与美国其他大城市一样，亚特

从此，扬帆启航……

的课余时间里，他们宁愿选择在宿舍里玩网络游戏，作为繁重课业之外的放松形式。

学生乐团

除了上述特点外，佐治亚理工学院近年来努力改善校园基础设施，提高学术研究的服务水平。在过去的10多年里，共有4亿多美元的投资用于校园建设，建造出设计和运行都十分先进的教学和科研大楼、学生公寓、社会活动和娱乐设施以及在所有大学中分布范围最广的地下光纤系统。在这里，教学经验、团队精神、优质师资、创新观念、领导艺术以及社区服务，都使该学校在全美高校中独树一帜，令人刮目相看。

研究园区

佐治亚理工学院不仅在亚特兰大市有主校区，而且还在佐治亚州的沙瓦纳和法国洛林大区的首府梅斯开设了分校。2006年，佐治亚理工学院与上海交通大学合作办学，在上海开设双学位项目。此外，佐治亚理工学院还在爱尔兰共和国的阿斯隆市及新加坡国立大学设有联合研究所。

兰大也有一些贫穷而且治安很差的地方。佐治亚理工学院虽然坐落于亚特兰大市中心，但校园的风格与这座城市截然不同，学生在校园内既可以享受学校的安静与美丽，又能感受繁华都市的活力和喧嚣。

抵达方式

亚特兰大哈兹菲尔德-杰克逊国际机场（Hartsfield-Jackson，简称亚特兰大机场或杰克逊机场），位于美国佐治亚州亚特兰大市中心南方约 11 千米处，此机场同时也是全世界旅客转乘量最大、最繁忙的机场。此外，达美航空和穿越航空都以此机场为主要枢纽。亚特兰大机场是一座 24 小时不间断的机场，也有来自全世界的航空公司以此为重要枢纽。旅客可由此机场飞向全世界超过 45 个国家和地区、72 个城市及超过 243 个目的地（含美国）。

从机场行李提取处可直接乘坐列车到达北大道站（North Avenue Station），基本上约需 20 分钟左右。出车站后，只需走三个街区就可到达校园，或乘坐 13 路公共汽车，车资 1.75 美元，需提前准备好零钱。

亚城捷运

另外，亚特兰大市区公交很方

◎学校图书馆

佐治亚理工学院图书馆荣获 2007 年美国最佳学术图书馆奖。该图书馆系统有 3 个分馆，即主图书馆、建筑图书馆及档案和记录管理中心，拥有 100 多万册图书、一套完整的美国专利收藏，200 多万份的技术报告、政府文件和行业标准。科技信息的爆炸，计算机、网络和多媒体技术的出现，为图书馆从图书大楼到学习和信息中心的转变奠定了基础。

新装修的图书馆学生自由学习区

◎学校生活条件

东校园宿舍

约 61%的学生住在校园的宿舍里，新生则保证有一住处。1996 年亚特兰大奥运会时，该校学生宿舍变成运动员村，有的宿舍要么被翻盖一新，要么重新建设，住宿条件焕然一新，但宿舍的质量参差不齐，新建的宿舍具有公寓的特点，舒适宜人，而那些陈旧的老宿舍就显得不合时宜，不能满足学生的需求。很多宿舍都配备整套的厨房设施，但大部分的宿舍区是男女分开的，探视规

便，亚城捷运（Metropolitan Atlanta Rapid Transit Authority）自 1972 年开始营运，目前拥有 700 辆巴士，150 条巴士路线，总共行驶里程 2400 千米。另外亦有 240 辆重型捷运电联车，行驶于 36 个捷运站之间，总里程 60 千米。1996 年奥运会期间，亚城当局布置了以捷运担负大部分的访客运输重任，如此安排将平日运输量达 50 万人次的捷运，在奥运期间的运输量提升了二至三倍，而捷运亦轻松愉快地完成了任务。可见一个成功的城市，绝不是偶然的。

亚城捷运鼓励大家以公共运输为主要交通工具，以减少城市因为过多使用私人交通工具而造成的拥挤。亦计划周详地制定了不少优惠措施，以激发大家搭乘的意愿。捷运之设计重点原为每日工作来往的人潮服务，因此捷运行驶间隔非常密集，在周一至周五，每 8 分钟一班，在周六每 10 分钟一班，周日或国定假日每 15 分钟一班。捷运票价，一般单张 1.5 美元，转换至不同路线捷运或巴士可持转换证免费搭乘，当然转换以一次为限。

定显得比较麻烦。校外住宿条件通常要比校内舒服一些，但一些住房周围的环境就比较差，汽车常常被损坏或偷走。校园的伙食虽然品种不少，但质量略显不够。

足球比赛的入场式

佐治亚理工学院有 400 个学生社团，涉及的领域颇为广泛。兄弟会吸引了 21% 的男生，姐妹会吸引了 24% 的女生参加他们的活动，活动一般都在它们的会所进行。

该校的体育活动有着广泛的群众基础，每当周末，学生们还是愿意离开教室或实验室，进行健身运动。佐治亚比较强势的男子运动项目包括篮球、橄榄球、高尔夫、排球、棒球，女子项目则是网球。

伊利诺伊州
Illinois（IL）

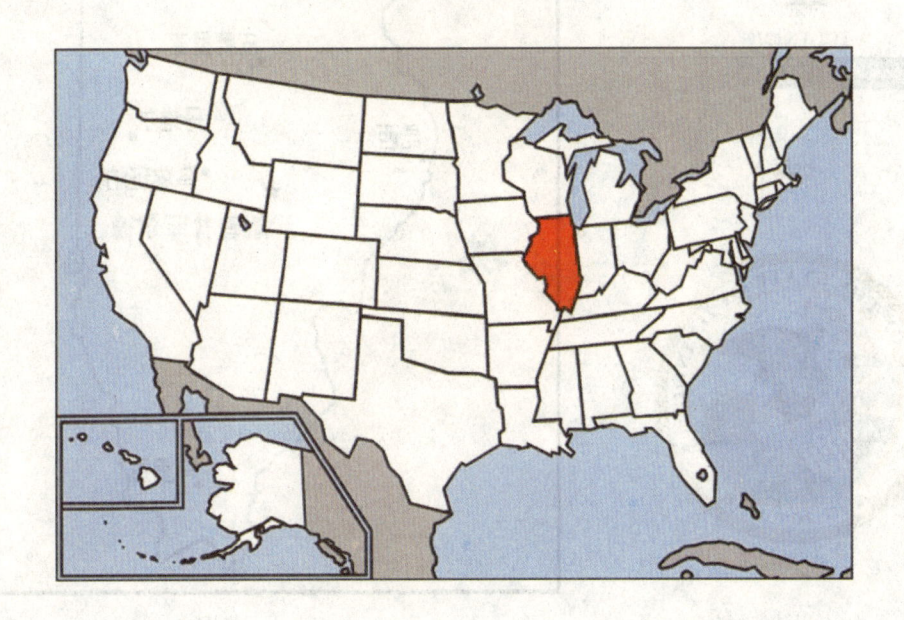

学校英文名称	学校中文名称	2011 年排名	所在地区
Northwestern University	西北大学	12	埃文斯顿 Evanston
University of Chicago	芝加哥大学	9	芝加哥 Chicago
University of Illinois, Urbana–Champaign	伊利诺伊大学 厄巴纳–香槟分校	47	厄巴纳–香槟城 Urbana-Champaign

Illinois

州旗

州徽

州示意图

昵称：	草原州	地区划分：	大湖地区
州府：	斯普林菲尔德 Springfield	主要城市：	芝加哥 Chicago 罗克福德 Rockford
时区：	中部时间 UTC-6/-5	人口：	1241 万人（2000 年）
面积：	143987 平方千米 全美第 24 名	加入联邦时间：	1818 年 12 月 3 日 第 21 个加入美国联邦
消费税：	6.25%	网站：	http://www.illinois.gov

Northwestern University　西北大学

排　　名：12	校训： *Quaecumque sunt vera* （拉丁文） Whatsoever things are true.	校徽：
建校时间：1851 年		
学校类型：私立		
IBT 最低线：100	学校网址：http://www.northwestern.edu	
SAT： CR： 670 – 750 Math：690 – 780 Writing：670 – 750	申请网址： https://northwestern.askadmissions.net	
	咨询电话：847-491-7271	
ACT Composite：30 – 33	咨询传真：	
注：提交 2 科 SAT II 成绩		
送分代码： IBT：1565 SAT：1565 ACT：1106	咨询邮箱：intadmit@northwestern.edu	
	申请费：$65	吉祥物：
	学　费：$39840	
	总费用：$56006	
毕业率： 4 年毕业率：86% 6 年毕业率：不详	申请截止时间： ED：11 月 1 日 RD：1 月 1 日	
学生人数： 在校生总数：16932 本科生人数：8476	申请材料邮寄地址： Northwestern University Office of Undergraduate Admission 1801 Hinman Avenue Evanston, IL 60208　USA	
人员比： 师生比：　1 : 7 男女生比：48 : 52 国际学生比：5%		

校园标志性建筑

美国西北大学设有 3 个校区，主校区设于美国伊利诺伊州的埃文斯顿，占地 240 英亩（约 1 平方千米）；医学院、法学院、商学院等设立在芝加哥市区，占地 25 英亩（约 0.1 平方千米），校区间常有校车连接；另外还有一个校区位于卡塔尔的多哈市。

◎学校概况

大多数的美国大学没有围墙，与当地社区基本上融为一体，而美国西北大学却有三面被围墙围住，这个围墙就是碧蓝碧蓝的密西根湖水。西北大学拥有自己长达数英里的湖滨沙滩和浴场。湖岸堆满形态各异的巨石，不少巨石上留下了学生们在学习之余的涂鸦作品，他们在湖边读书、讨论，或欣赏湖光水色；也常常有人下湖游泳、嬉戏、划水板、驾游艇，尽享大自然提供的水世界的乐趣。密西根湖烟波浩瀚，辽阔得看不见对岸，除了水不是咸的，仿佛就是一片大海，这一地区"得水独厚"。除了湖水之

从此，扬帆启航……

走进美国西北大学主校区的校门，一座座精致漂亮的小楼，一道道亮丽的风景就展现在眼前，让你目不暇接。这里不像是学校，更像是一座美丽的花园。校园北部是男学生会大楼、亨利·克劳恩体育馆、体育设施、技术研究所、天文台等建筑物，包括福特汽车公司设计中心；南部则是文理学院建筑群、音乐学院建筑群和女学生会大楼；又由于南部离埃文斯顿市中心比较近，使得校园的南北有两种不同的文化氛围。

外，西北大学没有围墙，也没有大门，到处都是入口。1993年刻意修了一个大门，也只是象征性的，它有的只是一个门框。没有人把守，任人随意出入。

埃文斯顿校区的校门

西北大学是美国著名的高等学府之一，这所私人学府的主校园位于伊利诺州的埃文斯顿市（Evanston），距离芝加哥以北24千米处，面积250公顷（2.5平方千米），就在密西根湖畔。在芝加哥市中心也有一个校园。该校成立于1851年，由一位物理学家、两位商人、三位检察官及三位牧师所创办，他们当时的目标是建立一所大学，让西北区域的人民受教育，这一区域包括俄亥俄州、印第安纳州、伊利诺伊州、密西根州、威斯康星州和明尼苏达州的一部分。该校成立当天，既没有教职员和学生，也没有建筑物，仅有9.92美金的经费。然而，150年后的今天，西北大学已成为一所顶尖的私立研究型大学，学生人数近1.7万人。

现任校长是莫顿·夏皮罗（Morton Schapiro），这位知名的经济学教授2008年12月16日被任命为西北大学第16任校长，从2009年9月1日起正式担任这个职务。在此之前，夏皮罗自2000至2009年曾任威廉姆斯学院院长。

西北大学共设有10个学院，其中6个学院不仅招收研究生，而且招收本科学生，分别是文理学院、通讯学院、教育及社会政策学院、工程及实用科技学院、新闻学院、音乐学院。另外4个学院仅招收研究生，分别是医学院、法学院、管理学院和研究生院。此外，还有西北大学卡塔尔校区和继续教育学院。继续教育学院提供夜校的本科生和研究生教育。

西北大学是莘莘学子们争相报考的学校，其优异的学术水平、高水准的师资、完善的设备及服务，不仅吸引了无数的美国学生，更吸引了来自80个国家的留学生。其主要原因是：

大学楼

大学楼（University Hall）是西北大学校园最古老的建筑。这个有着哥特式尖顶的标志性建筑于1869年竣工，用作整个大学的教室。大学楼是按照维多利亚时代的哥特式的风格设计的，用乔利埃特石灰石建成，这种建筑材料也用于芝加哥水塔的建设。这些石灰石通过密西根湖面上的船和铁路两种运输手段运往埃文斯顿。建成之初大学楼替代了旧学院的大多数建筑的职能，并且很多房间被用作上课的教室、图书馆、化学实验室、一座小教堂也在其中，大学楼第四层被用作自然史博物馆。那时，大学主图书馆也在这个建筑里，直到19世纪90年代西北大学的隆特图书馆建成为止。多年来大学楼一直是该校行政管理机构的所在地，也曾用作工程学院所在地和教师办公室。该校投资520万美元对大学楼进行翻修并于1993年重新启用。该建筑目前是西北大学的英语系、教师办公室以及本科生项目中心的所在地。

西北大学的芝加哥校区有医学院、医院、法学院、兼职商学院和向职业人员提供夜校和周末班的深造学校。医学院的沃德大厦是美国首座学术摩天大楼。

校园重大历史事件

➢ 1851 年，约翰·伊万斯顿在以他名字命名的城市伊万斯顿（Evanston，现属芝加哥），和他的卫理宗教教友共同创办了西北大学。

➢ 1853 年，西北大学的创办者在芝加哥以北12英里（约19千米）的密西根湖边，购买了一片379英亩（约1.5平方千米）的农田，作为西北大学的校址。

➢ 1855 年，学校仅有两名教员和十名学生，并且只有一间临时的小屋用来教课。学校的创办者希望这所学校能够为整个西北地区提

第一，自然环境好，学术环境更好。西北大学虽然校园面积不太大，但整个校园建在密西根湖边，外湖还套着个内湖，内外湖交相辉映，风景非常优美。蓝色的湖水和松软的沙滩给校园景色披上了一层浪漫的色彩。湖边的秀丽景色和从湖面上吹拂过来的阵阵微风以及湖畔的宁静和安逸，吸引着众多学子来到这里。西北大学的校门口，矗立着两根坚固的石柱，石柱顶端横空架着一个半圆型的钢架，上面刻着"西北大学"。整个设计朴素平实，不带任何矫揉造作之气。这种设计风格本身就体现着美国中西部人鄙视等级、崇尚平等的人生价值观，即高等学府应向所有人开放，接受高等教育是每个人的权利，而不是一部分人的特权。

校园一角

良好的自然环境和人文环境无疑为西北大学的成功奠定了有利的外部条件，但一所大学成功与否最主要的还在于它的内在因素。西北大学的学术水平起点高，学校始终强调办学质量，不断改进自己，有选择地进行投资，设法吸引最优秀的学生，逐步形成和保持了自己的学术特色。东部的常春藤盟校普林斯顿大学是一所非常了不起的大学，但它却没有法学院、医学院和商学院。而这三个学院西北大学全有，并且在美国名气不小。西北大学设有本科和研究生教育，属于中等规模的大学。它不同其他大学攀比，但经常跟自己比较，不断改进和提高自己，教学和科研水平一年比一年好。

有人尖刻地说，西北大学是哈佛、耶鲁、斯坦福等名牌大学的"收容队"，那些考不上这些最顶尖的大学的学生才到西北大学读书。这种说法既不妥当，也不客观。美国拓荒时期的西部边陲只是现在的伊利诺伊州（即现在的美国大陆中部），之所以叫西

供人才，因而起名为西北大学。

➢ 1869 年，西北大学开始招收女生，使该校成为全美最早录取女生的高校之一。此时，学校才有了第一幢真正意义上的校舍，而到了1920 年，学校已经颇有规模了，并将校园扩建到芝加哥城用来安置新开设的法学院、医学院和商学院的研究生。

➢ 1892 年，紫色成为西北大学的正式校色，取代了此前的黑色和金色，因为学校委员会觉得这两个颜色被太多学校使用了。今天西北大学只有一个官方颜色，即皇家紫色。

➢ 20 世纪 30 年代，西北大学几乎与其学术竞争者芝加哥大学合并。1933 年当时两座大学的校长均认为为了保证两座大学的未来最好合并它们，西北大学的埃文斯顿校园作为本科校园使用，西北大学的芝加哥校园作为专业校园，芝加哥大学的校园则做研究生校园。但是西北大学的理事会推翻了这个建议。

➢ 1948 年，著名人类学家梅尔维尔·赫斯科维茨在西北大学设立了非洲研究项目，这是美国大学中第一个这样的学术机构。

校园杰出人物

西北大学现有健在的校友 19 万人。校友中许多人事业有成，声誉卓著，其中包括 8 位诺贝尔文学奖获得者，他们是：

➢ 戴尔·莫滕森（Dale T. Mortensen），1965 年以来一直在该

北大学，是因为它代表了当时西北部的边界，建这所学校是为了让当时西北边疆的优秀学生、政府官员以及要人的子女得到优秀的教育。由于它的出色可以与美国东部的 8 所常春藤学校相媲美，所以西北大学被称为"美国中部的常春藤"。

第二，研究被重视，教学更被重视。作为一所研究型大学，西北大学拥有足够的研究设备，让学生在教授们的指导下，自己选题开展研究工作。8000 名本科生中的每个人在其四年大学生活中都有机会从事一定程度上的独立研究工作，文理科均是如此。总之，西北大学在强调高质量教学的同时，也给予科研以高度的重视，真正使该校在教学和科研上相辅相成，齐头并进。

由于重视教学，西北大学要求其世界知名教授亲临课堂第一线，向学生们讲授自己最擅长的学科领域。长期以来，西北大学认定这样一条宗旨："课堂授课在丰富学生们生活的同时，也丰富了教师们的生活"。从入学起，西北大学的学生就有机会聆听各专业领域的著名学者和教授讲授相关课程，学校的文学中心还吸引了很多知名作家给学生授课。

法学院

第三，强调文科教育，更强调文理并重。与其他美国名校一样，西北大学注重培养学生的发现和探索精神，鼓励他们攀登科学高峰。但与其他大学不同的是，西北大学始终具有这样的信念：不管一个人的专业是什么，打下一个坚固的文科基础是日后成功

校任教，美国经济学家，主要的研究领域是劳动经济学，获得 2010 年诺贝尔经济学奖。

➢ 索尔·贝娄（Saul Bellow），曾在该校就读，曾三次获得美国国家图书奖的作家，代表作有《洪堡的礼物》，获得1976年诺贝尔文学奖。

➢ 约翰·波普尔（John A. Pople），1993 年起在该校任教直到 2004 年去世，美国化学家，获得 1998 年诺贝尔化学奖。

➢ 罗伯特·弗奇戈特（Robert F. Furchgott），1940 年毕业，博士学位，美国生物化学家，获得 1998 年诺贝尔生理学或医学奖。

➢ 乔治·斯蒂格勒（George J. Stigler），1932 年毕业，硕士学位，美国经济学家，获得 1982 年诺贝尔经济学奖。

其他杰出人物包括：

➢ 约翰·保罗·史蒂文斯（John Paul Stevens），1947 年毕业，博士学位，美国最高法院副大法官（任期 1975 至 2010 年）。

➢ 大卫·斯科尔顿（David J. Skorton），1970 年毕业，学士学位，1974 年毕业，博士学位，知名医学教授，现任康奈尔大学校长。

➢ 格雷汉姆·斯帕尼尔（Graham B. Spanier），1972 年毕业，博士学位，现任宾夕法尼亚州立大学校长。

➢ 爱德华·维勒（Edward J. Weiler），1976 年毕业，博士学位，美国航空航天局天体物理学家、前局长。

的必备条件。根据这一办学思路，不管其专业是什么，西北大学的学生都必须选读历史、文学、艺术等方面的课程。作为一种传统，西北大学在文科教育上矢志不渝，毫不动摇。老师们常说"文科教育从来不会过时"。

西北大学强调文科教育并不是对文科本身有特别偏好，而是要求学生，尤其是理工科学生，扩大知识面，了解西方文明史，并在此基础上增加对当今社会的理解和认识，即重视通识教育。依据这一教育思路，理工科学生要在大学期间修完一定比例的文科课程；同样，文科学生也要在规定的时间里修完一定的理工科课程。正是考虑到文理工科学生都要学习自己本专业之外的大量课程，本科生入学的第一年不设定专业，而是广泛地选修各种感兴趣的课程，直到最后确定自己的专业。即使是到了大学的第二、第三年，学生还可以改变自己的专业。基于这一考虑，西北大学实行一年四学期制，让学生们在大学期间尽可能多地选修自己所喜欢的课程，并在这种灵活宽松的学习环境下享受邀游知识海洋的乐趣。

西北大学是一所文理并重、教学与科研并举的大学，既有强大的理工科学科，又有相当出色的人文学科，故在自己的发展过程中形成了一套极具特色的教育风格。

第四，推崇玩命苦读，更推崇劳逸结合。来西北大学就读的学生成绩都不错，并且因为校风之故，竞争气息浓厚，建校以来，精益求精、孜孜不倦的职业精神培养了一代又一代"西北人"。西北大学设置每年四学期制，每个学期的学业都非常紧张，教授都力争在较短时间内完成所承担课程的教学任务。如果不能在一个学期内完成，则把一门课拆分为一、二、三等若干门分课，在不同的学期进行授课。由于大多数系列课程均开始于秋季学期，因而秋季学期的选课压力非常大，若不能选择上系列课程的第一门，则该系列课程只能在下一学年完成。西北大学的学习生活可以说是对学生的一种折磨，因为四学期制的学制使课程很容易落下，除非学生们玩命地学习。

课程和作业让学生们的生活非常紧张、充实，但这并不妨碍他们寻找更多的事情去做。这里的校园生活丰富多彩，体现出中西部人开朗、奔放的性格。有两个活动最能反映该校校园文化。一个是一年四季进行的"绘石"活动。在校园里某一角放置着一块 1.8 米高的大石块，为展示艺术灵感和发泄创作欲望，学生们几乎不分昼夜地争抢着在这块大石头上泼洒颜料，兴致所至地涂鸦一番。石头上的"艺术杰作"天天翻新，成了校园的一大景观。

从此，扬帆启航……

➢ 玛丽·齐默曼（Mary Zimmerman），曾在该校就读，获得学士、硕士、博士学位，该校教授，美国戏剧导演和剧作家，获得2002年托尼戏剧导演奖(美国舞台剧界的最重要奖项）。

➢ 戴维·史威默（David L. Schwimmer），1988年毕业，学士学位，美国著名影视演员、导演。

➢ 扎克·布拉夫（Zach Braff），1997年毕业，学士学位，美国著名的演员、作家和导演。

➢ 道格拉斯·科南特（Douglas Conant），曾在该校就读，美国著名食品公司金宝汤公司（Campbell Soup Company）总裁和首席执行官。

➢ 蒂娜·罗森伯格（Tina Rosenberg），1981年毕业，学士学位，美国记者和作家，获得1996年普利策非小说类文学作品奖。

➢ 伊丽莎白·巴米勒（Elisabeth Bumiller），1977年毕业，学士学位，《纽约时报》记者。

➢ 乔·吉拉迪（Joe E. Girardi），曾在该校就读，前美国棒球职业大联盟教练，现任纽约扬基队经理。

➢ 希瑟·海德里（Heather Headley），曾在该校研读音乐、歌舞剧等相关专业，1997年登上百老汇舞台饰演狮子王Nala，1999年凭借音乐剧《阿依达》获得托尼奖最佳女演员。

➢ 辛迪·克劳馥（Cindy Crawford），1984至1986年曾在该校就读，美国著名模特。

所在地概况及公共设施

一些学生甚至连续数天昼夜值班，以阻止他人"亵渎"自己的作品。

另一个是更具特色的"马拉松跳舞比赛"。这是每年举行一次的盛大舞会，有300名学生参加，每个人连续不停地跳30个小时。届时，参会者不仅穿戴整齐，喜气洋洋，而且还须慷慨解囊，捐赠钱款，"寓公益活动于娱乐之中"，这一活动为学生们积极参与社会公益事业提供了平台。据统计，在过去的24年里，这类狂欢舞会已募集了340万美元，并分别捐赠给了25个慈善机构。

绘石活动

除此之外，西北大学还有其他的文娱活动，如电影节、戏剧节和音乐会等。其中学生音乐节极为光彩夺目。学校共有12支乐队，从古典音乐到乡村音乐，应有尽有，几乎每个学生都有机会参加这些乐队的活动。该校乐队远近闻名，每年进行露天表演时，总会把周围地区的大批居民吸引到校园里来，人山人海，水泄不通。此外，由于离芝加哥市近，西北大学还经常邀请文化名流来校园演讲、表演，学生们可以亲眼目睹艺术大师们的风采。

西北大学的体育活动也开展得有声有色。学校里有各种各样以项目划分的体育俱乐部，如棒球俱乐部、自行车俱乐部、曲棍球俱乐部和溜冰俱乐部等。这些俱乐部经常举行校内比赛，活跃了校园的气氛。

西北大学校园文化中非常特殊的一点是有很多社交活动，甚至是一些非常正规、专业的课外活动，比如学校的电视台、报社以及商业活动组织，都是选择在晚上聚会，开展讨论和交流。西北大学追求的就是模仿职场环境，而现实的职场很多时候一加起班来就是没日没夜。西北大学的学生中心每个学期均提供Mini Course。这些课程不算学分，每周一个晚上用一个半小时到两个

埃文斯顿镇也是一座文化城，它因西北大学而建镇，也因建了西北大学而驰名。这个只有 7.3 万人的湖滨小镇民风纯朴，空气清新，环境优雅。这里绿树成荫，一尘不染。这是一个非常美丽，特别适合居住的地方。

芝加哥因为处于美国北方，因此天气并非十分怡人。在冬季，最低的温度，往往可以低达零下三十摄氏度，并且因为芝加哥是著名的风城，因此实际感受温度更加低，但芝加哥气候相对干燥。当地的气候变化极大，使学生有着既爱又恨的错综复杂情怀。一名大学三年级的学生说："春天，我们可以穿着泳衣在沙滩边读书；冬天，严酷的寒冷真让人受不了。"

埃文斯顿的民居

学生除了可从埃文斯顿乘搭公共交通工具，在半小时内抵达市中心，参观著名的购物天堂、文化及娱乐中心芝加哥外，也可积极参与大学里各种各样的活动，如体育、戏剧、演唱会等等。

抵达方式

埃文斯顿在芝加哥以北，从埃文斯顿到芝加哥奥黑尔国际机场

小时上课，学费也只有不到 100 美元，主要是帮助学生学习一些单纯有趣的东西，如修车、品酒、调酒、跳舞，等等。

莫迪尔新闻学院

西北大学拥有全美国顶尖的商学院和传媒学院。其中，凯洛格管理学院（Kellogg School of Management）向本科生提供两个学位认证，分别是管理分析认证和金融投资认证。莫迪尔新闻学院（Medill School of Journalism）是全美公认的最好、最出色的新闻学院。此外，西北大学的经济系、人类学系、社会学系等都是同业内的佼佼者。虽然西北大学主要以浓厚的人文学科出名，但是西北大学的理科也享有盛名。特别是化学等学科，虽然排名并不非常顶尖，但是长期被业内尊重。在工程学方面，西北大学的材料科学研究在全美乃至全世界独树一帜。西北大学的音乐学院建立于 1895 年，是美国授予音乐学位历史最悠久的学校之一。音乐学院的铜管乐器和吹奏乐器表演课在全美颇负盛名。闻名世界的芝加哥交响乐团（Chicago Symphony Orchestra）及芝加哥抒情歌剧院（Lyric Opera of Chicago，美国的三大剧院之一），更常是音乐学院学生们的导师。

◎学校图书馆

西北大学图书馆系统由 11 所图书分馆组成，其中包括：大学图书馆、梅尔维尔·赫斯科维茨非洲研究图书馆、科学和工程图书馆、交通图书馆、联合图书馆、埃文斯顿公共图书馆等。

埃文斯顿校区的大学图书馆是主图书馆，最具规模，总藏书超过 490 万本，共收藏逾 4 万本杂志与期刊，学生可以使用图书馆的电子设备查知资料的所在处。西北大学图书馆系统由四座埃文斯顿校园里的图书馆和三座芝加哥校园里的图书馆组成，中心

（O'Hare International Airport）非常方便。

奥黑尔国际机场是美国伊利诺伊州芝加哥市的主要机场，位于市中心西北27千米处。自20世纪60年代扩建完成以后直到1998年，该机场一直是世界上客流量最大的机场。1998年后，亚特兰大哈兹菲尔德-杰克逊国际机场在客运流量上超过奥黑尔。目前，奥黑尔仍是世界上起降次数最多的机场之一，是美国第四大国际航空枢纽，排在肯尼迪国际机场、洛杉矶国际机场和迈阿密国际机场之后。

奥黑尔国际机场

芝加哥地铁

芝加哥公共交通系统中经过埃文斯顿的高架列车被称为紫线，使用西北大学校色，有两个站离校园南端很近，一个离北端很近。其中，一个名叫中央站的车站离该大学的橄榄球场非常近。西北大学在图书馆位于埃文斯顿，此外还有两座与两个神学院相关的图书馆。

图书馆系统共藏490多万册书、4600万微胶卷和9.8万种期刊，700个数据库和6000种电子期刊，是美国第30大的大学图书馆和第十大的私立大学图书馆。2006年图书馆运营费用共为2630万美元，增添了10万册书。图书馆拥有世界上最大的非洲研究收藏、大量早期印刷品和手稿以及后现代作品收藏、19和20世纪西方艺术收藏和建筑学杂志。图书馆系统与12所其他大学一起参加了Google图书数字化收藏协议。大学的艺术博物馆是芝加哥地区的大艺术博物馆之一，其永久性收藏包括4000多种艺术品。它三分之一的展览场地用来进行临时和巡回展出。

查尔斯·迪灵图书馆

查尔斯·迪灵图书馆总藏书超过390万本，共收藏逾4万本杂志与期刊，学生可以通过先进的图书馆设备查知资料的所在处。目前迪灵图书馆的一楼是政府出版部和西北大学档案馆，二楼是音乐图书馆，三楼是地图收藏、艺术参考收藏和善本特藏部。一名新闻系的学生说："就算是开学的第一天，图书馆都是挤满了人的。这里的学生对课业都很认真。"迪灵图书馆曾是西北大学的主图书馆，直至大学图书馆1970年建成为止。西北大学的图书馆，造型别具一格，它极像一本打开来的书，从它那一层又一层的硕大玻璃窗里流泻出来的灯光，仿佛组成了书页上面一排接一排的字。

◎学校生活条件

西北大学有多个学生宿舍，其中包括一般宿舍和住宿学院。住宿学院是专门给某个系的学生住的，比如艺术、科学或工程、通讯等等。该校学生在住宿方面有着很多选择，大部分宿舍是两人间，也有单人间、三人间以及四人间。兄弟会、姐妹会也有自己的宿舍。学生们可以选择在咖啡屋或校园内的6个学生食堂里就餐。有30%左右的学生选择在校外租房居住。该校学生大部分感到很安全，但是犯罪在学校所在地埃文斯顿镇是一件没有彻底解决的问题，尤其在天黑之后存在一定的隐患。

芝加哥市内的学校和医院离红线的芝加哥站也很近。除这些铁路设施外两个校园还有多条公交汽车线路服务。

从芝加哥市区到西北大学非常方便，坐地铁即可到达。先坐红线地铁向北一直坐到终点站Howard（要坐很长时间，经过15、16站），下车后直接在站台换坐紫线地铁继续往北，坐5站在Foster站下车。从这里继续往东走几个街区，就走进西北大学地界了。和芝加哥的地势一样，西北大学也是一所地势平坦的大学。

学校地处于芝加哥最奢华的富人区，但西北大学直接购买了当地的别墅以扩展学校面积。这也形成了西北大学独有的景观——整个学校的院系和教授办公室都位于一幢幢不同风格的别墅中，温馨而舒适，让人感觉不到学生和教师之间的隔阂。

大学也为学生提供生活上的各种服务，例如法律、医疗服务和心理辅导，并设有为全体学生提供的"safe ride"夜间交通服务。西北大学共成立了250多个学生社团，涉及的领域方方面面，有助于学生们锻炼自己的各方面能力。

西北大学的体育队伍起名为野猫队。1924年前他们被称为"紫队"，非正式地也被称为"战斗卫理宗队"。1924年《芝加哥论坛报》的一名记者写道，"即使他们输给了芝加哥大学，埃文斯顿的橄榄球队也没有丧气，野猫这个名字更适合他们。"这个名称非常受欢迎，因此大学理事会成员数月后把"野猫队"正式当作球队的名称。西北大学是全国大学体育协会十大联盟高校之一。

University of Chicago　芝加哥大学

排　　名：	9
建校时间：	1890 年
学校类型：	私立
IBT 最低线：	104
SAT：	
CR：	670 – 770
Math：	680 – 780
Writing：	700 – 770
ACT Composite：	28 – 34
送分代码：	
IBT：	1832
SAT：	1832
ACT：	1152
毕业率：	
4 年毕业率：	86%
6 年毕业率：	91%
学生人数：	
在校生总数：	10492
本科生人数：	5134
人员比：	
师生比：	1 : 6
男女生比：	51 : 49
国际学生比：	9%

校训：

Crescat scientia vita excolatur.（拉丁语）

Let knowledge grow from more to more; and so be human life enriched.

学校网址：http://www.uchicago.edu

申请网址：

http://www.uchicago.edu/admissions

咨询电话：773-702-8650

咨询传真：773-702-4199

咨询邮箱：collegeadmissions@uchicago.edu

申请费：$65

学　费：$40188

总费用：$56640

申请截止时间：

EA：11 月 1 日

RD：1 月 3 日

申请材料邮寄地址：

The University of Chicago

Office of College Admissions

1101 E. 58th Street

Chicago,　IL 60637-5416 USA

校徽：

吉祥物：

校园标志性建筑

　　芝加哥大学主校区位于芝加哥市南的海德公园和伍德朗街区，东临杰克逊公园，西临华盛顿公园，距芝加哥市中心 11 千米。1893 年为举办芝加哥世博会修建的中途公园将校园分成南北两块。芝加哥大学已有好几处校园建筑被确定为国家历史标志，其中包括弗兰

◎学校概况

　　每一所美国乃至世界名校的背后，都有着一连串值得骄傲的历史。然而，所有诺贝尔奖获得者中有 85 位都曾是本校的教职工、学生或研究人员，却不是每个学校都有的殊荣，而芝加哥大学就拥有这样炫目的辉煌。

　　作为美国最富盛名的私立大学之一，芝加哥大学是一所闻名的无宗教派别的研究型综合性大学，1891 年由美国著名实业家约翰·洛克菲勒创办，1892 年 10 月 1 日正式开课。自芝加哥大学获得约翰·洛克菲勒的慷慨捐款之后，它就从美国其他高校高薪

克·怀特（Frank.Wright）的罗兵大楼、第一个可控且自我维持原子反应的地点（如今以雕塑大师亨利·莫尔的作品"原子能"来命名）。正如弗兰克·怀特所说，"我们创造了建筑，建筑反过来又塑造着我们"。

英国大学的哥特式建筑风格是芝加哥大学校园设计的基调，这些被绿树环绕着的方形庭院倚靠着高达 206 英尺（约 63 米）的洛克菲勒纪念教堂（Rockefeller Memorial Chapel），及约瑟夫·里根斯坦图书馆（是美国最大的学术图书馆之一），使整个芝加哥大学显得现代而不失典雅，传统而不失活力。

洛克菲勒纪念教堂

洛克菲勒纪念教堂内部

243 座建筑散落于 211 英亩（约 0.9 平方千米）的美丽校园内，

聘请优秀教授。与此同时，还向国外的一流教授伸出"橄榄枝"，以优厚的待遇和良好的工作条件吸引他们前来任职。

校园鸟瞰

经过十几年的努力，芝加哥大学终于集结了一大批各路英才，逐步提高了教学和科研水平，跻身于美国名牌大学之列。依靠这支强大的师资队伍，芝加哥大学自建校以来已培养出数千名世界级的科学家，在自然科学界的各学科领域赫赫有名。特别值得一提的是，仅芝加哥大学的校友中，就有 51 人获得诺贝尔奖，为芝加哥大学赢得了极大的荣誉。此外，它的 150 名校友在美国和外国的大学中担任过校长职务，为这些大学扬帆掌舵。由于芝加哥大学毕业的学生出类拔萃，他们中有近一半的人被美国其他著名大学录用，从事教学和科研工作。为此，芝加哥大学在美国学校中享有"高校教师的摇篮"之美誉。

现任校长是罗伯特·齐默（Robert J. Zimmer）。2006 年 7 月 1 日，这位知名的数学教授成为芝加哥大学的第 13 任校长。在此之前，齐默曾在 2002 到 2006 年期间担任布朗大学的教务长。

芝加哥大学的学术单位包括大学学院部、4 所研究生院、7 所专业研究学院、大学进修部、芝加哥大学出版社、图书馆及各学术中心、委员会和研究所等。芝大大学学院部是小型的私立寄宿学院，用于培养本科生，学制 4 年，授文学士和理学士学位。该部由 5 个学院组成，它们是生物科学、人文科学、自然科学、社会科学和新大学学院。芝加哥大学共有 1 万余名在校生，而本科生只有 5 千人，约占全校学生人数的一半，该校以研究型人才的培养为主体。而富于创意、弹性的课程与多元化的研究机会是芝加哥大学成为名校的重要原因。

历史学教授弗雷德里克·卢道夫（Frederick Rudolph）曾在 1962 年的著作《美国大学史》中这样评论芝加哥大学："芝加哥

构成芝加哥大学独特的校园景致。这些建筑物形状不一,风格迥异,有四方形哥德式古典楼房,有圆顶希腊式建筑,也有火柴盒形状的现代教学大楼。从整体上讲,芝加哥大学的建筑风格更体现出了现代建筑潮流。

科布门

校园重大历史事件

➢ 1891年,芝加哥大学创建。19世纪后期,人口向西部迁移和工业发展使得远离发达东海岸的美国中部急需一所顶尖大学。拥有远见卓识而乐善好施的洛克菲勒憧憬这里会诞生一个与哈佛、耶鲁比肩的大学。洛克菲勒经过慎重考虑后选择年仅35岁的哈珀作为筹备芝加哥大学的助手,不久之后哈珀因为出色的工作被任命为第一任校长。芝加哥大学还未成形,哈珀校长便为该校制定了极为严格的教师和学生选拔标准。

➢ 1892年,阿尔伯特·亚伯拉罕·迈克尔逊(Albert Abraham Michelson,1852至1931年)担任芝加哥大学物理学教授和新组建的物理系第一任系主任。迈克尔逊最先进行光速的测量,并发展了同位素年代测定法,获得1907年诺

大学的创立对美国高等教育面貌和前景的塑造是那个年代任何其他事件都无法企及的,它的创立是美国历史上代表一个时代精神的事件之一。"在19世纪90年代之前,美国大学和学院无论在课程还是课外活动设置上都过于传统陈旧,缺少现代大学的气派。在课程设置上,大多数学校过于呆板,没有给学生足够的灵活性,把学生的知识结构限定在相当狭窄的范围里。在课外活动设置上,除了让学生参加一些所谓有利于学生道德修养的活动以外,纯粹的娱乐活动很少举行。19世纪下半叶,美国许多大学开始在这两方面进行改革,逐步向现代大学模式发展。但限于种种原因,它们都做得拖泥带水,缺乏大手笔的气势。与此形成鲜明对比的是,芝加哥大学从1892年正式招收第一批学生起,便以其一系列非同寻常的创举给美国高等教育吹进了一股新鲜气息,让人耳目为之一新。

法学院

一个大学的成功不是另一个大学可以照搬的,一个大学要想成功,必须根据自己的实际情况去努力奋斗,所以说没有固定的模式。概括起来,芝加哥大学的崛起有以下这些经验:

首先,紧紧抓住创办一流大学的最佳时机。早在19世纪90年代,芝加哥大学的创办者就抓住了美国整个国家和新兴城市芝加哥市对一流大学的向往,抓住了洛克菲勒等地方乡绅愿意在财力上支持,抓住了芝加哥市的市民都在渴望建立一所高水平大学促进城市的文化教育和科技发展的愿望,以及地区工业界对科技成果的极度渴求,这些诸多因素合一的难得机遇,顺应民心地开始了高水平大学的创建。芝加哥大学行政管理者从建校第一天起就把教育作为一种产业来对待,运用现代企业的管理方式来办学校,如校长的主要责任是想办法为学校筹集资金,而不是为学生上课。在芝加哥大学成长过程中,洛克菲勒从一开始就在幕后起

贝尔物理奖,是第一个获得此项殊荣的美国人。

➢ 1929年,该校第5任校长罗伯特·梅纳德·哈金斯上任,年仅30岁。在哈金斯24年的任期内,芝加哥大学发生了很多变革。哈金斯在芝加哥大学的第一年就作了64次公开演讲,这在美国教育史上几乎是空前绝后的。在他的推动下,芝加哥大学取消了选课的专业要求,提倡文理兼修的通识教育,为新学生提供了广泛的基础课程。哈金斯之后,通识教育成为美国精英高校的标准。他的著作《美国高等教育》和《西方文明巨著丛书》成为20世纪60至70年代哈佛等精英大学核心课程的设置蓝本。

➢ 1942年12月2日,恩利克·费米(Enrico Fermi,1901至1954年)和助手们在芝加哥大学建成世界上第一座可控原子核裂变链式反应堆,使它达到临界状态,产生可控的核裂变链式反应。这一成就是原子能时代的一个重要里程碑,为两年后的原子弹诞生奠定基础,芝加哥大学也因此被称为"原子能诞生地"。

冬日的哈珀塔

校园杰出人物

着积极的作用,到1910他为该校总共提供了3500万美元,并认为这是自己一生中"最好的投资"。

商学研究生院

其次,高层管理者制定高起点的正确定位。芝加哥大学的筹办者和首任校长威廉·林尼·哈珀,对于大学发展目标给予了符合实际又具有前瞻性的正确定位,坚定地确立了新办的大学要迅速实现跨越式发展,成为一流研究型大学的办学目标。哈珀深受近代教育史上著名的"洪堡精神"(崇尚教学研究合一)的影响,主张大学的目的是深入研究,大学生应该在地方社区完成大学的头两年基础课程以应付后两年的紧张学习——这一思想直接催生了几十年后覆盖全美的社区大学体系。由于芝加哥大学从建校起就以培养高级研究人才为主,长期以来,芝加哥大学的外国留学生比例一直维持较高水平。我国早年许多本科毕业后赴美留学的学者,因芝加哥大学每年招收大批外国研究生而将其作为首选。1957年的诺贝尔物理学奖获得者杨振宁和李政道就是在芝加哥大学相遇,开始了他们的合作研究。有了一流的师资和生源,还需要一流的图书和设施,满足广大师生教学和研究的需要。在哈珀的努力下,芝加哥大学图书馆在几年之内便建立起来,藏书量达到25万册,居全美之首。芝加哥大学从建校第一天起就建立研究生院,以确立自己的办学方向。

第三,采取特殊措施组建强大的教师阵营。芝加哥大学建校的目标之一是组建全国超一流的教师队伍。首任校长威廉·林尼·哈珀打破种族和教派歧视,通过自己的才华和办学主张从美国其他名校请来了众多的一流学者。何炳棣(著名国史研究学者,美国艺术与科学学院院士,中国社会科学院荣誉高级研究员(相当于院士))在其《读史阅世六十年》中曾写道,美国第一流大学

自从创建以来，芝加哥大学在许多领域都作出了杰出贡献，为美国和全世界培养了许多一流人才。芝加哥大学学生、教员和研究人员中先后有 85 位曾获诺贝尔奖，12 位教授荣获过国家科学奖章，现任教授中有超过 60 位国家科学院、工程院和医学科学院院士（篇幅有限，恕不一一列出）。在经济学方面，芝加哥大学的经济系产生了 22 位诺贝尔奖得主，弗里德曼与戴维德等学者因坚持自由主义而被誉为"芝加哥学派"，对经济学的研究有着深远的影响。这些杰出人物中的代表人物有：

➢ 詹姆斯·布坎南（James M. Buchanan），1948 年毕业，博士学位，美国经济学家，获得 1986 年诺贝尔经济学奖。

➢ 密尔顿·弗里德曼（Milton Friedman），1933 年毕业，硕士学位，美国经济学家，曾任该校经济学教授，获得 1976 年诺贝尔经济学奖。

➢ 赫伯特·西蒙（Herbert Simon），1943 年毕业，博士学位，美国经济学家，获得 1978 年诺贝尔经济学奖。

➢ 迈隆·斯科尔斯（Myron S. Scholes），1964 年毕业，硕士学位，1969 年毕业，博士学位，美国经济学家，1973 至 1983 年在该校任经济学教授，获得 1997 年诺贝尔经济学奖。

➢ 乔治·斯蒂格勒（George Stigler），1938 年毕业，博士学位，美国经济学家，1958 至 1991 年在

传统上不聘华人为正教授，唯有芝加哥大学才有此魄力、眼光、胸襟，聘请像他一样的"外国人"。学校还依托洛克菲勒和芝加哥市的强大财力，挖来了国内外许多知名的教授，有的将整个学科团队和科研项目一起挖来，很快组成了强大的教师阵营。芝加哥大学当之无愧地享有"教师的教师"的美誉。教学是校友们最常选择的职业道路，七个人中就有一个以上的人乐于从事教育事业。在芝加哥大学诺贝尔奖获得者名单中可以发现他们中有不少曾是芝加哥大学的教授。

夏日的校园

第四，广开言路创造宽松的学术环境。芝加哥大学从开办起，就千方百计排除来自行政、捐资者和社会的干扰，致力于创造学术自由的传统，营造大学教师宽松的工作氛围。在 1892 年召开的第一次全校教师大会上哈珀就提出："摆在我们面前的问题是如何在精神上合众成一，而在意见上则无需如此。"他的这一思想一经提出，就得到教师们的一致拥护，极大地鼓励了不同经历和不同个性的教师在各自领域竞相自由探索。在芝加哥大学的价值观中，争辩贯穿于教学和科研的各个方面："明辨之路是争论，而不是顺从"；"争论应当基于观点的价值，而不是主张者的背景、地位和声誉"。2008 年初，时任校长罗伯特·锦穆尔教授到中国访问，在谈到芝加哥大学为何能以短短 20 年时间，就跻身世界一流大学之列时，他回答道：芝加哥大学提倡学术自由，鼓励无拘束地创新和探索的做法后来被普遍接受，并成为了现代大学运行的基本准则。

在宽松、自由的学术气氛下，芝加哥大学的人类学、天文学、地球科学、经济学、地理学、历史学、语言学、物理学、统计学、社会学、神学等学科专业在美国具有较强的学术实力，尤以经济

该校商学院任经济学教授，获得1982年诺贝尔经济学奖，是全球商学院教授获此殊荣的第一人。

➢ 欧文·张伯伦（Owen Chamberlain），1949年毕业，博士学位，美国物理学家，获得1959年诺贝尔物理学奖。

➢ 李政道（Tsung-Dao Lee），1950年毕业，博士学位，华裔美国物理学家，获得1957年诺贝尔物理学奖。

➢ 杨振宁（Chen Ning Yang），1948年毕业，博士学位，华裔美国物理学家，获得1957年诺贝尔物理学奖。

➢ 崔琦（Daniel C. Tsui），1987年毕业，博士学位，华裔美国物理学家，获得1988年诺贝尔物理学奖。

➢ 罗杰·斯佩里（Roger Wolcott Sperry），1941年毕业，博士学位，美国心理生物学家，1946至1953年任该校教授，获得1981年诺贝尔生理学或医学奖。

➢ 赫伯特·布朗（Herbert C. Brown），1935年毕业，学士学位，1938年毕业，博士学位，美国化学家，获得1979年诺贝尔化学奖。

除了政界、科学界、教育界、新闻界等领域外，芝加哥大学还是美国中西部地区"出产"亿万富翁数量最多的大学。这些杰出人物包括：

➢ 乔·曼斯威托（Joe Mansueto），1978年毕业，学士学位，1980年毕业，硕士学位，美国投资机构晨星（Morningstar, Inc.）总裁和首席

学、社会学的相关研究著称于世，并由此形成国际学术界赫赫有名的"芝加哥学派"。芝加哥大学商学院率先在商学研究方面采取学科式教学，其做法广泛得到其他商学院的追随。

该校约5000名本科生每年有1000多门课程

第五，建立激发教师积极性的有效机制。 学校创建后，创造性地确立了教师管理的两种晋级制度，即临时至终身教职的生活保障性质的晋级制度以及职称、职位的逐级晋级制度，对教师的工作积极性和科研创新形成了双重的激励机制。这种机制，对于芝加哥大学教师培养自身深厚的学术造诣和良好的职业道德，十分有益。芝加哥大学现有的教师中就有8人获得过诺贝尔奖。芝加哥大学规定教师的晋级取决于他们发表的学术论著，而不仅仅限于教学工作。为了繁荣学术研究，该校还与约翰斯·霍普金斯大学一起率先在美国创办大学出版社。

第六，研究生与本科生并重，开展通识教育。 哈珀明确无误地把科研和研究生教育作为芝加哥大学的首要工作。但是，他并没有像人们传说的那样忽略本科生教育，他实际上顶住了部分教授要求不设本科生教育的压力，坚持办好本科生教育。因为他深知美国社会和美国高等教育的历史和现实，他绝不会漠视美国源远流长的本科生教育传统，以及大众对本科生教育的认同和支持，他所要建立的是将美国式的本科文理学院与德国式的研究型大学结合起来的美国大学。另外一位芝加哥大学校长罗伯特·梅纳德·哈金斯（Robert Maynard Hutchins）加强了哈珀的理念。他认为大学并非仅仅是"创新之所"，而首先是"传承文明之所"。他大力推行通识教育计划，这种教育方式使芝加哥大学学生无论在精神面貌还是知识内涵上均有别于美国其他大学的学生，在哈金斯的推动下，芝加哥大学取消了选课的专业要求，提倡文理兼

执行官。

➢ 约翰·奥贝尔（John Opel），1949 年毕业，硕士学位。1974 至 1983 年，IBM公司总裁；1981 至 1985 年，IBM公司首席执行官；1983 至 1986 年，IBM公司董事会主席。

➢ 纳西夫·萨维雷斯（Nassef Sawiris），1982 年毕业，学士学位，埃及欧瑞斯克姆建筑工业集团（Orascom Construction Industries, OCI）董事长。

➢ 戴维·奥本（David Auburn），1991 年毕业，学士学位，美国剧作家，获得 2001 年普利策戏剧奖和 2001 年托尼奖。

➢ 金伯莉·皮尔斯（Kimberly Peirce），1990 年毕业，学士学位，美国女电影导演。

➢ 理查德·阿特金森（Richard C. Atkinson），1948 年毕业，博士学位，曾任美国加州大学校长（1995 至 2003 年）。

➢ 亨利·拜汉（Henry Bienen），1962 年毕业，硕士学位，1966 年毕业，博士学位，曾任美国西北大学校长（1995 至 2009 年）。

➢ 里克·阿特金森（Rick Atkinson），1976 年毕业，硕士学位，美国记者和作家，分别于 1982 年、1999 年和 2003 年四次获得普利策奖。

所在地概况及公共设施

芝加哥是美国第 4 大城，也是五大湖区最大的工业中心，位于伊利诺伊州的东北部，密西根湖西南

修的通识教育，为新生提供了广泛的基础课程。哈金斯之后，通识教育成为美国精英大学的标志。这对美国高等教育的发展，乃至美国人的精神修养都产生了深远影响。哈金斯也因此被誉为"20 世纪最具人文情怀的大学校长"。

这六点都具有相当的"超前意识"，为创办现代大学提供了一种崭新的模式。由于芝加哥大学以开放的精神，兼收并蓄地包容了洪堡与纽曼（大学是探索普遍学问的机构，是传授普遍知识的场所）的两种大学理念，并结合美国社会的现实，建构了独特而卓越的组织理念、研究理念和教学理念，使其在较短的时间内从美国高等教育体系中脱颖而出。芝加哥大学的办学方式后来为美国其他高校所仿效。芝加哥大学对教育观念的"宏观"视角与实验精神，奠定了它在美国教育史上的重要地位。而它在学术研究上的地位与贡献，也同样值得称道。也正是在这个意义上，芝加哥大学被认为是美国现代大学的先驱。

师生间交流　　　　学生间交流

曾有人把芝加哥大学的特点概括为：名气深藏不露，课程繁重艰难，环境危险可怕，气候暴冷暴热。这表明芝加哥大学还存在一些先天不足。然而，芝加哥大学的独特之处仍颇富吸引力，这就是：对研究和跨学科知识的增长的追求；强调毕业生质量及教师的教学；把大学学院描绘成"科学和艺术的实验室"的承诺；对维系上述特征所需资源的保证。所有这些，也体现了芝加哥大学另一位校长马克斯·马森（Max Mason）所指出的：芝加哥大学"除了卓越，别无其他"。

端，面积 5905 平方千米，人口约 280 万人，其中黑人人口约占总人口数的 40%。

密西根湖

芝加哥大学校园占地面积 66 公顷（0.66 平方千米），位于芝加哥市第 59 街与伊利诺斯大道之间。如同美国西北大学一样，芝加哥大学也濒临密西根湖，并以该湖的美丽景色构成其校园的主要景观。从校园的各个角落，人们站在教室、图书馆和实验室大楼上，凭窗眺望，就可以看见那浩瀚的密西根湖。清澈的密西根湖碧波荡漾，水域宽阔的湖面一眼望去无边无际，水天一色，如同大海一般。因为这个湖，地处芝加哥市东南区的芝加哥大学少了一份都市常见的喧闹和拥挤，而多了一份大自然的浪漫和妩媚，空气中也多了一些清新和湿润。

与芝加哥大学毗邻的是著名的杰克逊公园，1893 年的世界博览会就是在这个公园里举行的。杰克逊公园地面开阔，树林葱郁，是芝加哥市民远离都市喧嚣的"世外桃源"，也是芝加哥大学师生们谈古论今的"露天舞台"。那里的活动空间大，且空气清新干净，芝加哥大学的学生们常常把杰克逊公园

美国 50 所最佳大学

◎ 学校图书馆

芝加哥大学的图书馆系统拥有多达 600 万册以上的藏书及数百万卷的手稿和档案。并且从 1996 年 2 月起，已有丰富藏书的里根斯坦图书馆在接下来的 10 年里以每年 94000 册的数量增加着藏书量，其他图书馆也是如此。在芝加哥大学图书馆中，建立于 1936 年的远东图书馆藏书量仅次于哈佛和普林斯顿大学的同类图书馆，在美国大学图书馆中排名第三。

约瑟夫·里根斯坦图书馆

芝加哥大学图书馆系统由以下各馆组成：约瑟夫·里根斯坦图书馆（The Joseph Regenstein Library），为研究型图书馆，存有大量社科及人文科学研究资料，设备最为齐全；威廉·R·哈珀纪念图书馆，供学生综合性阅览及一般性浏览，主题涉及社科、人文科学及非技术科学；约翰·克里雷尔图书馆（The John Crerar Library），存有纯科学、应用科学、科学史及医学史图书；迪·安吉洛法学图书馆（The D'Angelo Law Library），专收各类法学文献。另有化学、耶基斯天文台、社会服务管理（The Social Services Administration Library）及埃克哈特（Eckhart Library）4 个部门图书馆，后者专收计算机学、数学、统计学图书。目前，乔和丽卡·曼苏托图书馆（The Joe and Rika Mansueto Library）正在建设中，预计 2011 年将正式开放。

芝加哥大学图书馆虽然将本校读者作为首要服务对象，但对校外读者也区分不同的情况，最大限度地满足其需求。特别是对于本馆独有的资源，更是为校外读者的使用提供方便。只要芝加哥地区任何一家图书馆的参考咨询馆员证明读者所需资源为芝加哥大学图书馆独有资源（至少在芝加哥地区独有），该读者便可以得到 5 天的免费阅览权。

从此，扬帆启航……

看做自己的"第二课堂"，在那里读书、讨论、散步、玩耍。20世纪60年代，杰克逊公园是美国反正统文化斗士——嬉皮士以及新左派激进主义分子的政治活动场所，吸引了全美各高校中的学生运动积极分子前来"声援"和"取经"。

芝加哥大学的一些研究机构和实验室不仅闻名美国，也驰名世界。著名的研究机构有：建立世界第一个核子反应堆的费米研究所；研究领域主要涉及能源和工程、理论物理、生物和环境保护等学科的阿贡国家实验室；从事太空和高能天体物理学研究的天体物理实验室；从事化学和固体物理学研究，在低温实验和材料实验上拥有一流研究设备的弗兰克研究所，等等。

杰克逊公园

威廉·哈珀纪念图书馆

密西根湖和杰克逊公园无疑为芝加哥大学营造出了绝佳的外部环境，使原本就毫不逊色的芝加哥大学校园锦上添花，更加秀丽。事实上，芝加哥大学校园本身也是十分迷人的。如果说那些坐落在小镇里的校园以参天古树和小桥流水构筑其校园风景图的话，置身于美国中西部最大城市的芝加哥大学则以其别致的建筑物构成其校园恢宏的特色。

抵达方式

芝加哥市的主要机场是奥黑尔国际机场（O'Hare International Airport），位于市中心西北约27千米处。自20世纪60年代扩建完成后直到1998年，奥黑尔机场一直是世界上客流量最大的机场之一。1998年后，亚特兰大哈兹菲尔德·杰克逊国际机场在客运流量上超过奥黑尔。目前，奥黑尔仍是世

◎ 学校生活条件

芝加哥大学的住宿系统为在校本科生提供住宿，由36个宿舍单元组成。一般说来，平均每个宿舍单元的规模是70名学生，最小的宿舍单元住36人，最大的住104人。所有的宿舍都有一位住宿指导或住宿指导夫妇。住宿指导服从芝加哥大学领导，配有至少一位助手、一位高年级学生或研究生。

咖啡屋

很多本科生非常认同芝加哥大学的住宿条件，有人认为这是很棒的宿舍，有一个厨房、一个步入式壁橱、一个餐厅和一个两个室友公用的卫生间。但也有人抱怨校园的宿舍缺乏，现有的宿

界上起降次数最多的机场。

奥黑尔机场是美国第四大国际航空枢纽，排在纽约肯尼迪国际机场、洛杉矶国际机场和迈阿密国际机场之后。奥黑尔机场是美国联合航空的最大基地和中转枢纽，也是美国航空的第二大枢纽。奥黑尔机场共有六条跑道，其中最长的为13000英尺（约4千米），此外另有3条跑道的长度也达到了8000英尺（约2.4千米），足够满足大型客机起降的要求。

除奥黑尔机场外，芝加哥的另一个主要机场是芝加哥中途国际机场。20世纪50年代初期，曾为芝加哥主要机场的芝加哥中途国际机场由于面积小、跑道短，已无法大量接纳大型飞机。

舍量不到其他大学的平均水平。芝加哥大学大约50%以上的学生住在校内，10%的学生住在兄弟会宿舍，其余的住在校外附近的公寓。

男子橄榄球、摔跤和女子橄榄球是学校校际体育的强势项目。70%的在校生都参与校内体育活动。

学生们的社交生活以非正式的兴趣小组形式进行，如电影和事实话题讨论等。在美国许多大学里，成绩优秀的学生在课外谈论最多的可能是体育社交话题，而在芝加哥大学你会发现这方面有所不同。与大学相邻的一边是低收入的居民区，而另一边是密西根湖。美国总统奥巴马在竞选之前曾是芝加哥大学的一名教授，在竞选之前他和他的家人就住在这附近。

运动中心

University of Illinois, Urbana-Champaign 伊利诺伊大学厄巴纳-香槟分校

排　　名：40	校训： Learning and Labor.	校徽：
建校时间：1867 年		
学校类型：公立		
IBT 最低线：79	学校网址：http://illinois.edu	
SAT:	申请网址：http://admissions.illinois.edu	
CR: 550 – 660		
Math: 660 – 770	咨询电话：217-333-0302	
Writing: 不详	咨询传真：217-244-4614	
ACT Composite: 26 – 31		
送分代码：	咨询邮箱：ugradadmissions@illinois.edu	
IBT: 不详	申请费：$60	
SAT: 1836	学　费：$32528	
ACT: 1154	总费用：$45952	吉祥物：
毕业率：	申请截止时间：	
4 年毕业率：62%	EA：11 月 1 日	
6 年毕业率：80%	RD：1 月 1 日	
学生人数：	申请材料邮寄地址：	
在校生总数：41918	Office of Undergraduate Admissions	
本科生人数：31209	University of Illinois at	
人员比：	Urbana-Champaign	
师生比：　1：17	901 West Illinois Street	
男女生比：54：46	Urbana, IL 61801　USA	
国际学生比：6%		

校园标志性建筑

伊利诺伊大学厄巴纳-香槟分校是美国少数几个拥有自己机场的高校之一。该校的威拉德机场（Willard Airport）建成于 1945 年，开始运营于 1954 年，其名是为了纪念该校曾任校长亚瑟·卡茨·威拉德（Arthur Cutts Willard）。这个位于萨伏依的机场是该校航空学

◎学校概况

黄万里教授是我国著名民主人士黄炎培先生的三儿子，也是他最著名的一个儿子，是我国著名的水利专家。1957 年 6 月，由周恩来总理主持，水利部召集 70 名学者和工程师在北京饭店开会，就当时准备兴建的三门峡工程给前苏联专家的方案提意见。参加这次会议的所有专家学者，除了一位名叫温善章的人提出改修低坝外，只有黄万里一人，从根本上全面否定了前苏联专家的规划。后来，三门峡工程的问题和灾难都不幸被黄万里言中。这位敢讲真话的清华大学水利系教授曾在伊利诺伊大学厄巴纳-香

美国50所最佳大学

院的科研基地，也为美国航空公司的航班提供服务。

ACES 图书馆

ACES 图书馆是该校标志性建筑之一，这是校园内集图书馆、信息和校友中心等功能于一身的大楼，大楼设计别致，于 2001 年 10 月 4 日竣工。这座总造价 2100 万美元的大楼建筑面积 5.2 万平方英尺（约 4831 平方米），内部设备应用了当时最为先进的技术，并将传统的信息资源与先进的信息技术相结合。

如果纯粹从建筑结构的角度来看，大会堂（the Assembly Hall）是厄巴纳–香槟分校最有意义和革命性的建筑。这座钢筋混凝土结构的建筑由该校校友马克斯·亚勃拉莫维茨（Max Abramovitz）设计，耗资 850 万美元，是世界上最大的边支承板拱形结构，跨度直径 400 英尺，地上高度 128 英尺（约 39 米）。这个大会堂于 1963 年 5 月 3 日正式开放，常用于毕业典礼、篮球比赛、以及各种演出、音乐会等大型活动。

此外，学校还拥有 433 英亩（约 1.8 平方千米）的森林保留地、占地 1765 英亩（约 7 平方千米）的阿勒顿公园。

槟分校攻读博士，1937 年黄万里获得该校工程博士学位，是第一个获得美国工程博士学位的中国人。

伊利诺伊大学厄巴纳-香槟分校（常缩写为UIUC）建立于 1867 年，是一所位于美国伊利诺伊州的公立研究型大学，是"十大"盟校（The Big Ten）之一，长久以来一直是全美理工科方面最顶尖最有名望的高等学府之一，理工科在"十大"中更是排名第一。伊利诺伊大学香槟分校被称为"公立大学中的常青藤"，其诺贝尔奖和普利策奖获得者将近 20 名，是诺贝尔奖获得者最多的美国大学之一。

校园鸟瞰

现任校长是迈克尔·霍根（Michael J. Hogan），这位历史学教授于 2010 年 5 月起担任伊利诺伊大学香槟分校第 18 任校长。在此之前，霍根从 2007 至 2010 年任康涅狄格大学第 14 任校长。

伊利诺伊大学厄巴纳-香槟分校由 17 所学院组成，包括：农业、消费和环境科学学院（College of Agricultural, Consumer and Environmental Sciences）、应用健康科学学院（College of Applied Health Sciences）、航空学院（Institute of Aviation）、商学院、教育学院、工程学院、美术和应用艺术学院（College of Fine and Applied Arts）、通识教育部（Division of General Studies）、研究生院、劳动和就业关系学院（School of Labor and Employment Relations）、法学院、文理学院、图书馆和信息科学研究生院

校园重大历史事件

➢ 1863年2月，伊利诺伊州得到了48万英亩（约1942平方千米）的土地，并于1867年在厄巴纳（Urbana）、香槟（Champaign）建立了伊利诺伊工业大学。

➢ 1885年，在学生和校友的强烈要求下，学校才改名为"伊利诺伊大学"。大学的首任校长为约翰·密尔顿·格利高里。学校于1868年3月11日正式开学，当时仅有50名学生，两名教授。

➢ 1896年和1897年，伊利诺伊大学先后将位于芝加哥的独立的药学院和内外科学院收归门下；1901年又合并了芝加哥的哥伦比亚牙医学院。

➢ 1913年，这三个学院正式成为伊利诺伊大学在芝加哥的卫生科学中心。通过此举使学校的系科设置趋向于完整。

➢ 1953年和1963年，建立了护理学院和联合保健学院。这两所学院连同卫生科学中心于1965年成为伊利诺伊大学医学中心。

➢ 1961年，位于旧海军码头的初级学院增设四年制本科课程，1965年搬迁至芝加哥市中心，成为伊利诺伊大学的芝加哥环区分校。1982年该分校与医学中心合并成为伊利诺伊大学芝加哥分校。

➢ 1995年7月1日，位于斯普林菲尔德（Springfield）的州立桑格蒙大学（Sangamon State University）成为伊利诺伊大学的第三所分校——斯普林菲尔德分校，从而形成了今天伊利诺伊大学的

（Graduate School of Library and Information Science）、媒体学院（College of Media）、厄巴纳-香槟医学院（College of Medicine at Urbana-Champaign）、社会工作学院（School of Social Work）和兽医学院（College of Veterinary Medicine）。

基因生物研究所

伊利诺伊大学厄巴纳-香槟分校的主要特点有：

第一，理工强势，企业青睐。伊利诺伊大学厄巴纳-香槟分校在科技领域素负盛名，尤其是其工程学院，在全美甚至全世界堪称至尊级的地位。其电子工程、计算机工程、土木工程、材料科学与工程、机械工程、原子工程、农业工程、环境工程等系科都排在全美前5位，化学工程、航空航天工程排在全美前10位。经过130多年的发展，伊利诺伊大学厄巴纳-香槟分校已经是全美国最好的大学之一，位居全国公立大学的前十位；能提供150多个领域的4000多门课程；每年授予1.5万个学位。当然，该校在社会科学方面也不弱，该校的心理学科系与哈佛大学、普林斯顿大学、加州洛杉矶分校等院校的同类科系并列全美第五，而图书馆科学则一直以来蝉联全美第一的位置。

作为一所研究型大学，伊利诺伊大学厄巴纳-香槟分校师资力量十分强势，这所高校荣获过诺贝尔奖的教授或校友就有22位（其中有11位毕业于该校）。在这所大学里，学生和教授共同营造一种学术氛围，以满足他们的教学需求和个性化发展目标。由于该校的学术声誉高，学生普遍勤奋好学，该校的毕业生在社会上很受欢迎。它的学生曾设计出全世界第一个因特网浏览器软件，为人类进入互联网时代打开了大门。很多公司都把伊利诺伊大学列为招聘的首选大学。微软公司董事长比尔·盖茨曾公开表示，他录用的伊利诺伊大学毕业生数量超过了任何其他大学。

格局。

校园杰出人物

截至2007年，伊利诺伊大学香槟分校共有22位教授或校友荣获过诺贝尔奖（其中有11位毕业自该校），在美国公立大学中仅次于加州大学伯克利分校，其中包括：

➢ 里奥尼德·赫维茨（Leonid Hurwicz），1949至1951曾在该校任教，获得2007年诺贝尔经济学奖。

➢ 保罗·劳特布尔（Paul C. Lauterbur），1985至2007年在该校担任教授，获得2003年诺贝尔生理学或医学奖。

➢ 安东尼·莱格特（Anthony J. Leggett），1983年起担任该校教授，获得2003年诺贝尔物理学奖。

➢ 杰克·科尔比（Jack Kilby），1947年毕业，学士学位，掌上计算器和热敏打印机的发明者，获得2000年诺贝尔物理学奖。

➢ 菲利普·夏普（Phillip A. Sharp），1969年毕业，博士学位，美国遗传学家和分子生物学家，获得1993年诺贝尔化学奖。

➢ 爱德温·克雷布斯（Edwin G. Krebs），1940年毕业，学士学位，美国生物化学家，获得1992年诺贝尔生理学或医学奖。

➢ 罗莎琳·耶罗（Rosalyn S. Yalow），1942年毕业，硕士学位，1945年毕业，博士学位，美国医学物理学家，获得1977年诺贝尔生理学或医学奖。

➢ 约翰·施里弗（John R.

美国50所最佳大学

工程学院四方院

第二，学术科研，遥遥领先。伊利诺伊大学厄巴纳-香槟分校是一所大型公立学校，经济来源是税收。但该校始终强调学术研究，将大量资金投入到科研方面，例如，1995年在科学及工程方面的研发费用就高达约2.05亿美元。2011年学校的预算达15亿美元。该大学SCI论文总数在全美名列前5位。伊利诺伊大学从美国国家科学基金会（National Science Foundation，简称NSF）获得的研究经费量年年在全美名列第一。

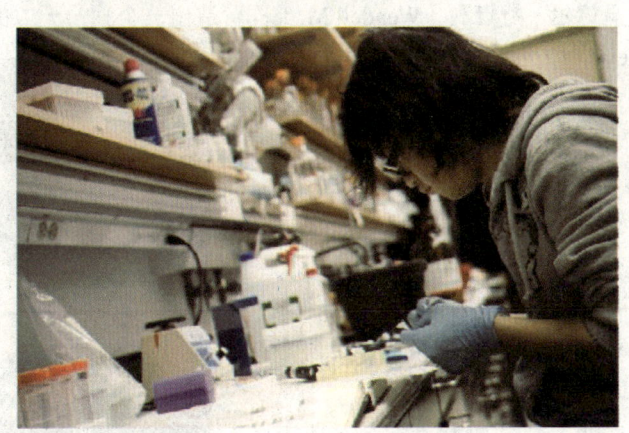

罗杰·亚当实验室

位于该大学校园的美国国家超级计算应用中心（NCSA）在高性能计算、网络和资讯技术的研究和部署领域，一直处于世界领先的地位。除了计算机资源，该校的其他资源也非常丰富，不仅设有逾80个研究中心、实验室及研究所以及全美第一个农场实验基地，而且教员多是国家级学术机构的杰出会员，这些机构包括美国国家科学院、美国国家工程学院、美国人文与科学院等等。在此就读的学生尤其需要具有相当的主观能动性，否则就无法很好地利用这些学校的宝贵资源。机会固然很多，但不珍惜并加以

Schrieffer），1954 年毕业，硕士学位，1957 年毕业，博士学位，美国物理学家，获得 1972 年诺贝尔物理学奖。

➢ 罗伯特·霍利（Robert W. Holley），1942 年毕业，学士学位，美国生物化学家，获得 1968 年诺贝尔生理学或医学奖。

➢ 文森特·迪维尼奥（Vincent Du Vigneaud），1923 年毕业，学士学位，1924 年毕业，硕士学位，美国生物化学家，获得 1955 年诺贝尔化学奖。

➢ 波利卡普·库施（Polykarp Kusch），1933 年毕业，硕士学位，1936 年毕业，博士学位，德裔美国物理学家，获得 1955 年诺贝尔物理学奖。

➢ 温德尔·斯坦利（Wendell M. Stanley），1927 年毕业，硕士学位，1929 年毕业，博士学位，美国生物化学家，获得 1946 年诺贝尔化学奖。

➢ 爱德华·多伊西（Edward A. Doisy），1914 年毕业，学士学位，1916 年毕业，硕士学位，美国生物化学家，获得 1943 年诺贝尔生理学或医学奖。

此外，有 2 位校友荣获过图灵奖，1 位教授荣获过菲尔兹奖，21 位教授及校友荣获过普利策奖，11 位教授荣获过美国国家科学奖章，现任教授中有 2 位普利策奖得主、26 位国家科学院院士、29 位国家工程院院士。

还有其他杰出的人物：

➢ 杰里·桑德斯（Jerry Sanders），

利用，这些机会是不可能自己找上门的。

开放的工程实验室

第三，校园传统，弥足珍贵。很多原可以到全美一流大学的师生之所以选择伊利诺伊大学，其重要原因之一就是该校综合生活质量比起那些伟大的大学一点也不差。相反，在某些方面要远远超过他们。该校有一种不拘礼节、不矫揉造作，追求优秀的校园文化的传统，在这种传统的熏陶下，学生、教授、管理人员共同营造出一个独一无二的精神家园。

演艺中心

由于受到美国中西部文化的熏陶，这所有 4 万多名学生的大型学府看上去一点不松散，学生之间、师生之间都很友善、和谐，大家在一起富有集体精神，从某种意义上讲，学校规模虽大，但整体上却给人以亲密无间的感觉，具有强大的吸引人的气场。比如，在橄榄球赛季，每个人都会自觉地穿上学校特有的颜色——蓝色和橙色的衣服，在街道上、球场上到处是这两种颜色汇成的

1958年毕业，学士学位，AMD创始人兼首席执行官伊利诺伊大学香槟分校电子工程学士。

➤ 拉里·埃里森（Larry Ellison），曾在该校就读，甲骨文公司（Oracle）董事长兼首席执行官。

➤ 杰克·韦尔奇（Jeck Welch），1960年毕业，博士学位，通用电气（GE）董事长兼首席执官。

➤ 姚期智（Andrew Chi-Chih Yao），1975年毕业，博士学位，著名的计算机科学家，获得2000年图灵奖（计算机科学最有声望的奖项），也是是首位图灵奖华人得主。

➤ 李安（Ang Lee），1980年毕业，学士学位，电影导演，因电影《断背山》获得2005年奥斯卡最佳导演奖。

➤ 菲德尔·拉莫斯（Fidel "Eddie" Valdez Ramos），曾在该校就读，硕士学位，担任菲律宾第12任总统（1992至1998年）。

➤ 卡罗瑟斯（Wallace Hume Carothers），1921年毕业，博士学位，在1934年发明尼龙，被誉为世界历史上的4大化学家之一。

所在地概况及公共设施

伊利诺伊大学厄巴纳-香槟分校位于伊利诺伊州的厄巴纳市（Urbana）、香槟市Champaign两市之间，而厄巴纳、香槟为一座双子城，是个典型的美国中部大学城。伊利诺伊大学一共占地4938英亩（约20平方千米），拥有705幢建筑，其中主校园占地1468英亩（约

海洋，大家不约而同地为自己的大学加油，为自己的伊利诺伊大学感到自豪。

根据上海交通大学2010年的排名，伊大厄巴纳-香槟分校在工程领域的表现名列全世界第4，仅次于麻省理工学院、斯坦福大学和加州伯克利分校，领先所有的常春藤盟校。根据《美国美国新闻与世界报道》杂志2008年的排名，该校土木工程与会计学系排名为该领域第一，材料工程第二，电子工程与电脑科学分别为第4与第5名。

然而，在该校学生和教授的眼中，这些似乎并不十分重要。宽广的专业范围，严谨的学术作风，加上生龙活虎的校园生活，伊利诺伊大学厄巴纳-香槟分校给学生们提供了一段趣味多多、令人难忘的4年本科学习经历。

莫罗基因组生物学研究所

◎学校图书馆

伊利诺伊大学厄巴纳-香槟分校图书馆系统藏书量居世界公立大学之冠，在美国大学中仅次于耶鲁和哈佛的藏书量，成为美国第三大大学图书馆。主图书馆按学校设置的专业下设了37个分馆和一个大学生图书馆，常用的图书按类收藏在各自相应的分馆中，这些分馆大部分设在各系，少量非专业性的杂志现刊和报纸收藏在大学生图书馆，其他图书则藏入主图书馆的书库。

伊利诺伊大学图书馆建于1868年，由第一任校董事会董事约翰·米尔顿·格里高利（John Milton Gregory）负责筹建。建馆时只用了1000美元购置了55册图书和政府发行的小册子。经过100多年的发展，如今该图书馆拥有2400多万种图书和资料，包括900多万本书籍、9万多种定期刊物。其中多为论文及书刊，包括中世纪手稿、地图及地图册、印刷品、各类尺寸及形式的印

从此，扬帆启航……

6平方千米），拥有316幢建筑。校园四周被农田所包围，不过此地的休闲娱乐设施一应俱全，公交系统十分方便、快捷，凭学生证可以免费搭乘。

该大学自有的威拉德机场（Willard Airport）于1945年建成，是美国最大最完善的大学自主经营的机场之一，是该州东部主要及最大型的机场，因此由大学到邻近大都市的交通十分便捷。从厄巴纳-香槟双子城到芝加哥约140英里（约225千米），到印第安纳州印第安纳波利斯市约120英里（约193千米），到密苏里州圣路易斯市仅170英里（约274千米）。

刷书籍及纸类文档。馆藏投资重点则集中在稀见珍本及独具价值的收藏及保护工作上，其中包括对莎士比亚、马克·吐温和其他名人的私人信件的收藏。每星期有逾100万次从全世界各地造访该大学电子图书馆的记录。

在ACES图书馆读书的学生们

由于教师和研究生能进入主书库，所以在每层书库里都有参考咨询馆员，书库入口处也有书库排架状况图，读者可以找到要去的大致方向。参考咨询馆员都佩带有醒目的标志，他们不仅是回答问题，往往还和读者一起寻找答案或者帮助读者找到需要的书。每个参考咨询点都通有电话，通过电话也可以进行咨询服务。

威拉德机场

伊利诺伊州属温带大陆性湿润气候，冬季平均温度北部-6℃，南部3℃；夏季平均气温北部和南部分别为21℃和25℃。这里的气候多变，户外活动兴盛，夏天进行自行车、慢跑、露营、烤肉、攀岩、登山、滑船等活动的人随处可见，冬天则可从事滑雪、玩雪板、溜冰等户外活动，这里的自然美景，让人目不暇给，流连忘返。

抵达方式

离伊利诺伊大学厄巴纳-香槟

克兰纳特美术馆

◎ 学校生活条件

分校不远的芝加哥奥黑尔国际机场（O'Hare International Airport）是世界上唯一的双中枢机场。世界上最大的两家航空公司——联合航空公司和美利坚航空公司，都在奥黑尔机场建立了自己的中枢。自20世纪60年代扩建完成直到1998年，一直是世界上客流量最大的机场，芝加哥机场年客流量为6000多万人次。

奥黑尔机场位于市中心西北27千米处，占地面积31平方千米，拥有6条跑道、5个候机楼，该机场十分庞大，在各个候机楼之间来往一般要乘坐机场免费提供的客运小火车，该系统24小时运行，全程一共9分钟。美国所有的航空公司在这都有自己的登机口，平均不到3分钟就有一个航班起降。这里是美国联合航空公司的总部之一，美国航空也以芝加哥为主要入境点。中国国际航空公司、中国东方航空公司、中国南方航空公司均有航班在此起降。许多从中国来美国的探亲、留学、观光者都在这个机场转机，去往美国其他城市。

芝加哥奥黑尔机场是一个信息标识非常完备的机场，只要有明确的目的地，根据机场的标识一定可以顺利地找到。有三种交通工具可以从芝加哥机场到市中心：蓝线地铁、Airport Express、出租车。

机场巴士到市区单人票价27美元，机场大厅外就可以乘坐巴士。芝加哥捷运蓝线（CTA Blue Line）24小时都营运，全程50分钟左右，票价2.25美元，再转车时

美国50所最佳大学

像很多美国的大学一样，伊利诺伊大学厄巴纳-香槟分校要求一年级新生居住在校内学生宿舍楼或大学的私人住宅，这两种居住方式都由大学的住房部门负责管理。大学提供近9000个宿舍单位，有国际学生宿舍、单人房、男生及女生宿舍等，种类繁多，宿舍的申请采取先到先得的方式。大多数本科生在上二年级之后选择租借公寓或"希腊式"宿舍居住。大学租赁联合会会给租房的学生以建议或帮助学生了解签订合同的全过程。

伊利诺伊大学的"希腊式"生活比较盛行，号称是拥有世界上最大的此类组织。68个兄弟会和36个姐妹会吸引了大约20%的男生和22%的女生。该校的兄弟会和姐妹会是一种自治的系统。很多兄弟会和姐妹会在校园内的宿舍都是有美国国家注册的历史纪念地。

熙熙攘攘的校园

纪念体育场

伊利诺伊大学厄巴纳-香槟分校设有800多个学生社团组织，包罗万象，为学生们提供了很多锻炼领导才能、娱乐以及增进友

149

从此，扬帆启航……

需再付 25 美分。也可以在机场站台自动售票机买乘车卡。

谊等方面的机会。而且每年也举办一些重要活动，如新生迎新会及周末亲子活动等。

印第安纳州
Indiana（IN）

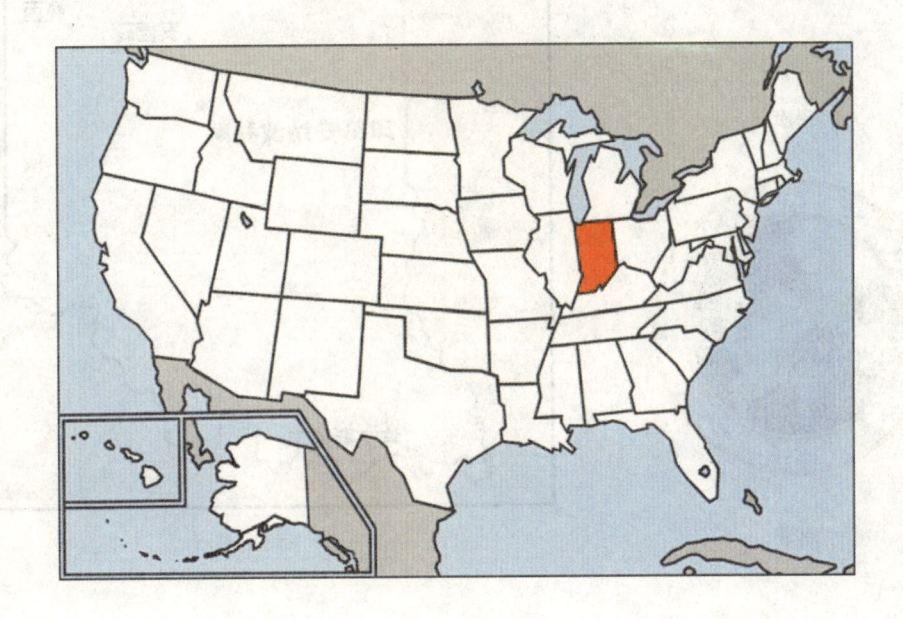

学校英文名称	学校中文名称	2011年排名	所在地区
University of Notre Dame	圣母大学	19	南本德 South Bend

Indiana

州旗

州徽

州示意图

昵称：	胡希尔之州	地区划分：	大湖地区
州府：	印第安纳波利斯 Indianapolis	主要城市：	印第安纳波利斯 Indianapolis
时区：	东部时间 UTC-5/-4	人口：	619万人（2003年）
面积：	94321 平方千米 全美第 38 名	加入联邦时间：	1816年12月11日 第 19 个加入美国联邦
消费税：	7%	网站：	http://www.state.in.us

University of Notre Dame　　圣母大学

排　　名：19	校训：	校徽：
建校时间：1842 年	*Vita, Dulcedo, Spes* （拉丁语）	
学校类型：私立	Life, Sweetness, Hope.	
IBT 最低线：不详	学校网址：http://www.nd.edu	
SAT：	申请网址：http://admissions.nd.edu	
CR：　650 – 750	咨询电话：574-631-7505	
Math：　680 – 760	咨询传真：574-631-8865	
Writing：　640 – 730	咨询邮箱：admissions@nd.edu	
ACT Composite：31 – 34		
送分代码：	申请费：$65	
IBT：　1841	学　费：$39918	
SAT：　1841	总费用：$52427	吉祥物：
ACT：　不详		
毕业率：	申请截止时间：	
4 年毕业率：不详	ED：11 月 1 日	
6 年毕业率：不详	RD：12 月 31 日	
学生人数：	申请材料邮寄地址：	
在校生总数：11731	Office of Undergraduate Admissions	
本科生人数：8363	University of Notre Dame	
人员比率：	220 Main Building Notre Dame	
师生比：　1：12	IN, 46556-5602　USA	
男女生比：54：46		
国际学生比：3%		

校园标志性建筑

圣母大学位于芝加哥以东约 100 英里（约 161 千米）的印第安纳州南本德市（South Bend），距离密西根州界只有 4 英里（约 6 千米），大学占地 1250 英亩（约 5 平方千米），校园内有两个清澈、静谧的湖泊和一大片森林，湖中天鹅成群。在青草茵茵、树木葱葱的校园中，不时可以见到松鼠等小动物

◎ 学校概况

美国的很多大学校园都具有自己的特点，一般说来，古老的校园都以哥特式的尖顶建筑为主，或者是红色砖墙的老式楼房，再加上绿色植被以及参天大树，年轻的校园则以现代建筑为傲，玻璃幕墙加上奇形怪状的设计，给人以清新、敞亮的感觉。但是，以金碧辉煌的纯金装饰圆顶建筑作为校园标志性建筑的却十分罕见。这幢金顶建筑位于圣母大学，1864 年开工，次年竣工，建成后让该校所有的师生都为之骄傲，却不料 14 年后一场大火让大楼毁于一旦。1879 年，就在火灾后不久，师生们又另选地址重建，由曾设计过美国财政部和邮电总局两幢大楼的著名建筑师威洛

从此,扬帆启航……

的身影。

清澈、静谧的湖泊

校内有138幢建筑物,闻名于世的3幢建筑是金圆顶大楼、圣心罗马大教堂和外观绘有基督故事壁画的海斯伯格图书馆。

金圆顶大楼外观

金圆顶大楼内部的天顶

圣母大学建筑多为古典的拜占庭式西洋风格建筑。校园内建筑分散,都隐藏在高大的雪松、红叶树之中。庞大的圆形体育馆可容纳10万名观众,还有专门可供比赛用

比·艾德布鲁克(Willoughby J. Edbrooke,1843至1896年)设计。当年秋天,金色的圆顶又在阳光下熠熠生辉。从此,圣母大学学生自称为"金顶人"。在圣母大学拿过一个学位的称domer,两个学位的称double domer,三个学位的称triple domer。这一点,与中国古代书生在乡试、会试、殿试的均为第一名,分别为称之为解元、会元、状元,"连中三元"有异曲同工之妙。

圣母大学鸟瞰

作为美国人眼中公认的世界顶尖名校之一,圣母大学与麻省理工学院、斯坦福大学以及加州伯克利分校一道跻身为常春藤盟校新贵,在学术水准与知名度上挑战以哈佛大学为首的老牌常春藤盟校。

圣母大学创建于1842年,位于美国印第安那州,是一所文理兼顾的著名私立研究型大学。这所老牌名校已经历了一个多世纪的辉煌,享誉全美。

现任校长是约翰·詹金斯神父(John I. Jenkins),这位哲学教授于2005年7月1日起担任圣母大学校长。在此之前,约翰·詹金斯神父自2001至2005年曾任圣母大学副校长和副教务长。

圣母大学有5个本科学院:建筑学院、文理学院、门多萨商学院(Mendoza College of Business)、工程学院和科学学院。大学还设有文学院、艺术学院、法学院、商业管理学院、工程学院、建筑学院、理学院等研究生院,还有数百个研究所和实验室,著名的有辐射实验室、国际事务研究所、当代社会研究中心等科研机构。圣母大学首创了滑翔机,在空气动力学、无线电通讯、合成材料及纳米技术等研究领域全美领先。

的高尔夫球场。

海斯伯格图书馆

金圆顶大楼是庄严的主楼，是圣母大学过去和现在的象征。如今，这幢楼是学校行政总部所在地，而楼内依然保留着教室，让人重温那段学生们在这里学习、居住、就餐的旧日时光。这幢楼实际上是1879年在原址上第三次修建的，以前的老楼在当年的一场火灾中化为灰烬。纯金的圆顶是1882年加在建筑之上的，最近一次给圆顶镀金是2005年。在圆顶之上，可以发现一座19英尺高（约6米）、4千磅重（约1814千克）的圣母雕像。加上这座美丽的雕塑，主楼高达187英尺（约57米），仅次于校园内的圣心罗马大教堂。

圣心罗马大教堂内部

作为圣母大学的标志性建筑之一，圣心罗马大教堂是一座华丽

物理实验室

天文台

圣母大学主要有以下几个特点：

第一，浓厚的宗教色彩。"Notre Dame"在法语里是"圣母玛利亚"之意，从校名上就可以看出，这是一所罗马天主教大学，校园文化具有根深蒂固的宗教背景。约80%的学生信奉天主教，每周六前去参加宗教活动的人非常多，以至于人们都只能站着祷告。每个宿舍楼都有小礼拜堂，除了星期六，每天都举行弥撒，但不去参加的学生也没有感到什么压力。很多学生感到，校园里虽然处处弥漫着宗教的气氛，但宗教在校园里不是压倒一切的事情。圣母大学神学院是美国神学研究的重要场所之一，有100余名教职人员从事神学方面的教育。该校神学院秉承天主教的宗旨，对神学进行全面、深刻的研究和教学。不仅神学院如此，这所天主教大学其他学院也为学术、伦理、宗教和社会服务的发展做出了独特的贡献。

和西方许多古老的大学一样，圣母大学带有浓厚的宗教和某些上流社会的色彩，圣母大学依赖于强大的校友会，与当地政府的哥特式建筑，呈十字形状，很多校园社区的成员每天或每星期到这里做弥撒或其他圣事，包括按天主教教规举行的婚礼。这所大教堂于 1873 年第一次装上彩色玻璃，这里是世界上收藏 19 世纪法国彩色玻璃最多的地方。

19 世纪法国彩色玻璃

校园重大历史事件

➤ 1842 年，一批法国传教士，在一位名叫爱德华·索林（Rev. Edward Sorin）的神父的带领下，来到印地安纳州西北部的南本德市，在湖边积雪覆盖的（约 2 平方千米）土地上，胼手胝足地搭起了一座简陋的小木屋，办起了一所大学，这就是最早的圣母大学。起初，学生大都是周围的农家子弟，学费往往只是自家产的一篮鸡蛋或饲养的一只羊。

➤ 1844 年 1 月 15 日，印第安纳州立法机构正式特许圣母大学创办。起初校名为"圣母湖大学"（University of Notre Dame du Lac）。

➤ 1879 年，一场大火吞噬了几乎包括当时学校全部家当在内的圣母大学主楼，但索林神父没有服输，组织人员重建校园并继续推进

机构和一些显赫的商业财团保持着千丝万缕的关系。该校拥有全美最大的校友网络，共有 275 个校友俱乐部，19 万校友，遍布世界各地。圣母大学校友捐赠率仅在普林斯顿之后，与哈佛大学并列世界第二。

露德圣母山洞

第二，较高的道德取向。圣母大学以其卓著鲜明的特色，处于美国高等教育较为靠前的位置。该校教育方针集严格的智力发展、较高的道德取向和坚定的社会服务精神于一体。作为美国精英大学中的贵族典范，圣母大学校风严谨、纯正，教育学生热衷于各项志愿的社会工作，也有大量学生自愿加入社区服务，帮助照顾老人及伤残人员。该校成立的相关机构进一步促进了学生们志愿服务的热情，80% 的学生在校期间都参与各种形式的社区服务活动，有 10% 的毕业生会在美国或全世界较为贫瘠的地方无偿工作一年甚至多年。

圣母大学退休校长西奥多·海斯伯格神父（Fr. Theodore M. Hesburgh）曾这样说过："圣母大学是这样一个地方，在这里，重大深刻的问题得以被思考，至关重要的议题得以被探讨，求知若渴的大脑得以被挑战；在这里，真理得以被寻求，智慧得以被滋养，自由得以被严格地保护。这就是圣母大学的优秀传统。"

学校的发展。

➢ 1921 年，随着贸易学院的建立，圣母大学从一个小型学院成长为一所拥有 5 所学院和 1 所法学职业学校的综合性大学。此后，大学继续拓展，每一位新校长都为大学增添新的教学楼和宿舍楼。

➢ 1933 年，圣十字神父约翰·弗朗西斯·奥哈拉（John Francis O'ara）当选为该校副校长，次年，当选为该校校长。

➢ 1972 年，圣母大学开始招收第一名女生入学。如今，该校学生中的女生比例已经达到学生总数的 48%。

校园杰出人物

圣母大学现有健在的校友 12 万人左右，分布在美国各州和世界各地。该校建立 150 多年来，校友中涌现出很多杰出的人物，其中 2 人获得诺贝尔奖，他们是：

➢ 詹姆斯·穆勒（James E. Muller），1965 年毕业，学士学位，美国反对核战争的内科医生，获得 1985 年诺贝尔和平奖。

➢ 艾利克·威萧斯（Eric F. Wieschaus），1969 年毕业，学士学位，美国生物学家，获得 1995 的诺贝尔生理学或医学奖。

其他具有代表性的杰出校友还有：

➢ 沃伦·贝克（Warren J. Baker），1960 年毕业，学士学位，1962 年毕业，硕士学位，现任加利福尼亚州立理工大学校长。

➢ 威廉·波尚（William

美国 50 所最佳大学

德巴尔托洛中心

第三，过硬的教学质量。学生们在本科毕业后的学业成就能很好地证明圣母大学本科教育的质量。其中有志于进入医学院深造的学生在毕业后 75% 都能顺利被美国各大医学院录取，这几乎是全美平均录取率的两倍。该校也是美国所有天主教大学中授予博士学位最多的大学。该校新生录取的竞争非常激烈，只有约 20% 的申请者能被录取，而且超过 70% 的新生是原高中全年级前 5% 的优秀毕业生。

哈姆斯书店

所有的新生都要参加"第一年研修"（the First Year of Studies），学习许多核心的必修课，从而调整和适应大学生活，并确定未来三年所学的其他课程。学生比较喜欢的课程依次是：神学、文学、工程、商学、化学。学生们青睐小班上课，除了一些入门性大课，大多数班级少于 40 人，很多班级少于 20 人。该校十分重视本科教育，学生们乐意与教授面对面讨论学术问题。教授们可以在食堂免费就餐，这样课堂讨论就自然而然地延续到餐桌上。

卓越的师资是圣母大学教学和科研质量的重要保证。1988 年

Beauchamp），1975 年毕业，硕士学位，1981 年毕业，博士学位，2003 年 11 月起担任美国波特兰大学第 19 任校长。

➢ 约翰·卡瓦诺（John C. Cavanaugh），1977 年毕业，硕士学位，1978 年毕业，博士学位，现任宾夕法尼亚州高等教育系统校长，此前曾任西佛罗里达大学校长。

➢ 威廉·米奇（William J. Mitsch），1969 年毕业，学士学位，俄亥俄州立大学环境和自然资源教授，获得 2004 年斯德哥尔摩水奖（设立于 1991 年，是世界水资源保护领域的一项大奖，专门颁发给为解决世界水问题作出杰出贡献的个人或团体）。

➢ 詹姆斯·伯格斯（James Berges），1969 年毕业，学士学位，前艾默生电气公司（Emerson Electric Company）总裁。

➢ 泰德·西茂茨（Tad Schmaltz），1988 年毕业，博士学位，杜克大学哲学教授。

➢ 托姆·布朗恩（Thom Browne），1988 年毕业，学士学位，美国时装设计师，纽约男装品牌"托姆·布朗恩"的创始人。

➢ 托尼·比尔（Tony Bill），1962 年毕业，学士学位，美国电影演员、制片人和导演，获得 1973 年奥斯卡最佳影片奖《骗中骗 The Sting》（制片人）。

➢ 迈克尔·古德（Michael T. Good），1984 年毕业，学士学位，1986 年毕业，硕士学位，美国国家航空和宇宙航行局宇航员。

以来，该校已聘任 500 多个新的教职员工和增加了超过 200 个教授的职位。在过去九年中这所大学校教职员中有 37 人次获得国家人文基金会的研究奖金，多于任何其他美国大学。

第四，丰富的校园活动。典型的圣母大学学生热爱校园生活，并积极地投入其中。橄榄球受到圣母大学球迷的追捧礼遇是其他高校无法与之相比的。每当赛季来临，学生们争相购买季票和每年颜色各不相同的"T 恤"，支持自己的球队，每场比赛都有数千人涌进球场，为球队呐喊助威，虽然有时造成一定的混乱，但人们乐在其中。其他体育项目也为学生们所喜爱，课外很多人都以身着运动装为时尚。不仅仅是体育，各项娱乐活动都有相当的"粉丝"，剧院表演和音乐会的门票常常是抢手货。

根据各自的课程安排，很多学生的周末从星期四晚上就拉开了序幕，当地众多的酒吧、俱乐部、餐馆、保龄球馆和电影院，均是周末的热门，因为校外似乎更热闹、更狂野。学生们更愿意把圣母大学当作是一个大家庭，由于这种家庭般的氛围，大家非常愿意相互帮助，充分享受由学习和运动构成的大学生活。

篮球馆

融洽的同学关系

从橄榄球到天主教，再到学术研究，圣母大学充满着热情、传统和责任，该校的基本轮廓就已经展现在我们面前。这所天主教大学的一些学科具有很强的科研、学术实力，如政治学、社会

➢ 乔治·多尔曼（George Dohrmann），1995年毕业，学士学位，美国体育记者，获得2000年普利策新闻奖。

➢ 爱德温·奥康纳（Edwin O̅nnor），1939年毕业，学士学位，美国记者、作家，获得1962年普利策小说奖。

所在地概况及公共设施

南本德是美国印地安纳州第四大城市。1820年白人殖民者来到此地，1865年设市。该市位于圣约瑟河（Saint Joseph River）最南的拐弯处，城名也由此而来。美国著名的天主教大学圣母大学位于城的东北。南本德位于芝加哥、印第安纳波利斯、底特律三个城市之间，不仅可以提供这三个大城市所拥有的便利设施，而且拥有比这三个城市更加宜人的环境。

这座城市的人口约11万，因位于农业地带，是玉米、小麦、乳制品等农产品的集散、加工中心。工业以生产农机、电气、运输机器等为主。

南本德这个小城镇以丰富的文化和社会活动而知名，当地的莫里斯演出中心经常会有百老汇的音乐剧和一流的音乐家的演出，圣帕特里克公园也有广场音乐会和节庆演出，该市附近的东部水上赛道（the East Race Waterway）可以划皮划艇或独木舟，或者在附近野餐，科韦尔斯基体育场（Coveleski Stadium）会有南本德银鹰队的棒球比赛。所有这些文体活动都给圣母

学、政治经济学、经济伦理学、逻辑学、商学、会计学、历史、哲学、英语和医学等专业在相应领域有较大的影响力。人们有理由相信，这所堪称美国精英大学中贵族典范的学府，其历史和形象是独一无二的、无与伦比的。

◎学校图书馆

圣母大学图书馆系统由主图书馆和各学院图书分馆组成，其中包括：建筑图书馆、化学和物理图书馆、工程学图书馆、法学图书馆、数学图书馆等。

海斯伯格图书馆外观

海斯伯格图书馆室内

作为圣母大学主图书馆，西奥多·海斯伯格图书馆（Theodore M. Hesburgh Library）是该校主要的藏书建筑。这幢14层高楼建成于1963年，外墙上描绘着高达132英尺（约40米）、宽达65英尺（约20米）的巨幅耶稣画像，气势磅礴。该图书馆1963年开放时，是当时世界上最大的学院图书馆，现在这幢楼和校园其他几个图书馆一起被称之为"西奥多·海斯伯格图书馆"，拥有

大学学生和当地社区居民提供了价廉物美的精神享受和娱乐机会。

抵达方式

圣母大学附近有三处机场可以到达，分别是芝加哥奥黑尔机场、印第安纳波利斯国际机场、南本德机场。

印第安纳波利斯国际机场（Indianapolis International Airport）是州内的最大的机场，于 2008 年底完工启用。

南本德机场（South Bend Regional Airport）是美国印第安纳州的一个机场，位于南本德市西北 5 千米的圣约瑟夫县，是印第安纳州的第二大繁忙的国际商业机场。南本德机场是世界上少数几个拥有多式联运设施的机场，航空、洲际巴士、铁路与立体航站楼连接。

芝加哥奥黑尔国际机场（O'Hare International Airport）是伊利诺伊州芝加哥市的主要机场，位于芝加哥市中心西北 27 千米处，占地面积 31 平方千米，拥有 6 条跑道、4 个航站楼，是世界上最繁忙的机场之一，是美国第四大国际航空枢纽。奥黑尔机场是美国联合航空的最大基地和中转枢纽，也是美国航空的第二大枢纽。该机场共有六条跑道，其中最长的为 4000 米，此外另有 3 条跑道的长度也达到了约 2400 米，足够满足大型客机起降的要求。

藏书 300 多万册，200 多万个缩微胶卷，1.7 万多份期刊和 1.2 万种音频资料。这个主图书馆还是传统上校园学生们聚会的场所，无论是学生团体间的相互合作，或是查询学习资料，或是运用最新的技术进行研究，这里都是校园里的最佳之选。

圣母大学图书馆系统现在是美国 100 个最大的图书馆之一。

◎**学校生活条件**

圣母大学 80%的本科生和 20%的研究生都居住在校内的宿舍楼里。该校学生宿舍共有 29 幢楼，包括 15 幢男生楼和 14 幢女生楼。由于该校的宗教色彩较为浓厚，学校制定了严格的规章制度，将男女住宿分开，这个规章制度被称为《大学生宿舍中的异性访客守则》。《守则》规定，星期日到星期四，每天上午 9:00 至 24:00，星期五和星期六，每天上午 9:00 至凌晨 2:00，可以允许异性访客在学生宿舍房间逗留。宿舍楼配有休息室，学生可以在此 24 小时会客。校园还有其他地方 24 小时开放，供学生学习、就餐和会客。

邓肯楼学生宿舍室内

圣母大学的橄榄球队历史悠久，早在 1887 年就与密西根狼獾队进行比赛。如今，这支球队是美国大学球队中的一支劲旅。此外，该校男子篮球以及其他体育运动项目都有骄人的战绩。

对于学生来说，圣母大学校园很安全。这是一个高度适合居住的校园，因为汽车被安全监控门系统严格控制。圣母大学的安全警察采用汽车、自行车和步行三种方式巡逻。在校园外还有紧急呼救站。该校犯罪率极低，学生在校园里感到很踏实、安全。

麻萨诸塞州
Massachusetts（MA）

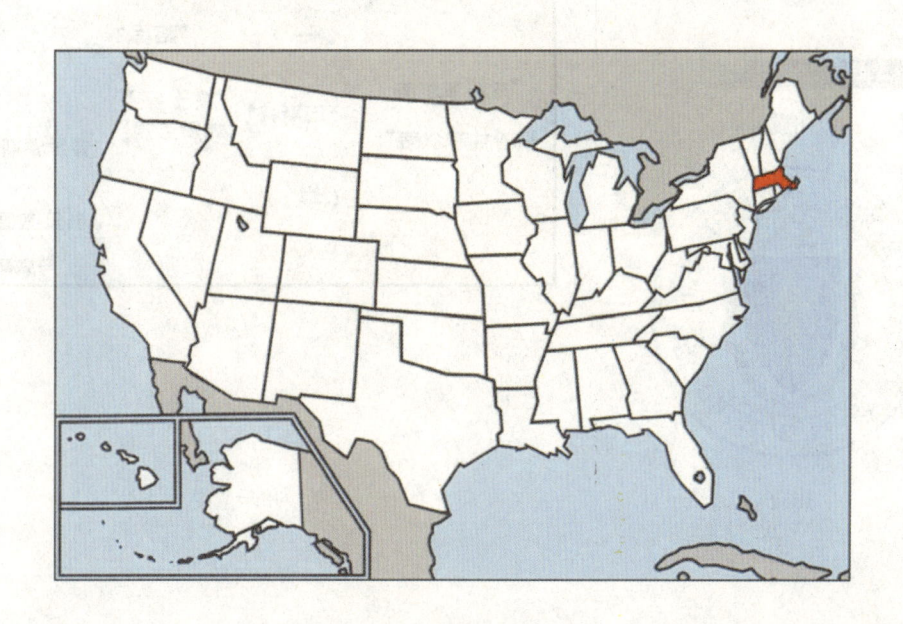

学校英文名称	学校中文名称	2011年排名	所在地区
Boston College	波士顿学院	34	栗树山 Chestnut Hill
Brandeis University	布兰迪斯大学	34	沃尔瑟姆 Waltham
Harvard University	哈佛大学	1	剑桥 Cambridge
Massachusetts Institute of Technology	麻省理工学院	7	剑桥 Cambridge
Tufts University	塔夫茨大学	25	萨默维尔 Somerville

州旗

州徽

州示意图

昵称：	湾州	地区划分：	新英格兰地区
州府：	波士顿 Boston	主要城市：	波士顿 Boston 剑桥 Cambridge
时区：	东部时间 UTC-5/-4	人口：	645 万人（2007 年）
面积：	27360 平方千米 全美第 44 名	加入联邦时间：	1788 年 2 月 6 日 第 6 个加入美国联邦
消费税：	5%	网站：	http:// www.mass.gov

Boston College   波士顿学院

排　　名： 34	校训：	校徽：
建校时间： 1863 年	Ever to Excel.	
学校类型： 私立		
IBT 最低线： 100	学校网址： http://www.bc.edu	
SAT：	申请网址： http://www.bc.edu/ugadmis	
CR： 610 – 700	咨询电话： 617-552-8005	
Math： 640 – 730	咨询传真： 617-552-2190	
Writing： 630 – 720	咨询邮箱：	
ACT Composite： 29 – 32		
注：要求提交 2 科 SAT II 成绩		
送分代码：	申请费： $75	
IBT： 3083	学　费： $38940	
SAT： 3083	总费用： $50174	吉祥物：
ACT： 1788		
毕业率：	申请截止时间：	
4 年毕业率： 不详	EA： 11 月 15 日	
6 年毕业率： 不详	RD： 1 月 1 日	
学生人数：	申请材料邮寄地址：	
在校生总数： 13131	Boston College	
本科生人数： 9171	Office of International Students and Scholars	
人员比：	21 Campanella Way Suite 249	
师生比： 1 : 13	Chestnut Hill, MA 02467　USA	
男女生比： 47 : 53		
国际学生比： 4%		

校园标志性建筑

波士顿学院坐落在波士顿市中心以西 6 英里（约 10 千米）的栗树山（Chestnut Hill）山顶，该大学拥有 3 个校园，栗树山校园占地 118 英亩（约 0.5 平方千米），古老的校园内拥有 120 幢大楼，其中包括北美洲最早的哥特式建筑。

盖森楼（Gasson Hall）是波士

◎学校概况

美国波士顿学院是隶属于罗马天主教的一所私立大学，为典型的教会学校，也是一个男女合校教育的大学。长期以来，波士顿学院被认为是美国最优秀的本科私立高校之一。在这里，提醒一下各位，千万不要以国内的习惯性思维去看待这所学府，让这所学校的名字忽悠了您。这是一所实实在在的研究型大学，从学术和教学角度上来讲，比另一所在同一城市的那所同名"大学"要棒多了。

现任校长是威廉·莱希（William P. Leahy），这位研究 20 世

顿学院一个标志性的建筑,也是该校栗树山校园的第一幢建筑,建成于1913年。

盖森楼

1907年,新上任的校长托马斯·盖森认为原有的城区校园很拥挤,不能适应未来大学的发展。他重新构思了大学的未来方向,要把波士顿学院建设成为世界著名的综合性大学和耶稣会教育的标杆。1908年,盖森楼设计完成,它是当时北美地区校园哥特式建筑的典范。这一设计于1909年问世,得到了美国校园和教会哥特式建筑设计大师拉尔夫·亚当斯·克拉姆的称赞,对于20世纪美国大学的哥特式校园建筑风格的流行起到了很重要的作用。盖森楼哥特式塔楼在其他大学校园的设计规划中成为效仿的样式,它的后继者包括普林斯顿大学的克利夫兰塔(建于1913至1917年)、耶鲁大学的哈克尼斯塔(建于1917至1921年)以及杜克大学的小教堂塔(建于1930至1935年)。

校园重大历史事件

➢ 1843年,约翰·埃尔罗伊牧师写信给波士顿主教,坦陈一直埋藏在自己心中20年的想法——建

从此,扬帆启航……

纪美国社会和宗教史的学者和神父于1996年7月就开始担任波士顿学院的第25任校长。在此之前,莱希从1991至1996年曾任马奎特大学常务副校长。

波士顿学院的各个专业学术领域部门,称之为"学校",就像一般大学的"学院"一样。波士顿学院共有9所学校,其中包括有神学院、文理学院、文理研究生院(共有人文学、社会科学、自然科学三大部分,60个博士学位授予点)、林奇教育学院(Lynch School of Education)、卡洛尔管理学院(Carroll School of Management)(本科)、卡洛尔管理学院(研究生)、康奈尔护理学院、社会工作研究生院、波士顿学院法学院(Boston College Law School)等。

校园鸟瞰

波士顿学院的特点是:

第一,校园作风,严谨庄重。在校园里,四处都可以感受得到波士顿学院特有的人文气息,或许是教会学校的缘故,校方对于学生的穿着打扮、行为举止会有较多的规定,因此塑造出比较庄重的校风。在波士顿学院几乎看不到其他大学所流行的热裤、拖鞋、小背心等不适合课堂气氛的打扮,甚至在下课时间,也没有学生大声喧哗这样的事情发生。规范而礼貌的行为、宁静而轻松的气氛,是波士顿学院给予外界的第一印象。

作为全美最大的天主教学府,宗教对于学校精神的影响是不言而喻的,这种精神对于学生学习生活的渗透也是无处不在的。现有来自20多个国家的27名耶稣会士在该校攻读硕士或博士学位或作为访问学者进行交流。波士顿学院特别注重通识教育,学生不论修读什么专业,都要修一些核心的文理学科,如哲学、神学、欧洲史、传播学、戏剧等。学校共设有50个学科,大部分具

立一所正式的高等学府，并催促建立一所耶稣会的高中和学院，以帮助来到这座城市的爱尔兰移民。

➢ 1863 年，波士顿学院由美国耶稣会创办，被当地政府正式批准，成为马萨诸塞州第二所高等院校。1864 年 9 月 5 日刚开学时，仅有 22 名学生和 3 位老师。在其建校后 70 年里，波士顿学院一直保持着单一的文学院传统，重点在希腊和拉丁古典文学、英语、现代语言、哲学和宗教等课程。

➢ 1907 年，新上任不久的校长托马斯·盖森决定购买波士顿以西 6 英里（约 10 千米）的栗树山作为新校址。他组织国际招标设计校园的总体规划，著名的建筑师查尔斯·麦吉尼斯（Charles Donagh Maginnis）以其大手笔规划在校园内建设 20 幢哥特式风格的大楼，称之为"在美国的牛津"，这个方案获得通过。1909 年开始动工建设。

➢ 1913 年，新校园的建设费用超出了预算，结果，新校园的主楼"盖森楼"孤零零地在栗树山上矗立了 3 年。其他的建筑都未能按时开工或竣工。

➢ 1927 年，波士顿学院通过其扩大的部门为毕业的女生授予了一个学士学位和 15 个硕士学位。但是直到 1970 年，所有的本科生专业才都向女生开放，如今，注册女生的比例已经超过一半。

➢ 1940 年，主校园的规模因购买了新的土地而扩大了一倍。

➢ 1952 年，文理研究生院第一

有较强的教学和科研实力，可以授予硕士、博士学位，其中一些专业如财务会计、特殊教育和护士学等具有较大的影响力，获得一致好评。

第二，**教学科研，齐头并进**。波士顿学院在教学和科研方面投入了同样的精力。受深厚的耶稣会传统影响，该校以致力于为学生提供严格的文科课程而出名，这些课程不仅教学生去思考，而且引导他们怎样去思考。波士顿学院建校的初衷是为了解决爱尔兰移民子弟的教育问题。如今，该校的使命是"培养新一代的具有技能、知识和负责任的领导型人才"。为达到这一目标，该校本科生必须要完成一整套的核心课程，不仅包括文学、科学、历史、哲学、社会科学、神学，而且还有写作、数学、艺术、多元文化，此外还有各个不同本科学院的其他要求。

卡洛尔管理学院

化学中心

尽管没有十分突出的专业，但该校仍然以其很强的学术实力

次提供博士学位课程，紧随其后的是教育研究生院、护理研究生院、管理研究生院和社会工作研究生院。

➢ 1974年，波士顿学院并购1.5英里（约2.4千米）之外的牛顿圣心学院。牛顿圣心学院占地40英亩（约0.16平方千米），拥有15幢楼房，现在是波士顿学院法学院和供800多名学生居住的宿舍所在地。

➢ 1996年，波士顿学院的夜校成为高级研修学校，既授予学士学位，也授予硕士学位。

校园杰出人物

波士顿学院现有健在的校友15.6万多人，是世界上最大的天主教大学校友会组织。建校100多年来，波士顿学院校友中出现了很多杰出人物，其中具有代表性的列举如下：

➢ 保罗·拉马尔切（Paul LaMarche），1975年毕业，学士学位，普林斯顿大学副教务长。

➢ 哈罗德·艾特里齐（Harold Attridge），1967年毕业，学士学位，耶鲁大学神学院院长。

➢ 戴维·安德森（David R. Anderson），1978年毕业，博士学位，现任奥拉夫学院校长。

➢ 彼得·德温（Peter Dervan），1967年毕业，学士学位，加州理工学院化学系前系主任。

➢ 保罗·塞尔卢希（Paul Cellucci），1970年毕业，学士学位，1973年毕业，博士学位，前马萨诸

而知名，主要优势就在于教学和研究这两项比翼双飞。这两项工作也是教授们最重要的责任，他们的工作范围多数倾向于改善真实社会现况和推动人类文明发展，并将研究成果回馈到社会。波士顿学院的教授在教导学生如何有系统地陈述问题及寻求解答时，倾向于让学生加强对相关技术的完整认知，并从人文关怀的角度关注现实生活的真实情况。

林奇教育学院

第三，教会影响，时常显现。在波士顿学院的900多名教授中，只有60名左右的基督教牧师，尽管这些牧师人数不多，但对学校的文化的影响却是巨大的。该校大约有70%的学生信奉罗马天主教，校园文化与罗马天主教的分支——耶稣会——有着密切的联系。从一方面来看，这种联系激励着学生们为社会作出自己的贡献；而另一方面，这种联系有时候带来的文化有排外倾向，各宗教信仰或种族学生之间的交流和互动不是很理想，学生们以不同的种族为界限形成一些小帮派，而且该校还有着"派对学校"的名声。当然，教会的影响总体上还是积极的。

例如，波士顿学院的护理学院有一位提出了近代护理界最具影响力理论的教授，这就是创造了"罗氏适应理论"的寇里斯塔·罗依修女（Sister Callisita Roy）。多年前，护理学院正计划开办博士班，对师资方面的要求相当注重，于是就重金礼聘罗依修女担任客座教授。后来罗依修女对于该校的研究环境和校风相当喜欢，于是就留下来成为护理学院的专职教授。

罗马天主教对校园的影响仅仅是一个方面。近些年来，波士顿学院经历了意料之外的惊人成长，包括大学部学生的入学申请增加了21%，而且在过去5年来，百分之百的收入增加都是来自于社会各界的自愿捐助。值得一提的是，这些捐款超过10亿美元

塞州州长，前美国驻加拿大大使。
- 尼科什·阿罗拉（Nikesh Arora），1995年毕业，学士学位，谷歌公司副总裁。
- 卡拉·格雷迪·布德罗（Kara Grady Boudreau），1989年毕业，学士学位，所罗门美邦副总裁。
- 菲利普·希勒（Philip W. Schiller），1982年毕业，学士学位，苹果电脑公司副总裁。
- 克雷格·沙利文（G. Craig Sullivan），1964年毕业，学士学位，罗克斯公司（The Clorox Company）董事会主席和首席执行官。
- 肖恩·佛拉哈文（Sean Flahaven），1995年毕业，学士学位，百老汇作曲家。
- 埃拉·布朗（Ayla Brown），2010年毕业，学士学位，《美国偶像》（美国真人秀电视节目）的歌手。
- 约瑟夫·布伦南（Joseph Brennan），1958年，学士学位，美国民主党政治家，曾任第70任缅因州州长（任期1979至1987年），前美国众议员。
- 彼得·布鲁特（Peter Blute），1978年毕业，学士学位，前美国众议院议员，电台脱口秀主持人。
- 斯蒂芬·林奇（Stephen Lynch），1991年毕业，学士学位，美国众议院议员。
- 托马斯·塞蒙（Thomas P. Salmon），1954年毕业，学士学位，1957年毕业，博士学位，前佛蒙特州州长。
- 约瑟夫·麦克莱伦（Joseph

是在全国捐款额最高的前50名内。甚至连现在所使用的图书馆，都是由波士顿当地一位富裕人士捐资兴建的。

"飞行的鸟"雕塑和马什教堂

麦克来伦艺术博物馆

波士顿学院具有独特的人文气息以及淳朴的校风，各种设施非常完善而且人性化，同时重视学术交流和研究探讨。学生进入大学后，学习不是唯一任务，充分利用学校的各种资源并建立良好的人际关系有时显得更重要，很多教授都有自己的公司，让学生透过他们的公司来看外面的社会，学生的就业前景当然是非常好的。

◎学校图书馆

波士顿学院图书馆系统共有8个分图书馆，其中包括巴普斯特艺术图书馆（Bapst Art Library）、彭斯图书馆（Burns Library，善本和特殊收藏）、法学图书馆、奥康纳图书馆（O'Connor Library，

McLellan），1951 年毕业，学士学位，1953 年毕业，硕士学位，《华盛顿邮报》音乐评论家。

➤ 肯尼斯·坎茨勒（Kenneth Kanzler），1988 年毕业，学士学位，前奥林帕斯公司（Olympus Corporation）副总裁。

➤ 杰瑞德·达德利（Jared Dudley），2007 年毕业，美国职业篮球联赛菲尼克斯太阳队前锋。

所在地概况及公共设施

波士顿学院有着占地 116 英亩（约 0.5 平方千米）的校园，座落于一个开放的郊区，距离波士顿城约有 6 英里（约 10 千米），而从学校正好有一条通往市中心的电车轨道，这条电车路线已经有 103 年的历史。波士顿和整个新英格兰地区一样，拥有独特的不发 r 音的口音，称为新英格兰口音或波士顿口音（波士顿英语）；而当地居民食品中有不少是海鲜和乳制品。爱尔兰裔美国人在波士顿政治和宗教机构中影响很大。许多人认为波士顿是一个很有教养的城市，也许是因为这个城市聚集了很多的知识分子，尤其是哈佛大学、麻省理工学院、波士顿学院这样的高等学府中很多知名的教授和专家，波士顿许多文化起源于它的大学校园。该市拥有一些华丽的剧院，有卡特拉庄严剧院（Cutler Majestic Theatre）、波士顿歌剧院、王安表演艺术中心、舒伯特剧院和 Orpheum 剧院。著名的表演艺术团体有波士顿芭蕾舞团、波士顿交响

地球科学）、奥尼尔图书馆（O'Neill Library）、社会工作图书馆、神学图书馆和教育资源中心。图书馆系统拥有内容丰富的大量藏书，共计 250 多万册书籍、21.5 万份政府文件、1600 万页的手稿和档案材料，2.5 万种电子期刊、30 多万册电子图书，还有近 420 万个缩微文件。

巴普斯特艺术图书馆

巴普斯特艺术图书馆是该校最早的一个图书馆，建于 1925 年，馆名是为纪念波士顿学院第一任校长。1984 年奥尼尔图书馆建成后就取代了巴普斯特艺术图书馆原来的职能，现在巴普斯特艺术图书馆主要服务于日益增长的跨学科教学和科研的需求，主要服务领域是艺术、建筑、博物馆研究、摄影以及美术系的特殊需求。

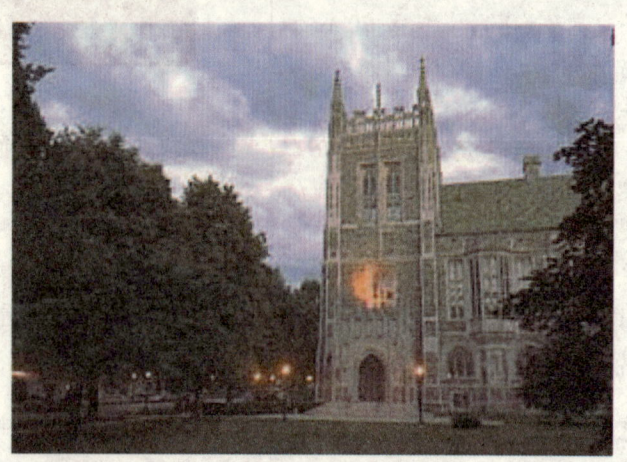

彭斯图书馆

彭斯图书馆藏有 25 万多册图书和 1600 万页的手稿和档案材料，其中包括建筑资料、地图、艺术作品、报纸、照片、胶卷、

乐团、波士顿抒情歌剧团、波士顿巴洛克和亨德尔与海顿协会（美国最古老的合唱队）等。这里每年还有许多重要的节庆活动，很有当地特色，如新年前夕的首夜演出，和在美国独立日期间持续一周的海港节（Harborfest），——届时将举行波士顿流行音乐会，并在查尔斯河岸燃放焰火。

波士顿被誉为"美国雅典"，是因为在波士顿大都会区拥有超过100所大学，超过25万名大学生在此接受教育。几所美国主要的大学都位于波士顿外围，在该市有重要影响。哈佛大学是美国最古老的高等教育机构，位于查尔斯河对岸的剑桥。

波士顿学院是市内最早的高等教育机构，也是美国最古老的耶稣会大学之一，位于栗树山。近来该校向布莱顿（Brighton，波士顿繁荣兴旺的地区）扩展。在20世纪末、21世纪初，波士顿的低犯罪率要归功于波士顿警察局与社区、教会的合作，因成功阻止青少年加入犯罪团伙，而被誉为"波士顿奇迹"。

抵达方式

波士顿附近的洛根国际机场是一座位于美国麻萨诸塞州波士顿的民用机场。2006年，该机场的年客运量达到2700万人，是达美航空、美国航空、全美航空（All American Aviation Company）和捷蓝航空（JetBlue Airways Corporation）等航空公司所经营的

早期印刷品、史前古器物等。

巴普斯特艺术图书馆的彩色玻璃窗

◎学校生活条件

波士顿学院保证本科生可以在校园内住宿三年，这就意味着每年都有一些本科生搬出校园，在校外租房。而对那些依然留在校园内居住的学生来说，每年的选择各不相同。学生宿舍的选择通常采用抽签决定的方式。新生宿舍通常是"既谈不上很好，也不够现代"，但是高年级学生的宿舍装备却很不错，包括私人浴室、洗碗机和厨房的全部设施。选择住在校外的学生感觉也不错，因为波士顿的公交和地铁系统都很方便，从离校较远的地方到校上课不是一件难事。

波士顿学院俱乐部

重点机场。洛根国际机场机场占地2400英亩（约10平方千米），拥有6条跑道，员工数达到16000多人。从该机场出发可前往美国其他城市以及加拿大、拉丁美洲、非洲以及欧洲等国家和地区。洛根国际机场有四座航站楼，相互之间以接驳公共汽车和步行通道连接，也有装备电动扶梯的通道连接各航站楼和中央停车场。

从洛根国际机场到波士顿可乘坐地铁和其他公共交通工具。波士顿地铁是美国第一个地下快速运输系统，现已扩展到65.5英里（约105千米）长，北到马尔登，南到Braintree，西到牛顿，一共有红橙蓝绿灰5条线路。波士顿的郊区通勤铁路长度超过200英里（约322千米），北到梅里迈克河谷，西到伍斯特，南到普罗维登斯。波士顿还有通往弗吉尼亚州的火车。波士顿有31.5%的居住者使用公共交通工具。由于城市布局紧凑，学生数量众多，在波士顿步行者的数量达到13%，远比美国同规模城市为多。

该校用餐须提前支付买卡消费，有的餐厅也可以按菜单点菜。校园有6个学生餐厅，不少餐食的质量得到学生们的肯定，虽然有的学生反映学校的就餐计划看起来价格有点偏高。

波士顿学院的学生或许给自己准备了相当数量的酒，但这并不意味着学校管理者对此持认同的态度，学校执行未成年人不允许饮酒的政策，特别是在学生宿舍严格地执行。相当一部分学生可能有围绕酒瓶转的毛病，但这绝不是校园生活的全部。这里距离波士顿市区很近，学生们如果对校园生活感到不充实，随时都可以到城里去干点有趣的事情。

校友体育场

此外，该校近900名学生参加了20个体育俱乐部，约4600名学生参加校内各种体育比赛。各种体育活动让学生在辛苦的学习之余得到放松，也增强了体质。

Brandeis University 布兰迪斯大学

排　　名：	34	
建校时间：	1948 年	
学校类型：	私立	
IBT 最低线：	不详	
SAT：		
CR：	620 – 730	
Math：	640 – 730	
Writing：	620 – 720	
ACT Composite：	27 – 31	
送分代码：		
IBT：	3092	
SAT：	3092	
ACT：	不详	
毕业率：		
4 年毕业率：	86%	
6 年毕业率：	88%	
学生人数：		
在校生总数：	5327	
本科生人数：	3360	
人员比：		
师生比：	1 : 9	
男女生比：	44 : 56	
国际学生比：	9%	

校训：
אמת （"Emet"）（希伯来文）
Truth, Even Unto Its Innermost Parts.

学校网址：http://www.brandeis.edu
申请网址：http://www.brandeis.edu/admissions
咨询电话：781-736-3500
咨询传真：781-736-3536
咨询邮箱：admissions@brandeis.edu
申请费：$55
学　费：$38994
总费用：$53302
申请截止时间：
　ED1：11 月 15 日
　ED2：1 月 1 日
　RD：1 月 15 日
申请材料邮寄地址：
Brandeis University
Office of Admissions
415 South Street
Waltham, MA 02454　USA

校徽：

吉祥物：

校园标志性建筑

布兰迪斯大学校园共占地 270 英亩（约 1 平方千米），校园内树木繁多，花草茂盛，处处都显得十分优雅、静谧。

落成于 2001 年的夏皮罗校园中心（Shapiro Campus Center）是该校的一个标志性建筑，每周 7 天 24 小时开放。该中心"以学生为

◎学校概况

1868 年 3 月 29 日《纽约时报》第 4 版刊登了这样一则消息：美国首任驻华公使蒲安臣（Anson Burlingame）五年任期届满卸任，这位美国著名的律师、政治家和外交家是美国对华合作政策的代表人物，他还是绝无仅有的既担任过美国驻华公使又担任过中国使节的一位美国人。他以两件互相关联的赠品，结束了他作为合众国驻北京公使的公务。一件是由波士顿的普拉特先生临摹斯图尔特的华盛顿画像的复制品，被赠送给了可尊敬的徐继畲（晚清名臣、学者，《纽约时报》称其为东方伽利略），由于他在其著

从此，扬帆启航……

本"，为学生提供课外活动或交往的场所，其中包括咖啡屋、学生艺术展览空间、排练场、会议室、计算机图书馆、校园书店以及一个可容纳250名观众的小剧场。这个剧场每学期至少上演5部学生剧目和其他很多形式的演出，几乎处于不间断的使用过程中。

夏皮罗校园中心

另外，在校园内外享有声誉的罗斯艺术博物馆（Rose Art Museum）也是布兰迪斯大学标志性建筑之一，这家博物馆专门收藏新英格兰地区的当代和现代艺术作品，深受学生和当地居民的喜爱。最近，该博物馆又增加了7300平方英尺（约678平方米）的展览空间。

该校比较独特的地标还包括连接拉布楼和Usdan学生中心之间的通道Rabb Steps，每天这里熙熙攘攘，为校园一道热闹的风景线。

罗斯艺术博物馆

作——《世界地理及其他国家人民的纪录》中，称颂了华盛顿，被前任帝王咸丰罢黜流放。另一件是由马萨诸塞州沃尔瑟姆（Waltham）钟表公司制造的美利坚最好的钟表，被赠送给了帕克·吉利（Perk Gillie）牧师，这位法国牧师在中国东北传教，出于基督徒的仁慈，他拯救了几个因船只在朝鲜沿海失事的美国人生命，并经由朝鲜的陆路将他们送回满清。

那个年代到20世纪中期，沃尔瑟姆一直是美国钟表制造艺术的重镇，位于马萨诸塞州的这座小镇以"美国制造"成为优质、精确和奢华的代名词。或许这也是在美国的犹太人选择这里作为布兰迪斯大学校址的一个重要原因。

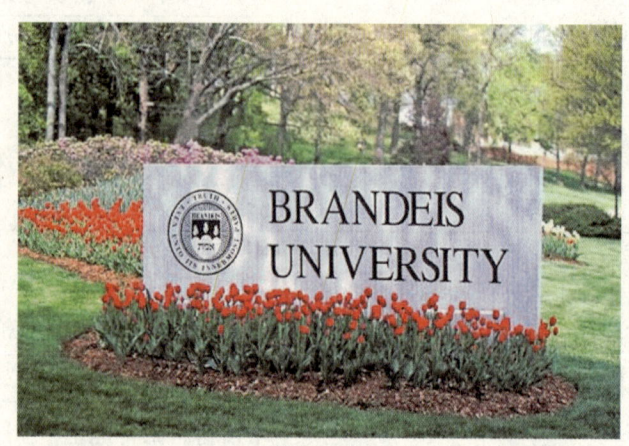

校园一角

布兰迪斯大学是美国麻省一所私立小型大学，这所研究型的学府成立于1948年，虽然只有60来年的历史，在美国教育界却颇有地位，被誉为"全美最年青的主要研究型大学"。布兰迪斯大学是美国第一所由犹太人创办的、没有宗派色彩的高等学府，创办之初的目的是为了给那些受欺凌和被歧视的犹太人提供一个受高等教育的机会。这所每年用在每名学生身上的经费高达29500多美元的高等学府，理科最为出色，生物化学（全美排第11）、物理（全美排第30）、化学（全美排第38）及生物，举国知名，其他学科，如计算机科学、英文、历史、政治科学和经济，也备受赞扬。此外，这个学校还设立了一个包括生物化学、化学、神经科学和物理学的实力很强的医学预科专业。

现任校长是朱迪·莱茵哈兹（Jehuda Reinharz），这位犹太历史教授自1994年起就担任了布兰迪斯大学的第7任校长，任期到2010年12月31日结束。在此之前，从1991年到1994年，莱茵哈兹任该校教务长和负责学术的副校长。继任校长是法学教授弗

校园重大历史事件

➢ 1948 年，布兰迪斯大学由犹太人集资创立，以美国最高法院第一个犹太人法官路易斯·布兰迪斯（Justice Louis D. Brandeis）的名字命名。该校在沃尔瑟姆的前米德尔塞克斯大学校址上开始进行男女同校教育，当时共有 107 名学生和 13 位教师。

➢ 1961 年，仅仅在该校创办 13 年之后，布兰迪斯大学加入"美国大学优等生之荣誉学会（Phi Beta Kappa）"。在学校各届校长的领导下，在保持人性化的教学环境和注重打好扎实的基础的同时，该校在规模和深度上都继续不断地向前发展。

➢ 1985 年，布兰迪斯大学被美国大学协会（Association of American Universities）选为会员资格，这个协会代表了美国和加拿大两国 62 所最佳的研究型大学。

校园杰出人物

布兰迪斯大学比较著名的毕业生中有一位诺贝尔奖获得者，三位普利策奖获得者。

➢ 罗德里克·麦金农（Roderick MacKinnon），1978 年毕业，生物化学学士学位，获得 2003 年诺贝尔化学奖。

➢ 托马斯·弗里德曼（Thomas Friedman），1975 年毕业，学士学位，《纽约时报》外交事务专栏记者，分别在 1983 年、1988 年和 2000 年三次获得普利策奖。

雷德里克·劳伦斯（Frederick M. Lawrence），他于 2011 年 1 月 1 日就任该校第 8 任校长。

布兰迪斯大学享有学术性强的美誉，该校研究中东和犹太文化的院系或许是除以色列以外世界上最有优势的院系。布兰迪斯大学包括：文理学院、文理研究生院、海勒社会政策和管理学院（Heller School for Social Policy and Management）、拉布继续教育学院（Rabb School of Continuing Studies）、布兰迪斯国际商学院和夏季学校。大学部提供 41 个专业及 24 个跨科系课程，而研究所在 23 个专门领域里也提供 33 个学位课程，主要强调各学科间的跨领域学习与实务的解决方法，在人文、艺术、自然科学及物理科学的研究方面享有盛名。

午后阳光下充满田园牧歌情调的教堂池塘

布兰迪斯大学所特有的犹太文化对于中国学生来说可能更具有吸引力，尤其对于那些想找一所规模不大，在理科领域比较强势，并且距离波士顿这样著名城市较近的小型私立大学的学生来说，布兰迪斯大学应该是个很好的选择。其理由如下：

第一，规模不大，氛围亲切。该校是一所人数较少的学校，校园的面积也较适中。正因为这是一所较小而亲切的学校，所以教授、校方管理人员有更多的机会了解每位学生。该校的特点是崇尚小班教学，大部分课程的上课人数都在 20 人以下，学生平时找教授请教问题、解决疑难或聊天，一点困难也没有。据说，学期开始时，任课的教授手中不仅有一份学生的名单，还有每位学生的照片，"甚至在很大的学术报告厅内，大部分教授都能靠那些照片知晓了每个学生的名字"，这是该校教授与学生关系的一个形象的描述。

该大学课程大致分为两种，课堂教学一般由教授讲课，有若

➢ 戴维·芬克尔（David Oshinsky），1971年毕业，博士学位，获得2006年普利策奖。
➢ 玛戈·杰弗逊（Margo Jefferson），1968年毕业，学士学位，《纽约时报》资深评论家，获得1995年普利策奖。
➢ 罗斯蒂芬·索拉兹（Stephen Solarz），1962年毕业，学士学位，美国前众议院议员。
➢ 伯特·齐默（Robert Zimmer），1968年毕业，学士学位，芝加哥大学校长。
➢ 朱迪·莱茵哈兹（Jehuda Reinharz），1972年毕业，博士学位，布兰迪斯大学校长。
➢ 盖尔·哈尔德（Geir Haarde），1973年毕业，学士学位，爱尔兰共和国前总理。
➢ 黛布拉·梅辛（Debra Messing），1990年毕业，学士学位，著名演员，获得2003年艾美奖（美国电视界最高奖）。

布兰迪斯大学现在和过去的杰出教师有：
➢ 亚历山大·奥尔特曼（Alexander Altmann，1906至1987年），犹太哲学和思想史教授。
➢ 伦纳德·伯恩斯坦（Leonard Bernstein，1918至1990年），美国作曲家、指挥和钢琴家。
➢ 埃贡·比特纳（Egon Bittner，1921年至今），美国社会学家和政治学家。
➢ 赫伯特·马尔库塞（Herbert Marcuse，1898至1979年），德国哲学家、社会学家和政治学家。

干助教，人数在20至300人不等。讨论式课程一般由研究生或博士生担当，有时也会有教授讲课，人数一般在20人上下，助教一般只负责主持讨论或批改作业。这所拥有世界级的教授群和教学资源的大学，师生比例较为合适，全职教职员超过350名，师生比为1:9。

犹太人法官路易斯·布兰迪斯的雕像

第二，**犹太传统，多元文化**。布兰迪斯是一所私立学校，经济来源是学费和一些大额捐赠，它和犹太教会联系密切，同时也是美国的犹太教会学术研究中心。这里散发着新鲜、活跃、自由的学术气息。布兰迪斯大学的办学理念体现了反映美国第一位犹太人大法官路易斯·布兰迪斯（Louis Brandeis）的价值观念：学习、奉献于社会、尊重创造和多元文化、关心世界。该校约一半的学生来自犹太人中上家庭。不过学校的理念是不带宗教色彩的公平教学，校内设有多个教堂以方便不同信仰的学生。尽管如此，由于众所周知的原因，对于来自回教家庭或同情阿拉伯国家的学生，有人建议不宜申请该校。

很多中国学生反映，这里热情和正宗的犹太文化氛围使得中国学生没有陌生和不适的感觉。也许是因为犹太文化和中国文化有着共同点，比如，很重视教育、家庭，对金钱的价值有相似的看法，也有可能因为这两个民族都拥有使用独特语言的古老文化。当然，布兰迪斯大学同样因为欢迎非犹太教会的学生而闻名。事实上，有200多名穆斯林学生也在该校学习。

第三，**管理有方，服务周到**。有些学生抱怨在布兰迪斯大学娱乐的机会受到限制，但最近几年学校管理机构显示出令人惊异的主动性，给学校带来了更多的乐趣。很多学生喜欢在学校与波士顿之间往返，经常到波士顿地区的其他名校，诸如哈佛大学、

➢ 亚伯拉罕·马斯洛（Abraham Maslow，1908 至 1970 年），美国人本主义心理学家。
➢ 托马斯·索厄尔（Thomas Sowell，1930 年至今），美国经济学家、社会批评家。
➢ 莫里·施瓦茨（Morrie Schwarz，1916 至 1995 年），美国社会学家。
➢ 大卫·哈克特·菲舍尔（David Hackett Fischer，1935 年至今），美国历史学家。

所在地概况及公共设施

布兰迪斯大学位于马萨诸塞州西南角的沃尔瑟姆，距离波士顿与剑桥西郊只有 9 英里（约 14 千米）。历史上，沃尔瑟姆钟表公司于 1854 年在该城市开设了第一间用生产线制作钟表的工厂，因此沃尔瑟姆常被称为"钟表之城"。沃尔瑟姆钟表公司的钟表作品在 1876 年于费城大陆展览中赢得金牌，至 1957 年关闭时，该公司已制作了超过 4 千万只手表、钟和其他仪器。

沃尔瑟姆的繁华景色

该市沿着查尔斯河伸展，亦保有几座水坝。这些水坝在早期曾为邻近的纺织厂或其他工厂提供电

麻省理工学院、塔夫茨大学、波士顿大学等，参加各种聚会和活动。但是当各种活动结束时，他们还是愿意回到既安全又美丽的布兰迪斯校区。因而，布兰迪斯大学的学生能够享受到"两个世界的不同之美"。

布兰迪斯大学的国际学生学者服务中心会帮助国际学生解决入境问题，并会通过举办一些活动，帮助国际学生和在文化认同、工作关系以及交友等方面与自己志趣相投的学生、教职工或社区成员建立联系，这种联系既可以达到文化交流的目的，又可以对他们起到一定的辅导、帮助的作用。布兰迪斯大学有中国学生学者联谊会、中国文化联络社、亚美协会和一个文化交流中心。这些社团经常组织一些文化和社会活动，增进成员相互之间以及与当地学生学者之间的情感联络。

国际商学院的伦贝格中心

第四，学风严谨，科研超群。布兰迪斯大学以出色的学术成绩享誉业内，98%的教授们都拥有所在领域的最高学位，他们利用所拥有的一流资源给予学生们个性化的关注，不仅教授知识、传承道德，而且交给学生在离开学校后获得成功的方法和准则。根据一项评论显示，布兰迪斯大学 80%的学生都会进入布兰迪斯研究生院继续深造，这是一个非常高的比例。

学生们在这所学校里的学习生活是充满竞争的，并且学生们常常被激励去努力获得成功，他们也在刻苦攻读过程中体会到常人较难理解的乐趣，因为该校鼓励学生们在多种学科中选课。一位学生这样说："我已经成功地选择了戏剧文学、神经系统科学、音乐以及心理学课程，而且选择的课并没有出现冲突。"这样活泼的、自由的气氛，在某种程度上再次体现了路易斯·布兰迪斯的价值观，即对学习的热爱、对社会正义的责任、对创造力和差力。沃尔瑟姆跟波士顿和其他邻近城市相隔了一段距离，所以保留了一种独特的味道。为数不少的高科技公司因为租金便宜而落户于近高速公路出口的公司园区，同时亦带旺了附近的餐饮和商务酒店行业。

往返于布兰迪斯和波士顿的通勤火车

沃尔瑟姆交通十分方便，搭乘捷运只需 15 分钟就可到达充满文化与学术气息浓厚的波士顿旅游。波士顿被誉为"美国雅典"，是因为在波士顿大都会区拥有众多的大学，超过 25 万名大学生在此接受教育。几所美国主要的大学都位于波士顿外围，在该市有重要影响。哈佛大学是美国最古老的高等教育机构，位于查尔斯河对岸的剑桥。布兰迪斯大学每周有近 30 班公共汽车往来于沃尔瑟姆与波士顿之间，市郊往返列车在距离校园几分钟的地方设有一停靠站。除此之外，布兰迪斯大学学生也常常到附近著名的新英格兰区旅游。除了冬天比较寒冷之外，这里其他季节的天气非常宜人。

与波士顿地区其他高等学府相比，布兰迪斯大学所在的地方更为安全。

抵达方式

异性的尊重以及对整个世界的关注。

正是这些学校的特点，造就了布兰迪斯大学学生们在一些别的学府所看不到的特色，学生群体总体上倾向于左翼政治，而且学生们普遍关心政治，这所大学以有"相当强的自由分子社区"而感到自豪。有人这样说："典型的布兰迪斯大学学生讨厌美国总统乔治·W·布什，却喜欢哲学、豆腐和叛逆性格。"

从布兰迪斯大学创办时起，就吸引了很多顶尖学者、富有创造性的艺术家以及发明家来到校园从事教学和科研。这所学府给予学生往往在大学高校里才有的以研究为导向的经历，同时也让他们享受到小型私立大学特有的舒适。

◎ **学校图书馆**

布兰迪斯大学图书馆系统有超过 100 万册藏书。该校图书馆以犹太文物收藏著名，目前总数已达 20 万册，这项收藏涵盖犹太的历史、宗教、文化等各个领域，重点收藏圣经、希伯莱语文献、犹太哲学、希伯来语和意第绪语文学以及纳粹大屠杀的史料。

该图书馆的缩微胶卷和电子图书包括大量的英语、德语、希伯来语和意第绪语报纸；希伯来语手稿的复制品；以色列、犹太复国主义和美国犹太人历史的著作；美国犹太复国主义组织主席埃巴·希勒尔·希尔沃和犹太复国主义运动领导人、以色列第一任总统克雷姆·艾斯瑞尔·魏兹曼的个人文件；重要的著书目录资料以及其他相关的研究工具书等。

此外，该图书馆还收藏有很多善本、手稿和犹太人的资料，其中包括路易斯·布兰迪斯（美国最高法院的第一位犹太人大法官，最早在美国提供无偿公益服务的律师之一）、赫尔穆特·斯特恩（柏林爱乐乐团首席小提琴家）等犹太名人的个人资料。

◎ **学校生活条件**

Usen Castle 是全美最独特的学生宿舍之一

布兰迪斯大学附近的机场是在马萨诸塞州波士顿的洛根国际机场（Logan International Airport），这是世界上 20 个最繁忙的机场之一，年客运吞吐量超过 27 万人次。洛根国际机场管理着 60 多条航线。美国联合航空公司和西北航空公司都有从中国大陆到洛根机场的航班。联合航空公司还有从香港和台北到波士顿的航班。

地铁也是波士顿重要的交通设施，马萨诸塞州海湾高速运输管理局（Massachusetts Bay Transit Authority）负责运营往返于洛根机场和市区的地铁线。在波士顿市内随处可见"T"的标志，此一标志即为地铁车站的入口处。地铁车辆共有四条，分别为蓝线、橙线、红线及绿线。绿线共有四条线路，乘坐时要注意方向。蓝线行走于波士顿湾地下，可从机场通往市区，大约需 10 至 20 分钟。此外，机场及地铁车站间亦有免费的接送巴士连接。

布兰迪斯大学新生在开学后的连续 4 个学期里可以保证获得校园内的住宿安排。学年中期的学生可以保证获得连续 3 个学期的住宿安排。该校学生住处几乎与家的感觉差不多。绝大多数一年级新生所居住的地方包括以下的装备：学生自习室，用于增进相互之间的交往及开展学习小组活动；拥有大屏幕电视机和其他娱乐设施的社交空间；配有冰箱、炉灶、微波炉和吧台空间的厨房；洗衣设备。

布兰迪斯大学拥有 250 多个学生社团。校园内，运动、戏剧活动与表演团体皆十分活跃，艺术气息浓厚，其中包括 24 个文化社团、34 个表演社团（8 个舞蹈团、9 个器乐团、11 个声乐团和 6 个戏剧团）、15 个宗教社团、41 个体育俱乐部、26 个学生领导才能和活动社团、14 个出版社团以及电视台和广播电台等。

布兰迪斯校内体育馆的运动及休闲设施齐全，是美国东北部最完善的室内体育馆之一。

熙熙攘攘的校园

Harvard University   哈佛大学

排　　名：	1
建校时间：	1636 年
学校类型：	私立
IBT 最低线：	100
SAT:	
CR：	690 – 780
Math：	690 – 790
Writing：	690 – 780
ACT Composite：	31 – 34
注：必须提交 2 科 SAT II 成绩	
送分代码：	
IBT：	3434
SAT：	3434
ACT：	1840
毕业率：	
4 年毕业率：	97%
6 年毕业率：	98%
学生人数：	
在校生总数：	20000
本科生人数：	6700
人员比：	
师生比：	1 : 7
男女生比：	49 : 51
国际学生比：	11%

校训：	
Veritas （拉丁语）	
Truth.	
学校网址：	http://www.harvard.edu
申请网址：	
http://www.admissions.college.harvard.edu	
咨询电话：	617-495-1551
咨询传真：	617-495-8821
咨询邮箱：	intladm@fas.harvard.edu
申请费：	$75
学　费：	$33696
总费用：	$48868
申请截止时间：	
RD： 1 月 1 日	
申请材料邮寄地址：	
Office of Admissions and Financial Aid	
Harvard College	
86 Brattle Street	
Cambridge, MA 02138　USA	

校徽：

吉祥物：

校园标志性建筑

　　在波士顿剑桥市（Cambridge）的喧闹中，有一片安静的小校园，出地铁，过街道，就是古老建筑环绕的哈佛校园，远没有国内大学那样的庞大，小巧得有点玲珑，几幢红色的有历史沧桑的建筑，树木环绕其中的空地，绿草红屋相映成

◎学校概况

　　一般说来，先有国家，然后才有培养人才的高等学府。而美国正相反。正因为美国没有悠久的历史，所以才让哈佛大学在辈份上占了优势。常言道："先有哈佛，后有美国。"的确，370 多年来，几乎比美国建国早一个半世纪的哈佛大学培养出了许多杰出人物，从这里"诞生"了 6 位美国总统以及数十位诺贝尔奖获得者。所以，每当人们提起美国的高等教育，自然而然要想到哈佛这位当之无愧的"老大"。

趣。在哈佛大学，可以欣赏到各种红砖碧瓦的古雅校园建筑。更重要的不是建筑，而是思想。哈佛大学的固定地产有约153公顷（1.53平方千米）的土地和分布在剑桥市、波士顿、艾尔斯顿的400多幢建筑物。在校区外，拥有约1214公顷（12.14平方千米）的哈佛森林，约107公顷（1.07平方千米）的植物园，此外还有在华盛顿的公园、在意大利的别墅等产业。

剑桥市的哈佛校园被美丽的查尔斯河一分为二，北面是主校园，南面是哈佛商学院和哈佛大学体育馆。而医学院、牙医学院和公共卫生学院在波士顿区。哈佛的建筑物包揽了从殖民时期到现代的美国建筑的艺术风格和特色。就具体建筑而言，主校园和商学院的校园是古典的，而波士顿校区是现代的。

威德纳图书馆

步入右侧校园，首先映入眼帘是12根巨大的圆柱矗立于宽大的阶梯之上，这就是威德纳图书馆（Widener Library），哈佛最大的图书馆，典型的希腊科林西式建筑。楼高约10层，有地下通道街接另外三个图书馆。1913至1915年，为了纪念威德纳这位1907年的毕

哈佛大学（正式注册名称为The President and Fellows of Harvard College），是一所位于美国麻萨诸塞州剑桥市（Cambridge）的私立大学，常春藤盟校成员之一。迄今已是美国历史最悠久的高等学府，也是北美第一间和最古老的法人机构。该校与临近的麻省理工学院都在世界上享有一流大学的声誉、财富和影响力。哈佛也是世界上拥有被称为"全球本科生诺贝尔奖"的罗德奖学金得主最多的大学。

标有校训"真理"的徽章镶嵌在哈佛校门的顶部

哈佛的艾略特塔和横跨查尔斯河的威克斯步行桥

在世界各大报刊以及研究机构提供的排行榜上，哈佛大学的排名经常是世界第一。例如在久负盛名的《美国新闻周刊》排名上，哈佛常年排名首位。多年来，美国《普林斯顿评论》把哈佛大学列为全美"最难申请的大学"之一。今天哈佛大学无论是在美国还是全世界都有重要影响力，也是竞争最激烈的大学之一。

现任校长是凯瑟琳·德鲁·吉尔平·福斯特（Catharine Drew Gilpin Faust），这位著名的历史学家于2007年7月1日起就任哈

业生而建立。他在 1912 年震惊世界的海难事件——泰坦尼克号撞触冰山事件中不幸丧生，生前他是一位书籍收藏家，他的母亲为了纪念他而捐建了这个图书馆，使得哈佛学生至今还受其恩泽。

威德纳的母亲就是泰坦尼克号那位幸存的太太。如今，图书馆正门两侧各有一块石碑。分别刻着这样的碑文："威德纳是哈佛大学毕业生，在泰坦尼克号沉没时去世。他生于 1885 年 6 月 3 日，死于 1912 年 4 月 12 日。""这座图书馆是威德纳的母亲捐赠的，这是爱的纪念。1915 年 6 月 24 日。"

大学行政楼后方的纪念教堂则是为了纪念世界大战时阵亡的哈佛大学学生而兴建的。从二楼巨大的玻璃窗看出去，纪念教堂白色的尖塔高耸着直插云端。塔顶上悬挂着硕大的钟铃，每个钟点都能发出幽远的敲击声。

哈佛校园里有一尊哈佛坐姿铜像。这个铜像铸于 1884 年，铜像基座上刻的字"约翰·哈佛，创立者，1638"，但有人指出，这三项没有一个是正确的。

校园内颇有争议的铜像

首先，这铜像雕的不是真的约翰·哈佛先生。第二，哈佛本人并

佛大学第 28 任校长，为哈佛创校 371 年以来第一位女性校长。在此之前，从 2001 至 2007 年她担任哈佛大学拉德克利夫高等研究院（The Radcliffe Institute for Advanced Study）院长。

拉德克利夫高等研究院

哈佛大学规模庞大、资产超群，常被人戏称为"哈佛帝国"。全校共设有 14 所学院，其中本科生学院为哈佛学院；研究生院 13 所，即文理学院、商学院、肯尼迪学院、设计学院、教育学院、法学院、神学院、医学院、牙医学院、公共卫生学院、工程和应用科学学院、拉德克利夫高等研究院及继续教育学院等。

波尔斯顿楼的窗户倒映着哈佛的庭院

多年来，哈佛大学雄踞美国高等教育的榜首，其原因如下：

非学校的创立者，而是主要捐赠者。第三，哈佛大学奠基是在1636年，而不是1638年。尽管如此，也丝毫没有影响人们对他的膜拜，哈佛铜像是每一个参观者的必去之地。据说若伸手轻擦铜像中的左脚尖能带来好运，所以左脚的皮鞋是整座铜像最锃亮、最有光彩的部分。

麻萨诸塞楼

建于1720年的麻萨诸塞楼（Massachusetts Hall），是哈佛大学现存最古老的建筑物。独立战争时期曾被用做大陆军的避难场所。虽然已有近300年的历史，但在哈佛人的精心修缮下仍充满着勃勃生机。现在，大厅的一、二层是哈佛大学校长、副校长及其他行政人员的办公场所，上面是大一新生宿舍。每年6月，在大厅前面的广场上举行隆重的毕业典礼，新老毕业生欢聚一堂，热闹非凡。广场一侧的草坪上有一座颇具中国风格的纪念碑——龟兽驮碑，据说是明清时期之物，这是1936年哈佛大学建校300周年时，中国留学生捐献的。

哈佛大学还有体现19世纪60至70年代戏剧派风格的冈德大厅（Gund Hall）、新建的粒子加速器

多年来，哈佛大学雄踞美国高等教育的榜首，其原因如下：

第一，具有明确、先进的教育理念。一所大学的发展除了硬件设施做条件保障外，正确的教育理念是不可或缺的重要因素。由哈佛学院时代沿用至今的哈佛大学校徽上用拉丁文写着 Verities 字样，意为"真理"，将其作为哈佛校训，既是衡量和判断学校教育发展方向的重要尺度，也是哈佛大学的核心教育理念。哈佛校徽是展示三本翻开的书本，两本面向上，一本面向下，象征着理性与启示之间的动力关系。哈佛前校长陆登廷（Dr. Neil Leon Rudenstine）在 2000 年就指出：哈佛不会随着不断变化的社会需求的指挥棒转，因为哈佛坚信社会变化得越快，大学变化得相对越少，思想观念相对独立的领地就越有价值；大学的发展必须坚持自己的理念和信仰，对于有附加条件的捐赠要慎重考虑；如果没有在基础研究方面持续的努力，应用科学很快就会衰落和枯萎，因为致力于应用研究的人必须不断地与在基础领域工作的人保持联系，前者工作的成效最终取决于后者的研究成果。现任校长福斯特教授借用中国的古训"大学之道，在明明德"，说明大学的重要使命在于教导学生追求真理。她说："一所大学的精神所在，是它要特别对历史和未来负责——而不单单或者仅仅是对现在负责。一所大学关乎学问，影响终生的学问，将传统传承千年的学问，创造未来的学问。"她还指出，在这个变动的时代，应始终坚持教育的功能和理想乃是致力于照亮人性之美，这一原则应该被奉为高等教育的灵魂。

秋天黄昏的哈佛广场

第二，崇尚自由、平等的教学氛围。独立思想是哈佛大学的第一教育原则。哈佛大学的环境不只允许，而且鼓励人们从自己的特立独行中寻求乐趣，大学的主要努力方向就是使学生成为参

研究中心楼和城市研究中心楼等。整个哈佛校园呈现的是一幅古典与现代完美结合的图画。

校园重大历史事件

➢ 1636年，由麻萨诸塞州殖民地立法机关立案，决定筹建一所像英国剑桥大学那样的高等学府。哈佛最初称为"新学院"或"新市民学院"。

➢ 1638年，在马萨诸塞的剑桥正式开学，第一届学生共4名。

➢ 1639年，麻萨诸塞海湾殖民地议会通过决议，以一名毕业于英格兰剑桥大学伊曼纽尔学院的年轻牧师约翰·哈佛之名，将学校命名为哈佛学院，因为他捐赠了779英镑（约2010年市价350万美元）以及400本书籍（这是他的一半财产）。

➢ 1780年，哈佛学院被麻萨诸塞州议会破格升为哈佛大学，此名一直沿用至今，常被简称为哈佛。在建校的最初一个半世纪中，学校体制主要仿照欧洲大学。

校园杰出人物

到目前为止，哈佛共出过6位美国总统，33名诺贝尔奖获得者和32名普利策奖获得者。此外，还出了一大批知名的学术创始人、世界级的学术带头人、文学家、思想家。著名外交家、美国前国务卿亨利·基辛格也出自哈佛。我国近代，也有许多科学家、作家和学者曾就读于哈佛大学，如江泽涵（数学家、数学教育家，中国拓扑学研究的开

与发现、解释和创造新知识或形成新思想的人，相应地，教学也从以知识传授为基础转变为教师指导下的学生自我教育。学生一入校就会被反复教导：你们到哈佛来，为的是思考并学会思考。哈佛教授也自觉地把独立思想原则落实到教学的每一个具体环节，他们创造了平等、轻松和无拘无束的课堂气氛以最大限度地激发学生独立创造和思想探索的积极性，与学生建立起合作伙伴关系而不是等级关系。哈佛大学非常重视鼓励学生钻研学问，参加科研，提问、质疑并寻求解决方法。开放、好奇心以及投入对于学习尤为重要，所以哈佛学生花在课堂之外的时间更多，他们独立探询未知的事物。哈佛的成功之道就在于把握了学术真谛，掌握并自觉运用学术发展规律经营教育，使人才培养水平不断提高，造就了一大批世界杰出人才。

医学院

法学院

拓者之一）、竺可桢（地理学家、气象学家，中国近代地理学和气象学的奠基人）、陈寅恪（中国现代最富盛名的历史学家、古典文学研究家、语言学家）、胡刚复（物理学家、教育家，中国近代物理学事业奠基人之一）、赵元任（中国现代语言和现代音乐学先驱）、林语堂（中国现当代著名学者、文学家、语言学家）、杨杏佛（经济管理学家、社会活动家）、梁实秋（中国著名的散文家、文学批评家、翻译家）等。

哈佛的杰出成就，还表现在校史上和今天还在任的教师中，曾出过许多诺贝尔奖的获得者。依时间排序，他们是：（因篇幅关系，不能一一列出。）

➢ 约瑟夫·默里（Joseph E. Murray），1943 年毕业于哈佛医学院，获得 1990 年诺贝尔生理学或医学奖。

➢ 埃利阿斯·柯雷伊(Elias James Corey)，1959 年至今任该校化学教授，获得 1990 年诺贝尔化学奖。

➢ 诺尔曼·拉姆西（Norman F. Ramsey），1947 年起任该校物理教授，获得 1989 年诺贝尔物理学奖。

➢ 杜德利·赫希巴赫（Dudley R. Herschbach），1958 年毕业，博士学位，任该校化学教授，获得 1986 年诺贝化学奖。

➢ 贝尔纳德·洛恩（Bernard Lown），任该校教授，因与当时苏联人叶夫根尼·卡卓夫（Evgueni Chazov）共同创立"国际防止核战争医生组织（IPPNW）"，获得 1985

第三，强调素质、学术的人才定位。在培养人的问题上，哈佛大学是冷静的，更是负责任的。它将培养有素质的人置于首位，学生的知识掌握、认知发展、专业能力、创新品质等都从属于素质，课程设置、教学要求、教学活动、校园生活等都服务于培养有素质的人的需要。培养有素质的人是一种境界，是大学对社会的责任所系。尽管哈佛大学是一所综合性大学，却非常重视人文科学教育和人文素质培养。哈佛较少为本科生提供职业教育或训练，本科生不能学习法律、医学、商业或技术性很强的工程专业。哈佛认为，未来社会中有很多人至少要改变一到两次主要职业，如果受到的教育和训练不是过分专门化的或狭窄的，他们就可以成功地调整自我。哈佛享誉世界的"通识教育"（General Education）的核心课程（Core Column）中，每个哈佛本科生必须修满涵盖 8 大学科领域、分为 7 大类的 32 门核心课程，包括：外国文化、历史研究、文学艺术、道德伦理、数理伦理、科学和社会分析等，其目的是帮助学生提高批判性思维能力和想象力，学会发现和鉴别事实真相，坚持对事物进行严谨的分析，能够理性、历史地认识现实问题和道德问题，探求对他们所遇到各种情景的最透彻理解。

哈佛美术博物馆收藏大量 19 世纪初的英国作品

第四，重视方法、思路的导向创新。哈佛大学在强调学术和研究工作的重要性的同时，特别重视多样的优秀教学方法、思路对于大学使命的重要性。任何杰出的大学，教学与研究都是紧密结合在一起的，在最优秀的研究和学术工作中获得的、在最佳的学术期刊和最优秀的专著中发表的重要思想和发现，是教学内容和方法的源泉。这是优秀大学中的教学与其他类型大学的教学相区别的重要方面。大学是要对永恒做出承诺，而这些投资会产生

年诺贝尔和平奖。
- 卡罗·卢比亚（Carlo Rubbia），1970 至 1988 年任该校教授，意大利粒子物理学家，获得 1984 年诺贝尔物理学奖。
- 尼古拉斯·布洛姆伯根（Nicolaas Bloembergen），曾任该校教授，获得 1981 年诺贝尔物理学奖；
- 戴维·休伯尔（David H. Hubel）、托森·威塞尔（Torsten N. Wiesel），两人曾任该校教授，因研究视觉系统中的信息处理过程，共同获得 1981 年诺贝尔生理学或医学奖。
- 沃尔特·吉尔伯特（Walter Gilbert），曾任该校教授，美国物理学家、生物化学家和分子生物学家，获得 1980 年诺贝尔化学奖。
- 巴茹·贝纳塞拉夫（Baruj Benacerraf），1970 至 1991 年曾任该校教授，委内瑞拉免疫学家，获得 1980 年诺贝尔生理学或医学奖。
- 谢尔顿·格拉肖（Sheldom Lee Glaschow），1959 年毕业，博士学位；史蒂芬·温伯格（Steven Weinberg），1966 年起在该校任教，两人因用数字假说解释电磁场和弱相互作用，发现自然界这两种基本的力具有相同的规律，共同获得 1979 年诺贝尔物理学奖。
- 约翰·范弗莱克（John Hasbrouck van Vleck），1922 年毕业，博士学位，美国物理学家，被誉为"现代磁学之父"，获得 1977 年诺贝尔物理学奖。
- 瓦西利·列昂杰夫（Wassily W.

我们无法预测且常常是无法衡量的收益。20 世纪 90 年代初期以来，现代信息技术开始变成提升研究和教学水平的最强大的新系统和工具。哈佛大学致力于给予学生一种学习的方式和解决问题的方法，把学生看作是处于实习阶段的学者和研究者，和教师一样要主动参与探索未知的事物或者检验现有的假设和解释。教师为学生设计课程，开设讲座，组织研讨，就学生的研究题目提出建议，为学生的实验方案或研究论文提供咨询，引导学生开展正式或非正式的讨论，把教学的重点放在培养学生的独立思考能力和分析问题、解决问题的方法和能力上。

哈佛比较动物学博物馆内的鲸骨骼标本

学术自由一直是哈佛大学基本办学理念和完成大学使命的必要条件。在自由得到保证的前提下，注重人才培养质量和水平，是哈佛大学取得成功的一个重要因素。注重实际、立足社会是哈佛大学的传统，再分别通过科研、课程、任职和人才技能的改革和培养，达到以质量取胜这一策略。

这里，值得一提的是哈佛的导师制。由于没有足够的教师，哈佛大学早期没有形成英国牛津、剑桥大学那样完备的导师制。很长时期内，哈佛学院规模都不大。1909 至 1933 年，洛厄尔（Abbott Lawrence Lowell）担任哈佛大学校长。在其任期间，洛厄尔校长对完善哈佛大学导师制的贡献很大。洛厄尔校长离任之前，"导师制不仅使哈佛的导师们树立起了更好地培养有抱负的学者的信念，也使学生们对学习的态度产生了巨大的变化，极大地提高了学习成绩，每个毕业班大约有 40%的学生在专业领域获得了荣誉学位"。洛厄尔时代的导师是由教授担任的，而不是研究生或讲师。哈佛大学认为，大学一年级是十几岁青少年从高

Leontief），1932 年进入该校经济系，1946 年任该校经济学教授，俄裔美国经济学家，获得 1973 年诺贝尔经济学奖。
> 肯尼思·约瑟夫·阿罗（Kenneth Joseph Arrow），曾任该校教授，美国经济学家，获得 1972 年诺贝尔经济学奖。
> 西蒙·史密斯·库兹涅茨（Simon Smith Kuznets），1960 至 1971 年任该校经济学教授，获得 1971 年诺贝尔经济学奖。
> 乔治·沃尔德（George Wald），1934 年起在该校任教，后任教授，获得 1967 年获诺贝尔生理学或医学奖。
> 罗伯特·伯恩斯·伍德沃德（Robert Burns Woodward），1937 至 1938 年获该校奖学金，1960 年起任该校教授，美国有机化学家，获得 1965 年诺贝尔化学奖。
> 朱利安·斯温赫（Julian Schwinger），1945 至 1974 年任该校教授，美国理论物理学家，获得 1965 年诺贝尔物理学奖。
> 康拉德·布洛奇（Konrad Emil Bloch），1954 至 1982 年任该校教授，德裔美国生物化学家，获得 1964 年诺贝尔生理学或医学奖。
> 詹姆斯·杜威·沃森（James Dewey Watson），1956 至 1976 年在该校任职，美国分子化学家，获得 1962 年诺贝尔生理学或医学奖。
> 乔格·贝克西（George von Bekesy），1947 至 1966 年在该校任职，匈牙利生物物理学家，获得 1961 年诺贝尔生理学或医学奖。

中生活过渡到大学生活的关键时期，也是他们首次离开父母开始自主人生历程的特殊时期，因此特别重视一年级过渡期的教育。哈佛学院专门为一年级本科生提供了特殊指导。新生导师委员会（Board of Freshman Advisers）由近 300 名教师团成员、行政管理者、文理学院研究生和专业学院学生组成。每位新生都安排有导师，与导师的交流是非常重要的，尤其是秋季学期初和几个需要做决定的关键时刻。虽然导师们不能回答新生的所有问题，但他们至少可以告诉新生到哪里去寻找答案。

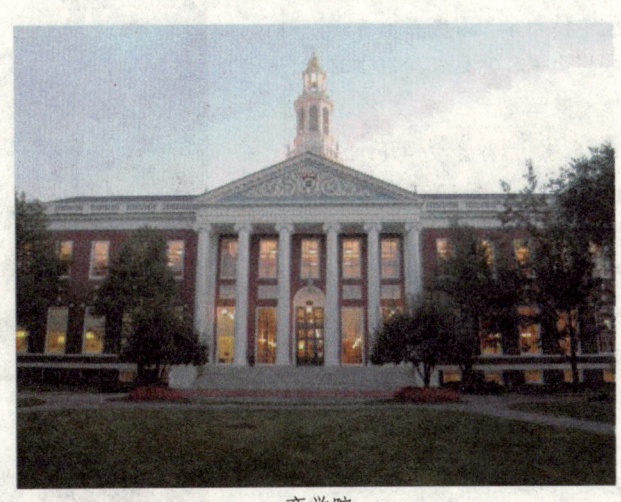

商学院

导师具体指导每位本科生的学习和生活，一般每星期导师和学生个别接触 2 至 3 次，学生向导师汇报几天来的学习进展情况和遇到的困难，教师予以指导并布置必要的作业。这种方法尤其有利于优秀学生的脱颖而出。导师通过与学生不断接触，潜移默化地影响学生的思想观念和价值取向。为了便于导师和学生接触，哈佛大学在学生宿舍附近兴建了教师宿舍。2 至 4 年级本科生的学术指导分专业领域内的指导和专业领域外的指导两部分。

其实，哈佛也不是一成不变的。19 世纪中叶自然科学和选修课程的确立，是哈佛培养学生个性化的思想的最初体现；19 世纪后期从自由选课制到导师制的实践，认为每个学生天生的爱好和才能都应该在教育中获得尊重；随后 20 世纪前期集中与分配制的探索，保证了学生专业学习的深度；战后普通教育制度的推行和 1970 年后核心课程的延伸和发展，旨在促使学生掌握学科之间的联系，将知识运用于生活。哈佛课改的一系列措施都紧紧围绕着一个"人"字，每一次的改进都是对前一次的肯定和更新，注重培养学生思考问题的方法。这一过程彰显了哈佛大学将"人融入

➢ 弗雷得里克·罗宾斯（Frederick C. Robbins），曾在该校任职；托马斯·韦勒（Thoms H.Weller），1954 至 1981 年任该校教授，与约翰·恩德思共同获得 1954 年诺贝尔生理学或医学奖。

➢ 约翰·恩德思（John F. Enders），1930 年毕业，博士学位，美国医学科学家，因培养出骨髓灰质炎疫苗，于 1954 年获得诺贝尔生理学或医学奖。

➢ 弗里兹·李普曼（Fritz A. Lipmann），1949 至 1957 年曾任该校教授，德裔美国生物化学家，获得 1953 年诺贝尔生理学或医学奖。

➢ 爱德华·珀西尔（Edward M. Purcell），毕业于该校，硕士、博士学位，美国物理学家，获得 1952 年诺贝尔物理学奖。

➢ 珀西·布里奇曼（Percy W. Bridgement），1910 年进入该校，后获得博士学位，1910 年起在该校任教，1919 年起任教授，美国物理学家，获得 1946 年诺贝尔物理学奖。

➢ 乔治·明诺特（George W. Minot），1928 至 1948 年任该校教授，美国病理学家，获得 1934 年诺贝尔生理学或医学奖。

➢ 西奥多·威廉·理查兹（T. W. Theodore William Richards），1888 年毕业，博士学位，1901 年起任该校教授，获得 1914 年诺贝尔化学奖。

所在地概况及公共设施

剑桥（Cambridge），是紧邻美

从此，扬帆启航……

社会，立足学生思维的培养，谋求人的能力有更大更持续发展"的思想。

◎学校图书馆

哈佛大学图书馆系统始建于 1638 年，有 97 个图书分馆，拥有 100 多个书库。这些分馆绝大多数位于波士顿和哈佛大学所在的剑桥市，也有一些分馆在华盛顿特区甚至意大利的佛罗伦萨。

威德纳图书馆

在威德纳图书馆前举行的毕业典礼

哈佛大学图书馆是美国最古老的图书馆，也是世界上藏书最多、规模最大的大学图书馆。有数位美国总统、诺贝尔奖金获得者曾在这里学习过。在哈佛园里纪念教堂的对面就是世界上最大的大学图书馆——威德纳图书馆（Widener Library）。图书馆建于 20 世纪 20 年代，以哈佛的毕业生、年轻的收藏家威德纳命名。这位在"泰坦尼克"沉船事件中遇难的校友，在遗嘱里指定死后将所有藏书悉数捐给培养他的母校。图书馆的正门是类似罗马式的一排立柱长廊，门前是二十多级的台阶。每次进图书馆前，就

国马萨诸塞州波士顿市西北方的一个市，与波士顿市区隔查尔斯河相对。这里是两所世界著名大学，哈佛大学和麻省理工学院的所在地。至2006年，世界上共有780人获诺贝尔奖，由于这两所名校位于此小镇，剑桥市号称培养了130位诺贝尔奖得主，科学家们也预测，这个纪录将永远不会被打破。剑桥市也因此成为世界高等教育及研究的最典型模范，其名也蜚声海外，成为世界各地莘莘学子心向神往，趋之若鹜的圣地。

剑桥的历史可以追溯到1630年，最早在波士顿地区定居的英国清教徒在此建立的"纽敦镇"（Newtown）。1636年，哈佛大学的前身、北美洲第一所高等教育机构哈佛学院在这里创办。人们希望此镇能成为跟英国剑桥一样的大学城，1638年，将它改名为"剑桥"。该镇于1846年升格为剑桥市。

波士顿剑桥地区是包括哈佛在内的等80多个大学和学院的所在地，共有25万名大学生，是美国大学生最密集的地区。这是一个岛屿型的海滨城市，三面环水，东面濒临浩瀚的大西洋，这一带是波士顿的重要港区。查尔斯河弯弯曲曲地从市区南面流经西面，然后折向东北穿过波士顿市区流入马萨诸塞海湾，河流两岸风景如画，美丽诱人。

波士顿的发展起始于脱离英国殖民统治的时候，是新英格兰地区的中心，又是马萨诸塞州的首府。是美国少有的几个历史悠久到

像进行一种心灵上的登攀仪式。这座美国历史最悠久、规模最大的大学图书馆，也是世界上最大的大学图书馆。

威德纳图书馆的藏书为世界大学图书馆之冠，仅书籍一项就超过1620万册，还有550万个微缩版本、各种学术杂志与期刊9.7万多种、650万份手稿和500万份其他研究材料（如照片、地图和录音带），以及各式各样的手稿、文件档案、古今珍本、孤本、图片、幻灯片和微型图书。检索、查询、阅读一律电脑化。哈佛大学图书馆是世界第四大"百万图书馆（mega-library）"（前3名分别是美国国会图书馆、大英图书馆、法国国家图书馆）。

法学图书馆是世界上该领域最大的图书馆

除了总图书馆外，另有燕京图书馆（Yenching Library）、卡布图书馆（Cabout Library）、霍顿图书馆（Houghton Library）、罗伯音乐图书馆（Loeb Music Library）、托泽图书馆（Tozzer Library）、美术图书馆（Fine Arts Library）以及斯西耶图书馆（Schlesinger Library）等等。

哈佛燕京图书馆成立于1928年，以丰富的东亚文献收藏闻名于世，规模仅次于美国国会图书馆的东亚文献馆藏。早在清光绪五年（1879年），哈佛大学就设立了中文讲座，图书馆即开始收集中文书刊。现馆藏图书约100万册、期刊15000种、报纸700多种、图片15000多种、近百万张目录卡。但从珍本藏量来讲，哈佛燕京图书馆在美国则属首位，馆藏中国古代的地方志多达3800种，各类丛书1400种，达6万余册。收藏珍本书有：中国宋朝版15种、元朝版25种、明朝版1400种（其中180多种是大陆图书馆没有的）、清朝版本1964种、明清两朝代的禁书3400多种（其中明朝禁书80多种）。有些珍本举世罕见，如：1036年宋朝刻本《纂图互注杨子法言》，1085年宋朝元丰年起刻的崇宁

可以与欧洲相提并论的地区之一。今天的美利坚合众国就诞生在这里，这里还是美国独立革命思想的发源地。

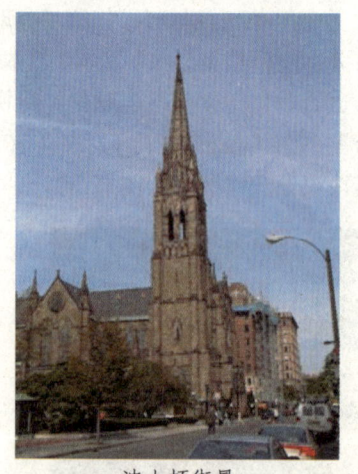

波士顿街景

波士顿城是美国多种文化的集中地，也是美国古老文明城市的一面镜子。波士顿被誉为"美国的雅典"，因为它像雅典一样保留着许多古迹，以拥有雄伟的州议会大厦、别致新奇的图书馆、美国第一流的交响乐团、芭蕾舞团及以收藏东方艺术品闻名的美国博物馆而著称于世。

波士顿美术博物馆（Museum of Fine Arts Boston）是来访者络绎不绝的地方，它与华盛顿的国立美术馆（National Gallery, Washington）、纽约的大都会艺术博物馆（the Metropolitan Museum of Art, New York）和芝加哥美术馆（Art Institute of Chicago）齐名，都是全美第一流的博物馆。这个欧洲式的大型美术博物馆，外表古老，但内部装饰富丽堂皇，非常别致；收藏了很多文物、绘画和雕塑

万寿大藏本《六度集经》，1208年宋朝刻《汉书》残本，1581年的《世说新语》四色套印版本，1728年印成的铜活字版本类书巨著《古今图书集成》，还有明朝单刻的《齐世子灌园记》、《鼎刻江湖历览杜骗新书》等。

霍顿图书馆是全美大学里第一座专门为收藏珍贵书籍和手稿而建的图书馆，里面配备了先进的设备用于调节室内的温度和湿度。

罗伯音乐图书馆收藏了大量的有关音乐的文献、研究资料和乐谱。埃沙姆（Isham）纪念图书馆是其附馆，珍藏着许多音乐书籍、原版的音乐出版物、知名作曲家和音乐家的乐谱手稿及这些原始资料的研究文献。为了更好地保存馆内的各种珍贵的音频资料，罗伯音乐图书馆还于1998年起开设了音频保存工作室。

托泽图书馆是美国历史最悠久的人类学（人种学、考古学等）图书馆。它于1866年在乔治·皮波蒂（George Peabody）的捐助下建立，作为皮波蒂博物馆（Peabody Museum）的一部分，最初被命名为皮波蒂博物馆图书馆（Peabody Museum Library）。在1974年，为了表彰它的第二任馆长阿尔弗雷德·托泽（Alfred Marston Tozzer，哈佛大学人类学教授）为建立以中部美国人为研究对象的考古学和人种学的馆藏所做出的巨大贡献，皮波蒂博物馆图书馆更名为托泽图书馆，到目前为止，它已经发展成为世界上人类学藏书最全面最丰富的图书馆之一。

哈佛大学图书馆有一个目标，就是要使学校达到"教育的珠穆朗玛峰"，占据世界第一流的位置。它和国内外100多家的计算机数据库建立了联系，热情周到地为师生提供各种资料。

霍顿图书馆

◎学校生活条件

珍品，大厅内陈列着各种精美的瓷器和古玩，有些来自中国。除了美术博物馆外，波士顿的灯塔山（Beacon Hill）是美国波士顿一个古老的街区，这是一个由联邦式联排住宅组成的街区，以其煤气灯照明的狭窄街道和砖砌人行道著称。今天，灯塔山被视为波士顿最好、最昂贵的街区；科普利广场（Copley Place）是文化中心。在波士顿城中心商业区，有美国、英国、德国和意大利各国的时装商店和世界各国的食品和家具；城中心西侧是唐人街，有许多中国商店、餐馆、酒家。波士顿的大多数景点之间只需要步行就可到达。步行是这里最好的游览方式，波士顿因此获得了一个别称："美国步行城市"。波士顿的鹅卵石街道非常迷人，步行观光时，最好穿牢固的步行鞋或软底胶鞋。

波士顿的春天可能会变得很热，气温升到90华氏度（32℃）；但也可能到5月下旬还很寒冷，只有40华氏度（4.4℃），因为寒冷的海水的影响。最热的月份在7月，平均气温为27.7℃，最低气温为18.4℃，通常很潮湿。最冷的月份是1月，平均气温35.8华氏度（2.1℃），最低气温为21.6华氏度（-5.6℃）。夏季气温超过90华氏度（32℃），冬季气温低于10华氏度（-12℃）并不罕见，但很少会持续多日。有记录的最高气温是1911年7月4日的104华氏度（40℃）。有记录的最低气温是1934年2月9日的-18华氏度（-28℃）。

◎学校生活条件

哈佛大学新生居住在最富历史意义的中心地带——哈佛大院里或其附近的三幢新生宿舍楼里，它们是深红色楼（Crimson）、榆树楼（Elm）和常春藤楼（Ivy）。每幢楼由一个住宿院长、多名舍监和助手帮助学生安排学业申请和个人生活事宜。

一年以后，学生们由一个随机系统分配到12幢2至4年级本科生宿舍楼内。每幢宿舍楼并非单单一座楼房，而是由若干座宿舍楼组成的群落，其实称作楼群更为确切；其功能也绝非单单住宿，而是学习、生活、娱乐、健身、交际等诸多功能融为一体。每幢宿舍楼住330至450名学生，拥有食堂、公共休息室、图书馆、学术和文化娱乐活动的设施。如今，97%的哈佛大学2至4年级本科生住在12幢宿舍楼里，非住校生与研究生住在第13幢宿舍楼——杜德雷楼（Dudley House）里。

每一幢宿舍楼房的布局主要有两种类型，一种是由一条共同的走廊连接的几个房间构成一个单元，另一种类型是套间，包括一个自习室、一至四个卧室和一个盥洗室，可住二至六名学生。每一座楼房并没有门房管理，而是设计为智能化楼门，凡本楼学生均可用智能卡开门，而访客要进楼则需通过楼外的电话联系，由被访者帮助开门。

新生餐厅

住在哈佛的学生不仅有专门的餐厅可供就餐，还有专职的训导长负责管理。新生入学时，通常有整整一个星期的新生入学教育，以帮助他们熟悉校园环境和大学教育方式，其目的还在于培养"哈佛意识"，创造学生间相互学习的极好机会。

哈佛大学的宿舍楼是学生生活、学习、活动的中心，学生们

抵达方式

距离哈佛大学最近的机场是洛根国际机场（Logan International Airport），位于波士顿东部，是世界上 20 个最繁忙的机场之一，在 2006 年客运量为 27 万人次左右。机场拥有 6 条跑道，雇员约 16000 人。机场服务的主要目的地是美国、加拿大、拉美和欧洲。从洛根国际机场有多条线路前往波士顿市区以及哈佛大学。

波士顿的公共交通设施包括巴士、地铁、通勤火车以及由麻萨诸塞湾交通管理局（简称为 MBTA 或 "T"）运营的轮渡，它便捷、安全、价格也合理。448 路和 459 路巴士往返于洛根机场和市区。MBTA 的蓝线地铁是从机场去波士顿市区的最佳选择。MBTA 的大部分地铁票价都是 1.25 美元。

许多游客都会乘坐免费的 Massport 往返巴士，该巴士连接了抵达层的所有机场口、MBTA 蓝线地铁机场站以及水运终点码头。游客们还可搭乘 MBTA 的港底快线（Harbour Express），这是一种非常方便的水下往返快船，仅需 7 分钟就能从洛根机场穿越港底直达市区。在洛根国际机场，人们很容易就能找到出租车。所有从该机场开出来的出租车都要收取 2 美元的机场费。

从此，扬帆启航……

在宿舍楼特有的氛围中形成归属感、交流与合作意识，来自全美各地甚至世界各地的莘莘学子在日常交往中取长补短自然而然地建立联系，构建亲密的校友网络。哈佛大学把学生在学校生活的点点滴滴都整合为必修课程、选修课程之外的第三课程，整合为塑造学生品行和素质的重要影响力量，从而更彻底全面地落实培养"有素质的人"的目标。这就是哈佛实行的住宿制。

哈佛大学体育场

哈佛大学第 23 任校长（1909 至 1933 年）洛厄尔（Abbott Lwrence Lowell）主张，一个年轻人的大学教育，不应仅仅局限在课堂中进行，而且在日常生活中也可以进行，大学为年轻人创造一个优良环境至关重要。他努力在哈佛大学推行住宿制，这一制度的实施使得在大型的综合大学中，本科生都有一个小型的学院环境，把学生的学习和生活完美结合起来。长期以来，各幢宿舍楼形成了各自的特色和传统风格。如同导师制一样，住宿制是哈佛大学本科生教育最具影响力的特色之一。

哈佛大学的住宿制和导师制是长期演化的产物，其蕴含的理念和理想几乎与哈佛学院的年代一样久远。哈佛大学四个世纪的历史本身就是实现学院创办者们创办一所真正住宿制学院崇高目标的不断努力的历史，共同学习一直意味着共同生活，住宿制为本科生的学院体验奠定了坚实的基础。

Massachusetts Institute of Technology　麻省理工学院

排　名：7	校训：	校徽：
建校时间：1861年	*Mens et Manus* （拉丁语）	
学校类型：私立	Mind and Hand	
IBT 最低线：90（建议分数 100+） SAT： 　　　CR：　680 – 770 　　 Math：　750 – 800 　Writing：　680 – 780 ACT Composite：32 – 35 注：必须两科 SAT II 成绩	学校网址：http://web.mit.edu	
	申请网址：http://www.mitadmissions.org	
	咨询电话：617-253-3400	
	咨询传真：617-258-8304	
	咨询邮箱：admissions@mit.edu	
送分代码： 　　　IBT：　3514 　　　SAT：　3514 　　　ACT：　1858	申请费：$75	吉祥物：
	学　费：$38940	
	总费用：$50174	
毕业率： 　4 年毕业率：　83% 　6 年毕业率：　91%	申请截止时间： 　EA：11 月 15 日 　RD：1 月 1 日	
学生人数： 　在校生总数：　10220 　本科生人数：　4172	申请材料邮寄地址： Office of Admissions Massachusetts Institute of Technology 77 Massachusetts Avenue, Room 3-108 Cambridge, MA 02139-4307 USA	
人员比： 　　师生比：　　1 : 6 　　男女生比：　54 : 46 　　国际学生比：　8%		

麻省理工学院

校园标志性建筑

　　麻省理工学院占地 168 英亩（约 0.7 平方千米），校园位于查尔斯河靠剑桥市（Cambridge）一侧，蔓延约 1 英里（约 1.6 千米）。

　　中央校区由一组互相连通的大楼组成。设计者为建筑家维尔斯•波斯维斯（麻省理工学院 1889

◎学校概况

　　麻省理工学院（简称MIT）是美国一所综合性私立研究型大学，有"世界理工大学之最"的美名。该校位于麻萨诸塞州的波士顿，查斯河将该校与波士顿的后湾区隔开。今天，无论是在美国还是全世界，麻省理工学院都有着非常重要的影响力，这所学校培养了众多对世界产生重大影响的人士，是引领全球高科技和高等研究发展潮流的著名学府，也是世界理工科精英的聚集地。

　　截止到 2009 年，先后有 75 位诺贝尔奖得主曾在麻省理工

从此，扬帆启航……

届学生)。互相连通的设计是为了方便人们往来于各个院系之间。

麻省理工教育楼

斯塔塔中心

计算机信息与情报科学斯塔塔中心大楼（Stata Center）是著名建筑师法兰克·盖瑞（Frank Gehry）的作品，是校园中最受欢迎的地标。它充分显示出了设计师活跃而冒险的一贯设计风格，采用了超现实主义的倾斜塔造型、角度异常的墙壁和异想天开的形状，看上去奇怪而迷人。值得一提的是，其内部除了教室和研究设施外，居然还设有健身场馆、大型礼堂和托儿中心。

校园里还有现代雕塑大师亨利·摩尔的作品。

校园重大历史事件

➢ 1861 年，学院由一位著名的自然科学家威廉·巴顿·罗杰斯

院学习或工作过。经过几代人坚持不懈地努力奋斗，麻省理工学院之名蜚声海外，成为世界各地莘莘学子心向神往的科学圣殿。该校的自然及工程科学在世界上享有盛誉，其管理学、经济学、哲学、政治学、语言学也同样优秀。另外，美国大学第一个大规模、跨学科、多功能的技术研究开发实验室——林肯实验室（Lincoln Laboratory）、业界领先的计算机科学及人工智能实验室（MIT Computer Science and Artificial Intelligence Laboratory，CSAIL）、世界尖端的媒体艺术与技术实验室（MIT Media Lab）和培养了许多全球顶尖首席执行官的斯隆管理学院都是麻省理工赫赫有名的宝贵资产。

现任校长是苏珊·霍克菲尔德（Susan Hockfield），这位知名的神经系统科学教授于 2004 年 12 月起担任麻省理工学院第 16 任校长，也是麻省理工建校以来的第一位女校长。在此之前，自 2003 年 1 月起，霍克菲尔德曾任耶鲁大学教务长，负责管理耶鲁大学各院系的教育政策、学术计划和奖学金计划。

鸟瞰麻省理工学院

麻省理工学院由 6 个学院组成：建筑与规划学院、工程学院、人文与社会科学学院、斯隆管理学院（Sloan School of

（William Barton Rogers）创立。他希望能够创建一个自由的学院来适应正快速发展的美国。由于南北战争，直到 1865 年麻省理工学院才迎来了第一批学生。

➢ 1900 年，美国第一个物理化学实验室最先在麻省理工学院建立。

➢ 1923 年，诺伯特·维纳（Norbert Wiener），在他的"微分空间"的论文中，建立了现代随机过程的教学基础，这是在控制理论、滤波器、预测预报理论等方面已被广泛应用的理论。后来，他将这些成果和自己后来研究的信息与通讯过程等一并辑成一本里程碑式的著作《控制论》。

➢ 1930 年，范内瓦·布什（Vannevar Bush）和一个研究小组开始着手设计能够求解微分方程的"微分分析机"的工作，造出世界上首台模拟电子计算机。这一开创性工作为二战后数字计算机的诞生扫清了道路。

➢ 1946 年，麻省理工开始了对低温物理学的广泛实验研究。

➢ 1957 年，经过 9 年的研究，约翰·锡汗（John Clark Sheehan）首次完成了盘尼西林的化学合成。同年，随着《句法结构学》一书的出版，艾弗拉姆·诺姆·乔姆斯基（Avram Noam Chomsky）促进了人们对说话者掌握语言词造句和理解句子的词汇的能力的了解，这一成就被认为是 20 世纪语言学的最主要的成就之一。

➢ 1986 年，史蒂芬·本顿

Management）、自然科学学院、惠特克健康科学与技术学院（Whitaker College of Health Sciences and Technology）。

无论从那个方面来看，麻省理工都是世界上一所无与伦比的高等学府，其最突出的标志是造就了一批声名盖世的科学家。在这里，传统的教育方法是没有多少市场的，它最成功之处就在于它独特的教育方法——"最基本的注意点是研究，即独立地去探索新问题"。例如，有一门课是这样进行的：学生们每人得到一个装满弹簧、电机等元件的箱子，课程要求简单明确——自行设计、装配一台机器。麻省理工学院的教员有 1025 位（教授 653 位），师生比例为 1:7，这样高的比例在全美的大学里是少见的。由于学生人数不多，教授们就有足够的精力来关心学生的作业与发展。

麻省理工学院与哈佛的风格截然不同，学院主要培养工程师和技术人员。这两座名校并肩矗立在查尔斯河的岸边，给美国历史名城波士顿增添了一道人文景观。麻省理工与哈佛相邻，却没有被鼎鼎大名的常春藤"老大"哈佛兼并，而是办出理工科大学的特色。其中的原因在于：

康普敦实验室

第一，既重视基础理论知识，又强调实际的操作能力。

"通过实验进行教学"是该校首任院长罗杰斯的教育信条。麻省理工强调利用实验室、工厂和计算机资源进行教学，让本科生从事研究活动。1957 年，发明偏振片照相机的埃德温·H·兰德在麻省理工的讲座《伟大之产生》对麻省理工的教学思想产生了很大的影响。他认为，标准的大学考试和评分制度只能压抑学生成为伟大人物的潜力，学生不应被看作是不成熟的孩子，应被教授们当作年轻的同事，并应及时给他们以从事独立的、有激励

（Stephen Benton）和他的学生在麻省理工的材料实验室，发明了彩虹全息技术，掀起以白光显示为特征的全息三维显示新高潮，并带来了当前风靡世界的模压全息产业，掀起了以防伪为宗旨的印刷包装新革命。

校园杰出人物

今天的麻省理工学院无论是在美国还是全世界都有非常重要的影响力，培养了众多对世界产生重大影响的人士，是引领全球高科技和高等研究发展潮流的著名学府，也是世界理工科菁英的聚集地。校园里人才辈出（篇幅有限，无法列出），这里只能列出少部分如夜空中点点繁星的诺贝尔奖得主（以下的名单大约仅占麻省理工四分之一的得主）。

➢ 皮特·戴蒙得（Peter Diamond），1963年毕业，博士学位，现为该校经济学教授，获得2010年诺贝尔经济学奖。

➢ 奥利弗·威廉姆森（Oliver Williamson），1955年毕业，学士学位，1988年以来一直任该校经济学教授，获得2009年诺贝尔经济学奖。

➢ 阿达·约纳特（Ada E. Yonath），1970年在该校做博士后研究，现任以色列魏茨曼科学研究所（Weizmann Institute of Science）生物分子结构中心主任，获得2009年诺贝尔化学奖。

➢ 保罗·克鲁格曼（Paul R. Krugman），1977年毕业，博士

性的科研工作的机会。1969年麻省理工作为美国第一所制定了"大学生研究机会计划（Undergraduate Research Opportunities Program）"的大学，让本科生作为教师的初级同事参与研究工作，为本科生提供了广阔、开放的发展空间，这项计划目前仍是全美大学中最大和最广泛的计划，没有其他任何一所大学在这方面能与之抗衡。

第二，既享受"世界理工大学之最"的盛名，又践行"脚踏实地刻苦钻研"之实。

全美乃至世界各国优秀的学子云集于麻省理工，正如该校一位教授所说，在麻省理工的学生就是再优秀都还不够优秀。人前显赫富贵，背后吃苦受累。在这里，极度紧张的理工科学习被称为"高压锅"，麻省理工学院的所有本科生在学习期间必须拿满360个学分（比一般大学多两至三倍），其中包括"哈斯（HASS，即the Humanities, Arts and Social Sciences）要求"——修满8门人文、艺术和社科课程而拿到32个学分，通过100米自由式游泳，写一篇1万字的学士论文，才能顺利毕业。麻省理工学院并不是一所只要用功就能念到毕业的学校，但不用功是万万不能的。校方尽力想给新生们缓解或减轻点压力，例如，新生们第一学期所学课程都不给以字母表示的成绩，只给打"通过"或"不通过"。

第三，既在科技理工领域遥遥领先，又在人文社科方面毫不示弱。

麻省理工至今仍然叫学院，并不等于它仅仅实行专业教育。恰恰相反，它也一样重视通识教育，在人文社科领域颇有建树。麻省理工学院人文学科具有这些特点：一是学科专业齐全、完备。人文与社会科学学院下面设有人类学、经济学、外国语言文学、妇女研究等10多个学科专业，有着一流的教学研究设施和学术氛围。二是拥有一代又一代大师级学者，并形成了在许多领域具有世界性卓越建树和声誉的学科群。正是由于拥有和产生了众多像艾弗拉姆·诺姆·乔姆斯基（Avram Noam Chomsky，美国语言学家，曾任该校语言学与哲学系主任和认知科学研究中心主任）这样的国际级学术大师，在全校范围内极大地提高了人才培养的档次，才形成了学养深厚、生动活泼的学术氛围。三是对人文学科发展的重视，使得其人文学科专业课程的丰富程度令人叹为观止。仅以人类学专业为例，近年该专业即开设有"人类学理论研究"、"人种学实地考察研究"、"巫术、魔法与精神世界"、"暴力、人权与正义"、"毒品、政治与文化"、"计算人类学"

位,美国经济学家,现任普林斯顿大学教授,获得2008年诺贝尔经济学奖。

➤ 郝慰民(Wei Min Hao),1983年毕业,硕士学位,美国化学家,获得2007年诺贝尔和平奖。

➤ 埃克里·马斯金(Eric Maskin),曾任该校经济学教授,获得2007年诺贝尔经济学奖。

➤ 乔治·斯穆特(George F. Smoot),1966年毕业,双学士学位(数学和物理),1970年毕业,博士学位,美国天体物理学家,现任加州大学伯克利分校物理教授,获得2006年诺贝尔物理学奖。

➤ 安德鲁·法厄(Andrew Z. Fire),1983年毕业,博士学位,美国生物学家,现任斯坦福大学教授,获得2006年诺贝尔生理学或医学奖。

➤ 理查德·施罗克(Richard R. Schrock),现任该校化学教授,美国化学家,获得2005年诺贝尔化学奖。

➤ 罗伯特·约翰·奥曼(Robert John Aumann),1955年毕业,博士学位,犹太裔美国数学家,现任以色列耶路撒冷希伯来大学教授,获得2005年诺贝尔经济学奖。

➤ 弗朗克·韦尔切克(Frank Wilczek),现任该校物理教授,获得2004年诺贝尔物理学奖。

➤ 罗伯特·恩格尔(Robert Engle),1966至1977年曾任该校经济学教授,美国经济学家,获得2003年诺贝尔经济学奖。

➤ 罗伯特·霍维兹(H. Robert

等共30门左右的课程。四是有关人文社会科学建设的理念卓尔不凡。在麻省理工学院,许多从事人文社会科学研究工作的先驱们穿梭于教室、工作间、计算机实验室以及各种练习场所,这种不断更新观念、注入活力的氛围,吸引着世界各地最优秀的教师、学生及研究者们;他们意识到当今面临的挑战是全球性的、跨学科的,他们懂得人文与社会科学学院将给予其知识和技能,使之走在日新月异的世界前列。

校园中雕塑家亨利·摩尔的作品

麻省理工的管理层深知,该校培养的未来工程师不仅需要一流的技术和技能,而且更需要对技术应用的社会情境和市场行情有着充分的把握。受教育不仅仅是为了促进智力的发展,也是为未来生活做准备,因而学生受教育的整体环境是很重要的。以培养工程技术人才为主的麻省理工,越来越重视人文教育,目的是为了让学生毕业后能顺利地承担高级领导工作。通识教育与专业教育相结合,为本科生提供了一种平衡的教育。事实上,人文与社会科学学院是麻省理工学院学生大学本科教育的公分母,因为它在每一个领域都提供了终身学习的知识基础。一位麻省理工的院长指出,麻省理工毕业生的命运不能总是以为普林斯顿和哈佛毕业生打工而告终。为此,麻省理工还设立新的管理专业,"以应对雇主对毕业生的新要求,对将承担的日益复杂的社会责任做好充分准备"。

第四,既提倡肩负社会责任感,又强调发扬企业家的精神。

为社会的利益而发现和应用知识是麻省理工的中心使命。1873年以前,机械工程一直是该校的第一专业,之后与土木工程易位。这是因为当时美国有成千上万英里的铁路需要铺设,开凿

Horvitz），1968 年毕业，硕士学位，美国生物学家，现任该校生物系教授，获得 2002 年诺贝尔生理学或医学奖。
➢ 科菲·安南（Kofi Atta Annan），1972 年毕业，硕士学位，联合国秘书长（1997 至 2006 年），获得 2001 年诺贝尔和平奖。
➢ 沃夫冈·凯特利（Wolfgang Ketterle），现任该校物理教授，德国物理学家，获得 2001 年诺贝尔物理学奖。
➢ 百瑞·夏普雷斯（Karl Barry Sharpless），曾任该校化学教授，美国化学家，获得 2001 年诺贝尔化学奖。
➢ 丹尼尔·麦克法登（Daniel McFadden），1977 至 1991 年曾任该校经济学教授，美国计量经济学家，获得 2000 年诺贝尔经济学奖。
➢ 罗伯特·蒙代尔（Robert A Mundell），1956 年毕业，博士学位，"欧元之父"，获得 1999 年诺贝尔经济学奖。
➢ 崔琦（Daniel Chee Tsui），曾任该校研究人员（1968 至 1982 年），美国华裔物理学家，获得 1998 年诺贝尔物理学奖。
➢ 约翰·福布斯·纳什（John Forbes Nash），曾任该校数学教授，美国数学家，获得 1994 年诺贝尔经济学奖。
➢ 丁肇中（Samuel Chao Chung Ting），现任该校物理教授，美国华裔物理学家，获得 1976 年诺贝尔物理学奖。

隧道、修筑桥梁、兴建公共设施，需要大批训练有素的工程技术人员。一战期间，麻省理工增设专业，为报效祖国办起了培训陆军和海军飞行员、航空工程、无线电工程师以及其他人员的专业，广泛开展与战争有关的科研工作。

新媒体实验室

计算机信息与情报科学中心

1972 年，为寻求解决震撼世界的能源危机的新途径，能源实验室在麻省理工应运而生，有 65 位教授和许多研究生参与了这项工作。企业家是美国经济改革和发展的驱动力，他们把新的思想、方法和先进的技术带给商界和市场，并进行创造性的工作。企业家的精神在麻省理工随处可见。即使学生对商界很少感兴趣，企业家的精神却鼓励学生进行有创造性的努力以产生新的制度和解决方法。麻省理工的校友、教师和学生在美国上千个公司的创办中发挥了重要作用。麻省理工的企业家中心精心设计和实行了新

➢ 理查德·费曼（Richard Phillips Feynman），1939年毕业，学士学位，美国物理学家，获得1965年诺贝尔物理学奖。

麻省理工学院其他杰出的人物还有：

➢ 劳伦斯·萨默斯（Lawrence Summers），1975年毕业，博士学位，哈佛大学的第27任校长。

➢ 艾弗拉姆·诺姆·乔姆斯基（Avram Noam Chomsky），该校语言学的荣誉退休教授，其《生成语法》被认为是20世纪理论语言学研究上最伟大的贡献。

➢ 巴兹·奥尔德林（Buzz Aldrin），1962年毕业，博士学位，第二位踏上月球的人（在尼尔·阿姆斯壮 Neil Armstrong 之后）。

➢ 本·伯南克（Ben Bernanke），1979年毕业，博士学位，现任美国联邦储备局主席。

➢ 本雅明·内塔尼亚胡（Benjamin Netanyahu），1971年毕业，学士学位，1973年毕业，硕士学位，以色列前总理。

➢ 贝聿铭（Ieoh Ming Pei），1940年毕业，学士学位，世界级建筑师。

➢ 钱学森（Hsue-Shen Tsien），1936年毕业，硕士学位，被誉为"中国太空之父"和"火箭之王"。

所在地概况及公共设施

波士顿剑桥地区是包括麻省理工学院在内的等80多个大学和学院的所在地，共有25万名大学生，是美国大学生最密集的地区。

的为企业家未来的实践作铺垫的教育和研究计划。同时，校园内还有许多竞赛和奖学金鼓励学生去从事科学、技术和企业家的职业，激励学生成为有创造性的个体。

麻省理工学院博物馆

麻省理工学院是一所历史悠久、富于创新精神的学校，更是一个令人激动的地方。很多学生对这所名校趋之若鹜，是因为它拥有学生所需要的学位计划和课程，是因为学生们甚至新生都可以聆听到诺贝尔奖得主的教诲，是因为学校会给学生无数的良机，让学生与世界上著名的科学家共同研究。学生和教授间的关系很亲密，培养了一种良好的合作精神。学生们在这所大学里可以同与他们相似的人——科学和数学方面的佼佼者、杰出的音乐家、运动员、企业家和团体领导共同生活和学习，努力实现运用技术知识达到改善人类现有状况的人生目标。

◎ **学校图书馆**

麻省理工学院的图书馆资源丰富，藏书量高达290万册，还有310万种其他资料，包括缩微胶卷、地图、图片、乐谱、手稿、录音录像资料和电子资料等。图书馆包罗万象，无论是工程、管理、建筑设计，还是科学等方面的书籍应有尽有，十分适合学生研究时查阅。该图书馆系统还包括档案和收藏研究所，用于收藏麻省理工学院的创建文献、技术报告以及著名教授的论文等。图书馆24小时对学生和学者开放。通过图书馆的网站，还可以在线查询2万多个数据库和电子期刊，以及日益增加的数字收藏。

值得一提的是该校的音乐图书馆。这个图书馆是音乐系的资料室，1996年迁移到现址，命名为路易斯音乐图书馆（Lewis Music

这是一个岛屿型的海滨城市，三面环水，东面濒临浩瀚的大西洋，这一带是波士顿的重要港区。查尔斯河弯弯曲曲地从市区南面流经西面，然后折向东北穿过波士顿市区流入马萨诸塞海湾，河流两岸风景如画，美丽动人。

波士顿的发展起始于脱离英国殖民统治的时候，是新英格兰地区的中心，又是马萨诸塞州的首府。是美国少有的几个历史悠久到可以与欧洲相提并论的地区之一。今天的美利坚合众国就诞生在这里，这里还是美国独立革命思想的发源地。

波士顿城是美国多种文化的集中地，也是美国古老文明城市的一面镜子。波士顿被誉为"美国的雅典"，因为它像雅典一样保留着许多古迹，以拥有雄伟的州议会大厦、别致新奇的图书馆、美国第一流的交响乐团、芭蕾舞团及以收藏东方艺术品闻名的美国博物馆而著称于世。

波士顿美术博物馆（Museum of Fine Arts Boston）是来访者络绎不绝的地方，她与华盛顿的国立美术馆（National Gallery, Washington）、纽约的大都会艺术博物馆（the Metropolitan Museum of Art, New York）和芝加哥美术馆（Art Institute of Chicago）齐名，都是全美第一流的博物馆。这个欧洲式的大型美术博物馆，外表古老，内部装饰富丽堂皇，非常别致；收藏了很多文物、绘画和雕塑珍品，大厅内陈列着各

Library）。该馆订阅有 70 余种音乐期刊杂志供师生阅览，还收藏有从中世纪到 20 世纪的音乐书籍 1 万多册，音乐曲谱 2.5 万多本和各种音响资料 2 万多种，其中包括麻省理工学院师生的音乐作品和演出资料。

海顿纪念图书馆

路易斯音乐图书馆

麻省理工学院在 2001 年宣布，计划在今后十年内把MIT所有的课程内容放到网上，称之为"开放式课程网页计划"（MIT Open Course Ware, MIT OCW），这就是全球开放式教育资源运动的开端。它的指导思想是：向全球开放免费的高质量教育资源，不论贫富、种族、性别、年龄及地域差别，每个人都有机会享受获得教育的权利。其宗旨是为了推进和提升知识和学术，以此为美国和世界提供更好的服务。这个网站的目标正与麻省理工学院对于追求卓越、创新和领导的价值观不谋而合。这些课程包括了麻省理工学院 5 个领域的 33 个不同学科的课程。

种精美的瓷器和古玩，有些来自中国。除了美术博物馆外，波士顿的灯塔山（Beacon Hill）是美国波士顿一个古老的街区，这是一个由联邦式联排住宅组成的街区，以其煤气灯照明的狭窄街道和砖砌人行道著称。今天，灯塔山被视为波士顿最好、最昂贵的街区。科普利广场（Copley Place）是文化中心。在波士顿城中心商业区，有美国、英国、德国和意大利等国的时装商店和世界各国的食品和家具；城中心西侧是唐人街，有许多中国商店、餐馆、酒家。

波士顿的大多数景点之间只需要步行就可到达。步行是这里最好的游览方式，波士顿因此获得了一个别称——"美国步行城市"。波士顿的鹅卵石街道非常迷人，步行观光时，最好穿牢固的步行鞋或软底胶鞋。

波士顿的春天可能变得很热，气温升到90华氏度（32℃）；但也可能到5月下旬还很寒冷，只有40华氏度（4.4℃），因为寒冷的海水的影响。最热的月份在7月，平均气温为27.7℃，最低气温为18.4℃，通常很潮湿。最冷的月份是1月，平均气温35.8华氏度（2.1℃），最低气温为21.6华氏度（-5.6℃）。夏季气温超过90华氏度（32℃），冬季气温低于10华氏度（-12℃）的情况并不罕见，但很少会持续多日。有记录的最高气温是1911年7月4日的104华氏度（40℃）。有记录的最

◎学校生活条件

阳光下享受课余的闲暇和清新的空气

克莱斯格体育馆

94%的本科生居住在校园内的11幢寄宿学院，或附属于麻省理工的兄弟会、姐妹会和其他居住团体的宿舍。所有单身的一年级新生必须居住在学校学生宿舍楼，除非新生选择走读。本科生在校4年期间均可安排住宿。学生宿舍位于校园中心地带，各种设施齐备。由于校园比邻查尔斯河，大多数宿舍都可以看到美丽的河岸景色。大多数兄弟会、姐妹会和独立的居住团体的宿舍在查尔斯河的另一侧，距离校园大约1英里（1.6千米）的路程。学生宿舍里没有厨房。目前在校园住宿的大学生总数近3000人。

学校内有480个学生社团，其中包括32个体育团体、8个新闻媒体组织、65个少数民族或国际学生社团，5个音乐、戏剧和舞蹈团体，33个宗教团体、35个服务团体、22个学生活动组织、

低气温是 1934 年 2 月 9 日的-18 华氏度（-28℃）。

抵达方式

距离麻省理工学院最近的机场是洛根国际机场（Logan International Airport），位于波士顿东部，是世界上 20 个最繁忙的机场之一，在 2006 年客运量为 27 万人次左右。机场拥有 6 条跑道，雇员约 16000 人。机场服务的主要目的地是美国、加拿大、拉美和欧洲。

从洛根国际机场有多条线路前往波士顿市区以及麻省理工学院。

波士顿的公共交通设施包括巴士、地铁、通勤火车以及由马萨诸塞湾交通管理局（Massachusetts Bay Transportation Authority，简称为 MBTA 或 "T"）运营的轮渡，它便捷、安全，价格也合理。448 路和 459 路巴士往返于洛根机场和市区。MBTA 的蓝线地铁是从机场去波士顿市区的最佳选择。MBTA 的大部分地铁票价都是 1.25 美元。

许多游客都会乘坐免费的 Massport 往返巴士，该巴士连接了抵达层的所有机场口、MBTA 蓝线地铁机场站以及水运终点（Water Transportation Terminal）码头。游客们还可搭乘 MBTA 的港底快线（Harbour Express），这是一种非常方便的水下往返快船，仅需 7 分钟就能从洛根机场

70 个学术团体和 13 个学生内部政府组织。

热闹非凡的用餐时间

皮划艇比赛中的选手

麻省理工学院实施了一个世界上最广泛参与的校际体育运动计划，其中男生有 16 个体育项目，女生有 15 个体育项目，还有两个男女都参加的体育项目。学院体育竞技的主要对手是新英格兰地区的大学和常春藤盟校，而且还经常参加地区和国家级的运动会和锦标赛。麻省理工学院对其体育设施进行了前所未有的扩建和改造，拥有 10 个室内体育场馆和 26 英亩（约 0.1 平方千米）的运动场地，堪称新英格兰地区体育设施最完备的大学之一。

麻省理工学院的宽带无线网络完成于 2005 年遍布校园各个角落，共有 3000 个收讯点（就是出了校外一千米内，收讯率还是

穿越港底直达市区；要是您想下榻海滨区或金融区的酒店，港底快线也很方便。票在船上有售。

在洛根机场，很容易就能找到出租车。在波士顿，约19千米范围之内计费起步价为2.25美元，超过的路程按大约每0.2千米30美分计价。

95%以上），是全美无线化做得最好的大学。全校共有50台高速激光打印机，不但可以自动打印正反两面，而且打印速度为每分钟90张；这些高速激光打印机分布在校园各个角落，学生和教授们可以在学校任何一台电脑发送至任何一台高速激光打印机进行打印，为学习及研究提供了很大的方便。

Tufts University　塔夫茨大学

排　　名： 25	校训：	校徽：
建校时间： 1852 年	*Pax et Lux* （拉丁语）	
学校类型： 私立	Peace and Light	
IBT 最低线： 100 SAT： 　　　CR： 680 – 750 　　　Math： 680 – 750 　　　Writing： 680 – 760 ACT Composite： 30 – 33 注：要求提交 2 科 SAT II 成绩	学校网址：http://www.tufts.edu	
	申请网址：http://admissions.tufts.edu	
	咨询电话：617-627-3170	
	咨询传真：617-627-3860	
	咨询邮箱：admissions.inquiry@ase.tufts.edu	
送分代码： 　　IBT： 3499 　　SAT： 3901 　　ACT： 不详	申请费： $70	
	学　费： $41598	吉祥物： Jumbo
	总费用： $55000	
毕业率： 　4 年毕业率： 85% 　6 年毕业率： 90%	申请截止时间： 　　ED1：11 月 1 日 　　ED2：1 月 3 日 　　RD：1 月 3 日	
学生人数： 　在校生总数： 9273 　本科生人数： 5200	申请材料邮寄地址： Office of Undergraduate Admissions Tufts University Bendetson Hall 2 The Green Medford, MA 02155　　USA	
人员比： 　师生比： 1 : 7 　男女生比： 50 : 50 　国际学生比： 6%		

校园标志性建筑

　　塔夫茨大学占地 150 英亩（约 0.6 平方千米），校园坐落在被茂密树林覆盖的山顶，俯瞰附近的波士顿城区中心。主校园以砖石结构为主的建筑物古色古香。

　　校园内的戈达德（Goddard）

◎学校概况

　　美国革命开始后，1776 年 1 月 1 日在查理斯敦，即如今麻萨诸塞州的萨默维尔（Somerville），一座叫做普罗斯佩克特的山上（Prospect Hill），升起了第一面非正式的国旗，称为大陆彩色旗；据说它是在华盛顿将军的命令下升起的，当时华盛顿的司令部就在附近。这面旗帜上有 13 道横条，旗杆一侧上方是英联邦旗（英国国旗）的第一个版本。像许多其他的国旗一样，美国国旗长期

会馆建于1883年，起初作为一个本科生体育馆，其地下室包括一层开放的场地和衣帽柜等设施。从1897年起，新生和二年级学生被要求每周进行两小时的健身运动，从感恩节一直到来年的春假。那时，戈达德体育馆是适合舞会和大型集会的场所，每年的开学聚餐也常常在这里举行。1932年科森斯体育馆开始启用后，戈达德体育馆就被移交给当时新建立的弗莱彻法律外交学院，从此更名为戈达德会馆。

戈达德教堂是校园的精神家园

校园重大历史事件

➢ 1840年，宇宙神教教堂要在新英格兰地区开办一所学院，波士顿商人查尔斯·塔夫茨将当时价值2万美元的20英亩（约0.08平方千米）土地捐赠给教堂，条件是用于建立一所学院。这块土地位于波士顿地区最高的丘陵，名叫核桃山，在梅德福和萨默维尔两地之间。

➢ 1852年，马萨诸塞州联邦特许塔夫茨学院成立。其建校宗旨是，"通过语言的学习以及自由的、有用的艺术之推荐，推动人们的美德和虔诚的建立"。

以来一直是美国人爱国情感的聚焦点。

就在萨默维尔这个具有历史意义的地方，附近有一所知名的高等学府——塔夫茨大学，这是美国一所顶级的综合性私立研究型大学，现有学生9000多人。在波士顿地区，相对于哈佛大学，塔夫茨大学只能是个配角，但是这已经是相当荣耀了，至少近年来申请塔夫茨大学的优秀学生的人数激增，将塔夫茨推到了美国最难申请的大学的行列。在马萨诸塞州的萨默维尔和剑桥市之间，聚集着世界上最出色、最聪明的青年学生群。这块地方被人称为"人才三角地"，而构成这三角形轮廓的就是哈佛大学、麻省理工学院和塔夫茨大学这三所学府。

现任校长是劳伦斯·巴科（Lawrence S. Bacow），这位法学和经济学教授于2001年9月就任该校第12任校长。

塔夫茨大学有10所学院：文理学院、文理研究生院、工程学院、康明斯兽医学院（Cummings School of Veterinary Medicine）、牙医学院、弗莱彻法律与外交学院（Fletcher School of Law and Diplomacy）、吉罗德·弗里德曼营养科学与政策学院（Gerald J. and Dorothy R. Friedman School of Nutrition Science and Policy）、医学院、塞克勒生物医学科学研究生院（Sackler School of Graduate Biomedical Sciences）、乔森纳·蒂奇公民和公共服务学院（Jonathan M. Tisch College of Citizenship and Public Service）。其中文理学院和工程学院设有本科生课程。学校还建有环境管理研究所、生物技术研究中心、电子和光学技术研究中心等科研机构。

校园中心是学生活动的重要场所

塔夫茨大学的特点有：

第一，严格的教育质量。在学术各个领域，从自然科学到文学、社会科学，塔夫茨培养了一种学术严谨、激发灵感的文化。

➢ 1857年，带有座右铭"和平和光明"的官方印章被采用。1876年，学生社团为学校选择的颜色是棕色和蓝色（这两种颜色并未得到校方的承认，直到1960年通过董事会的投票才最后确定。）

➢ 1861年，塔夫茨共有校友36名，注册学生53名。

➢ 1933年，弗莱彻法律与外交学院开学，第一届有21名学生。该学院的创办是因为塔夫茨1876年的校友奥斯丁·巴克利·弗莱彻捐赠了100万美元，用于建立和维持一所塔夫茨的法律和外交学校。在经济大萧条的情况下，该学院与哈佛大学合作，成为美国第一所国际关系研究生院。

➢ 1939年，一款盾形纹章被用于塔夫茨学院的非官方文件中（官方印章用于官方正式文件）。在此后的年代里，在纹章、印章的使用过程中产生了不少混乱，印章的设计被修改，到20世纪60年代中期，纹章便不再被使用。

➢ 1955年，学校规模的不断扩张、学术研究的快速发展使得塔夫茨学院最后更名为塔夫茨大学。

校园杰出人物

塔夫茨大学杰出的校友有：

➢ 罗德里克·麦金农（Roderick MacKinnon），1982年毕业，医学博士学位，获得2003年诺贝尔化学奖。

➢ 科斯塔斯·卡拉曼利斯（Costas Karamanlis），该校政治经济学硕士和外交史博士，希腊前任总理。

大学的办学原则是以质取胜、注重革新。从学生录取、教师教学到学术研究，以及对教师的业绩评估等，塔夫茨大学都设立了严格的质量标准，其目标是把学生培养成具有三种素质的人才，即解决问题的能手、创造财富的实业家、应对挑战的专家，该校因其出色的教学和研究工作而享誉世界。塔夫茨的综合实力跟常春藤名校相差不多，但与常春藤名校所不同的地方是塔夫茨更加重视本科教育，教授亲自负责授课，而助教只教实验课和指导小组学习。

这里的学业具有很大的挑战性，学生们常常聚集在一起相互帮助、共同研讨。有时候在大一的课堂上，可能有大二、大三的学生，这是因为学生以专业为重，而不是纯粹以年级来划分。国际关系，还有历史、政治学、生物、工程、戏剧、经济学等，都是最受欢迎的专业。在这里，本科生可以攻读的专业有70多个，本科课程有数千个。塔夫茨本科生的人数5300人左右，90%在文理学院，10%在工程学院。绝大部分的课程由全职的教授担任，这些教授大多数都具有博士学位，并且在各自领域都有长期的职业经验。较高水准的课程班级规模比较合理（一般都只有25名学生左右，而进行介绍性的讲课的班级的规模才比较大）。该校努力建立一种融洽的师生关系，鼓励教授对教学和研究两方面予以关注。

伊顿计算机实验室

第二，较宽的合作领域。塔夫茨大学非常注重创造多样性的学习环境，提倡在各个方面向不同的文化和专业学习。塔夫茨的本科生专业以跨学科为特色，人文科学专业的学生要修数学和其他自然科学，工程专业的学生要学习诗歌和历史。不仅如此，善于与其他院校合作，各取所长，共同进步，则是塔夫茨大学的又

- 斯科特·布朗（Scott Philip Brown），曾获塔夫茨大学的艺术学士学位，美国参议员。
- 比尔·理查森（Bill Richardson），1970年毕业，法律和政治学学士学位，1971年在弗莱彻法律和外交学院获国际事务硕士学位，新墨西哥州州长。
- 皮埃尔·奥米迪亚尔（Pierre Omidyar），1988年毕业，计算机学士学位，全球电子商务领头羊eBay（易趣）公司的创始人。
- 梅勒迪斯·维埃拉（Meredith Vieira），1975年毕业，文学硕士，美国著名的电视主持人、记者。
- 罗伯特·斯腾伯格（Robert Sternberg），前美国心理学协会主席，塔夫茨大学文理学院的新院长。
- 杰米·戴蒙（Jamie Dimon），1978年毕业，摩根大通首席执行官。
- 杰夫·金德勒（Jeff Kindler），1977年毕业，文学学士学位，曾任《哈佛法律评论》的编辑，辉瑞首席执行官。
- 丹尼尔·丹尼特（Daniel Dennett），塔夫茨大学认知研究中心主任、哲学家，同时也是一位神经科学家。他和理查德·道金斯（Richard Dawkins）、山姆·哈里斯（Sam Harris）等被认为是在西方世界推广无神论最积极的几位科学家。

所在地概况及公共设施

塔夫茨大学位于波士顿边

一大特色。在塔夫茨，几乎一半的学生都能到海外学习，有的为期一年，有的为期一个学期。校方强调培养学生成为具有国际视野的世界公民，对学生外语要求特别高，并有多个中心教授中国、德国等多国语言和文化，从这里毕业的名人数不胜数。

全球范围的项目由学生自己选定，涉及的国家从阿根廷到越南，澳大利亚到法国，博茨瓦纳到英国，埃及到以色列，不一而足。学生们还可以选择由塔夫茨赞助的项目或者由其他可信任的学院或大学赞助的项目。塔夫茨赞助的项目所在地包括智利的圣地亚哥，中国的杭州、香港，加纳的阿克拉，日本的金泽，伦敦、马德里、牛津、巴黎和德国的杜宾根。校外对塔夫茨大学海外学习项目的评论很多。几年前，卡普兰新闻周刊《学院指南》将塔夫茨评为美国最热门的25所大学之一，部分原因就是因为该校实力很强的国际交流项目和学生海外学习项目。

第三，独特的录取方式。申请塔夫茨大学与申请其他的名校有些不同，不同之处就在于该校更注重思想的发展而不禁锢于学术上的成绩。日前，塔夫茨大学对其本科生招生录取政策进行了重大改革，将允许那些有原创性思想的优秀学生不用经过学术能力测验也能被录取。如今，塔夫茨大学正尝试一种更加科学的方法来做出判断以决定哪些入学申请者更合适，即一些学生的学术能力测验成绩并不能完全反映其自身的真实水平。校方相信，一个学生有创造力与实践技能和被典型的标准化考试所测评的分析技能一样重要。塔夫茨大学将让部分学生在面试时回答一些主观性问题来展示他们的原创性思想和构想力。

比如，在考试的时候，塔夫茨大学的考题可能是这样的：假如民权运动的先驱者罗莎·派克斯放弃了她在公共汽车上的座位，或者梵蒂冈天主教教会教皇约翰·保罗一世再多活一个月，那么他们能引起世界怎样的改变。

另外，在考试的时候，考官可能要求考生为一个根本不存在的产品设计一个广告或者广告宣传；或是要求考生按照视频场景，写一个他们将会怎样做的短文。据统计，近年来，共有800多名外国学生申请塔夫茨大学，录取比例为33%，其中31%注册。塔夫茨大学文理学院的新院长、心理学家罗伯特·J·斯腾伯格表示，根据他的研究，如果大学想要招录那些未来的精英人物，那么仅凭借学术能力测验成绩是远远不够的，必须创新招录办法。塔夫茨大学的招生实验引起了麻省理工学院与斯坦福大学的密切关注。

第四，融洽的师生关系。学生是大学的中心，塔夫茨大学的

从此，扬帆启航……

的一个很小的社区，校址在麻萨诸塞州的梅德福和萨默维尔之间，靠近波士顿。作为美国第5古老的城市，梅德福在19世纪是强大的造船业中心。这个社区本身没有多少特点，就是有地铁直通波士顿，距离哈佛大学和麻省理工学院都只有15分钟的路程，所以该校的学生有很多机会享受波士顿提供的丰富城市资源，包括很多餐馆、夜生活和音乐商店。

口号是学生优先，注重学生的需求。在塔夫茨，学生很容易接近教授。学校希望师生保持终身关系、终身受益。比如：该校有个夏季奖学金计划，为本科生提供资助，鼓励学生在夏季与教授做一些合作研究。本科生如果对某个课题感兴趣，校方愿出资让他与教授一对一地工作，让本科生有更多机会接触老师。

几年前，大学图书馆建立了一个咖啡店，校方规定如果师生一起到图书馆喝咖啡，他们点的任何饮料都是免费的。之所以这样做，是因为塔夫茨希望学生在下课后找老师，与老师保持接触并进行对话，交流不仅涉及在课堂上的教学内容，而且让老师主动提议"我们为什么不到咖啡馆交谈呢？"鼓励师生一边喝咖啡，一边进行交谈。这就是塔夫茨大学"学生至上"的文化氛围。

从学校的规模和校园文化来看，塔夫茨大学显得比较小，也没有值得炫耀的特征和长处，但学生、教授和管理人员三方之间的沟通较多，关系很融洽。这所学府从文科院校逐步成长为一个无教派的综合性大学，其前进的步伐是值得人们称道和钦佩的。

波士顿地区有许多一流的大学，塔夫茨大学在生命科学方面却有着巨大影响。在美国东北部的新英格兰地区，很多的医生、牙医和兽医，都是从塔夫茨大学毕业的。该校在微医学工程方面有重要研究项目，其中营养学可能是世界上最好的。

Tufts University

梅德福的商业街

处于近郊的梅德福地区对于高校的学生来说，并不是一个让人激动万分的地方，地铁系统延伸至塔夫茨校园，所以往来于波士顿去找工作或游玩十分方便。

巴科校长强调搞好塔夫茨大学与所在社区的关系，他在梅德福/萨默维尔校园发起社区日等活动以及就公民意识和社区伙伴关系举行专题研讨会等。2003年巴科校长倡议一年一度的马拉松挑战赛，带动塔夫茨社区成员一起参加波士顿马拉松比赛或提供志愿服务。这项活动募集了1240万美元，用

弗莱彻法律与外交学院

塔夫茨大学虽小，却是一所非常国际化的大学，培养出了一些著名的外交家。弗莱彻法律与外交学院就是美国最古老的国际关系研究生院，据了解，中国就有10名大使毕业于弗莱彻学院，其中包括中国驻朝鲜、澳大利亚、新西兰和南非等国的大使。而外国驻华大使中，有6人是弗莱彻校友，许多在使馆工作的外国人也是塔夫茨的校友。今天，无论走到世界哪个角落，人们都会

于支持营养、医疗和健身方面的研究和教育。2010年的波士顿马拉松赛是塔夫茨团队第八次参加的大型赛事。从霍普金顿到波士顿，巴科校长本人已经参加了5次马拉松比赛，包括在波士顿的4次。

萨默维尔街景

抵达方式

洛根国际机场，在东部波士顿附近的马萨诸塞州波士顿，是世界上20个最繁忙的机场之一，在2006年客运量为27万人次左右。它占地2400英亩（约10平方千米），拥有6条跑道，并雇用了约16000人。机场服务的目的地主要是在美国，以及加拿大、拉美和欧洲。

贝弗利市立机场

在波士顿城周边还有另外三座专用航空机场，分别是位于北部的贝弗利市立机场（Beverly

发现塔夫茨大学的校友。这是塔夫茨大学的的师生感到非常骄傲的地方，也是塔夫茨大学吸引很多优秀学子的原因之一。

◎学校图书馆

塔夫茨大学图书馆系统包括6个图书分馆，其中有：蒂彻图书馆（Tisch Library）、数字藏书和档案图书馆（Digital Collections and Archives，DCA）、吉恩图书馆（Edwin Ginn Library）、莉莉音乐图书馆（Lilly Music Library）、赫什健康科学图书馆（Hirsh Health Sciences Library）、韦伯斯特兽医图书馆（Webster Veterinary Library）。属于弗莱彻法律外交学院的吉恩图书馆是美国国际事务领域最大的专业图书馆之一。

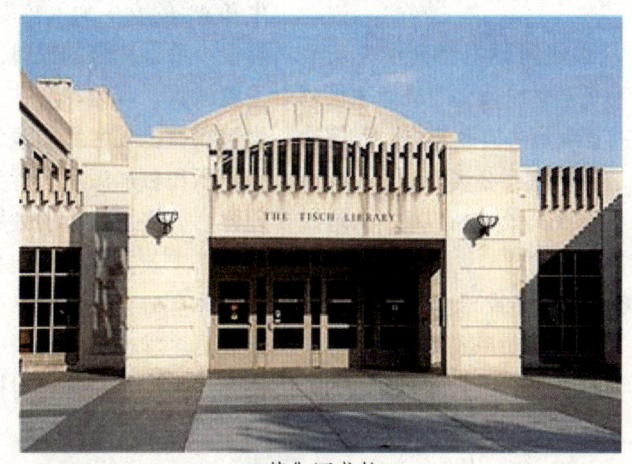

蒂彻图书馆

蒂彻图书馆是该校图书馆的主馆，收藏有250多万册图书、3万种电子期刊、2万种电子图书和2万种音像资料。不仅如此，该图书馆还有一个研究指导计划，提供一对一的咨询服务以及即时资讯服务。图书馆内，还提供咖啡厅、团体研究专用间、观看DVD和录像带的媒体实验室等特色服务。

吉恩图书馆是国际关系领域最大的专业图书馆，该馆收藏的第一手、第二手研究资料均服务于弗莱彻法律与外交学院师生的研究工作和课程。该馆收藏书籍12万多册、270种现今发行的专业刊物，还有3万多种电子出版物和数据等。

韦伯斯特兽医图书馆是新英格兰地区最大的综合性兽医图书馆。这所现代化的、装备精良的图书馆为学生从事学习、研究提供了舒适的空间，同时还有一个计算机实验室为个人和班级提供各种大量的信息资源。

Municipal Airport），位于西部的汉斯康机场，以及位于南部的诺伍德纪念机场。

戴维斯广场

从洛根国际机场到塔夫茨大学，可乘坐穿梭公交到机场蓝线地铁，乘蓝线地铁到政府中心站换乘绿线西行地铁到公园街站下，再换乘红线地铁到戴维斯广场。从地铁学院路一侧的出口，可以乘94路、96路公共汽车或沿学院路步行到塔夫茨校园。如果乘坐公共汽车，可请司机在塔夫茨大学停车。

从此，扬帆启航……

◎学校生活条件

塔夫茨大学在梅德福/萨默维尔校园有41幢学生宿舍和其他能满足特殊兴趣的住宿选择，住在校园的本科生有着丰富的选择余地。所有注册的新生和二年级学生被要求住在校园内，除非他们选择走读。高年级的学生则要通过抽签决定能否住在校内。校内的学生宿舍有双人间、公寓式的套房以及老式的房子，分为坡上和坡下两个部分。坡上的宿舍离人文社科的教师很近，似乎人文社科气息浓厚一点，而坡下的宿舍离自然科学的设施较近。这两大部分的宿舍之间形成了两大帮善意的对手。

塔夫茨大学的"希腊式"生活不是十分盛行，只有15%的男生和4%的女生加入校内的11个兄弟会和5个姐妹会。尽管姐妹会很少举办狂野的派对，但兄弟会每年从头至尾都多次主办大型主题派队，甚为壮观。虽然将"希腊式"生活视为塔夫茨大学学生组织自己社区和实践领导才能的机会，但学校行政部门对本科生饮酒和参加派对等行为仍不寒而栗。学生们也注意到校方对处理饮酒等违规行为的处罚比过去更加严厉。

塔夫茨大学学生十分重视体育活动的开展。该校是美国全国大学体育协会三级协会的成员和新英格兰地区小型学院运动员会议成员。学校会经常举办各种各样的校内体育活动，但不会像其他一些大型学府那样对橄榄球和篮球那么偏爱。

马里兰州
Maryland（MD）

学校英文名称	学校中文名称	2011 年排名	所在地区
Johns Hopkins University	约翰斯·霍普金斯大学	13	巴尔的摩 Baltimore

州旗

州徽

州示意图

昵称：	自由之州	地区划分：	中东部地区
州府：	Annapolis 安那波利斯	主要城市：	巴尔的摩市 Baltimore
时区：	东岸时间 UTC-5/-4	人口：	551 万人（2003 年）
面积：	32160 平方千米 全美第 42 名	加入联邦时间：	1788 年 4 月 28 日 第 7 个加入美国联邦
消费税：	6%	网站：	http:// www.maryland.gov

Johns Hopkins University 约翰斯·霍普金斯大学

排　　名：	13	
建校时间：	1876 年	
学校类型：	私立	
IBT 最低线：		
Listening:	26	
Reading:	26	
Speaking:	25	
Writing:	22	
SAT：		
CR：	670 – 770	
Math：	690 – 790	
Writing：	670 – 770	
ACT Composite：	31 – 34	
注：提交 3 科 SAT II 的成绩		
送分代码：		
IBT：	5332	
SAT：	5332	
ACT：	1704	
毕业率：		
4 年毕业率：	81%	
6 年毕业率：	89%	
学生人数：		
在校生总数：	6782	
本科生人数：	4998	
人员比：		
师生比：	1：12	
男女生比：	53：47	
国际学生比：	5%	

校训：	
Veritas vos Liberabit（拉丁语）	
The Truth Will Set You Free	
学校网址： http://www.jhu.edu	
申请网址： http://apply.jhu.edu	
咨询电话： 410-516-8171	
咨询传真： 410-516-6025	
咨询邮箱： intlhelp@jhu.edu	
申请费： $70	
学　费： $40680	
总费用： $54507	
申请截止时间：	
ED： 11 月 1 日	
RD： 1 月 1 日	
申请材料邮寄地址	
Office of Undergraduate Admissions	
Johns Hopkins University	
Mason Hall / 3400 N. Charles Street	
Baltimore, MD 21218 USA	

校徽：

吉祥物：

校园标志性建筑

　　霍姆伍德（Homewood）校区是约翰斯·霍普金斯大学最古老的校区。校园位于巴尔的摩市的北部，地处集小镇魅力与大都市活力

◎学校概况

　　美国东部有一处经常让人忽略却又最值得一去的地方，巴尔第摩市的麦克亨利堡（Fort McHenry）。200 年前，刚刚灭了拿破仑的英军与以民兵为主的美军交战。1814 年，英国舰队直扑麦克亨利堡，昼夜连续猛轰此堡。当时，美国律师弗朗西斯·斯科

于一身的查尔斯区，为大巴尔的摩都市圈的周末热门度假地。从该地坐火车去华盛顿特区只需 1 小时，去纽约不到 3 小时，步行可达附近众多名胜古迹。校址霍姆伍德原是《独立宣言》签署人之一的查尔斯·卡罗尔之子的庄园。整个校园占地面积 140 英亩（约 0.6 平方千米），古树环抱，绿草如茵。校内建筑主要以 19 世纪典型学院派风格的红砖建筑为主，也有一些现代建筑散落在校园各处。霍普金斯校园里的小路把各幢大楼连成一片，宁静安谧，人文气息浓郁；它在四周喧嚣包围之下的这片宁静有点"世外桃源"的感觉。也许正是繁华和喧嚣的巴尔的摩大都市中有了这样"一片净土"，该校校园素有巴尔的摩"精神首府"的雅称。

梅森楼

校园里，梅森楼（Mason Hall）比较抢眼，是约翰斯·霍普金斯大学的标志性建筑之一，是为了纪念这座楼的捐赠者由雷蒙德·梅森（Raymond A. "Chip" Mason）和他的妻子而命名。2002 至 2007 年，雷蒙德·梅森担任约翰斯·霍普金斯大学董事会主席，他是成立于 1899 年的美盛集团（Legg Mason, Inc.，全球规模最大的资产管理公

特·基乘船到英舰交涉释放被扣留的美国平民。他目击了英军炮轰麦克亨利堡的经过，忧心如焚。次日早晨当他透过浓雾看到美国国旗仍在要塞上空猎猎飘扬时感慨万分，于是激情满怀地写下了《星条旗永不落》这首诗。诗歌很快不胫而走，被配上曲谱后流传全国，1931 年被正式定为美国国歌。现在麦克亨利堡已被辟为美国国家纪念地和历史圣地。

在美国国歌诞生地，有一所世界顶尖级的私立大学，叫做约翰斯·霍普金斯大学（简称霍普金斯大学），这是一所位于美国马里兰州巴尔的摩市的著名研究型私立大学。这所大学经常被误认为是常春藤联盟的一员。霍普金斯大学尤以其医学、公共卫生、科学研究、国际关系及艺术等领域的卓越成就而闻名世界。

校园一角

现任校长是罗纳德·丹尼尔斯（Ronald J. Daniels），这位法学教授于 2009 年 3 月 2 日起担任约翰斯·霍普金斯大学第 14 任校长。在此之前，丹尼尔斯曾任宾夕法尼亚大学副校长和教务长。

霍普金斯大学由克里格文理学院（Krieger School of Arts and Sciences）、凯里商学院（Carey Business School）、教育学院、怀特工程学院（Whiting School of Engineering）、护理学院、皮博迪学院（Peabody Institute）、医学院、彭博公共卫生学院（Bloomberg School of Public Health）、保罗·尼采国际高级研究学院（The Paul H. Nitze School of Advanced International Studies （SAIS））等 9 所学院组成，其中有本科生课程的是克里格文理学院、凯里商学院、教育学院、怀特工程学院、护理学院、皮博迪学院 6 所学院。

霍普金斯大学也是全美大学联盟（AAU）的 14 所创始校之一。除巴尔的摩外，该校同时还在马里兰州其他地区、华盛顿特区、意大利、新加坡以及中国设有全日制教研机构。

约翰斯·霍普金斯大学的特点是：

第一，注重应用科研。不同于哈佛、耶鲁、哥伦比亚等常春藤盟校，约翰斯·霍普金斯大学在起步阶段就把目标放在科学研究领域，而不是仅仅局限于教学工作。19 世纪中叶以前，美国高司之一）的总裁和首席执行官。该大楼现在是应用高科技的教学楼，有一个500座的会堂，每个座位都有互联网接口，还有校董会的会议室以及哈德森受托人的档案。

校园重大历史事件

➢ 1873年，美国马里兰州巴尔的摩市银行家、贵格会教徒约翰斯·霍普金斯去世时，留下了一笔价值700万美元的巨额遗产（按购买力折算，相当于2006年的16亿美元）。遵照他的遗嘱，其遗产分别捐赠给以他名字命名的约翰斯·霍普金斯大学和约翰斯·霍普金斯医院。1875年，其财产托管人在巴尔的摩市中心的霍华德大街购买了第一块地皮，以此作为未来的大学校园。

➢ 1876年1月22日，约翰斯·霍普金斯大学正式创立，标志着美国第一次有了一所不仅在理论上，而且在实践上代表德国大学形式的高等学府。

➢ 1878年，霍普金斯大学出版社开办，该出版社是美国现今仍然运作的历史最悠久的大学出版社。

➢ 1916年，霍普金斯大学创办了全美第一所公共卫生学院。

➢ 1950年和1977年，高级国际研究学院（SAIS）和皮博迪学院（Peabody College）分别并入霍普金斯大学。

➢ 1956年，米尔顿·艾森豪威尔（Milton S. Eisenhower，时任美国总统德怀特·艾森豪威尔的兄弟）担任该校校长，直到1967年。

等教育体系主要承袭英国的教育传统，注重教学，不搞研究工作。但在欧洲大陆的德国，那里的大学在向学生传授知识的同时，还积极鼓励大学教师从事研究工作。在那些关心美国高等教育的人中，巴尔的摩市富商约翰斯·霍普金斯，对美国大学仅仅从事教学的做法不敢恭维，提出向德国学习，创办研究型大学。在他逝世前留下遗嘱，明确指出，他的遗产用于创建一所仿效德国大学模式的研究型大学。

吉尔曼楼，校园第一幢学术建筑

与其他注重抽象性理论研究的大学不同，约翰斯·霍普金斯大学的研究侧重于应用性研究。在其各个学科领域，教授和学者们都无一例外地强调知识的实用价值。心理学、人类学和文化研究的教授们借助各自的学科知识，告诉学生这些知识对认识自己、互相沟通、促进了解的重要作用；工程学、医学、计算机科学的教授们则在他们各自相关学科领域，向学生传授掌握技术知识的实际本领，帮助他们到这个竞争激烈的社会里去拼搏；国际问题和经济问题专家们通过现实世界中的种种实例，让学生明白，世界上的许多争端和矛盾可以凭借政治学家和经济学家的智慧和经验得到妥善的解决。由于理论知识和实际运用相结合，学生们在霍普金斯大学学到的东西相当实在，真正达到了"经世致用"的目的。

第二，拓展人文社科。 除了在医科和工科方面享有盛誉之外，约翰斯·霍普金斯大学在社会科学和人文学科方面也具有很高的知名度。以人文学科为例，霍普金斯大学的写作研讨班（Writing Seminars）驰誉全美。在这个富有特色的"写作研讨班"里，学生们在教师的悉心指导下，认真研读英美名作家的经典之作，寻求和探索他们的写作风格和写作技巧，然后把名家的写作方法应

从 1971 至 1972 年再次担任该校校长。以米尔顿·艾森豪威尔校长命名的图书馆于 1964 年开放，成为该校主图书馆，藏书达 250 万册之多。

校园杰出人物

截止到 2009 年，约翰斯·霍普金斯大学的校友、教师和研究人员中先后有 33 位获得诺贝尔奖，其中包括：

➢ 卡罗尔·格雷德（Carol Greider），1997 年起任该校基础生物医学研究所分子生物学和遗传学室主任和教授，获得 2009 年诺贝尔生理学或医学奖。
➢ 安德鲁·法尔（Andrew Fire），1989 年起任该校生物学副教授，获得 2006 年诺贝尔生理学或医学奖。
➢ 理查德·阿克塞尔（Richard Axel），1971 年毕业，医学博士，获得 2004 年诺贝尔生理学或医学奖。
➢ 彼得·阿格雷（Peter Agre），1974 年毕业，医学博士，获得 2003 年诺贝尔化学奖。
➢ 约翰·麦克斯韦尔·库切（John Maxwell Coetzee），1989 年 1 月至 6 月任该校客座教授，获得 2003 年诺贝尔文学奖。
➢ 里卡尔多·贾科尼（Riccardo Giacconi），1982 年起任该校物理学和天文学教授，获得 2002 年诺贝尔物理学奖。
➢ 保罗·格林加德（Paul Greengard），1953 年毕业，博士学位，美国神经系统科学家，获得

用于自己的写作练习之中，从中感受艺术大师的写作奥妙。在写作研讨班上，和艾丽斯·麦克德莫特（Alice McDermott，其小说《迷人的比利》获 1998 年美国国家图书奖）、斯黛芬·迪克逊（Stephen Dixon，是美国多产作家，出版了 500 多本书，曾在 1991 年因小说《青蛙》和 1995 年因小说《洲际公路》两次获得国家图书奖提名）这样的作家和剧作家一起上课，通过创造性的写作，学生们可以获得文学士学位。

在社会科学方面，约翰斯·霍普金斯大学政治系的国际研究课程不仅在该校是最受欢迎、选修学生最多的课程，而且在全国高校的同类学科中亦属于佼佼者。

校园一角——静静的门房

第三，抛弃陈规旧制。霍普金斯大学是全美第一所研究型大学，其办学目标为："鼓励研究以及独立学者的进步，使得他们可以通过自己精湛的学识推动他们所追求的科学以及所生活的社会前进。"霍普金斯大学的创始人希望抛弃美式学院的陈规旧制，打造一所专注于拓展知识、研究生教育和鼓励研究风气的新式研究型大学。

该校首任校长丹尼尔·吉尔曼（Daniel Coit Gilman）创办了美国第一所研究生院，并坚持以人为本、科研为首、学术自由的办学原则，很快成为众多高校学习的榜样。由霍普金斯大学开始，美国研究型大学体系逐渐形成。除此之外，霍普金斯大学还在很多方面充当了美国大学的先驱：首次发行数学、化学、语言学等学术刊物，创办了第一个大学出版社，第一个心理学实验室等等。它还是美国一流大学迅速成长的一个典型，自 1876 年成立以来，短短十几年之内，就跻身于已有一二百年校史的哈佛、耶鲁等著名大学之列，成为一所成就辉煌的一流大学。

2000年诺贝尔生理学或医学奖。

➤ 罗伯特·蒙代尔（Robert H. Mundell），1997至1998年任该校国际经济中心教授，获得1999年诺贝尔经济学奖。

➤ 马丁·罗德贝尔（Martin Rodbell），1943至1944年在该校就读，后加入美国海军，二战后，又返回该校，1949年毕业，学士学位，美国生物化学家，获得1994年诺贝尔生理学或医学奖。

➤ 罗伯特·福格尔（Robert W. Fogel），1963年毕业，博士学位，美国经济史学家，获得1993年诺贝尔经济学奖。

➤ 默顿·米勒（Merton H. Miller），1952年毕业，博士学位，芝加哥大学经济学教授，获得1990年诺贝尔经济学奖。

➤ 理查德·斯通（Richard Stone），1953至1954年任该校客座教授，英国经济学家，获得1984年诺贝尔经济学奖。

➤ 朱迪·威廉姆斯（Jody Williams），1984年毕业，硕士，获得1997年诺贝尔和平奖。

➤ 伍德罗·威尔逊（Woodrow Wilson），1886年毕业，历史学博士，获得1919年诺贝尔和平奖。1902至1910年曾任普林斯顿大学校长，1912年起曾任美国第28届总统。

其他杰出人物还有：

➤ 斯皮罗·阿格纽（Spiro T. Agnew），美国前副总统，前马里兰州州长。

➤ 玛德琳·奥尔布莱特

德国大学的"学术自由"理念、教学方法和研究手段，对霍普金斯大学的产生和发展产生了巨大的影响。吉尔曼在借鉴德国大学办学经验的基础上，结合美国本土高等教育的实际需求，通过霍普金斯大学的成功的办学实践，使德国大学的办学思想成为南北战争后美国高等教育改革的方向。在借鉴的过程中吉尔曼坚持借鉴而不照搬，继承与创新相结合的原则。

第四，生活有张有弛。或许是注重实际之缘故，霍普金斯大学的文娱体育活动搞得很有条理。长期以来，该校学生对娱乐采取了相当严肃认真的态度，一共组建了200多个学生自己管理的俱乐部和协会。从骑自行车到管弦乐队，从橄榄球到摄影，几乎青年人的每种兴趣爱好，都有一个相对应的团体进行协调安排。

与文娱活动一样，这里的体育活动也开展得井井有条。对体育活动，霍普金斯大学采取"积极参与但不狂热"的态度。该校的师生倡导"学者+运动员"的生活方式，"静""动"结合，"脑袋"和"身体"都运动，但绝不让"玩"的时间超过工作学习的时间。在这种思想指导之下，霍普金斯大学的体育活动进行得相当有节制。据有关材料统计，霍普金斯大学共有男女校队26个，近25%的学生参加校际体育比赛，50%多的学生参加校内体育比赛。因而，霍普金斯大学的文娱体育活动一年四季进行得既热闹又有节制，既充满青春朝气又不失绅士和淑女风度。

医学院

从总体上看，经过130多年的发展，霍普金斯大学在教学和研究上保持世界领先地位。作为一所注重研究的学校，霍普金斯大学对培养学生的分析能力和理解能力十分重视。与众多的美国研究型大学不同，霍普金斯大学在本科三年级阶段就要求学生选择课题，从事研究工作。无论是文、商、理、工科学生都被强烈鼓励参加科研项目，让学生较早接触、了解和掌握前沿学科的最

（Madeleine Albright），曾于 1962 至 1963 年在霍普金斯大学国际高级研究学院攻读学位，1997 至 2001 年成为美国历史上第 64 任暨第一位女国务卿。

➢ 迈克尔·布隆伯格（Michael Bloomberg），1964 年毕业，学士学位，美国彭博社创始人，曾任第 108 任纽约市市长。

➢ 约翰·杜威（John Dewey），1884 年毕业，博士学位，美国哲学家、心理学家和教育改革家。

➢ 罗素·贝克（Russell Baker），1947 年毕业，学士学位，《纽约时报》专栏作家（1962 至 1998 年），分别于 1979 年、1982 年、1989 年三次获得普利策奖。

➢ 沃尔夫·布利泽（Wolf Blitzer），1972 年毕业，硕士学位，美国记者，美国有线电视新闻网络主持人。

➢ 曼努埃尔·巴鲁艾科（Manuel Barrueco），1975 年毕业，学士学位，美国古典吉他演奏家，获得 2007 年格莱美奖。

➢ 卡特·布雷（Carter Brey），1976 年毕业，学士学位，美国大提琴演奏家，纽约爱乐乐团首席大提琴手。

➢ 雷切尔·卡尔森（Rachel Carson），1932 年毕业，硕士学位，美国海洋生物学家，生态学家。

所在地概况及公共设施

约翰斯·霍普金斯大学位于巴尔的摩市的北部，地处集小城镇的魅力与大都市的活力于一身的查

新动态。霍普金斯的本科生有许多机会参与重要的课题研究。约 80%的本科生在校四年期间从事过至少一项独立研究，并且很多时候是与该领域的顶尖研究者合作。

为了确保学生有机会参与不同学科的研究项目，霍普金斯大学采取了两条有力的措施。一是把各学科的人数控制在不超过 50 名学生的范围之内，为师生的交流、为老师指导学生提供足够的便利。这样霍普金斯大学有足够的一流教授在课堂上和实验室里与学生一起探讨问题，一起寻求真理。另一是充分利用霍普金斯大学的学术威望和校友关系，为学生争取在著名实验室、医院、公司和政府机构的科研和实习机会，使他们尽早了解现实世界对他们的期望所在，同时又为学生们发挥潜能创造理想的条件。霍普金斯大学的工学院、医学院、公共卫生学院、商学院，以及国际关系学院的学生在这方面尤其受益。

霍普金斯大学的其他学科也非常出色。学校的生物学、生物医学、生物医学工程、电子工程、环境工程、人类发展、家庭研究、健康科学、人文学、物理学、数学科学、国际事务等研究生专业均排名全美前十。

皮博迪音乐学院

1999 至 2009 年间，霍普金斯大学在作为科研评价重要指标的"论文引用次数"榜上全球排名第三，仅次于哈佛大学和德国普朗克研究院（后者为 80 多个研究机构的联合体）。霍普金斯大学皮博迪学院（即音乐系），是全美最顶尖的三所音乐学院之一。

◎学校图书馆

尔斯居民区的中心。巴尔的摩市是美国最古老的大城市之一，建于1792年，是美国马里兰州最大的城市，美国重要的海港之一，是由纽约、费城等地去华盛顿的必经之地。巴尔的摩市位于美国东部大西洋沿岸的马里兰州境内，坐落在帕塔普斯科河口一带，距离华盛顿60公里。从该地坐火车去美国首都华盛顿只需1小时，去纽约不到3小时。

独立战争期间，在英国军队威胁费城时，这里曾一度是美国战时首都，有丰富的历史遗迹，因此有"不朽城"之称。芒特弗农广场（Mount Vernon Square）上高耸着华盛顿纪念碑，高约50米，碑顶站立着华盛顿的全身像。巴尔的摩最吸引游人的还是内港游览区。它本是以前的码头，经过修整翻新，改造为观光、娱乐和购物区，成为老市区复兴的一个典范。由著名美籍华人建筑大师贝聿铭设计的世界贸易中心大厦矗立在内港旁，水面则是游艇、帆船和脚踏船的世界。3号码头上一栋顶部成玻璃金字塔状的新奇建筑，格外引人注目，它就是巴市第一名胜——国家水族馆，该馆展出5000多种水生生物。

巴尔的摩艺术博物馆

约翰斯·霍普金斯大学的谢里丹图书馆（Sheridan Libraries）系统包括以下图书分馆：米尔顿·艾森豪威尔图书馆（Hodson Hall，主图书馆）、约翰·加勒特图书馆（Garrett Library）、阿尔伯特·赫茨勒阅览室（Albert D. Hutzler Reading Room）、乔治·皮博迪图书馆（George Peabody Library）。该系统藏书370多万册、7万多种纸质和电子期刊、80多万种电子图书、21.5万种地图、410万个缩微胶卷、1.2万多种录影带和DVD光碟片。该系统的特殊收藏有善本书、手稿、数字收藏和档案资料等。

乔治·皮博迪图书馆

阿尔伯特·赫茨勒阅览室

该校的图书分馆还有：医学院5个图书馆，皮博迪学院2个图书馆，凯里商学院和教育学院4个图书馆，国际高级研究学院2个图书馆，护理学院图书馆、公共卫生学院图书馆、应用物理实验室图书馆、卫星图书馆和3个档案馆。

◎学校生活条件

从此，扬帆启航……

巴尔的摩市是美国东部重要的文化城，仅联邦研究机构就有61家，大专院校30余所。文化设施有图书馆、博物馆、美术馆、歌剧院和剧场。沃尔特斯艺术博物馆（Walters Art Museum）是美国收藏品最丰富的博物馆之一，藏有从古埃及到20世纪初期的艺术品2.5万件。巴尔的摩艺术博物馆（Baltimore Museum of Art）则以陈列欧美各国的绘画和雕刻著称。当地出版的《巴尔的摩太阳报》为美国10大名报之一。

抵达方式

巴尔的摩–华盛顿国际机场（Baltimore-Washington International Airport）位于华盛顿特区以北52千米处，马里兰州的巴尔的摩市与华盛顿特区之间，但距离巴尔的摩市区只有10英里（约16千米）。这是一个为美国巴尔的摩–华盛顿大都市区提供服务的商业机场。美国西南航空1993年进入巴尔的摩机场，为整个华盛顿地区提供服务，每天144个航班。

机场往返班车实施"门到门"服务，只要提前预约，就可以到指定地点迎接或送客人至住宿处。也有巴士往返巴尔的摩市区。Amtrak or Marc 或者 Marc 324-RAIL 列车 Amtrak 的铁路车站就在巴尔的摩华盛顿国际机场附近，从这里可以乘坐以上两种列车，到华盛顿特区的 Union 列车站，Marc 是连接特区和巴尔的摩之间的近郊列车，不过周末不运行。

约翰斯·霍普金斯大学的一、二年级学生被要求住在校园宿舍里，有单间的，也有合住的。99%的新生居住在校园学生宿舍里，56%的本科生住在校内。高年级的学生常常选择租住在学校周围的排排民居或公寓楼里，他们中的25%可以保证住在校园的新查尔斯宿舍、或者6幢其他住宅楼或大学所有的"豪华"公寓。

凯泽阶学生宿舍

查尔斯宿舍综合楼

虽然社会生活远离校园，但是霍普金斯大学有200多个俱乐部和学生社团，包括几个无伴奏合唱团。该校吵吵闹闹的宿舍舞会和整个校园的大型活动非常少，但兄弟会的派对会在周末出现，尽管只有21%的男生和22%的女生属于这些"希腊式"的团体。校方禁止21岁以下的青年人饮酒，而且违反规定者面临纪律处分。学生们可以在兄弟会的派对上喝上酒。

霍普金斯大学校园治安情况还可以，不过校外就有所不同了。

密西根州
Michigan（MI）

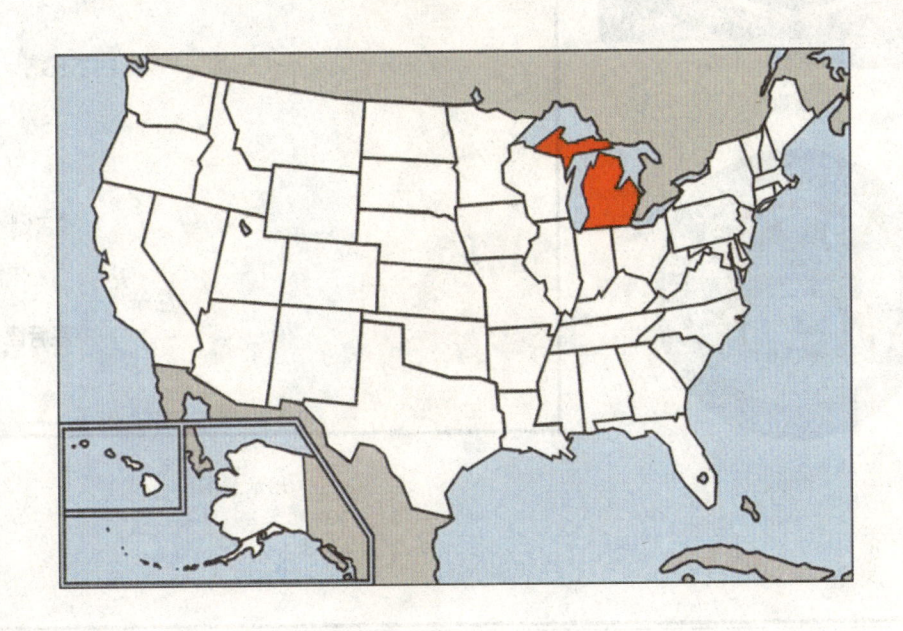

学校英文名称	学校中文名称	2011年排名	所在地区
University of Michigan, Ann Arbor	密西根大学安娜堡分校	29	安娜堡 Ann Arbor

州旗

州徽

州示意图

昵称：	貂熊州	地区划分：	大湖地区
州府：	Lansing 兰辛	主要城市：	底特律 Detroit
时区：	中部时间 UTC-6/-5	人口：	993 万人（2000 年）
面积：	250941 平方千米 全美第 11 名	加入联邦时间：	1837 年 1 月 26 日 第 26 个加入美国联邦
消费税：	6%	网站：	http://www.michigan.gov

University of Michigan, Ann Arbor　密西根大学安娜堡分校

排　　名： 26	校训：
建校时间： 1817 年	*Artes, Scientia, Veritas* （拉丁语）
学校类型： 公立	Arts, Knowledge, Truth.
IBT 最低线： 88	学校网址： http://www.umich.edu
SAT：	申请网址：
CR： 590 – 690	http://www.admissions.umich.edu
Math： 640 – 740	咨询电话： 734-764-7433
Writing： 600 – 700	咨询传真： 734-936-0740
ACT Composite： 27 – 31	
送分代码：	咨询邮箱： ugadmiss@umich.edu
IBT： 1839	申请费： $80
SAT： 1839	学　费： $36001
ACT： 2062	总费用： $48331
毕业率：	申请截止时间：
4 年毕业率： 不详	EA： 11 月 1 日
6 年毕业率： 不详	RD： 2 月 1 日
学生人数：	申请材料邮寄地址：
在校生总数： 41674	Office of Undergraduate Admissions
本科生人数： 26208	University of Michigan
人员比：	1220 Student Activities Building
师生比： 1 ∶ 15	515 E. Jefferson
男女生比： 50 ∶ 50	Ann Arbor, MI 48109-1316　USA
国际学生比： 5%	

校园标志性建筑

　　密西根大学主校区位于安娜堡，密西根大学安娜堡分校大校园（含植物园）占地 20965 英亩（约 85 平方千米），不含植物园占地 3176 英亩（约 13 平方千米），位于美国中北部五大湖地区。

　　另外还有两个校区 弗林特（Flint）和迪尔伯恩（Dearborn）。

◎学校概况

　　1971 年 4 月，参加在日本名古屋举行的第 31 届世界乒乓球锦标赛的美国乒乓球代表团，应中国乒乓球代表团的邀请访问北京，打开了隔绝 22 年的中美交往的大门，被国际舆论誉为"乒乓外交"。在中美关系正常化过程中，密西根大学起到了重要作用。在美国代表团访华一周年之际，1972 年中国乒乓球队回访美国，就是接受密西根大学乒乓球队的邀请。这次意义非同寻常的回访是由密西根大学经济系教授亚历山大□爱克斯坦（Alexander Eckstein）负责组织和安排的。在当时中美尚未建交的特定历史条件下，此类访问名义上为民间交往和体育交流，实际上事关两国

从此，扬帆启航……

关系的大局。中美乒乓球代表团互访这两件大事开启了中美两国之间的正式交往。乒乓球不仅解冻了中美关系，而且乒乓外交也扩展到亚非国家，这就是后来被人们津津乐道的"小球推动大球"的外交佳话。

这里提到的为中美关系正常化做出过努力的密西根大学安娜堡分校，是一所位于美国密西根州的公立研究型大学，在世界范围内享有盛誉。它是密西根大学的旗舰校园，除此之外还有两个校园：弗林特（Flint）和迪尔伯恩（Dearborn）。密西根大学也是美国中西部十大联盟之一，共有315个主要的校园建筑物。无论占地面积、校园建筑、学术地位、教学资源、师资或学生素质都是美国州立大学的佼佼者。

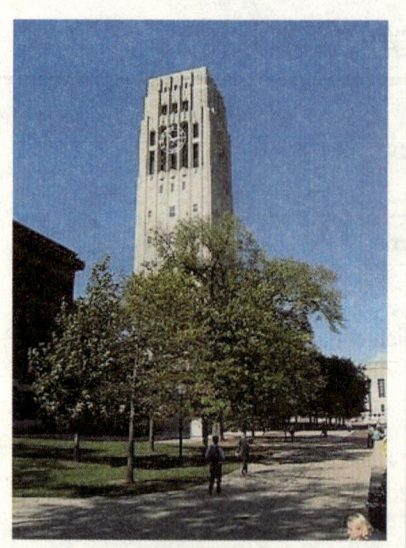

伯顿纪念钟塔

雷克汉姆研究生院

密西根大学安娜堡分校坐落于底特律西面40英里（约65千米）处，依傍美丽的休伦河。学校拥有五个校区——中校区、东校区、北校区、医学中心和南校区，共有483幢主要建筑，1082个学生及学生家属居住单元。这所大学校园之大，以至于对于新入学的一年级学生来说，如果没有地图或GPS定位系统的帮助，找到上课的教室可能性不大。北校区主要是工程院、音乐、戏剧和舞蹈学院，以及建筑和城市规划学院，校区面积3.25平方千米。北校区和中校区之间隔着一片体育用地和休伦河（Huron River）。中校区是最初建校地点，是文理学院、商学院、法学院、教育学院、公共政策学院和研究生院等所在地；中校区东面是医学院和医院，西面是安娜堡市区。市区与学校没有明显的分界线，商业区、私人住宅和校舍穿插在一起。南校区主要是体育设施，其中有全美最

自1817年建校以来，密西根大学安娜堡分校在各学科领域中成就卓著，拥有巨大影响，被誉为"公立常春藤院校"，与加州伯克利分校素有"公立大学典范"之称。作为美国的"学术重镇"，密西根大学在美国国家研究委员会（National Research Council）对美国各大学研究生院41个学科的评估中，密西根大学总分排名第三。

由于校名相差不大，有时候人们很容易将密西根大学与密西根州立大学（Michigan State University）混淆。这两所学校的共同特点是都属密西根州的公立大学，但密西根大学是传统全美三所最好的公立大学之一（另两所是加州大学伯克利分校和弗吉尼亚大学），这三强指的是大学本科教育方面，非研究生教育方面。如果从学科设置来看，密西根大学的特点是学科最全，并且在综合学科实力方面，仅次于斯坦福大学。

现任校长是玛丽·苏·科尔曼（Mary Sue Coleman），这位生物化学教授于2002的8月起担任密西根大学安娜堡分校的第13

大的大学橄榄球专用体育场（拥有座位107501个），篮球馆，冰球馆，以及高尔夫球场等等。

安格尔楼

在主校园内，可以看到很多历史悠久的建筑，大多都是20世纪初期建的教学楼，从古典的安格尔楼（Angell Hall）到哥特式的法学四方形宿舍楼（Law Quad），应有尽有。安娜堡校园有一张椅子，如果仔细观看，可以发现椅子上赫然写着："献给在美西战争中为国捐躯的12位密西根大学的男子汉"，旁边还铸着一座铜炮，由于时间的侵蚀，已经变成绿色。

法学四方形宿舍楼

密西根大学有座"白宫"，麦当娜从前在密大舞蹈专业读书的时候

任校长。在此之前，科尔曼曾从1995至2002年任爱荷华大学校长。

安娜堡本部共有18个学院：文理学院、建筑与城市规划学院、美术和设计学院、商业管理学院、牙医学院、教育学院、工程学院、拉克哈姆研究生院（Rackham School of Graduate Studies）、信息与图书馆研究学院、法学院、医学院、音乐戏剧和舞蹈学院、自然资源和环境学院、护理学院、药学院、人体运动学院、公共卫生学院、社会工作学院等，其中商业管理学院、牙医学院、法学院、公共卫生学院及社会工作学院均列美国高校同类学院的前5位。这18个学院共有600多个专业，开设3000多门本科课程，其中12个学院提供本科课程。

计算机科学和工程大楼

密西根大学安娜堡分校之所以著名，其主要原因是：

第一，全美最高的研究预算。大学的学费也是公立学校中最贵的，接近部分常春藤大学的学费。而捐款数亦为公立大学中最高，总额达到78亿美元（数字统计截止到2008年8月），为美国大学捐款总额第七高，远超其他公立大学。

2009财政年度，密西根大学的研究经费超过10亿美元，成为全美经费最多的大学之一。联邦机构提供了大部分的资金，共占64%（其中大部分由卫生和公共服务部门提供）。剩余部分的资金由学校（占24%）和各种非联邦政府机构包括工业界和基金会提供。就研发经费而言，密西根大学安娜堡分校与约翰斯·霍普金斯大学和西雅图华盛顿大学长年维持全美前三高。

密西根大学每年有2000名大学生参于大学研究工作，他们经常在大学的学术期刊上发表研究成果，因此有许多学生获得国际性奖学金——罗德奖学金及马歇尔奖学金等等。

第二，品质优良的师资力量。安娜堡分校的教授达5007人，曾住过的宿舍，虽然楼并非有什么特别，但毕竟是一代歌星曾经生活过的地方。如今随着时间的流逝，已然物是人非，如果全球闻名的女歌星麦当娜重返故园，不知道在这里是否还会看到和想起自己越来越远去的大学时光。

校园中飘扬的美国国旗和校旗

校园重大历史事件

➢ 1817 年，密西根大学创建。这是全美最早的公立大学之一。它始建在由契帕瓦族印第安人、渥太华人和帕塔瓦米族印第安人以"为底特律建一所大学"为由所转让的 1920 英亩（约 8 平方千米）土地上。

➢ 1837 年，学校由底特律市迁往当时建市只有 13 年历史的安娜堡。安娜堡市自 1824 年由约翰·艾伦和伊利沙·罗姆塞这两位东部人建立以来到迁校时期，人口已上升到 2000，并拥有一个法院、一所监狱、一家银行、四间教堂和两家磨坊。两位建镇人为了纪念他们同名为"安"（Ann）的妻子——玛丽·安·拉姆西（Mary Ann Rumsey）

学生 39000 人（其中研究生 14000 人），在 1999 年，该大学不但马蒂纳斯·维尔特曼（Martinus J.G. Veltman）教授获得当年的诺贝尔物理奖，其他许多教员也荣选为美国国家科学院、美国国家工程院、美国国家医学协会等国家级学术机构的会员，这对大学研究水准的提升有莫大的裨益。现任教授中有 26 位国家科学院院士、17 位国家工程院院士。

学生们对教授评价道：这里的教授非常有智慧，看上去对教学很用心、很尽力。大多数教授都非常容易接触，学生与教授之间的联系紧密，这大概也是安娜堡分校的特色之一。安娜堡分校的教授们总是希望学生们学业有成，甚至不惜牺牲他们的一些休息时间来帮助学生答疑解惑，与学生一道从事课题研究。

此外，学生们还对自己学校拥有强大的校友关系网络比较得意。密西根毕业生基本上都为母校感到自豪，他们认为密西根大学的学位是一流的、得到认可的。他们很在乎师生情、校友情，很愿意尽力帮助在校生和毕业生。

池塘边的音乐学院

第三，和谐浓厚的学术气氛。密西根大学安娜堡分校学生将该校的课程描述为具有挑战性和要求严厉的，但并不是竞争极为残酷的。少数学生显得过分雄心勃勃，但大多数人相互帮助、共同研讨、取长补短。就学术而言，该校最突出的地方在于寻求两方面的结合，即个人的注意力和众多的大学专业选择。学校共提供 627 个攻读学位的专业，其中包括 226 本科生的专业，本科教育是密西根大学耀眼的明珠，主要集中在文理学院。本科新生有 150 多个研讨班，每班不到 18 人，由高级教师授课。本科班规模通常不到 20 人。1200 多名大一、大二的学生会与教师配合做课题研究。学校还有很多招募志愿生进行学术研究的项目。有些学生说，在许多大学，简直不可想象密西根大学安娜堡分校能提供

和安·艾伦（Ann Allen），同时也因为这一地区长有大量橡树而形成的天然树林（Arbor之意），所以将这一小镇命名为安娜堡。

➤ 1845年，虽然已经花费了4年时间建设安娜堡新校区的必要设施（校舍包括四座教师住房和一幢教室宿舍大楼。其中一座教师住房沿用至今，目前是校长官邸），但学校多处仍在夏季时长满了小麦（其收成作为学校勤杂工的津贴）；校园里多处放牧着教师拥有的牛群；教师家属从旧时拉姆西农场的果园中收获桃子；校园四周更围有木头栅栏以阻拦学校的牛群跑出和市里的牛群进入。

➤ 1841年，学校录取的新生（直到1870年密西根大学才开始录取女生）开始需要通过数学、地理、拉丁文、希腊文和其他学科的入学考试，同时他们必须具备道德品行良好的证明。学生在入学时付10美元（相当于2008年的200美元）的注册费但不用交学费。

➤ 1866年，即学校迁往安娜堡25年之后，密西根大学成为了全美最大的大学，共有在校生1205名。1867年，在校生达到了前所未有的1275名。当时密西根大学有525名医学系学生，395名法律系学生，355名文学系学生，并有33名教师。

校园杰出人物

密西根大学拥有超过49万的在世校友，是全美拥有最多校友的大学之一。该校出过一位美国总统

如此多的关于学术、政治和社会生活方面的活动，并且没有人会干涉学生充分利用周围的条件从事各种学术活动。

该校学科发展均衡，19个学院的学术水平排名领先同行，医学、工程、商学、法律、教育学、政治学、心理学、生命科学、太空科学、公共卫生学和公共政策学等皆为全美名列前茅。最热门的专业包括：工程、经济学、心理学、政治与政府学、英语及文学等。

密西根大学对公共事务的研究非常用心，著名的密西根大学消费信心指数（University of Michigan Consumer Sentiment Index）即为一例。

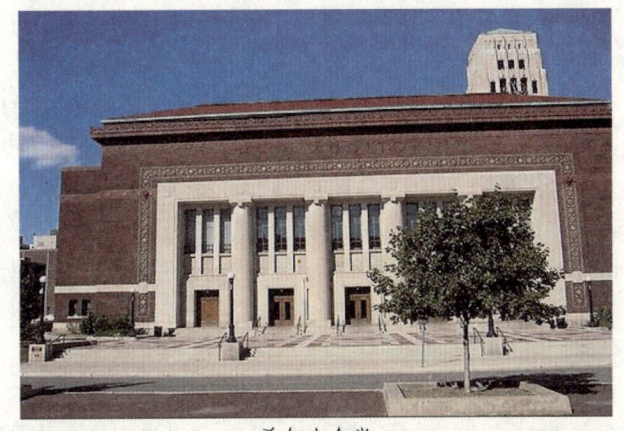

希尔大会堂

金斯堡中心，学生参加社区服务的基地

第四，堪称模范的社会服务。密西根大学培养合格学生的目标就是在学术、体育和社会活动三方面都有全面的发展。学校致力于向本地、本州、本国，以及世界上更广泛的人群服务。教师和学生在一系列涉及民生的重大问题上进行了实践研究，包括医疗卫生、能源与环境、社会干预、教育改革和提高等等。该校的

（前总统福特），毕业的校友中有7位诺贝尔奖获得者和一位菲尔兹奖获得者，1位荣获过图灵奖，4位教授荣获过国家科学奖章，多位校友获颁普利策奖，7位太空人校友，还有16位亿万富翁（billionaires）。

该校诺贝尔奖获得者有：

➢ 斯坦利·科恩（Stanley Cohen），1948年毕业，博士学位，获得1986年诺贝尔生理学或医学奖。

➢ 杰罗姆·卡尔（Jerome Karle），1944年毕业，博士学位，获得1985年诺贝尔化学奖。

➢ 马歇尔·尼伦伯格（Marshall W. Nirenberg），1957年毕业，博士学位，获得1968年诺贝尔生理学或医学奖。

➢ 戴维·波利泽（H. David Politzer），1969年毕业，学士学位，获得2004年诺贝尔物理学奖。

➢ 理查德·斯莫利（Richard E. Smalley），1965年毕业，学士学位，获得1996年诺贝尔化学奖。

➢ 丁肇中（Samuel C.C. Ting），1960年毕业，硕士学位，1962年毕业，博士学位，获得1976年诺贝尔物理奖。

➢ 托马斯·韦勒（Thomas H. Weller），1937年毕业，硕士学位，获得1954年诺贝尔生理学或医学奖。

其他杰出人物有：

➢ 杰拉德·福特（Gerald R. Ford），1935年毕业，学士学位，美国第38届总统。

科学家和工程师们通过分享他们的专业知识和推进技术革新，在改善本地居民生活、促进本地和本州乃至全美的经济发展方面贡献颇多。每年，学生们也积极主动地参与上百次社区服务、学习项目以及各种服务活动。

密西根大学对于本州的贡献是多方面的，包括通过流入学校的资金和学校及其雇员、学生、访问学者购买当地的商品和服务。安娜堡校区每年的工资及福利的花费超过250万美元，是当地社区一个重大的消费群体。在过去的5年中，学校帮助本州创造了上千个新的就业机会，科研活动更是产生了1750项发明创造和许多新启动的公司。每年通过零售消费、各种文体活动为本州经济创造了上亿的盈利，并吸引了35万名来自各地、各国的游客。

除了上述四个特点，密西根大学受人青睐的原因还有很多。该校校园占地面积达3176英亩（约13平方千米），拥有9个博物馆，9家教学医院，150个研究中心、研究所和实验中心，400多个主要实验室以及一个面积为84平方千米的国家自然生态保护区。密西根大学不仅是学术的重地，也是文化的中心，有上千个学生社团及组织，各种性质的活动，应有尽有。另外大学的多座剧场、音乐中心、艺术中心、公园等等也是学生课余休闲的好去处，校园生活十分丰富多彩。大学有极强的体育传统，各种运动团队在比赛中屡屡获奖。学校著名的密西根竞技场可容纳10万多人，是世界上最大的专用足球场地。

密西根大学与中国关系良好，密西根大学多名校长先后访问了中国。早在1979年，中国社科院代表团就开始到安娜堡访问，两年后的1981年应中国教育部邀请时任密西根大学校长哈罗德·夏比诺（Harold Shapiro）率领代表团访问中国，与中国10所主要研究机构签订了交流和合作协议。1993年，当时的校长詹姆斯·杜德斯达（James Duderstadt）率领代表团，与中国建立了更紧密的关系。2005年，现任密西根大学校长玛丽·苏·科尔曼也率领代表团到中国访问，与多所中国高校签署合作协议。

从1979年至今，超过3400名中国学生在密西根大学受过教育。目前，大约400名在册的中国学生。近几年，大概35%的国际学生申请者来自中国。自20世纪20年代以来，密西根大学首次成为中国留学生最多的单一校园。

➢ 迈克尔·菲尔普斯（Michael Phelps），2004 至 2008 年在该校学习，专业为体育营销，美国游泳运动员，2008 年北京奥运会独得 8 枚金牌。

➢ 拉里·佩奇（Larry Page），1995 年毕业，学士学位，谷歌（Google）创办人之一。

➢ 克劳德·艾尔伍德·香农（Claude Elwood Shannon），1936 年毕业，学士学位，美国数学家，信息论的创始人。

➢ 查尔斯·维斯特（Charles Vest），1967 年毕业，博士学位，1968 年为该校助理教授。1990 至 2004 年曾任麻省理工学院校长。现任美国国家工程院院长。

➢ 查尔斯·梅里尔（Charles E. Merrill），1906 至 1907 年就读于该校法学院。美林证券公司（Merrill Lynch）创办人。

➢ 麦当娜·西科尼（Madonna Louise Ciccone），1977 年就读于该校的舞蹈专业（肄业），美国歌手、女演员。

➢ 朱光亚，1950 年毕业，博士学位，中国工程院院长，"两弹一星"元勋。

➢ 任新民，1946 年毕业，理科硕士，1949 年毕业，博士学位，中国科学院院士，"两弹一星"元勋。

➢ 吴贻芳，1928 年毕业，博士学位，中国第一位大学女校长（金陵女子大学）。

➢ 吴大猷，1933 年毕业，博士学位，台湾物理学家，曾任台湾中央研究院院长。

密西根体育场

密西根大学安娜堡分校的规模和学术优势、一系列资源和机会配置、以及教职员工和学生的素质共同创建了一个丰富的致力于科研创新、教与学以及服务投入的良好环境。这所入围美国 10 佳综合性大学的学校，是美国重要的学术联盟——美国大学联合会（Association of American Universities）的 12 个发起者之一（其他的大学包括哈佛大学、耶鲁大学、普林斯顿大学、斯坦福大学、哥伦比亚大学、康奈尔大学、加州大学伯克利分校、芝加哥大学、密西根大学、宾夕法尼亚大学、约翰斯·霍普金斯大学和威斯康星大学）。

◎ 学校图书馆

图书馆和博物馆是大学完成教学科研目的的资源之一。密西根大学安娜堡分校图书馆系统共有 9 个专项图书馆，其中包括大学图书馆、宾利历史图书馆（Bentley Historical Library）、威廉·克莱门茨图书馆（William L. Clements Library）、杰拉德·福特图书馆（Gerald R. Ford Library）、雷斯吉工商管理图书馆（Kresge Business Administration Library）、法学图书馆、马迪吉因图书馆（迪尔伯恩校园）、弗朗西斯·威尔逊·汤普森图书馆（弗林特校园）以及杰纳西历史资料收藏中心（弗林特校园）。大学图书馆是安娜堡分校主图书馆。根据美国研究图书馆协会的报导，密西根大学图书馆有全美最齐全的数学及牙医学的资料收藏，并且有西半球最多的古代纸草写文的收集。其他地区，如亚洲、南亚洲、东南亚、斯拉维亚及东欧等的文件收集之齐全也是全美排名前 5 名。密西根大学图书馆为美国第 7 大大学研究图书馆。

这个图书馆系统共有 800 万册图书，每年以 17 万多册的速度在增加，还有 7 万多种期刊。学校图书馆则是全美主要的学术图

从此，扬帆启航……

所在地概况及公共设施

安娜堡坐落在密西根州的东南角，距离底特律以西36英里（约58千米）。这个大学就泡在"氧吧"里，周边数公里的树林和草坪不断吐出清新的空气，令人心旷神怡。或许，氧气和静谧的环境是智慧和思想的策源地。

这座大学城的民居在统一的风格下体现出不同的样式，看上去没有千篇一律的感觉。层高最多为3层的住宅给人的视野留下广大的空间，周边宁静的氛围和绿色的草地显示出居民对自然的尊重。无论白天还是夜晚，当地的小区总是静悄悄的，除了小松鼠和飞来飞去的鸟儿，行人并不多见。偶而有小轿车驶过，不带一点烟尘；在路边散步，偶然也会遇到银发老人，他们总会向你善意地微笑，或者很热情地和你打招呼，"你好！"

用时下时尚的说法，安娜堡是个很小资的地方，充满着浪漫的情调。不知道是这座城市让人慢慢变得小资，还是小资的人在这里聚集而形成了一座城市，形成了情意绵绵、舒适安逸的格调和氛围。安娜堡市有多家图书馆和博物馆。其中包括杰拉德·福特图书馆、安娜堡动手博物馆、凯尔赛考古博物馆以及密西根大学艺术博物馆。安娜堡市全年有各种节庆活动，吸引成千上万的游客。例如，安娜堡夏季欢庆节是一个非常让人兴奋的庆祝活动，它集合了表演艺术、户外娱乐和社区精神。这里是欣赏音乐、电影、艺术，享受美食、购物和漫

书馆之一，也是全美发展数字图书馆的先锋，目前为止，图书馆与谷歌合作进行图书数字化，共有250多万册数字化的图书。

海切尔研究生图书馆

自1938年以来，密西根大学图书馆一直为学生、教员以及公众的研究需求提供服务。经过多年的运营，该校图书馆系统取得了大量的多样的资源。由于无法将这些资源存放在一个地方，密西根大学图书馆系统便将所有藏书分别放置到12幢大楼里。

校园内的各种博物馆都向公众开放，其中包括底特律天文台、自然历史博物馆、考古学博物馆、艺术博物馆、牙科医学博物馆和乐器博物馆。研究型博物馆包括人类学博物馆、古生物学博物馆、动物学博物馆和学校植物标本室。

凯尔斯考古学博物馆

◎**学校生活条件**

步的最佳去处。

这个小镇还是一个享受户外活动的好地方。位于安娜堡市西北7英里（约11千米）的德克斯特·休伦公园，在休伦河畔，有着122英亩（约0.5平方千米）的林地和绝佳的钓鱼场所。另一个在西北5英里（约8千米）处的哈德森·米尔斯公园占地1549英亩（约6平方千米），提供钓鱼、划船、徒步远足、垒球场以及18洞高尔夫球场等娱乐项目。安娜堡提供了无尽的户外活动，夏天可以在大湖上进行多项水上运动，冬天可以在许多附近的山坡上滑雪。

安娜堡市夏季气候温和，温度常在华氏70度上下（21℃）。冬季则非常寒冷，气温常为华氏20度上下（-6℃）。平均降水量为31.25英寸（约79厘米），降雪量为37.3英寸（约95厘米）。

抵达方式

密西根大学距离密西根州第一大城底特律国际机场（Detroit Metropolitan Wayne County Airport）约25分钟的车程，距离底特律市（Detroit）和加拿大汽车零配件工具制造城温莎市（Windsor）都是45分钟的车程，交通比较便利。可乘搭国际航班直接到芝加哥或纽约，然后再转搭内陆航班到底特律国际机场。

从机场，乘出租车或开车均可到安娜堡。出租车的费用大约40至50美元。也可事先从网上查询航空公交车或其他私人公司提供

美国50所最佳大学

密西根大学学生居住在校内和校外两处，校内共有16幢学生宿舍楼，392间本科生公寓，以及1082个单身学生和学生家属的居住单元。98%的一年级本科生、大约45%的二年级以及其他年级本科生居住在学生宿舍中，而其他的学生基本上都住在校园周围的居民小区。为了辅助实现大学的核心——教学任务，学生住宿部提供了10个宿舍学术项目，即密西根学习社区。在这些学习社区中，如同学校里所有其他的学术项目一样，学生们通过与来自世界不同地区的人、文化及思潮的接触，不断地学习和挑战自我。

东区方形院是学生宿舍之一

大学免费公交车

学校有1200多个学生社团，包括宗教、政治、少数民族以及社会服务等类型的组织。密西根大学安娜堡分校学生中的兄弟会、姐妹会周末活动很多，很多人把加入"希腊式"生活团体当作交更多朋友的一种途径，因为兄弟会、姐妹会每个周末都举行大型派对。

密西根大学的代表颜色是蓝色和黄色（blue & maize），运动

从此，扬帆启航……

的穿梭服务。从学校到底特律国际机场的交通信息一年中不同的时间有不同的改变，而且交通方式也有很多种，如需准确的信息，可到校园信息中心的网站查询。

队昵称为"狼獾"（Wolverines），属于中西部十大体育联盟成员，比较有名的是橄榄球项目，跟俄亥俄州立大学的橄榄球比赛是全美最受关注的百年对手（rivalry）之间的混战。在密西根大学学生的心目中，橄榄球的吸引力要远远超过其他体育项目。当然，游泳、田径、篮球、体操也是该校的体育强项。

密苏里州
Missouri（MO）

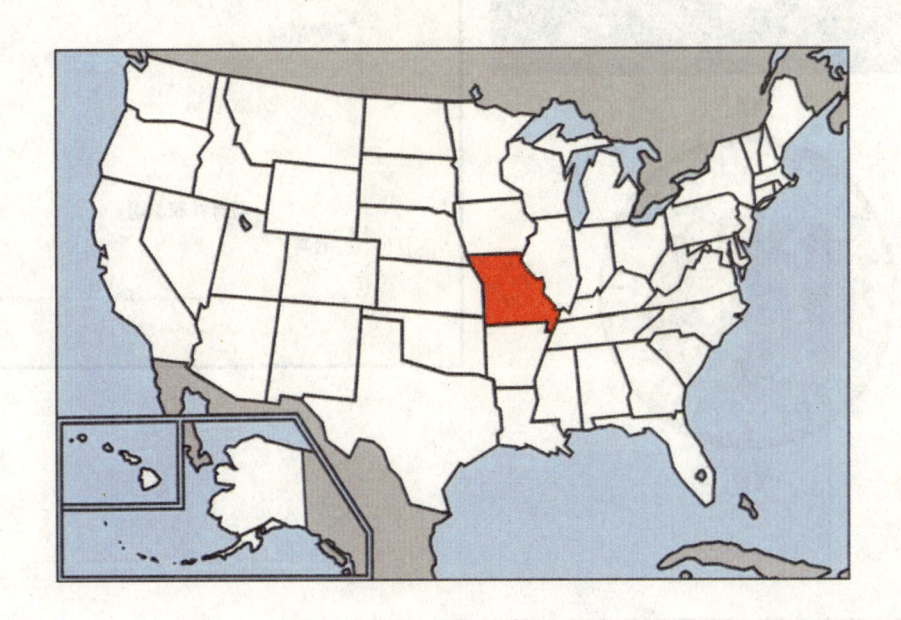

学校英文名称	学校中文名称	2011年排名	所在地区
Washington University in St. Louis	圣路易斯华盛顿大学	13	巴尔的摩 Baltimore

Missouri

州旗

州徽

州示意图

昵称：	索证之州	地区划分：	
州府：	杰佛逊市 Jefferson City	主要城市：	堪萨斯市 Kansas City 圣路易市 Saint Louis
时区：	东部时间 UTC-5/-4	人口：	559 万人（2000 年）
面积：	180693 平方千米 全美第 21 名	加入联邦时间：	1821 年 8 月 10 日 第 24 个加入美国联邦
消费税：	6.75%	网站：	http://www.state.mo.us

Washington University in St Louis　　圣路易斯华盛顿大学

排　　名：13	校训：	校徽：
建校时间：1853 年	*Per veritatem vis*（拉丁语）	
学校类型：私立	Strength through truth.	
IBT 最低线：79	学校网址：http://www.wustl.edu	
SAT:	申请网址：http://admissions.wustl.edu	
CR：　680 – 750	咨询电话：800-638-0700	
Math：　710 – 780	或 314-935-6000	
Writing：　不详	咨询传真：314-935-4290	
ACT Composite：32 – 34	咨询邮箱：admissions@wustl.edu	
送分代码：	申请费：$55	
IBT：　6929	学　费：$39400	
SAT：　6929	总费用：$52892	吉祥物：
ACT：　2386		
毕业率：	申请截止时间：	
4 年毕业率：不详	ED：11 月 15 日	
6 年毕业率：不详	RD：2 月 15 日	
学生人数：	申请材料邮寄地址：	
在校生总数：13232	Office of Undergraduate Admissions	
本科生人数：6988	Washington University	
人员比：	Room 010, South Brookings Hall	
师生比：　1 : 7	One Brookings Drive	
男女生比：50 : 50	St. Louis, MO 63130-4899　USA	
国际学生比：11%		

校园标志性建筑

　　圣路易斯华盛顿大学分为四个校区：丹佛斯校区、医学院校区、西北校区和泰森研究中心。丹佛斯校区的学院有：文理学院、萨姆·福克斯设计和视觉艺术学院（包括艺术学院和建筑学院）、奥林商学院、工程学院、大学学院、法学院、乔治·沃伦·布朗社会工作学院。

◎学校概况

　　耸立于密西西比河畔高达 630 英尺（约 192 米）的不锈钢拱门是美国密苏里州最大城市圣路易斯的标志性建筑，这充满寓意想象的"旷世长虹"在阳光下耀眼夺目、熠熠生辉，比美国最值得骄傲的华盛顿纪念碑还要高 75 英尺（约 23 米）。这座纪念当初拓荒者西进精神的"西进之门"的设计者芬兰裔美国人埃罗·萨里宁（Eero Saarinen）曾说过："城市是一本打开的书，从中可以看到它的抱负。"在拱门顶端的观景台，晴天时游客用肉眼就可看到圣路易斯这本"打开的书"，甚至可以看到 48 千米外的伊利诺伊州。当然，也可以看到圣路易斯华盛顿大学。

医学院校区则含有医学院。丹佛斯校区坐落在圣路易斯市西面距离市中心7英里（约11千米）处的地方。校园的东面是著名的森林公园，其余三面是居民住宅区。

圣路易斯华盛顿大学校园也是美国中部地区最漂亮的校园之一。整个校园很开阔，也很有气派，欧式的古典建筑物和现代教学大楼错落有致地分布在校园四周。丹佛斯校园占地169英亩（约0.7平方千米），是1904年世界博览会的会址。

布鲁金斯楼（Brookings Hall）是该校的标志性建筑，于1900年11月3日奠基，1902年竣工。这个建筑曾租借给路易斯安娜公司用作1904年世界博览会行政大楼。1905年起，这个城堡式的大楼被圣路易斯华盛顿大学作为行政中心。1928年6月12日，这幢建筑被正式命名为布鲁金斯楼。

布鲁金斯楼

漫步在圣路易斯华盛顿大学校园里，人们不仅可以感受到高等学府的威严、庄重和幽静，而且还能够闻到栽满在校园里的树木花草所吐出的芬芳，晴空万里之时，师生们在宽敞的草坪上尽情地享受太阳的温暖。此外，与圣路易斯

心理学大楼

圣路易斯华大是一所中等规模的私立研究型大学，作为美国高等教育的"后起之秀"，在美国大平原一带乃至全国很有影响。尽管该校的整体学术水平与哈佛、斯坦福相比仍存在一定的距离，但在众多学科领域，圣路易斯华大已具备与美国其他一流大学相抗衡的实力。例如，在理工科方面，圣路易斯华大的生物化学、生物物理、生物分子和土木工程在美国高校中处于领先地位。在人文学科和社会科学方面，它的德语、政治学、语音学和经济学都在美国高校的同类学科中名列前茅。该校的医学院闻名于世，是美国最好的前5所医学院之一，与哈佛大学和约翰斯·霍普金斯大学的同类学院齐名。其理工商法文等各科实力也均十分杰出，它的商学院也数次跻身于全美"十佳"商学院之列。圣路易斯华盛顿大学每年获得的赞助捐赠总金额一直排在全美国前十名。

自1992年以来，圣路易斯华大曾多次被挑选为总统辩论和副总统辩论的主持学校。1992年、2000年和2004年，该校主持了总统辩论。2008年，该校主持了副总统辩论。

现任校长是马克·瑞顿（Mark S. Wrighton），从1995年起这位知名的化学教授一直担任圣路易斯华盛顿大学第14任校长，是全美国薪酬最高的校长之一。在此之前，他从1990至1995年曾担任麻省理工学院教务长。

圣路易斯华大由7个部分组成，它们是：文理学院、乔治·沃华盛顿大学比邻的森林公园也为师生们提供了一个理想的去处。

丹佛斯广场

校园重大历史事件

➢ 1853 年，由当时的圣路易斯领导者维曼·克罗（Wayman Crow）和诺贝尔文学奖得主 T·S·艾略特的祖父威廉·格林里夫·艾略特（William Greenleaf Eliot）在圣路易斯城区共同建立了一个私人且无宗教关联的学院。在成立时，大学原名是"Eliot Seminary"（艾略特学院）。

➢ 1854 年，当时担任牧师的艾略特生怕用自己的名字会影响到学校的非宗教性，于是校董事会为了纪念华盛顿，而将校名改为"华盛顿学院"。

➢ 1857 年，校名又改为"华盛顿大学"。大学于1859年用华盛顿大学的名义授予它的第一个四年制文学学士学位，并于1905年搬至现今距圣路易斯市 6 英里（约 10 千米）远的校区。为了避免大众对全美 20 余所使用"华盛顿大学"

伦·布朗社会工作学院（George Warren Brown School of Social Work）、奥林商学院（Olin Business School）、萨姆·福克斯设计与视觉艺术学院（Sam Fox School of Design & Visual Arts）、工程与应用科学学院、法学院和医学院，这些学院涵盖了大部分的学术领域。圣路易斯华大的本科教育共设有五个学院，它们分别为文理学院、商学院、建筑学院、设计与视觉艺术学院、工程与应用科学学院。设有 90 个本科专业，一半以上可以授予硕士、博士学位，其中历史、经济学、医科预备课程、工程、建筑和商科等专业最出色。圣路易斯华大的自然科学专业，特别是生物、化学以及医学预科，学术地位也是十分显赫的。

文理学院是美国研究生院协会和研究生院委员会的创始会员。在文理学院，学生们可以在 50 个专业的数百门课程中选修课程。根据规定，学生必须在理科、社会和行为科学、人文科学、语言或艺术、少数民族和妇女研究五大类别中各选修一定数量的课程，以形成一个较全面的知识结构。然后学生们既可以在文理学院，也可以在其他学院选择自己的专业。

邓克尔楼

圣路易斯华大的本科生课程在许多方面颇具特色，给人以深刻的印象。

第一、该大学四分之三以上的本科生课程都以小班形式上课。平均班级的规模在 18 人左右，80%以上的课程班级人数在 24 人以内，大约有一半左右的本科生课程班级人数在 10 人以内。这样做的主要原因，是为了确保教学效果，让每一个学生得到教师的充分关注，同时又可以让学生在小班形式的讨论中学到更多的东西。圣路易斯华大教学质量与众不同的原因就在于这种顶级教授与本科生之间的一对一指导模式。

校名大学的困惑，在 1976 年再次更改名字，加入"在圣路易斯"以便与其他学校相区分。

校园杰出人物

圣路易斯华盛顿大学师资队伍也非常强大，教师中有 22 名美国国家科学院院士，1 名美国国家工程院院士，16 名美国国家科学院下属医学研究所院士，2 名全美哲学协会会员，16 名全美艺术学会会员，以及其他多种全国性学术机构和组织的成员。此外还有 1 名国家艺术奖得主，3 名国家科学奖得主，多名普利策奖得主。

自 1989 年起，圣路易斯华盛顿大学的教员中，有 4 位获得诺贝尔物理奖，有 5 位获得诺贝尔生理学或医学奖。

➢ 亚瑟·H·康普顿（Arthur Holly Compton），1927 年获诺贝尔物理学奖。他曾在芝加哥大学任教，并且参加过曼哈顿工程，1945 至 1953 年任圣路易斯华盛顿大学第 9 任校长。

➢ 约瑟夫·厄兰格（Joseph Erlanger）与希尔伯特·S·加塞（Herbert Spencer Gasser），获得 1944 年诺贝尔生理学或医学奖。前者 1910 至 1946 年一直担任该校医学院生理学系主任；后者于 1916 至 1931 年在圣路易斯华盛顿大学执教。

➢ 卡尔·柯内（Carl Ferdinand Cori）与格蒂·T·柯内（Gerty Theresa Cori），共同获得 1947 年诺贝尔生理学或医学奖。前者曾于

从此，扬帆启航……

厄德楼

第二、本科生积极参与教授们的研究项目。在大多数美国大学里，本科生主要参加实验室里的研究工作；但在圣路易斯华盛顿大学里，不仅理工科系里的学生协助教授们搞研究，而且文理、建筑、艺术和商学院里的本科生们也经常与自己专业的教授们一起合作研究项目。学生与教授合作研究已在圣路易斯华盛顿大学蔚然成风，那里的人们把这种关系称为"师生伙伴关系"。

第三、为本科一年级新生开设特别课程。考虑到刚进大学的新生具有不同的兴趣、理想和需求，圣路易斯华盛顿大学专门为一年级新生开设"新生研讨课"、"专题聚焦课"、"交叉研讨课"、"古典文本课"和"国际商务领袖课"五门课程，其目的是为了帮助学生开发自身潜力，扎扎实实地打下知识基础。

第四、灵活的学位获取方法。为了鼓励学生全面发展，圣路易斯华盛顿大学允许学生跨系、跨院、跨专业选修课程。只要符合学校关于学分积累制的规定，学生们可以获取双文凭、双学位。对那些优秀的本科生，圣路易斯华盛顿大学还制定了"本科学士至研究生硕士"的"直通车"方法，即所谓的"4+2"。根据这一规定，学生在完成本科四年之后，不需考研直接再续两年，毕业时同时获取学士和硕士学位。在该校就读的本科生除了花大部分时间攻读自己的专业课程之外，还必须跨学院选修其他学院的课程，其学分须占总学分的三分之一。

圣路易斯华大拥有一支具有很高学术水平的教师队伍，这是它得以在二战以后迅速崛起，成为今日美国 25 所顶尖大学之一的主要原因之一。现有教员 3297 人，其中 250 人是教授和知名学者。教师中有 22 名美国国家科学院的成员，有 16 名该院所属医学科学院的成员，有 1 名美国工程研究院的成员，两名全美哲学协会

1931 至 1947 年和 1947 至 1966 年分别任药学系和生物化学系主任；后者是医学教员。

➢ 亚瑟·柯恩伯格（Arthur Kornberg），1959 年得诺贝尔生理学或医学奖。他在 1952 至 1959 年任医学院生物化学系主任。

➢ 斯坦利·柯恩（Stanley Cohen）、丽塔·纳维-蒙塔西尼（Rita Levi-Montalcini），获得 1986 年诺贝尔生理学或医学奖。前者 1953 至 1959 年是该校文理学院的生物学教员；后者 1948 年至今，一直在该校文理学院任教。

➢ 尤其令圣路易斯华盛顿大学感到骄傲的是，于该校任教的道格拉斯·诺思（Douglass C. North）在 1993 年荣获诺贝尔经济学奖。

➢ 吴家玮，香港科技大学创校校长。

所在地概况及公共设施

圣路易斯华盛顿大学所在城市——密苏里州的圣路易斯市（St. Louis），是美国水陆交通的大枢纽和制造中心。19 世纪 70 年代，詹姆斯·B·伊兹在圣路易斯建造了一座造型优美的世界上第一座钢桁架大桥，横跨河流湍急的密西西比河，使之一举成为圣路易斯人的骄傲。

地处这样一个繁荣、现代的大都市，圣路易斯华大无疑从中占尽天时、地利、人和，因为圣路易斯大都市为华盛顿大学的师生们提供了丰富的"课外生活"。圣路易斯华大的师生们倾向于把这个城

会员，16 名全美艺术学院成员，以及其他多种全国性学术机构和组织的成员。此外，还有 1 名国家艺术奖章获得者，3 名国家科学奖章获得者，多名普利策奖获得者。特别重要的是，与华大有联系的诺贝尔奖获得者有 22 人之多，其中有 10 人的得奖成果是在华大期间完成的。

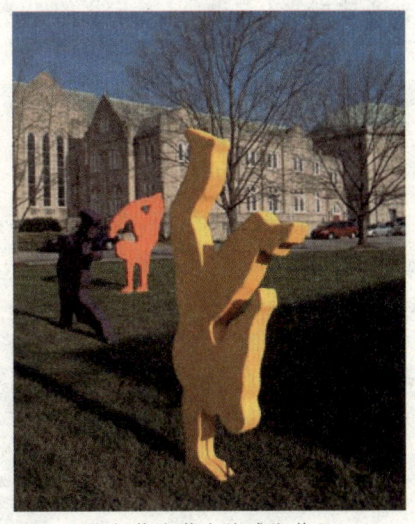

艺术学院学生的雕塑作品

◎学校图书馆

圣路易斯华盛顿大学图书馆系统共由 13 个图书分馆组成，奥林图书馆（Olin Library）是主图书馆，其他还包括：艺术和建筑图书馆、商务图书馆、化学图书馆、数字图书馆、地球和行星科学图书馆、东亚图书馆、法学图书馆、伯纳德·贝克尔医学图书馆（Bernard Becker Medical Library）、物理图书馆、社会工作图书馆、善本和档案图书馆、西校园图书馆。

奥林图书馆

市看作一座设备齐全的实验室,一座取之不尽、用之不竭的大宝库。对喜欢音乐的人来说,圣路易斯交响乐团(美国历史最悠久的交响乐团)和爵士乐团当然可以使他们陶醉一番;对于热衷戏剧的人来说,圣路易斯的福克斯剧院和圣路易斯歌剧院永远具有磁铁般的吸引力;对于痴迷于好莱坞的人来说,圣路易斯市星罗棋布的电影院足以让他们大饱眼福;对于钟情于艺术的人来说,圣路易斯市的艺术博物馆和画廊会给他们带来无穷的愉悦和享受;对于讲究美食的人来说,圣路易斯市里的数百家餐馆将使他们尝遍全世界的美味佳肴;而对于那些希望与外界社会增加接触的人来说,圣路易斯大都市里无以计数的公司、研究所、事务所和政府机构则为他们拓展社会活动空间提供了广阔的天地。

世界上第一座钢桁架大桥

圣路易斯华盛顿大学校园坐落在圣路易斯市西面与市中心,这里的马路不很宽敞,但十分整洁;这里的树木不很高大,但相当浓郁;这里的住宅不很豪华,但极为优雅。住在校园附近的人,大多数属于美国中产阶级,其中包括数量

◎学校生活条件

如同美国其他私立大学一样,圣路易斯华盛顿大学十分注意在学生中培养对自己学校的荣誉自豪感。对一年级新生,只要家离学校校园超过25英里(约40千米)远,学校就安排他们住在校园里的30幢"寄宿学院"里,通过集体生活和集体活动,让学生们逐步养成"爱校如家"的感情,并在师生之间和学生之间建立起牢固的亲和力。75%的本科生居住在校园内。

霍姆斯学生休息室

圣路易斯华盛顿大学校内的30幢住宅楼为学生提供单人间、双人间、三人间和公寓式套房。学生宿舍均有有线电视接口以及有线和无线网络接入。大部分的学生宿舍位于校园南40区(地名来源于此处坐落在丹佛斯校园的南面、占地40英亩(约0.16平方千米)),这里有餐厅、食品市场、礼品店、娱乐室、游戏室、会议室和学生自己经营的店铺。校园的西北区有套房、餐馆、教室、会议室。东部和Millbrook公寓也是校园的一部分。

对国际学生更为优惠,除了设有国际学生办公室专门为他们提供服务之外,学校还另辟有一幢名为史蒂克斯(Stix)的"国际学生之家",让远离自己国家的人有机会在此相聚,减轻或消除孤独寂寞感。不仅如此,该校通过组建俱乐部和兴趣小组等形式,在学生们当中培养集体荣誉感和爱校精神,并籍此营造友好、宽松、和谐的校园氛围。

该校有240多个学生社团,这些学生组织性质迥异:有宗教性的,有文艺娱乐性的,有政治性的,也有艺术性的。它们一年四季活跃在校园里,为严肃而紧张的学习生活注入了新鲜和活泼可观的教职员工。

法国国王路易九世塑像

在圣路易斯城的居民中有大量的威尔士人、德国人、意大利人和爱尔兰人的后裔。而大批的黑人则在第二次世界大战后才聚居在这里。目前居住在市区的黑人有20多万，占市总人口的1/3左右。由于复杂的历史背景以及多种民族聚居的原因，圣路易斯市某些地区形成了各种国际性的住宅区和小市镇区，其生活方式和习惯也不尽相同。不少美国作家把圣路易斯人的性格描写为兼具北方人的干劲和勇气、东部人的文化技术、西部人的远见卓识和南方人的热情好客等方面的优良传统，表明圣路易斯人与美国的四面八方都有密切的关系。

圣路易斯市属于潮湿的大陆性气候，四季分明，年平均温度为12℃，年降水量980毫米。冬季受加拿大冷气团南侵影响，容易出现降霜飞雪的天气，夏季受墨西哥湾的热带海洋气团控制，又有闷热之感。

抵达方式

圣路易斯华盛顿大学距离朗

的气息。

圣路易斯华盛顿大学的体育设施比较完备齐全，校园里有一座宽敞的体育场、一座现代体操馆、一座游泳池、一个健身中心和几个网球场与曲棍球场。

布施体育场

学校里体育活动开展得十分活跃，每年全校有75%以上的人参加校内的体育比赛。在全美大学生体育比赛中，圣路易斯华盛顿大学男女校队表现不俗，它的女子排球曾七次获得全国大学生女子排球比赛的冠军；它的男女篮球队一直是全美大学生男女篮球锦标赛的有力竞争者；它的男女足球队在全美高校体育比赛中也常常取得骄人的成绩，数次进入决赛。此外，它的越野队、游泳队、田径队和网球队也相当强大，每年都能打进全美大学生体育比赛的决赛。长期以来，圣路易斯华盛顿大学的宗旨是：学术卓越与体育卓越并不矛盾，但两者之间，学术卓越永远是第一位的，不然会有本末倒置之嫌。

学生与校园吉祥物在一起

美国50所最佳大学　　圣路易斯华盛顿大学

239

从此，扬帆启航……

伯-圣路易斯国际机场（Lambert-St Louis International Airport）只有 15 分钟的车程。由于圣路易斯市地处美国的中心地带，航班飞机约在 3 个小时内便可以抵达美国大陆的大多数主要城市和区域。该城与全国 55 个城市都有直达班机，机场每天起飞的班机有 250 多架次。

在圣路易斯，无论有车无车，到处走走，非常方便。对于在丹佛斯校园学习的学生来说，MetroBuses 和 MetroLink 的公共交通系统、城市轻轨系统是首选。

密苏里植物园

北卡罗来纳州
North Carolina（NC）

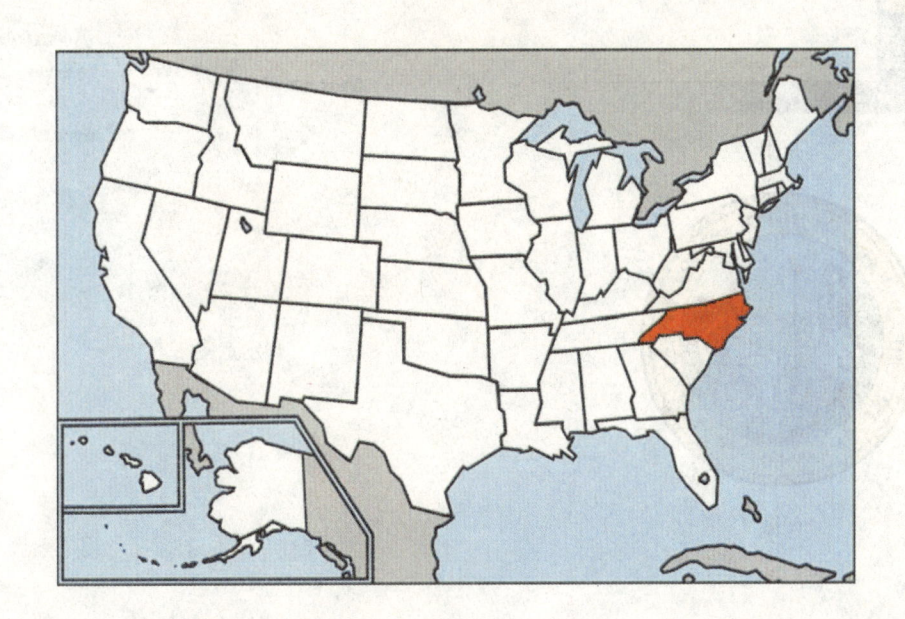

学校英文名称	学校中文名称	2011 年排名	所在地区
Duke University	杜克大学	9	达勒姆 Durham
University of North Carolina, Chapel Hill	北卡罗来纳大学教堂山分校	30	教堂山 Chapel Hill
Wake Forest University	维克弗斯特大学	25	温斯顿–塞勒姆 Winston-Salem

North Carolina

州旗

州徽

州示意图

昵称：	柏油脚跟之州	地区划分：	东南地区
州府：	罗利 Raleigh	主要城市：	夏洛特 Charlotte 威尔明顿 Wilmington
时区：	东部时间 UTC-5/-4	人口：	805 万人（2000 年）
面积：	139509 平方千米 全美第 28 名	加入联邦时间：	1789 年 11 月 21 日 第 12 个加入美国联邦
消费税：	6.75%	网站：	http://www.ncgov.com

Duke University　杜克大学

排　　名：	8
建校时间：	1838 年
学校类型：	私立

IBT 最低线：100
SAT：
　　　CR：　　660 – 750
　　　Math：　680 – 780
　　　Writing：660 – 760

注：若申请文理学院提交2科SATII成绩；若申请工程学院提交数学和一门其他学科的SAT II 成绩

ACT Composite：30 – 34

送分代码：
　　　IBT：　5156
　　　SAT：　5156
　　　ACT：　3088

毕业率：
　　4 年毕业率：　86%
　　6 年毕业率：　92%

学生人数：
　　在校生总数：　14248
　　本科生人数：　6504

人员比：
　　师生比：　　1：8
　　男女生比：　52：48
　　国际学生比：5%

校训：

Eruditio et Religio （拉丁语）
Knowledge and Faith.

学校网址：http://www.duke.edu

申请网址：
http://www.admissions.duke.edu

咨询电话：919-684-8129

咨询传真：919-668-1661

咨询邮箱：
international-admissions@duke.edu

申请费：$75
学　费：$39080
总费用：$53390

申请截止时间：
ED：11 月 15 日
RD：1 月 3 日

申请材料邮寄地址：
Office of Undergraduate Admissions
2138 Campus Drive
Box 90586
Durham, North Carolina　27708　USA

校徽：

吉祥物：

杜克大学

校园标志性建筑

杜克大学拥有包括 7200 英亩（约 29 平方千米）的杜克森林在内的 8610 英亩（约 34 平方千米）土地，以及建于其上的 217 座建筑。整个校园分成四大部分：西校园、东校园、中校园和医学中心。校园

◎学校概况

提起中国近代民主革命伟大先行者孙中山的早期革命活动，就该提到宋氏三姐妹的父亲宋耀如先生，这位杜克大学历史上第一位国际学生，于 1881 年入学，后转入范德比尔特大学攻读神学，以优异的成绩结束学业。1886 年宋回到上海后成为实业家和传教士，倾全力协助孙中山进行革命事业，不惜倾尽家产。目前，在美国杜克大学档案馆收藏的 89 页有关宋耀如的档案，是迄今为止

从此，扬帆启航……

中心有杜克教堂。在大西洋岸边的博福特（Beaufort），杜克大学拥有一座占地15英亩（约0.06平方千米）的海洋实验室。建于20世纪30年代的莎拉·杜克花园占地55英亩（约0.2平方千米），是杜克校园里主要的景点之一。

东校园鸟瞰

东校园保持着乔治亚式古典建筑，较新的西校园更为古朴，建筑外型古典精致，所有建材是美东南地区的坚固花岗岩，没有任何两栋建筑相雷同。漫步在秀丽的杜克森林中，有点世外桃源的感觉。170栋古典建筑，仿佛一一隐藏在山林中一般，杜克校园面积之大在私立大学中只有斯坦福可以媲美。

克劳威尔方形院的双拱

西校园被称为"哥特式的乐园"。这个称号来自于校园西区里哥特式的建筑，大部分由朱丽安·艾柏利设计，她是美国第一批黑人建筑师。

人们所能看到的最原始、最完整的对宋耀如早期生活和思想的记录。

宋耀如就读过的杜克大学是一所美国著名的私立研究型大学，是位于美国东岸中南部极少数的优秀学校之一。该校医学中心已赢得了世界声誉，许多院系也持续位居美国最佳院系之列。杜克以其研究成果和学术革新引起社会各界的关注，其教授也常被邀请担任国内外许多学术和专业组织的负责人。

行政楼

杜克大学历史上曾有过"南方哈佛"之称。其学费之昂贵与哈佛平分秋色，但杜克先进的设备、小班制、个别关照、城乡并重等观念，是其他大学所推崇的。对于在美国大学排名榜上扶摇直上的杜克大学来说，挑战哈佛已逐渐成为一项众所周知的事实。或许有一天，杜克大学不再借助哈佛大学的光环，而实现"杜克就是杜克"这一愿望。

现任校长是理查德·布劳德海德（Richard H. Brodhead），这位曾在耶鲁大学任教32年的英语教授于2004年成为杜克大学的第9任校长。在任校长之前，布劳德海德从1993至2004年曾任耶鲁学院（即耶鲁大学本科生学院）院长。

杜克大学目前共有10所学院：三一文理学院、工程学院、法学院、神学院、医学院、护理学院、环境学院、商学院、公共政策学院和研究生院。另外还有40多个研究所和研究中心。杜克定位为综合性研究型大学。杜克的强项有医学院、法学院、商学院、公共政策管理学院、环境学院和其他一些领域，足可使杜克跻身美国最佳大学之列。但杜克大学工科较弱，理科除生物外，难称一流。

西校园色彩斑斓的建筑用石

西校园建筑用的石头采取了七种基本色彩和十七种不同的颜色。学校负责规划和建筑的督导曾经形容这些石头具有"古老的、吸引人的风格",而且"比普林斯顿所用的石头的颜色更为温暖和柔和",它们看起来有格外的美感,因为它们堆砌的方式可以使它们的缝隙间有阴影线。杜克大学的创始人詹姆斯·杜克先生原本建议从千里迢迢的新泽西州的普林斯顿开采石头,但后来为了节省经费,在北卡的山堡(Hillsburgh)开采了所需石料。东校区距西校区有2.4千米,两个校区位于达勒姆城一条高速公路的两边,但往返于两个校区间并非难事,免费的校园公交车是很方便而且快捷的。

杜克教堂

西校区的中心是杜克教堂,这里既是杜克大学的宗教中心,也是杜克大学标志性建筑之一,建造过程从1930至1935年,历经了5年。

美国 50 所最佳大学

杜克大学不但是一流学术殿堂,更是修身养性、术德兼修的好地方。美国南部地域广阔,气候温暖而舒适。杜克花园风景优美,是远近闻名的景点。杜克的学生体育好是出了名的,他们更自豪地宣称"杜克有全世界最好的篮球队"。从某种意义上讲,杜克和斯坦福很相似的地方,并不在于两校都有工程学院,而是在于两校建校时间都不太长。在这种充满活力的年轻学校里,新创意、新思想的施展空间更大。

工程学院

商学院

杜克大学具有这样几个特点:

第一,杜克的教育特点是为本科生提供一个自由开放式的教育。杜克引导大学生用理智和前所未有的方式来领会所学的知识,让他们自己找出自己的学术路径。杜克这样一个研究型的大学拥有资源将本科教育与学生询问和发现的过程连接在一起,给学生提供向老师学习、与老师合作的机会。学生对课程选择有着充分

教堂可以容纳 1600 人，它的高度有 64 米，是北卡州达勒姆市最高的建筑之一。

杜克森林中的步行小道

杜克森林建立于 1931 年，目前占地 29 平方千米，分六个片区坐落在杜克大学西校区西面。它是全美最大的持续保养森林之一，其所有的管理记录都被完好地保存了下来。长达数千米的步行小道绵延穿过森林，特别适合人们在此放松娱乐，排名全美前列的杜克男子和女子越野长跑队便时常在此训练。

校园重大历史事件

➢ 1838 年，Randolph County 私立学校（杜克大学的前身）创建。学校建校早期的领导人主要是卫理公会派信徒和教友派信徒。

➢ 1859 年，更名为三一学院（Trinity College）。

➢ 1887 年，在耶鲁深造过的经济学家约翰·富兰克林·克罗威尔（John Franklin Crowell）成为了三一学院的院长。遵照德国大学重视研究胜过背诵的传统，克罗威尔亲自主持对课程进行了很大的变动，同时还说服校董事会把学校迁到城里。

➢ 1892 年，三一学院在达勒姆

的自由，在学习方式、学习进度、时间和地点等方面也可由学生根据自身的需要来决定。教师还非常注重培养学生独立思考的能力，鼓励学生大胆提出自己的设想和建议，并根据学生的兴趣提供师生共同研究的机会。教师鼓励学生追逐兴趣而不是追逐"热门"，开明的校规也允许学生根据自己的兴趣转系。

第二，杜克本科教育的特征是充满学术活力和挑战的精神。学校对学术实验持开放态度，鼓励乐于探索的学生将其才智用于科学实验和创新之中。为帮助学生实现其学术目标，学校不仅提供了跨学科的学术支持、具有挑战性的校园文化氛围，而且还提供一流的学术设施和资源以及课内课外的各种机会。近十几年来，杜克以学术为重，稳定发展，作为一个学术研究机构享有盛誉。1993 年，杜克的 3 人小组在极具权威的威廉·洛厄尔·帕特南（William Lowell Putnam）数学竞赛中勇夺第一，并赢得了美加最优秀本科生数学小组的称号。1996 年和 2000 年，杜克两次重温了这项荣誉。在过去十年中，除哈佛之外，只有杜克的小组在这项比赛中 9 次都取得前三名。杜克历史上一共有 40 人获得过罗德奖学金这项极具声望的奖学金，是获得该项奖学金人次第二多的大学。

位列全美前三的医学中心

第三，安居一隅，潜心治学，杜克良好的基本传统凝聚了荣誉感和责任心。该校为师生创造了极其安宁、积极向上的生活和学术氛围。教授除了学术研究外，就是认真地传道、授业、解惑；学生也因校园地处北卡幽静山林地区，远离尘嚣，没有大城市浮华虚幻的诱惑，所以能专心致志地皓首穷经、钻研本业。人们走进杜克校园，尽见学生们流露于眉宇之间的灵气和孜孜不倦的求索精神，便可以感受到所谓的潜移默化之效。当然，优良的环境的建立在很大程度上得益于华盛顿·杜克（Washington Duke），他的两个儿子本杰明·牛顿·杜克（Benjamin Newton Duke）和詹姆斯·布加南·杜克（James Buchanan Duke）以及朱丽安·卡尔（Julian S. Carr）的慷慨和游说。他们通过烟草工业的繁荣发展致富，都是有影响力和受人尊敬的卫理公会派教徒（Methodists）。卡尔捐赠了校址，也就是今天杜克的东校区，而华盛顿·杜克捐赠了85000美元给学校基金会做建设之用。

➢ 1924年，北卡州的烟草大亨詹姆士·布加南·杜克为纪念他的父亲老杜克，捐赠了一笔高达4000万美元（相当于2005年时的4亿3千万美元）的捐款成立杜克基金，并利用慈善家卡尔（Julian S. Carr）所慷赠的9000英亩（约36平方千米）土地，用以赞助其家乡的高等教育机构与医院的营运。为感谢杜克的善心，学校正式定名为杜克大学。

➢ 1942年，杜克大学在Wallace Wade体育馆主办并参加了唯一一次在加州以外举办的"玫瑰碗"比赛。

➢ 1964年11月14日，马丁·路德·金博士在杜克大学发表了关于人权运动进展的演讲。大学的Page礼堂里听众人山人海，组织者不得不为挤在场外的听众架设了扩音器。

校园杰出人物

杜克大学现有健在的校友仅仅是外在因素，更多的内因是该校学生对学术的孜孜以求。"宁做板凳数年冷，不写文章半句空。"这就是杜克人将自己的责任与学校的荣誉紧密联系在一起的写照。

第四，在坚持自身办学优势的基础上，杜克推行教育国际化，吸收、引进其他名校的经验。这样做的目的就是让本科生具备更为广阔的视野。除了上述的天时、地利、人和加上历任校长的前瞻性眼光外，这也是杜克的一大长处。本科生在校就读两三年后，大多会利用暑期，或一学期，甚至一年，到国外游学，或研习外国语言文化。最后，带着"读万卷书，行万里路"的国际经验与视野，回到杜克，进一步强化并提升自己的学习目标，调整自己的多元人生方向。中国古老的人生哲理，在杜克大学等美国高等学府里，彻彻底底地在年轻一代的学习生活中得到具体落实。

第五，杜克学生对体育运动的狂热，令不少同类型、同水平学校的学生羡慕不已。杜克大学的篮球队教练，也是现在美国国家篮球队的教练，人们俗称他为"K教头"。杜克大学历史上更是体育人才迭出，从乔丹接班人格兰特·希尔，到现在火箭队的防守大将肖恩·巴蒂尔，再到芝加哥公牛队的主力球员罗尔·邓，都是杜克大学培养出的一流篮球人才。杜克是疯狂的篮球迷的聚居地，每逢赛季，体育馆前全是一排一排帐篷，学生吃住在此、彻夜排队只为了一张球票，这也是杜克一景。由于所有大学生队的体育票对学生免费，在大赛前安置帐篷排队耐着性子等待是学生们获得入场券的唯一方式，也是学生们进行变相室外聚会的一种理由。在晚上，草坪经常成为聚会或偶尔的音乐会的场地。男子篮球教练迈克·沙舍夫斯基曾买比萨饼送与帐篷内的学生，而被大家津津乐道。

卡梅伦室内体育馆

杜克大学地处美国东南、濒临大西洋岸的北卡罗来纳州，近

14.2万人。世界500强公司的执行总裁中很多是杜克校友，如波士顿技术公司、思科、埃克森美孚（财富五百强首位）、通用汽车、摩根斯坦利、西北航空等；CBS新闻报道的总裁、美国联邦通信委员会（FCC）主席以及公共广播系统（PBS）主席也都是杜克校友。杜克大学有代表性的杰出校友包括：

➢ 罗伯特·理查森（Robert C. Richardson），1965年毕业，博士学位，美国物理学家，获得1996年诺贝尔物理学奖。

➢ 汉斯·德默尔特（Hans G. Dehmelt），1955年毕业，博士后，德裔美国物理学家，获得1989年诺贝尔物理学奖。

➢ 查尔斯·汤斯（Charles H. Townes），1936年毕业，硕士学位，美国物理学家和教育家，获得1964年诺贝尔物理学奖。

➢ 理查德·尼克松（Richard Nixon），1937年毕业，博士学位，曾任美国第37届总统（1969至1974年）。

➢ 里卡多·拉各斯（Ricardo Lagos），1966年毕业，博士学位，曾任智利总统。

➢ 威廉·格罗斯（William Hunt Gross），1966年毕业，学士学位，世界上最大的债券基金公司PIMCO的经理。2005年与其妻共同捐赠2300万美元给母校杜克大学用于学生奖学金。其女珍妮佛，也是97届杜克大学校友。

➢ 梅林达·盖茨（Melinda Gates），1986年毕业，学士学位，

几十年来，该州成为全美最适宜居住的州，同时也是全美博士密度最高的地区。"三角高科技研究区"之所以设在北卡，其最重要的幕后学术与智慧支持者之一，就是杜克大学。

◎ 学校图书馆

杜克大学图书馆也是一个系统结构，被称作"帕金斯图书馆系统"（Perkins System Libraries），包括一个主馆、7个分馆，图书总馆藏超过500万册，此外，还有1770万件手稿、120万件公共文件、数万件电影资料和录像带、7000份电子文件等。杜克大学的主图书馆叫威廉·帕金斯图书馆（William R. Perkins Library）。在全美校务基金最雄厚的460多所大学中，杜克大学虽然排在第23名，然而该校的图书馆藏书量却是全美第8名，仅次于哈佛、耶鲁、哥伦比亚、斯坦福、芝加哥、康乃尔和普林斯顿。除了主图书馆，还有生物学环境学图书馆、化学系图书馆、莉莉图书馆（Lilly Library，拥有美术、哲学、电影录像和表演艺术等收藏）、音乐图书馆、海洋图书馆和Vesicle图书馆（拥有工程学、数学和物理学的藏书，现已搬迁）。

威廉·帕金斯图书馆

1995年，杜克大学图书馆成立了数字工作室，开展馆藏资源数字化工作，并统一纳入"杜克大学图书馆数字收藏项目"。2008年1月18日，杜克大学启用新的数字馆藏网址和文献揭示系统。2008年8月，杜克大学图书馆获得美国安德鲁·W·梅隆基金会一项475700美元的资助，用于设计开发下一代的图书馆开放源码系统。这个被命名为"开放图书馆环境"的设计项目实际上在2007年秋就已经开始策划，并预期在2009年7月提出一个图书馆

世界首富比尔·盖茨的夫人，成立"比尔及梅林达·盖茨基金会"。曾任该校校董会主席。

➤ 皮特·尼古拉斯（Peter Nicholas），1964年毕业，学士学位，波士顿科学公司创始人和董事会主席，该公司已经成长为全球最大的专注于微创介入医学的医疗器械公司。

➤ 里克·柯可兰（Rik Kirkland），1976年毕业，硕士学位，《财富》杂志执行主编。

➤ 宋耀如（Charlie Soong），1881年入学，该校历史上第一位国际学生，后转入范德比尔特大学攻读神学。1886年回到上海后从事传教及实业，倾全力协助孙中山进行革命事业。夫人倪桂珍先后于1889年、1893年、1894年、1897年、1899年和1906年生下长女蔼龄、次女庆龄、长子子文、三女美龄、次子子良和三子子安。

➤ 朱迪·伍德芙（Judy Woodruff），1968年毕业，学士学位，美国有线电视新闻网（CNN）的记者和主持人，被认为是美国过去20年中最出色的政治类记者之一。

➤ 安娜贝什·吉什（Annabeth Gish），1993年毕业，学士学位，美国电影女演员，主演《X档案》和《白宫风云》。

➤ 兰德尔·华莱士（Randall Wallace），1971年毕业，学士学位，美国电影剧作家、导演和制片人，《勇敢的心》、《珍珠港》等影片的编剧、发行者和导演。

自动化技术设计文档，使其与图书馆现代化流程相适应——建立在面向服务的体系架构基础上，并且能够成为商业性图书馆系统产品的替代性解决方案。这几乎可以说是图书馆领域对开放源码技术的第一次大规模应用尝试，项目组期望其能对图书馆系统建设带来革命性的影响。

阅览室一角

杜克大学纳希尔艺术博物馆（Nasher Museum of Art）落成于2005年10月2日。这座现代博物馆投资2300万美元，占地面积6120平方米，在风格上传承了杜克校园的哥特式与乔治式建筑风格。该艺术博物馆成为杜克大学校园风格独到的地标性建筑，是吸引学生、教员、校友和访客的强力磁石，并成为杜克大学与达勒姆社区的文化生活中心。该馆拥有1.3万件艺术品，其中包括安迪·沃霍尔和毕加索的作品。2008年杜克大学首次公布了5000张美国社会学家西尼·甘布尔（Sidney Gamble）在1917至1932年间在中国拍摄的珍贵历史照片。

纳希尔艺术博物馆

杜克其他一些重要学术机构还有：资源与环境政策研究中心、杜大威特兰动植物研究中心、海洋实验室、海洋生物医学中心和热带环境保护中心等。

所在地概况及公共设施

杜克大学坐落在美国北卡罗来纳州中北部城市达勒姆,该城位于罗利西北32千米处,人口约20万,周围是重要的烟草种植区,烟草工业极发达,约生产美国纸烟的20%,其他工业有棉织、集装箱、化学药品、精密仪器、家具、建筑材料等。

达勒姆

北卡地区气候宜人,与国内的苏杭一带极为相似。冬天较冷,偶尔下雪,一般不太需要羽绒服。夏天很热,30多摄氏度的温度会持续三、四个月,但室内空调通常打得很冷,所以长时间待在室内的同学最好带一件外套。

抵达方式

罗利达勒姆国际机场

罗利-达勒姆国际机场(Raleigh-Durham International

◎学校生活条件

杜克大学要求学生在本科学习阶段的前三年住在校园宿舍内,除了一小部分的二年级学生可由抽签系统决定居住在校区外。杜克这项管理规定是为了帮助学生与学校有更紧密的联系,并保持一种杜克大学团体的归属感和荣誉感。大约85%的本科生住在校区内。所有的一年级本科新生都住在东校区内的14幢学生宿舍楼内。这些学生宿舍楼的容纳范围从50个住宿学生到190位住宿学生,大小不一。多数的学生宿舍楼具有英王乔治一世至三世时期的样式特点。

东西校区学生宿舍

从二年级开始,学生们被要求居住在西部校园,三年级和四年级本科生可以决定是否居住在西部校园。西校园包含6个方形楼,其中四个创立于1930年,另两个在此基础上扩建。西校园包括两个学生学习团体,被安置在"部分"方形楼之内,因此居住互相紧挨,但仍然在一个更大的生活社区之内。

相比于美国其他大城市,杜克大学所在地达勒姆的住房应该说还是比较便宜的。通常新生第一年会选择居住在校内学生宿舍。住在校内的好处是房间里有家具,水、电、网络都已开通并且包括在房租之内;但缺点是房租较贵,并且由于校内宿舍位于东校区,往往离大家常去的西校区距离较远,因此需要坐公交车上下课。校内公寓式的宿舍只要向学校提交申请即可入住。校外租房一般没有家具,房租便宜,有些小区离学校很近,可以步行上下课。新生可以参考《杜克新生指南》关于租房的部分,了解校外租房的名称、位置、户型、租金。校外租房可以自己发邮件,或者通过师兄师姐联系。如果决定与其他中国同学合租,建议在国内找好室友。

兄弟会和姐妹会是校园中比较突出的学生团体,大约29%男生和42%女生加入此类的社团。附近的酒吧和俱乐部在达勒姆的

Airport）位于美国北卡罗莱纳州，在罗利市和达勒姆市之间，占地面积 4929 英亩（约 20 平方千米），有 3 条跑道，每天有多达 400 多个航班飞往 36 个国内和国际目的地，每年有超过 1000 万旅客通过机场。机场有 2 座航站楼，有 4 个巴士停车车站和 1 万多个提供给乘客停车的车位。

达勒姆的公交系统虽然不是很发达，但是杜克大学的校园交通系统基本可以满足学生的需求。周一至周五，30 多辆校园公交车往返于不同路线，提供免费服务。其中 Robertson Scholars route 穿梭于杜克和北卡大学之间，方便校际之间的交流活动；LaSalle Loop 连接了西校区，杜克还在傍晚五点到凌晨七点提供免费的 Safe Rides 服务，接送那些在学校工作学习到很晚而错过班车的学生。

在杜克长期生活，拥有一辆车是必不可少的。通常新生第一年还没有经济实力买车，可以搭老生的车去买菜，一般师兄师姐都很热情。一年之后，新生就可以考虑买一辆二手车（价格约 4 千美元到 1 万美元不等）来改变单调的生活了。具体有关购买二手车的步骤以及维修经验，可以参考《杜克新生指南》。

第九街道和周边地区。学生有时将附近的社会生活称之为"杜克气泡"，强调杜克校园同周围的社区隔离，学生在比较有限的范围内与达勒姆居民交往。校园里的学生联谊会经常举行聚会，在一起畅饮，增进友谊和了解。在 20 世纪 90 年代，杜克管理者极大地减少了校园内小酒吧的数量，要求学生不仅直接从学校购买酒类饮料，而且雇用昂贵的大学侍酒者，以此增加住读安全。

杜克大学花园里的睡莲

杜克大学校园内有大约 400 多个学生俱乐部和组织，其中包括许多学生自治组织和服务组织。杜克学生管理会为这些组织提供大多数资助，并且代表学生的利益进行管理。校区内最普遍的活动是体育竞赛。杜克有正式的 35 个体育俱乐部和 29 个室内队。竞技体育活动，特别是男子篮球，是杜克大学校园生活的一个重要组成部分。杜克的学生已经被公认为是最具创造力、最真挚和最具爆发力的体育爱好者。

华莱士·韦德体育场

The University of North Carolina, Chapel Hill　北卡罗来纳大学教堂山分校

排　　名：　30	校训：	校徽：
建校时间：　1789 年	*Lux Libertas* （拉丁文）	
学校类型：　公立	Light, liberty.	
IBT 最低线：　79	学校网址：http://www.unc.edu	
SAT：	申请网址：	
CR：　590 – 700	http://www.admissions.unc.edu	
Math：　620 – 710	咨询电话：919-966-3621	
Writing：　580 – 680	咨询传真：919-962-3045	
ACT Composite：　26 – 31	咨询邮箱：	
送分代码：	unchelp@admissions.unc.edu	
IBT：　5816	申请费：$80	
SAT：　5816	学　费：$25280	
ACT：　3162	总费用：$38920	吉祥物：
毕业率：	申请截止时间：	
4 年毕业率：　不详	RD：1 月 15 日	
6 年毕业率：　不详		
学生人数：	申请材料邮寄地址：	
在校生总数：　28916	Office of Undergraduate Admissions	
本科生人数：　17981	University of North Carolina	
人员比：	at Chapel Hill	
师生比：　1 : 14	Jackson Hall	
男女生比：　42 : 58	153A Country Club Road	
国际学生比：　1%	Chapel Hill, NC 27514　USA	

校园标志性建筑

　　北卡罗来纳大学教堂山分校的主校园有 729 英亩（约 3 平方千米）。沿著红砖小径可观赏到学校的一些早期建筑和一些历史景点。根据美国园林设计师协会 1999 年公布的材料，北卡大学是全美国规划得最优美的景点之一。北卡罗来纳大学广袤优美的校园由两大中心四方广场构成。广场之一叫 Polk

◎学校概况

　　因井而出名的地方，人们并不陌生。北京王府井的得名，就是因为当地有王府，还有水井。那时候的北京，老百姓打不起井，一般的井打出的水都是苦涩的，饮用水都是去买，而王府街旁西侧有一口远近闻名的优质饮用水井，王府井的地名也就因此而得。无独有偶，北卡罗来纳大学教堂山分校最持久的象征也是一口饮用水老井（Old Well），一个以凡尔赛花园中的爱德圣堂为基础的新古典主义的小圆形建筑。这水井位于学校中心 McCorkle 广场（即北广场）的最南端，介于校园最古老的两栋建筑老东方和老西方之间。在圆形建筑的中心有一个象征性的饮水处，以便大家

广场，以北卡罗来纳州人、北卡大学校友詹姆斯·波克（James N. Polk）总统的名字命名，学生们闲步于称为"深坑"的砖砌凹地（也时常戏称为"传道者深坑"）。另一个叫McCorkle广场，有一棵"大卫白杨"树，其下有一条石凳。据说当一个人坐在长椅子上的时候，他亲吻的人将最终和他结婚。"大卫白杨"本身是大学的一个标志，传说只要它茂盛，大学也会兴盛。由于雷电袭击导致的健康问题，大学已经在附近种植两株遗传复制品以"保证"学校的持续好运气。

老东方楼，该校最老的建筑

北卡成立时只有一栋单一建筑物，叫做老东方楼（Old East），至今仍然作为住宅楼使用，它是最老的美国公立大学建筑物，1793年10月12日奠基，校址接近于一所英国圣公会小教堂并因此得名教堂山。现今，大学在每年10月12日举行校庆。

高达172英尺（约52米）的钟塔（Bell Tower）是教堂山分校的标志性建筑之一。关于钟塔还有一个故事。莫尔黑德（Morehead）是1891年的毕业生，早在20世纪20年代初期，就曾想改建旧楼时在上面

能从老井喝到清凉的甜水。这口老井地处校园心脏位置，是学校的象征之一，曾经是学校宿舍的唯一水源，在1879年才被改建成现在的样子。这所大学有一个传统是新生要喝井里的水，据称，如果这样做，他那个学期的学习成绩会全部拿优等。

老井

北卡罗来纳大学教堂山分校是一所男女同校的公立研究型大学，位于美国北卡罗来纳州教堂山。该大学是北卡罗来纳大学系统最古老的教育机构。虽然不是第一间被特许的公立大学，却是美国第一所州立大学，也是18世纪唯一一所能够授予学位的公立大学，是唯一有研究生的公立学府。北卡罗来纳大学教堂山分校是被列入公立常春藤的最初几所大学之一，而且是北卡罗来纳州大学系统的旗舰机构。

现任校长是霍顿·索普（Holden Thorp），这位化学教授2008年7月1日起担任北卡罗来纳大学教堂山分校的第10任校长。在此之前，索普曾任北卡罗来纳大学文理学院院长。

教堂山分校提供77个学士、107个硕士、69个博士学位和6个职业技术学位课程。该校由文理学院、14所专业学院以及成人教育学院组成，14所专业学院包括：牙医学院、教育学院、普通学院、药学院、公共卫生学院、研究生院、商学院、政府学院、信息和图书馆科学学院、新闻和大众传媒学院、法学院、医学院、护理学院、社会工作学院。

在北卡罗来纳大学系统中，教堂山分校的教育水平、研究成就、国际名声、校园建设等各方面，都是最强的，被认为是仅次于加州大学伯克利分校的公立大学。其主要特点是：

第一，公立大学中具有强劲的实力。与私立大学不同，教堂山分校得到的主要资助来自于北卡罗来纳州政府，例如，2008年

加一个钟塔，但遭到校方的拒绝。1926年，他又曾先后提出在建造威尔森图书馆和学校挪移旗杆时建立钟塔，也未能如愿。他仍然没有灰心，终于与帕特森（Patterson）合资在威尔森图书馆后面被获准建造钟楼，并于1931年感恩节竣工。

钟塔

"沉默的山姆"

另一个大学标志是一尊用于纪念一位在南北战争时期与叛军（南方军队）作战而失去生命的军人的雕像，叫"沉默的山姆"。该雕像成为北卡罗来纳教堂山分校校园及课堂辩论的话题。有人认为这是对种族主义和奴隶制度的纪念，而另一方则认为这只是南方丰富传统的一例。

校园重大历史事件

➢ 1789年12月11日，北卡罗来纳大学在北卡罗来纳州立法会

的数额就大约为4.5亿美元。这个数字就代表着学校全部运行预算22亿的20%。教堂山分校最大的收入来源是同行评审的教员科研经费，2008年产生了6亿美元的合同和经费。对于美国国内的大学或者国际上的其他大学来说，竞争力和排名就反映在他们研究经费的水平上。那是作为一所大学实力的真实衡量，因为那些资金的发放是基于来自于专业领域专家评审的竞争之上的。教堂山分校的研究人员和教授必须领先于杜克或斯坦福或伯克利的同行们才能确保这些资金的投入。因此这种激烈的竞争也是衡量一所公立或私立大学质量的一个重要标准。

南美洲研究中心

既然是州政府提供经费来源，教堂山分校就得招收来自北卡罗来纳州全部100个郡县的学生。州法律要求在每一届新生中来自北卡罗来纳州的学生的比例应达到或超过82%，而剩下的18%就从美国其他49个州和世界上其他国家招收。这种做法虽然合情合理，符合公立大学的实际情况，但同时也让来自其他地方和国家的新生一开始会有孤独感和一定的竞争压力。不过，另一方面，该校为有天赋的学生提供了高质量的学习环境，在卡罗来纳州盟约和出色的财政援助计划的支持下，学校可以招收优秀的学生而不考虑其财务状况。

第二，本科专业中体现不俗的设置。教堂山分校本科课程有71个学士学位专业。较强的专业包括社会学、哲学、化学、商学、政治学、新闻和大众传媒、古希腊罗马文学和生物学。其中最受欢迎的是面对全体本科生的小型荣誉课程研讨班，这个荣誉课程被全美公认为是最佳、具挑战性的。即使一开始不能成为该课程的"荣誉学生"，也可以在本科前三个学期继续申请。实际上，只要学生的GPA能够达到3.0或更好就能参加"荣誉课程"的学

上被特许建立。教堂山市中心的富兰克林街是于 1793 年为纪念本杰明·富兰克林而命名，被视为该校主校园的北部边界。该校创始人是威廉·理查森·戴维（William Richardson Davie）。

➤ 1795 年 2 月 12 日，北卡罗来纳大学第一位学生辛顿·詹姆斯（Hinton James）从威明顿步行到达这里。校园里的一个大住宅楼就依他命名。两个星期内，他是唯一的学生。

➤ 1877 年，第一批到北卡大学注册的女生入校，参加夏季培训班。当地记者可妮莉雅·菲利普斯·斯宾塞（Cornelia Phillips Spencer）热心地为这 107 名女性写文章，表达了她对实现男女平等的期望，她说，美国有一天"应该像对待儿子那样为女儿的教育多做些事"。

➤ 1924 年，北卡罗来纳大学教堂山分校的啦啦队队长维克·哈金斯（Vic Huggins）认为其大学需要一种吉祥物，就像佐治亚州的斗牛犬那样。当时，教堂山分校橄榄球队受欢迎的球员杰克·梅里特被球迷们昵称为"进攻的公羊"。哈金斯从这个绰号得到灵感，把一头公羊带到了一年一度的和弗吉尼亚军事学院的球赛中。在主罚一个决胜的定位球前，踢球选手摸了公羊的头而最终赢得了比赛，因此这头公羊就被留了下来，成为北卡大学的吉祥物。现在每次比赛的时候都有一个拟人化的公羊出现在比赛现场。

习，大约有 30% 的注册学生不能加入此类课程。

莫尔黑德天文馆和科学中心

在大学本科部，学生们在学校最初两年完成"远景的"课程要求。英文、社会科学、历史、外国语言、数学、以及自然科学课程是所有学生必修的。在二年级之后，学生进入文理学院，或选择医学院、商业、制药、信息与图书馆科学、公共健康或新闻与大众传播等学院的其他学位课程。

教堂山分校数十年来一直提供大学本科部优秀奖学金，成为全美公立大学中学生获得各类知名奖学金人数最多的学府，包括仿效牛津大学的罗德奖学金，以及富布莱特、戈德华特、路思义、马歇尔、杜鲁门、优德尔和 Morehead-Cain 奖学金。拿奖学金的学生将接受 4 年的学费、食宿费、书籍以及夏季学习/研究的资助。还有创新的罗伯逊奖学金，允许受奖者同时在教堂山分校和附近的杜克大学两处上学。1990 年以来，该校师生有 27 人获得普利策奖，3200 人的教员队伍中有 36 人成为美国艺术科学院院士、50 人获得富布莱特奖学金。

第三，对外交往中显示合作的优势。教堂山分校的学生不仅在校园内能够发现不计其数的机会与教授合作研究，而且在他们接受本科教育的每个阶段都有机会与外界保持联系。该校学生充分享受着"大学校的资源和小学校的氛围"，教授们得到学生们的高度评价：他们关注个人，乐于课堂外会面。学校的管理很有秩序，全体教职员工合作水平相当高，合力创造了一个对所有学生的教育目标都具有指导性的环境。学生们拥有很多机会在其喜欢的事上尽其所能。近一半的学生在教授的指导下参加研究项目，从表演艺术到世界闻名的北卡医院临床实验。

> 1932 年，北卡罗来纳大学教堂山分校成为重组的北卡罗来纳大学的三个最初校园之一（1972 年之后称北卡罗来纳大学系统）。1963 年，重组后的大学实现完全男女合校。相应地，北卡罗来纳大学女子学院被重新命名为北卡罗来纳大学格林斯伯勒分校（Greensboro），而北卡罗来纳大学本身成为北卡罗来纳大学教堂山分校。

校园杰出人物

北卡罗来纳大学教堂山分校人才辈出，其代表性人物如下：
> 托马斯·乌尔夫（Tomas Wolfe），1920 年毕业，文学学士，美国小说家，他的小说《向家乡看吧，安琪儿》（1929 年）受到广泛赞扬。
> 罗索·班克斯（Russell Banks），1967 年毕业，文学学士，美国作家，代表作《意外的春天》（1991 年），后被拍成同名电影，获第 50 届戛纳电影节评委会大奖。
> 迈克尔·乔丹（Michael Jordan），1981 年获奖学金入学，文化地理专业，1984 年提前离校，进入 NBA，美国著名篮球运动员。
> 文斯·卡特（Vince Carter），1995 至 1998 年在校学习并参加球队比赛，美国著名篮球运动员。
> 罗伊·威廉（Roy Williams），1978 至 1988 年，任该校篮球队助理教练，2000 年起，任该校篮球队主教练，培养了很多美国篮球明星。

从此，扬帆启航……

戏剧和艺术中心

由于学校全球项目管理部门为学生们安排了一系列面向除南极洲外各大洲的国际交流计划，学生们充分享受着范围广泛的本科生研究机会。这所学府的海外交流项目与 70 多个国家合作，达 300 个之多。仅从本科生国外学习的人数来看，教堂山分校名列美国公立研究型大学前茅。此外，教堂山分校学生还可从 3 万多个全球范围的实习机会中选择适合自己的社会实践项目，投身于视野更加宽广的社会服务。

第四，体育活动中凸现上乘水准。或许是 82%的学生来自北卡罗来纳州，不少人至少了解他们各自的中学情况，相互知根知底、趣味相投；或许是由于 1984 年毕业于教堂山分校的 NBA 球星迈克尔·乔丹的光芒遮盖了 NBA 与好莱坞中任何一位大牌明星。他是个伟大的校友，可能比其他人更能在世界上象征北卡大学。这所学校对体育的激情成为一种时尚。如果有的学生对篮球运动情有独钟，教堂山分校肯定是培养篮球迷的最合适的地方。有些学生说，体育精神在这里已经达到发狂的程度，各个年级都有一批铁杆球迷。谈起迈克尔·乔丹，至今还有人津津有味地回忆起 1984 年那场校际篮球的巅峰对决，由于乔丹终场前 17 秒决定性的一投，使北卡罗莱纳大学以 63：62 战胜了帕特里克·尤因率领的乔治敦大学，夺得全美大学生体育协会（NCAA）总冠军。

最受欢迎的体育项目是男子篮球、棒球和橄榄球，女子足球和长曲棍球，每当比赛的时候校园内总是万众欢腾，球场上总是代表学校的蓝色和白色海洋。有时候学生为了得到一张关键比赛的球票，甚至采用抽签的办法来满足大家的需求。该校球队的绰号是"柏油脚跟（Tar Heels）"，因为北卡罗莱纳州 18 世纪以盛产柏油和沥青而闻名。2009 年秋季，教堂山分校赢得了全美大学生体育协会 6 个大项中的 37 个冠军，总成绩名列第 8。每年北卡

➢ 詹姆斯·波克（James K. Polk），1816年，转学至教堂山分校，1818年以优异的成绩毕业，美国第11届总统（1845至1849年）。

➢ 埃尔逊·弗洛伊德（Elson Floyd），1978年毕业，文学学士，1984年毕业，哲学博士，密苏里州大学现任校长。

➢ 查尔斯·库拉特（Charles Kuralt），在该校就读期间，任学生主办的报纸《The Daily Tar Heel》编辑，此后，他从该校肄业，美国哥伦比亚广播公司著名节目主持人和记者。

➢ 弗朗西斯·柯林斯（Francis Collins），1997年毕业，医学博士，美国国家人类基因研究所的基因学家和主任。

➢ 威廉·哈里森（William Harrison），JPMorgan Chase（摩根大通）公司的董事长兼首席执行官。

➢ 朱利安·罗伯森（Julian Robertson），1955年毕业，最著名的宏观对冲基金之一——老虎基金的创办人。

➢ 迦勒·戴维斯·布莱德汉姆（Caleb Davis Bradham），1886年注册入学，毕业后，又去马里兰大学就读，百事可乐创办人。

➢ 弗朗西斯·柯林斯（Francis Collins），医学博士、遗传学家。美国国立卫生院（National Institute of Health，NIH）国家人类基因组研究中心主任，美国医学院院长，国家科学院院士。

所在地概况及公共设施

罗来纳大学教堂山分校的校橄榄球队、篮球队等与一河之隔的杜克大学校队的比赛都会引起全校的轰动，学生们倾巢而出，气氛堪称火爆。

卡罗莱纳篮球博物馆

总而言之，北卡罗来纳大学教堂山分校是一所世界一流的研究和教学机构，低费用、高名望，拥有本科生教育真正的优势，即接受文科和理科的通识基础教育，正如该校前任校长詹姆斯·默泽尔所说："伟大的大学和一个职业学校的区别就是职业学校教会你第一个工作。伟大的大学教会你最后一个工作。"但有点遗憾，由于是公立大学，州法律规定该校82%的学生须来自北卡罗来纳州，对于美国其他州和国际学生来说，申请该校显得比较困难。

北卡罗来纳大学教堂山分校的芳龄几乎是合众国的年龄，她的历史也就是美国州立教育的历史。北卡近年总投资31亿美元，打造21世纪大学城，是美国历史上最大的州立大学再建项目。所以，北卡近年来在美国大学的排名中，节节高升。最佳州立大学、最佳研究型大学、最佳适合居住的大学城等等赞誉，接踵而至。看来，想提高大学的排名也是离不开钱的。

◎ **学校图书馆**

北卡罗来纳大学教堂山分校的图书馆系统由数个图书分馆组成，其中包括：戴维斯图书馆（Davis Library）、豪斯图书馆（R. B. House Undergraduate Library）和威尔逊图书馆（Wilson Library），共有580多万册的藏书。教堂山分校的北卡罗来纳馆藏是全国校园与"州"相关的藏书中最大的，而且在威尔逊图书馆中收藏的南方和稀罕藏书是全国最好的。该大学是ibiblio的老家。ibiblio

大学位于州府不远一个名叫教堂山（Chapel Hill）的城市，整个城市几乎都是为这所大学服务的。这里气候温暖而舒适，风景优美，学校和民居都为森林环绕，各种野生动物与人们和谐相处。大学城内治安良好，几年没有发生过任何刑事案件。风华正茂的学生随处可见，朝气蓬勃，生活在这里的人们富足安详，举止优雅，享受上天的赐予。这里天人合一，风光无限，为世界各地许多学子所向往。

北卡罗莱纳州风光明媚，东边有大西洋海岸，西边有阿巴拉契亚山脉。气候温和、四季分明，是美国本土国民第三大理想迁居地。教堂山位于北卡罗莱纳州的中部，说是山，其实是一个平顶的山丘。教堂山，人口5万余人，位于北卡州的橙郡。教堂山与杜克大学所在的达勒姆市、北卡州首府罗利市，正好鼎足而立，构成人文与地理上的"北卡三角区"（North Carolina Triangle）高科技、尖端医学与文教地带，消费水平较低，是居住、生活和创业的良好选择。

教堂山的弗兰克林街

北卡罗来纳大学教堂山分校在美国南方学界具有传统上的领

是世界上第三大WWW因特网站，也是软件、音乐、文学、艺术、历史、科学、政治和文化研究等免费资料的世界最大收藏网站之一。

威尔逊图书馆

戴维斯图书馆，离校园"深坑"很近，是该校的主图书馆，也是该校最大的学术设施和北卡罗来纳州拥有所有权的建筑。其馆名是为了纪念北卡州的慈善家沃尔特·戴维斯（Walter Royal Davis），该馆于1984的2月6日正式对外营业。

豪斯图书馆也位于同一区域，是专门为本科生服务的图书馆。2001年，教堂山分校花费990万美元重新修缮这座本科生图书馆，更换了现代化的家具、设备和基础设施。

威尔逊图书馆馆名是为了纪念该校1945至1957年期间的校长路易斯·威尔逊（Louis R. Wilson），这是戴维斯图书馆建成之前的主图书馆，现今这座图书馆用于特殊收藏、善本收藏和临时展览。

◎学校生活条件

大约46%的本科生居住在北卡教堂山分校校园宿舍里。33幢学生宿舍楼被组成13个"社区"。该校校园被分成三个部分：北区、南区和中区。

新生一般都居住在南区，这里的套房和大型的宿舍鼓励本科生们进行相互之间的交往，也鼓励新生与高年级的本科生交往。校园基本上是以普通的宿舍为主，高年级的学生也可以选择居住在"绵羊村"（Ram Village）公寓风格的住宅内。在中区，安排的是运动员宿舍。宿舍的分配采用的是高年级优先抽签的方式来决定。当然，大多数学生比较喜欢选择在校外租房。

袖地位，人们说起这所学校，常常就用教堂山这个地名代之。这一称谓很贴切，不仅点出学校和地方在空间上的共生共存，更重要的是无意间提醒人们基督教和美国高等教育的渊源关系。历史稍长些的私立大学，至今多在校园中保留着教堂，最显赫的大概要数普林斯顿大学和杜克大学的教堂了。至于像圣母大学、杨百翰大学那样的教会学校，宗教与高等教育的关系仍保有某种前现代的特征。但教堂山分校不同，宪法政教分离的原则规定公立学校不许设立宗教机构，那座古老的教堂便只能在校园边上继续传播福音。

抵达方式

从中国的城市到教堂山，一般飞到罗利-达勒姆机场（Raleigh-Durham Airport），该机场在教堂山东边，从机场到教堂山分校距离约半小时车程。这段航程没有直飞的航班，可以先飞到芝加哥（美国联合航空公司 United）、底特律（美国达美航空公司 Delta）、纽瓦克 Newark（美国大陆航空公司 Continental）、多伦多（加拿大航空公司 Air Canada）或洛杉矶（东方航空）转机，整个航程包括转机花费的时间在内至少要 17 至 18 个小时。

校园中有很多兄弟会和姐妹会，但只有 14.4% 的大学生属于这类"希腊生活"社区。北卡教堂山分校有兄弟会，他们没有楼房但是仍然被学校承认。虽然黑人兄弟姐妹会没有楼房，但是这些组织享有相当的声望且具有全国性的认知度。

北卡教堂山分校大多数学生社团是经过校方注册，并得到大学一个行政单位——卡罗来纳学生会的支持，学生社团的经费来自学生会的活动经费。该校最大的学生募集资金组织是一个名叫"北卡罗来纳跳舞马拉松"的社团，包括数以千计的学生、教授和社区其他成员，宗旨是为北卡罗来纳儿童医院筹集善款，该社团一年到头进行慈善活动，自 1999 年成立以来，到 2008 年共筹集资金 140 万美元。

基南纪念体育场

如果是爱好篮球的学生，应该说北卡教堂山分校是你最好的选择，因为这是篮球超人麦克•乔丹就读过的大学。在 1994 年，北卡教堂山分校运动项目赢得了 Sears 指导者杯"全部运动国家冠军"——该项冠军由全美大学生体育协会（NCAA）根据美国大学累积的优秀竞赛表现颁发。该校的运动队绰号叫"柏油脚跟"，而吉祥物是拉美西斯公羊。他们参与 NCAA 的 I–A 分区和"大西洋沿岸大会"的赛事。2009 年秋季，北卡教堂山分校在 6 个项目中共获得 37 个全美大学生体育协会体育赛事的冠军。该校较强的体育项目包括男女足球、男女篮球、男子长曲棍球、女子曲棍球、男子棒球、男子手球等。

Wake Forest University　维克弗斯特大学

排　　名： 25	校训：	校徽：
建校时间： 1834 年	*Eruditio et Religio*（拉丁语）	
学校类型： 私立	Knowledge and Faith	
IBT 最低线：暂无	学校网址： http://www.wfu.edu	
SAT: 　　CR： 580 – 690 　　Math： 600 – 700 　　Writing： 不详	申请网址： 　　http://admissions.wfu.edu	
	咨询电话： 336-758-5201	
	咨询传真： 336-758-4324	
ACT Composite： 27 – 31	咨询邮箱： admissions@wfu.edu	
送分代码： 　　IBT： 5885 　　SAT： 5885 　　ACT： 3168		吉祥物：
	申请费： $50 学　费： $39970 总费用： $54135	
毕业率： 　4 年毕业率： 78% 　6 年毕业率： 78%	申请截止时间： 　ED： 1 月 1 日 　RD： 1 月 1 日	
学生人数： 　在校生总数： 14248 　本科生人数： 6504	申请材料邮寄地址： Office of Undergraduate Admission Wake Forest University P.O. Box 7305 Reynolda Station Winston-Salem NC 27109-7305 USA	
人员比： 　师生比： 1 : 8 　男女生比： 52 : 48 　国际学生比： 5%		

校园标志性建筑

　　维克弗斯特大学由两个主要校园组成，一个是占地345英亩（约1.4 平方千米）的雷诺兹校园，包括本科学院、法学院、神学院和管理学院；另一个是鲍曼·格雷校园，包括医学院、维克弗斯特大学浸礼会医学中心。

　　韦特教堂（Wait Chapel），是该校20世纪50年代迁移至温斯顿

◎学校概况

　　在美国职业篮球联赛上，球迷的激情总是让人忘乎所以，因为那排山倒海般的声浪和尖叫有着难以阻挡的力量和诱惑。但有一个人例外，他高调打球，低调做人。在赛场上无论球队是领先、还是落后，无论自己的表现是失常还是优异，他都几乎不苟言笑。当然也会有例外的时候，那就是当他捧起冠军奖杯和个人MVP奖杯的时候，他总算是让人见识到了他笑的模样，那只能用一字来形容，憨。他对篮球的见解也很独到。"在有些人看来，篮球主要靠身体；在我看来，身体与思想都得派上用场。你不仅要在身体上压倒对手，在思想上也要高出一筹，甚至还得看穿对手。篮

—萨勒姆后兴建的第一幢建筑物，也是该校精神中心。这个标志性的建筑具有多功能性，其礼堂被用作礼拜、典礼、音乐会和重要来宾发表演讲的场所；其教室为神学院和宗教系的办公室和教室。

雷诺兹花园，这个雷诺兹家族捐赠的125英亩（约0.5平方千米）的大花园，由林地、湿地和旷野组成，是该校的一大景观。这里四季景色宜人，被师生们视为校园中娱乐休闲、放松心情的净土，其中林地步行的路径0.75英里（约1千米）长。

汉斯美术馆（Hanes Art Gallery），这个校园内富有艺术感的建筑位于天平美术中心一层，经常举办各种美术展览和艺术沙龙。

汉斯美术馆

人类学博物馆，通过收藏、保护、管理和展出人类学方面的史前古器物、民族学遗产以及古代和现代视觉艺术品，为师生们提供多元化文化交流的平台和场所。

校园重大历史事件

➤ 1834年，维克弗斯特大学创立。北卡罗莱纳州浸礼会从卡尔文·琼斯博士手中购买了600英亩

球好比国际象棋，你不能让别人一眼看穿，否则就处于不利了。"他就是毕业于维克弗斯特大学心理学专业的马刺队球星蒂姆·邓肯（Timothy Theodore Duncan）。

维克弗斯特大学是位于美国北卡罗来纳州温斯顿－萨勒姆（Winston-Salem）的一所私立大学，也是一所男女同校的教育机构。这所美国著名的研究型大学始建于1834年，因最初的所在地美国北卡州首府罗利以北的维克弗斯特而得名。维克弗斯特大学正如它的校名所表达的涵义一样，用如森林般广阔的学术资源唤醒求知的心灵。维克弗斯特大学以其精英教学、昂贵的校园资源和独立自由的学风独树一帜，能培养出像蒂姆·邓肯这样心理素质好的优秀球员和一代又一代高素质的毕业生实属意料之中。

维克弗斯特大学鸟瞰

作为美国东海岸享有盛誉的贵族名门，维克弗斯特大学在商、法、医三大学术领域稳居北美顶尖行列。商学院2002至2010年被美国商业周刊评选为北美20所顶尖商学院之一，入选金融时报世界顶尖商学院100强。

该校现任校长是内森·哈奇（Nathan Hatch），这位研究宗教史的博士于2005年7月1日就任该校的第13任校长。在此之前，哈奇曾任美国圣母大学教务长和历史学教授。

维克弗斯特大学有2所本科学院：维克弗斯特学院和韦恩卡洛维商学院。研究生学院有：法学院、医学院、巴布科克管理研究生院，艺术与科学学院研究生院和神学院。

维克弗斯特大学设有数十个学科专业，如医学、解剖学、人类学、生物、生物计算机、数学、微生物学、分子遗传学、植物学、经济学、化学、工商行政管理学、教育学、免疫学、物理学、哲学、病毒学等。部分专业具有较强的科研学术实力，可以授予

（约2平方千米）的种植园土地当作校园，这片土地位于维克郡罗利以北，被称为"维克的森林"。这所学校的初衷是为了给浸礼会牧师和非专业人员提供受教育机会。起初，该校名叫"维克弗斯特体力劳动学院"，因为学生和教职员工被要求每天用半天的时间参加种植园的体力劳动。

➢ 1838年，这所学校被重新命名为维克弗斯特学院，体力劳动制度被废止。学院周围的小镇逐步扩大，被称之为"维克的森林"。

➢ 1862年，在美国南北战争期间，由于大批学生流失和一些教员参加南方联军，学院被迫关闭。1866年学院重新开学。

➢ 1942年，维克弗斯特接受了第一位女性本科生。第二次世界大战后，学校竟戏剧性地废弃了该校男生游泳池。

校园杰出人物

建校170多年来，维克弗斯特大学培养了众多优秀的毕业生，他们中的代表人物有：

➢ 查理·克里斯特（Charlie Crist），1974至1976年在该校就读，美国政治家，现任第44任佛罗里达州州长（2006年至今）。

➢ 艾伦·索恩伯格（Alan Z. Thornburg），1996年毕业，博士学位，前美国北卡罗莱纳州上诉法院法官。

➢ 肯尼迪·普森（Kennedy Thompson），1976年毕业，工商管理硕士，曾任美国第四大银行美联

硕士、博士学位，如理工类的计算机、数学、物理、植物学、分子遗传学、化学、生物化学等。所有学科中较好的学科有商科、政治学、经济学、通讯、生物学和心理学。

维克弗斯特大学有三个特点在全美高等学校中比较闻名：

第一，小规模授课方式。 维克弗斯特大学学科专业数量较少，学生人数也少，在校学生约为7000人，其中研究生2000多人。这就使得全校都能实现小班教学，班级规模都在20人左右，有利于学生与教师之间的直接交流与接触。由于基督教浸礼会的传统以及位于温斯顿·萨勒姆这个小镇的缘故，相比杜克大学和埃默里大学，维克弗斯特大学能给人更多家的感觉。该校在一种小而精致、温暖如春的氛围中，给本科生提供了一种一般在较大规模的高等学府才具有的昂扬、振作的氛围和规模效应。

要想从维克弗斯特大学毕业，学生们须修完健康和运动医学两门课程、一门外语、一门写作研讨课和一门一年级的研讨课。不仅如此，学生们还必须学完历史、宗教和哲学三门课程，文学两门、美术一门、社会和行为科学三门，自然科学、数学和计算机科学三门，还需达到定量推理、文化多元化两门课的要求。学校要求学生将所学的技能和知识服务于当地的社区。

维克弗斯特的校园精致、小巧，硬件设备到位，师资力量充足，对国际学生的照顾周到而温馨。校园文化丰富，每逢橄榄球、篮球赛季，学生凭学生票可免费进场观看比赛，既能活跃赛场气氛，也能为颇为繁重的课业生活增添些许期待与乐趣。总体来说，它是一所性价比合理的南方贵族学校，可为今后的深造奠定扎实的基础。

第二，珍贵的校园资源。 维克弗斯特大学为学生们提供的不仅是大型高校的规模效应（拥有更多的机遇和资源），而且还有最新的科技成果。该校新生入学后，每人可获得一台笔记本电脑、惠普彩色打印机、扫描仪，电脑两年后升级，毕业时就自动成为学生的个人物品。所有的教室和宿舍的互联网络都保持畅通。这些提供给学生的装备，在其他美国大学里是不多见的。另外，维克弗斯特大学还建有布鲁斯湖冷却站、大学植物园、高原生物站等科研设施。

然而，上述校园资源仅仅是一部分。"大学，非高楼大厦之谓也，大师之谓也。"大学不仅是青年人才的聚集地，更是大师的云集之处。高水平的教师对人才的培养起着举足轻重的作用。该校的教员阵容强大，研究生助教只能够在实验室任教，而教授则在大型课堂上主讲，并亲自主持各种研讨课。教授们无论在教

银行（Wachovia Corp.）集团董事长兼总裁、首席执行官。

➢ 查尔斯·埃尔根（Charles Ergen），1976年毕业，工商管理硕士，回声星通信公司（Echo Star）总裁兼首席执行官。

➢ 埃里克·怀斯曼（Eric Wiseman），1977年毕业，学士学位，现任全球最大的上市成衣公司之一 VF 集团总裁和首席执行官。

➢ 约翰·梅迪卡（John Medica），1983年毕业，工商管理硕士，戴尔公司前高级副总裁。

➢ 蒂姆·邓肯（Tim Duncan），1997年毕业，心理学学士学位，美国职业篮球联赛著名篮球运动员。

➢ 杰夫·朗道（Jeff Landau），曾在该校就读，美国职业网球运动员，获得1994年美国业余网球冠军。

➢ 卡罗尔·巴比（Carol Barbee），曾在该校就读，美国电视剧作家、女演员和制片人。

➢ 加尔文·佩斯（Calvin Pace），2003年曾在该校就读并效力于校橄榄球队，美国橄榄球运动员。

➢ 比尔·汉斯（Bill Hass），2004年曾在该校就读并效力于校高尔夫球队，美国高尔夫球员。

➢ 阿尔奇·阿蒙斯（Archie Randolph Ammons），1945年曾在该校就读，美国诗人。

所在地概况及公共设施

维克弗斯特大学位于北卡罗来纳州历史名城温斯顿-萨勒姆市（Winston-Salem），坐落于美国大

学上还是在学术上都很有建树。大约89%的维克弗斯特教授在各自不同的领域拥有终身教授的荣誉。

课堂上的师生

在这里，本科学生和教授之间好像根本不存在什么鸿沟，教授很容易接近和交流。维克弗斯特的学生以刻苦勤奋而著称，所以，学生常常用"Work Forest"来代替"Wake Forest"来自嘲。即使这样，教授们对学生们课业十分严格，要求他们完成以超过平均量的作业来完成课业，因而学生的作业量很大。不少学生对此非但不抱怨，反而认为教授提出的一些额外要求对学业很有帮助。当然，也有人对该校的评分制度颇有微词，认为评分制度太严格了，没有一点弹性，很少人能得到奖励。

第三，独立自由的学术氛围。维克弗斯特大学之所以闻名全美，除了那些脚踏实地、平易近人的教授，提供热情、周到服务的管理人员以及其他丰富的校园资源之外，一个很重要的原因就是其独立自由的学术环境。维克弗斯特的人喜欢说"I know what I am doing（我知道我在做什么）"。从这自信的口吻中，可以看出其认定目标，锲而不舍地做下去的科学精神。所谓科学精神，就是自由的精神、理性的精神。不理解自由，就不能理解"为学术而学术"、"为真理而真理"。学术自由有两个方面，一个是外部学术制度方面，一个是学者内在的操守方面，但都不外乎学术独立、思想自由。从学术制度上讲，大学应该具有相对独立性；要有自己的理念，而不是顺从世俗社会的召唤。"大学要与时尚保持距离"。从学者而言，学术应该有学术自身的价值，要有自己内心的评价标准，从而不屈从各种各样的外部强加的评价标准。

正是在这种学术自由的条件下，维克弗斯特大学成为很多科技领域的领头羊，特别是在引导纳米技术发展方面。由于维克弗斯特大学得到巨额资助，以及一位教授的归来，几乎一夜之间就成为新兴的纳米科技领域的主要参与者。维克弗斯特大学物理系

西洋海岸与阿巴拉契亚（Appalachians）山脉之间的皮德蒙特高原，离Blue Ridge（蓝脊）山区约75英里（约121千米），离大西洋海岸约225英里（约362千米）。温斯顿 萨勒姆是位于华盛顿和亚特兰大中间的一个城市，曾是北美第四大银行美联银行的世界总部，盛极一时。

这座城市里许多文化活动都多多少少反映出早期的殖民历史和当时统治阶层精英的色彩。拥有冠军级专业高尔夫球课程以及休闲娱乐设施的唐格尔伍德公园，就位于学校不远之处。银行、科技、旅游、医疗保健、烟草和运输等产业现为温斯顿 萨勒姆市主要的产业。附近由各学术机构共同孕育出闻名全球的北卡科研三角园，为美国东海岸主要学术研究中心。

温斯顿 萨勒姆最近被命名为北卡罗莱纳州的"艺术之城"。画廊、音乐会、艺术节等给这座城市增添了很多生气。很多学生喜欢拜访参观与校园毗邻的罗纳德村（Reynolda Village），那里有各种小店、餐馆和花园。学生们还可以在温斯顿 萨勒姆市中心找到很多乐趣，比如和朋友在露天茶座享用晚餐，在周五晚上串访画廊，或是去欣赏交响乐演出。

温斯顿 萨勒姆的气温、气候都和当地的地理一样多样。东部大西洋沿海低海拔地区的气温要比西部阿帕拉契山脉地区的温度高11℃。维克弗斯特大学坐落于北卡罗莱纳州的中部，气候十分湿润、

的纳米科技中心位于该大学校园附近的Deacon Boulevard，由15个高薪水的校外专业人士操作。随着纳米科技从实验阶段向在纺织业、医药、电信通讯和航天上应用的发展，新兴公司在派德蒙特科技园的潜力将变得很明显。维克弗斯特大学纳米科技中心的研究成果将会加快温莎市向科技经济转变的速度。

篮球馆内

在一些人的眼中，在美国职业篮球的赛场上，或许马刺队球星蒂姆·邓肯是个另类；在美国高校中，或许维克弗斯特大学是个另类。但是，没有了这些另类，何来特性、特点和特色？正是这些自身所特有的素质，让蒂姆·邓肯驰骋美国职业篮球比赛界多年；让这位篮球巨星的母校跻身美国少数知名的、具有很高学术水平的高校之列。

维克弗斯特大学是一个充满活力的知识社区，这里提供世界级的教育体验。而留学生是这个社区里的一个重要组成部分。维克弗斯特小班授课的特质和温馨友好的天性，可以为留学生提供理想的成长环境以及最佳的人文课程体验。

◎学校图书馆

维克弗斯特大学图书馆系统由史密斯·雷诺兹图书馆（Z. Smith Reynolds Library）、职业中心图书馆（Professional Center Library）、考艾·卡彭特图书馆（Coy C. Carpenter Library）、桃乐西·卡彭特医学档案馆等组成。

史密斯·雷诺兹图书馆主要为本科生水平的教学和研究服务，还为会计专业的研究生以及文理研究生院和神学院等服务。职业中心图书馆为法学院和巴布科克管理研究生院提供服务。

考艾·卡彭特图书馆和桃乐西·卡彭特医学档案馆分别取名自第一任四年制医学院院长和他夫人的名字。这个图书馆和档案馆主要为医学院的研究、教学和临床提供服务。

宜人。冬天平均气温约在 10℃左右。积雪约 4.36 厘米厚。春天，南下的冷空气逐渐变弱，天气随之转暖。五月的平均气温的升幅最高，一般可达 25℃。春天的湿度为全年最低。夏天则炎热而潮湿，平均气温约在 32℃左右。夏秋时有暴雨。

抵达方式

温斯顿-萨勒姆附近最主要的机场是位于格林斯博罗的 Piedmont Triad 国际机场（GSO），并有往来于学校校园的班车。另外两个大型的国际机场分别是西南边的夏洛特机场（CLT）和东边的罗利机场（RDU）。这两个机场都有直飞国外的国际航班。两个机场与学校的距离均为 1.5 小时左右的车程。

温斯顿-萨勒姆市位于华盛顿和亚特兰大两大城市中间。维克弗斯特大学距离这两大城市约 5 小时的车程。

华盛顿有三个机场：巴尔的摩华盛顿国际机场 Baltimore-Washington International Thurgood Marshall Airport、华盛顿杜勒斯国际机场 Washington Dulles International Airport、里根华盛顿国家机场 Reagan National Airport。

巴尔的摩华盛顿国际机场是华盛顿地区最繁忙的机场，位于巴尔的摩和华盛顿之间，距离华盛顿市区有 50 多千米的距离。机场的交通方式多样而便捷，机场提供门对门服务的专门巴士，有需要的游客可以提前预定，专门巴士将会到

史密斯·雷诺兹图书馆

◎学校生活条件

维克弗斯特大学保证本科生 4 年均可在校园内解决住宿问题。对于入学后一、二年级的学生，校方要求必须住在校园内。第一学年的室友由学生宿舍管理办公室根据新生的个人条件和共同兴趣指定。第一学年后，学生可以通过宿管自选系统自由选择室友。所有的学生宿舍都配有空调、衣橱、桌椅、有线或无线互联网接入、有线电视接口、电冰箱和微波炉。每栋宿舍楼里都有洗衣房配备有若干洗衣机和烘干机，而且配有至少一个公共休息室（配备一个大屏幕电视、一个乒乓球桌、钢琴等等）和厨房。

阳光下的授课

学生住宅被分成 13 个社区，分别由大楼主任和一个住宿顾问管理，负责社区楼房及其他行政事务。13 个学生社区是：博斯特威克楼（Bostwick Hall）、约翰逊楼、巴布考克楼、卢特楼、柯林斯楼、南楼、帕尔默·皮科洛楼、基钦楼、戴维斯楼、波托特·霍夫曼楼、泰勒·菲尔德楼、马可波罗·马丁·柔德宿舍区、公寓区。一年级新生的宿舍坐落在柯林斯楼、南楼、巴布考克楼、卢特楼、博斯特威克楼和约翰逊楼里。

指定的地点接送乘客前往目的地。

华盛顿杜勒斯国际机场位于弗吉尼亚州北边的赫登附近，这座机场的航线主要连接华盛顿周边区域和巴尔的摩，是美国联合航空公司的主要枢纽机场。从杜勒斯机场前往市区可以从机场搭乘每30分钟一班的机场巴士到西福尔斯彻奇站（单程为每人9美元，往返16美元），之后转乘桔黄线地铁前往华盛顿市区。

里根华盛顿国家机场位于波多马克河对岸，距离市区大概5千米距离，是国内航线的专用机场。从里根机场前往华盛顿市区及其邻近的州都非常方便，地铁站位于机场的B和C航站楼（Terminal B&C），游客从其他出口可以搭乘免费的巴士前往市区；也可选择Super Shuttle 的直接送达服务。

亚特兰大哈兹菲尔德·杰克逊国际机场（Hartsfield-Jackson Atlanta International Airport）位于美国佐治亚州亚特兰大市中心南约11千米处，是全世界旅客转乘量最大、最繁忙的机场。此外，达美航空和穿越航空AirTran Airways都以此机场为主要枢纽。机场同时也拥有在城市的快速运输系统MARTA中一个独立的车站，这个车站位于航站楼主楼的内部，为进出该航空港的旅客提供了十分方便、快捷的公共交通服务。

从此，扬帆启航……

大多数学生会对维克弗斯特的宿舍生活很满意。宿舍的特点是式样既"老"房间又"小"，但充满了很多乐趣。维克弗斯特根据不同的兴趣和爱好，提供不同的主题宿舍，比如，环境友好型宿舍强调保护生活和学习环境。但学生们抱怨校园内有点缺少多元化，学生中的多数人是白人、中产以上阶层、虔诚的基督徒和共和党人，"多元化"是最不能概括维克弗斯特大学的词汇。

该校有160多个学生社团和组织。学生的体育社团在校园内受到高度关注。一些特殊兴趣的社团包括学术类的（模拟联合国团队）、艺术类的（合唱团）等。

学生们对拥有全国最好的运动队感到自豪。曲棍球多次取得全国冠军，橄榄球队也具有相当的竞争能力，但输多赢少。维克弗斯特大学最自豪的是自己的篮球队，虽然全国排名第25位，但却拥有蒂姆·邓肯、约什·霍华德、克里斯·保罗这样的巨星。

校旗飘扬的体育场

33%的男生加入兄弟会，53%的女生加入姐妹会。不少学生的课外生活都围绕着"希腊生活"系统运行。但大部分学生的生活是以校园为中心的，尽管学校周围也有很多不错的消遣。

该校有自己经过专业训练的治安力量。治安人员经常通过驾车、骑自行车和走路的方式巡逻校园。从晚上一直到凌晨三点，学校向学生提供免费的巴士去校园里的不同地点。同时晚上十点以后学校会限制进入。整个校园内外多处配有应急电话。所有的电话都通过按钮直接连接到学校的治安处。学校治安处还提供个人防范课程、年度犯罪报告等各种安全措施以极尽全力保证校园的安全。

新罕布什尔州
New Hampshire（NH）

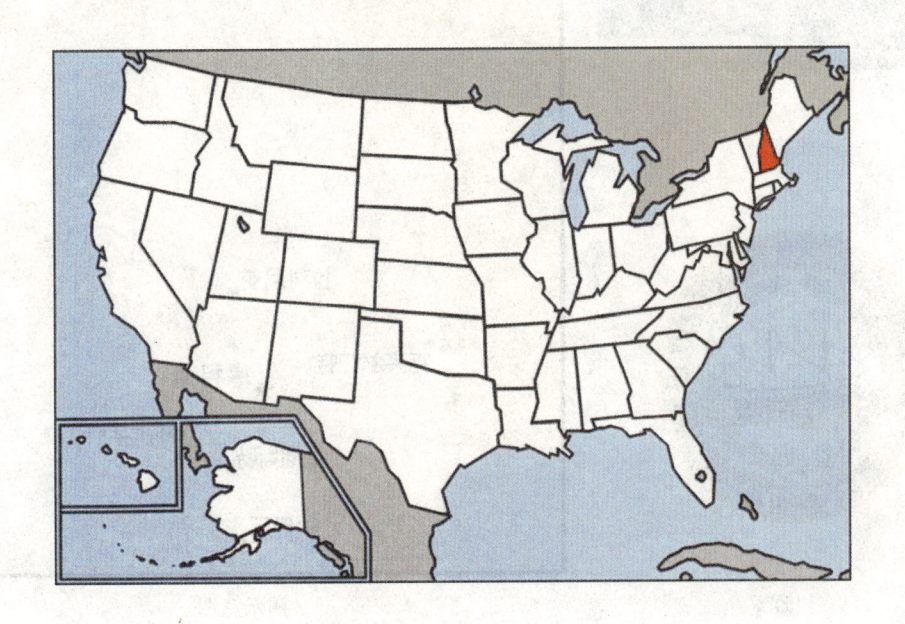

学校英文名称	学校中文名称	2011 年排名	所在地区
Dartmouth College	达特茅斯学院	9	汉诺威 Hanover

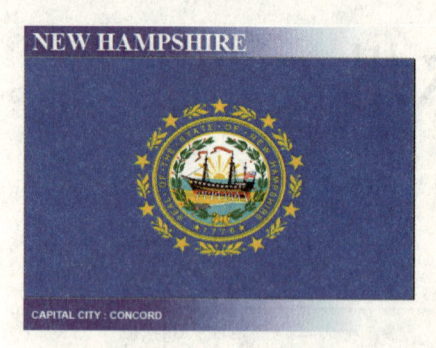

州旗

州徽

州示意图

昵称：	花冈岩州	地区划分：	新英格兰地区
州府：	康克 Concord	主要城市：	曼彻斯特 Manchester
时区：	东部时间 UTC-5/-4	人口：	128 万人（2003 年）
面积：	24239 平方千米 全美第 46 名	加入联邦时间：	1788 年 6 月 21 日 第 9 个加入美国联邦
消费税：	7%	网站：	http://www.state.nh.us

Dartmouth College 达特茅斯学院

排　　名：9	校训：	校徽：
建校时间：1769 年	*Vox clamantis in deserto* （拉丁语） A voice crying out in the wilderness.	
学校类型：私立		
IBT 最低线：100	学校网址：http://www.dartmouth.edu	
SAT: 　　CR：　660 – 770 　　Math：680 – 780 　　Writing：670 – 780 ACT Composite：30 – 34 注：必须提交 2 科 SAT II 成绩	申请网址： http://www.dartmouth.edu/admissions	
	咨询电话：603-646-2875	
	咨询传真：603-646-1216	
	咨询邮箱： admissions.office@dartmouth.edu	
送分代码： 　　IBT：　3351 　　SAT：　3351 　　ACT：　不详	申请费：$70	吉祥物：暂无
	学　费：$39978	
	总费用：$52275	
毕业率： 　4 年毕业率：　86% 　6 年毕业率：　94%	申请截止时间： 　EA：11 月 1 日 　RD：1 月 1 日	
学生人数： 　在校生总数：　5987 　本科生人数：　4196	申请材料邮寄地址： Office of Undergraduate Admissions 6016 McNutt Hall Dartmouth College Hanover, New Hampshire 03755　USA	
人员比： 　师生比：　1 : 8 　男女生比：53 : 47 　国际学生比：7%		

校园标志性建筑

　　达特茅斯学院主校园占地 269 英亩（约 1 平方千米），学生宿舍楼、行政办公楼（包括招生办公室）都相距不远，隐藏在树木林间。校园里标志性的建筑，除了 9 座图书馆的大楼外，便是胡德艺术博物馆（Hood Museum of Art）和霍普金

◎学校概况

　　如果说哈佛大学是美国常春藤盟校的"老大"，那么位于新罕布什尔州汉诺威小镇的达特茅斯学院就是这些盟校中的"么弟"。虽然本科生的人数最少，仅有 4200 多人，地盘也小，主校园占地才 269 英亩（约 1 平方千米），达特茅斯学院却有着许多一流的教授，其中包括 BASIC 语言创始人柯梅尼，还有著名教育专家约翰·拉西亚斯等，都被学生们深深爱戴和敬重。

　　该校教员有 2898 位。本科生人数少就意味着班级小，与教授

斯艺术中心（Hopkins Center for the Arts）。

胡德艺术博物馆

霍普金斯艺术中心

达特茅斯学院的胡德艺术博物馆是美国历史最悠久、规模最大的大学博物馆。这个屡获殊荣的建筑由森特布鲁克建筑师事务所的查德·弗洛伊德和查尔斯·摩尔设计，1985年完工，博物馆的收藏上溯到1772年，那时学院已经建立三年。这个4万平方英尺（约3716平方米）的后现代主义的建筑包括主展厅、工作室、行政空间、204

更能建立起亲密的关系。达特茅斯并不把在学术界名气大小作为是否给教授终身职的最重要的考虑因素，这在常春藤其他盟校中相当罕见。学生们津津乐道的是许多教授在自己家里开课，边喝咖啡边讨论严肃的学术问题。由于亲密无间的师生关系，学生从事独立研究的机会，范围广泛的校外学习交流以及多样性的学生构成，达特茅斯学院本科生的教学质量是顶呱呱的。

作为闻名遐迩的常春藤盟校之一，达特茅斯学院也是美国第9所历史最悠久的学院。建校之初，与其他7所常春藤盟校不同，该校的目的是为了培养当地印第安部落的年轻人和年轻白人。最初的200年中只收男生，直到1972年才改为男女合校，是常春藤盟校中最晚接纳女生的一个。尽管如此，该学院却是男生教育最成功的学院之一，在如今美国大学校园里出现男生生源下降的状况下，该学院的男生比例要比女生高一些。

现任校长是金龙吉（Jim Yong Kim），这位哈佛大学人类学教授于2009年7月1日走马上任，成为达特茅斯学院的第17任校长。他也是常春藤盟校中的第一位亚裔校长。在此之前，金龙吉任哈佛大学医学院的教授。

达特茅斯学院本科生学院共设有40多个系或项目，研究生院有文理学院、医学院、工程学院和商学院。达特茅斯学院为本科生提供了29个学术部门和10个学术项目，可以分为四类：人文科学、理科、社会科学和跨学科项目。涉及的专业有：人类学、艺术史、生物科学、化学、地球科学、计算机科学、经济学、教育学、工程学、英语、电影与媒体研究、历史、人文、数学、中世纪和文艺复兴研究、德国研究、音乐、哲学、宗教、社会学、妇女与性别研究等。另外，该校还设有校外课程，为本科生提供40多个校外学习的机会。

与其他7所常春藤盟校相比，达特茅斯学院有着以下几点不同之处：

第一，达特茅斯是常春藤盟校中唯一叫"学院"（college）而不叫"大学"（university）的高等学校。 在美国，"学院"的名称一般都专指那些只提供本科教育的高等院校，达特茅斯学院其实也有1700多名研究生，但它对自己的称呼始终是"学院"，表现了它对本科教育的专注和重视，因而，达特茅斯学院被人们誉为"本科常春藤盟校"。19世纪初，美国联邦政府试图收回达特茅斯学院的土地、关闭学校时，当时的政治家、议员和律师丹尼尔·韦伯斯特在最高法庭前为自己的母校辩护："是的，先生，它是一所很小的学院，但是我们热爱它。"这一席话感动了法官，

座的报告厅。博物馆座落在具有现代主义特点筒形穹顶的霍普金斯艺术中心与1885年落成的仿罗马式建筑威尔逊大厅之间。

由华莱士·柯克曼·哈里森（Wallace Kirkman Harrison）设计的霍普金斯艺术中心是达特茅斯学院校园的文化聚集地。哈里森曾设计过纽约的林肯中心和联合国大厦。1962年11月霍普金斯艺术中心开幕，1988年美国全国艺术基金会将该中心作为全国艺术中心的典范之一。

贝克钟塔

贝克钟塔（Baker Bell Tower）是达特茅斯学院校园的另一个标志性建筑。欧内斯特·马丁·霍普金斯从1916至1945年担任达特茅斯学院校长。这位该校1901年的学生曾访问过牛津和剑桥，这两个名校校园的钟声给他留下了难忘的印象。当该校贝克和贝里图书馆落成时，该校1881年的学生克拉伦斯·利特尔捐赠4万美元将一套钟装置在图书馆的高塔内，从而满足了霍普金斯校长的愿望。这套钟大小不一，重量从200磅（约91

达特茅斯学院于是一直生存延续到今天。这位美国第14任国务卿是该校1801级的研究生。

达特茅斯为学生提供了一个非常开放的环境和空间。教学并不仅限于教室，而在项目团队的学生之间、师生之间保持密切的交流，这是达特茅斯学院教学理念的重要组成部分之一。曾任校长詹姆斯·弗里德曼（James O. Freedman）（任期1987至1998年）毕业于哈佛和耶鲁两所名校，他说过，他更喜欢那些"最大的快乐也许并不来自于与同学们交往，而是来自于写诗、拉大提琴、解数学谜语或是翻译卡度拉斯这种孤独的事情"的学生，他想让达特茅斯学院对这样的学生更有吸引力。因此，至今保持"学院"的称谓，不是简单的感情用事，也不是怀旧，而是达特茅斯一种教学理念的象征。

工程学院

第二，达特茅斯学院实行一种叫"达特茅斯计划"（简称：D计划）的学制。达特茅斯学院将一学年分为四个学期，即秋季学期、冬季学期、春季学期和夏季学期。学生可以任选三个学期在校学习，这就使得许多学生可以更灵活地安排其中一个学期自己在校或到外校实习，甚至去外国短期学习。喜欢"达特茅斯计划"的人赞扬它给学生们很大的自由来决定自己的时间表，让一年的春夏秋冬都有事可干。不喜欢它的人抱怨这种循环往复式的教育体制"给校园产生的友谊和爱情都带来很大不便"，因为好朋友和情人的课程表极有可能各不相同，于是难以聚首。而且，因为每个学期相对来说较短，这种学制制造了非常紧张的气氛和匆促的学习速度。这也是达特茅斯学生们"努力地学习，拼命地玩儿"这个名声的来源之一。如果说，纽约决定了哥伦比亚大学的多元和狂热的特点，汉诺威小镇就决定了达特茅斯学院温和、稳定、单一的特性。

千克）到 500 磅（约 227 千克）不等。钟声第一次在校园响起是在 1928 年，起初由人工敲响。从第二年起，一位名叫威廉·达施米特的音乐教授发明了一个自动机械敲钟系统，定时敲响大钟。1979 年，两位学生设计了一个软件，使得大钟由计算机控制，以替代已经开始老化的机械敲钟系统。

贝克钟塔是校友们最愿意看到和听到的校园象征，每年聚会时，钟塔前的草坪就是最受校友们欢迎的场地。

校园重大历史事件

达特茅斯学院在世界范围内现有健在的校友约 7 万人，其中有代表性的著名校友包括：

➢ 1769 年，一位名叫以利亚撒·威洛克的牧师创建了该学院，初衷是为了"当地印第安人的青年一代"以及"来自英国和其他民族的青年一代接受教育"。当时美国尚未独立，辖下的新罕布什尔州州长温特沃斯为这所学院提供了土地，并在 12 月 13 日将英王乔治三世颁发的御令转交给威洛克。这是当时北美英国殖民地的第 9 所学院，也是美国建国之前由英王批准的最后一所学院。

➢ 1819 年，联邦最高法院对"达特茅斯学院案"的判决被认为是美国宪法历史上最重要的和格式化的文件，强化了宪法的条款，因而为美国私立研究院校根据特许状处理自己的事务、不受州政府的干扰铺平了道路。该案由丹尼尔·韦

第三，同样是以本科教育为主的私立学校，达特茅斯学院却**有着很多的不同**。达特茅斯学院有着美丽的校园环境，学识渊博、认真负责的教授，传统文化的积淀，舒适的宿舍，美味的食物，还有充满活力与激情的青年人。与其他地方的花花世界相比，达特茅斯显得更纯净、更简单、更有韵味。这所以本科教育为重点的学校坚持以质取胜，许多出类拔萃的学生都愿意到这所幽静、清静、宁静的乡村学府进行磨练，学生家长也愿意把孩子送到这里来深造，因为它远离灯红酒绿的喧嚣大城市。达特茅斯学院具有一种小而坚韧的气质。从达特茅斯出来的学生大都经商，却很少有人在学术界独占鳌头。美国各大学的校长们几乎没有一个是从达特茅斯学院毕业的。该校录取率保持在 20% 上下，毕业率全国最高，与同属常春藤的哥伦比亚大学、布朗大学相比，都要高出好几个名次，教学质量也是无可挑剔的。

美丽的校园

除了保持自己在严格的教学标准方面的杰出声誉以外，达特茅斯还希望利用先进技术大幅度地改善学生、教师和职工的生活环境，从而成为高等教育领域的创新领导者之一。达特茅斯学院的无线网络遍布校园各个角落，是网络无线化做得最好的全美高校之一。为了利用技术手段改善校园生活，达特茅斯学院还启动了一个名为"数字化宿舍"的项目。数字化宿舍的最终设计方案将采用最先进的通信技术，实现多种服务，例如监控洗衣机和烘干机的可用性，实时测量宿舍的能耗和用水量，以及即时追踪住户目前所在的位置等。

英国著名的经济学家舒马赫（1911 至 1977 年）曾经说过：

伯斯特（达特茅斯学院 1801 年毕业生）提起诉讼。

➢ 1900 年，塔克教学楼正式破土动工，从此诞生了美国历史上第一所商学院。

➢ 1972 年，该校才实行男女合校的教育制度，2004 年，这所学校被一家咨询公司冠以世界上"最具有持久耐力的院校"之称号。

➢ 1989 年，校园内的极右刊物《回顾》刊出大标题谩骂黑人学生，把一位甚受欢迎的黑人教授威廉·克尔的讲课秘密录音公开然后大加挞伐，又把犹太裔的校长傅雷德曼比作希特勒。这些做法激怒了不少师生，引起轩然大波，震惊全美国，算是美国大学中的一个大丑闻。

校园杰出人物

达特茅斯学院在世界范围内现有健在的校友约 7 万人，其中有代表性的著名校友包括：

➢ 丹尼尔·韦伯斯特（Daniel Webster），1801 年毕业，学士学位，美国著名的政治家、法学家和律师，曾任美国第 14 任国务卿（1841 至 1843 年）和第 19 任国务卿（1850 至 1852 年）。

➢ 卡尔·沙皮斯（Karl Barry Sharpless），1963 年起在该校就读，美国化学家，获得 2001 年诺贝尔化学奖。

➢ 乔治·戴维斯·斯奈尔（George Davis Snell），1926 年毕业，学士学位，美国遗传学家，获得 1980 年诺贝尔生理学或医学奖。

小的即是美好的。套用这句话来评价达特茅斯学院是比较恰当的。达特茅斯学院本来就很小，而当地的华人社区就更小，只有总计约 300 人的中国学生学者工作和生活在汉诺威小镇。每年来自大陆的中国留学生一般不过 30 余人，被称为"全世界最小的中国学生学者联合会"。达特茅斯学生会所有成员通常只有一名主席，却承担了各种各样的学生活动组织，所以也被人戏称为"全世界最高效的行政组织"。

◎学校图书馆

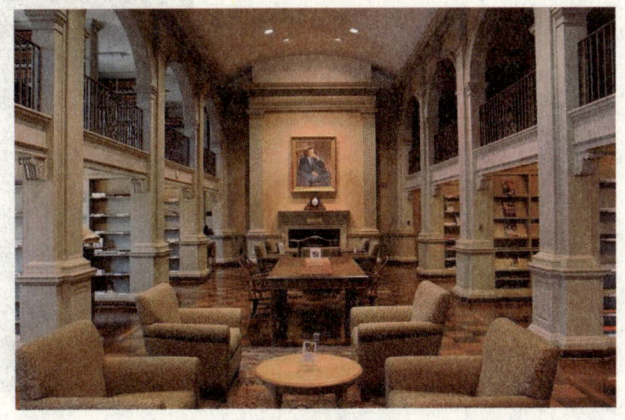

贝克和贝里图书馆

达特茅斯学院图书馆可为学校师生提供超过 35000 份电子资源（例如索引、数据库和期刊），20000 种印刷和电子期刊，270 万册图书，12000 种视频资料，190000 册地图资料，35000 份音频资料，450000 张图片资料。图书馆的工作人员在征求学校师生意见和建议的基础之上购置各种资料，师生可以通过网络直接向图书馆提出要求或建议。达特茅斯学院图书馆有一个收集计划，就是致力于为学校师生的研究、学习提供所有形式的资料支持。

达特茅斯图书馆系统由 8 个分馆构成，分别是：

贝克和贝里图书馆（Baker–Berry Library）：收藏主要集中在人文科学、社会科学和数学等方面。为在校师生提供预定团体自习室的服务，该服务只限于以协作学习为目的的无规律课程的团体。自习室占用时间不少于 30 分钟，也不能多于 2 小时。

德纳生物医学图书馆（Dana Biomedical Library）：收藏主要集中在医药学和生物学方面，藏书达 240000 册。

费尔德贝格商业及工程图书馆（Feldberg Business–Engineering Library）：收藏主要集中在经济学和工程学两方面，同时为经济学院和工程学院提供服务，这在全美大学图书馆中是

从此，扬帆启航……

➢ 欧文·张伯伦（Owen Chamberlain），1941 年毕业，学士学位，美国物理学家，获得 1959 年诺贝尔物理学奖。

➢ 迈克尔·阿姆斯壮（C. Michael Armstrong），1976 年毕业，硕士学位，前美国电话电报公司首席执行官和总裁。

➢ 杰佛瑞·伊梅尔特（Jeffrey R. Immelt），1978 年毕业，学士学位，现任美国通用电气公司董事长和首席执行官。

➢ 纳尔逊·洛克菲勒（Nelson Rockefeller），1930 年毕业，学士学位，美国前副总统（1974 至 1977 年），纽约州州长（1959 至 1973 年）。

➢ 亨利·保尔森（Henry Paulson），1968 年毕业，学士学位，美国前财政部部长（2006 至 2009 年）。

➢ 蒂莫西·盖特纳（Timothy Geithner），1983 年毕业，学士学位，现任美国财政部长（2009 年至今）。

➢ 约翰·胡芬（John Hoeven），1979 年毕业，学士学位，美国北达科他州州长（2000 年至今）。

➢ 戈登·坎贝尔（Gordon Campbell），1970 年毕业，学士学位，加拿大不列颠哥伦比亚省省长（2001 年至今）。

➢ 杰克·胡克（Jack J. Hooker），1995 年毕业，学士学位，美国记者，获得 2008 年普利策调查类报道奖。

➢ 理查德·艾伯哈特（Richard Eberhart），1926 年毕业，学士学位，美国桂冠诗人（poet laureate，在现

独一无二的。

克雷奇物理学图书馆（Kresge Physical Sciences Library）：位于费尔柴尔德大楼（Fairchild Hall）的三楼，收藏主要集中在自然科学方面，包括化学、地球科学、环境科学、地理学、物理学和天文学。

帕多克音乐图书馆（Paddock Music Library）：该图书馆收藏的是所有与音乐相关的资料，但是不包括乐谱的手稿和档案等特殊资料。

劳耐尔特藏图书馆

谢尔曼艺术图书馆

劳耐尔特藏图书馆（Rauner Special Collections Library）：收藏包括档案、各类手稿和稀有图书等。

谢尔曼艺术图书馆（Sherman Art Library）：与贝克和贝里图书馆相连接，收藏包括艺术史、工作室艺术和与艺术相关的珍贵资料。

储存图书馆（Storage Library）：位于校外，用于存放较少使用的收藏资料，为其他图书馆提供了发展的宝贵空间。

代的西方，人们把那些声名显赫、享誉世界的诗人称为"桂冠诗人"），获得 1966 年普利策诗歌奖，1977 年美国国家图书奖。

➢ **布拉德·奥斯玛斯**（Brad Ausmus），1991 年毕业，学士学位，美国著名棒球教练，1999 年全明星成员，曾三次获得金手套奖（2001、2002 和 2006 年）。

所在地概况及公共设施

在美国东北部几乎靠近加拿大边境的地方，有一个宁静的小镇——新罕布什尔州的汉诺威（Hanover）。这个小镇被阿帕拉契山径一分为二。风景如画的达特茅斯校园为一片绿色所环抱。整个汉诺威小镇对达特茅斯学院充满了自豪感，连出租车司机都对达特茅斯的学生特别亲切。

这座不受地理规模制约的世界级一流大学城，伫立在风景秀丽的康涅狄格河畔，着实是一个平静怡人的社区。汉诺威一带山峦起伏，冬季是滑雪胜地，达特茅斯学院在离校园不到 20 英里（约 32 千米）的地方有自己学校专用的滑雪场。这里爬山、漂流、露营都有好去处，学校在新罕布什尔州东北角还拥有面积达 27000 英亩（约 109 平方千米）的森林，学生们可以花 8 块钱租个小木屋在那里住一夜，享受大自然。

离校园两个小时路程的波士顿是距离汉诺威小镇最近的都市。

抵达方式

汉诺威附近没有机场，较方便

◎学校生活条件

学生以夏塔克天文台为背景进行创作

大约 90% 的达院学生住在该校 42 所校园宿舍里。这里的宿舍很宽敞舒适，设备齐全。学生们可以住在单人间、双人间、三人间或者是四人间。一年级的新生可以选择新生住房，或是与高年级的学生混住。二年级的学生就不一定能抽到住宿的好签，但是由于"D 计划"，学生们总是去留不定，可能自找一个新房间或新室友要比听从学校的住宿安排更便利。该校要求所有新生必须住校，当然已婚和携带配偶或孩子的新生除外。对大三和大四的学生不做要求，据统计，有 85% 的毕业班的学生选择住校，剩余的 15% 住在校外公寓或者租住当地的房屋。在达院，人们不需要过多地考虑安全问题，因为校园的安全保障是全天候的。

达院于 2006 年秋季新建成两栋宿舍楼，共增加了 500 个房间。目前校园内共有 9 个住宅小区，并且设有专门的"集群"，如东方会德丰集群，住在其中的学生与教师可以访问集群内的艺术家和学者，以及安排一些非正式的互动，使"居民"形成一个社会集群。

学院的餐厅从早晨 7:30 一直开到凌晨 2:00，以满足那些攻读到深夜的学生们的需求。与其他学校不同，达特茅斯学院的学生对校园伙食评价极高。也许是因为附近有著名的佛蒙特和新罕布什尔州的农牧业区，这里的食品新鲜而富于营养。学校自营的汉诺威旅馆也以美食著称。

该学院拥有 350 多个学生组织、俱乐部和球队，还有胡德艺术博物馆、霍普金斯创作和艺术表演中心等。达特茅斯学院的学子也以喜爱体育和室外活动而著称。他们的橄榄球队经常在常春藤盟校的比赛中蝉联冠军，篮球队也可算美国大学篮球队中实力

的机场应该是有两个多小时车程之遥的波士顿洛根国际机场。

波士顿洛根国际机场（General Edward Lawrence Logan International Airport），是一座位于美国麻萨诸塞州波士顿的民用机场，是世界上 20 个最繁忙的机场之一，目前每年客运量为 2700 多万人。这里是达美航空、美国航空、全美航空和捷蓝航空的重点运营机场。机场占地 2400 英亩（约 10 平方千米），拥有六条跑道，员工数约 16000 多人。由此机场可前往美国其他城市、加拿大、拉丁美洲、非洲以及欧洲。从洛根国际机场可乘坐公交车或"灰狗"到新罕布什尔州的汉诺威。

最强者之一，足球、长跑和冰球队也从不示弱。校园里保留了老新英格兰地区的那种粗犷的特点，而达特茅斯的学生，尤其是男生，似乎有意识地显出一种"零下二十度也不用扣衬衫扣子"的气概。

学生排球比赛

新泽西州
New Jersey（NJ）

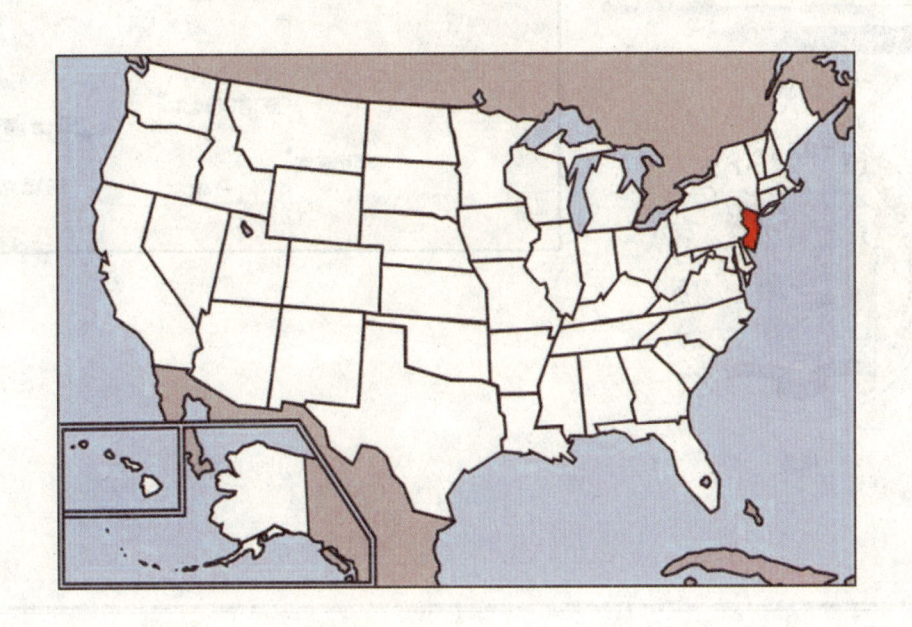

学校英文名称	学校中文名称	2011 年排名	所在地区
Princeton University	普林斯顿大学	2	普林斯顿 Princeton

州旗

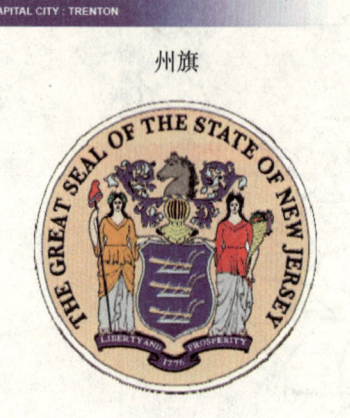

州徽

州示意图

昵称：	花园州	地区划分：	中东部地区
州府：	特伦顿 Trenton	主要城市：	大西洋城 Atlantic City 纽瓦克 Newark 泽西市 Jersey City
时区：	东部时间 UTC-5/-4	人口：	841 万人（2000 年）
面积：	22608 平方千米 全美第 47 名	加入联邦时间：	1787 年 12 月 18 日 第 3 个加入美国联邦
消费税：	7%	网站：	http://www.state.nj.us

New Jersey

Princeton University 普林斯顿大学

排　　名：	2
建校时间：	1746 年
学校类型：	私立
IBT 最低线：暂无	
SAT：	
CR：	690 – 790
Math：	700 – 790
Writing：	700 – 780
ACT Composite：	31 – 35
注：必须提交 2 科 SAT II 成绩	
送分代码：	
IBT：	2672
SAT：	2672
ACT：	2588
毕业率：	
4 年毕业率：	84%
6 年毕业率：	91%
学生人数：	
在校生总数：	7494
本科生人数：	5044
人员比：	
师生比：	1 : 6
男女生比：	53 : 47
国际学生比：	10%

校训：

Dei Sub Numine Viget（拉丁语）
Under God's power she flourishes.

学校网址：
http://www.princeton.edu/main

申请网址：
http://www.princeton.edu/admission

咨询电话：609-258-3060

咨询传真：609-258-6743

咨询邮箱：uaoffice@princeton.edu

申请费：$65

学　费：$36640

总费用：$52180

申请截止时间：
　RD：1 月 1 日

申请材料邮寄地址：
　Undergraduate Admission Office
　110 West College
　P.O. Box 430
　Princeton University
　Princeton, NJ 08542-0430, USA

校徽：

吉祥物：

校园标志性建筑

　　普林斯顿的校址占地 500 英亩（约 2 平方千米），共有 180 幢建筑。校园内有很多哥特式风格的建筑，大多数都是 19 世纪末 20 世纪初修建的。这些建筑采用了哥特式的圆顶尖塔和古希腊式回廊列柱样式的设计，尖塔高高得轩昂，券穹美美得精巧，列柱圆圆得浑厚，

◎学校概况

　　20 世纪世界上最伟大的科学家阿尔伯特·爱因斯坦在 1933 年为躲避德国纳粹迫害而出逃，他接受了美国普林斯顿大学的聘请，在这座安静的校园里度过了生命中最后 22 年的时光，所以每当人们谈论爱因斯坦在科学技术上所取得的伟大成就时，总忘不了普林斯顿大学。其实，这所常春藤名校在历史上曾与众多名人连在了一起，其中也包括当代著名诗人 T·S·爱略特，他徜徉在普林斯顿的怀抱中，沉湎于他的诗歌王国里。这里还是美国独立战争重要的纪念地，乔治·华盛顿将军在此与入侵的英军大战了

多数的墙体用块石砌就或用片石饰面，使整个的校园建筑显示出一种古老、严肃、深沉、凝重的文化氛围和历史气息。

拿苏楼

建于1756年拿苏楼（Nassau Hall）是校园中最古老的也是仅存的原始建筑，是殖民时代最大的学术建筑，曾在1783年间短暂地被作为国会大厦使用，楼体用当地的砂岩建造，该建筑经受了两次火灾和独立战争时期的炮弹，并服务了超过250多届的普大学生。作为国家和学校的历史标志，拿苏楼现在是校长和其他大学高层管理人员的办公室所在地。

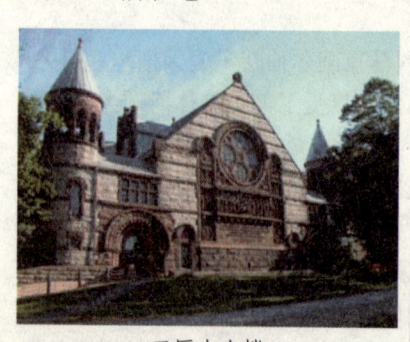

亚历山大楼

从此，扬帆启航……

几个回合。

普林斯顿大学始建于1746年，虽然它最初是长老制的教育机构，但是现在已经成为非宗教大学，对学生也无任何宗教上的要求。普林斯顿大学是美国殖民时期成立的第4所高等教育学院，是美国著名的私立研究型大学，在美国大学的排行榜上始终处于领先的位置，与哈佛大学并驾齐驱、不相上下。

尽管美国建国的时间不长，但这所哥特式校园里却弥漫着浓厚的历史气息和文化氛围，难怪有的学生说："在普林斯顿，变化不算变化，只能算是新传统。"普林斯顿的学风并不能用"富有想象力"一个词来形容，它的长处在于治学严谨、一丝不苟以及不断创新的能力。

现任校长是雪莉·蒂尔曼（Shirley M. Tilghman），这位分子生物学的世界知名女学者于2001年6月15日起担任普林斯顿大学的第19任校长。在此之前，她在普林斯顿大学任教15年，从1993至2000年，她担任该校科学技术委员会负责人。

拿苏楼的纪念堂，墙上镌刻着从美国独立战争到对越战争中牺牲的普大学生的名字和年级

普林斯顿大学共有3个学院：工程和应用科学院、建筑和城市设计学院、威尔逊公共和国际关系学院（Woodrow Wilson School of Public and International Affairs）。34个系分别为：人类学系、艺术与考古学系、天文学系、生物化学系、生物学系、化学系、古典文化系、比较文学系、东亚研究系、经济学系、英语系、地理学系、德国语言与文学系、历史学系、数学系、分子生物学系、音乐系、近东系、物理系、哲学系、政治系、心理学系、宗教系、罗马语系的语言与文学系、斯拉夫语系的语言与文学系、社会学系、统计学系、化学工程系、民用工程系、计算机科学系、电机工程系、机械与航空系等。

美国 50 所最佳大学

亚历山大楼（Alexander Hall）的理查森礼堂（Richardson Auditorium）是校园内重要的演出场所。除了著名的演说者和表演者之外，音乐系的学生乐队和其他的学生团体也在这里表演。曾经在这里发表过讲话的来宾包括：克林·鲍威尔、比尔·克林顿、比尔·盖茨、康多莉扎·赖斯、希拉里·克林顿、莎拉·席尔曼和科菲·安南等。

亚历山大楼于 1892 年开工建设，两年后竣工。起初，该楼主要用于讲演、群众性集会以及各种大型活动，比如，建校 150 周年庆典和伍德罗·威尔逊担任校长的典礼。这座楼被用作开学典礼和毕业的场所达 30 年之久。1922 年的毕业典礼，由于人数太多，不得不改在拿苏楼前举行。1920 年，该校马奎德教堂被焚毁，亚历山大楼被用作宗教场所，直到 1928 年新的大学教堂完工为止。

拿苏楼前的普林斯顿大学吉祥物狮子雕塑

这所大学一直是学者、科学家、作家、政治家成人成材的家园，普林斯顿提供两个主要的本科学位：文学学士和科学与工程学士。普林斯顿大学共有教员 1132 名。

理查森礼堂

在 1984 至 1985 年间，亚历山大楼被重新翻修。1966 年毕业的校友戴维·A·理查森为纪念 1980 年去世的父亲戴维·B·理查森（他是 1933 年毕业的校友，也是一位成功的律师和投资者以及古典音

范氏楼（Fine Hall）是数学系所在地

普林斯顿大学的几乎任何一个专业在全美大学都是名列前茅，该校的数学、哲学和物理系尤其知名，历史、英语、政治和经济系也在学术界备受推崇。规模巨大的普林斯顿等离子物理研究室，自 20 世纪 50 年代以来一直得到联邦政府的资助，拥有近 400 名世界一流的研究人员和近 4000 万美元的固定经费。普林斯

普林斯顿大学

乐的爱好者），将该楼内礼堂命名为理查森礼堂。这个礼堂被改建为拥有891个座位的音乐厅。

麦克什拱门

麦克什楼（McCosh Hall）是普林斯顿大学主要教学楼中的一栋。它由几个大型演讲厅和许多教室组成。这些教室还经常被用来作为期中和期末考试的考场。

雕塑作品"尼克松的鼻子"

校园内一些现代的新建筑有一部分是罗伯特·文图里、德米特里·波菲里奥斯和弗兰克·格里等设计的。校内还有很多雕塑，包括亨利·穆尔Henry Moore的"椭圆上的斑点"（被戏称为"尼克松的鼻子"）等雕塑作品。校园的中

顿大学另一个重要特点就是经济上的宽裕。普林斯顿大学是美国最富有、奖学金最丰厚的大学。在国际金融危机的大背景下，各大名校不得不纷纷减少奖学金，但凭借着雄厚的经济实力，普林斯顿大学的奖学金数额并没有受到冲击。

普林斯顿大学在强校林立的美国处于不败之地的秘诀就在于根据自身的特点积极调整、与时俱进，而不是一味追求规模、盲目跟风，这主要表现在：

一、以"小"为美，坚持小而精的风格。与美国其他拥有上万名在校学生的名牌大学相比，普林斯顿可以说是一所典型的"袖珍大学"。该校校园的面积很小，只有哈佛的三分之一，学生总人数仅7500人左右，是哈佛学生总人数的三分之一强。在学术上，在办学方针上，普林斯顿坚持自身的优势和特点——基础研究，从不贪大求全，而讲究精益求精。第二次世界大战后，普林斯顿一度被称为世界的"数学之都"，迄今仍保持着这一名望。其物理学研究也保持一流的水平。这两大基础学科的优势也渗透到其他院系，例如，在生态学和进化生物学领域，一些普林斯顿的研究人员就凭借扎实的数学功底开展理论生物学研究，形成了自己的专业特色，在学术界声名显赫。

普林斯顿大教堂

二、以"本"为念，重视本科生培养。普林斯顿大学不仅学校规模小，研究生比例较小，而且没有医学院、商学院或是法律学院这些耗资巨大的研究机构，所以学校能够把更多的精力和资源倾注到本科生的教学和培养方面。对本科教育的重视，首先体现在本科生与研究生的比例上。与美国其他名牌大学相比，该校的研究生比例较小，客观上能够将学校的各种资源更多地用在本科生教育上，正所谓"好钢用在刀刃上"。其次，普林斯顿大学明

间是自 1830 年左右修建的 Delaware and Raritan 隧道和可以划船的卡内基湖。

校园中毕加索的雕塑：女人的头

普林斯顿大学美术博物馆大约有六万件藏品，古代的、现代的艺术品都有，主要收集地中海、西欧、中国、美国和拉丁美洲的作品。博物馆有专门的古希腊、古罗马的文化遗产收藏，包括陶器、大理石、青铜，以及罗马的镶嵌工艺品收藏。这些文物大多来自普林斯顿大学在安提俄克（古叙利亚首都，现土耳其南部城市）的考古挖掘工作。博物馆还收藏了一些中世纪欧洲的雕塑、金属制品和彩色玻璃。西欧的油画收藏包括了从早期文艺复兴一直到19世纪、20世纪以及当代美术作品的收藏还在扩展之中。中国美术作品是博物馆的重要收藏之一，包括重要的青铜、坟墓雕像、绘画以及书法作品。博物馆还有前哥伦布时期美术作品，包括来自于玛雅文明的美术作品。美术博物馆收藏了很多大师绘画作品，还有一个范围广泛的独创摄影作品收藏。

普林斯顿大学是全世界最富

确规定，所有教师都必须承担本科生教学任务。这就从制度上保证了知名教授和教员能够全心全意地培养本科生。例如，该校教授 1993 年诺贝尔文学奖得主托妮·莫里森是新生一入学就能接触到的著名人物。接触专业领域名人授课的机会，一方面，会对学生的学习和生活产生直接的影响，有时甚至能使学生们受益终身；另一方面，直接面对知识渊博的教授，学生们畅所欲言，不仅可以提高他们的思辨能力和研究水平，也能让教授们发现学术上、教学上的问题，起到教学相长、相互促进的作用。

1879 楼是 1879 届毕业生在毕业 25 周年纪念时捐建的大楼

三、**兼容并包，广纳人才**。普林斯顿的特点是宽容大度，着力打造"从容淡定的学术和学习环境"，这里既是师生们安全、舒适的生活家园，又是师生们砥砺学问、怡情养性的沃土。凡是到过普林斯顿的人们都会发现，这所校园以人为本，处处洋溢着一种宽容的气氛，各种信仰的人都能和谐相处。这种不拘泥于意识形态与宗教信仰的广阔胸怀，使普林斯顿得以接纳各个领域的奇才怪客、科学狂人。普林斯顿的宽容，除了体现在对意识形态的兼收并蓄上，而且还体现在对急功近利思想的摒弃和对人才的管理和应用上。例如，对于精神失常的约翰·纳什（John Forbes Nash），普林斯顿大学给予了极大的宽容，"随他穿着不合身的衣服在图书馆看书或在校园里徘徊，还筹集资金为他治病，并提供了一个为期一年的研究数学兼讲师的职位"。这一切，都非常利于纳什恢复健康，他终于以"博弈论"获得 1994 年诺贝尔经济学奖。

普林斯顿大学

有的大学之一，迄今为止已经收到了上百亿美元来自校友的源源不断的捐款（普林斯顿校友捐赠率全美排名第一，高达 61%）。普林斯顿将不少钱花到了为学校美术博物馆购买藏品上，包括莫奈、安迪·沃霍尔以及其他名画家的作品。

美术博物馆的展厅

校园重大历史事件

➢ 1746 年，在新泽西州伊丽莎白镇创立，是美国殖民时期成立的第四所高等教育学院，当时名为"新泽西学院"。

➢ 1756 年，迁至普林斯顿；为了表示对所在地的尊敬，新泽西学院于1896 年正式改名为普林斯顿大学。

➢ 1783 年夏，大陆会议在普林斯顿大学的拿苏大楼举行，会议决定将普林斯顿作为国家首都。普林斯顿的首都地位持续了四个月。

➢ 1869 年，普林斯顿和罗格斯大学的校队之间进行了历史上第一场橄榄球比赛，普林斯顿队以 4 比 6 败北。普林斯顿大学与耶鲁大学之间自 1873 年以来的体育项目对抗是美国历史上第二悠久。

普林斯顿大学的本科教育最独特的地方就是"导修制"。在普林斯顿，本科学生的大部分基础课程是100 至 150 人一起在小礼堂内上课的。除了大课以外，学生们每个星期还要参加 10 至 15 人的小组辅导班——由教授或者助教带领，复习一个星期以来所学的课程，师生自由讨论、相互沟通，通过这种方式，师生关系融洽密切，大大提高了学生的学习积极性。除了"导修制"，教授和学生之间还有很多沟通的平台，如演讲。大多数人文和社会科学课程每周都要进行两次演讲、一次专题座谈或讨论。还有就是"下午茶"，师生聚在一起，谈天说地，既可以讨论学术，也可以玩玩游戏，气氛热烈，其乐融融。另外，所有教师每周要有专门的时间接待学生并解答他们的问题。

威尔逊公共和国际关系学院

普林斯顿大学的学生都必须遵照被称为"荣誉规章"的学术诚信的政策。这项规定需要学生在入学时写一份书面保证，承诺在校期间对所有的书面作业既没有剽窃也没有违反其他道德规范。写下这份保证表示签署了自己姓名的学生已经理解了这条政策的"双向责任"：自己绝对遵守，也向校方报告任何其他学生违反这条政策的现象。

因为"荣誉规章"的存在，普林斯顿大学的各种考试都没有教师监考，全凭学生们的自律和自觉。违反"荣誉规章"的学生会遭到最严厉的处分，包括短暂的禁闭以及开除。令人感到欣喜的是，尽管无人监考，这些严厉的处分在该校并不经常被执行，因为该校几乎所有的学生都把诚信、荣誉看得十分重要。

普林斯顿大学录取新生的标准并不仅仅依靠成绩，还要看学生的能力与潜能，对各种学术与非学术问题的兴趣，以及特殊技能与天资、经验、抱负和背景等因素都会纳入它的考察范围。学校评价优秀学生的指标有 4 项：头脑质量，包括智商、学习能力、

➢ 1930年，美国第一所高等研究院也是全球第一所高等研究院即普林斯顿高等研究院在普林斯顿成立（该高等研究院并不是普林斯顿大学的一部分，是一个供各个领域的科学家做最纯粹的尖端研究的研究机构）。著名的相对论提出者爱因斯坦是研究院的第一批教授，并于此任教且从事高等研究。可以说，整个20世纪就是一个全世界各地学者、研究人员和组织从世界各地流入普林斯顿的过程。

➢ 1945年，第二次世界大战结束以后，以本科生教育质量著称的普林斯顿大学得到了迅猛的发展，到20世纪70年代末已跻身全美最好的研究型大学之列。

➢ 1969年，普林斯顿大学开始录取女性本科学生。

校园杰出人物

普林斯顿大学现有健在的校友83500多人，分布在美国和世界各地。在260余年的建校史上，普林斯顿产生过不少星光灿烂的人物，对美国的社会文明做出过很大的贡献。著名的相对论大师爱因斯坦、数学大师约翰·冯·诺依曼和阿廷等都在这里从事过研究。普林斯顿大学还为美国培养了两位总统和44位州长，有1000多名普林斯顿大学的毕业生先后担任过美国国会参议员、众议员和联邦政府的高级官员。由此，普林斯顿大学赢得了"美国政治家摇篮"的誉称。中国著名的科学家华罗庚、姜伯

创造力等；品格质量，包括责任感、价值观、判断力等；为学校做出贡献的能力；未来在本专业和社区起领导作用的潜力。

建筑和城市设计学院

普林斯顿大学保有浓厚的欧式教育学风。学校创立宗旨上强调训练学生具有人文及科学的综合素养。坚持传统优势并不意味着固步自封。普林斯顿在发挥传统优势的同时，也注重紧跟新科技发展潮流。近些年来，随着人类基因组草图的绘制成功，基因组研究已成为科研领域的一个新热点，学校正在积极筹建新的基因组学中心，并打算由普林斯顿大学现任校长、分子生物学家蒂尔曼亲自担任中心主任。

普林斯顿大学从2001至2008年，都被《美国新闻与世界报道》评为全国第1名。2011年，排名第二，仅次于哈佛。

1905年建成的费兹·伦道夫门

◎学校图书馆

普林斯顿大学校图书馆系统共由11个图书馆组成，其中包

驹，中国科学院外籍院士陈省身、李政道、杨振宁都曾担任过普林斯顿大学的高级研究院研究员。历届诺贝尔物理奖得主中，有 18 位是这所学校的教授，还有 14 位是该校校友（篇幅有限，恕不一一列出）。

普林斯顿大学著名的校友有：

➢ 约翰·F·肯尼迪（John F. Kennedy），1935 年在该校就读（第一学期之后因为健康原因退学），第 35 届美国总统（1961 至 1963 年）。

➢ 詹姆斯·麦迪逊（James Madison），1771 年毕业，学士学位，第 4 届美国总统（1809 至 1817 年）。

➢ 伍德罗·威尔逊（Woodrow Wilson），1879 届毕业生，第 28 届美国总统（1913 至 1921 年），曾任普林斯顿大学校长及新泽西州州长，获得 1919 年诺贝尔和平奖。

➢ 本·伯南克（Ben Bernanke），该校经济学和公共关系教授，美国经济学家，现任美国联邦储备局主席（2006 年至今）。

➢ 盖瑞·贝克（Gary S. Becker），1951 年毕业，学士学位，美国经济学家，获得 1992 年诺贝尔经济学奖。

➢ 弗兰克·维尔泽克（Frank Wilczek），1975 年毕业，博士学位，美国物理学家，获得 2004 年诺贝尔物理学奖。

➢ 戴维·格罗斯（David Gross），该校退休荣誉数学物理教授，美国物理学家，获得 2004 年诺贝尔物理学奖。

括：燧石图书馆（Harvey S. Firestone Memorial Library，是主图书馆，拥有超过 600 万册藏书）、建筑图书馆、东亚图书馆、工程图书馆、Fine Annex 图书馆、路易斯图书馆（Lewis Library）、马昆德艺术和人类学图书馆（Marquand Library of Art and Archaeology）、门德尔音乐图书馆（Mendel Music Library）、穆德手稿图书馆（Mudd Manuscript Library）、心理学图书馆、斯托克斯图书馆（公共和国际事务）（Stokes Library（Public and International Affairs））。目前该图书馆系统共有 1300 多万册藏书。另外，许多独立的学科（包括建筑学、美术历史、东亚研究、工程、地质学、国际关系和公共政策，以及近东研究）也都有自己的图书馆。一些系的四年级学生可以在主图书馆登记申请封闭的阅读室，作为个人工作间和书籍及研究资料的储存处。

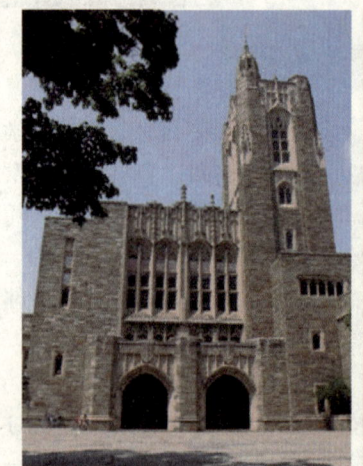

燧石图书馆的外景和阅览室一角

到过燧石图书馆的参观者常常这样评论道："对于普林斯顿这样一个大型的图书馆系统，燧石这个主图书馆看上去显得很小。"但是，人们从燧石的正门入口看到的仅仅是冰山的一角，因为美国大学图书馆的地下网络建设发达，普林斯顿大学也不例外。以燧石为例，这座主图书馆的主要藏书都在地下，整整三层书库和阅览室各类藏书应有尽有。燧石图书馆地下面积很大，从小教堂到拿苏街，从华盛顿路到佩恩东。燧石图书馆的书架连接起来长达 70 多英里（约 113 千米），其学习空间可同时容纳 1850 人。当 1948 年刚刚开放时，燧石是当时世界上最大的开架图书馆。

该馆大部分的资源都可供自由阅览。除书籍、手稿和影音资料外，燧石图书馆有丰富的电子设备，而且和校园其他地方一样，都装有无线上网设备。该馆提供有充足的学习空间，包括为大四

➢ 保罗·克鲁格曼（Paul R. Krugman），该校现任经济学和国际关系教授，美国经济学家，获得2008年诺贝尔经济学奖。

➢ 詹姆斯·赫克曼（James J. Heckman），1968年毕业，硕士学位，1971年毕业，博士学位，美国经济学家，获得2000年诺贝尔经济学奖。

➢ 理查德·斯莫利（Richard Smalley），1974年毕业，博士学位，美国化学家，获得1996年诺贝尔化学奖。

➢ 艾伦·图灵（Alan M. Turing），1938年毕业，博士学位，数学家和逻辑学家，被称为计算机科学之父、人工智能之父。

➢ 皮特·康拉德（Pete Conrad），1953年毕业，学士学位，美国国家航空和宇宙航行局宇航员，第三个踏上月球的人。

➢ 田长霖（Chang-Lin Tien），1959年毕业，博士学位，美籍华人，机械工程教授，曾任第8任加州大学伯克利分校校长（1990至1997年），是第一位担任美国著名高校校长的亚洲人。

➢ 罗伯特·卡罗（Robert A. Caro），1957年毕业，学士学位，美国传记作家，分别在1975年、2003年获得普利策奖。

➢ 戴维·雷姆尼克（David Remnick），1981年毕业，学士学位，1998年起任《纽约客》杂志主编，获得1994年普利策奖。

➢ 文特沃斯·米勒（Wentworth Miller），1995年毕业，学士学位，

学生写论文所准备的单人房间。

作为一所著名的综合性私立大学，普林斯顿拥有著名的教授学者、排名美国前5的校友捐赠金额、藏书450万余册的计算机化的现代图书馆，还有一个计算机中心、一个美术博物馆，一座教堂和相当数量的社会文化活动场所。学校建有74个科研机构，其中包括两个国家级实验室：等离子体物理实验室、地球物理流体动力学实验室。

◎学校生活条件

低年级学生住宿的布莱尔楼

普林斯顿大学的本科住宿学院是包含食宿功能的一系列建筑，供一、二年级学生以及一些给学生提供指导的住宿顾问居住。每个学院都拥有一系列宿舍楼，一间食堂，其他设施（包括自习室、图书馆、舞台、暗室等等），以及管理人员和有关教师。普林斯顿大学目前有5所住宿学院。洛克菲勒住宿学院和玛茜住宿学院坐落于校园西北，两所学院的哥特式风格建筑由于其代表性经常占据学校宣传品的版面。处在校园中南部的威尔逊住宿学院与巴特勒住宿学院，相比起来，要新一些，也是专门为作为住宿学院而建的。福布斯住宿学院位于校园的西南，曾是酒店，后来被校方买下用作住宿学院。

普林斯顿的学生们，尤其是那些高年级的学生，社交生活中最重要的一部分就是加入13个饮食俱乐部，只有三年级以上的学生才能参加。高年级学生不在学校食堂吃饭，而是参加俱乐部中

风靡世界的福克斯电视台的电视剧《越狱》男主角迈克尔·斯科菲尔德的扮演者。

所在地概况及公共设施

在纽约和费城之间，有一座与众不同的乡村都市，名叫普林斯顿。小城位于新泽西州西南的特拉华平原，面积约7平方千米，东濒卡内基湖，西临特拉华河。这里树木成荫，绿草如毡，小河流水，野花盛开，起伏的山丘在地面上描绘出道道曲线。普林斯顿没有城市的喧嚣和繁华、奢靡和浮躁，有的只是乡间的恬静和安详、平和和静谧，是一个非常适合人们居住的地方。小城约有人口3万，市民大多生活富裕，收入颇丰。这里交通方便，距纽约和费城只需1小时车程，加之小城悠然适的生活，浓浓的文化氛围笼罩下的贵族气息，因而成为美国上层人士青睐的生活和居住地。著名的普林斯顿大学就座落在这处处是丛林旷野、田园风光的优雅小镇上，被苍松翠柏、参天古木簇拥着的环境中。浸润着数百年历史风雨的普林斯顿大学被认为是全美国最漂亮的大学。

抵达方式

从纽约曼哈顿乘坐郊线公车，只要一个半小时，就可以到达普林斯顿的帕默尔小广场。在普林斯顿，自己驾车当然最好，公共交通也十分方便。从纽约乘巴士不必转车，就能在普林斯顿的主街下车，常常比乘火车还节省时间。

Frist 学生中心的咖啡馆

的一个。这一制度，受到多方批评，但至少到现在为止，它仍没有改变的迹象。这些俱乐部有些是通过抽签的方式吸收新会员，有些则在每年春季自己挑选认为合适的新成员。每年此时，普林斯顿都会掀起一场争论，有的学生认为自己有权利决定和谁一起用餐，有的学生对俱乐部录取新成员的标准提出异议。普林斯顿两所最古老、最有名的俱乐部——"老虎旅馆"和"常春藤"直到20世纪90年代才允许女生加入。更多的人指责这些俱乐部无形中给高年级和低年级学生带来了隔阂。但是，不管它有多少缺点，饮食俱乐部的确给普林斯顿的学生们提供了归属感和亲密的朋友，这也是无可否认的。

狄隆（Dillon）体育馆

该校拥有各种学生社团300个。普林斯顿是美国全国大学生体育协会的一级成员，男女大学生参加38个体育项目的比赛，有35个体育俱乐部运动队。近来，普林斯顿在男子篮球、男女长曲棍球以及女子赛艇项目上取得了长足的进步。校园内热衷于体育锻炼的人很多，一半以上的本科生参加学院间的体育比赛。普林斯顿大学的治安状况非常好，校园内几乎连抢劫案都不发生。

纽约州
New York（NY）

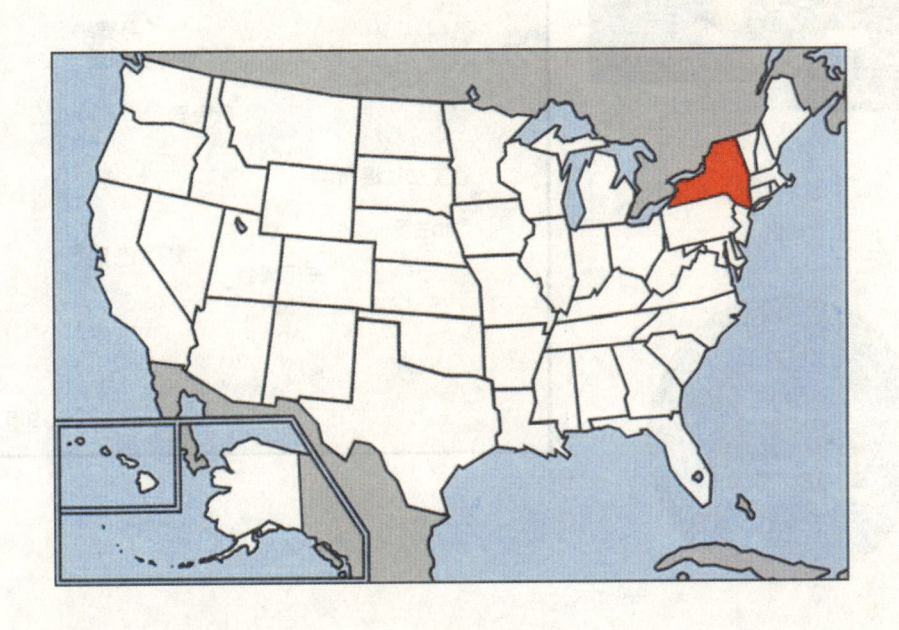

学校英文名称	学校中文名称	2011年排名	所在地区
Columbia University	哥伦比亚大学	4	纽约 New York
Cornell University	康奈尔大学	15	伊萨卡 Ithaca
New York University	纽约大学	33	纽约 New York
Rensselaer Polytechnic Institute	伦斯勒理工学院	41	特洛伊 Troy
University of Rochester	罗切斯特大学	37	罗切斯特 Rochester
Yeshiva University	叶史瓦大学	50	纽约 New York

州旗

州徽

州示意图

昵称：	帝国州	地区划分：	中东部地区
州府：	奥尔巴尼 Albany	主要城市：	纽约 New York 布法罗 Buffalo
时区：	东部时间 UTC-5/-4	人口：	1897 万人（2000 年）
面积：	141205 平方千米 全美第 27 名	加入联邦时间：	1788 年 7 月 26 日 第 11 个加入美国联邦
消费税：	4%	网站：	http://www.state.ny.us

Columbia University　哥伦比亚大学

排　名：　4	校训：
建校时间：　1754 年	*In lumine Tuo videbimus lumen* （拉丁语） In thy light shall we see light
学校类型：　私立	
IBT 最低线：　100	学校网址：http://www.columbia.edu
SAT： 　　　CR：　680 –770 　　　Math：　690 – 780 　　　Writing：　680 – 770	申请网址： http://www.studentaffairs.columbia.edu/admissions
ACT Composite：31 – 34	咨询电话：212-854-2522
注：申请哥伦比亚学院提交 2 科 SAT II 成绩；申请工程学院提交数学、以及物理与化学其中之一的 SAT II 成绩	咨询传真：212-854-3393
	咨询邮箱：ugrad-ask@columbia.edu
送分代码： 　　　IBT：　2116 　　　SAT：　2116 　　　ACT：　2717	申请费：$80 学　费：$43304 总费用：$56681
毕业率： 　4 年毕业率：　85% 　6 年毕业率：　94%	申请截止时间： 　EA：11 月 1 日 　RD：1 月 1 日
学生人数： 　在校生总数：　28518 　本科生人数：　5600	申请材料邮寄地址： Columbia University in the City of New York Office of Undergraduate Admissions 212 Hamilton Hall, Mail Code 2807 1130 Amsterdam Avenue New York, NY 10027 USA
人员比： 　师生比：　1：6 　男女生比：　51：49 　国际学生比：　10%	

校园标志性建筑

　　虽然哥伦比亚大学与纽约喧闹的市区仅一墙之隔，哥大校园却有山有林，环境幽雅。站在校园中

◎学校概况

　　很多人都知道闻名世界的诺贝尔奖，但在新闻界也有一个大奖，即普利策奖，也称为普利策新闻奖。1917 年根据美国报业巨头约瑟夫·普利策的遗愿设立，20 世纪 70 至 80 年代该奖项已经

从此，扬帆启航……

央的月暑旁，望着四周红砖铜顶的校舍，俨然生活在世外桃源之中。曼哈顿寸土寸金，以至于很多出名的学府都没有校园。哥大的校园虽然只有34英亩(约0.14平方千米)，但整体设计布局得当，建筑错落有致，让校园的每一个角落都散发着古典、恬淡之气。踏上百老汇和阿姆斯特丹大道之间的"学院走廊（College Walk）"可横穿整个校园。

"学院走廊"

哥大标志性的建筑应该要数大学楼（University Hall），这是一幢希腊式的建筑，门前10根高大的大理石圆柱，看上去坚实、厚重、稳固，让人觉得典雅、威严、雄伟。大楼的门楣上镌刻着"纽约州哥伦比亚学院"和"前英皇学院"的字样，门前的几十级石阶正中，有一座"母校铜像"，铜质的女神塑像双目凝视前方，张开双臂欢迎前来求学的莘莘学子。

劳氏纪念图书馆

发展成为美国新闻界的一项最高荣誉奖，现在，不断完善的评选制度已使普利策奖成为全球性多个人文社科领域的一个奖项。普利策奖由包括哥伦比亚大学校长在内的16人组成的普利策奖金评选委员会评选，每年一次，评选结果一般都是在4月份中旬的一天由哥伦比亚大学校长宣布，5月份颁奖。约翰·肯尼迪是唯一获得过这个奖项的美国总统。

不仅仅美国新闻界至高无上的普利策奖在这所高校诞生，哥伦比亚大学的学生在联合国学政治，在华尔街读金融，在百老汇看戏剧，在林肯中心听音乐，享受着别的大学学生难以想象的优势条件。

哥伦比亚大学是美国最古老的五所大学之一，也是世界最具声望的高等学府，位于美国纽约市曼哈顿的城边高地，濒临哈德逊河，在中央公园北面。哥大是私立的常春藤盟校之一，该校的声誉极佳，尤其在人文与科学方面的学术成就更是广为人知。整个20世纪上半叶，哥伦比亚大学和哈佛大学及芝加哥大学一起被公认为美国高等教育的三强。至2007年，哥伦比亚的校友和教授中一共有87人获得过诺贝尔奖。此外，学校的教育学、医学、法学、商学和新闻学院都名列前茅。

正在举行典礼的校园

现任校长是鲍林格（Lee C. Bollinger），这位知名的法学教授于2002年4月1日起担任哥伦比亚大学第19任校长。在此之前，鲍林格自1996至2002年曾任密西根大学安娜堡分校校长以及该校法学院院长和教授。

哥伦比亚大学现有3个本科生学院：哥伦比亚学院、普通教育学院（成人学院）及工程与应用科学学院。13个研究生院包括商学院、图书馆服务学院、法学院、建筑和规划学院、艺术学院、

另一个标志性建筑应该是劳氏纪念图书馆（Low Memorial Library）了。该图书馆以哥大第 12 任校长（Seth Low）的父亲 Abiel Abbott Low 的名字命名，塞思·劳最早提出了把哥大校园搬迁到现今地址的计划。建于 1897 年的劳氏图书馆是哥大建成的第一栋楼，以古罗马的神殿为模型，当时的用途是作为图书馆，而正中的圆形房间是阅读室，只是这个阅读室并不是那么合适，除了小，还无法隔绝噪音。到了 1934 年，巴特勒图书馆（Butler Library）落成后，终于取代了劳氏图书馆成为哥大的主要图书馆。现今的劳氏图书馆是当成行政中心来用的。而当初的阅读室则是用于各种重要场合，例如每年的普里策新闻奖就在这里颁奖。

厄尔楼是校园最早的建筑之一

校园重大历史事件

➢ 1754 年，学院根据英国国王乔治二世颁布的《国王宪章》而成立，命名为国王学院，是美洲大陆最古老的学院之一。

➢ 1776 年，国王学院的发展因美国革命而陷于停顿，迫使学院停办达 8 年之久。1784 年，学院重新开学。

➢ 1896 年，学院被正式命名为

文理研究生院、社会工作学院、内科与外科医学院、公共卫生学院、牙科与口腔外科学院和护理学院等。它所有的本科生院都实力雄厚，研究生院更是以卓越的学术成就而著名。哥大的附属学院有巴纳德学院（本科女子学院）、师范学院、联合神学院和犹太神学院。另外，哥大还有 12 个研究所。哥大著名的学院有建筑、商业、教育、国际事务、新闻、法学、医学、护理和社会工作学院等，著名的研究生系有艺术史、天文、生物科学、化学、计算机科学、数学、物理、地质、心理学、社会学、哲学、政治学、宗教、电影、历史、经济学、英语、法语、西班牙语及东亚和中亚语言文学系等。

哲学系办公楼

许多学生选择哥伦比亚大学，一个很重要的原因就是它位于纽约，不仅因为这里更容易找到工作，也因为这个地方永远都有新事物发生。对于善于独立思考的学生来说，哥伦比亚大学是一个很好的读书环境。在哥伦比亚大学招生手册中，关于该校的介绍仅有很简短的一句话：这是一所位于纽约的大学。校长鲍林格表示："这一点当然是最重要的！纽约是世界上最精彩、最具活力和包容力的城市，这里的人们来自世界各地，他们永远在接受新的思想、新的事物，并且永远不会满足，这是纽约的性格，也是哥伦比亚大学的性格。"

这的确是一所与众不同的学校，其理由是：

第一，热闹的地理位置。哥伦比亚大学与其所处的位置是息息相关的，哥大的特色之一在于它地处纽约。不像美国一些学校那样安静，学校在纽约市中心，比较嘈杂，在寸土寸金的纽约曼哈顿能有这样一个校园非常难得。哥大的校园文化在很大程度上是由其大都市地理位置所决定的。纽约是个文化多元、经济发达的全球金融中心，是个非常有活力的城市。美国所有大的广播公

哥伦比亚大学。1776年美国独立战争后，为纪念发现美洲大陆的哥伦布，当时的学校被称为哥伦比亚学院。如今，该校的全名是"在纽约市的哥伦比亚大学"。

➢ 1917年，根据美国报业巨头约瑟夫·普利策（Joseph Pulitzer）的遗愿，设立普利策奖，后来发展成为美国新闻界的一项最高荣誉奖。普利策1868年开始从事新闻工作，他的一生对美国报纸的发展有着较大的影响，被人们誉为创办现代美国报纸的先驱者和示范者。1903年，普利策写下遗嘱，决定出资兴办哥伦比亚新闻学院和建立普利策奖金，由哥伦比亚大学董事会掌管他遗赠的基金。1911年10月29日普利策逝世。根据他的遗嘱，1912年开办了哥伦比亚大学新闻学院。

校园杰出人物

哥伦比亚大学现有健在的校友29.1万人，被誉为培养政治、经济领袖人物的摇篮。迄今，哥大法学院已培养出了两位美国最高法院大法官：哈兰·菲斯克·斯通（Harlan Fiske Stone）和查尔斯·伊万斯·修斯（Charles Evans Hughes）；三位美国总统：美国第15任总统西奥多·罗斯福（Theodore Roosevelt）、第32任总统富兰克林·D·罗斯福（Franklin D. Roosevelt）和第44任总统巴拉克·侯赛因·奥巴马（Barack Hussein Obama）。另外，美国第34任总统德怀特·艾森豪威尔（Dwight David

从此，扬帆启航……

司、所有重要的金融机构和媒体、大型跨国公司的总部基本都在纽约，因此在哥大接触外部世界的机会特别多，在读书的过程中比较容易找到适合自己发展的机会。纽约是个国际大都市，所以哥大的学生毕业之后就有种大都市学生的胸怀，见多识广，非常从容，处事不惊。

学生中心

应该说，哥大是常春藤大学中国际化程度最高的学校，全美国际化程度最高的学校要属南加州大学。哥大本科生的国际化程度还不是很高，但是研究生的国际生要占到30%左右。该校也是全美所有大学中开设外语种类最多的学校，大概有50多种外语。每天早晨，在同学面前演讲以锻炼当众讲话的能力，已经成了哥大学生的传统。

当然，纽约也有大都市的无法克服的缺点：交通杂乱、治安不佳、环境污染等。但百老汇、苏荷区、卡耐基厅、格林威治村等地数不尽的文艺表演活动，各种国际会议、金融活动、学术研讨会，则已将哥伦比亚大学溶入为大都会的一部分。哥伦比亚大学的开放、自由、创造力十足的课外活动，与这个世界著名城市紧密结合后产生的吸引力，是许多梦想到大都市的学人难以抗拒的。聪明的哥大人将纽约市当成自己校园的延展，让纽约多采多姿的生活丰富自己的视野和见识。

第二，**严格的通识教育**。哥伦比亚学院是美国最早进行通识教育的本科生院，至今仍保持着美国大学中最严格的核心课程。20世纪70年代以前，哥伦比亚大学的核心课程主要是为一、二年级的学生开设；70年代中期，根据社会学家贝尔的意见，核心课程开始向高年级拓展。随着时间的迁移，哥伦比亚大学的核心课程处在不断的发展与完善中。"当代文化"和"人文文学"在常春藤盟校中被公认为是最难的两门基础课，也是核心课程的基

Eisenhower）还是哥大第 13 任校长。纽约市有 14 位市长，纽约州有 10 位州长是哥大的毕业生。

哥伦比亚大学杰出的校友有：
➢ 伊萨克·阿西莫夫（Isaac Asimov），1939 年毕业，学士学位，1948 年毕业，博士学位，美国生物化学家、作家，一位撰写科幻小说和科普读物极有成就的多产作家。
➢ 詹姆斯·卡格耐（James Cagney），曾在该校就读，美国著名演员，1974 年获美国电影学会"终身成就奖"。
➢ 洛·格里格（Lou Gehrig），1921 至 1923 年在该校就读，著名美国棒球运动员，因 1925 至 1939 年间连续参加 2130 场比赛而创棒球界空前记录。
➢ 艾拉·格什温（Ira Gershwin），美国抒情诗人，作曲家乔治·格什温的兄弟。
➢ 奥斯卡·哈默斯坦（Oscar Hammerstein），1912 至 1917 年在该校就读，美国抒情诗人和音乐喜剧作家，在音乐喜剧的发展中具有影响力的剧院演出人，音乐喜剧《音乐之声》就是他的作品之一。
➢ 莉莲·海尔曼（Lillian Hellman），美国女剧作家。
➢ 兰斯顿·修斯（Langston Hughes），为黑人文学开辟现实主义道路的美国黑人诗人、作家。
➢ 玛格丽特·米德（Margaret Mead），美国女人类学家，以研究太平洋无文字民族而闻名。
➢ 托马斯·默顿（Thomas Merton），美国天主教修士、诗人、

础。哥大的通识教育理念集中体现在被称之为 Core Curriculum 的一套课程设置上。核心课程作为哥伦比亚教育的基础和精髓，是多年逐步形成和完善的。哥大的核心课程不仅是全美建立最早的，而且不断地更新、不断地改进，近几年又增加了许多关于东方文化以及非洲文化经典作品的课程，而且增加了一门科学前沿的课程。学文科的本科生，进入哥大以后还要学一些理工科最前沿的知识。无论学生的专业是什么，都让他们感受文学、哲学、历史、音乐、艺术和科学方面的深刻思想与巨大成就从而具有宽广的视野。

哈夫迈耶楼是应用化学研究中心

社会工作学院

哥大是一所研究型大学，但从不鼓励学生过早地一头扎到理工专科中去，因为它认为理工专科所学的是技能性的东西，受过教育的人通过适当的训练之后，基本就可以掌握。这种教育理念曾在美国教育界激起过强烈的争论，但从实践效果来看，通过推行以"核心课程"为基础的通才教育，哥伦比亚大学的确培养出了一大批学识渊博、举止高雅的人才，也使许多求知若渴的大学生终生受益。这也正是哥大不顾外界压力而坚持实行通才教育的

多产的著作家。
- I·I·拉比（Isidor Isaac Rabi），美国物理学家，因发明用原子束和分子束磁共振法观测原子光谱（1937年），而获1944年诺贝尔物理学奖。
- 迈克尔·I·普平（Michael I. Pupin），美国著名发明家，近代物理学先驱。
- 乔治·西格尔（George Segal），美国雕塑家。
- 莱昂内尔·特里林（Lionel Trilling），美国文学评论家、教师，他的评论富于洞察力。
- 亨利·舒尔兹（Henry Schultz），美国计量经济学先驱。
- 简·考尔（Jane Cowl），极为成功的美国女剧作家和演员。
- 胡适，1915至1917年在该校就读，师从约翰·杜威教授，后任北京大学教授，"五四运动"的主将之一。中国哲学家、散文家和外交家。

哥伦比亚也是最早接受中国留学生的美国大学之一，巴黎和会的中国代表顾维钧、著名学者郭秉文、陶行知、胡适、蒋梦麟、马寅初、冯友兰、唐敖庆、吴文藻、姜圣阶、何炳棣、金岳霖以及实业家侯德榜等都毕业于该校。诺贝尔物理奖得主李政道一直在哥大任教。

所在地概况及公共设施

创建于1754年的哥伦比亚大学位于纽约市曼哈顿中心区北边的116街，也就是中央公园北面的一个叫做晨边高地的地方。

最大动力和原因所在。

从哥大出来的学生普遍认为，经过通才教育之后的哥大学子，其知识面之广，文化修养之深，日后学术底气之足，都是单科教育体制下的学生所难以企及的，正是因为母校的这种教育理念和方式，才成就了自己广博的学识，也使得自己的"专"有了坚强的后盾和依托，哥伦比亚大学的核心课程能让你擅长于任何领域。

第三，自由的学术气氛。不论是在学术上还是在非学术方面，哥伦比亚大学特别强调和崇尚自由。从欧洲中世纪大学产生以来，学术自由历来是一个被人们普遍珍视的问题。19世纪研究型大学的兴起，言论自由理念逐渐蔚成主潮，尤其在德国，学术自由逐步成为大学的一面旗帜。后来，研究型大学的观念传到了美洲，学术自由在美洲的大学里得到了进一步的扩展。如今，学术自由成为一个确定的理念并成为大学文化的重要标志。曾经有这样一个笑话说明哥伦比亚大学素有"激进主义的温床"之称。"在哥伦比亚大学换一个灯泡需要多少名学生？"答案是76名。其中，1名学生换灯泡；50名举行集会，要求争取不换灯泡的权利；另外25名则举行反要求的集会。哥大校长鲍林格则认为这正是哥伦比亚大学最重要的文化之一——"学术自由"。

哥大本科生有83%的课程上课学生人数都在20人以下，而且学生学习的一个主要方法就是课堂讨论和辩论，强调每一个大学生对理智训练的积极参与和以问题意识为特征的批判性思维方法的形成，注重师生之间的密切交流和对学术问题的共同探究，重视基本能力的磨练和良好思维习惯的养成而非知识的灌输。从古希腊的柏拉图、苏格拉底到当代的哲学和文学，都是课堂热烈讨论的话题。学生在这种活跃的、鼓舞人心的人文氛围里，自身的素质自然能得到很好的培养。

在强调学术自由的同时，哥伦比亚大学的课程也非常严格。学生被要求做很多学习研究并要以一种新的方式（有时候是让人不舒服的方式）去思考世界。哥伦比亚大学的教授都是世界上在其所研究的领域的佼佼者，他们致力于研究工作，而且他们的热情具有感染力。有些教授"有某种学者的傲气"而且打分很严格，但是"那些以打分严格，考试严厉出名的教授往往是教得最好的"。哥大保持了在全世界最充满生机的大都市里面的一种亲密的、自由的校园气氛。在纽约喧嚣的大街上逛了一天之后，回到传统的校园里，如同回到了家。在这里，你将与获得诺贝尔奖的教授们在课堂上进行讨论和一对一的交流。哥大吸引了思想开放的学者，他们勇于探索新思路。科学和工程学院的学生们在世界

独特的"四合院"

有人形象地形容哥大校园就象一个巨大的四合院，校园是由一座又一座巨大的大楼连接起来，围成一个四四方方的巨大的院子。纽约是校园的延伸，学生们在纽约市内享受世界独一无二的多彩多姿的生活之后，走进校园，又能享受这个独特的"四合院"里的安静及其内涵，闹中取静，可谓达到了人生的极致。

地铁哥伦比亚大学站

曼哈顿区是纽约五个区中面积最小的，约58平方千米，但这个东西窄、南北长的小岛却是纽约的中心，大银行、大保险公司、大工业公司、大运输公司，以及闻名全球的纽约证券交易所和美国证券交易所等都云集于此。美国最大的500家公司中，有三分之一以上把总部设在曼哈顿。位于曼哈顿岛南部的华尔街是纽约的象征，美国垄断资本的大本营，金融寡头的代名词。纽约市最大、历史最悠久的

一流的实验室里进行尖端的研究，而指导他们的都是处于各个学科前沿的教授。课堂讨论只是学习的开端。从上哥大的第一天起，你就成为了这个社区的一员。

第四，颇多的实习机会。由于地处纽约，哥大每年为其学生提供近5000个在各类企业实习的机会，几乎等同于在校本科生的人数。大学与社会和企业结合起来，为其学生提供实习和就业的机会，这也是美国大学一个显著的特点。据说，哥大毕业生中每四个人就有一个人留在纽约地区工作。特别应该提到的是，该校法学院的毕业生是纽约著名法律机构人员的主要来源，新闻学院的毕业生很多成为三大电视网的中坚。

多年来，哥大一直向大商业银行和世界金融机构输送大量人才。除非你对到学校招聘的公司去就业不感兴趣，一般说来，学校的就业办公室就有能力帮助你和人才市场保持紧密的联系。任何一名哥大的学生如果没有找到工作，就业办公室都会帮助他，给他提供建议。当然，由于学校就业率高达98%，这样的情况很少。

学校的网站提供大量假期实习工作的信息，许多公司来校进行初步面试。每年年初，学生们便开始通过学校的网站申请暑期工作，开学后的2周内，几乎每天都有面试机会，最夸张的是一人一天最多有4个面试。其中不乏像高盛、摩根士丹利、花旗银行、黑石公司、Facebook等知名公司，往往暑期工作的用人公司是为招收雇员做准备的。

毕业典礼上的学生们

如果学生想往学术界发展，学校也为本科高年级学生提供参

唐人街就坐落在曼哈顿北边。

曼哈顿区

大学周围的其他著名学术机构很多，营造了优秀的学术环境。纽约，像一个光怪陆离的博物馆，最现代与最古老的，最文明与最愚昧的，最高尚与最丑恶的，最富有与最贫困的，最时髦与最守旧的……一切现代物质与精神的产物，都在这里肆意展示它们极端的形态。在纽约生活，需要充分发挥你的想象力，训练你的适应性，培养你的包容度。

抵达方式

纽约有三大机场：肯尼迪国际机场、纽瓦克自由机场和拉瓜迪亚国际机场。

肯尼迪国际机场

肯尼迪国际机场（John F. Kennedy International Airport），位于距离曼哈顿东南大约26千米处，

加暑期研究项目的机会，并提供住宿和津贴（学校有专门的基金支持假期科研项目）。例如，大二暑期时，数学系就针对不同的研究课题，组成6个小组。每个小组人数不等，通常1名教授，2个助教（或博士生），若干名本科生，采用教授讲课、助教辅导、一起讨论、学生完成的形式，2个月结束后，将取得的成果，写成论文并发表。

哥伦比亚大学师范学院

谈及哥大，不能不提及哥大的附属学院——师范学院，该学院是全球顶级的教育研究生院，也是世界上最大的教育学、应用心理学和心理健康学方面的综合研究生院，2006年在全美教育学院中排名第二（第一是哈佛教育学院），2007年在《美国新闻与世界报道》全美教育研究生院排名中名列第一。目前，学院下设9个系，共有正式教员180余名，学生5000多名。哥大师院的创建与发展历史，在某种程度上代表了美国教师教育的发展史。历史上，哥大师院还是美国教育史上多个第一的诞生地，它是全美护理教育的摇篮，第一个将心理学与社会学整合进入教师教育并将教育活动推广至社会关怀，全球第一个开设比较教育学课程并创建比较与国际教育协会等等。哥大师院自办学之初，便富有前瞻性地推出了学院的国际化发展战略，尤以学生队伍的国际化最为明显。也正由于此，它与近代中国教育发展亦是紧密相连，并对之产生了巨大的影响。据统计，仅20世纪上半叶，便有约1000余名中国留学生曾在师院学习。许多毕业生，如国学大师胡适、人民教育家陶行知、中国幼教之父陈鹤琴、东南大学创校校长郭秉文、原北大校长蒋梦麟等，均是近代中国教育界叱咤风云的人物。

是离纽约最近的国际机场，也是纽约最重要的国际机场，也是全世界最大的机场之一，一共有 9 个航站楼，4 条跑道。此机场有运营到纽瓦克机场和拉瓜迪亚机场的往返公车。公共汽车连接肯尼迪国际机场至纽约地铁和长岛铁路的车站，包括 Q3、Q6、Q7、Q10、B15 及数条接驳地铁站的免费巴士线。这些巴士可供轮椅上下。还有不少私营巴士线提供特快服务来往于曼哈顿、哈德逊谷和长岛。

纽瓦克自由国际机场

纽瓦克自由国际机场（Newark Liberty International Airport），纽约都会区最早的一座机场，位于新泽西洲，就在纽约对岸，离纽约市区不远，也是纽约市三座主机场之一。原名"纽瓦克机场"，但在 2001 年之后改为现名以纪念 911 事件中的牺牲者。每年接近 3000 万人次的进出旅客替纽瓦克带来了相当程度的产值收入。从机场到市区最经济的方法：搭机场内的免费 shuttle bus 到 Economy Long-Term Parking lot，在路边搭 107 路巴士到曼哈顿 42 街巴士总站，票价 4.4 美元；如需去法拉盛，再转地铁 7 线。

◎ 学校图书馆

作为美国五大顶尖学术图书馆之一，哥伦比亚大学图书馆系统共有 23 个图书分馆，共藏书 1040 万册，近 15 万种期刊，630 多万种缩微胶卷，260 万份手稿和近 98 万册善本书，15 万多种音像作品和 17 万份政府文件。

22 个图书分馆分别是：天文图书馆、建筑和艺术图书馆、神学院图书馆、商务和经济学图书馆、巴特勒图书馆（Butler Library）、化学图书馆、东亚图书馆、工程学图书馆、地质图书馆、地球科学图书馆、健康科学图书馆、人文和历史图书馆、新闻图书馆、法学图书馆、雷曼图书馆（社会科学）（Lehman Social Sciences Library）、数学图书馆、密尔斯坦本科生图书馆（Milstein Undergraduate Library）、维也纳音乐和艺术图书馆、物理学图书馆、心理学图书馆、善本和手稿图书馆、社会科学图书馆、社会工作图书馆。

东亚图书馆还藏有中国族谱、家谱、谱碟约 950 种，是中国的图书馆以外收集有关中国资料最丰富的图书馆。东亚图书馆的藏书仅次于哈佛大学的燕京图书馆，开设有丁龙讲座（Dean lung Professor），又设立中文图书馆，收藏中文资料。每年哥伦比亚大学图书馆系统约接待读者 350 万人次。

巴特勒图书馆

◎ 学校生活条件

哥伦比亚大学为全体本科学生提供 4 年的校内住宿，有些高年级学生会搬出校园。由于纽约房地产市场价格居高不下，99% 的哥大学生都是一直住在校园内的宿舍，而且基本上一住就是整个本科 4 年。学生宿舍的安全被学生们认为是十分可靠的，每一个人进入宿舍都须向门卫出示身份卡或用其他学生的宿舍卡加以

从此，扬帆启航……

证明。哥大住宿令人赞赏的一个方面就是很多房间都是单人间，使用者感到十分方便，有的学生住校4年都有可能没有一个室友。

一年级新生也可以选择与其他高年级的学生住在一幢楼内。很多新生愿意和高年级的学生住在一起，因为他们对学校的情况非常清楚，也很容易通过他们认识左邻右舍。

哥伦比亚大学几乎没有像其他常春藤盟校那样的独特校园文化，也没有美国大学中典型的橄榄球篮球赛氛围，没有疯狂玩乐的兄弟会姐妹会，亦没有悠久的校园传统。

拉瓜迪亚国际机场

拉瓜迪亚国际机场（La Guardia Airport），在纽约中心区域的东北方向，位于皇后区，面向法拉盛湾，距离曼哈顿15千米，运量主要以美国国内航线为主，也通航部分欧洲和美洲的国际航点。拉瓜迪亚机场占地面积2.7平方千米，拥有两条跑道（分别长2135米）、1个中央航站楼、两个航空公司专用航站楼。从机场到市区最便捷的方法：从机场坐Q48到法拉盛，如要去曼哈顿，转地铁7线。

费理斯·布兹活动中心

Cornell University 康奈尔大学

排　名： 15	校训：	校徽：
建校时间： 1865 年	"I would found an institution where any person can find instruction in any study." —Ezra Cornell, 1865	
学校类型： 私立		
IBT 最低线： 100		
SAT:	学校网址：http://www.cornell.edu	
CR：　630 – 730		
Math：　660 – 770	申请网址： http://admissions.cornell.edu/apply	
Writing：　不详		
ACT Composite： 29 – 33	咨询电话：607255-5241	
注：申请哥伦比亚学院须提交 2 科 SAT II 成绩；申请工程学院需提交数学、以及物理与化学其中之一的 SAT II 成绩	咨询传真：607 254-5175	
	咨询邮箱： ugrad-ask@columbia.edu	
送分代码：	申请费：$80	吉祥物：
IBT： 2098	学　费：$43304	
SAT： 2098	总费用：$56681	
ACT： 不详		
毕业率：	申请截止时间：	
4 年毕业率： 84%	EA：11 月 1 日	
6 年毕业率： 92%	RD：1 月 3 日	
学生人数：	申请材料邮寄地址：	
在校生总数： 20633	Cornell University Undergraduate Admissions Office 410 Thurston Avenue Ithaca, New York, 14850-2488 USA	
本科生人数： 13931		
人员比：		
师生比：　1 : 9		
男女生比：　51 : 49		
国际学生比：　8%		

校园标志性建筑

康奈尔大学由主校区、纽约校区、卡塔尔校区和其他部分组成。康奈尔在常青藤盟校中以课程紧闻名，对于康奈尔的学生来说，迷人的校园也算是紧张之余的一种

◎学校概况

西方联合电报公司创始人、慈善家埃兹拉·康奈尔早在 1865 年就说过，"我要建立一所大学，在这里让任何人都能学到想学的科目"。这句话，竟成为康奈尔大学的校训，这个人也成为这所大学的创始人。这个校训有点类似我国伟大的教育家孔子所倡导的"有教无类，因材施教"。从教育理念上讲，它体现了任何

调剂。

主校区位于纽约州伊萨卡的东山，可以眺望城市和卡尤加湖。1865年建校初期，主校区仅有0.85平方千米，随着多年的发展，如今该校区已扩张到约3.0平方千米，包括东山及附近的绝大部分地区。标志性建筑有麦格劳塔（McGraw Tower）。

麦格劳塔

康奈尔大学的地标是高173英尺（约53米）的麦格劳塔，由地面至顶楼共161层台阶，于1891年建于尤里斯图书馆之上。塔内有康奈尔编钟，共21个，每日有3场学生演奏。

文理学院四周的建筑

从此，扬帆启航……

人都有权力受到教育的平等精神，从教学方法上讲，它体现了根据学生特点和兴趣进行引导的工作态度，这就是康奈尔大学校训的精髓和立校之本。

康奈尔大学鸟瞰

康奈尔大学是美国一所顶级的研究型大学，由美国商贾埃兹拉·康奈尔（Ezra Cornell）和美国外交家、作家及教育家安德鲁·迪克森·怀特（Andrew Dickson White）于1865年所建立，为8个常春藤盟校中唯一一所在美国独立战争后创办的学校，从校史上看，是最年轻的常春藤盟校。康奈尔大学男女同校，不分信仰和种族皆可入学。

埃兹拉·康奈尔和安德鲁·迪克森·怀特雕像

康奈尔大学第一幢建筑物是建于1868年的莫里尔楼（Morrill Hall）。文理学院四周的建筑属哥特式、维多利亚式及新古典式风格，跟贝聿铭设计的赫伯特·约翰逊艺术博物馆（Herbert F. Johnson Museum of Art）形成对比。

威勒·史佳特楼

其他值得注意的建筑还有：最早的学生联盟所在地之一的威勒·史佳特楼（Willard Straight Hall）、美国东部最大的学术大楼——伦斯莱尔楼（Martha Van Rensselaer Hall）以及酒店管理学院的教学酒店斯塔特勒酒店（Statler Hotel）。康奈尔的建筑高低错落，三五成群，而且风格各异：古色古香的维多利亚式老房子旁边就是棱角峥嵘的现代大楼。

西校区

约260座建筑分布在位于东山高地上的中央校区和北校区、位于山坡上的西校区和南邻中央校区的大学镇。中央校区里包括实验

现任校长大卫·斯科尔顿（David J. Skorton），这位知名的医学专家于2006年7月1日起担任康奈尔大学第12任校长。在此之前，斯科尔顿在2003至2006年曾任爱荷华大学校长。

目前该校设有下列7所本科生学院：农业和生命科学学院（州立）、建筑、艺术与规划学院，文理学院、工程学院、酒店管理学院、人类生态学院（州立）、工业和劳动关系学院（州立）；此外还有6所研究生学院：法学院、管理学院（Samuel Curtis Johnson Graduate School of Management）、研究生院、医学院（校址在纽约市区内）、医学研究生院（校址在纽约市区内）、兽医学院（州立）；及继续教育与暑期学院。

康奈尔大学位于纽约的伊萨卡市（Ithaca），且是唯一由私人捐赠土地建成的大学。康奈尔大学的体制也是别具特色的，它是"公私合营"式的大学。在本科教育层面，建筑艺术与规划学院、文理学院、工程学院、酒店管理学院这四所私立学院的学生们在校园里难免会神气活现一些，有人常常昂着头说："州立学院只能算是康奈尔的第二级，私立学院才是精英。" 康奈尔大学的治学非常严，学生压力大，理工科的学生竞争尤其激烈。康奈尔大学的酒店管理、建筑设计和规划专业在美国名气很大，酒店管理学院竟在校园内开设了一家对外开放的酒店供学生学习和实习。

康奈尔大学有"大"、"合"、"俗"、"活"、"新"这样五个特点：

第一，大。 对于到过康奈尔大学的人来说，"大"，是多数人所想到的第一个词。这所1865年建立的大学，在所有常春藤盟校中年纪最轻，却是最大的一个。人数上，它拥有本科生1.3万多人，遥遥领先于第二名、只有9000多本科生的宾夕法尼亚大学，比只有4000多本科生的耶鲁或普林斯顿大三倍，使他们看起来简直只像一个小型社团。以面积论，它的校园坐落在3000英亩（约12平方千米）的康奈尔大农场里，简直有西部斯坦福大学之风。相比之下，占地只有175英亩（约0.7平方千米）的耶鲁大学，140英亩（约0.57平方千米）的布朗大学，和260英亩（约1平方千米）的宾夕法尼亚大学可真小得可怜。这种环境是那些坐落在美国东北部的拥挤式大学所不能比的。

当然，康奈尔的"大"还意味着学生多，意味着大多数基础课程人满为患，像最受欢迎的"心理学101"，竟有1000多个学生"济济一堂"，教授怎么可能给你施以个别指导或关照？而且常常有学生想上的某门课已经被注册满而上不成的事发生，"注课难"是最常听到的抱怨。由于文理学院太过拥挤，有一年竟有室、行政楼和几乎所有的学院建筑、体育设施、礼堂和博物馆。中央校区内唯一的宿舍是法学院的住宿学院。北校区则包括新生及研究生的宿舍和学生联谊会活动场所。西校区主要为高年级学生宿舍和学生联谊会活动场所。大学镇拥有一个表演艺术中心和两个高年级学生宿舍，以及一些餐馆和商店。

F.R.纽曼植物园主校区呈现出折衷的建筑风格，包括哥特式、维多利亚式、新古典主义式及少量的现代风格建筑。这些华丽的建筑基本都建造于第二次世界大战之前，因为学生人数从20世纪50年代的7000人激增到70年代的15000人，此后学校建筑不得以采用了简单的风格以减少费用和提高建造速度。紧邻主校区，康奈尔还拥有一块11.7平方千米的康奈尔种植园。

纽约校区坐落在纽约市最繁华的曼哈顿等地区，某些机构离华尔街、时代广场等非常近。纽约校区除了校友会、康奈尔俱乐部、康奈尔协作扩展计划部等机构之外，主要学术研究和教学机构有医学院、医学科学研究院、曼哈顿金融工程和工业与劳资关系学校以及2006年新成立的建筑设计与规划计划部等，这些在纽约的机构都由一位主席统筹管理。

卡塔尔校区位于卡塔尔首都多哈的大学城。它于2001年由康奈尔大学与卡塔尔基金会共同创立，旨在为卡塔尔青年开启一面通

1800多个学生无法选它开的课。这个问题终于让校方看到严重性，下决心采取措施来解决。康奈尔大学就是从那年开始，以每年50名的幅度削减招收的新生人数。

第二，合。康奈尔大学从一开始就集公立和私立双重性质为一身，具有"公私合营"的特点。需要指出的是，康奈尔大学13所学院中，私人捐助建立的有9所，有4个（农业与生物学院、人类生态学院、兽医学院和工业与劳工关系学院）是属于纽约州州立性质的，即由州政府拨款资助创办和维持。有37%的本科生来自纽约州本地，他们以几乎是公立大学的学费获取私立常春藤盟校的学位。这种"私"中纳"公"的形式，在美国一流大学中独一无二，这也算是康奈尔大学的又一特别之处吧。

不管学生们对自己的学友们怎么看，康奈尔的确是汇集了公立与私立学院的优点，张开双臂欢迎有着各类不同需要的学生们。如同其他著名大学一样，康奈尔大学也有一些名牌学科。在历年举行的美国大学评比中，康奈尔大学的许多学科都排在前10名之内，如农学院、化学系、数学系和酒店管理学院。无论公立还是私立，各院系基本上都有世界一流的科学家和学者领衔，任各学科的带头人，其中不乏诺贝尔奖获得者。长期以来，康奈尔大学的这些学科在全美，乃至全世界处于领先地位。文理学院里几乎每一个系都阵容强大，尤其在自然科学和历史方面。工程学院引以为傲的是耗资达3500万美元的康奈尔国家超级电脑中心。酒店管理学院被公认为是全美国同专业中最好的——尽管校园里有些学生会笑话这个学院竟会开设一门名为"小甜饼"的课程！

工业与劳工关系学院

第三，俗。与贵族气息一个比一个浓厚的东北部名校比起来，康奈尔大学算是非常平民化的。当年老康奈尔创立这所大学时的意图就是"让任何人都能在这里学到想学的科目"，完全地发扬

往世界顶尖医学领域的大门。

校园重大历史事件

➢ 1865年4月27日 一所政府赠与土地大学（Land-grant University）在纽约州参议院的一项议案下推动成立，此即日后的康奈尔大学。参议员埃兹拉·康奈尔将他位于纽约州伊萨卡的农场给予办校单位为校园开发基地，并从个人财产中捐出50万美元作为康奈尔的第一笔个人捐款。参议员、教育家安德鲁·迪克森·怀特同意出任学校第一任校长。

➢ 1868年10月7日，康奈尔大学正式落成，第二天共有412人登记入学。两年后，康奈尔招收了其历史上第一位女学生，它也是常春藤盟校中第一所男女同校的大学。

➢ 1915年 中国留学生任鸿隽、秉志、周仁、胡明复、赵元任、杨杏佛、过探先、章元善、金邦正等人在康奈尔大学成立中国科学院的前身——中国科学社，后于1918年迁回中国，设在南京高师。在校期间他们还创办了《科学》杂志，后来成为中国的权威科学期刊。

➢ 1969年4月19日，约80名康奈尔大学的非裔美国学生接管了学生会大楼——威拉德·斯特雷特礼堂。这场突如其来的事件缘自于20世纪60年代学校里日异紧张的种族冲突。事件最终以校方让步、接受非裔美国学生的要求而结束。随后时任校长的詹姆斯·A·珀金斯辞职。

➢ 2001年，学校在卡塔尔建立

学术自由和推动高等教育的普及。根据这条校训，康奈尔大学在课程设置方面打破流行于18世纪和19世纪上半叶唯经典传统马首是瞻的做法，力求多为学生提供文理并重、兼顾农业和机械工程的多学科课程。无论是家境贫寒的劳动阶层还是家境殷实的商宦人家，或者书香门第，其子女都可以到这里来学习实用专业技术、学术理论、财经商贸知识，或者受到更为偏重人文的综合性教育。

农业学院在美国同类学院中的排名数一数二，从这里出来的学生最有可能进最好的兽医学院深造，攻读硕士和博士学位。由著名华裔建筑大师贝聿铭设计的赫伯特·约翰逊艺术博物馆一直是美国十个最好的大学博物馆之一，是美术史学生的好去处。20个图书馆对所有人开放，晚上还有免费的校车把孜孜不倦的学生们送回宿舍。而学生们也非常喜欢耗资2200万美元、专为本科生建造的剧场。的确，在这里，每个学生都能找到自己的位置和想学的课程。

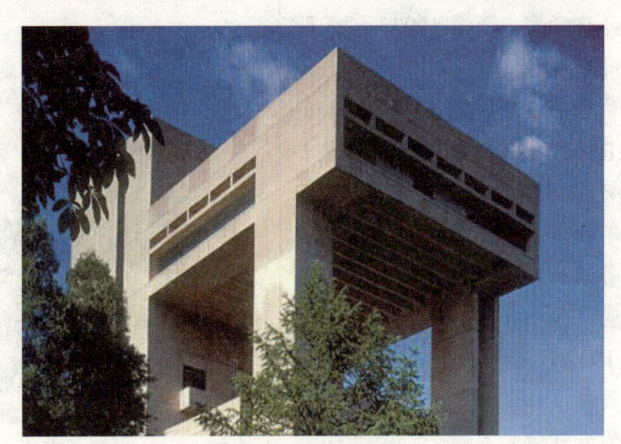

赫伯特·约翰逊艺术博物馆

第四，活。康奈尔大学在课程设置方面十分灵活，力求文理并重，在美率先实行学生自行选修课程的办法，以尽可能满足学生对高等教育的不同要求。一名新生开始其康奈尔大学四年本科学习生涯时，可以在注册时选一门主修课程，只要主修课程的要求达到要求，其他的学习课程可以任由其兴趣爱好决定。康奈尔大学的选修制在目前看来已属司空见惯，但在19世纪中叶却具有革命意义，因为当时的人倾向于把大学生看成尚未成熟的年轻人，需要成年人的指点、教导。选修制对这种传统观念提出挑战，认为大学生已经成熟，完全知道自己的兴趣所在及该学什么，所以，他们能够对自己负责。从深层意义上讲，康奈尔大学让学生

了医学院，这也是美国在境外开办的第一所医学院。

校园杰出人物

目前康奈尔的校友逾 240 万名，康奈尔大学的著名校友不少，该校先后有超过 40 位师生获得诺贝尔奖。他们中的代表人物有：

➢ 罗伯特·恩格尔（Robert F. Engle），1966 年毕业，硕士学位，1969 年毕业，博士学位，美国经济学家，获得 2003 年诺贝尔经济学奖。

➢ 罗伯特·福格尔（Robert Fogel），1948 年毕业，学士学位，美国经济学家，获得 19933 年诺贝尔经济学奖。

➢ 伊西多·艾萨克·拉比（Isidor Isaac Rabi），1919 年毕业，学士学位，美国物理学家，获得 1944 年诺贝尔物理学奖。

➢ 赛珍珠（Pearl S. Buck），1925 年毕业，硕士学位，美国女作家，获得 1932 年普里策奖，获得 1938 年诺贝尔文学奖，美国第一位获此殊荣的女作家。

➢ 托尼·莫里森（Toni Morrison），1955 年毕业，硕士学位，美国作家、教授，获得 1993 年诺贝尔文学奖。

➢ 谢尔登·李·格拉肖（Sheldon Lee Glashow），1954 年毕业，学士学位，美国物理学家，获得 1979 年诺贝尔物理学奖。

➢ 斯蒂文·温伯格（Steven Weinberg），1954 年毕业，学士学位，美国物理学家，获得 1979 年

根据自己的兴趣选修课程实际上是对人的尊重的体现，是对人的自由权利的尊重。

与不少美国一流的研究型大学不同，康尔尔大学对本科生教学历来十分重视。在那里，本科生部与研究生部的教授没有明确的界线。系主任为本科生讲授基础课程不足为奇，"大腕级"学者开设普通课程也屡见不鲜。事实上，康奈尔大学的一些顶尖级教授和学者对讲授基础课毫无怨言，而且还乐此不疲地竭力推广这一做法。他们不摆名教授的架子，视为本科生"授业、解惑"为一大乐事，还常常与大学生们交流讨论。为此，当其他一流大学的本科生们抱怨无缘聆听他们学校的"名牌"教授亲临课堂第一线讲课时，康奈尔的本科生常常按捺不住喜悦的心情，庆幸自己在康奈尔大学不必为此担忧，发牢骚。基于这种活泼民主的学习风气，许多美国优秀高中生毕业后，都向往去康奈尔求学，一来那里可以学到自己想学的东西，二来还可以经常目睹那里名教授和名学者的风采。

由园艺专业本科生规划、种植、维护的明斯园

第五，新。除了在传统的一些重点学科方面继续力求博大精深之外，康奈尔大学还十分重视开辟新的学科领域，拓展现有研究范围。例如，在理科方面，它的低温物理、数学物理、数理逻辑和概率统计都取得了举世闻名的研究成果。在人文学科和社会科学领域，它的美国黑人研究、劳动关系研究和农村发展研究也取得了令人瞩目的成就。近 20 多年来，伴随着经济全球化的到来，康奈尔对国际性问题日益重视。在国际农业、国际营养、国际人口和国际和平等问题上，康奈尔设立了许多研究项目，成立了许多研究中心，如农村发展和国际人口项目、发展中国家科技政策项目、非洲研究中心，以及国际问题研究中心等。由于这些研究项目涉及国际经济、政治和科技等各个领域，所以它们往往都是

诺贝尔物理学奖。
- 道格拉斯·奥谢罗夫（Douglas D. Osheroff），1971年毕业，硕士学位，1973年毕业，博士学位，获得1996年诺贝尔物理学奖。
- 赫尔曼·约瑟夫·穆勒（Hermann Joseph Muller），1911至1912年在该校读研究生，美国遗传学家，获得1946年诺贝尔生理学或医学奖。
- 乔治·威尔斯·比德尔（George Wells Beadle），1930年毕业，博士学位，美国遗传科学家，1961至1968年曾任芝加哥大学校长，获得1958年诺贝尔生理学或医学奖。
- 罗伯特·霍利（Robert W. Holley），1947年毕业，博士学位，1948至1964年任该校教授和生物化学系主任，获得1968年诺贝尔生理学或医学奖。
- 芭芭拉·麦克林托克（Barbara McClintock），1923年毕业，学士学位，1925年毕业，硕士学位，1927年毕业，博士学位，1965至1974年任该校教授，美国细胞遗传学家，获得1983年诺贝尔生理学或医学奖。
- 杰克·绍斯塔克（Jack W. Szostak），1977年毕业，博士学位，美国生物化学家，获得2009年诺贝尔生理学或医学奖。
- 约翰·莫特（John Mott），1888年毕业，学士学位，获得1946年诺贝尔和平奖。

其他杰出校友有：
- 胡适（Hu Shih），1914年毕业，学士学位，中国驻美国大使

跨院、跨系的研究计划。非洲研究中心从事泛非主义、当代黑人思想意识、城市黑人情况，以及黑人运动等问题的综合性研究。这方面的研究既需要历史学家、经济学家和政治学家的参与，也需要城市发展史专家、族裔学专家和民族主义运动史专家的介入。

康奈尔大学建立时，是当时美国第一所不属于任何宗教派别的私立大学。也许是基于这一原因，康奈尔大学在美国一流大学中，率先实行男女同校。由于19世纪中叶大多数妇女被拒之于高等学府门外，这一创举显然具有重要的历史意义。不仅如此，康奈尔大学对于国际生和任何一个国家学生的录取，也没有特定限额。各院系和专业对录取新生都有不同要求。学生申请入学时，自身的经济状况并不影响其录取结果。每每谈论这个"开历史先河"的创举，康奈尔人总会情不自禁地引以为自豪。

康奈尔大学之所以有上述五个特点，在一定程度上起源于它的办学指导思想：敞开大学之门，让工人、农夫和移民的子女等各种层次的人都有机会接受高等教育，学习他们要学的知识和技能。它的这一办学思想与东北部其他常春藤大学的办学思想无疑形成了鲜明的对照，因而，这些特点构成了康奈尔大学与众不同的地方。

康奈尔大学几乎从它一诞生起，就以其创新精神影响了整个美国高等教育，也为世界各国培养了不少有影响的人物，其中包括我国的胡适、郭永怀、茅以升、赵元任、任鸿隽、杨杏佛、戴芳澜、唐钺、邹秉文、张心一、金善宝、丘勤宝、曾威、唐振绪、赵祖康等名人。此外，梁思成、林徽因、冰心、徐志摩等人也曾在此学习和生活过。

◎ 学校图书馆

图书馆

（1938 至 1942 年），哲学家、诗人。
➢ 瓦茨拉夫·克劳斯（Vádav Klaus），1969 年在该校就读，无学位，曾任捷克共和国总理（1992 至 1997 年），现任捷克共和国总统（2003 至今）。
➢ 斯蒂芬·克拉斯纳（Stephen D. Krasner），1963 年毕业，学士学位，美国国务院政策规划主任，斯坦福大学政治学教授。
➢ 克里斯多佛·里夫（Christopher Reeve），1974 年毕业，学士学位，美国电影演员，因主演电影《超人》而闻名。

所在地概况及公共设施

康奈尔校园占地 3000 英亩（约 12 平方千米）。登上校园的山丘，就可把卡犹格湖、四周的农场、自然保护区和包括 1.8 平方千米的飞禽禁猎区在内的娱乐场一览无余。美国很多大学设在小城市，依山而建，城市因学校而得到发展，而扬名世界。英语 downtown 大约来源于此，因为人们的主要活动场所在学校，在山上，而主要商业区分布在山下。伊萨卡（Ithaca）人口约 6 万，三分之二与康奈尔大学有关，或是家属，或是附属行业从业者。伊萨卡与康奈尔大学相得益彰。

伊萨卡的生活是典型的美国东部乡村生活——安宁、休闲而随意。伊萨卡位于纽约州中部，在著名的手指湖之一的卡犹格南端，距著名的尼亚加拉大瀑布不远。是一个山水环抱中的美丽小城，曾经被"美国小城生活排名协会"列为美

从此，扬帆启航……

作为美国 10 个最大的学术研究图书馆之一，康奈尔大学图书馆在支持大学的教学和科研方面获得了极高的评价。丰富的图书资料，从善本书和手稿到迅速发展的数字资料，在这里应有尽有。康奈尔大学的图书馆令研究者和莘莘学子们流连忘返，兴奋不已。康奈尔大学图书馆共有 20 个图书分馆，是美国最大的学术研究图书馆之一，现今藏书近 800 万册、缩微胶卷 700 万卷、纸质和电子期刊 8.8 万种、电子化档案 5000 个、36 万种电子书，以及 76000 个语音纪录（另加数码资源及大学数据库的语音纪录），这里还是美国众多大学中第一所容许本科生借书的图书馆。

图书馆包括：约翰·亨瑞克·克拉克非洲图书馆（John Henric Clarke Africana Library）、克拉克物理科学图书馆（Clark Physical Sciences Library）、工程图书馆、昆虫学图书馆、美术图书馆、日内瓦试验站图书馆（Geneva Experiment Station Library）、雀巢酒店图书馆（Nestle Hotel Library）、工业和劳动关系图书馆、柯罗克图书馆（Kroch Library，分为亚洲藏书和善本及手稿收藏两个部分）、法学图书馆、管理学图书馆、阿尔伯特·曼图书馆（Albert R. Mann Library）、数学图书馆、纽约长老会和韦尔·康奈尔医学中心档案馆（Medical Center Archives of NewYork-Presbyterian / Weill Cornell）、医学图书馆、音乐图书馆、约翰·欧林图书馆（John M. Olin Library）、鸟类学图书馆、尤里斯图书馆（Uris Library）和兽医图书馆。

红楼梦抄本甲戌本曾存于康奈尔大学图书馆，2005 年购回，现藏于上海博物馆（胡适所献）。尤里斯图书馆（Uris Library）后面的钟楼每天都由学生表演敲钟音乐，每日太阳下山时演奏校歌及其他乐曲，参观者可以在钟楼中欣赏他们的演奏。

阅览室

◎学校生活条件

国东部最著名的小城。伊萨卡的生活消费水平要比美国纽约和加州等大城市低，住房明显便宜很多。学生是这里的消费主力军。在这里很难觅到城乡之间的差别，而自然环境之美，在北美大学里堪称独一无二。当年白话文运动先驱胡适之先生，给伊萨卡起了个美奂美轮的名字：倚色佳。

据说在美国西部开发以前，伊萨卡是美国当时的好莱坞，许多美国西部片都是在这儿拍摄的，尤其是在黑白片时代。在小城中心的博物馆收录了许多当时的电影的拍摄场景和小城的名人。伊萨卡镇没有什么壮观的建筑物，街上的房子也大多很陈旧，都是美国典型的木制房子，房屋大多数有70至80年的历史。

美中不足的是伊萨卡的冬天很长也很冷，白天通常气温平均在-10℃以下，最低时能到-25℃。降雪期特别长，一般始于10月底，来年4月初结束，12月、1月、2月三个月，降雪量也很大，经常封路，中断车辆出行。从严格意义上讲，伊萨卡也是一座城市，但没有人会把它当作曼哈顿。康奈尔大学富有乡间特色的校园四周有山谷。即使在漫长的冬季，康奈尔的学生也觉得校园景色十分迷人。

抵达方式

伊萨卡交通不是很方便，唯一的出路是公路，距纽约市约222千米，每天有灰狗班车和西部快线班车公司的班车前往纽约，车程大约

在学生住宿这一方面，康奈尔是完全开放的，新生可以自由选择住处。校园里除了一般的宿舍楼和兄弟会、姊妹会成员的住宅之外，还有根据学生不同的兴趣爱好来建立的10所住宅，其中有"外国语住房"、"印第安人住房"、"环境住房"和"音乐住房"等等。新生可以自己选择本科4年的同住伙伴。与其他许多大学很不一样的是，校方并不要求，甚至并不鼓励学生们4年都住在学校里。

学校地处群山之中，天气寒冷，有学生说康奈尔最大的缺点就是天气，挖苦说："阵雨、毛毛雨、雨加雪、暴风雪，这就是康奈尔的春夏秋冬四季。"学生们不太满意的是康奈尔大学远离尘世，附近没有大城市。虽然康奈尔大学所在地伊萨卡离美国头号都城纽约市也不过200千米，但要坐"灰狗"去趟纽约市并不方便，不顺利时，单程有时竟要花7、8个小时。

双人宿舍

校园大就意味着冬天里可能得在满天飞雪中跋涉一二十分钟才进得了教室，苦不堪言。一位学生打趣：全部康奈尔大学生活，就是在华氏二十度的酷寒里，爬四十五度的陡坡，为了在小测验里三十分的成绩！

在这样的情况下，康奈尔的学生们只能自求多福，自得其乐。在常春藤盟校中，康奈尔学生出了名的会自己找乐子。每到周末，校园里各种各样的派对舞会让想疯闹的学生们绝不会扫兴而归。伊萨卡虽小，但麻雀虽小五脏俱全，各类餐馆、剧院、电影院应有尽有。

如同其他常春藤盟校，兄弟会、姊妹会也是康奈尔学生生活中非常重要的一部分。校园里有46个兄弟会和18个姊妹会。38%的男生和37%的女生都参加了这种入会仪式繁琐而秘密的组织。除了派对和舞会之外，看曲棍比赛是康奈尔学生们最热衷的活动，

4至5小时。

从伊萨卡往其他地方出行,有两条大的公路干线。沿卡犹格湖往西曲曲折折的高速公路可以通到《魂断蓝桥》故事的发生地罗切斯特市,那里电影中的桥迄今犹在。另一条公路主干线也是曲曲折折的,并与其他公路交叉联系,途经纽约州西北部最重要的交通大动脉81号公路,可以通到纽约、波士顿等大城市。这条主干线自城西入伊萨卡市内,经卡犹格湖北岸,呈弧形绕过城东侧,向北,再向东北延伸,可以连接前往尼亚拉加大瀑布的州际高速公路。循相反的方向,从伊萨卡市内往东,最后沿81号公路开车约一个半小时,可抵达雪城(Syracuse),那里有个规模较大的国际机场,就是雪城机场。

有学生称"曲棍球赛的门票卖得就像音乐会一样好"。在哈佛和康奈尔一年一度的曲棍球赛之前,学生们都会露营排队买门票,大家最大的心愿自然是同仇敌忾,将哈佛打败——"我们恨哈佛,尤其是在曲棍球上!"

每年6月,数千名校友重返康奈尔,周末到自己的母校团聚

建造在康奈尔大学校园内的巴顿体育馆,规模宏大,设备完善,是美国大学中最大的室内田径运动场之一。美国东部名校的一些体育联赛,每年都在这里举行。届时,康奈尔大学校园一下子汇聚起来自各校的体育迷,顷刻间把这座平日宁静安逸的校园变成一个人声鼎沸、喧嚣不已的场所。

New York University 纽约大学

排　　名：	33	校训：	校徽：
建校时间：	1831 年		
学校类型：	私立		
IBT 最低线：	100	学校网址：http://www.nyu.edu	
SAT：		申请网址：http://www.nyu.edu/admissions	
CR：	610 – 710	咨询电话：212-998-4500	
Math：	600 – 720	咨询传真：212-995-4902	
Writing：	620 – 710	咨询邮箱：	
ACT Composite：	27 – 31	admission@nyu.edu	
注：提交 2 科 SAT II 的成绩			
送分代码：		申请费：$70	
IBT：	2556	学　费：$40082	吉祥物：
SAT：	2562	总费用：$54705	
ACT：	2838		
毕业率：		申请截止时间：	
4 年毕业率：	77%	ED I：11 月 1 日	
6 年毕业率：	不详	ED II：1 月 1 日	
学生人数：		RD：1 月 1 日	
在校生总数：	20965	申请材料邮寄地址：	
本科生人数：	19482	New York University	
人员比：		Office of Undergraduate Admissions	
师生比：	1：12	665 Broadway, 11th Floor	
男女生比：	40：60	New York, NY 10012-2339 USA	
国际学生比：	6%		

校园标志性建筑

纽约大学地处美国纽约市中心，以美食著名的"小意大利"和"唐人街"近在咫尺。主要的校区位于曼哈顿格林尼治村附近区域，以华盛顿广场为中心。纽约大学基本上是以华盛顿广场为学校的心脏，向外做辐射状的分布。在布鲁克林也有 2008 年并入纽约大学的

◎学校概况

纽约有个格林尼治村，但它与著名的"格林尼治时间"无关，这里的格林尼治村是指纽约曼哈顿下城西 14 街至西休斯敦街之间方圆不足一平方千米的一个区域，英国殖民统治期间只是一个小村庄。1910 年以后，不信奉英国国教的作家、艺术家、文人墨客、大学生等知识分子开始汇聚此地。20 世纪 60 年代这里成为美国现代艺术中心，如今的格林尼治村虽然风貌依旧，但这里的许多建筑都成了富人住宅区。格林尼治村的文化档次不比百老汇剧场集中的时代广场商业区差，相反在某些方面更为高雅。文化人通常

纽约大学理工学院（Polytechnic University）。大部分的校舍集中于下城，但也因学院的不同而遍及整个曼哈顿岛，如牙医学院位于 1st Ave.与 26 街交口处，医学院及附属医院在 1st Ave.及 32 街，继续教育学院则位于中城。只要触目所及插有紫色旗帜（素有"紫色联盟"之称），写着"NYU"或绘有火炬图案（纽约大学的校征）即可确认此建筑为纽约大学所有。

纽约大学校舍

纽约大学所拥有的建筑几乎都在休斯顿大街以北，百老汇大街以西，14 街以南，第六大道（美洲大道）以东所包围 229 英亩（约 0.9 平方千米）之内的范围里。而纽约大学核心的建筑群则围绕着华盛顿广场。

华盛顿广场的拱门

从 19 世纪起，华盛顿广场与格林威治村就是纽约市文化生活认为时代广场是外地、外国旅游者看热闹的地方，而格林尼治村和上西区那一带才是真正有格调的文化区域。这个格林尼治村是各类知识分子与艺术家聚居的地方，周围有许多影剧院，以及供文人们写作、讨论的咖啡馆；除此之外还有一所没有围墙的纽约大学，校园中心的华盛顿广场是众多街头艺术家自由表演的大舞台。

校园鸟瞰

纽约大学是全美最大的私立大学之一，也是出于美国最大城市心脏地带的一所大型高等学校。由于地理位置极佳、学术性很强，纽约大学已成为众多学子竞相追逐的世界级名校。该校所设课程压力不是很大，但要求甚高，学生称其"not high pressure, but demanding"。而 31 名诺贝尔奖得主和其他奖项的更多获得者更是使纽约大学显得熠熠生辉，享誉世界。

纽约大学下属的蒂施艺术学院（Tisch School of the Arts）是全美最佳的艺术学院之一，其电影、电视、戏剧、舞蹈和摄影专业都很好。斯特恩商学院（Leonard N. Stern School of Business）亦是人杰地灵，是世界著名的商学院，聚集着业内最顶尖的人才，其金融专业最获好评，位列全美第一。人们在赞扬纽约大学强大的实力时，不要把眼光仅仅放在这两个各自领域的佼佼者身上，还应该注意到其他的学院和专业，其中包括文理学院、加勒廷学院（Gallatin School of Individualized Study）、斯坦哈特文化教育人类发展学院（Steinhardt School of Culture, Education, and Human Development）、社会工作学院、继续教育和职业教育学院。此外，哲学系连续 10 年被评为全美及世界第一，其他较好的文科科目有英文、历史和政治科学。而在理工科方面，数学专业在全美多年来稳定在前 3 名，而其他如物理、计算机科学与技术等，也都是

的中心。这里曾经拥有多家艺术学校和画廊,画家雕塑家云集。著名作家和诗人如爱伦·坡、马克·吐温、赫尔曼·梅尔维尔和沃尔特·惠特曼都曾居住于此,并在文学作品中大量描写了附近的景色与人们的生活。在这里生活过的著名人士还包括了尤金·奥尼尔、杰克逊·波洛克、爱德华·霍普、艾伦·金斯堡、鲍勃·迪伦、约翰·列侬和小野洋子。

校园重大历史事件

➤ 1831 年,纽约大学是由托马斯·杰斐逊总统时期的美国财政部长艾伯特·加勒廷(Albert Gallatin)以及一群热爱教育的纽约市民,于 4 月 18 日建立的,当时的校名是纽约市大学(University of the City of New York)。第一任校长为詹姆斯·麦修斯(James Mathews)。创校之初,只有 158 位学生和 14 位教授。

➤ 1832 年,第一届学生在位于市政厅附近临时租用的教室里开课。1835 年,建立了法学院。1896 年,正式更名为纽约大学。

➤ 1894 年,随着纽约市对北方上城区的开发,纽约大学购买了布朗克斯区大学高地(University Heights)附近的土地,将包括文理学院与工程学院在内的大多数院系迁移到布朗克斯,建立了新的校舍,在曼哈顿下城只保留了法学院和少数研究室。

➤ 1935 年,纽约大学在长岛开设了分校。

全美排名前 30 位的顶尖专业。

现任校长是约翰·塞克斯顿(John Sexton),这位知名的法学教授自 2002 年 9 月 26 日起担任纽约大学的第 15 任校长。在此之前,塞克斯顿从 1988 年起一直任纽约大学法学院院长,长达 14 年之久。

纽约大学由 18 个学院和研究所组成,大部分的校舍集中于曼哈顿和布鲁克林下城,其他的学院和研究机构,分别在它的 6 个分校区中,其中包括:文理学院、法学院、医学院、牙医学院、商学院、公共行政学院、社会工作学院、理工学院、文化教育人类发展学院、艺术学院等等。纽约大学提供本科和研究生学位,专业包括:会计学、工商管理、人类学、美洲研究、生物学、市场学、舞蹈、经济学、英语、计算机科学等众多学科。

法学院

纽约大学具有以下几个与众不同的地方:

第一,地理位置是一大亮点。纽约城是名副其实的不夜城,也是全世界最具影响力的大都市之一。纽约大学的学生生活曾被人浓缩为一个等式:NYU=NYC(纽约大学=纽约城)。该校学生把纽约当作一个自己的活动场所,校园生活仅仅占学生生活的很小一部分。由于地理位置的缘故,整个纽约曼哈顿就等于是纽约大学的校园,曼哈顿的资源取之不尽,各种信息的搜集、利用十分容易和方便。由于学校的建筑和学生的住处非常分散,所以纽约大学和美国其他地处小镇或乡村的那些学府不同,没有形成某种强烈的团体意识。这所大学和周边环境为很多学生的成功提供了机会,但这些机会同样也要求学生具有某种抗干扰的能力,毕竟国际大都市的诱惑力和巨大吸引力需要学生自己去平衡、适应,另外,还要求学生发挥创造力以寻找不同的道路去克服困难达到目

➢ 1973年，20世纪60至70年代的金融危机沉重打击了纽约市政府，并波及到了包括纽约大学在内的多家教育机构。为了避免学校陷入财政危机，学校将布朗克斯的校舍出售给了纽约市立大学，并逐步恢复了华盛顿广场附近的校舍。

➢ 1984至1994年，这是纽约大学极速发展的十年。学校融资10亿美元，在校友的帮助下重整并扩大了校园，建立了一流的语言学与数学研究机构，巩固了医学院、法学院、商学院和艺术学院的地位，大幅提高了教学科研水平与入学标准。

➢ 2003年，该校再次计划融资25亿美元，以进一步翻新学校的设施。

校园杰出人物

纽约大学目前拥有33名诺贝尔奖得主，3名阿贝尔奖得主，9名美国国家科学奖章得主，16名普利策奖得主，19名奥斯卡金像奖得主（全美大学中获得此奖最多）。此外，还拥有多名艾美奖、托尼奖、麦克阿瑟奖、古根海姆奖得主。纽约大学部分诺贝尔奖获得者如下：

➢ 格特鲁德·埃利恩（Gertrude B. Elion），1941年毕业，理科硕士，生化学家和药理学家，获得1988年诺贝尔生理学或医学奖。

➢ 埃里克·坎德尔（Erik R. Kandel），1956年毕业，学士学位，哥伦比亚大学教授，获得2000年诺贝尔生理学或医学奖。

➢ 弗雷德里克·莱因斯

标。

由于纽约大学地处全世界文化及金融中心——纽约市，使得纽约市大部分的资源均能被学校所用，如博物馆、画廊、音乐厅等，学生们可以实地去印证所学的知识；更值得一提的是纽约市也提供了许多实习及工作的机会，让大多数的学生在学习生涯中，可以得到宝贵的工作经验。例如电影、电视专业的学生有机会去电视台实习；旅馆管理专业的学生可以到旅馆去实习；而主修社会工作的学生，更有机会去调查社会上的老年人或精神病患，及日益严重的社会问题。这种优厚的条件是其他地处一般大学城的学校所不能具有的，也为纽约大学学生在日后的职业生涯铺就了平坦的道路。

第二，理论与实务结合是一大风格。这种风格旨在培养学生除了严格的学术训练之外，更能将所学所长应用于未来的生涯中，以面临激烈的社会竞争及挑战。纽约大学向来以思想激进、作风前卫著称，它是格林威治村社会中最重要的一员，该处曾是爆发美国同性恋革命的地方。约翰·里德曾在格林尼治村组建美国共产党。

纽约大学当初建校的初衷，既要提供更高深的学问去激发个人在商学、科学、艺术乃至法律方面的潜力，同时还崇尚理论与应用并重的理念。这一观念已经被彻底实践，并造福许多纽约大学的学生。纽约大学展示出的是一种蓬勃进取、奋发向上的精神，在校园内随处可见同学讨论功课，或在华盛顿广场展示自己的作品的情景，校园内处处弥漫着独立思考的风气。

蒂施艺术学院的学生们

第三，偏重人文艺术及社会科学是一大特色。一般而言，纽约大学较为偏重人文艺术及社会科学，在这些领域的校友们毕业后大都有杰出的表现。在超过150年的岁月中，纽约大学成为众

（Frederick Reines），1944 年毕业，博士学位，物理学家，获得 1995 年诺贝尔物理学奖。
- 克利福德·沙尔（Clifford Shull），1941 年毕业，博士学位，物理学家，获得 1994 年诺贝尔物理学奖。
- 乔治·沃尔德（George Wald），1927 年毕业，学士学位，医学家，获得 1967 年诺贝尔生理学或医学奖。
- 朱利叶斯·阿克塞尔罗德（Julius Axelrod），1941 年毕业，硕士学位，生物化学家，获得 1970 年诺贝尔生理学或医学奖。
- 穆罕默德·埃尔巴拉迪（Mohamed ElBaradei），1967 年毕业硕士学位，国际原子能机构（IAEA）总干事，获得 2005 年诺贝尔和平奖。
- 弗里德里希·哈耶克（Friedrich Hayek），1923 至 1924 年在该校工作，任助理研究员，英国经济学家和政治哲学家，获得 1974 年诺贝尔经济学奖。
- 阿瑟·科恩伯格（Arthur Kornberg），1946 至 1947 年在该校工作，生物化学家，获得 1959 年诺贝尔生理学或医学奖。
- 乔治·埃米尔·帕拉德（George E. Palade），1946 年到该校生物试验室读博士后，细胞生物学家，获得 1974 年诺贝尔生理学或医学奖。
- 伊莱休·鲁特（Elihu Root），1867 年毕业，学士学位，曾任美国国务卿（1905 至 1909 年），获得 1912 年诺贝尔和平奖。

多著名学者、艺术家和作家的摇篮。在人文科学、自然科学、经济、商业、法律、教育、医疗、艺术等各个领域，纽约大学都已达到了世界级的教学和研究水准，并获得了广泛的世界性声誉，其中人文艺术等学科尤为出色。

蒂施艺术学院

成立于1965年的纽约大学蒂施艺术学院是全美最佳的艺术学院之一，主要分为表演艺术学部、电影电视学部和新媒体学部，设有电影、电视、舞蹈、设计等科系，现有学生3000多人。该学院最著名的是它的表演系和电影系。以培养全球化的艺术人才为目标，蒂施艺术学院很好的利用了其优异的地理优势和师资力量，培养出了数不胜数的优秀艺术人才，如马丁·斯科塞斯、斯派克·李、伍迪·艾伦以及台湾导演李安等。值得一提的是，它是美国学校中培养出的奥斯卡获奖者最多的学院。

纽约大学的影视专业在全美排名第一，它向所有对电影充满热情和动力的人们敞开大门。它不仅是世界电影教育最重要的基地之一，而且它的三栋主要建筑成为美国格林威治村的心脏，一直是艺术家和知识分子们的精神家园。它有着年轻美国不多见的华丽的沧桑气息，流露着艺术家们没有功成名就以前的情调。它教会学生如何利用移动影像制作出人们的五彩梦幻。它的优秀毕业生奥利弗·斯通、亚历山大·鲍德温等面对全世界，为电影和表演重新下了定义。美国有着世界上最发达的媒体，影视和娱乐行业需要大量相关人才。在纽约大学学习电影专业，就像居住在世界的十字路口一样，你可以听见许多不同的语言，品尝世界各地的菜肴，在任何一日都有可能和外交人士、设计员、机师或音乐家擦肩而过。纽约市非常动态，是学电影制作最理想的城市，这

➢ 罗莎琳·萨斯曼·耶洛（Rosalyn Sussman Yalow），1941年曾在该校学习暑期课程，美国医学物理学家，获得1974年诺贝尔生理学或医学奖。

➢ 罗伯特·恩格尔（Robert Fry Engle III），现为纽约大学商学院金融理财管理教授，获得1974年诺贝尔经济学奖。

该校其他杰出的校友还有：

➢ 艾伦·格林斯潘（Alan Greenspan），1948年毕业，学士学位，1987至2006年任美国联邦储备委员会主席。

➢ 小约翰·肯尼迪（John F. Kennedy, Jr.），1989年毕业，法学博士，美国已故总统之子。

➢ 李安（Ang Lee），1983年毕业，硕士学位，著名电影导演。

➢ 菲利普·西摩·霍夫曼（Philip Seymour Hoffman），1989年毕业，学士学位，电影演员，奥斯卡最佳男主角奖获得者。

➢ 梅格·瑞安（Meg Ryan），20世纪80年代初曾在该校就读，学士学位，女电影演员和制片人。

➢ 马丁·斯科塞斯（Martin Scorsese），1964年毕业，学士学位，1966年毕业硕士学位，美国著名导演，奥斯卡最佳导演奖获得者。

➢ 道格·莱特（Doug Wright），1987年毕业，硕士学位，美国剧作家、词作家，获得2004年普利策戏剧奖。

➢ 奥利弗·斯通（Oliver Stone），1971年毕业，学士学位，电影导演和编剧，奥斯卡最佳导演奖获得者。

里能刺激和挑战学生们在摄影过程中的创作灵感。

纽约大学由私人团体创办于1831年，是美国教育史上的重要事件。在19世纪早期，高等教育的重点在于希腊文与拉丁语的研究，很少注意现代与当代课题。纽约大学的创立者扩大了高等教育的范围以满足那些在商业、工业、科学、文学、法律、医学、军事方面寻找职业的人士的要求。

到了20世纪70年代以后，纽约大学开始拓展教育思路，不断利用先进的技术设备来改善教学，除计算机科学学院本身的设备外，另开放五处电脑中心给一般学生使用。小至个人电脑，大至各种电脑工作站及计算机网络一应俱全，并可和全世界1000多个大学及研究机构互联，使得资料的撷取与处理迅速而正确。该校十分注重拓展海外教育联系，同时在伦敦、巴黎、佛罗伦斯、布拉格、马德里、柏林、阿克拉、上海、特拉维夫、布宜诺斯艾利斯和阿布达比等地设有海外研习场所，充分吸收世界各地先进的教育理念和方法，帮助学生学习海外进修课程，例如欧洲、南美洲的暑期课程，在社会或医院实习机会，课程的安排多元而丰富，大致以实用、应用型为主。

另外值得一提的是纽约大学的艺术风气兴盛，不但拥有两个私人画廊，经年提供艺术系学生的定期个展或联展。同时，收藏有美洲及欧洲19至20世纪的雕刻、绘画及艺术作品。另外，还拥有两个私人剧场，提供给音乐系、舞蹈系或电影电视的专业学生展示作品。

虽然纽约大学没有传统意义上的校园，却拥有一个设备良好的运动场，包括室内游泳池、健身房、室内外网球场、壁球场、篮球场等。并且在每学期初定期举办运动课程，如水上芭蕾、爵士舞、击剑、韵律舞、瑜珈等，使得纽约大学的学生在投身课业之余，也有一个良好的场所去锻练身体，保持健康的体魄。

纽约大学是一所没有围墙的大学，其校园精神来自这座全球性城市、来自人类生活的多样性、来自包括一些世界知名学术机构的丰富资源、以及来自最具价值的职业机遇。

◎学校图书馆

纽约大学虽然没有美国东部大学那样美丽的校园，但是该校的研究设备及图书数据是非常值得称道的。全校共有5所独立的图书馆，还不包括各学院、系的专业图书馆。图书馆系统共拥有超过510万册以上的藏书及当代期刊，各式文献手稿及一个现代化的视听中心。

者。
➢ 鲁迪·朱利安尼（Rudy Giuliani），1968年毕业，博士学位，前纽约市长（1994至2001年）。
➢ 埃尔默·伯恩斯坦（Elmer Bernstein），1942年毕业，学士学位，美国著名作曲家。

所在地概况及公共设施

纽约大学位于纽约市中心多采多姿的格林威治村，是全球艺术交流互动的重镇之一。学校所在的纽约市位于美国东北部哈德逊河口，濒临大西洋，是美国和美洲最大的城市。全市由曼哈顿、布鲁克林、皇后区、布郎克斯和斯塔滕岛五个区组成。面积830平方千米。

纽约也是美国的文化中心，有大大小小近200家剧场，近百家电影院，近200家公立私立图书馆。纽约市教育事业也很发达，有著名的哥伦比亚大学、纽约大学和其他大专院校。曼哈顿区是纽约市的精华所在，在它南端的华尔街一带高楼林立，是世界和美国的金融中心。著名的自由女神像、联合国总部、时代广场、大都会艺术博物馆、中央公园、第五大道商业区、洛克菲勒中心、百老汇剧院区、唐人街等都在这里。中央公园是纽约的传奇，它是曼哈顿的绿肺，也是纽约的加油站，以其神奇的魅力让纽约人狂热地迷恋。

纽约的公交系统相当完善，以每个行政区的英文字大写起头的公共巴士，昼夜24小时穿梭在全市大街小巷，无论你住在纽约任何地方，都可凭捷运卡转乘巴士，并

博斯特图书馆

位于华盛顿广场南端的博斯特图书馆（Elmer Holmes Bobst Library）建成于1972年，共有12层，总面积425000平方英尺（约49483平方米），拥有超过450万册的藏书量，是纽约大学5个独立的图书馆中最大的一个，同时也是美国最大的大学图书馆之一。

视听中心珍藏大量录音带、录像带，供学生选借欣赏。法学图书馆藏书超过70万册，涉及法律历史、法理学、犯罪学、生物学、税法、国际法等有关法律的专业丛书，皆有计划地予以收藏。

埃弗里·费舍尔音乐与媒体中心

其他如弗雷德里克·厄尔曼医学图书馆、约翰和伯莎·瓦尔德曼纪念图书馆、The Stephen Chan Library of Fine Arts等，提供商学、医学、艺术等方面的相关资料，各馆藏书也均超过10万册。

其中的埃弗里·费舍尔音乐与媒体中心（Avery Fisher Center for Music and Media）是世界上最大的学术媒体中心。图书馆还拥有美国保存最完整的当代英美文学藏书系列，以及保存最完整

且不用再花车费，公共巴士基本能保持正点，而且巴士司机的工作态度，大都无可挑剔。住在长岛郊区除了可在曼哈顿乘坐通勤火车之外也亦有专线巴士连接，坐通勤火车平稳、舒适、快捷便利，比驾车还要快速方便。

抵达方式

纽约市是美国少数同时拥有三座机场的都市，分别为位于皇后区的纽约肯尼迪国际机场（John F. Kennedy International Airport）和拉瓜迪亚机场（LaGuardia Airport），以及位于新泽西州境内的纽瓦克自由国际机场（Newark Liberty International Airport）。若将这三座机场每年平均的客运量加起来（肯尼迪国际机场约4100万人、纽瓦克机场3300万人、拉瓜迪亚机场约2600万人），则将超过1亿人次。由此可见纽约的空域是全美国最繁忙的之一。

肯尼迪国际机场是纽约市的主要国际机场，也是全世界最大机场之一。1998年开始建设的轻轨机场捷运系统AirTrain JFK于2003年12月17日开通使用。乘坐机场捷运往来机场范围的车站均不收费，但前往机场范围以外的地铁站每程收费5美元。乘坐机场捷运（转乘地铁）从肯尼迪机场前往曼哈顿中城或长岛铁路前往牙买加站均需时45分钟。

的当代社会学研究资料。

◎学校生活条件

虽然纽约大学学生时常不得不自己在纽约房地产市场中寻找住处，但该校现在可以保证新生能够在学生宿舍住4年。21幢宿舍楼，从老式的旅店到改造过的修道院，给学生们提供了较好的住处空间。大多数宿舍配备了洗澡间，宽敞、整洁，设施比很多城市公寓都要好，吸引了约54%的学生住在校园内。

纽约大学校园有350多个学生自发组织的俱乐部和社团。这些社团可以帮助中国留学生与校园里的其他学生建立联系。中国文化俱乐部和中国留学生社为中国学生们提供广泛的帮助，举办各种社会和文化活动。中国文化俱乐部向纽约大学全校师生传播中国传统文化，在中国学生群体当中又被广泛称作纽约大学中国学生学者联谊会。此外，还有中国香港学生会、中国台湾学生会等社团。

既然纽约大学位于有世界之都之称的纽约市，在这里的留学想必也会遭遇到不少文化、艺术、商业、金融与知识上的冲击。由于校区就在华盛顿广场附近，周围有许多美术馆、博物馆、植物园、剧院、电影院等文艺场所，而纽约大学距离全世界的金融中心——华尔街（Wall Street）也只有几个街道之远。虽然911恐怖事件的攻击，造成纽约世贸大楼双子星的殒落，所幸NYU的校园及各项设备并未遭到损害。

纽约大学的运动队统称为"NYU Violet"，吉祥物是美洲山猫。其中最优秀的冰球队曾经在2003至2004赛季取得全国第二的成绩。女子篮球队也有不俗的表现，曾经在2007年进入全美大学生体育协会四强。

Rensselaer Polytechnic Institute   伦斯勒理工学院

排　　名：41	校训：	校徽：
建校时间：1824 年	Knowledge and Thoroughness.	
学校类型：私立		
IBT 最低线：88	学校网址：http://www.rpi.edu	
SAT:	申请网址：http://admissions.rpi.edu	Rensselaer
CR：　610 – 700	咨询电话：518-276-6216	
Math：　660 – 750	咨询传真：518-276-4072	
Writing：　580 – 680	咨询邮箱：admissions@rpi.edu	
ACT Composite：25 – 30		
送分代码：	申请费：$70	
IBT：　2757	学　费：$39600	吉祥物：
SAT：　2757	总费用：$54035	
ACT：　2866		
毕业率：	申请截止时间：	
4 年毕业率：　64%	ED I：　11 月 1 日	
6 年毕业率：　82%	ED II：　12 月 15 日	
学生人数：	RD：　1 月 15 日	
在校生总数：　7521	申请材料邮寄地址：	
本科生人数：　5394	Rensselaer Admissions	
人员比：	Rensselaer Polytechnic Institute	
师生比：　1 : 14	110 8th Street	
男女生比：　73 : 27	Troy, NY 12180-3590　USA	
国际学生比：　2%		

校园标志性建筑

伦斯勒理工学院占地仅 275 英亩（约 1.1 平方千米），学校没有围墙，自然和人文环境俱佳，校园内现代教学研究设施与古典的、常春藤覆盖的砖楼交相辉映。

2008 年落成的实验媒体和表演艺术中心（Experimental Media and Performing Arts Center）（EMPAC）成为伦斯勒的标志性

◎ 学校概况

一些美国教育专家认为，这是一所被严重低估了美国高等学府，这是北美大陆上第一所真正意义上的纯工程类院校。其理由是：她是全美建立最早的工科大学，比麻省理工的历史更为悠久。由于这所学校对美国航天事业的贡献，她的校旗是美国国旗之外唯一被置放在月球上的旗帜。仔细看看她的校训：知识与严谨（Knowledge and Thoroughness），人们就不难看出这是一所学术和科技氛围浓厚、追求严谨技术的好高校。如此深厚的科研底蕴，学校必有内涵。就如同名门望族之后，即使不是经受耳濡目染的熏陶，也绝非泛泛之辈。这所学校与许多美国著名的公司，如通

从此，扬帆启航……

建筑。中心大楼建在山的悬崖上，入口处建在建筑的顶部。走进大楼后，电动步行梯将观众带入一个1200个座位的音乐厅。建筑的绝大部分外墙为玻璃幕墙，大楼中央是一个庭院式的空间，被设计成"楼中楼"。在主会堂的下方有一个400座的剧院，以及办公室和三个层高12米到18米的工作室。

用电气、通用汽车、朗讯、IBM、AT&T、摩托罗拉等有着广泛的联系。该校既向这些公司输送大批高质量的毕业生，又从这些公司获得多方面的支持和资助，故而拥有美国高校中的第一个高科技公司孵化中心。人们可不能轻视这个孵化中心，它意味着经费，意味着学生的项目来源，意味着学生的实践机会，意味着高科技企业的选材摇篮。这所高校就是伦斯勒理工学院。

实验媒体和演艺中心

校园一角

实验媒体和演艺中心位于伦斯勒理工学院的边 ，成45度角俯瞰着特洛伊市。这个多学科性的艺术中心提供大量国际艺术类精品课程，为艺术家与科学家的互动交流提供了很好的机会。该建筑由Grimshaw建筑事务所设计。这家建筑事务所认为传统艺术与表演艺术是通过声音不变的物理特性而相联系的，因此首先要解决的就是声音的共鸣问题。该艺术中心共有24个房间，分贝控制都是按照一流的声学标准来设计的。为了确保同时使用时不产生声音的干涉现象，建筑师将主通道设计成层叠式的，彼此独立，如独立的地基、独立的上层结构等。游客可从山顶进入该艺术中心的大厅里，经由一个三层的中庭相连通的小桥可直接进入音乐厅。两边各有一个楼梯分别通向剧院和两个用于科研

伦斯勒理工学院（简称RPI），位于美国纽约州首府奥尔巴尼附近的特洛伊市（Troy），由哈佛大学的毕业生斯蒂芬·万·伦斯勒（Stephen Van Rensselaer）先生于1824年创办，是北美大陆上第一所授予学位的技术研究大学。二战期间，伦斯勒理工学院是美国军队的重要研究和教育机构。

现任校长是雪莉·安·杰克逊（Shirley Ann Jackson），1999年7月，这位第一个获得麻省理工学院物理学博士学位的非洲裔妇女成为伦斯勒理工学院的第18任校长。在此之前，1995年美国总统克林顿任命杰克逊为美国核管理委员会主席，后来，杰克逊当选为国际核监督管理协会（International Nuclear Regulators Association（INRA））主席，任期从1997至1999年。

伦斯勒理工学院有6个学院：建筑学院、商学院、工程学院、人文艺术和社会科学学院、信息技术与网络科学学院、自然科学学院。伦斯勒理工学院提供145个专业，1000多个学位课程，从本科生、到研究生、直至博士学位。

第一，教学与科研相结合。尽管伦斯勒只有5000名本科生和2000多名研究生，在美国属于规模较小的大学，但伦斯勒以其雄厚的师资，先进的教学设施和注重理论与实际结合的严谨学风，一直在美国的教育界、学术界和工程技术界享有盛名，是美国工程技术领域最有实力的大学之一。其理念是让学生应用科学于日常生活之中。

伦斯勒理工学院是将教学与科研相结合的先驱，鼓励在理论

和表演艺术的"黑匣子"空间。

校园重大历史事件

➢ 1824年，伦斯勒理工学院建立，其创始人为斯蒂芬·冯·伦斯勒（Stephen Von Relisselaer）。第一任校长为塞缪尔·布莱切夫特（Samuel Blatchford）。该学院建校时名为伦斯勒学校，其宗旨为"教育学生并促进科学在人们生活中的应用"。它是英语国家中最古老的工科专业大学，一向以成功地将科学技术从实验室推向市场而闻名于世。

➢ 1833年，伦斯勒学校更名为伦斯勒学院。

➢ 1835年，该校授予美国历史上第一个土木工程专业的学位，当时很多有名的土木工程师从该校毕业。

➢ 1861年，伦斯勒学院改名为伦斯勒理工学院，并沿用至今。

➢ 1862年，一场大火吞噬了特洛伊市的507幢建筑物，烧毁了该市中心的75英亩（约0.3平方千米）的地方。伦斯勒理工学院的楼房在大火中付之一炬。哥伦比亚大学提议伦斯勒理工学院离开特洛伊，与哥伦比亚大学纽约校区合并。最终，此项提议被拒绝，伦斯勒离开了繁华的城区，搬到山坡地以求进一步拓展。

➢ 1901年，帕尔默·瑞克特被任命为伦斯勒理工学院校长，除了增加研究生院，他还增加了艺术、科学和商务管理等系科，将学位授予领域从2个增加到12个，包括

学习的同时尽可能将理论运用于实践，提倡动脑、动手。学生可以在实验室和教室参加讨论、解决问题及得到教师的辅导。课程可以跨系随便听，课程注册后4个星期内可以自由更换。该校的独特之处就在于学校能够为学生提供技术和管理结合起来的实践机会。作为倡导交互式学习的先行者，这里的大多数院系提供了真实的、可操作的教育机会，学生必须为学术实践、课堂讨论、习题练习、教授指导等做好准备，这是其他院校很难与之相媲美的。

第二，当前学业与未来就业相结合。伦斯勒另一个特点在于教授的出名和学生的刻苦。这里的学生常常以夸奖任课的教授来提高自己的身份，同时教授的身份也说明将来可以为学生的就业提供推荐的可能。有位学生这样说道："我的一位教授是光纤通信专家，另一位在亚马逊公司工作，主要发展点击购物项目，还有一位是网络安全专家。"工程学院是该校出名的学院，因为这个学院拥有由近10位美国工程科学院院士组成的超强师资力量。

校园招聘会

这里学生的学术负担比较重在美国是出了名的。一位工程学院的本科生说："在这里，大家的辛苦程度远远超出了我的想象，见过刻苦读书的，难以见到这样刻苦的，一点都不夸张。"除了上课之外，学生每周花至少30小时的时间在学习上是一件很平常的事，大多数本科生所花费的时间均超过这个标准，很多人经常是早上9点开始一直用功到深夜。严谨的专业设置、努力向上的学习态度和伦斯勒的好名声，对学生们来说，就意味着为未来就业做好了充分的准备。

第三，很"硬"的软件和不"软"的硬件相结合。随着伦斯勒在培养科学家和工程师方面口碑的提升，伦斯勒理工学院近些年的申请人数较之以往还是增加了五分之一左右。新的教学计划

电气工程、机械工程、生物、化学和物理等学科，使伦斯勒成为一所真正的理工学院。在瑞克特任职期间，学生注册人数从 1900 年的 200 人增加到 1930 年的 1700 人。

➢ 1946 年，第二次世界大战结束后，伦斯勒又经历了一次大发展。学生注册人数增多，以至于学校只好建设临时宿舍。50 多个军用铁皮营房建成后，像露营地一样，长达 1 英里（1.6 千米），每个营房居住 20 个学生，校园被戏称为"铁皮罐头城"。这种状况一直持续到 1953 年新的新生宿舍建成为止。

校园杰出人物

伦斯勒理工学院的著名校友包括：

➢ 乔治·洛（George Low），该校第 14 任校长（1976 至 1984 年），首次把人类送上月球的阿波罗 11 计划的总指挥、美国国家宇航局行政管理人员。

➢ 伊瓦尔·贾埃弗（Ivar Giaever），1964 年毕业，博士学位，获得 1973 年诺贝尔物理学奖。

➢ 艾伦·杜蒙（Allen B. DuMont），1919 至 1924 年在该校就读，美国科学家，现代电视之父。

➢ 马西安·霍夫（Marcian E. Hoff），1958 年毕业，学士学位，电脑微处理器发明者之一。

➢ 雷蒙德·汤姆林森（Raymond Tomlinson），1963 年毕业，学士学位，网络电子邮件的发明者，用@符号定义了电子邮件地址。

➢ 柯蒂斯·普雷艾姆（Curtis

从此，扬帆启航……

和教学设备丰富了本科生的学习经历，负责教学的部门甚至在新生入校前就开始实施其培养计划。该校在具有很硬的"软件"——出色的师资队伍——的同时，不断加强硬件的建设。伦斯勒新的耗资 8000 万美元的生物工艺学和跨学科研究中心提供了科学研究和观察的广阔空间；重新翻修的学生公寓、无线网络系统、投影教室为学习和研究创造了良好的条件；此外，耗资 1 亿美元的实验媒体和艺术表演中心也已经开放，这也增加了学生学习和研究人文社科领域知识的兴趣。

工程学院

建筑学院

纳米技术创新计算中心

学院还有一些合作的项目，让学生可以在像 IBM 这样的公司里面实习。虽然大多数美国工科院校不鼓励海外留学项目，但伦斯勒理工学院却为本科生提供世界范围内的海外交流项目。

在这里，值得一提的是该校特有的"伦斯勒计划"，这是该校杰克逊校长在 1999 年上任后就宣布的计划，目的是让伦斯勒理工学院取得更大的成绩，成为技术研究型大学。其具体内容是，增加研究生人数和新的研究型教员，增加本科生参与研究的份额，

Priem），1982 年毕业，学士学位，显卡处理芯片发明者，并且是 NVIDIA 公司（全球可编程图形处理技术领袖）共同创办人之一。

➢ 罗伯特·洛韦（Robert G. Loewy），1947 年毕业，学士学位，美国航空工程师，对直升飞行器的发展作出了很大贡献。

➢ 海勒姆·米尔斯（Hiram F. Mills），1856 年毕业，学士学位，杰出的水力工程师。

➢ 赫尔曼·哈斯（Hermann A. Haus），1951 年毕业，学士学位，美国光纤通信专家。

➢ 罗伯特·威德默（Robert H. Widmer），1938 年毕业，学士学位，美国飞机设计专家。

➢ 约翰·斯威格特（John L. Swigert Jr.），1965 年毕业，硕士学位，美国宇航员。

所在地概况及公共设施

伦斯勒理工学院位于纽约州首府奥尔巴尼附近特洛伊市哈德逊河旁边的一座山上，从伦斯勒理工学院校园可以俯瞰特洛伊市区和美丽的哈德逊河。该市占地 28.5 平方千米，人口 5 万多人，毗邻美国三大文化中心纽约、华盛顿、波士顿。

在美国历史上，特洛伊是 20 世纪初工业革命的一个重镇。特洛伊曾因发达的衬衣、衣领和其他纺织品的生产而被称为"衣领城市"，也曾是美国重要的钢铁生产基地，仅次于匹兹堡和宾夕法尼亚。

这里曾是传说的美国佬原型

增加学生国际交流项目，活跃学术社区的氛围。从财政上讲，就是将预算的一半用于科研、四分之一用于奖学金、还有四分之一用于学校的基础设施建设。到目前为止，这项计划已经得到很好的实施，申请伦斯勒理工学院的学生人数逐年增加，从 2005 至 2008 年，这个申请人数翻了一倍，从 5500 人猛增到 11000 人。

卡内基梅隆大学现任校长杰瑞德·柯亨这样评价伦斯勒理工学院在实施"伦斯勒计划"后发生的变化："过去 5 年在伦斯勒出现的急速变化，在美国高等教育历史上是空前的。"

◎学校图书馆

伦斯勒理工学院图书馆系统由建筑图书馆、福尔松图书馆（Folsom Library）、科尔图书馆（Cole Library）等组成，共藏书 50 多万册、4 万多种电子期刊。在这里，方便教授、科研人员以及学生的学习和研究是图书馆系统的责任和义务。学生一次可以从学校图书馆借书数量多达 50 本。

福尔松图书馆

建筑图书馆建于 1929 年，以支持该校建筑专业的核心课程，为建筑学院的教学和科研活动提供服务。该图书馆可借阅有关建筑或相关领域的专题论文、期刊、幻灯和其他多媒体资料。

福尔松图书馆藏书 43 万多册、政府文件 8.8 万份、电子刊物 4 万多种以及电子图书 3.6 万种。

科尔图书馆（Cole Library）为哈特福德校区的伦斯勒学生和教员提供服务。

◎学校生活条件

山姆大叔（1766 至 1854 年）当年活动的地方，市内有一座山姆大叔的塑像。山姆大叔是美国政府的绰号。1812 年战争期间，纽约特洛伊商人塞缪尔·威尔逊（1766 至 1854 年）在供应军需的装牛肉的桶上加盖戳记"U.S."，意为"美国政府物资"。而威尔逊的昵称叫"山姆大叔"，英文缩写亦为"U.S."。故人们遂将美国称为"山姆大叔"。山姆大叔的形象为一蓄山羊胡须，着燕尾服、背心、条纹裤，戴高帽之瘦老人。1961 年，国会正式批准以"山姆大叔"为美国之绰号。

特洛伊的文化氛围很浓，居民对当地的音乐和艺术环境的培育颇有贡献。很多知名的艺术家出生或成长于该市，包括女演员莫丽恩·斯塔普尔顿（Maureen Staple）和作家艾丽丝·富尔顿（Alice Fulton），历史学家唐·里特纳（Don Rittner）和作家理查德·塞尔兹（Richard Selzer）。这个城市不大，但居民善良，待人很友好，社区很安全。

抵达方式

由于特洛伊市距离附近的纽约、华盛顿、波士顿等三大城市都需要 2 个多小时的车程，伦斯勒理工学院直接到这三个城市的国际机场都不是很方便，但提供的抵达方式选择却比其他高等学府要多。

大约 2800 名学生（占学生总数的 56%）居住在校园的学生宿舍，一年级新生被要求住在校园内。所有一年级新生和很多高年级的学生都愿意选择校园学生宿舍作为居住处，其理由是：方便到达校园内的课堂和实验室；各项设施齐备；有着当地的电话、互联网和有线电视接口；有着方便的计算机服务设施、娱乐和餐饮设施；助教和指导老师与学生居住在同一幢楼内，可以方便随时请教有关问题；有更多的机会与各年级学生接触和交往。所有宿舍的卧室都有高速互联网接口，在宿舍楼之一的巴顿会所（Barton），甚至在洗衣房都可以上网。高年级的学生可以继续住在现有的宿舍里，或通过抽签得到更好的住处，还可以选择住在校外的学校公寓内。

东校园体育村

伦斯勒理工学院有着 200 多个学生俱乐部、体育运动队和学生社团。这所学校的学术实力非常强且男生多，约 40%的男生加入兄弟会，18%的女生加入姐妹会。到了周末，大家就很放松，学校就很热闹，有人去兄弟会或姐妹会聚会热闹，有人玩电子游戏，有人进行体育运动，有人去听音乐会或看电影。70%的学生从事各种体育锻炼活动，因而体育运动是学生校园生活的基石。该学校的男女冰球队都很强，竞技水平在全国名列前茅。曲棍球也是学生们的最爱之一，学院的球队曾经荣获过两届全国冠军；滑雪也很流行，学院距离 Adirondacks and the Catskills 避暑圣地的滑雪场只有 45 分钟的路程。2007 年，东校园运动员村破土动工，两年后这个现代化的体育运动设施竣工并对师生开放，对校内体育运动的发展产生了积极的影响。

University of Rochester   罗切斯特大学

排　　名： 37	校训：	校徽：
建校时间： 1850 年	*Meliora* （拉丁语）	
学校类型： 私立	Always Better.（also, Ever Better.）	
IBT 最低线： 100 　　Listening： 25 　　Reading： 26 　　Speaking： 24 　　Writing： 25	学校网址： http://www.rochester.edu	
	申请网址： 　　http://enrollment.rochester.edu/admissions	
SAT： 　　CR： 600 – 700 　　Math： 620 – 730 　　Writing： 不详	咨询电话： 585-275-3221	
	咨询传真： 585-461-4595	
	咨询邮箱： 　　admit@admissions.rochester.edu	
ACT Composite： 27 – 31		
送分代码： 　　IBT： 2928 　　SAT： 2928 　　ACT： 2980	申请费： $60 for paper , $30 for online	吉祥物：
	学　费： $39480	
	总费用： $51120	
毕业率： 　　4 年毕业率： 70.2% 　　6 年毕业率： 81.3 %	申请截止时间： 　　ED： 11 月 1 日 　　RD： 1 月 1 日	
学生人数： 　　在校生总数： 9423 　　本科生人数： 5066	申请材料邮寄地址： University of Rochester Office of Admissions 300 Wilson Boulevard Rochester, NY 14627-0251　USA	
人员比： 　　师生比： 1 ： 9 　　男女生比： 50 ： 50 　　国际学生比： 不详		

校园标志性建筑

　　罗切斯特大学主校园名叫"大河校园"，占地 154 英亩（约 0.6 平方千米），位于纽约罗切斯特市中心南 2 英里（约 3 千米）处，在杰纳西河（the Genesee River）拐

◎学校概况

　　在纽约州西部安大略湖岸有座工业城市，叫做罗切斯特（Rochester），以"美国独立战争"中的一名士兵命名。这个城市有"面粉城"的昵称，因早期盛产鲜花又有"花城"的美誉，还被称为世界影像中心，其原因是电影胶片的发明者，即现代摄影之父乔治·伊斯曼（George Eastman，1854 至 1932 年）曾经在

弯处，风景十分优美，尤其秋季景色如诗如画。

拉什·里斯图书馆

罗切斯特大学大河校园内矗立着高达 186 英尺（约 57 米）的拉什·里斯图书馆（Rush Rhees Library）的高塔，这是该校自 1930 年以来的标志性建筑。如今，拉什·里斯图书馆给学生和教授们提供了一个集安静学习的场所、共同工作的空间、计算机实验室为一体的地方，图书馆的书库和书架连接起来有大约 42 英里（约 68 千米）长。

纪念艺术馆

另一个标志性的建筑是纪念艺术馆（The Memorial Art Gallery），该艺术馆有着纽约市之外收藏的最丰富的美国艺术品，藏品包括从殖民地时期到目前仍健在的艺术家的作品。2006 年，该艺术馆重新对外开放。

从此，扬帆启航……

这里创办了世界上最大的感光材料及照相器材制造公司－伊斯曼柯达公司（Eastman Kodak Co.）。24 岁时，家境贫寒的伊斯曼对摄影发生兴趣。当时摄影用的感光材料是湿片，必须在摄影前临时在玻璃片上涂感光层并需趁湿拍摄和冲洗。因此，外出摄影时必须随身携带作为暗室用的帐棚及许多药品，十分笨重和费时。他决心改变这种状态，1880 年就在罗切斯特市诞生了这家世界闻名的公司，1884 年伊斯曼研制成了一种涂在纸基上的照相卷片，拍摄并冲洗加工后，可将乳剂层从纸基上剥离，贴在玻璃片或原明胶片上供印制照片用，该公司产品感光材料的产量占西方世界的 50% 左右。罗切斯特市之所以有今天的繁荣富庶，是因为乔治·伊斯曼捐出了其大部分财产，使该市拥有世界级的艺术和文化设施，这其中就包括影剧院和管弦乐队（后者现在每年都会呈献 140 多场音乐会），也包括罗切斯特大学的伊斯曼音乐学院。

伊斯曼剧院

伊斯曼音乐学院柯达厅

罗切斯特大学是全美顶级私立大学之一，创建于 1850 年，当

校园重大历史事件

➢ 1850年，罗切斯特大学创建。当时是一所浸礼会赞助的教会学校，校址位于纽约州西部安大略湖岸罗切斯特市中心的美国旅店。刚开学时，仅有约60名学生。

➢ 1853年，校园向东移至当时的郊区，现在的大学街。当地的实业家、众议员阿札利亚·布迪（Azariah Boody）捐赠8英亩（约0.03平方千米）土地用作建设新校园，后来罗切斯特大学又从他手中购买了17英亩（约0.07平方千米）的土地来建造新校园。此后学校一直保留并使用着这个地方，直到1930年大河校园建成，之后，学校继续拥有一小部分大学街上的校区（学校艺术纪念馆所在地）。

➢ 1900年，经过10年的努力，该校终于正式招收女生；此前，一些女生只能在大学实验室和班级作为"旁听生"学习，不能正式注册。

➢ 1929年，全美第一个光学专门教育项目——光学学院创立，该校被公认为是美国最初的光学学校之一，在光学基础研究和理论领域处于领先地位。

➢ 2006年，该校科学家研发了新型"弹道偏转晶体管"，它的速度远远超过目前的晶体管。由于该校科学家和教授在这一领域做出了重大贡献，美国国家科学基金会已经向罗切斯特大学提供了110万美元的资金，资助它进一步进行这一领域的研究。

时是一所教会学校，目前已是一所男女同校的、培养学者的综合性研究型大学。

现任校长是乔尔·塞利格曼（Joel Seligman），这位著名的证券法教授自2005年7月1日起担任罗切斯特大学第10任校长。在此之前，塞利格曼从1999至2005年曾任美国圣路易斯华盛顿大学法学院院长和教授。

罗切斯特大学的7所学院分别是文理学院、工程和应用科学学院（Hajim School of Engineering and Applied Sciences）、伊斯特曼音乐学院（Eastman School of Music）、医学与牙科学院、护理学院、西蒙商学院（Simon School of Business）以及沃纳教育学院（Warner School of Education）。共开设170余门学位课程（含学士、硕士和博士3种学位），其中音乐、英语、历史、政治学、心理学、数学素享盛誉，而且是美国各院校中唯一一个在本科生中开设光学专业的高校。

拉蒂摩尔楼

罗切斯特大学具有这样几个特点：

第一，单科突出，优势明显。该校创建以来，最值得一提的是由柯达公司创始人——伊斯曼捐钱兴建的伊斯曼音乐学院。它是迄今为止全美最好的音乐学院，以乐理与演奏艺术兼重著称。这是美国音乐学院中极具活力和革新思想的一所新型学校。7位普利策奖获奖者及多位格莱美获奖者曾在该学院任教。学院现有注册学生900多人，来自美国各州，还有20%为国际学生。该学院的伊斯曼管乐合奏团（Eastman Wind Ensemble）为当代世界十大管乐团之一。它是由伊斯曼音乐学院教授、指挥家弗雷德里克·芬达尔（Frederick Fennell）于1952年创建的。走在罗切斯特大学校园内，有时能听见飘来的阵阵音乐，让人觉得不小心误

校园杰出人物

罗切斯特大学作为美国知名的大学之一,在该校学习过的著名学者中有 5 人、教职员中有 3 人曾获得诺贝尔奖,他们是:

➤ 小柴昌俊(Masatoshi Koshiba),1955 年毕业,博士学位,获得 2002 年诺贝尔物理学奖。

➤ 朱棣文(Steven Chu),1970 年毕业,学士学位,现任美国能源部长,获得 1997 年诺贝尔物理学奖。

➤ 罗伯特·福格尔(Robert Fogel),1960 至 1965 年和 1968 至 1975 年任该校经济学教学人员,获得 1993 年诺贝尔经济学奖。

➤ 卡尔顿·盖达塞克(Daniel Carleton Gajdusek),1943 年毕业,学士学位,获得 1976 年获诺贝尔生理学或医学奖。

➤ 亚瑟·科恩伯格(Arthur Kornberg),1941 年毕业,硕士学位,1962 年毕业,博士学位,获得 1959 年诺贝尔生理学或医学奖。

➤ 文森特·杜·维格诺特(Vincent du Vigneaud),1927 年毕业,博士学位,生理学家,获得 1955 年诺贝尔化学奖。

➤ 亨里克·达姆(Henrik Dam),1942 至 1945 年任该校助理研究员,获得 1943 年诺贝尔生理学或医学奖。

➤ 乔治·惠普尔(George Hoyt Whipple),1914 至 1976 年任该校教授、医学院和牙医学院首任校长,获得 1934 年诺贝尔生理学或

从此,扬帆启航……

入了人间仙境。

不仅是音乐,罗切斯特大学还拥有优势明显的数学、自然科学、经济学和政治学学科以及光学学科。虽然学校的规模较小,但几乎在所有方面都具有竞争力,学科多样,学生们在校园里可以同时拥有很多不同学术领域的朋友。该校的教授和校友中有 8 名诺贝尔奖金获得者,12 名普利策奖获得者。

医学院

第二,校友慷慨,捐赠丰厚。这所力争上游的大学所获得的各方捐献位列全美"十大"之一,所以不只师资一流,教学设备也足以和任何顶级大学媲美,甚至宿舍、学生会和体育中心的各项设施,都为学生们津津乐道。只要是全职学生,都可免费使用学校体育馆内各项设施。学生中心(Wilson Commons)的建筑极有特色,为著名建筑师贝聿铭所设计。2010 年 12 月,学校的扩建项目正式竣工,全新的哈奇音乐厅(Hatch Recital Hall)向社会开放。

威尔逊(Wilson)学生中心

医学奖。

罗切斯特大学还有 12 位普利策奖获得者：

➢ 斯蒂文·哈恩（Steven Hahn），1973 年毕业，学士学位，获得 2004 年普利策历史学奖。

➢ 乔治·沃克（George Walker），1956 年毕业，博士学位，获得 1996 年普利策音乐奖。

➢ 克利斯朵夫·饶思（Christopher Rouse），该校伊斯曼音乐学院教授，获得 1993 年普利策音乐奖。

➢ 高尔韦·金内尔（Galway Kinnell），1949 年毕业，硕士学位，获得 1983 年普利策诗歌奖。

➢ 约瑟夫·施万特纳（Joseph Schwantner），伊斯曼音乐学院教学人员，获得 1979 年普利策音乐奖。

➢ 多米尼克·阿吉恩图（Dominick Argento），1958 年毕业，博士学位，获得 1975 年普利策音乐奖。

➢ 安东尼·赫克特（Anthony Hecht），该校英语教学人员，获得 1968 年普利策诗歌奖。

➢ 罗伯特·华德（Robert Ward），霍华德·汉森的学生，1939 年毕业，学士学位，获得 1962 年普利策音乐奖。

➢ 乔治·阿博特（George Abbott），1911 年毕业，学士学位，美国剧作家，获得 1960 年普利策戏剧奖。

➢ 约翰·拉蒙顿（John La Montaine），1939 年毕业，学士学位，获得 1959 年普利策音乐奖。

更让人欣喜的是，由于这所大学获得的捐献较多，因此 76% 的新生都会获得某种形式的资助，成绩优良而经济实力较弱的同学自然会考虑这一诱人的条件。另外，该校不仅仅是硬件够棒，而且软件也十分过硬。无论在学术方面还是在其他方面，教授们都显现出和蔼可亲、温文尔雅的特点，对师生之间、校友与学校之间的融洽起到了决定性的作用，教授们灵活地安排每一次授课，从各个方面真正关心学生是否掌握了知识，使学生们受益多多。

工程和应用科学学院

第三，以人为本，因材施教。罗切斯特大学创新力的核心是以学生为中心的学业课程设置。该校凭借这种不同寻常的方式，学校取消了一些不必要的课程，这使得学生的个人兴趣成为了学术研究的主导。换言之，作为一名罗切斯特大学的学生，他们可以学自己所好，而不是将自己的学习生涯（哪怕是一天）用来迎合他人的教育理念。在课堂、社区和世界范围内，罗切斯特大学的学生们都秉承着学校的座右铭——Meliora，即拉丁语"精益求精"的意思。单单这一词便是 150 多年来对罗切斯特大学精神的诠释，同时也代表着不断前进、开辟新天地以及探索新领域的决心。

◎学校图书馆

罗切斯特大学的图书馆系统约有 350 万册藏书，分散在 11 所图书馆中，其中迈勒图书馆（Miner Library）是医学图书馆，拉什·里斯图书馆（Rush Rhees Library）是最大的一所图书馆，建筑古色古香。北美最大的音乐类图书馆——西布利音乐图书馆

➢ 高尔·库比克（Gail Kubik），1934年毕业，学士学位，获得1952年普利策音乐奖。
➢ 霍华德·汉森（Howard Hanson），美国作曲家、指挥家、音乐教育家，1924至1964年，任该校伊斯曼音乐学院教授和院长达40之久，获得1944年普利策音乐奖。

其他杰出人物还有：
➢ 苏珊·霍克菲尔德（Susan Hockfield），1973年毕业，学士学位，耶鲁大学前教务长，麻省理工学院现任校长。

所在地概况及公共设施

2010年，《今日美国》将罗切斯特市评为美国中等城市中的十佳大学城之一。"大湖海道长廊"（Great Lakes Seaway Trail）是美国最长的景观道路之一，而罗切斯特地区便是其中的一部分，并且距多个自然景点也仅有较短的车程。距离纽约州风景宜人的"五指湖"（Finger Lakes）地区只有几千米距离，美丽的湖泊连绵不绝，100多家酿酒厂星罗棋布。该地区还拥有全美最大的葡萄园之一。

在温暖的天气里，市内几乎每周都有艺术与娱乐类的庆祝节日。罗切斯特国际爵士艺术节是最受欢迎的节日之一。全球数以百计的艺人在该艺术节表演。罗切斯特的园林是另一道令全球瞩目的风景。自1898年发起以来，一年一度的"丁香节"（Lilac Festival）都会在每年春季举办，吸引了近50万的

（Sibley Music Library）坐落在学院教学楼对面，占地4000平方米，收藏的各种音乐门类资源大约75万项，包括了最早的11世纪的经典和最新的乐曲和唱片。罗切斯特大学的图书馆在美国和加拿大研究型图书馆中排在前列，该校图书馆中都有自助式的影印机及电脑查询系统。图书馆也订阅大量电子期刊，查询非常方便。

拉什·里斯图书馆

西布利音乐图书馆

说到藏品，不得不提到伊斯曼音乐学院的另一件珍藏——17世纪的意大利巴洛克管风琴（Italian Baroque Organ），安放在罗切斯特大学纪念艺术馆（Memorial Art Gallery）。这是整个北美洲唯

游客。寒冷的月份可能会让一些游客想在壁炉旁取暖。不过，当地居民却充分利用公园 12000 多英亩（约 49 平方千米）的场地，开展雪鞋健行、越野滑雪以及滑雪橇活动。此外，冰钓也是一项深受人们喜爱的冬季运动。罗切斯特市在棒球、曲棍球、足球、长曲棍球、篮球和橄榄球方面都有球队。除此而外，喜欢参与的人们还可以享受高尔夫、徒步、自行车和水上运动所带来的乐趣。

罗切斯特位于温带，有典型四季分明的气候。春季百花盛开，有"花城"的美誉，夏季凉爽，六七月的平均最高温为摄氏 27 度；秋季气候宜人且落叶叶色缤纷，冬季则寒冷多雪，每年的十一月到三月为雪季，一月二月的最低温平均为 −9°C。罗切斯特纬度偏高，又由于位在大湖南岸，每年冬季来自加拿大与极地的冷气团从湖面带来大量水汽，受到这种大湖效应（lake effect）的影响，冬季降雪甚多，累积年降雪量平均约 200 厘米。

抵达方式

罗切斯特大学地处纽约上州，属于安大略湖地区，距纽约市 540 千米、距尼亚加拉瀑布（Niagara Falls）和加拿大仅有 90 分钟的车程，并且只需短途行车即可过境到达多伦多市。学校距离罗切斯特国际机场有 15 分钟车程。

罗切斯特市交通便捷，距波士顿、芝加哥、华盛顿和纽约市仅有一小时的飞行距离。

一的一件此类管风琴乐器。

◎学校生活条件

从罗切斯特大学步行十分钟就能到附近一家中国杂货店，离学校约 10 分钟车程有两家中国杂货店，一家韩国杂货店和大型美国超级市场。有加拿大签证的同学还可开车到多伦多市的中国城采买。大部分学生住在学校宿舍，不论哪个专业的学生都可申请。学校宿舍均备有免费暖气。若住在公寓式宿舍，厨房内电炉、烤箱设备齐全，自己开伙煮饭，比较省钱，又能满足自己的口味需求。住宿舍的优点是靠近校园，还有免费的校车可搭，如果自己没有车的话就非常方便了，而且对平时不开伙的同学来说，也可以在学生餐厅里用餐。

罗切斯特大学田径队被称作大黄蜂。该校运动员在全美大学生体育协会以及美国大学运动协会第三级别中参加比赛。一个例外是该校的壁球队在第一级别中参加比赛。该校也有许多运动俱乐部以及校内运动组织。

学校有体育场与体育馆，体育馆内有游泳池与各式球场。甚至宿舍、Wilson 学生中心和体育中心的各项设施，都为人称道。另外，伊斯曼音乐学院经常有免费的小型音乐会，是个非常有音乐气质的地方。

威尔逊（Wilson）学生中心内景

Yeshiva University　叶史瓦大学

排　　名： 50	校训：
建校时间： 1886 年	*Torah Umadda* （拉丁语）
学校类型： 私立	Torah and secular knowledge.
IBT 最低线： 82	学校网址： http://www.yu.edu
SAT:	申请网址： http://www.yu.edu/admissions
CR： 550 – 690	咨询电话： 212-960-5277
Math： 550 – 680	咨询传真：
Writing： 不详	咨询邮箱： yuadmit@yu.edu
ACT Composite： 22 – 28	申请费： $65
送分代码：	学　费： $32550
IBT： 2990	总费用： $44915
SAT I： 2990	申请截止时间：
毕业率：	EA： 11 月 1 日
4 年毕业率： 不详	ED： 11 月 1 日
6 年毕业率： 不详	RD： 1 月 15 日
学生人数：	申请材料邮寄地址：
在校生总数： 3076	Yeshiva University
本科生人数： 3076	Office of Undergraduate Admissions
人员比：	Furst Hall, Suite 101
师生比： 不详	New York, NY 10033
男女生比： 不详	
国际学生比： 不详	

校园标志性建筑

在纽约，叶史瓦大学有四个校园，它们是：

位于布朗克斯东部的校园，包括阿尔伯特·爱因斯坦医学院和费尔考夫心理学硕士学校以及学生宿舍、一座图书馆、一座医院和其他医学设施。

位于曼哈顿市中心的校园，包括本杰明·卡多佐法学院、办公室、一座学生宿舍、犹太历史中心、叶

◎**学校概况**

叶史瓦大学是美国最古老的综合性大学之一，该校的一个最大特点就是由犹太教信徒赞助，所有本科学生都是犹太人，所以也叫犹太大学。在美国和在全世界叶史瓦大学都享有很高的学术声誉，是毕业率最高的美国大学之一，其毕业率为 92%。

现任校长是理查德·乔尔（Richard M. Joel, JD），这位纽约大学的法学博士从 2003 年 9 月 21 日起担任叶史瓦大学的第 4 任校长。在此之前，乔尔博士从 1989 至 2003 年任犹太校园生活基金会主席，这个基金会是一个专门支持全世界大学生犹太生活的组织。

叶史瓦大学由本科 5 个学院以及 6 个研究生院和专门学校组

史瓦大学博物馆以及其他设施。

位于曼哈顿中市的校园，包括女子本科学校、斯特恩女子学院和西·西姆斯商业学校的市中心部分、学生宿舍和其他设施以及阿兹瑞利犹太教育和管理硕士学校的一部分。

位于华盛顿高地的威尔弗校园是主校园，它包括男子本科学校、拉比学院、贝尔兹犹太音乐学校、男校、阿兹瑞利犹太教育和管理硕士学校、沃尔兹外勒社会工作学校、伯纳德·瑞维尔犹太学硕士学校以及其他院系、行政办公室、图书馆、学生宿舍等设施。

女子本科校也位于纽约，它的校园在皇后区。耶路撒冷的校园包括一个拉比学院的分支以及协调叶史瓦大学在以色列各地的本科学校工作的办公室。

校园重大历史事件

➢ 1886 年，在曼哈顿下东城建立了一座犹太儿童宗教学校式的小学，名字叫做 Etz Chaim Yeshiva。在这座学校建立之前，在美国的犹太人只有犹太会堂组织的补习学校。Etz Chaim 的意思是"生命之树"，它来自《摩西五经》（全经用最古老的希伯来文写成，是《希伯来圣经》最初的五部经典，是犹太教最重要经典之一）中的《箴言》，常被用来作为会堂或者学校的名称。它是美国的第一座全日制的学习犹太《塔木德经 Talmud》的学校（也称叶史瓦）。（Talmud，在希伯来语中，是"伟大的研究"的意思，

成，本科学院包括叶史瓦学院、斯特恩女子学院（Stern College for Women）、商学院（Sy Syms Schools for Business）、犹太教学院（Undergraduate Jewish Studies）和亚不拉罕以色列学院（S. Daniel Abraham Israel Program），研究生院和专科学校包括阿尔伯特·爱因斯坦医学院（Albert Einstein College of Medicine）、阿兹瑞利犹太教育和管理硕士学校（Azrieli Graduate School of Jewish Education and Administration）、本杰明·卡多佐法学院（Benjamin N. Cardozo School of Law）、伯纳德·瑞维尔犹太学硕士学校（Bernard Revel Graduate School）、费尔考夫心理学硕士学校（Ferkauf Graduate School of Psychology）和沃尔兹外勒社会工作学校（Wurzweil School of Social Work）。这些学院分布在纽约的 4 个分校里。此外，还有一些附属学校和项目。

伍尔夫校区的戴维楼

叶史瓦大学的主要特点主要表现在这样几个方面：

第一，犹太课程和世俗课程相结合。叶史瓦大学强调这两方面学术上的结合，本科生的双课程横跨犹太学术领域（例如犹太法、圣经和犹太法典）以及文学和自然科学。该校学科设置涉及到艺术、科学与犹太文化和思想。虽然世俗本科教育是该大学的一部分，但是该校依然要求其学生参加完整的犹太教育。

即使在很多方面已经具有更加世俗化的倾向，叶史瓦大学依旧是一个犹太学府。校园里遵守着正宗犹太教教义，比如在安息日和犹太教假日不工作，只提供符合教规的食物。学校内不断有关于叶史瓦大学的教育和宗教哲学的争论，关于学校是否太世俗或者是否太原教旨主义的争论。学校的大多数机构试图在这两者之间寻找到一个折衷的方法。

从此，扬帆启航……

是一部犹太人作为生活规范的重要书籍）。

➢ 1896年，这个小学的学生正式成为可以继续深造的第一批学生，他们的学业包括高中以及高中以上的课程。这个学校的名称是Yeshivat Rabbeinu Yitzchak Elchanan，这个名称是为了纪念当年逝世的一名著名东欧拉比。

➢ 1897年，这个学校的校址被正式设立在纽约州，它的真正名称为艾萨克·埃尔哈南拉比神学院，今天它的缩写RIETS更加广为人知。

➢ 1903年第一批拉比从该学院毕业。

➢ 1915年，艾萨克·埃尔哈南拉比神学院与原来的小学合并，命名为美国拉比学院。由于法律原因，合并后的学校的名称不久又被改为艾萨克·埃尔哈南拉比神学院。

➢ 1916年，艾萨克·埃尔哈南拉比神学院建立了美国历史上的第一座犹太高校，塔木德学院。除上午教授塔木德和犹太教教义外，它在下午传授完整的世俗课程。

➢ 1927年，叶史瓦大学最初的主楼，在华盛顿高地的约瑟夫·法耶·泰尼鲍姆大楼的奠基仪式举行。

➢ 1932年，叶史瓦大学庆贺首届学生全体毕业。

➢ 1970年，为了满足政府资助大学的法律规定要求，尽管许多人，包括索罗维切克的反对，叶史瓦大学正式成为一个世俗大学。

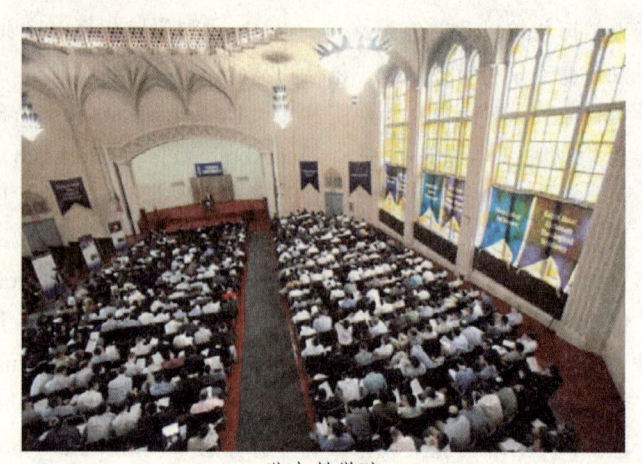

犹太教学院

第二，男子本科和女子本科教育分隔开。与大多数美国高等学校不同的是，叶史瓦大学还坚持在校园内将男生和女生分开教学。从事本科男生教学的有5个专业课程：叶史瓦学院、西·西姆斯商业学校、YC荣誉项目、犹太学研究和丹尼尔·亚伯拉罕以色列项目。从事本科女生的有6个专业课程：斯特恩女子学院、西·西姆斯商业学校、SCW荣誉项目、犹太研究系、犹太教育遗产基金项目和丹尼尔·亚伯拉罕以色列项目。

斯特恩女子学院

这两个按性别分开的校园分别位于上曼哈顿和曼哈顿中城。为完成不同学院提出的要求，一般说来，学生们上午用于学习犹太课程，下午用来学习其他一些世俗课程。学生们对于学校的课程十分感兴趣，他们对教师的水平评价非常高，教授平易近人，学生们可以经常直接向教授请教问题。商学和社会学颇受学生青睐，因为与自然科学的课程相比，这两门课程还是相对容易的。

校园杰出人物

尽管叶史瓦大学规模不算大，但人才辈出，杰出的人物包括：

➢ 保罗·格林加德（Paul Greengard），1967年曾在该校工作，美国神经科学家，获得2000年诺贝尔生理学或医学奖。

➢ 塞缪尔·丹尼谢夫斯基（Samuel J. Danishefsky），1956年毕业，学士学位，美国化学家，获得1995至1996年沃尔夫化学奖，获得2006年本杰明·富兰克林化学奖章。

➢ 芭芭拉·奥尔森（Barbara Olson），曾在该校就读，博士学位，美国知名女电视评论员。

➢ 亚伦·克莱茵（Aaron Klein），曾在该校就读，并编辑学生刊物《评论者》，美国作家和中东问题记者。

➢ 约瑟夫·索罗维切克（Joseph Soloveitchik），现代犹太哲学家，自1940年起，索罗维切克博士担任艾萨克·埃尔哈南拉比神学院的首席教师达40多年，他培养了数千拉比（希伯莱音译，意为"师傅"，指受过正规犹太教教育，担任犹太人社团或教会的精神领袖），包括许多今天在美国现代犹太教正统派中的领导人物。

➢ 哈谢尔·塞契特（Hershel Schachter），1967年毕业，学士学位，拉比，约瑟夫·索罗维切克的助手，现任教于艾萨克·埃尔哈南拉比神学院。

所在地概况及公共设施

本杰明·卡多佐法学院

阿尔伯特·爱因斯坦医学院

第三，散落的校园和相同的体育爱好并存。 与纽约市很多学校一样，叶史瓦大学最值得骄傲的地方就是位于这座世界大都市的校址。除了在以色列的那个校园之外，叶史瓦校园遍及曼哈顿（华盛顿高地的哈瑞山、格林威治村），布朗士和皇后地区，尽管有点太过零散，但因为这所犹太大学地处纽约这个犹太人较集中的都市，并且是一个拥有除以色列以外最多的犹太人口的地方，这就为勤奋好学的学生提供了一所犹太人聚集的学府，并包括为学生提供符合犹太教教规的餐食。尽管一所大学在一座城市有4个校园，可学生们还是乐意乘坐地铁去上课。

虽然叶史瓦有时被人戏称"缺乏大学的精神"，但男子篮球是吸引全体师生的一项体育运动。最近，该校的球队在重大比赛中成绩不错，更引起铁杆球迷的兴趣。该校的学生在校内体育项目中更具对抗性和竞争性，其中包括铁人三项、游泳和体操等项目。现代体育的精神和传统的宗教信仰融于一体是该校学生的特色之一，很多学生依旧严格遵守安息日的教规。犹太人的安息日

纽约是美国的文化中心，有大大小小近200家剧场，近百家电影院，近200家公立与私立图书馆。纽约市教育事业也很发达，有著名的哥伦比亚大学、纽约大学和其他大专院校。叶史瓦大学所在的曼哈顿区是纽约市的精华所在。著名的自由女神像、联合国总部、时代广场、大都会艺术博物馆、中央公园、第五大道商业区、洛克菲勒中心、百老汇剧院区、唐人街等都在这里。

曼哈顿

曼哈顿是纽约市中心部位的岛，介于哈得逊河和东河之间，为纽约市五个区中最小的区，长20千米，宽4千米，面积57.7平方千米；是纽约金融、商业中心地；前寒武纪古老坚硬的片岩出露地表，为高层建筑提供了基础。其南端是高楼林立的华尔街，是许多大银行、大交易所和大垄断组织聚集中心，是世界和美国的金融中心。曼哈顿CBD是纽约市发展的催化剂，依靠CBD的影响，纽约市确立了其国际城市形象，国际性和跨国性行业组织在纽约市如鱼得水，CBD和它的衍生效益促进了纽约市的繁

（Shabbat）是从每个星期五的太阳落山开始，到次日的天上出现三颗星的时刻截止。在这一天，犹太人不允许做任何工作，专心休息和学习经文。有人认为安息日制度与现代化生活越来越显得矛盾。但在信仰犹太教的地区，安息日不是偷懒，也不会无聊。它是一个精神圣洁愉快的日子，人们从日常俗务中摆脱出来，通过公众祈祷、典籍研究和专题宗教演讲等活动，追求一种精神修炼和境界的提高。

自1975年开始，叶史瓦大学的学生数不断增加，其学术声誉也不断提高。目前它有3000多名本科生，招生规范还打算再扩大。叶史瓦大学在犹太学、犹太教育和管理、社会工作、心理学、法律和医学等方面也是领先的。在过去的120多年，学校已经扩大到了包括大约20个学院、系、附属公司、中心以及保健机构的规模。

叶史瓦大学在美国之外也获得承认。2006年英国《泰晤士高等教育》（Times Higher Education）将叶史瓦大学在全世界列第172名，2005年它还只排到第254名。

叶史瓦的男子篮球队

◎学校图书馆

叶史瓦大学图书馆系统由4所图书馆组成，他们是：波拉克图书馆（Pollack Library）、海迪·斯滕伯格图书馆（Hedi Steinberg Library）、孟德尔·戈特斯曼图书馆（Mendel Gottesman Library of Hebraica/Judaica）、善本图书馆、法学图书馆（Dr. Lillian and Dr. Rebecca Chutick Law Library）、塞缪尔·戈特斯曼医学图书馆（D. Samuel Gottesman Library）等。

法学图书馆藏书达54万册，还包括期刊、缩微胶卷和音频、视频资料。

荣。

纽约的公交系统相当完善，以每个行政区的英文字大写起头的公共巴士，昼夜 24 小时穿梭在全市大街小巷，无论你住在纽约哪个地方，都可凭捷运卡转乘巴士，并且不用再花车费，公共巴士基本能保持正点，而巴士司机的工作态度，大都无可挑剔。住在长岛郊区除了可在曼哈顿乘坐通勤火车之外也亦有专线巴士连接，坐通勤火车平稳、舒适、快捷便利，是许多上班族的选择，而且票价不贵、多站停靠。从曼哈顿中城到长岛华盛顿港和杰佛逊港，均在一小时车程之内，比驾车还要快速方便。

抵达方式

纽约市为美国少数同时拥有三座机场的都市，分别为位于皇后区的肯尼迪国际机场（New York John Fitzgerald Kennedy International Airport）和拉瓜迪亚机场（LaGuardia Airport），以及位于新泽西州境内的纽瓦克自由国际机场（Newark Liberty International Airport）。若将这三座机场每年平均的客运量加起来（肯尼迪国际机场约 4100 万人、纽华克机场 3300 万人、拉瓜迪亚机场约 2600 万人），则将超过 1 亿人次。这个惊人的数字甚至超过了芝加哥奥黑尔国际机场及芝加哥中途国际机场相加的总客量。由此可见纽约的空域可以说是全美国最繁忙的了。

肯尼迪国际机场是纽约市的

孟德尔·戈特斯曼图书馆藏有 30 多万册各种文字（包括希伯来文）的书籍和文献资料，时间跨度从 15 世纪至今。

孟德尔·戈特斯曼图书馆

◎学校生活条件

在每个校园里都有学生宿舍和食堂，约 90% 的本科生在校园里生活。近年来，由于学校在校园周围设立了许多学校管理的公寓楼，许多学生也在那里生活。一般说来，低年级的学生住在学校管理的宿舍，高年级的学生住在公寓里。每层楼都有一个负责管理楼层的助研，通常助研很友好，不是很严厉。

校园生活

每个校园都有许多俱乐部和活动，一般受一个学生组织的监督。这些学生组织也可以募集活动经费，但是款项的分配是由一个选举的委员会进行的。每个学院有一个学生议会，它们支持和组织各个学院的众多俱乐部和杂志。在本科阶层上，两个校园里有不同的学生组织，这两个组织在共同活动中紧密合作。

学生会的成员是由全体学生选出来的。一般选举在春季进行，

主要国际机场，也是全世界最大机场之一。1963年11月22日美国总统肯尼迪遇刺身亡，12月24日原机场改名为"约翰·菲茨杰拉德·肯尼迪国际机场"以纪念这位遇难的总统；随后，机场的国际航空运输协会机场代码更新为JFK。

肯尼迪国际机场设有9个客运航站楼，各航站以U形格局围绕机场中心区域的停车场、酒店、供电设施等设施。AirTrain和道路均接驳各个航站。1998年开始建设的轻轨机场捷运系统AirTrain JFK于2003年12月17日开通使用，与纽约地铁及长岛铁路相连。乘坐机场捷运往来机场范围的车站均不收费，但前往机场范围以外的地铁站每程收费5美元。乘坐机场捷运(转乘地铁)从肯尼迪机场前往曼哈顿中城或长岛铁路前往牙买加站均需时45分钟。

从此，扬帆启航……

一年级和二年级的选举是在秋季。二年级选举在秋季主要是因为许多一年级学生在以色列上学。

学生社团

校内有许多各种内容的报刊，即有世俗内容的也有宗教内容的。它们由不同的俱乐部和学生会出版。学校对校园和学生的安全十分重视，在校园道路的各个角落24小时均有保安巡查。叶史瓦大学在两个本科生校园之间设有穿梭公交车，两个校园均设固定的车站，此外，穿梭公交车还提供将学生们送到地铁站、公共汽车起点站和火车站的服务。

俄亥俄州
Ohio（OH）

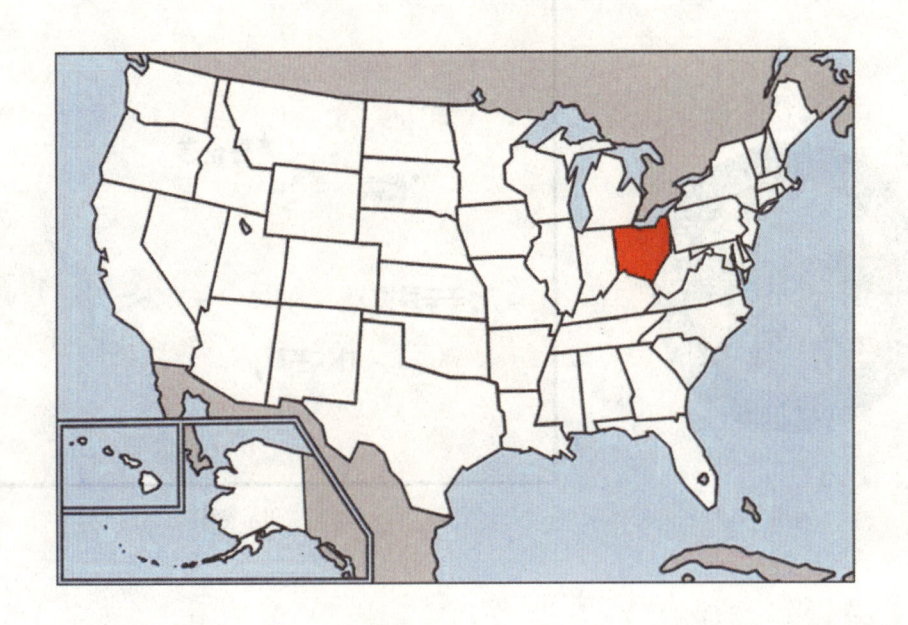

学校英文名称	学校中文名称	2011年排名	所在地区
Case Western Reserve University	凯斯西储大学	41	克里夫兰 Cleveland

Ohio

州旗

州徽

州示意图

昵称：	七叶果之州	地区划分：	大湖地区
州府：	哥伦布 Columbus	主要城市：	克利夫兰 Cleveland 哥伦布 Columbus 辛辛那提 Cincinnati
时区：	东部时间 UTC-5/-4	人口：	1143 万人（2003 年）
面积：	116096 平方千米 全美第 34 名	加入联邦时间：	1803 年 3 月 1 日 第 17 个加入美国联邦
消费税：	5.5%	网站：	http://www.ohio.gov

Case Western Reserve University 凯斯西储大学

排　名： 41	校训：	校徽：
建校时间： 1826 年	*Vox clamantis in deserto*（拉丁语）	
学校类型： 私立	A voice crying out in the wilderness.	
IBT 最低线： 80	学校网址： http://www.case.edu	
SAT：	申请网址： http://admission.case.edu	
CR： 590 – 700	咨询电话： 216-368-4450	
Math： 650 – 740	咨询传真： 216-368-5111	
Writing： 590 – 690	咨询邮箱： admission@case.edu	
ACT Composite： 28 – 32		
送分代码：	申请费： $50	
IBT： 1105	学　费： $34320	
SAT： 1105	总费用： $48274	
ACT： 3244		
毕业率：	申请截止时间：	吉祥物：
4 年毕业率： 57%	EA： 11 月 1 日	
6 年毕业率： 78%	RD： 1 月 15 日	
学生人数：	申请材料邮寄地址：	
在校生总数： 9738	Case Western Reserve University	
本科生人数： 4228	Undergraduate Admission Office	
人员比：	Wolstein Hall	
师生比： 1 ∶ 10	11318 Bellflower Rd	
男女生比： 57 ∶ 43	Cleveland, OH 44106	
国际学生比： 4%	USA	

校园标志性建筑

　　凯斯西储大学位于克利夫兰城区以东 5 英里（约 8 千米）处的大学圈，占地 550 英亩（约 2 平方千米），容纳了 40 多个文化、教育、医学等领域的研究机构，包括植物园、艺术博物馆、自然历史馆、塞布兰斯大厅（Severance Hall）和克利夫兰管弦乐团等。

　　由美国国家设计学院院士、著

◎学校概况

　　克利夫兰（Cleveland）是坐落在所谓"美国的钢铁制造地带（Rust Belt）"上的陨落的昔日明珠之一。和匹兹堡、底特律等城市一样，这个工业城市在 20 世纪 50 年代末盛极一时，全美最大的 500 家大企业中，集中在该城市的数量就居全美第三位。然而，自 20 世纪 60 年代开始，由于产业的转移，钢铁之都的雄风不再，这个有 50 万人口的城市开始走下坡路，到了 70 年代，有一半人口离开市中心，迁移到了郊区。尽管如此，对克利夫兰来说，由于医疗保健、健康保险和法律等服务性行业在美国依然地位领先，以及 2000 年以来生物医学和新能源等产业的发展，克利

名建筑师法兰克·盖瑞（Frank Gehry）设计的路易斯大楼（Peter B. Lewis Building）是凯斯西储大学标志性建筑之一，现为魏德海管理学院院址。

路易斯大楼

盖瑞受美籍法国画家马塞尔·杜尚（Marcel Duchamp）及波普艺术（Pop Art）的影响，认为人的生活绝非固定的东西，所以艺术也无定型、是易变的。路易斯大楼体现了盖瑞将建筑艺术与雕塑艺术的结合，对空间进行"雕塑"的设计理念。路易斯大楼和盖瑞的另一个作品西班牙港口城市毕尔巴鄂的古根海姆博物馆有点类似。大楼的每一层都有办公室、教室、会议室，便于师生之间非正式的互动和交流。

塞布兰斯大厅

塞布兰斯大厅是凯斯西储大学一个值得骄傲的音乐厅，由约翰·塞布兰斯（John L. Severance）

夫兰的经济发展依然具有相对优势，也使它成为全美最适宜居住的城市之一。

在经济转型的情况下，该市决定靠文化复兴经济，采取了4大措施：一是把城市中心的破旧火车站改造成娱乐餐饮中心；二是在该市的大湖畔投资1亿美元，建立摇滚乐名人堂博物馆，让全世界的摇滚乐发烧友前来"朝圣"；三是投资建立全国最大的棒球场，可容纳45000人；四是修建了音乐厅、文化广场等等。总之，克利夫兰选择了以文化兴市的战略，其中一个重要原因就是克利夫兰有一所全美名校——凯斯西储大学。

凯斯西储大学是一所美国私立研究型大学，位于俄亥俄州的克利夫兰市。由西储学院（Western Reserve College，1826年创立于康乃狄克西部储备区）与凯斯理工学院（1880年由慈善家伦纳德·凯斯 Leonard Case 创立）两校于1967年合并而成。凯斯西储大学研究及教学的范围涵盖了艺术与科学、工程、健康医学、法律、管理以及社会工作等等。

凯斯西储大学地处克利夫兰市的大学圈（University Circle），这里的居民多半是学校的教职员或学生，文化气息浓厚，生活机能也十分健全。凯斯西储大学作为俄亥俄州的第一学府也是最大的私立研究型大学，学科设置涵盖文理、牙科、工程、法律、管理、医科、护理及社会科学等各个领域。

校园鸟瞰

现任校长是芭芭拉·斯奈德（Barbara R. Snyder），这位法学教授于2007年7月1日起担任凯斯西储大学的首任女校长。在此之前，斯奈德从2003至2007年任俄亥俄州立大学教务长和常务副校长。

凯斯西储大学有8所研究生院：文理学院、凯斯工程学院、魏德海管理学院（Weatherhead School of Management）、牙医学院、

为纪念他妻子所建，工程当时总投资为 700 万美元，由 Walker and Weeks 建筑公司设计，1931 年竣工。该建筑包含一个可容纳 1844 人的大音乐厅、一个可容纳 400 人的室内小音乐厅以及一个可转播音乐会实况的广播电台。该校的另一个标志性建筑是学问大教堂（Cathedral of Learning），这是该校最高的建筑物，有 35 层。

校园重大历史事件

➢ 1826 年，西储学院（凯斯西储大学前身）始建于俄亥俄州哈德逊，当时这是该地区人口最多的地区。附近另一个城市克利夫兰，位于哈德逊西北约 26 英里（约 42 千米）处，才初见雏形。西储学院得名于当地的地名，是俄亥俄州北部的第一所大学。

➢ 1882 年，美国实业家亚玛撒·斯通（Amasa Stone）提供资金，西储学院搬至克利夫兰现址。

➢ 1887 年，西储学院开始聘用像爱德华·莫雷（Edward E. Morley）这样具有前瞻性思维的科学家作为教授。爱德华·莫雷因与阿尔伯特·亚伯拉罕·迈克耳孙（Albert Abraham Michelson）教授精诚合作，完成了著名的迈克耳孙-莫雷实验而闻名遐迩。同年，克利夫兰慈善家和当地工程学校早期捐助者小伦纳德·凯斯为凯斯应用科学学院的建立奠定基础。

➢ 1947 年，经过多年的努力，凯斯应用科学学院成为一所顶级的科学和工程学学校，更名为凯斯

弗朗西丝·佩恩·博士顿护理学院（Frances Payne Bolton School of Nursing）、法学院、药学院和曼德尔应用社会科学学院（Mandel School of Applied Social Sciences）。本科有 4 个学院：文理学院、凯斯工程学院、魏德海管理学院和弗朗西丝·佩恩·博士顿护理学院。

曼德尔应用社会科学学院

往往人们习惯上拿凯斯西储大学与卡内基梅隆大学作比较，认为凯斯西储总是生活在卡内基梅隆的阴影下。虽然两所学府的地理位置同在钢城，同样面临传统工业日趋没落的境地，同样是在工程学方面很有造诣，而且同是由技术学院合并而成为综合性研究大学，但是，凯斯西储大学却在艺术、人文、社会科学等方面投入更多，面临的挑战更大。概括起来，凯斯西储大学有以下几个特点：

第一，研究实力，毫不逊色。 在美国众多研究型大学中，凯斯西储的规模相对而言小了许多，不过"麻雀虽小，五脏俱全"，在各领域的研究成果还是相当亮眼，毫不逊色。创校至今曾出过多名诺贝尔奖得主，为凯斯西储大学的学术研究实力提供了最佳佐证。

虽然凯斯西储大学是一所私立大学，但该校以研究为导向的学风与杰出的研究成果使其能获得美国联邦政府的高额预算补助；再加上与产业界合作密切，与一些著名机构如美国国家卫生研究院、美国太空总署（NASA）旗下分支机构——AMES 研究中心、Bridge Stone、BP 等都有相关的研究及合作计划，因而增加了许多社会资源。

第二，理论实践，融会贯通。 "教育通过实践才能得以很好

理工学院。

➤ 1967年，西储学院和凯斯理工学院合并为凯斯西储大学。

校园杰出人物

凯斯西储大学人才济济，在学术界具有极高的声誉。其中，诺贝尔奖获得者就达16人之多。他们是：

➤ 阿尔伯特·亚伯拉罕·迈克耳孙（Albert Abraham Michelson），任该校教授，美国物理学家，获得1907年诺贝尔物理学奖，是美国第一个获得诺贝尔奖的科学家。

➤ 约翰·麦克劳德（John J.R. Macleod），任该校生理学教授，内科医师和生理学家，获得1923年诺贝尔生理学或医学奖。

➤ 高乃依·埃曼斯（Corneille Heymans），在该校任职，生理学家，获得1938年诺贝尔生理学或医学奖。

➤ 弗雷德里克·罗宾斯（Frederick C. Robbins），1952年起任该校儿科教授，获得1954年诺贝尔生理学或医学奖。

➤ 波利卡普·库施（Polykarp Kusch），1931年毕业，学士学位，获得1955年诺贝尔物理学奖。

➤ 唐纳德·格拉泽（Donald A. Glaser），1946年毕业，学士学位，获得1960年诺贝尔物理学奖。

➤ 小厄尔·萨瑟兰（Earl W. Sutherland Jr.），任该校教授和药理系主任，获得1971年诺贝尔生理学或医学奖。

➤ 保罗·伯格（Paul Berg），1952

地实现"是凯斯西储大学办学理念的一个重要部分，基于这一理念，该校开始推行一个新的本科生项目，叫做SAGES（the Seminar Approach to General Education and Scholarship），力争淡化学习和生活之间的界限。参与这个项目的学生通过小型讨论会、研究项目、实习和社区服务等形式，与教员和更大范围的克利夫兰社区相关专业人士进行辩论。他们的讨论会由教授担任导师，手把手地帮助学生设计其教育计划。学生们还须与一些一流的图书馆馆长、科学家、音乐家、教育家和自由职业者一道工作，从工作中学习经验，从学习中得到工作机会。

校园一角

第三，刻苦攻读，孜孜不倦。尽管克利夫兰并不是很多优秀学子的首选城市，但选择凯斯西储大学的人是那些真正想在自己的专业领域刻苦钻研的学生。凯斯西储大学的学生基本上都是一种类型的，校园里几乎看不到他们的身影，这些下功夫苦读的精英对学习心无旁骛，十分专注，专注到他们几乎都忘了在大学里，也忘了除了学习之外还有别的事情。

该校的学生有通宵达旦学习的习惯，这种情况在工程学和自然科学专业司空见惯。有的人甚至说，他上床睡觉最早的时间是凌晨3点，这或许是个极端的个例，但也反映了这所学府学习空气的浓厚。

年毕业，博士学位，获得 1980 年诺贝尔化学奖。

➢ 乔治·希契斯（George H. Hitchings），1929 至 1939 年在该校任教 10 年，获得 1988 年诺贝尔生理学或医学奖。

➢ 阿尔弗雷德·吉尔曼（Alfred G. Gilman），1969 年毕业，博士学位，获得 1994 年诺贝尔生理学或医学奖。

➢ 乔治·奥拉（George A. Olah），任该校教授和化学系主任，获得 1994 年诺贝尔物理学奖。

➢ 费里德·穆拉德（Ferid Murad），1965 年毕业，博士学位，美国内科医师和药理学家，获得 1994 年诺贝尔生理学与医学奖。

➢ 弗雷德里克·莱因斯（Frederick Reines），任该校教授和物理系主任，获得 1995 年诺贝尔物理学奖。

➢ 保罗·劳特布尔（Paul C. Lauterbur），曾在该校就读，化学学士学位，美国化学家，获得 2003 年诺贝尔化学奖。

➢ 彼得·阿格雷（Peter Agre），1975 至 1978 年在该校医学中心接受内科临床培训，美国分子生物学家和教授，获得 2003 年诺贝尔化学奖。

➢ 爱德华·普雷斯科特（Edward C. Prescott），1963 年毕业，硕士学位，美国经济学家，获得 2004 年诺贝尔经济学奖。

所在地概况及公共设施

俄亥俄州的克利夫兰市四季分明，温度差异很大，冬天会降雪，

◎学校图书馆

凯尔文·史密斯图书馆

凯斯西储大学的图书馆系统由 8 个图书馆组成，包括凯尔文·史密斯图书馆（Kelvin Smith Library）、天文图书馆、克利夫兰健康科学图书馆（Cleveland Health Sciences Library）、艾伦纪念医学图书馆（Allen Memorial Medical Library）、健康中心图书馆、库拉音乐图书馆（Kulas Music Library）、法学院图书馆（Law School Library）以及莉莲和米尔夫德·哈里斯图书馆（Lillian F. and Milford J. Harris Library）。该校图书馆系统的藏书达 275 万多册。

凯尔文·史密斯图书馆是该校主图书馆。上述这些图书馆都可以通过网络查询。

◎学校生活条件

北村宿舍

除非在校生居住在距离校园 40 英里（约 64 千米）之内的家中或亲属家中，凯斯西储大学要求一、二年级的学生在校内居住。大学 75% 的学生住在校内宿舍，其中约 700 名高年级的学生居住在公寓式的套房里，每间套房住 2 人到 9 人不等。宿舍设备齐全，学生对厨房、起居室、单人间等比较满意，对新建宿舍的洗碗机、超大外飘窗以及自习室、洗衣房、音乐练习室、健身房以及可以上网的咖啡屋更是欣赏。

夏天则十分炎热。克利夫兰市绿意盎然,整座城市绿化规划得不错,随处都是可供休憩的公园,宛如居处在公园里,适合从事许多户外活动及亲子活动,如草地野餐、骑脚踏车、烤肉、赏枫、踏青、滑雪、游泳、网球、高尔夫、溜冰等。克利夫兰市的文化设施也不少,如:克利夫兰艺术博物馆(The Cleveland Museum of Art)、克利夫兰交响乐团(The Symphony Orchestra of Cleveland)、克利夫兰自然历史博物馆(Cleveland Museum of Natural History)等,都可以让人感受到许多文艺气息。克利夫兰市被凯霍加河(Cuyahoga River)一分为二,大部分的工厂位于河谷地带。市内公共建筑集中于闹市区的尤克利德大街,这里遍布着购物中心、戏院、运动以及娱乐场所。

抵达方式

克利夫兰市西南 10 英里(约 16 千米)处,有克利夫兰·霍普金斯国际机场(Cleveland Hopkins International Airport)。机场大致位于芝加哥和纽约两大城市的中间。这是俄亥俄州内最大的机场。霍普金斯国际机场可选择的地面交通工具包括火车、出租车等。机场到达克利夫兰市区的快速公交运输线路每 15 分钟发一趟车,市区到 Tower City Shopping Center 只有很短一段路程,可换乘其他公共巴士和轨道列车到达。

学生宿舍主要集中在以下几个区域:肯特·史密斯四方院(Kent H. Smith Quadrangle)、佛罗拉·斯通·马瑟四方院(Flora Stone Mather Quadrangle)、北村宿舍(North Residential Village)、南村宿舍(South Residential Village)和 115 号街村(Village at 115)等。

大约三分之一的本科生分别加入了兄弟会或姐妹会,目前校内一共有 7 个姐妹会和 15 个兄弟会组织。

来自不同文化背景的学生

大学运动队和俱乐部

凯斯西储大学在 20 世纪 90 年代初加入了美国大学运动协会(University Athletic Association)。该校参加全美大学生体育协会三级竞赛,其中男子 10 个项目,女子 9 个项目。该校橄榄球队 2007 年赛季成绩很好,首次获得全美大学生冠军。

学生的课余生活也十分丰富,校内和校外都有很多娱乐活动,有人总结道,在凯斯西储大学毕业前,学生须做三件事:欣赏克利夫兰乐团世界级的交响音乐会,观看勒布朗·詹姆斯(克利夫兰骑士队)的篮球比赛,游览大学城的所有博物馆。

宾夕法尼亚州
Pennsylvania（PA）

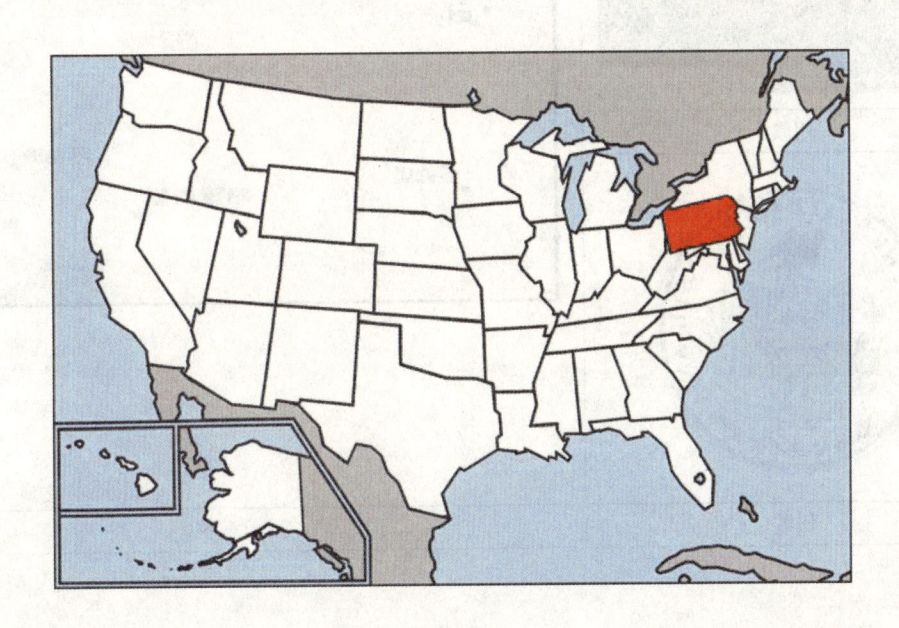

学校英文名称	学校中文名称	2011年排名	所在地区
Carnegie Mellon University	卡内基梅隆大学	23	匹兹堡 ittsburgh
Lehigh University	利哈伊大学	37	伯利恒 ethlehem
Pennsylvania State University, University Park	宾州州立大学帕克分校	47	州学院 State College
University of Pennsylvania	宾夕法尼亚大学	5	费城 Philadelphia

Pennsylvania

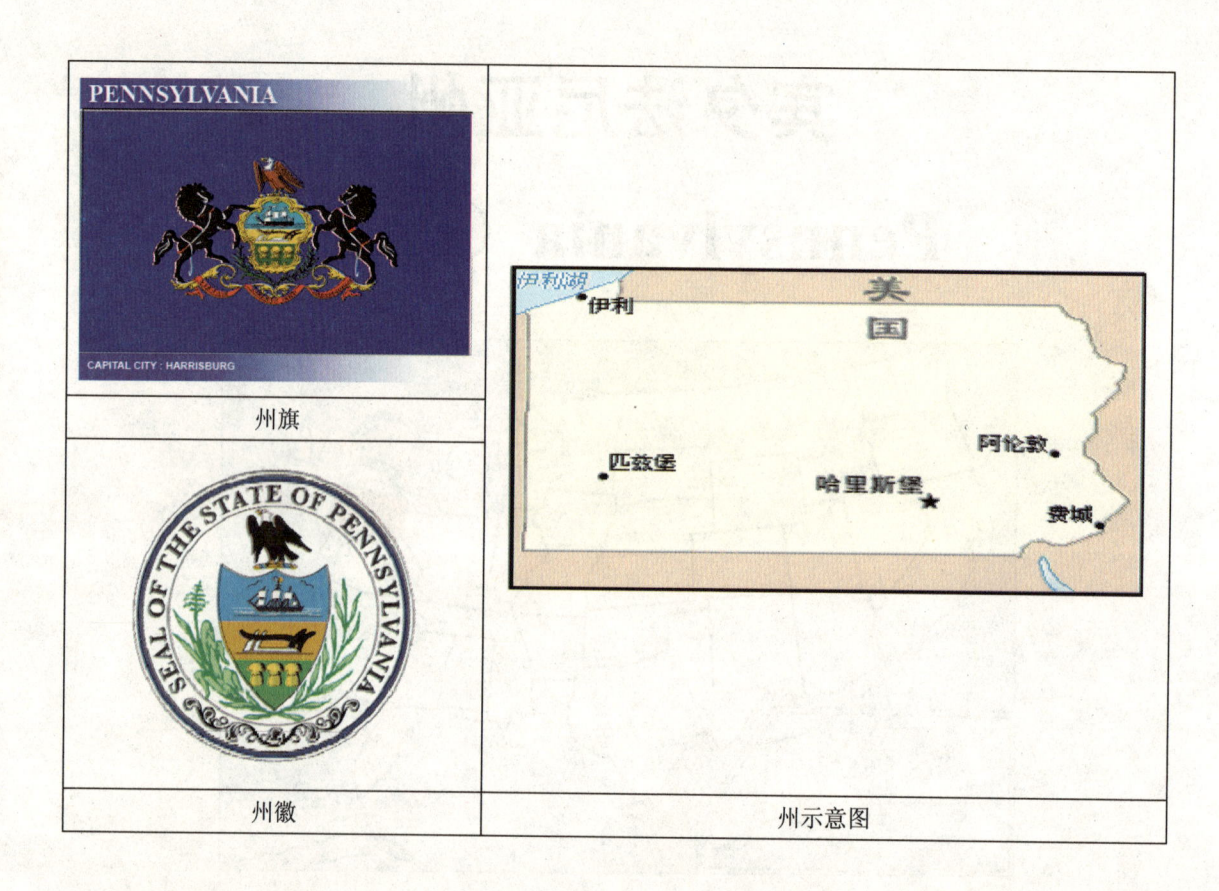

	州旗		州示意图
	州徽		

昵称：	拱心石州	地区划分：	中东部地区
州府：	哈里斯堡 Harrisburg	主要城市：	费城 Philadelphia 匹兹堡 Pittsburgh 葛底斯堡 Gettysburg
时区：	东部时间 UTC-5/-4	人口：	1228 万人（2000 年）
面积：	119283 平方千米 全美第 33 名	加入联邦时间：	1787 年 12 月 12 日 第 2 个加入美国联邦
消费税：	6%	网站：	http://www.state.pa.us

Carnegie Mellon University　卡内基梅隆大学

排　　名：	23
建校时间：	1900 年
学校类型：	私立
IBT 最低线：	100
SAT I：	
CR：	620 – 720
Math：	670 – 780
Writing：	620 – 720
ACT Composite：	28 – 34
注：提交 2 科 SAT II 成绩	
送分代码：	
IBT：	4246
SAT：	4246
ACT：	5269
毕业率：	
4 年毕业率：	70%
6 年毕业率：	86%
学生人数：	
在校生总数：	11530
本科生人数：	6020
人员比：	
师生比：	1 : 8
男女生比：	59 : 41
国际学生比：	15%

校训：
My heart is in the work.
　　　　　– Andrew Carnegie

学校网址：http://www.cmu.edu
申请网址：
http://my.cmu.edu/portal/site/admission
咨询电话：412-268-2082
咨询传真：412-268-7838
咨询邮箱：
undergraduate-admissions
@andrew.cmu.edu
申请费：$70
学　费：$41500
总费用：$57428
申请截止时间：
　ED I：11 月 1 日
　ED II：12 月 1 日
　RD：1 月 1 日
申请材料邮寄地址：
Office of Undergraduate Admission
Carnegie Mellon University
5000 Forbes Avenue
Pittsburgh, PA 15213-3890　USA

校徽：

吉祥物：

校园标志性建筑

卡内基梅隆大学主校园占地 140 英亩（约 0.57 平方千米），距离匹兹堡城区约 3 英里（约 5 千米），毗邻匹兹堡的卡内基博物馆和奥克兰，部分延伸至松鼠山（Squirrel Hill）和莎迪赛德（Shadyside）。卡内基梅隆大学校

◎学校概况

卡内基和梅隆均为美国近代史上举足轻重的人物。安德鲁·卡内基（Andrew Carnegie）是 20 世纪初美国四大财阀之一，垄断了整个美国钢铁的生产，其财富在整个人类历史上居于第二位，仅次于石油大王洛克菲勒。在晚年，卡内基尽散家财，在世界各地修建了 3000 多座公共图书馆，被音乐界奉为圣殿的纽约卡内基音乐厅也来自于他的捐赠。而安德鲁·梅隆（Andrew Mellon），是美国著名的银行家，梅隆财团的老家长，并于 1921

园内拥有 81 幢大楼，与匹兹堡大学校园仅一街之隔。

从此，扬帆启航……

至 1932 年间担任美国财政部长，历经三届政府而不倒。梅隆财团是美国的十大财团之一，控制着美国铝业巨头——美铝公司（Alcoa）和石油寡头——海湾石油公司（Gulf Oil），同时也是全世界最大的资产管理公司之一，于 2007 年与纽约银行完成并购。梅隆出资兴建的华盛顿的国家艺术画廊，为世界最著名的艺术博物馆之一。正是这两位同名的大富豪（两位名字都叫安德鲁）的创办和扶持，成就了一所著名的大学。

卡内基梅隆大学是一所享誉世界的研究型私立大学。该校位于美国宾夕法尼亚州匹兹堡（Pittsburgh），1900 年，美国钢铁大王及慈善家安德鲁·卡内基先生抱着为匹兹堡地区劳工阶层的子女提供职业教育的理念，创办了卡内基技术学校也就是卡内基梅隆大学的前身。1967 年由卡内基理工学院和梅隆工业研究所（梅隆工业研究所于 1913 年由梅隆家族创办，是美国第一家合作制的研究型公司，创始人为安德鲁·梅隆）合并成立，定名为卡内基梅隆大学。经过几十年的努力和跨越式的发展，今天的卡内基梅隆大学凭借其在教学、科研和社会服务方面的卓越成就，已成为美国研究型大学中的佼佼者，是全美前 25 名大学中唯一一所创建于 20 世纪的大学。

茅以升铜像

该校标志性建筑之一是茅以升铜像。2006 年，为了表彰校友茅以升的杰出成就，卡内基梅隆大学计划为其塑像。提议之初，颇引争议。争论的焦点是卡内基梅隆建校百年以来，校内未有任何塑像，它的两个建校者都是鼎鼎大名的人物，卡内基是世界钢铁大王，梅隆是美国著名的银行家、三任财政部长，他们逝世多年，都没能在校园内立像。头一座塑像居然是一名来自发展中国家的学生，一时舆论哗然。但时任校长的杰瑞德·柯亨（Jared L. Cohon）力排众议，他认为，学校固因其历史而自豪，更要为它的学生而骄傲，英雄应该不问出处、不分种族，一所好的大学应该兼容并包、放眼全球。这种观点最终占了上风，2006 年 4 月 13 日，茅以升的全身铜像在校园一角建成，这不仅是卡内基梅隆校园里唯一的一座塑像，也是全美大学校园里第一座中国人的塑像。从这天起，茅以升

卡内基科技工程学院

该校规模不大，学科门类不多，但几乎所有专业都居于世界领先水平。学校拥有全美第一所计算机学院和戏剧学院，该校的艺术学院、商学院、工学院、公共管理学院以及计算机、心理学、统计学、应用数学、决策科学、计算生物学等专业都在全美名列前茅，因为杰出的表现，卡内基梅隆大学被评选为"新常春藤"之一。

现任校长是杰瑞德·柯亨（Jared L. Cohon），这位土木工程学教授与 1997 年 7 月起担任卡内基梅隆大学第 8 任校长。在此之前，柯亨在耶鲁大学森林和环境学院任院长以及环境系统分析专

的精神和成就也成了卡内基梅隆大学精神和文化的一部分。

"兰迪"天桥

卡内基梅隆大学在计算机科学系和艺术中心的两座大楼之间新建了一座以"兰迪（Randy）"命名的天桥，以纪念兰迪·弗雷德里克·波许（Randy Frederick Pausch）对计算机和艺术两个学科所做出的突出贡献。他是一位卓越的计算机科学教授，计算机语言教学软件Alice项目的创立者，卡内基梅隆大学娱乐技术中心创立者之一，曾经获得2007年度美国计算机协会（ACM）计算机科学教育专业组计算机科学教育杰出贡献奖。2007年8月，他被告知患有癌症，只剩下至多半年的生命。随后他在卡内基梅隆大学发表了《最后一课：真正实现你的童年梦想》的演讲。即使濒临死亡，但兰迪的演讲依然明快幽默，鼓励听众热爱生命，他对生命的乐观态度和为了梦想不懈努力的精神感动了全世界。2008年7月25日，兰迪去世，但他的故事和经历传遍了全世界。匹兹堡市还将每年的11月19日定为"兰迪·波许日"，以弘扬他的精神遗产。

哈默施拉格楼（Hamerschlag 业的教授。

卡内基梅隆大学拥有7个学院：卡耐基科技工程学院（Carnegie Institute of Technology（College of Engineering）），主要包括了7个工程系和两个机构；艺术学院（College of Fine Arts），是美国艺术学院中历史第二悠久的，学院为研究生配备了各种研究项目，来帮助他们丰富自己的学识；约翰·海因娜三世公共政策与行政管理学院（H. John Heinz III College（Public Policy & Information Systems）），提供研究生学位，在各类管理、公共政策方面有所专长；人文社会科学学院（College of Humanities and Social Sciences），主要包括经济系、英语系、历史系、哲学系、心理学系、社会和决策学系、统计系；梅隆科学学院（Mellon College of Science），拥有四个系：生物科学，化学，数学科学和物理，另外，也涉及绿色化学、纳米科技、传感器等前沿科技；计算机科学学院（School of Computer Science），国际上顶级的计算机研究中心；泰铂商业学院（Tepper School of Business），给予本科生关于商业和经济学的课程，同时也提供MBA学位和一些专业的博士学位。除了学院以外，卡耐基梅隆大学还拥有很多研究所，致力于计算机、人机交流、软件、机器人的研发，甚至为美国国防部服务。

卡内基梅隆大学素有"信息科学的圣殿"之称，它不仅是17位诺贝尔奖获得者的摇篮，还和中国有着特殊的渊源和联系。具体说来，有以下这几方面的特点：

铂内尔艺术中心

第一，理工出色，人文出彩。 卡内基梅隆大学是美国唯一一所理工科和人文艺术都很强的大学。星期六的晚上，通常可以看到，学生们有的在校园中心油漆围栏制作即将举办Party的广告，有的在观看艺术学院学生的戏剧，还有的在钻研"星际争霸"游戏，还有很多工程专业的学生在图书馆挑灯夜读。没有另外一所

Hall）是该校出镜最多的标志性建筑。

哈默施拉格楼

校园重大历史事件

➢ 1900 年，安德鲁·卡内基致信给政府，愿意出资 100 万英镑建一所技术学院。后来政府在肖莱公园附近划出 32 公顷（0.32 平方千米）土地供其建成了卡内基技术学院。根据卡内基的设想，学校将为当时的匹兹堡培养 3 年制所需的工业专门人才。最初该学校包括科学与技术学校（培养工艺师和助理工程师）、艺术学校（培养设计师和手艺人）、培养制造业和建筑业的学徒工和熟练工的职业学校，以及一所培训家庭主妇和秘书的玛格丽特·莫莱逊·卡内基学校。

➢ 1912 年，学校改名卡内基技术学院（Carnegie Institute of Technology）并提供四年制学位，开始向以研究为主的美国综合性大学转变。

➢ 1913 年，银行家安德鲁·梅隆创立梅隆工业研究所。

➢ 1917 年，卡内基技术学院设立全美第一个戏剧学院，提供了戏剧相关的学士学位课程，致力于艺术人才的培养。

➢ 1967 年，卡内基技术学院与

学校像卡内基梅隆大学那样在如此多的不同领域都很出名：建筑、工程、戏剧、自然科学、设计、音乐、商学，这仅仅是一部分。这所大学的与众不同之处就在于为两种不同类型的人提供了两种完全不同的专业。

卡内基梅隆大学在科技方面的学术表现可圈可点，比如，计算机科学、机器人学、电机工程等，在各个领域内都占有领导性地位。其中，计算机科学最为著名，在所涵盖的软件技术、电子商务、信息管理系统、生产控管等研究领域都有出色的表现。该校在艺术方面的发展，可追溯至 1917 年，当时就提供了与戏剧相关的学士学位课程，开启了美国艺术人才的培育，至今该校的艺术教育更臻成熟而丰富。

盖茨中心

第二，学术严格，学生努力。卡内基梅隆大学对学生的训练异常严格，课业繁重，在《普林斯顿评论》每年"学生累得像狗的大学排名"中，从来高居前几位，与加州理工学院、麻省理工学院、芝加哥大学、普林斯顿大学等同为美国乃至全世界训练最为残酷的大学。这里以其紧张的学习氛围而著名，学生们不得不在课前作大量的预习，课内课外都充满了挑战性。

学生们 90% 的时间都在考虑学习，其他 10% 的时间用于考虑什么时间睡觉和如何缓解一些压力。学生的名言是："要想不受苦和累，千万别动心思来这里。"卡内基梅隆大学是小班授课，班级规模都在 30 人以内。很多学生认为卡内基梅隆大学是所遇到困难最多的学府。最辛苦的三个专业是艺术、工程和计算机科学。各个学院、各个专业的要求都不同，一些本科生抱怨，自己选修学院以外的课程，就感到非常难学。一位工程专业的学生说："因为学会了如何去思考，而不是机械地计算，这才是真正的大学教育。我们制造机器人，但我们不是机器人。"

实践经验是该大学的重要特点。1360 名新生申请参加学校的

梅隆工业研究所合并，改名为卡内基梅隆大学。

➢ 1968年，玛格丽特·莫莱逊·卡内基学校改为一所人文和社会科学方面的学院。

➢ 2005年，设立卡内基梅隆大学日本分校。

贝克楼，校园中第一座建筑物

校园杰出人物

卡内基梅隆大学现有健在的校友8.4万人。由于在多个应用学科门类都积淀深厚，该校校友获得过各专业领域的最高奖，如诺贝尔奖、图灵奖（Turing Award，计算机专业最高奖）、奥斯卡奖（Academy Award，美国电影界最高奖）、艾米奖（Emmy Award，美国电视界最高奖）、托尼奖（Tony Award，美国戏剧界最高奖）等。其中与卡内基梅隆大学有关的诺贝尔奖得主有17个：

➢ 奥里佛·伊顿·威廉姆森（Oliver Eaton Williamson），1963年毕业，博士学位，获得2009年诺贝尔经济学奖。

➢ 约翰·豪尔（John L. Hall），1956年毕业，理学学士，1961年毕业，博士学位，获得2005年诺贝尔物理学奖。

➢ 芬恩·基德兰德（Finn E.

12项计划，其中计算机、工程和戏剧最受欢迎。学校鼓励学生将学到的知识应用于实际。因此，除了30%的学生直接读研究生外，另外约70%的学生在毕业时都能得到工作机会。因此，很多人都接受这样的事实：就业前景最好的大学为卡内基梅隆大学。学校还设有创新转化中心，激励创新成果转化，为科技成果与市场需求之间提供了一个桥梁，促进了匹兹堡地区区域经济的发展。政府也鼓励大学教授以技术入股的方式，创办高科技公司。如1998年，卡内基梅隆大学部分教授获得了82项发明专利，创办了5家高新技术企业。

第三，实力超强，软件一流。卡内基梅隆大学在国际软件业界拥有极高的声誉，目前国际软件行业最通行的标准——软件生产能力成熟度模型（CMM）正是由该校的软件工程研究院研发并制定的。近年来卡内基梅隆大学在原有的CMM体系基础上又推出了CMMI最新体系，成为软件行业的最新标准。

卡内基梅隆大学的软件工程学院是美国国防部军管研究院，具有美国军方背景，现已经成为全球软件学院的楷模。全球500强企业中的IT巨头们纷纷在卡内基梅隆大学捐款并设立研究所，以至卡内基梅隆大学的来自学生的学费收入仅为其每年总收入的极小一部分。正因如此，卡内基梅隆大学对入学学生的要求之高为全球所瞩目。

该校还被公认为是将计算机应用于教育的先驱者，其中以两位创始人安德鲁·卡内基和安德鲁·梅隆命名的"安德鲁"校园网至今在美国高校中保持着领先优势。

公共政策与行政管理学院

第四，课堂充实，课余丰富。由于紧张的学术氛围，一些学生对校园缺乏更多的社会生活颇有微词，但总体来说，学生课余活动还是很丰富多彩的。一美元的电影从周四放到周日（通常是一些好的新片，是一种非常好的缓解学习压力的方法），学生们创

Kydland），1973 年毕业，博士学位，获得 2004 年诺贝尔经济学奖。

➢ 爱德华·普莱思考特（Edward C. Prescott），1967 年毕业，博士学位，获得 2004 年诺贝尔经济学奖。

➢ 保罗·劳特波（Paul Lauterber），卡内基梅隆大学研究员，获得 2003 年诺贝尔生理学或医学奖。

➢ 约翰·波普（John A. Pople），卡内基梅隆大学研究员，获得 1998 年诺贝尔化学奖。

➢ 沃尔特·科恩（Walter Kohn），卡内基梅隆大学教授，获得 1998 年诺贝尔化学奖。

➢ 罗伯特·卢卡斯（Robert E. Lucas, Jr.），卡内基梅隆大学教授，获得 1995 年诺贝尔经济学奖。

➢ 克里福德·沙尔（Clifford G. Shull），1937 年毕业，学士学位，获得 1994 年诺贝尔物理学奖。

➢ 约翰·纳什（John F. Nash Jr.），1948 年毕业，学士和硕士学位，获得 1994 年诺贝尔经济学奖。

➢ 默顿·米勒（Merton H. Miller），卡内基梅隆大学教员，获得 1990 年诺贝尔经济学奖。

➢ 佛朗哥·莫迪葛利安尼（Franco Modigliani），卡内基梅隆大学教授，获得 1985 年诺贝尔经济学奖。

➢ 赫伯特·西蒙（Herbert Simon），卡内基梅隆大学教授，获得 1978 年诺贝尔经济学奖。

➢ 保罗·弗洛里（Paul Flory），卡内基梅隆大学研究员，获得 1974

作的戏剧演出以及各个俱乐部设计主办的周末晚会都很受欢迎。

学生的课余生活十分丰富有趣。在校园中心有一道"篱笆"，原先是通往隔壁女校的唯一一座桥，是两校学生见面的地方。后来河流被填平竖了篱笆，当然，学生们是无法理解为什么见自己的女朋友要在篱笆那里。大学的传统就是，一旦篱笆没有人看守了，在凌晨至早上 6 点之间，一定会被其他学生用油漆刷上颜色，而且必须是手刷，如果用了其他工具则被视为违规，会被罚款。其他著名的娱乐活动有春季狂欢节、双轮车（Buggy Vehicle）竞赛和机器人设计比赛等。

卡内基梅隆大学有不少离奇的社团，其中基尔特乐队和 KGB 乐队很受学生们欢迎。基尔特乐队是个条条框框的乐队，节奏很快，观众随着音乐起舞、疯狂欢呼，欢乐之时，对音乐和节奏是否有天赋并不重要。KGB 乐队以其滑稽、诙谐的表演，总能吸引相当多的观众。还有人周末到匹兹堡、奥克兰等周边市区的饭馆、酒吧消遣。匹兹堡有很多剧院、博物馆、商场和运动场所，公交车可以将学生送到这些地方。

校园一瞥

卡耐基梅隆大学还是美国国家航空和宇宙航行局科研任务的主要承制单位之一，该校的机器人研究所从事过无人驾驶车、月球探测步行机器人、单轮陀螺式滚动探测机器人的研究。美国国防高级研究计划局已经与卡耐基梅隆大学国家机器人工程协会和波音公司签订合同，制造和测试无人地面战车（UGCV）样车。这将是人类首次尝试生产在所有地形条件下都能够正常工作的无人地面战车。该大学对空间机器人的研究有很长的历史。目前，卡耐基梅隆大学为五角大楼研制的"角斗士"战斗机器人在对抗测试中大获全胜，攻克了"未来美军"的一些技术难关。同时，卡耐基梅隆大学也是世界上规模最大、参与人数最多的机器人足球比赛"RoboCup 机器人足球世界杯"的主要赞助人之一，被公认为是将机器人应用于教育的先驱者。

年诺贝尔化学奖。
➢ 奥特·斯特恩（Otto Stern），卡内基梅隆大学教授，获得1943年诺贝尔物理学奖。
➢ 克林顿·戴维森（Clinton J. Davisson），卡内基梅隆大学教员，获得1937年诺贝尔物理学奖。

其他杰出校园人物有：
➢ 茅以升，卡内基梅隆大学毕业的首位博士，该校校园内树立有茅以升的全身像。
➢ 约翰·福布斯·纳什（John Forbes Nash）博士，是有"纳什均衡"之称的博弈理论的创始人，中学毕业后进入了卡耐基技术学院（卡内基梅隆大学前身）化学工程系，后入普林斯顿大学数学系攻读博士学位，21岁博士毕业，不到30岁已经闻名遐迩。
➢ 希尔伯特·西蒙（Herb Simon），人类历史上罕见的通才，在心理学、计算机、经济学等领域都做出开创性贡献的百科全书式的人物。
➢ 李开复，卡内基梅隆大学计算机学院博士，知名的计算机科学的研究者和从业者。

所在地概况及公共设施

卡内基梅隆大学位于匹兹堡（Pittsburgh），宾夕法尼亚州第二大城市。该市坐落在阿勒格尼河、莫农加希拉河与俄亥俄河的交汇处，全市共有446座桥梁，是美国最大的内河港口之一。传统上，匹兹堡是美国著名的工业城市，是美国钢铁工业的中心，有"世界钢铁

除了上述特点之外，非常值得一提的是，卡耐基梅隆大学在世界范围内因机器人技术而享有盛誉。因为这个原因，现在，宾夕法尼亚西南部有超过80家的公司设计、销售机器人，并提供售后服务。匹兹堡和国际机器人工程协会拥有使其成为世界机器人教育领导者地位的所有必要的成分。在卡耐基梅隆，很多人都认为，我们日常生活中应用的技术都是在过去的10年里发展起来的，唯一不变的是变化，很多新技术呈指数的变化，改变着我们周围的世界。学生在设计和搭建机器人的过程中需要学习数学、工程设计和物理学等学科知识。

机器人创新教育是当今高等教育中的一种综合教育资源。学生在使用符合工业标准的软件和硬件时，要涉及数学、物理、化学、几何学、三角学、电子学、规划设计、计算机控制、语言文学、音乐、舞蹈、生物、工程机械、能源环保、工业设计等学科知识。在团队合作中，学生们将学会协商、妥协，增加与团队成员合作共事的理念，同时，他们也会懂得时间和资源管理的重要性。机器人创新教育开发了学生以下能力：时间管理、资源分配、团队合作、信息采集、系统分析、设计工程。

纽厄尔-西蒙楼，计算机学院所在地

"我的心，就在我的工作里（My heart is in the work）"，这是企业家卡内基的话，今天已作为校训镌刻在卡内基梅隆大学的主楼。卡耐基还是一名慈善家，他的捐助和贡献，奠定了美国现代慈善业的基础。1919年，临近生命终点，他没有把财富留给自己的后代，而是捐出了全部财富。他说，一个人如果在金钱巨富中死去，那是一种羞耻（To die rich is to die disgraced）。这些金子般的话语，激励着一代又一代的美国人投身慈善和公共教育事业。提倡科学，振兴教育，兼容并包，笃行乐观，这是卡内基梅隆精神的写照。

◎学校图书馆

之都"的美称。

匹兹堡

20世纪初,匹兹堡的工商业迅速发展,成为美国工业革命的中心,诞生了一大批工业革命的先驱。第二次世界大战后,匹兹堡进行了大规模的城市改造,从传统的制造业也为主的工业城市转变为以医疗、教育、休闲、人文艺术为主的现代城市;经济上现已成为以生物技术、计算机技术、机器人制造、医疗健康、金融而闻名的繁荣的工商业城市,成为美国城市经济成功转型的典范。匹兹堡是美国钢铁公司、PPG工业公司、亨氏公司、PNC金融服务集团等8家美国500强企业的全球总部,美国500强总部数量全美排名第8,德国拜耳公司的美国总部也设于此。

匹兹堡是全美治安最好的城市之一,同时也多次被评为全美最适宜居住城市,兼具悠久的历史遗迹与现代化的都市景象,向东可达大纽约区,向北可通达五大湖区,可以说是美国东海岸连接中西部的重要枢纽。匹兹堡以体育之城而著称。2009年2月匹兹堡钢人队获得了美式橄榄球"超级碗"总冠军,是美国历史上第一支6夺"超级碗"的球队;2009年6月匹兹堡企鹅队

从此,扬帆启航……

卡内基梅隆大学图书馆系统包括珲特图书馆（Hunt Library）、工程和科学图书馆、梅隆研究所图书馆、波斯纳中心和卡塔尔图书馆。此外,还有管理软件工程学院图书馆、通用数字图书馆。通过奥克兰图书馆联盟,卡内基梅隆大学的学生和教员也可以访问匹兹堡市的卡内基图书馆图书馆以及匹兹堡大学图书馆,实现资源共享。

珲特图书馆

该图书馆系统还包括一些特殊收藏,例如:安德鲁·卡内基收藏、赫伯特·西蒙收藏、艾伦·纽厄尔收藏、约翰·海因娜三世收藏、波斯纳纪念收藏等。

收藏善本的波斯纳中心

在数字化环境下,该图书馆系统尽力满足学生的数字化需求。所用的电脑终端机包括 IBM、Apple Macintosh、DEC 等,以便取得无穷无尽的图书馆资料。

◎学校生活条件

卡内基梅隆大学要求本科新生必须住在校园内,新生宿舍最好的有:New House、Donner、Resnik 和 Morewood Gardens。校园内现有 3400 多个床位,宿舍一般都设施齐备,非常舒适。校园生活空间较大,学生可以在宿舍里一直住到毕业,每年大约三分

夺得北美冰球联盟"斯坦利杯"冠军，为该城再添光增彩。

尽管被分类为温带大陆性湿润带气候，但匹兹堡冬季气候还是比较寒冷的，1月份平均气温为–3.5℃，7月份平均22.5℃。年平均降雨量为36.3英寸（约92厘米），降雪量44.2英寸（约112厘米）。每年10月开始气温慢慢下降，11月就会开始下雪，1月是雪量最多的月份，冬天比较寒冷，气温最低会降到–20℃，冬天的平均温度在–7℃至–10℃左右。

抵达方式

匹兹堡国际机场（Pittsburgh International Airport）是一座军用、民用合而为一的机场，位于匹兹堡以西30千米处，占地52平方千米。机场拥有强大的航空货运设施，并支持广泛的通用航空业务，是宾夕法尼亚州第2繁忙，美国第47繁忙的机场。到2004年为止，美国航空公司仍然是其最大的运营商，机场里约30%的乘客都是由美国航空公司承运的。匹兹堡机场的第二大航空公司是美国西南航空公司。机场提供直飞服务的城市主要遍及美国、加拿大、墨西哥、加勒比地区和欧洲。

卡内基梅隆大学到匹兹堡国际机场约40分钟车程，距离约22英里（约35千米），又与闹区相距不远，因此兼具繁荣便利的都市生活机能。

之二的学生这样做。大部分学生愿意住在校内，是因为这样可以认识更多的朋友，有很多有趣的事情发生，遇到学习上的困难有人提供帮助。也有一些新生愿意在升入二年级时到校外比较便宜的公寓里，尽管附近没有多少比较好的公寓可供租借。《耶鲁大学日报大学指南》警告说，由于宿舍设备好而且舒适，学生一旦搬到校外居住，要重返宿舍会很困难。学生对校内的餐食和饭厅一般持否定态度，但很多学生认为目前餐食有所改善。

大学中心是校园学生活动的基地

卡内基梅隆的学生社团、画廊和俱乐部有225个之多，且社团种类繁多，涉及社会、服务、媒体、学术、娱乐、体育运动、宗教、政治、文化等等。校园内还有好几个学生主办的画廊，包括比较有名的画廊《框架》等。随着100多年前建校之初兄弟会的建立，卡内基梅隆大学的"希腊式传统"早就盛行。在2010年秋季，"希腊式"的社团包含了26个积极活动的兄弟会和姐妹会。

卡内基梅隆大学是全美大学体育协会三级协会会员。1936年，卡内基工学院的射击队在校际锦标赛中赢得了全国冠军。目前，大学运动代表队项目有篮球、径赛、橄榄球、高尔夫、足球、游泳、网球、排球、网球以及啦啦队表演。此外，还参加划船、英式橄榄球、曲棍球、棒球、垒球、滑雪、水球和自行车等项目。

1924年建成的斯奇博体育馆

卡内基梅隆大学

Lehigh University　利哈伊大学

排　　名： 37	校训：	校徽：
建校时间：1865 年	*Homo minister et interpres naturae*（拉丁语）	
学校类型：私立	Man, the servant and interpreter of nature.	
IBT 最低线：88		
SAT：	学校网址：http://www.lehigh.edu	
CR： 590–630	申请网址：	
Math： 630–710	http://www4.lehigh.edu/admissions	
Writing： 不详	咨询电话：610-758-3100	
ACT Composite：28–32	咨询传真：610-758-4361	
送分代码：	咨询邮箱：admissions@lehigh.edu	
IBT： 2365	申请费：$70	
SAT： 2365	学　费：$39480	
ACT： 不详	总费用：$50300	吉祥物：
毕业率：	申请截止时间：	
4 年毕业率： 72%	ED I： 11 月 15 日	
6 年毕业率： 83%	ED II： 1 月 1 日	
学生人数：	RD： 1 月 1 日	
在校生总数： 7051	申请材料邮寄地址：	
本科生人数： 4781	Office of Admissions	
人员比：	Lehigh University	
师生比： 1：10	27 Memorial Drive West	
男女生比： 59：41	Bethlehem, PA 18015-3094　U.S.A.	
国际学生比：5.6%		

校园标志性建筑

利哈伊大学占地 1600 英亩（约 6.5 平方千米），其中包括 180 英亩（约 0.7 平方千米）的休闲空间和运动场地。该校有 150 幢大楼，建筑面积 400 万平方英尺（约 0.4 平方千米），由围绕南山的 3 个相连校园组成：奥萨·帕克分校，依山的北坡兴建，是利哈伊的最初和主

◎学校概况

从建州之初，美国的宾夕法尼亚州就以宗教自由和政治民主著称，在北美有很大影响。美国历史上的许多重要篇章都是在宾州谱写的。在宾州费城以北 74 千米处，有一小城叫伯利恒，始建于 1741 年，别名"耶稣城"，每年圣诞节时，全市弥漫着童话般美好的宗教节日气氛；而且还有户外音乐嘉年华会，市民们皆大大小小一起携手上街欢乐。这里是美国第二大钢铁公司——著名的伯利恒钢铁公司的所在地，也是美国最大的水泥工业中心。此外，还有化学药品、纺织品、食品、水泥、家具、涂料、电气等。

主要的校园；山顶校园，建在南山顶上，设有田径场以及艾科卡演奏厅；正南面的墨累·古德曼校园，配置了拥有1.6万个座位的体育场和其他体育设施的位置。大学依山而建，风景优美，古老的橡树给校园遮风避雨，为学生户外读书提供了惬意安静的场所。大部分宿舍都建在山坡上。学生们开玩笑地说，在利哈伊读书，无须特意锻炼身体，每天来往于宿舍与教室之间，便是最好的运动。

伯利恒还是美国享有盛誉的音乐中心之一，每年5月都举行盛大的巴赫音乐节。除了享受户外阳光及进行活动，还可以聆听音乐，尽享啤酒和美食，在伯利恒市，即可过着美国小镇生活，更可以享受标准美式乡间生活。这些城镇都坐落在利哈伊河谷。两旁的坡地上，错落有致地散布着一幢幢单层和双层的独立住宅。这里早期居民中多德国后裔，现城镇中许多居民仍然保留着德意志民族的文化传统。文化教育事业也十分发达，设有以理工科著称的利哈伊大学（常被译为理海大学或李海大学）。

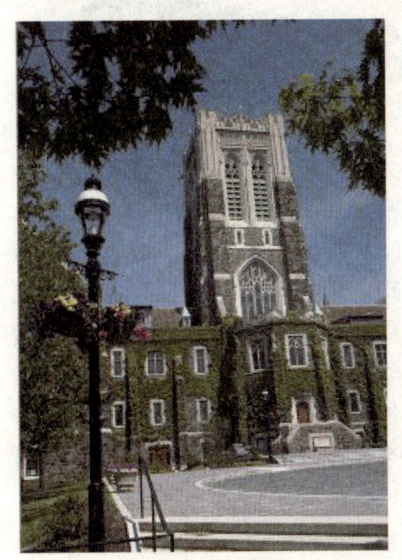

校友纪念大楼

工程和应用科学学院

校园内有很多风格各异的建筑，其中奥萨帕克分校的校友纪念大楼（Alumni Memorial Building）是一个建在校园中心附近的哥特式建筑，为了纪念第一次世界大战参战的1921名校友（其中有46名阵亡），这幢大楼建于1925年。为纪念其后战争中参战者，在这幢大楼大厅也放置了刻有参战者姓名的瓷砖。现用作该校参观者中心、招生办公室和校友会所在

利哈伊大学是一所著名的综合型私立大学，有着悠久的历史。自创建以来，该大学一直以工科为重点，其工程学在全国素享盛誉。至今，该校仍有50%的学生主修工程学科。此外，商业管理学科也十分出色，尤以会计、财务和经济为最好。其他学科如建筑，心理学、政府，新闻系等也值得赞扬。理科以化学和数学较为突出。

现任校长是艾丽丝·加斯特（Alice P. Gast），这位著名的化学教授自2006年8月1日起担任利哈伊大学的第13任校长，也是该校首任女性校长。在此之前，加斯特从2001至2006年任麻省理工学院负责科研的副校长和副教务长。

利哈伊大学共设有4个学院：文理学院、工程应用科学学院、商学院和教育学院。该校有90多个大学本科专业，提供2000多门课程。

利哈伊大学具有以下几个特点：

第一，友谊第一，竞争第二。虽然利哈伊以学术严谨而著称，但大多数学生认为同学之间并不存在多少激烈的竞争。学生们普遍觉得，这里的人们相互之间关系很融洽，大家通常采取小组或

地。该楼的设计者是利哈伊大学校友西奥多·威司乔和詹姆斯·林德赛·伯乐伊。

泰勒体育场

泰勒露天体育场（Taylor Gymnasium）是美国第三古老的大学体育场，建于1914年，当时花费9万美元。

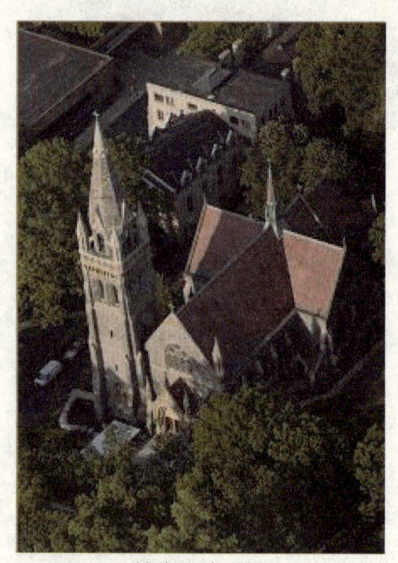

帕克纪念教堂

此外，还有建于1877年的林德曼图书馆（Linderman Library）、1887年的帕克纪念教堂（Packer Memorial Church）等。很多利哈伊大学校友常常回到校园以见证他们人生中的重要时刻，包括他们的婚礼。因此，帕克纪念教堂每年

团队的形式进行学习，互相帮助是一种司空见惯的事情。即使是出现竞争，通常是在社会生活中，而不是在班级里。这种竞争主要是看某些方面谁能做得最好，而不是看谁做得最差，因而学生之间没有那种虎视眈眈的紧张关系。

劳赫商学中心

利哈伊大学的口号是"努力学习，尽情嬉戏"，在跨进大学的门槛之后，学习压力较为沉重，当然这也是几乎所有以工科为主的大学共同的特色。学生们总是雄心勃勃，很多人选修双学位。尽管学业负担较重，但教授们理解学生，师生关系很密切，在课堂上教授们常常向学生们提出新的问题和挑战，鼓励他们将课堂内容与日常生活相结合。一位学生说："无论我什么时候走进教授的办公室，他们都会十分热情地接待我。"除了5年制的英语专业，其他专业课程均由教授亲自授课，助教仅仅负责帮助本科生解决学习中的部分问题。

第二，小班教学，精益求精。该校推崇小班教学形式，平均班级规模是27名学生，有80%的班级低于35名学生。随着学生们学习进程的不断深入，他们经常会发现班级规模越来越小。一些高年级的学生认为，小班授课是更好的教学方式。他们可以遇到非常好、十分敬业的教授，为他们提供了富有挑战性的课程，并"授之以渔"，而不是仅仅"授人以鱼"。

利哈伊大学将大型的研究型大学所能提供的学习机会和小型学院所提供的个性化关注有机地结合在一起，这里提供的高等教育将4个学院的课程和大量不同领域的学习结合在一块。学生们可以从各个专业和学术科目的2000多门课程中选择自己感兴趣的课程，并制定自己的学习计划，可在4个学院之间更换专业课程，还可以在校外或专业领域之外选择其他课程。

都要操办50多位校友的婚礼。

校园重大历史事件

➢ 1865年，利哈伊谷铁路公司（Lehigh Valley Railroad Company）总裁奥萨·帕克（Asa Packer）捐赠50万美元建造了一所大学，其目的是为了让利哈伊谷的男人们获得"知识和道德进步"。这是当时美国对教育机构最大的一笔捐款。这个大学的地址被帕克选在从宾夕法尼亚州的伯利恒到利哈伊河一个铁路交汇点上，伯利恒社区由摩拉维亚的传教士成立于1741年。在开学的第一年，该校只有39名男生入学。

➢ 1866年，宾夕法尼亚州州长签署法令，正式创建利哈伊大学。校徽也被正式接受。

➢ 1870年，利哈伊大学第一个工程学教授职位被确定。

➢ 1877年，为了纪念奥萨·帕克的女儿露西·帕克·林德曼，该校大学图书馆以她的名字命名；利哈伊大学开始提供第一批研究生学位：人文硕士、哲学博士和科学博士。

➢ 1942年，生物化学家玛格丽特·兰姆丝成为该校第一个获得研究奖学金的女士。

➢ 1971年，利哈伊大学迎来第一位女本科生。

➢ 1992年，利哈伊大学成为美国第一所具有独立的数字卫星网络、能够向全国转播课堂教学的大学。

校园杰出人物

研究人员发明还原水和减少排放的技术

第三，保持优势，兼顾其他。 利哈伊大学的强项是工程学、应用科学以及商业经济，但是仍然有40%以上的学生选择人文社会学科作为专业。学校在继续加大对工程学等理工科的投入的同时，最近做了大量的努力来提高学校的文科教学质量，因为该校认为，人文社会科学也是本科教育的一个重点，并且文科使所有的课程成为一个整体。通过学习文科知识，能够补充他们理工专业的发展不足，学生们培养了更加丰富的想象力和创造力。教师们将他们更多的时间和精力用于帮助本科生学习并取得成功。此外，该校将拓展国际视野的学习和交流作为教育的另一个重点，通过这种交流，学生们能得到国际上前沿的知识和经验，参加各种活动能帮助学生建立自信和培养领导能力。

学校不但硬件设备相当先进，而且汇聚了一大批知名的教授，同时每年还有慕名而来的许多访问学者，极大地增强了这里的科研实力。

商学院学生在纽约交易所的交易大厅

利哈伊大学建校 150 多年来，培养了众多优秀的毕业生，其中有代表性的杰出人物有：

➢ 亨利·科佩（Henry Coppée），1866 年成为利哈伊大学的首任校长（1866 至 1875 年）。

➢ 奥萨·帕克（Asa Packer），利哈伊大学的创始人，杰出的政治家，1868 年他作为民主党总统候选人参加美国总统大选。

➢ 杰西·里诺（Jesse W. Reno），1883 年毕业，学士学位，电动扶梯的发明人。

➢ 亨利·斯特吉斯·德林克（Henry Sturgis Drinker），1871 年的毕业生，也是唯一一位担任过利哈伊大学校长（1905 至 1920 年）的利哈伊大学校友。

➢ 詹姆斯·塔尔梅奇（James E. Talmage），1884 年毕业，学士学位，曾任美国犹他大学校长。

➢ 乔·摩根斯坦（Joe Morgenstern），1953 年毕业，学士学位，电影评论家，获得 2005 年普利策批评报道奖。

➢ 莱斯特·霍根（Lester Hogan），1950 年毕业，博士学位，美国物理学家，微波和半导体研究的先驱。

➢ 阿里·纳伊米（Ali Al-Naimi），1962 年毕业，学士学位，沙特阿拉伯王国石油部长（1995 年至今）。

➢ 约翰-戴维·巴托（John-David F. Bartoe），1966 年毕业，学士学位，美国国家航空和宇宙航行局航天飞机宇航员。

➢ 彼得·费韦尔（Peter D. Feaver），1983 年毕业，学士学位，

此外，该校尽最大努力为学生提供更多获得奖学金的机会，以使他们成功完成学业。而且学校有许多资金资助项目，其中包括 5000 至 15000 美元的无息贷款等。

◎学校图书馆

利哈伊大学图书馆系统有两个主要的分馆：费尔柴尔德·马丁代尔（E.W. Fairchild-Martindale Library）图书馆和林德曼图书馆（Linderman Library）。这两个图书馆藏书 120 多万册和 2.2 万种纸质和电子期刊。在行政上，图书馆是副教务长领导下的图书馆和技术服务中心的一部分。

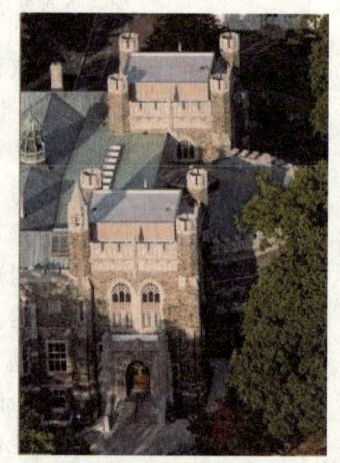

美国最古老图书馆之一林德曼图书馆　　费尔柴尔德·马丁代尔图书馆

为纪念利哈伊大学创始人奥萨·帕克的女儿露西·帕克·林德曼，林德曼图书馆建于 1877 年。这所具有历史意义的图书馆在 2005 年到 2007 年间进行了大规模的翻修，为人文学科及其收藏，该馆增加了实验室和展示厅以及服务于整个校园的知识中心。1878 年建造的圆形大厅和 1929 年增建的宽大的阅览室依旧保持原貌。

费尔柴尔德·马丁代尔图书馆（包括 1969 年开放的玛特科学和工程图书馆）于 1985 年对外开放。馆内藏有科学、工程、数学以及社会科学诸如商务和教育等学科的图书、期刊、报纸、音像资料和缩微文件等。还收藏 23.5 万多种的联邦和宾夕法尼亚州的政府纸质文件和缩微出版物。

此外，利哈伊大学还有和纸质图书馆一样重要的电子图书馆，其中涵盖著作、电子期刊、文本和图像资料等，所有这些都对利

曾是克林顿和布什两位总统时期的美国国家安全委员会成员，现任杜克大学教授。

所在地概况及公共设施

校园位于利哈伊山谷，离费城有70英里（约113千米），约需1小时的车程，离纽约市有85英里（约137千米），约需两小时的车程。

熙熙攘攘的校园使得伯利恒这个位于利哈伊山谷中心的这个曾经辉煌过的钢铁小镇重新焕发朝气，很多公司与利哈伊大学的教授和学校科技园区有着广泛的联系。

作为一个钢铁城，利哈伊山谷的运输条件优越，其水路、铁路和空运均很发达；又因为靠近纽约、费城和巴尔的摩等大城市，与大消费市场接近，是进行食品生产和保鲜运输的理想地点。著名的卡夫食品公司的总部便设在利哈伊山谷地区的艾伦城。

在生物技术迅猛发展的美国，利哈伊山谷也有发展生物技术产业的优势：从新泽西州的普林斯顿到宾夕法尼亚州的费城和威明顿的三角地带，默克等大批世界级制药公司云集，而利哈伊山谷正位于这个三角地带，靠近大制药商意味着资源和人才优势。

抵达方式

利哈伊大学所在地近距离地享受着美国最重要和最有趣的两个城市——费城和纽约——的特点

哈伊大学校园内外的学生们开放。

林德曼图书馆

◎学校生活条件

大约70%的利哈伊学生居住在校园内，学校保证为一年级新生和二年级学生提供安全、舒适、有家一样感觉的宿舍居住，在这里，学生们可以生活、并可以向其他同学学习。大学共有四栋宿舍楼，3200个床位，全部宿舍为自炊式。在学生会的协助下，大学为学生们建立了种类齐全的服务部门，包括学生咨询处、福利与咨询小组、医疗和牙科保健中心以及一个家庭联谊计划。此外，还为留学生提供新生入学教育。很多高年级的学生选择公寓式的宿舍、兄弟会楼或姐妹会楼、校外的公寓作为居所。其他的选择还包括校园广场，一个住宅和商务混合楼，这里居住着250名高年级的学生。利哈伊的餐饮服务曾获得常春藤奖，这是由美国餐饮行业颁发给高校一流餐厅的奖项。

佐尔纳表演艺术中心

在利哈伊，一幢学生住宅楼不仅是一个"学生宿舍"，相反，这是一个结交新朋友、学习、放松、交际、睡觉、参加有趣和有教育意义活动的地方。起初，学生住宅楼是学生们在利哈伊大学

从此，扬帆启航……

和优势。历史悠久的费城，有着著名的历史、文化古迹等丰富的遗产。而这里离现代化的美国大都市纽约也只有两小时的车程。

4年被称之为"家"的地方。所有住宅楼离教室、餐厅、健身中心、体育馆和图书馆都很近，所以利哈伊为学生们提供的服务很方便、快捷。学生们对学校最大的抱怨是去宿舍的路基本上都是山路，尽管这样高高低低的路径是锻炼身体的最好方式。

利哈伊山谷国际机场

利哈伊山谷国际机场（Lehigh Valley International Airport）有通往美国各地各主要城市的直飞航班和中转飞往费城和匹兹堡的航班。

曾为矿业实验室现为国际中心的考克斯楼

活跃的兄弟会和姐妹会组织让校园生活充满了活力，33%的男生参加了兄弟会，39%的女生参加了姐妹会。但这仅仅是课余生活的一小部分，活跃的校园生活为学生们提供各种社会性活动和交友的机会，学生们可以参加校园里140个俱乐部和其他学生社团或25个校际体育运动队的活动。

Pennsylvania State University, University Park 宾州州立大学帕克分校

排　　名：47	校训：	校徽：
建校时间：1855 年	Making Life Better.	
学校类型：公立		
IBT 最低线：80	学校网址：http://www.psu.edu	
SAT：	申请网址：http://admissions.psu.edu	
CR：　530 – 630		
Math：　570 – 670	咨询电话：814-865-5471	
Writing：　不详	咨询传真：814-863-7590	
ACT Composite：27 – 32		
送分代码：	咨询邮箱：	
IBT：　不详	admissions@psu.edu	
SAT：　2660	申请费：$50	
ACT：　3656	学　费：$26276	
毕业率：	总费用：$36401	吉祥物：
4 年毕业率：　84%		
6 年毕业率：　88%	申请截止时间：	
学生人数：	RD：2 月 1 日	
在校生总数：　44817	申请材料邮寄地址：	
本科生人数：　38594	Undergraduate Admissions Office	
人员比：	The Pennsylvania State University	
师生比：　1：17	201 Shields Building	
男女生比：　55：45	University Park, PA 16802-1294　USA	
国际学生比：　3%		

校园标志性建筑

宾州州立大学所有 24 个校区中最大的帕克分校，几乎覆盖 State College 镇全境，并且所在地十分靠近宾夕法尼亚州的地理中心地带，占地 5448 英亩（约 22 平方千米）。而宾州州立大学所有的校区加在一起占地 18370 英亩（约 74 平方千米）。

◎学校概况

除了弗吉尼亚大学和北卡罗莱纳大学之外，恐怕很少有像宾州州立大学这样规模，这样从各方面衡量都很好的公立大型大学了。在美国有很多小镇的人口还够不上宾夕法尼亚州立大学本科生的人数，大约有 8.4 万名学生就读。不过宾州州立大学不是一个单独的学校，而是由 24 个分校组成的大学系统（简称 Penn State），其中面积最大的主校区在帕克分校（University Park），其他分校则分布在宾州各地，极大地方便了宾州教育、科技的发

尼塔尼山狮（Nittany Lion）石雕是宾州州立大学帕克分校最聚人气的地方，也是学生们在校园里经常作为背景留影的标志性建筑之一。这座由印第安纳石灰岩材质雕刻而成的该校吉祥物是1940级校友送给宾州州立大学的礼物，为雕塑家亨氏·沃奈克（Heinz Warneke）1942年的作品。这只蹲伏的、充满力量的山狮位于帕克分校娱乐大楼附近，深受该校师生的推崇。

尼塔尼山狮石雕

海狸体育场（Beaver Stadium）既是宾州州立大学帕克分校运动队的主场，也是美国最好的橄榄球场之一。

海狸体育场

2001年，这个宾州州立大学标志性建筑之一进行了重新翻修和扩建，增加了1.2万个座位，使整个体育场的容量达到了107282个

展。该校规模庞大，学生多，历史悠久，教学优秀，同时还吸引了大约3639名来自132个国家的国际学生。宾州州立大学帕克分校在全美公立大学中排名前十五，并且被誉为"公立常春藤"。

纪念建校150周年的招贴

美国宾州州立大学帕克分校以"大"著称，是美国10所规模最大的高校之一。目前在校学生总数达4万多人，有4100多位全职教师与研究人员。该校的办学方针是：教学、科研与社会服务并重，脚踏实地，以培养美国一流的工程师、经济师、教师和企业经理为目标。从总体而言，该校的实力虽不能与哈佛大学、麻省理工学院等美国一流高校相比，但在150余年的发展过程中，逐渐形成了一些自己的办学特色。

宾州州立大学帕克分校被誉为最优秀的公立大学之一，创造了多项美国第一：是美国第一所建立工业工程学系的大学（1909年），也是美国第一所实施跨领域教学的学校。它是宾夕法尼亚州立大学系统的行政和研究中心，位于宾夕法尼亚州的中部紧靠尼塔尼山（Nittany Mountain），毗连州立大学社区。位于宾夕法尼亚州的其他校园如设于Hershey医学中心的医学院和位于Carlisle的Dickinson法学院在该大学的教学、科研中也具有举足轻重的地位。

现任校长是格雷汉姆·斯帕尼尔（Graham B. Spanier），这位社会学教授于1995年9月1日起担任美国宾夕法尼亚州立大学帕克分校第16任校长。在此之前，斯帕尼尔曾任内布拉斯加大学林肯分校校长、俄勒冈州立大学主管学术事务的副校长。

宾夕法尼亚州立大学帕克分校由12所本科学院组成，它们是：农业科学学院、艺术和建筑学院、斯米尔商学院（Smeal College of Business）、通信学院、地球和地质科学学院（College of Earth

座位，从而缓解了宾州州立大学球迷们对门票的需求压力。目前，这个体育场是美国第二大体育场，设备先进，其中包括新式计分屏幕和即时回放模式系统。

校园重大历史事件

➢ 1855年2月22日，根据宾夕法尼亚联邦全体会议通过的法案，决定建立一所州立学院，校址原来是一所乡村中学所在地。为了解决各城市争抢这所学院所在地的难题，州议会决定在长方形的州地图划两条对角线取交点，也就是州的中心位置建立州立学院，恰巧位于这个村庄的中学。

➢ 1862年，这所学校更名为宾夕法尼亚农业学院。一年以后，宾夕法尼亚州选择这所学校作为该州唯一的政府赠地学院。在此后的数年里，该学院努力在农业研究和古典教育两方面寻求平衡，招生人数锐减，1875年降至64人。一年后，该校的名字又变成宾夕法尼亚州立学院。

➢ 1882年，乔治·阿瑟顿（George W. Atherton），一位政府赠地办学的热情支持者，成为宾夕法尼亚州立学院院长。在阿瑟顿引入工程研究专业之后，宾州州立学院很快成为美国十大工程学院之一。阿瑟顿还将人文和农业两个学科作为学院的专业设置，该校因此从1887年开始接受常规的拨款。阿瑟顿成为该校史上最著名的校长。

➢ 1896年8月29日，该校校址

and Mineral Sciences）、教育学院、工程学院、健康和人类发展学院（College of Health and Human Development）、护理学院、信息科学和技术学院（College of Information Sciences and Technology）、人文学院、基础科学学院（Eberly College of Science）和施赖尔荣誉学院（Schreyer Honors College）。

校园东部鸟瞰

宾州州立大学帕克分校有以下几个特点：

第一，立足本州，服务社会。宾州州立大学帕克分校以适应本州及全美的工业、农业、金融、教育等行业的实际需求为基本定位，强调教学内容适合社会发展的需要，重点开展应用性科研项目的研究，与当地的工农业生产联系紧密。宾州的主要农产品之一是乳制品，学校因地制宜，在全美开设了最早的冰激凌本科专业，讲授和研究乳制品制造技术；宾州农业发达，该校率先开设了与农业相关的本科、研究生课程，培养高级农业技术人才；宾州的煤产量曾居美国第一，学校就建立了庞大的煤燃料实验室；距学校不远的匹兹堡地区原是美国的钢铁生产基地，学校为此成立了烟尘研究中心，专门研究污染处理问题。

为促进科研成果的转化，1995年，学校建成占地130英亩（约0.5平方千米）的创新科学园，根据本校实用技术较强这一特点，确定以材料学科为龙头，带动其他学科共同发展。这使得该校的材料科学、农业生物学、气象学、声学工程、应用化学等领域，在世界上都享有较高的声誉，也是该校从科研成果转化中获得技术性收入的主要来源。

该校招生也是及时满足社会所需，如二战结束后，大批退伍军人需要安置并接受高等教育，学校当时扩大了几倍的招生人数，并在校园内建立了帐篷城，作为教室和学生宿舍，此事在美国至今仍被传为佳话。

设立自治镇,就取名为"州立学院"。

➢ 1906 年,阿瑟顿院长去世。此后一直到 20 世纪中叶,宾州州立重点集中于本科教育和学院规模的扩大。到 1936 年,学生人数达到 5 千人,该校成为宾州授予学士学位人数最多的大学。

➢ 1950 年,米尔顿·艾森豪威尔(Milton S. Eisenhower,时任美国总统德怀特·艾森豪威尔的兄弟)就任校长,他将校名改为宾夕法尼亚州立大学。在他的后任艾瑞克·沃克(Eric A. Walker)任期内(1956 至 1970 年),该校发展迅速,购置了上百英亩的土地,同时学生人数增加了近两倍。

校园杰出人物

宾州州立大学帕克分校规模很大,学生很多,校友的数量自然也很大,现有健在的校友 16.4 万人,各种人才辈出,在各自的行业中都是佼佼者,其中包括:

➢ 保罗·柏格(Paul Berg),1948 年毕业,学士学位,美国生物化学家,斯坦福大学荣誉教授,获得 1980 年诺贝尔化学奖。

➢ 戴维·霍奇(David C. Hodge),1975 年毕业,博士学位,现任俄亥俄州牛津迈阿密大学校长。

➢ 威廉·佩里(William Perry),1957 年毕业,博士学位,第 19 任美国国防部部长(1994 至 1997 年)。

➢ 芭芭拉·哈克曼·富兰克林(Barbara Hackman Franklin),1962 年毕业,学士学位,第 29 任美国商

第二,**经费来源,源自科研**。与常春藤学校不同的是,宾州州立大学帕克分校从社会上得到的经费,大多不是个人的无偿捐赠,而是工业界为解决生产中的实际问题而设立的项目研究经费。该校项目经费来源的另一特点是,项目的绝大多数来自于与校友有关的公司和机构。该校目前健在的校友有 40 余万,遍布美国及全世界。据统计,美国每 50 个工程师中,就有 1 人是宾州州立大学的毕业生。这一庞大的校友网,在全美国乃至全世界的工业、农业界都具有很大影响。校友为母校争取项目和经费已成为该校的传统。

1988 年以来,宾州州立大学帕克分校每年来自工业界的经费数额,在全美高校中一直排在前两位。例如,1997 年该校从工业界得到的科研与开发经费总额为 5670 万美元,仅次于麻省理工学院的 5920 万美元。该校校友绝大多数都在科研、生产、教育与管理的第一线。此外,帕克分校的经费还来自联邦政府机构的科研费用预算。例如,2006 财政年度,该校的研究预算总共为 6.38 亿美元,其中 56% 由包括美国能源部和美国国防部在内的联邦机构提供。美国国家科学基金会的报告显示,2004 年宾州州立大学的研究资金花费位列全美第九。

校园一瞥

第三,**校园体育,战绩辉煌**。除了严谨的学术研究之外,宾州大帕克分校,最著名应该是大学橄榄球队了,该校的吉祥物是 Nittany Lion,传说这是曾漫步校园所在地的一种山狮,象征着威猛、剽悍、敏捷。如果赛季时你恰巧在校园,你可能就是那唯一的留守人员。很多学生将看橄榄球赛当作学习和社会实践活动过程中的一种放松,他们宁愿把这看作是一个聚会而不是球赛。

宾州州立大学帕克分校参加了全美大学生体育协会一级比赛

务部部长（1992 至 1993 年）。
➢ 圭恩·布鲁福德（Guion Bluford），1964 年毕业，学士学位，前美国国家航空和宇宙航行局宇航员，1983 至 1992 年参加过 4 次航天飞机太空飞行，是首位非洲裔美国人宇航员。
➢ 哈罗德·格曼（Harold W. Gehman），1965 年毕业，学士学位，前美国海军四星上将，前北约盟军最高指挥官（大西洋）兼美军联合部队司令。
➢ 朱利叶斯·爱泼斯坦（Julius J. Epstein），1931 年毕业，学士学位，美国电影剧本作家，曾创作《卡萨布兰卡》等作品。
➢ 理查德·迪尔（Richard Diehl），1965 年毕业，硕士学位，1969 年毕业，博士学位，美国中美洲人类学家，奥尔梅克人（墨西哥的古印第安人）文明研究领域的学术专家。
➢ 唐纳德·斯奈德（Donald William Snyder），1973 年毕业，硕士学位，宾夕法尼亚州众议员（任期 1981 至 2000 年）和多数党督导。

该校的教职人员也十分出色，他们有：
➢ 约瑟夫·海勒（Joseph Heller），1951 至 1953 年曾在该校任教，美国讽刺小说家、短篇小说家，《第22 条军规》的作者。
➢ 菲利浦·詹金斯（Philip Jenkins），1980 至 1993 年曾任该校犯罪学和美国研究教授，现为该校宗教研究教授。
➢ 迪奥多·罗赛克（Theodore Roethke），曾在该校任教，美国诗

项目和十大盟校（the Big Ten Conference）的大多数体育比赛项目，除了橄榄球，还有男子排球、男子和女子长曲棍球、男子冰球和击剑等都是该校的强项，而且比赛成绩都很棒，近年来一共获得了 65 个全国大学比赛的冠军。

布莱斯·乔丹中心

第四，远程教育，享有盛誉。 由于宾州州立大学远离大城市，办学初期几乎全部都是全日制学生。为使更多的人有上大学，特别是读研究生的机会，该校早在 1892 年就在全美率先开设了函授课程，面向更多刻苦求学的人们，讲授农业技术课，可以说是美国高校中开展远程教育的先驱。最近十几年来，在利用互联网技术开展远程教育方面，宾州州立大学也走在美国高校的前列。1998 年建成的"世界校园"，是美国少数几个具有相当规模的"虚拟大学"之一。

信息科学和技术大楼

宾州州立大学除了帕克分校，另有 23 个分布在宾夕法尼亚州

人，获得 1954 年普利策诗歌奖。
➢ 福兰克·惠特莫尔（Frank C. Whitmore），1929 至 1947 年曾任该校化学物理学院院长，杰出的有机化学家，曾描述碳正离子的反应原理。
➢ 韦勃·米勒（Webb Miller），现任该校生物系、计算机科学和工程系教授，计算机生物学的先驱者之一，也是全世界遗传学者使用的研究软件工具 BLAST 的作者之一。
➢ 亚历山大·沃尔兹刚（Aleksander Wolszczan），曾在该校任教，波兰和美国天文学家，首次发现了外太阳系的行星。

所在地概况及公共设施

州学院（State College）不是一所学校的名字，而是美国宾夕法尼亚州的一个城市，行政级别为自治镇，隶属于中央县，整个城市实际都是宾夕法尼亚州立大学的主校园区。"幸福谷"是州学院的绰号，在媒体报道体育赛事时，都称其为幸福谷而不叫州学院。1980 年的心理调查数据证明，州学院是美国心理压力最轻的城市之一；最近的美国"50 个最宜居城市"中州立学院居第 19 位；福布斯将州学院列为"最适合创业的 10 个小城市"之列。

宾州州立大学帕克分校距离该州第二大城市匹兹堡仅 15 分钟车程。匹兹堡位于宾州的西南方，地处河流交汇处，气候温暖，为美国内地最大港口之一，也是美国

全境的校区录取本科生。超过 60%的宾州州立大学新生是在帕克分校之外的校区开始他们的大学生涯。所有这些规模较小的校区仅提供数目有限的学位课程，尽管如此，任何一位成绩优异的学生都可以在帕克分校完成他们的学位课程（即"分派调整"，因为宾州州立大学的校区之间并非是独立运作的，所以"转学"这一措辞在该校并不准确）。

宾州州立大学为世界大学联盟（Worldwide Universities Network, WUN）的创始成员之一。宾州州立大学于 1958 年加入美国大学协会（Association of American Universities）。这所大学属于那种规模虽大，但却懂得关爱所有学生，让学生在不知不觉中自然产生对学校自豪感的学府。

◎学校图书馆

派蒂图书馆

根据美国高等教育编年史（The Chronicle of Higher Educaion）的最新年度调查显示，宾夕法尼亚州立大学帕克分校图书馆系统在北美研究型图书馆中排名第 14 位。帕克分校共有 14 个图书分馆，其中以派蒂图书馆（Pattee Library）为主图书馆。派蒂图书馆最初建于 1938 年，馆名是为了纪念宾州州立大学一位文学教授与小说家佛瑞德·路易斯·派蒂（Fred Lewis Pattee）。还有帕特诺图书馆（Paterno Library），以及建筑和景观建筑图书馆、艺术和人文科学图书馆、商学图书馆、地球和地质科学图书馆、教育和行为科学图书馆、工程学图书馆、生命科学图书馆、地图图书馆、新闻和缩微胶卷图书馆、物理和数学图书馆、社会科学图书馆、特殊收藏图书馆以及善本和手稿图书馆。

帕克分校图书馆系统总藏书量超过 280 万本，共储存了杂志及期刊逾 22000 本。其中包括手稿、缩微胶卷、地图等等。学生

最古老的钢铁中心,许多大工业公司总部设在此,著名的有美国钢铁公司、海湾石油公司、罗克韦尔国际公司、威斯汀豪斯公司等,给附近学校的学生提供了大量实习和工作的机会。

也可以经由电子化的图书馆资料库查询所需学术资料。

此外,该大学的计算机设备更遍及校园,全校共有3600台计算机分设于各计算机中心、计算机实验室、课室、教学资料中心、图书馆及宿舍以供学生使用。

商业街

派蒂图书馆内部

尽管被分类为温带大陆性湿润带气候,但这里冬季气候还是比较寒冷的,1月份平均气温为-3.5℃,7月份平均22.5℃。

抵达方式

匹兹堡机场位于美国东部宾夕法尼亚州的匹兹堡以西14英里(约23千米)处,每天有13家航空公司提供158次航班直飞美国国内以及加拿大、墨西哥、加勒比地区和欧洲等38个城市。匹兹堡国际机场可选择的地面交通工具包括豪华客车、出租车、机场大巴、包车、公共汽车等。

◎学校生活条件

帕克分校几乎所有的新生和59%的本科生居住在校园内。该校有5个学生宿舍区:East Halls、North Halls、Pollock Halls、South Halls和West Halls。每个宿舍区由数幢独立的宿舍楼组成,每幢楼除了宿舍之外,还包括休息室、服务台、小型食品店、咖啡厅风格的小屋,每个宿舍均有个人信箱。

因学校所在地理位置封闭偏僻,学生们的活动相对单一,加上学校偏爱橄榄球运动,学生用以娱乐的酒精派对随处可见。

截至到2009年11月,帕克分校共有778个学生社团。除此以外,该校还有全美最大的"希腊式"系统,约占全校学生总数12%的男生和女生加入了兄弟会或姐妹会组织。

为保证学生的安全,帕克分校拥有自己的全职警察。这些警察负责巡逻和保护整个校园的安全。根据宾州的相关法律,这些警察负有与城市警察同样的权力和责任。

University of Pennsylvania 宾夕法尼亚大学

排　名：	5
建校时间：	1740 年
学校类型：	私立
IBT 最低线：	100
SAT ：	
CR：	660 – 750
Math：	690 – 780
Writing：	670 – 760
ACT Composite：	30 – 34
注：需提交 2 科 SAT II 成绩	
送分代码：	
IBT：	2926
SAT：	2926
ACT：	3732
毕业率：	
4 年毕业率：	88%
6 年毕业率：	94%
学生人数：	
在校生总数：	21203
本科生人数：	10394
人员比：	
师生比：	1 : 6
男女生比：	51 : 49
国际学生比：	10%

校训：
Leges sine moribus vanae（拉丁语）
Laws without morals are in vain

学校网址：http://www.upenn.edu

申请网址：http://www.admissions.upenn.edu

咨询电话：215-898-7507

咨询传真：215-898-9670

咨询邮箱：
info@admissions.upenn.edu

申请费：$70
学　费：$40514
总费用：$63374

申请截止时间：
ED：11 月 1 日
RD：1 月 15 日

申请材料邮寄地址：
The Office of Undergraduate
Admissions University of Pennsylvania
1 College Hall, Room 1
Philadelphia, PA 19104-6376
USA

校徽：

吉祥物：

校园标志性建筑

　　宾夕法尼亚大学的建筑由卡普和斯特沃森设计，两位建筑师融合了英国牛津大学与剑桥大学的建筑风格，在保留一些哥特式建筑古老元素的同时，创新并发展出了全新的校园哥特式建筑风格。学校中心校区面积 269 英亩（约 1 平方千米），并向费城西部

◎学校概况

　　可能很少有人能想到美国《独立宣言》的 9 位签署者和《美国宪法》的 11 位签署者竟然都与宾夕法尼亚大学有关。只要走近这所位于费城的著名私立研究型大学，人们就会发现这所美国常春藤盟校之一的创始人居然是美国头号名人，他就是著名科学家和政治家、独立宣言起草者之一，避雷针及远近两用眼镜等多项实用技术发明者本杰明·富兰克林。

　　作为美国第 4 个古老的高等教育机构，宾大不同于那些依照英国模式开设老式课程的殖民地学院，也不同于旨在培养神职人

延伸，东北面与德雷塞尔大学相邻，形成了拥有众多院系和研究所的校园。近期学校加强了对周边地区的规划，校园西边新开设了各具特色的餐厅、大型超级市场与电影院。与此同时，学校还计划未来十年内在校园以东35英亩（约0.1平方千米）的土地上建立新的建筑与设施，供教育与研究之用。

考古和人类学博物馆

兴建于1887年的宾大考古和人类学博物馆是该校的标志性建筑之一，该博物馆是美国大学校园内第一座此类的博物馆，也是世界上最著名的人类学博物馆之一。该博物馆收藏了很多重要的古埃及和中东地区的珍贵藏品，也有不少中国史前古器物珍贵藏品。

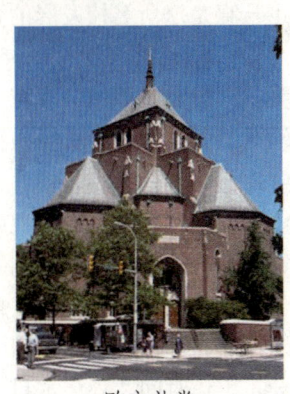

欧文礼堂

员的三所殖民地学院（哈佛，耶鲁，威廉玛丽学院），它标志着新的高等学府模式在北美的诞生。甚至从宾大的前身费城学院起，学校就深受当时苏格兰教育改革的影响，这在当时的北美是绝无仅有的。学校的首任院长威廉·史密斯先生（富兰克林的朋友）就是一位苏格兰启蒙运动的支持者和追随者，他为美国的教育事业做出了许多贡献，将科学学科引入学院传统的希腊语和拉丁语教学大纲之中便是其中一例。可以说宾大开创了现代美国教育，是美国第一所现代意义上的大学，不仅首先设立了科学课程，同时还是第一个开设历史、数学、农学、英语和现代语言等课程的美国大学。

宾大现任校长是艾米·顾特曼（Amy Gutmann），这位知名的女政治学教授于2004年7月1日起就任宾夕法尼亚大学第8任校长。在此之前，顾特曼教授曾担任普林斯顿大学的教务长。

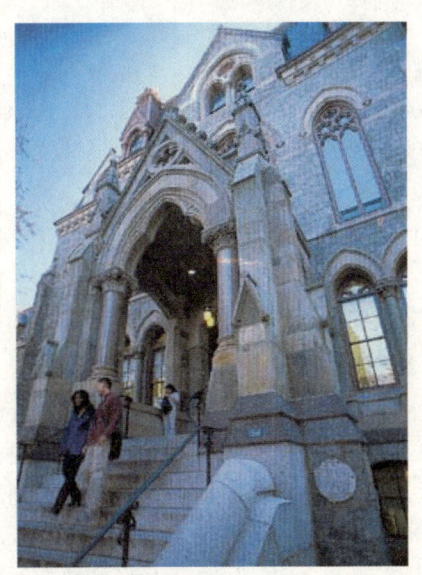

竣工于1873年的学院楼是该校现址的第一幢建筑

宾大现有的12个学院分别是：文理、商业管理（沃顿商学院）、工程、医学、护理、牙医、兽医、法学、设计与规划、教育、社会工作和通讯学院。宾夕法尼亚大学在艺术、人文、社会科学、建筑与工程教育上处于领先地位，其中最为知名的学科是商学、法学、医学和牙医学。

宾夕法尼亚大学拥有四所本科学院：文理学院、工程与应用科学学院、护理学院和沃顿商学院。宾大的本科课程是美国最具实力的大学课程之一。概括起来，该校的主要特点是：

第一，教育的重点放在针对商业和公共服务的实际教育上，

宾夕法尼亚大学

该校欧文礼堂（Irvine Auditorium）也是一个标志性的建筑，主要用于毕业典礼及其他大型活动，包括演讲、电影和音乐会等。

此外，学校在费城西南郊的栗山拥有92英亩（约0.4平方千米）的植物园，该地区同时也是宾夕法尼亚州的官方植物园。在费城以西的肯尼特区附近还坐落着687英亩（约3平方千米）的大型动物保健中心，该中心隶属于宾夕法尼亚大学兽医学院。

校园重大历史事件

➢ 1740年，美国著名科学家和政治家本杰明·富兰克林创办该校，建校之初是一所慈善学校。
➢ 1755年，学校改名为费城学院和研究院。1765年，学校的第一届毕业生约翰·莫根创建了北美洲第一所医学院，使学校成为事实上的大学。
➢ 1779年，宾夕法尼亚州政府通过立法对学校进行改组，将其正式命名为宾夕法尼亚州大学。1791年，校名又被缩为宾夕法尼亚大学。
➢ 1872年，学校放弃了费城市中心的校园，在费城西部购买了大片土地，建设发展成为了今天的校园。
➢ 1881年，世界上第一所大学商学院——沃顿商学院建立。沃顿在各个主要的经济专业领域研究以及管理教育水平方面都有极高的声誉，在美国商学院各种排名中一直名列前茅。沃顿一直被认为是

同时也重视经典和理论的教育。该校在富兰克林1740年创办时为一所慈善学校。富兰克林从小就从家庭接受了清教信仰，尽管他后来成为了一名自然神论者，但清教思想特别是清教伦理价值观是其宏大思想的理论基础，并且他一生都在实践着这些伦理观念。清教的"劳动天职观"要求每个人都应履行他今生今世应该完成的任务，也就是他所承担的"天职"。这种观念把世俗事务看作是个人从事的最崇高的道德活动，每个人所从事的职业都是神的召唤，所有的职业都是正当的。

克劳迪娅·科恩楼，宾夕法尼亚大学最古老的三幢建筑之一

作为学校创建人，富兰克林主张用这一思想来指导他的研究工作，同时也将其作为他创办学校的指导方针。他认为要使当时的北美洲达到欧洲那样的工业、商业和军事实力，必须提倡和实施注重实际应用的新型教育，培养具有创新思维，对他人的创造反应敏捷，不脱离现实生活的人才。这一教育思想始终贯穿于宾夕法尼亚大学270年的发展历程，也一直是这所名校发展的强大动力。

第二，教授对科研极其认真负责，同时对本科生的教育十分投入。宾大教授潜心于各自领域尖端前沿的研究，不仅为该校学术科研取得了重大成就，而且也为学生们提供了很多直接参与研究的机会。不少新生刚刚跨进校门就会发现，很多在世界上颇负盛名的教授期望学生们在追求知识、刻苦攻读的同时具有创新精神和研究潜能，他们利用各种机会鼓励学生们提出自己感兴趣的问题共同探讨。如果课堂上的授课还不够充分，在工作时间，他们还会经常为学生提供一对一的指导。工作时间之外，本科生们

全美最具有开拓精神、创新意识和国际化视野的商学院。

校园杰出人物

宾夕法尼亚大学现有健在的校友近28万人。建校270多年来，该校培养了数以万计的优秀毕业生，杰出的校友中包括美国《独立宣言》的9位签署者：乔治·克莱默、本杰明·富兰克林、弗朗西斯·霍普金森、托马斯·麦凯恩、罗伯特·莫里斯、威廉·帕卡、乔治·罗斯、本杰明·拉什和詹姆斯·威尔逊。

《美国宪法》的11位签署者：乔治·克莱默、托马斯·菲茨西蒙斯、本杰明·富兰克林、杰瑞德·英格索尔、鲁弗斯·金、托马斯·米夫林、高云尼·莫里斯、罗伯特·莫里斯、乔治·华盛顿、休·威廉森和詹姆斯·威尔逊。

美国最高法院3名大法官：小威廉·约瑟夫·布伦南、欧文·罗伯茨和詹姆斯·威尔逊。

还有23位诺贝尔奖获得者，其中健在的有4位教授和6位校友。其中包括（篇幅有限，恕不一一列出）：

➢ 根岸英一（Ei'ichi Negishi），1963年毕业，博士学位，日本化学家，获得2010年诺贝尔化学奖。

➢ 奥里佛·威廉姆森（Oliver E. Williamson），曾任该校教授（1983至1988年），美国经济学家，获得2009年诺贝尔经济学奖。

➢ 乔治·史密斯（George E. Smith），1955年毕业，学士学位，

还可以通过新生讨论会与教授们面对面接触、交流。许多教授正好也住在校园中，与学生相距很近，沟通起来更容易，更方便。

宾夕法尼亚大学医院，美国历史上第一个医学教学医院

第三，学校鼓励学生参与科学研究。这种研究从学生们走进校门开始，一直可持续到学生毕业或进入到专业学院，同时也鼓励学生跨学院、跨学科选课，学校有几个颇具创新意味的开放式专业。该校正在推进一个住宅计划，使得学生的学习和日常生活可以互相交融，毫不松懈。除了各个专业的学术要求之外，学生还必须完成一些核心课程。一般说来，所有的本科生都必须至少完成下列7门科目中的1门：社会、历史和传统、文学、生活中的世界、物质的世界、人文、社会科学。本科生还必须完成5项"技能和方法"中的1门，包括一个外国文化研究和强制性的写作课程。

工程与应用科学学院

第四，宾大学生对于自己的未来走向很有规划。无论是就业，还是继续深造、攻读研究生，该校学生对自己的未来都有着较早

美国应用物理学家，电荷耦合器件发明者之一，获得 2009 年诺贝尔物理学奖。
➢ 哈拉尔德·楚尔·豪森（Harald Zur Hausen），1969 年起任该校教授，德国病毒学家，获得 2008 年诺贝尔生物学或医学奖。
➢ 欧文·罗斯（Irwin A. Rose），1970 年后曾任该校教授，美国生物学家，获得 2004 年诺贝尔化学奖。
➢ 埃德蒙·费尔普斯（Edmund S. Phelps），1966 年起在该校任教，美国经济学家，获得 2006 年诺贝尔经济学奖。
➢ 爱德华·普莱考斯特（Edward C. Prescott），1966 至 1971 年在该校任教，美国经济学家，获得 2006 年诺贝尔经济学奖。
➢ 雷蒙德·戴维斯（Raymond Davis），曾在该校布鲁克海文国家实验室工作，美国化学家和物理学家，获得 2002 年诺贝尔物理学奖。
➢ 艾伦·麦克迪尔米德（Alan Mac Diarmid），1964 年起任该校教授，美国化学家，获得 2000 年诺贝尔化学奖。
➢ 白川英树（Hideki Shirakawa），1976 年在该校实验室做博士后，日本化学家，获得 2000 年诺贝尔化学奖。
➢ 艾伦·黑格（Alan J. Heeger），1962 至 1982 年在该校任教，美国物理学家，获得 2000 年诺贝尔化学奖。

此外，杰出的校友还有：
➢ 威廉·亨利·哈里森（William Henry Harrison），曾任美国参议员

的规划，同时他们在紧张的学习之余也懂得如何放松心情，享受聚会生活。该校学生学习刻苦，具有主观能动性，普遍感到学习生活的快乐，不仅取决于他们的学习过程，而且取决于富含深厚文化底蕴的校园和所处的文化多样性城市——费城对他们大学生活的影响和熏陶。每个周末，学生们都可以在费城找到不同的文化娱乐选择，喜剧、音乐、戏剧，甚至种族文化表演和展示，还有从事体育运动，主要是竞技项目，或者开车 5 分钟或步行 15 分钟到费城城区去领略都市的繁华。

沃顿商学院，美国第一所大学商学院

护理学院

本科生教育方面，宾大的商学院与护理学院一直在美国大学中保持前三名的位置。其中被誉为现代 MBA 发源地的沃顿商学院创立于 1881 年，是美国第一所大学商学院，也是世界上历史最悠久、学术声誉首屈一指的商学院。沃顿在各个主要的经济专业领域研究以及管理教育水平方面都有极高的声誉，在美国商学院的各种排名中一直名列前茅。沃顿一直被认为是全美最具有开拓

（1825 至 1828 年），美国第 9 任总统(1841 年 3 月 4 日至 4 月 3 日)。

➢ 沃伦·巴菲特（Warren E. Buffett），1947 至 1949 年在该校沃顿学院就读，后转学到内布拉斯加－林肯大学，美国投资家、实业家、慈善家。

➢ 唐纳德·特朗普（Donald J. Trump），1968 年毕业，学士学位，美国地产商、企业家。

➢ 莱奥纳德·波萨克（Leonard Bosack），1973 年毕业，学士学位，美国思科系统公司创始人之一。

➢ 尤金·杜邦（Eugene du Pont），1861 年毕业，学士学位，美国著名企业家，杜邦公司第一任总裁。

➢ 彼得·林奇（Peter Lynch），1968 年毕业，硕士学位，美国华尔街股票投资家，基金经理。

➢ 克瓦米·恩克鲁玛（Kwame Nkrumah），1939 年毕业，学士学位，首任加纳总统（任期 1960 至 1966 年），非洲独立运动领袖。

➢ 凯瑟琳·德鲁·吉尔平·福斯特（Catharine Drew Gilpin Faust），1975 年毕业，博士学位，美国历史学家，哈佛大学第一位女校长（2007 年至今）。

➢ 洪博培（Jon Meade Huntsman, Jr.），1987 年毕业，学士学位，美国政治家和外交家，前犹他州州长（2005 至 2009 年），现任美国驻华大使（2009 年至今）。

➢ 路易·康（Louis Isadore Kahn），1924 年毕业，学士学位，1957 至 1974 年曾任该校建筑教授，世界著名的建筑师、建筑教育家。

精神、创新意识和国际化视野的商学院。

宾大的护理学院由美国顶级护理研究员任教，给予学生们不同寻常的常春藤盟校式的教育。学院提供 18 个攻读硕士学位的专业以及很多灵活的学位选择。学生们还可以同时攻读宾大其他学院的学位，如攻读护理学士的学生同时也可在沃顿商学院攻读经济学学士学位。无论应届高中毕业，还是想更换职业，或追求一种更高的护理专业学位，这里都有合适的专业可供选择。

世界上第一台全数字电子计算机 "ENIAC"

宾夕法尼亚大学现有教员 2549 人。该校曾在许多科技领域作出了很多开创性贡献。如 18 世纪时曾任大学副校长的天文学家大卫·里顿豪斯创建了几座著名的机械天文台，其中的一座保留至今，成为校园的景点之一。这种被称为"太阳系仪"的机械装置实际上就是一种机械模拟计算机。1946 年，宾夕法尼亚大学莫尔电子工程学院又设计出了世界上第一台全数字电子计算机"ENIAC（埃尼亚克）"，开创了计算机的新时代。

◎学校图书馆

宾夕法尼亚大学的图书馆始建于 1750 年，最初的藏书来自制图师路易·艾文斯的捐赠。20 年后，当时的教务长威廉·史密斯远渡英国筹集资金以扩充藏书量。270 年以后的今天，该校图书馆系统已拥有大小图书馆 15 个，除了学校最大的图书馆——范·佩尔特图书馆（Van Pelt Library）之外，还有各个专业学院的图书馆，其中包括美术史图书馆、牙医图书馆、化学图书馆、博物馆图书馆等，这些图书馆里藏书丰富，环境幽雅，适合学生们潜心阅读。馆藏图书超过 570 万册，同时订阅了 4 万种以上的期刊，拥有 400 多名管理员，以及 4.8 亿美元的预算。

宾大费希尔美术图书馆（Fisher Fine Arts Library）曾是享誉海内外的宾大建筑系的所在地，这个系是梁思成、杨廷宝等中国建筑大师曾经求学的地方。这座灿烂雄伟的图书馆拥有 100 多年

➤ 艾兹拉·庞德（Ezra W. L. Pound），1901年，年仅15岁就在该校就读，1905年毕业，学士学位，美国文学家、诗人。

➤ 诺姆·乔姆斯基（Avram Noam Chomsky），1955年毕业，博士学位，美国语言学家、哲学家、思想家和政论家，其著作《生成语法》被认为是20世纪理论语言学研究上最伟大的贡献。

➤ 托马斯·亨德里克·伊尔韦斯（Toomas Hendrik Ilves），1978年毕业，硕士学位，爱沙尼亚共和国现任总统（2006年至今）。

➤ 札希·哈瓦斯（Zahi Hawass），1987年毕业，博士学位，埃及考古学家，现任埃及古迹最高委员会秘书长。

➤ 贝聿铭（Ieoh Ming Pei），1935年在该校就读，后转学至麻省理工学院，著名美籍华裔建筑师，代表作品有美国华盛顿特区国家艺廊东厢、法国巴黎罗浮宫扩建工程、中国香港中国银行大厦、苏州博物馆等。

➤ 梁思成，1927年该校建筑系毕业，硕士学位，建筑学家，建筑史学家和教育家，曾参加人民英雄纪念碑等项目的设计，是新中国首都城市规划工作的推动者，也是新中国国旗、国徽评选委员会的顾问。

➤ 林徽因，1927年该校美术学院毕业，学士学位，中国第一位女性建筑学家，诗人，参与国徽和人民英雄纪念碑设计。

➤ 王家楫，1928年毕业，博士学位，中国原生动物学的奠基人，

的历史，于1985年被评为美国的"国家历史保护单位"，集中收藏了数十万册西方美术史研究的学术论著。图书馆内部的空间极其宽阔高大，阅览大厅20多米高的单层结构顶天立地，气势雄伟，给读书人营造了极其舒适宽松的空间，砖红色的室内颜色和浅黄色的柔和灯光十分贴合地融为一体，也给人以深刻的印象。

费希尔美术图书馆

该校还拥有知名的考古与人类学博物馆图书馆，这个博物馆图书馆创建于1898年，得益于学校著名的考古学系所做出的贡献，是世界上同类图书馆中最为杰出的之一。博物馆的藏品中有着大量古埃及与中东的文物，同时拥有相当数量的中国文物，其中包括唐朝"昭陵六骏"的"两骏"和清朝的天然水晶球，该水晶球目前名列世界第二。其藏品、藏书为人类学和考古学的研究、教学提供了强有力的支持和服务。

范·佩尔特图书馆

◎ 学校生活条件

1955年选聘为中国科学院院士。
➤ 杨廷宝，1926 年该校建筑系毕业，建筑学家，建筑教育学家，中国近现代建筑设计开拓者之一，1955年当选中国科学院院士。

所在地概况及公共设施

费城是美国宾夕法尼亚州东南部大工商业城市。毗临特拉华河，隔河与新泽西州的卡姆登相望，距河口约 140 千米。城区人口 150 万，为美国第六大城市，大市区近 500 万人。沿特拉华河有大规模港口设施，大型海轮可直达港区，为国内著名河港。

费城是美国的古都，也是第四大都市。随着岁月的流逝与工业的发展，费城的重要性已逐渐褪色，但是在18世纪中叶，费城却是起草与签署《独立宣言》的地方，第一次和第二次大陆会议均是在此召开。而美国宪法草案也是在费城起草和签署的。贝茜·罗斯在这里设计并升起了美国国旗；国父乔治·华盛顿也在此度过了不少岁月。这里是美国和美国民主的诞生地。Philadelphia 是希腊语，意为"兄弟之爱"，这个人口 160 万的城市，至今仍维持了友善小镇的感觉。

绿意盎然的费城，每年从全美各地涌进不计其数的游客，都是专程前来欣赏这个国家的诞生地。因此，费城也是著名的观光都市之一。1682 年，英国探险家威廉·潘发现并命名了费城，同一时期当地建了357间屋子；到了1699年，人

相比于美国东部其他大城市的大学宿舍，宾夕法尼亚大学的住宿既便宜又好。学校内部的各种配套设施一应俱全。所有新生和59%的本科生居住在校园内，享受11所寄宿学院的生活选择。这种寄宿学院，主要功能就是学生宿舍。这是一种自给自足的、封闭式的宿舍体系：出入需要证件；里面除了宿舍外，还有饭厅、图书馆、计算机房、教室、自习室、健身房、演艺厅、教授办公室等等设施。另外，学院的院长（master）和一些教授及其家庭，也在这里居住。

建于1890年的学生宿舍楼

休斯敦楼，美国大学学生会第一座办公楼，至今仍为学生服务

宾夕法尼亚大学敢为天下先，创造了很多个美国大学的"第一"，例如，宾大创办了美国历史上第一个大学医学院、第一个医学教学医院、第一个心理学诊所、第一个现代通识教育课程；兴建了美国大学校园第一个室外游泳池；宾大橄榄球队是美国第一支将数字放在运动衫上的球队；宾大休斯敦楼（Houston Hall）是美国第一个学生团体组织等等。宾大的很多学生都以佩戴其校徽为荣，他们大多来自于比较富裕的家庭，"衔着银匙出生的人"已成为这个学校学生的别称。

口已快速增长到 7000 人。18 世纪中叶，费城的贸易额已超越了波士顿。费城市区与郊外的交通相当发达，由 SEPTA 经营的公车、地下铁、火车在市区组成便利的交通网。

抵达方式

费城国际机场（Philadelphia International Airport）是一座民用机场，是全美航空公司（US Airways Group, Inc.）的总部基地，特拉华州硅谷地区和宾夕法尼亚州最大的机场。该机场是全球第 11 最繁忙的机场。机场的目的地主要是美国、加拿大和欧洲等地。它有五个航站，分为 A-E，每个航站都有行李提领台以及火车站。C 航站一楼的机场交通中心可取得地图、手册等资料。SEPTA 的 R1 线铁路每 30 分钟自 E 航站发车，行经各航站，20 分钟即可到达市中心。机场巴士在每个航站的行李提领处发车，可到达市中心的各主要旅馆，需时 30 至 40 分钟。从费城国际机场到宾大校园开车仅 20 分钟。

体育运动也是宾大学生们所热衷的活动，橄榄球和篮球比赛是最大规模的体育赛事，尤其是与普林斯顿大学的对抗赛。作为常春藤盟校之一，宾大参加了美国大学校际体育比赛中的男子 17 个大项，女子 16 个大项。在 2009 至 2010 年度，共有 8408 人参加了校内 503 个队在 11 个体育项目上的比赛，还有 1300 名学生是分别是 38 个体育俱乐部的成员。

富兰克林体育场，美国最古老的两层看台运动场，可容纳5.2万人

宾大的学生社团也很活跃，中国学生团体有中国学生学者联谊会、中国学生联谊会、中国香港学生联谊会以及中国台湾学生联谊会等。

费城的治安不是非常好，但宾大校园里还是安全的，校园的保卫工作很出色。

罗得岛州
Rhode Island（RI）

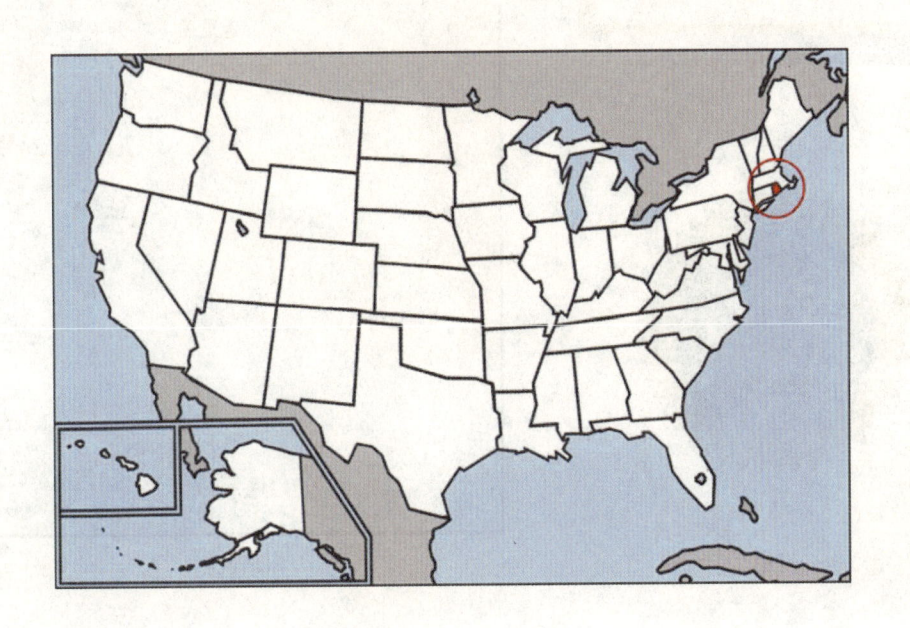

学校英文名称	学校中文名称	2011年排名	所在地区
Brown University	布朗大学	15	普洛威登斯 Providence

州旗

州徽

州示意图

昵称：	海洋之州	地区划分：	新英格兰地区
州府：	普罗维登斯 Providence	主要城市：	普罗维登斯 Providence 纽波特 Newport
时区：	东部时间 UTC-5/-4	人口：	104 万人（2000 年）
面积：	4005 平方千米 全美第 50 名	加入联邦时间：	1790 年 5 月 29 日 第 13 个加入美国联邦
消费税：	7%	网站：	http://www.ri.gov

Brown University 布朗大学

排　　名： 15	校训：	校徽：
建校时间：1764 年	*in deo speramus* （拉丁文）	
学校类型：私立	In God We Hope.	
IBT 最低线：不详	学校网址：http://www.brown.edu	
SAT：	申请网址：	
CR： 650－760	http://www.brown.edu/Administration/	
Math： 670－780	Admission	
Writing： 660－770	咨询电话：401-863-2378	
ACT Composite： 28－33	咨询传真：401-863-9300	
送分代码：	咨询邮箱：	
IBT： 3094	admission_undergraduate@brown.edu	
SAT： 3094	申请费：$75	
ACT： 3800	学　费：$39928	
毕业率：	总费用：$51360	吉祥物：
4 年毕业率： 83%	申请截止时间：	
6 年毕业率： 92%	ED：11 月 1 日	
学生人数：	RD：1 月 1 日	
在校生总数： 8649	申请材料邮寄地址：	
本科生人数： 6316	Admission Office	
人员比：	Brown University	
师生比： 1：8	Box 1876	
男女生比： 48：52	45 Prospect Street	
国际学生比： 8%	Providence, RI 02912　USA	

校园标志性建筑

　　布朗大学占地 143 英亩（约 0.6 平方千米），拥有 238 幢建筑，座落在罗得岛首府普罗维登斯市这样一个历史悠久、文化内涵深厚的城市里，吸吮着这个城市丰富的文化乳汁，同时又以自己的独特方式为这座城市增添光彩。以布朗大学

◎学校概况

　　从地理上说，很多人可能都知道美国最大的州是阿拉斯加，但是最小的一个州罗德岛州可能不少人没有听说过。这个位于新英格兰地区的州，海岸线美不胜收，大大小小的海岛散落在蔚蓝的大海中。罗德岛州府是个叫做普罗维登斯（Providence）的小城，被誉为"波士顿的郊区"，是因为有一所常春藤联盟大学——布朗大学和一所国际一流的设计学院——罗德岛设计学院以及其他一些文化设施就在这里。这些文化设施的魅力往往都位于拥挤的

从此，扬帆启航……

的建筑为例，它那位于城市东半部的校园里就矗立着许多体现古典建筑风格的楼房。

大都市。但是它们并没有让这座拥有20万人口的城市失去它独特的小镇韵味。

布朗大学是世界闻名的美国常春藤盟校中的一员，是美国最早建立的高校之一，论年资排位属常春藤盟校的"老七"。布朗大学学风自由，其中应用数学、发展经济学、心理学、历史学、生物学等等科系均位于世界前列。布朗大学历史悠久，同时又以凝重的神态向人们展示这一高等学府的气势。如同殖民地时期建立的大多数大学一样，布朗大学建立之初也蒙上了一层较浓的宗教色彩，以训练和培养神职人员为主要任务，兼管培养人文、语言和逻辑学科方面的人才。但由于布朗大学地处宗教思想比较开明的地区，那里的人传统上主张政教分离，所以布朗大学相对而言没有完全受教会控制，而是较早地给世俗力量以相当大的发言权。因此，布朗大学先于其他许多大学开设了自然科学方面的课程。

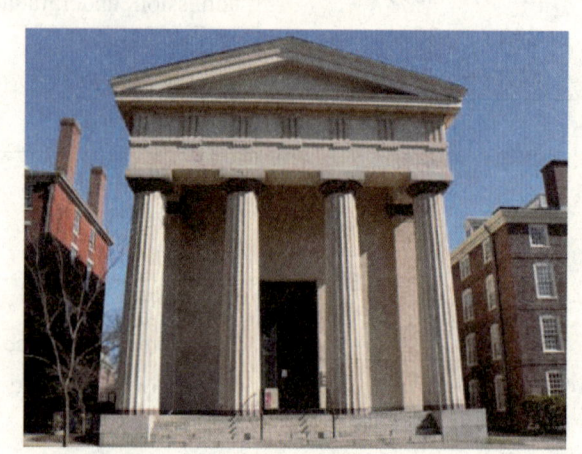

大学楼

建于1771年的"大学楼"（University Hall），是全美仅存的建于独立战争前的七幢大学教学楼之一，典型的反映了英国乔治王时代的建筑艺术。1776至1780年期间，该"大学楼"曾被用作美国和法国士兵的兵营及医院。迄今为止，这座楼已修缮过五次，并在1963年被定为具有历史意义的美国标志性建筑物。

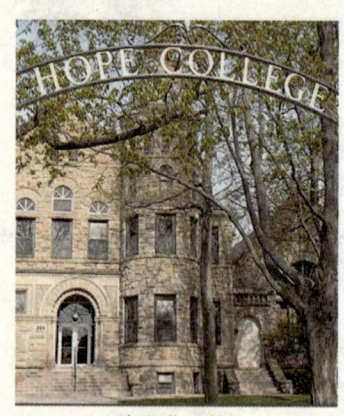

为纪念布朗大学首位校长詹姆斯·曼宁而建的曼宁楼

希望学院楼

布朗大学的另一幢大楼——"希望学院"楼（Hope College），建于1822年，其风格糅合了英国人的皇家建筑式样和美国人的共

布朗大学现任校长是鲁丝·西蒙斯（Ruth J. Simmons），这位知名的文学教授于2001年7月3日起就任布朗大学第18任校长，成为第一位在美国常春藤盟校担任校长的非洲裔女士。在此之前，1992至1995年西蒙斯曾任普林斯顿大学副教务长，1995至2001年任美国最大的女子学院史密斯学院院长。

布朗大学设有分科精细的众多学院。它的主要学院称为大学学院，其次是医学院。前者是一所文理学院，后者为专业学院。其他的学院均不是传统意义上的实体，如研究生院、韦兰学院等。该校还设有数十个本科专业，涉及领域较广，其中最好的是计算机科学、宗教、应用数学等。本科生最推崇的专业是生物学、历史、国际关系、英语和政治学。与其他常春藤盟校相比，最不同和主义思想。这是尼古拉斯·布朗的姐姐赠送给布朗大学的一座房子，用作学生的宿舍。经1959年彻底修缮后，"希望学院"楼目前仍然作学生宿舍之用。

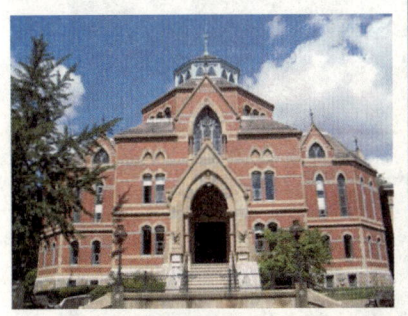

罗宾森楼

此外，布朗大学还有许多建造于19世纪的著名校舍，如1828年建造的麦道克校友中心、1838年竣工的罗宾逊楼（Robinson Hall）和1891年建成的威尔逊楼（Wilson Hall）等。这些楼堂建筑古朴典雅，威严庄重，向人们无声地叙述着布朗大学的悠久历史，同时又以凝重的神态向人们展示布朗大学这一高等学府的气势。

威尔逊楼

校园重大历史事件

➤ 1764年，布朗大学创建，起初名叫罗得岛学院，是英格兰地区第三所、美国第七所学院。那时，

的地方便是，布朗大学特别崇尚自由，不论学术与非学术都是如此。其主要特点是：

第一、本科教育颇具特色，课程自主选修，教授细心指导。作为私立名牌大学，布朗大学不求大，只求精，不求全面，只求特色。布朗大学的本科教育享有盛誉，有"大学学院"的美称。学校没有限制性的课表，每一个主攻方向或专业都有自己的要求，但学生可以从全校所开出的名目繁多的、跨专业的交叉性课程中选择超越这些要求的课程修读，鼓励学生在主攻专业之外进行其他方面的探索。布朗大学提倡"以学生为本的科研"，每个学生依据个人兴趣，提出研究计划，并通过动手试验、查阅资料、实地考察或反复讨论等环节，完成既定计划。布朗的教授非常友善，很多情况下会向学校为自己的学生争取到最大利益。在科研过程中，导师耐心指导，同学密切协作，学生的团队精神、创新意识和动手能力得到培养和锻炼。

布朗大学所有课程，均让学生自主选择，这在全美正规大学中是绝无仅有的。这一制度从建校之初沿袭至今。据本科生院阿姆斯壮院长介绍："布朗大学让学生自主选课，旨在培养他们在不断变化的世界中，尽快获得自己做出判断和决定的能力。"新生入学后，学校对之无课程方面的硬性要求，只是公布课程目录、简介，讲明选课办法。学生有两周时间的试听"认购期"（shopping period）。试听后，学生开始确定本学期修习的课程。在自由选修的过程中，学生会逐步形成或明晰自己的兴趣，并于第二学年末，从学校提供的90多个专业方向中，确立自己的专业方向。一但专业方向确定，学生需要学习、掌握相关课程，一般有8至18门必修课。为奠立学生宽广的知识基础，布朗只授予本科毕业生文科学士或理科学士。如果学生愿学习五年，达到相应要求，可拿文、理两个学士学位。

第二，学生素质全面培养，通识教育为主，兼顾专业教育。正是由于布朗大学较早摆脱了教会的束缚，所以它得以在建校不久就确立自己世俗性的办学宗旨。概括地讲，布朗大学的办学宗旨包括两条原则：一是发现和利用知识，二是借助教育手段把学生引进知识世界的殿堂。第一条原则要求学校注重研究，通过坚持不懈、锲而不舍的研究来发现知识，发现真理，然后用这些知识和真理造福人类。第二条原则强调大学承担的社会使命，即通过知识的传授，把学生引进知识和真理的殿堂，培养他们掌握人文科学知识的本领，并利用知识服务于社会。把这两条原则抽象地看的话，就是研究和教学。这种研究和教学体现在本科生教育

从此，扬帆启航……

它的校址建在罗得岛的沃伦市，并在1765年正式招收第一批男生入学。

➢ 1770年，罗得岛学院搬迁到现在的罗得岛州府——普罗维登斯市。由于罗得岛学院地处一座小山之上，校园又被称作"学院山"，并沿袭至今。

➢ 1804年，一个名叫尼古拉斯·布朗（Nicholas Brown）的实业家和1786年毕业的校友，捐给罗得岛学院5000美元，以便在该学院设立一个教授席位。同年，为了纪念尼古拉斯·布朗对学院的慷慨捐赠，罗得岛学院正式更名为布朗大学。

➢ 1888年，布朗大学授予学生第一个硕士学位，1889年该校授予学生第一个博士学位。

➢ 1891年，布朗大学首次招收女生。这所女子学院后来更名为Pembroke College，直到1971年与布朗大学合并。校园北部是以前女子学院所在地，如今被称之为"Pembroke校园"。

一年只开两次的范·威克尔门

上，就是通识教育。通识教育是高等教育阶段的一种素质教育或普通教育，即对全体学生所普遍进行的基础性的语言、文化、历史、科学知识的传授，个性品质的训练，公民意识的陶冶以及不直接服务于专业教育的人所共需的一些实际能力的培养。

科学公园

20世纪60年代中后期，布朗大学决定实施与传统教学方针大相径庭的"布朗教纲"，为学生们提供完全自主自理、最大程度上自由的教育体验。这在当时的学术界和教育界是绝无仅有的，引起不少非议，布朗也因此被冠以最为"自由开放"的头衔。布朗教纲的精神是：在布朗大学，不会有人告诉你该上什么课或怎样做；布朗教学大纲只要求学生在毕业前至少在30门课中拿到高于C的成绩，并且有一定的写作能力就可以毕业。布朗大学是常春藤盟校中最有性格、最会创新、最为开放也极受学生欢迎的大学。最令该校学生们窃喜的是：没有必修课，成绩等级没有加减号，不及格的成绩也不会在成绩单上露脸，一个学期只需上四门课。布朗大学非常注重教会学生如何做人。例如，重视培养学生的诚信品质，考试时，只要学生对自己有信心，可以免于监考；扶持、鼓励学生社团、兴趣小组的活动，让每名学生在集体活动中锻炼协作精神、组织能力；号召学生关心社会发展，保持同情心，做奉公守法的公民。

第三，相对清贫却有朝气，坚持"有教无类"，高标准严要求。跟其他"常春藤盟校"的财政状况相比，布朗大学算是穷酸一族。它每年的校友捐助率在盟校中虽然居中，金额却最少，与财大气粗的哈佛、耶鲁一比，简直是小巫见大巫。校友捐助基本都用在了当年的开支上。正因为如此，布朗在招生时，对95%的

校园杰出人物

建校 200 多年来，布朗大学涌现出了很多杰出的校友，目前，该校世界范围内健在的校友约 8.8 万人，他们中的代表人物有：

➢ 塞缪尔·贝尔金（Samuel Belkin），1935 年毕业，博士学位，现任叶史瓦大学校长。

➢ 拉里·克雷默（Larry D. Kramer），1980 年毕业，学士学位，现任斯坦福大学法学院院长和教授。

➢ 杨卫（Yang Wei），1985 年毕业，博士学位，现任中国浙江大学校长。

➢ 尼尔斯·英佛·韦塞尔（Nils Yngve Wessell），1935 年毕业，学士学位，曾任塔夫茨大学校长。

➢ 唐纳德·卡西里（Donald Carcieri），1965 年毕业，学士学位，美国确信电子集团公司（全球最大的电子工业组装材料供应商）前首席执行官，现任罗德岛州州长（2003 年至今）。

➢ 杰克·马柯尔（Jack A. Markell），1982 年毕业，学士学位，现任特拉华州州长（2009 年至今）。

弗吉尼亚·奥威葛音乐图书馆

学生实行不看收入的"蒙眼式录取"，而对剩下的 5%，则依其经济能力优先录取实力雄厚的。历时 12 年的一项研究结果表明，布朗的学生们对布朗的大学教育经历相当满意。大部分人相信布朗生涯给他的未来做了最好的准备，认为"布朗教纲"、布朗的学术自由和教育哲学非常优秀。

巴鲁斯－豪利实验楼

布朗的学习气息非常浓厚，每个学生都非常努力。老师上课的时候也很和蔼，并且会经常让学生畅所欲言，发表自己的看法。老师经常会改变教室内桌椅的布局，比如说围成一个圈等等。另外老师也不是很喜欢听课人数较多的班级，因为这样和每一个学生的交流机会就会减少很多。另外，像理工科的课程不如中国国内同专业的课程难，但是会广泛许多。又如社会科学、写作、心理学等等一些需要学生不断地写论文或做研究的科目就会让大家感到很吃力。还有一点需要提出的是，布朗的老师是不接受迟交作业的，必须守时。如果他规定了几点交，就必须在那个时间之前交，多一分钟老师都不会等，这也是跟在中国国内学习不一样的地方。

第四，适应新的情况，坚持与时俱进，推动学术振兴。作为一所研究型大学，布朗大学在相当多的领域展开了积极、创新的研究，在美国学术界赢得了崇高的声誉。一般而言，布朗大学的所有学科在美国高校中都属一流水平，这也是布朗大学经常被选入一年一度的全美 20 大名校排行榜上的原因所在。但相对而言，布朗大学的人文学科特别出色，它在古典文学、英文、历史、西班牙文和艺术史等方面的研究一直名列前茅，深受学界人士的赞誉。在这些学科领域，布朗大学的师资力量和研究条件在美国都是堪称一流的。此外，布朗大学的心理学、应用数学、机械工程、土木工程、物理、计算机科学和地球科学也相当不错，在美国高

> 托马斯·沃森（Thomas J. Watson, Jr.），1937 年毕业，学士学位，1952 年任IBM总裁，1956 年任IBM董事长，前美国驻苏联大使（1979 至 1981 年）。

> 小约翰·洛克菲勒（John D. Rockefeller, Jr.），1897 年曾在该校就读，美国慈善家，在纽约修建了洛克菲勒中心。

> 泰德·特纳（Ted Turner），1960 年曾在该校就读，美国慈善家和媒体大亨，美国有线电视新闻网（CNN）、特纳经典电影频道、卡通电视网、TBS、TNT等企业的创始人。

> 斯科特·埃夫塞诺（Scott Aversano），1991 年毕业，学士学位，美国音乐电视MTV总裁。

> 尼纳·雅各布森（Nina Jacobson），1987 年毕业，学士学位，前布纳维斯塔动画集团（Buena Vista Motion Pictures Group）总裁。

> 杰弗里·斯沃茨（Jeffrey B. Swartz），1982 年毕业，学士学位，天柏蓝公司（The Timberland Company）首席执行官。

> 约翰·斯卡利（John Scully III），曾在该校就读，学士学位，曾任苹果电脑公司的总裁兼CEO，（1983 至 1993 年）。

校园风景

校中享有较高知名度。从这些学科领域中毕业出来的学生，后来大多成为美国学术界和科技界的精英力量。

2002 年，布朗大学推出"学术振兴计划"（Academic Enrichment Initiatives）。这是在布朗 200 多年历史上最大的改革和投资项目。单教学改革一项，从 2003 年后的三年里，拟增加投入 8 千万美元。据测算，整个"计划"实施下来，需投入 10 亿美元。这项计划包括：增加教师数量，招生时不看学生经济状况，取消新生劳作要求，加强研究生教育，加强图书馆建设，改善管理等。

跨学科研究的沃森研究所

布朗大学对本科生相当重视。如果布朗大学现有的学系里没有学生自己想要的专业，学生们可以自己设计跨学科的专业课程；布朗有一些新奇少见的本科专业，如海洋生物、医学伦理、埃及文、现代文化和媒介，乃至巴西研究等等，称得上五花八门，琳琅满目；是否颁给某个教授终身职，不仅要看其学术成就，还要看其本科教学水平。布朗大学还为学生们提供良好周到的咨询服务，这套系统把一个学生跟一名教授、一个"同龄顾问"搭配起来。而学生宿舍的"住宅顾问"，也会在学生有需要的时候帮他一把。

布朗大学的入学竞争极为激烈，本科生入学率为 14.6%，这是全美所有具有博士授予权的高校中位列第 6 低的接受率。布朗大学的学费比较高，一般每学期两万美元以上（不包括食宿）。但由于毕业后容易找到工作，年薪达数万元以上，所以目前还不存在招生困难问题。

布朗大学设施完备、设备先进、技术领先、治学严谨、学风纯正，不愧是美国著名的综合性私立大学。

➢ 吉姆·艾克塞罗（Jim Axelrod），1989 年毕业，硕士学位，哥伦比亚广播公司驻白宫首席记者。

➢ 克里斯·伯尔曼（Chris Berman），1977 年毕业，学士学位，美国娱乐和体育节目电视台主持人。

➢ 加雷恩·库克（Gareth Cook），1991 年毕业，学士学位，《波士顿环球报》记者，获得 2005 年普利策解释性报道奖。

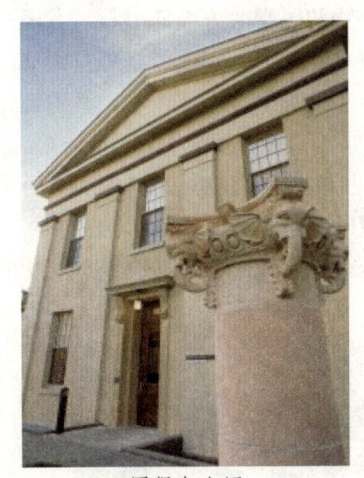

罗得岛大厅

所在地概况及公共设施

罗德岛州府普罗维登斯市（Providence），距离波士顿 1 个小时车程，纽约 3 个小时左右车程。这是个旅游城市，气候温和适中。

普罗维登斯市是一个中等城市，居住人口 20 万左右。它是新英格兰地区第二大城市区域，也是罗得岛州工农业和航运业各个发展阶段的枢纽。普罗维登斯市以历史悠久而闻名于美国。1636 年，居住在马萨诸塞湾殖民地的罗杰·威

◎学校图书馆

布朗大学图书馆的资料相当丰富，藏有 680 多万册、种图书文献资源，是美国新英格兰地区最大的大学图书馆之一，在全美 109 所服务于学术研究的大型图书馆中排名第 48 位。整个大学图书系统共有 8 个图书馆，其中包括：小约翰·洛克菲勒图书馆（John D. Rockefeller Jr. Library）、科学图书馆、约翰·海图书馆（John Hay Library）、弗吉尼亚·奥威葛音乐图书馆（Virginia M. Orwig Music Library）、约翰·卡特·布朗图书馆（John Carter Brown Library）、弗里德曼研究中心（Susan P. and Richard A. Friedman Study Center）、布朗纪念图书馆（Annmary Brown Memorial Library）、数字学术中心。

小约翰·克菲勒图书馆是主要的人文社科艺术馆，建于 20 世纪 60 年代。大楼位于布朗大学校园中心区西侧，它建筑外观的灰色调体现着低调和不张扬，也体现着其围绕着布朗大学的环保意识和服务读者的独具匠心。小约翰·洛克菲勒图书馆主要收藏社会科学方面的书籍、杂志和政府文件，同时设有报刊杂志室、阅览室等配套设施。

小约翰·洛克菲勒图书馆

约翰·海图书馆于 1910 年建成，直到 1964 年还作为该校的主图书馆。其他几处先后落成的图书馆大楼及其藏品，都始自于巨额遗赠，例如最富特色的善本库现为特藏档案室。以布朗校友、美国著名政治家、外交家约翰·海（John Hay, 1838 至 1905 年）名字命名的善本特藏图书馆始建于 1910 年，是布朗大学最具特色的图书馆之一，其收藏包括林肯总统纪念文库、北美诗歌戏剧文库、军事特藏、魔术特藏等多种极有特色的特藏文库，保存着珍

从此，扬帆启航……

廉斯及他的追随者于当年来到罗得岛，并在普罗维登斯市那片蛮荒之地建立了普罗维登斯镇。普罗维登斯是英文 Providence 的音译，其原意是"上帝保佑之特例"。罗杰·威廉斯取此名，旨在乞求上帝保佑，让他在此建立的小镇免受暴政的侵扰，使之成为各种宗教信仰共存、政教权力严格分离的开放社会。基于这一传统，罗得岛的普罗维登斯一直是美国追求宗教容忍、反对暴政统治的精神象征。

贵书籍、手稿、特殊文物藏品（如刀剑等兵器）和档案等文献。

约翰·海图书馆

科学图书馆集中了物理、生物和医学等方面的书籍，并藏有大量的地图。音乐图书馆专门收藏音乐书刊、磁带、唱片等方面的资料。除了上述图书馆之外，布朗大学还有一个不归其管辖，但坐落在其校园内的图书馆，名叫约翰·卡特·布朗（John Carter Brown Library）图书馆。这座图书馆 1846 年建成，共藏有 4 万多册书，其中大部分书的内容涉及欧洲国家在美洲新大陆的扩张及这种扩张对欧洲产生的影响问题。这座图书馆对研究美洲历史的学者极为有用。

罗杰·威廉斯雕像

除了这种崇尚自由和容忍的传统精神之外，普罗维登斯还在物质文明方面留下了许多宝贵遗产。由于普罗维登斯建立早，开发早，且居住着来自不同国家的欧洲移民，它的建筑颇具特色，反映了欧洲不同国家、不同时期的建筑风格。20 世纪下半叶，美国许多地方在城市复兴运动中大兴土木，拆毁了不少老建筑，但一向珍视自己悠久历史的普罗维登斯人非但没有

1846 年建成的约翰·卡特·布朗图书馆

布朗大学的研究设施在美国大学中也是属于一流的。全校拥有许多设备齐全的现代科学实验室，其中比较著名的包括巴鲁斯-豪利实验楼（工程学和物理学）、林肯费尔德实验楼（地质学）、普林斯工程实验室、麦特卡夫化学实验室、医学研究实验室、生物医学中心、亨特心理实验室和植物环境实验室等。除了上述理

介入到城市复兴者们的拆毁活动中去，反而掀起了一场古迹建筑保护运动，从而使得普罗维登斯的建筑遗产得以比较完整的保留下来。

普罗维登斯城

抵达方式

普罗维登斯是罗得岛州的首府，可先飞抵波士顿洛根国际机场（Boston Logan Airport），然后转国内航班抵达普罗维登斯机场。也可在波士顿搭乘火车或短途客运班车前往普罗维登斯，只需一小时左右便可到达。

普罗维登斯机场（Theodore Francis Green State Airport）也称格林机场（T. F. Green），位于新英格兰地区的西南部，距离波士顿市中心80千米，距离波士顿市郊区域大约40千米。2001年，旅客年吞吐量280万左右，世界排名大约在230位上下。

位于下城的肯尼迪广场

工科领域的实验室之外，布朗大学还拥有两个用于社会科学研究的资料中心。它们分别为：海芬瑞福人类学博物馆和社会科学数据中心。海芬瑞福人类学博物馆是鲁道夫·海芬瑞福捐赠给布朗大学的礼物，里面珍藏着从世界各地收集的人类遗骨和考古文物，数量高达10万件之多，是人类学家和考古学家研究人类发展史的重要博物馆之一。社会科学数据中心藏有丰富的人口研究资料和心理学研究资料，是布朗大学社会学系和心理学系师生们的学术活动中心。

麦特卡夫化学实验室

◎学校生活条件

布朗大学的宿舍有一个小小的特别之处，就是学校将一个几百人的大宿舍楼分成一些三四十人的小团体，以增进大家的相互了解，也想让大家在大学里有家的感觉。宿舍每一层大约可以住20多个学生，有3个卫生间（沐浴和卫生间在一起）。其中大多数宿舍是单人间或是双人间。房间非常大，并且配备了一个Twin Size的单人床，一个有两层小书架的书桌，一个三层的杂物柜，还有一个空间可以放行李、衣服等等。其中冰箱、微波炉等电器可以在学校租。

在布朗大学的校园生活中，俱乐部扮演着重要的角色。布朗大学的俱乐部感觉有点像耶鲁大学的"校园"，学生可以像住宿舍一样住在这里，生活在这里。但与耶鲁截然不同的是，这里的俱乐部并不是像耶鲁的"校园"一样学生是随机分配的，而是有着共同爱好的学生自己扎堆住在一起。你可以随时选择不同的俱乐部居住，也可以选择常规的宿舍居住。但是在布朗大学，有一个特别的规定，非但不是不可以更换俱乐部，而是每个学期必须更换俱乐部，目的是让学生接触不同的同学，涉猎更为广泛。

近年来，由于附近大机场过于拥挤，航班延误普遍，很多航空公司把目光转向普罗维登斯机场和曼彻斯特机场，尤其是以美国西南航空公司（Southwest Airlines）为首的低成本航空公司，带动了这两个机场"井喷"式的运量增长。从1996至2000年，这两个机场运量的年平均增长速度超过30%，而洛根机场的增长速度不到3%。整个新英格兰地区76%的运量增长来自这两个次要机场。

校园内有300多个学生团体。布朗大学的体育活动也是常春藤盟校中十分活跃的，校园内有900名运动员组成的37项体育运动队，其中男子17项、女子20项。

多数一年级新生居住的基尼四方院

田纳西州
Tennessee（TN）

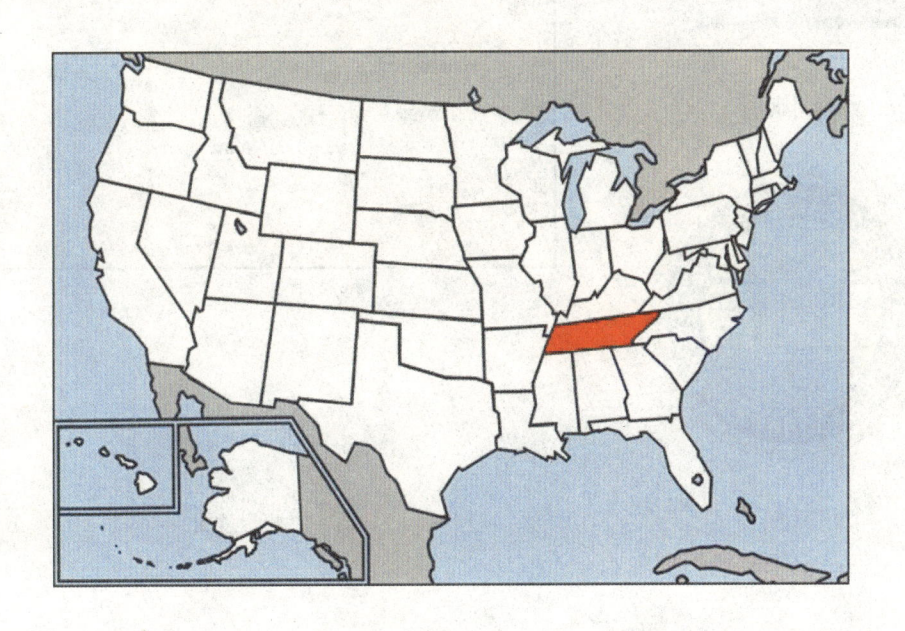

学校英文名称	学校中文名称	2011年排名	所在地区
Vanderbilt University	范德比尔特大学	17	纳什维尔 Nashville

州旗

州徽

州示意图

昵称：	志愿者州	地区划分：	东南地区
州府：	纳什维尔 Nashville	主要城市：	孟菲斯 Memphis 纳什维尔 Nashville
时区：	西部时间 UTC-6/-5	人口：	568 万人（2000 年）
面积：	109247 平方千米 全美第 36 名	加入联邦时间：	1796 年 6 月 1 日 第 16 个加入美国联邦
消费税：	7%	网站：	http://www.tennessee.gov

Vanderbilt University　范德比尔特大学

排　　　名： 17	校训： Know what you know, and Know you know it.
建校时间：1873 年	
学校类型：私立	学校网址：http://www.vanderbilt.edu
IBT 最低线：100	申请网址：http://admissions.vanderbilt.edu
SAT：	咨询电话：615-322-2561；
CR：　　660 – 750	800-288-0432　（免费）
Math：　690 – 770	
Writing：660 – 750	咨询传真：615-343-7765
ACT Composite：30 – 34	咨询邮箱：admissions@vanderbilt.edu
送分代码：	申请费：$50
IBT：　1871	学　费：$38952
SAT：　1871	总费用：$56634
ACT：　4036	
毕业率：	申请截止时间：
4 年毕业率：　不详	ED I：　11 月 1 日
6 年毕业率：　不详	ED II：　1 月 3 日
学生人数：	RD：　　1 月 3 日
在校生总数：　12514	申请材料邮寄地址：
本科生人数：　6794	Office of Undergraduate Admissions
人员比：	2305 West End Ave
师生比：　1：9	Nashville, TN 37203　USA
男女生比：44：56	
国际学生比：4%	

校园标志性建筑

除了阿瑟·J·戴尔天文台（Arthur J. Dyer Observatory）和一些分支临床医疗机构，范德比尔特大学所有的机构和设施都位于田纳西州纳什维尔市心脏地带的主校区，距市中心仅 2.4 千米。主校区虽处繁华地段，但是校园内宁静优美，拥有 300 多种树木和灌木，一

◎ 学校概况

纳什维尔市（Nashville）是美国南方田纳西州的首府，这里的人们朴实无华，重亲情、重友情，也重乡村音乐。很多人只在意自己的牛羊是否吃饱，自己的儿女是否快乐。路上相遇，认识或不认识的人，都会友好地互相打着招呼。街上的汽车都很吝惜自己的喇叭，昏昏欲睡地排着队。这里最具代表性的是街道两旁近乎十步一个的基督教"浸洗派"教堂，美国南方人的保守与虔诚也随着这些教堂展现出来。在大多数城市中，人们都是走进校园去寻找远离城市喧嚣的一片净土，在这里，情形却恰恰相反，大学

从此，扬帆启航……

眼望去，绿韵盈盈，绿意盎盎，延绵四溢，不见樊篱。伫立草坪，有隔世离尘、心静如水之意。从1988年这里开始设置国家植物园，曾被评为全美"最美丽校园"。主校区里最古老的建筑可追溯至1873年，而1979年并入的毕保德师范学院更是从1966年起便被视为国家级历史古迹。在主校区内，艺术品和雕塑散布在各处风景点。从哥特式尖顶房屋到玻璃、砖石构成的现代高楼，各式风格的建筑物随处可见。

阿瑟·J·戴尔天文台

帕特农神庙是范德比尔特大学校园的一个标志性建筑，为雅典帕特农神庙的完整等大小复制品，坐落于百年公园，建于1897年，是田纳西百年博览会的建筑物之一，现在是艺术博物馆，永久收藏品包括19和20世纪美国艺术家的共63件绘画作品。

雅典帕特农神庙复制品

校园远比白天的城市喧闹和活泼。在城区的边缘地带，四周的围墙将一座美丽的校园圈起来，显得内敛、朴实，和纳什维尔的城市基调比较吻合。这所大学附近有一个广场，当中有一座类似希腊"帕特农神庙"的建筑，据说这是全世界唯一一个该神庙的复制品。

毕保德师范学院的法耶与乔·怀亚特中心

范德比尔特大学（中文译名很多，又名范德堡大学，范登堡大学，范德比尔德大学，范德比德大学，范德比特大学，昵称Vandy）是位于美国南方的少数的顶级名校之一，也是美国著名的高等学府之一。范德比尔特大学是一所历史悠久、文理兼顾的著名私立大学，由一个过去专收美国南部富豪及大地主子女们的私校，转变成为一所财力雄厚、资源丰富，面向各个阶层社会成员的子女，并以其出色的教育质量和强大的科研实力而著称的大学。

现任校长是尼古拉斯·塞波斯（Nicholas S. Zeppos），这位知名的法学学者于2008年3月1日起担任范德比尔特大学第8任校长。在此之前，塞波斯曾任该大学的学术总负责人，负责监督本科学院、研究生院和职业教育等方面的工作。

这所南部贵族大学设有4所本科学院：文理学院、工程学院、音乐学院和教育与人类发展学院；以及神学院、乔治·毕保德师范学院、欧文管理学院、工程学院、法学院、医学院、护理学院等研究生院；还建有自然科学研究中心、美术馆、天文观测台、学术研究所、约翰·F·肯尼迪教育与人类发展研究中心、范德比尔特公共政策研究所、生物实验站等科研机构。范德比尔特大学设有艺术、商业、工商行政管理、电气工程学、历史、生物化学、生理学、病理学等70多个学科专业，其中生理学和工商管

毕保德教育和人类发展学院坐落在 21 街附近。由于要合并各自的历史，毕保德师范学院校园定位于一个与原来的范德比尔特校园完全不同的风格。毕保德的规划类似于杰斐逊风格的弗吉尼亚大学。设计者的定位是将这里既作为毕保德教育学院学生的家，也是范德比尔特大学所有学生的家，在这里新生们都住在一起，作为寄宿学院大楼计划的一部分。

1888 年建成的老机械工程楼

建成于 1880 年老体育馆

校园重大历史事件

➢ 1873 年，海军准将科尼利厄斯·范德比尔特（Cornelius Vanderbilt，1794 至 1877 年，人称"船长"），在他 79 岁时捐赠了 100

理等专业在相应领域具有较大的影响力。

欧文管理研究生院

与杜克、埃默里、杜兰等其他几所南方大学相比，范德比尔特大学看上去更像是一座坚守南方文化的堡垒，其特点是：

第一，**不大不小，规模适中**。范德比尔特大学是一所介于中小规模之间的大学，班级规模也很合适。保持杰出教育中所有要素的适当平衡，是这所学校杰出的原因所在。一般说来，大有大的难处，小有小的麻烦。大学的规模过小，虽然便于管理和增进师生间的相互了解，却不利于学生们扩大视野、开拓思路；大学的规模过大，虽然有利于学生们广交朋友、取长补短，却给管理带来不便，不利于师生间更深层次上的沟通。正因为班级的规模相对不大，这个学校的行政管理部门和教授才能及时地回应本科学生的求助。范德比尔特大学足够小，以至于学校管理部门可以深入到学生生活的各个角落，同时，这个学校又足够大，拥有范围非常广泛的学科，本科生可以在其 4 个本科学院的 70 多个专业中进行选择。在优良的学术环境和丰富的社交活动之间的有效平衡，给范德比尔特大学增添了特殊的魅力。

第二，**交叉融合，通识为本**。范德比尔特大学的最大特色是课程设置中贯穿的通识教育理念，即 Course Program in Liberal Education（CPLE）。每个学生不论读何学院、修何专业，均须修读人文学科、基础科学、历史及外语课程，以符合 CPLE 的宗旨，其中英文写作必须是出色的。这种基于通识教育的课程设置要求所有本科生在致力于专业学习前，对人类知识的总体状况有一个综合的、全面的了解。对于学校来说，通识教育不仅涵盖了对跨学科的多专业领域的基础性知识、技能和研究方法、态度的教育，而且教育方法不仅仅限于课堂上的知识讲授，还包括积极的教学互动和社会实践，旨在培养能积极参与社会生活的、有社会责任

万美元兴建了这所学校。这也是这位主要从事航运和铁路业的美国富翁捐资兴办的唯一一所教育机构。范德比尔特被视为该大学的创始人。

➤ 1875 至 1893 年，兰德勒·嘉兰（Landon C. Garland）就任该校第一任校长，选择教员、安排课程并制定学校的大政方针。1875年刚开学时，该校仅有192名学生注册。

➤ 1897 年，有四五位女性作为新生进入该校学习。到1913年，本科生中有78名女学生，约占学生总数的20%。

➤ 1960 年，范德比尔特大学校园从最初的 75 英亩（约 0.3 平方千米）扩大到 260 英亩（约 1 平方千米）。当 1979 年乔治·毕保德师范学院并入范德比尔特大学后，该校的范围又增加了 53 英亩（约 0.2 平方千米）。

➤ 1966 年，奥伯林神学研究院从俄亥俄州搬到了纳什维尔，与范德比尔特大学合并。

➤ 1963 年，在建校90周年之际，范德比尔特大学第一次进入美国私立大学前20名。

校园杰出人物

范德比尔特大学诺贝尔奖获得者有：

➤ 斯坦利·科恩（Stanley Cohen），曾任该校医学中心的教员。因和同事一起发现表皮生长因子获得1968年诺贝尔生理学或医学奖。

➤ 马克斯·德尔布吕克（Max

感的、全面发展的人。对本科生个人来说，不仅要具备扎实的专业知识，成为某一领域的专才，同时要掌握社会科学、自然科学等相关领域的基础知识，具有开阔的思路和勇于创新的精神，善于把握和抓住学科建设的前沿，提出有学术价值的独到见解。

布莱尔音乐学院

教育及人类发展学院

第三，**教育科研，优先发展**。范德比尔特大学在传统上非常注重研究教育学及相关专业的自身发展和训练。最为突出的是教育学院。10 所学院中的毕保德学院前身为乔治·毕保德师范学院（George Peabody College for Teachers），成立于1785年，并于1979年并入范德比尔特大学，成为教育及人类发展学院。毕保德与范德比尔特合并之后，教育及人类发展学院继续加强智力和社会资源的建设，从一开始就具有前瞻性，使这个学院在特殊教育、人类与组织发展、社区心理学、教育技术工具等领域始终处于美国高等教育的前列。该学院在过去 20 多年来逐渐成为美国首屈一指的教育学院之一。从范德比尔特大学的这一特色可以看出，一所大学要在竞争中赢得主动权，靠的不是规模也不是层次，而

Delbruck），曾任该校物理学教授。因在噬菌体中发现了基因重组获得 1969 年诺贝尔生理学或医学奖。

➤ 厄尔·萨瑟兰（Earl Sutherland Jr.），曾任该校医学中心的教员。因发现新陈代谢调节混合物环腺苷酸获得 1971 年诺贝尔生理学或医学奖。

➤ 斯坦福·摩尔（Stanford Moore），1935 年毕业，学士学位。因在蛋白质的结构及化学性质方面的开拓性研究获得 1972 年诺贝尔化学奖。

➤ 默罕默德·尤努斯（Muhammad Yunus），1971 年毕业，博士学位。因在孟加拉国创办乡村银行和率先给穷困的人们提供小额贷款获得 2006 年诺贝尔和平奖。

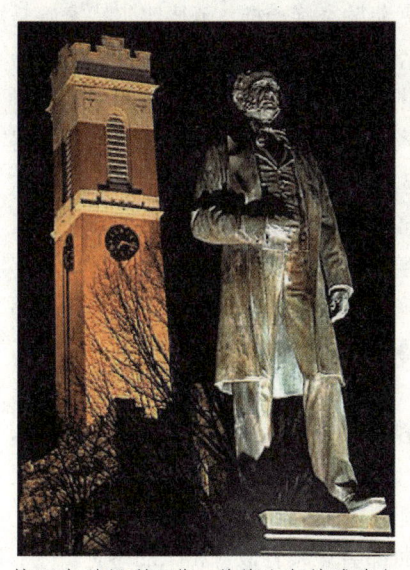

校园中科尼利厄斯·范德比尔特雕像与柯克兰楼

其他杰出人物有：

是教育质量和办学特色。只有质量高、特色强的学校才能取得持久的办学效益。教育学院不仅是该校的优质资源，也是其核心竞争力之一。

医学中心

第四，学术自由，学习刻苦。范德比尔特大学学生在学术方面有着充分的自由。一是选课自由，学生完全是根据自己的兴趣、感觉和时间安排等因素选课。二是听课自由，老师讲课时随时举手提问，实在不想听了或者有什么急事时可以走人，不需要跟老师打招呼，只要尽量不影响他人即可。三是使用学校各种资源的自由。图书馆对所有学生开放到晚上 11:00。借阅图书可通过网络续期。很多地方的电脑、复印机、打印机、传真机等，学生通过输入自己的密码都可以自由使用。学生还可以凭学生证免费使用学校的所有体育设施甚至市内的所有公共交通工具等等。但自由并不意味着可以"混日子"，要想取得好成绩可不是件容易的事情。范德比尔特大学没有年级的概念，所有课程都是针对所有的学生开放的，所以，一门课程，教室里听课的学生既可能是一年级的，也可能是二年级或三年级的。在四个大类的课程中，学生都得修满规定的学分。每一门课程，除老师推荐的教材外，还会指定一大堆需要阅读的材料，包括大量的案例。以法学院为例，上课时老师会随时点名让学生讲述案例情节，介绍相关观点，分析案例。不少学院以小班教学为特色，教授与学生的人数比很高，相对与其他南方大学而言，这里的学生有更多的机会接触到教授，教授也通常对学生更为了解。学院鼓励国际交流，与世界各地几十所院校有交换生协议。每年都有来自其他国家的学生到这里做交换生，也有很多该校学生到其他国家学习。学院还安排了很多暑期的学习项目供学生选择。

从此，扬帆启航……

➢ 里克·查普尔（Rick Chappell），1965年毕业，学士学位，美国宇航局宇航员。

➢ 迈克尔·恩哈特（Michael L. Gernhardt），1978年毕业，理学学士，美国宇航局宇航员。

➢ 阿尔伯特·戈尔（Albert Gore Jr.），美国前副总统和参议员。

➢ 保利娜·戈尔，阿尔伯特·戈尔的母亲，曾就读于法学院。

➢ 尚慕杰（James Sasser），1958年毕业，学士学位，1961年毕业，法学博士学位，美国前参议院和驻中国大使。

➢ 郑元植（Won Shik Chung），1958年毕保德学院毕业，硕士学位，1966年毕业，博士学位，韩国前总理（1991至1992年）。

➢ 美国第一任桂冠诗人、普利策奖得主罗伯特·潘·沃伦（Robert Penn Warren）也曾就读于此。

➢ 华人在范德比尔特大学就读的历史也由来已久。1882年，宋霭龄、宋庆龄及宋美龄的父亲宋嘉树（1864至1918年，字耀如，教名查理·琼斯），在此就读于神学院。

➢ 王赣骏（Taylor Wang），曾在该校任教，美国物理学家、第一位美籍华人航天员。

本森楼，又称科学楼，建成于1880年

史蒂文森自然科学中心　　　欧林实验楼

第五，富豪捐款，仅次哈佛。美国的私立大学大多是以创办者的姓名命名的，范德比尔特大学也不例外，名称来自于19世纪末的美国铁路和航运大王、海军准将科尼利厄斯·范德比尔特（Cornelius Vanderbilt）。虽然很多中国人并不了解他，但这位富豪可不是一般人物，在整个19世纪末期和20世纪初期，他都是全美和全世界最富有的人。他是著名的航运、铁路、金融巨头，美国史上第三大富豪。和洛克菲勒家族一样，范德比尔特家族是美国渊源很深的大家族，它名下的庞大财团具有长达百余年的历史。这位富可敌国的大亨很热衷于盖庄园、建宫殿、起豪宅，对办学校却兴趣不大，这所大学还是在他的第二任妻子的一位远房侄子的劝说下于1873年办起来的，他捐赠100万美元建立了这所学校。大学办成后，范氏家族的后人还是极为慷慨的，陆续投入巨资，并最终使得这所大学成了美国最著名的私立大学之一。据说，2005年范德比尔特大学仅从范氏家族得到的私人捐资就超过一亿美元，而学校近40亿美元的净资产也是在美国各校中名列前茅的。

范德比尔特大学的本科教育很棒，医学院、商学院、法学院、工学院等在全美都名列前茅。对于惧怕东部和中西部冬天寒冷气候的学生们来说，这所大学是一个相当不错的选择。该校与杜克大学、埃默里大学在很多方面都会让人有似曾相识的感觉。

◎ 学校图书馆

范德比尔特大学图书馆系统共有9个图书馆，其中包括安妮

所在地概况及公共设施

范德比尔特大学所在的纳什维尔市属于中等城市，位居美国东南偏中部，气候宜人，两小时的航程可达纽约、波士顿、芝加哥、迈阿密、亚特兰大等美国重要城市。这个田纳西州的首府被称为美国"音乐之城"，尤以"温暖灵魂"的乡村音乐闻名，从那里走出了许多知名歌手。

对故乡的眷恋，对自由的向往，共同塑造了这里一代又一代的乡村音乐名人。曾经让全世界为之疯狂的猫王——埃尔维斯·普莱斯利（Elvis Presley），就是在这里达到了演艺生涯的巅峰。作为美国乡村音乐的发源地，纳什维尔每年都举办多场大型演唱会和高水平的音乐会，很多热爱音乐的大学生常常有机会一饱眼福和耳福。

纳什维尔气候宜人，四季分明。一年中7、8月气温最高，夏季平均温度达到22℃左右；每年12月到2月为冬季，平均气温为-2℃左右，温度略微有些低，但室内一般都提供暖气，所以对于学生来说不会感觉寒冷。

纳什维尔城

特-欧文·埃斯金德生物医学图书馆（Annette & Irwin Eskind Library）、中央图书馆、神学图书馆、毕保德图书馆（Peabody Library）、梅西法学图书馆（Alyne Queener Massey Law Library）、沃克管理图书馆（Walker Management Library）、安妮·波特·威尔逊音乐图书馆（Anne Potter Wilson Music Library）、莎拉·香农·史蒂文森科学与工程图书馆（Sarah Shannon Stevenson Science and Engineering Library）和特殊收藏图书馆，共有藏书超过200万册，另有350万册手抄本、期刊及重要资料。

埃斯金德生物医学图书馆

该校图书馆是美国南方比较重要的研究图书馆。任何人均可在范德比尔特大学图书馆网页上搜索所需书籍，找到后按照相关页面上标注的图书编目号码，到相关图书馆的具体位置取书。若范德比尔特大学的图书馆系统没有所需书籍，可以通过该校图书馆相关部门，申请向纳什维尔市其他相关图书馆借阅。

毕保德图书馆

◎学校生活条件

抵达方式

纳什维尔机场（Nashville International Airport），离范德比尔特大学大约20分钟的车程，交通比较方便，有直达美国国内各大机场的航线，也有国际线路，但没有直达的中美航线。

从范德比尔特大学到中国最近的直达机场是亚特兰大机场（Hartsfield-Jackson Atlanta International Airport）。亚特兰大机场位于美国佐治亚州亚特兰大市中心南方约11千米处，是全世界旅客转乘量最大、最繁忙的机场之一。亚特兰大机场是一座提供24小时不间断服务的机场，旅客可由此机场飞向全世界超过45个国家、72个城市及超过243个目的地（包括美国）。

亚特兰大机场拥有城市快速运输系统MARTA中的一个独立的车站。这个地面上的车站在主楼的内部，南北航站楼的西部而成为整个机场的一部分。作为MARTA的最南端，它直到1988年快速轨道交通系统南线贯通才被纳入进来。

范德比尔特大学90%的学生住在校园内。本科生全部要求住校。大一新生全部住在普通宿舍，都是双人间。大一之后，学校的其他住房按年级的优先权选择，即大四有最高的优先权，大二的优先权最低。一年级新生的宿舍有10幢楼，全部学生的宿舍楼和公寓楼有34幢。目前，该校校园住宅体系正经历一个根本性的改变。新的宿舍系统，将改变现有的四合院结构，向新的住宿学院制度迈进，被称为"学院住宿"。与加州理工学院、哈佛大学、莱斯大学、耶鲁大学等校的住宅结构相似，范德比尔特大学的新住宿系统将呈现新的气象，学生和教师将共同生活在一个独立的环境里，设施齐全，有学习室、食堂、洗衣房、商店。预计这项计划将在未来20年里全部实现。

范德比尔特大学共有350个学生社团，主要进行学术、体育、娱乐等方面事务，最古老的社团是范德比尔特帆船俱乐部。此外，还有30多个校园服务机构，让学生有机会为当地社区提供服务，有的服务其至遍布全美国及世界各地。

该校是美国大学体育联盟之一——东南联盟（Southeastern Conference, SEC）的创始校之一，在东南联盟中，范德比尔特大学是唯一的私立大学队，也可以说是排名前20的名校中体育最强的大学。东南联盟的橄榄球赛十分有名，经过连年苦战，范德比尔特大学橄榄球队于2009年打入杯赛的季后赛，为25年以来的首次，更取得近半个世纪以来的首次杯赛胜利。

该校的男女篮球队是传统的强队，Memorial Gym的篮球赛非常的刺激；男子和女子的网球也是范德比尔特传统的强项。棒球近年更曾排名第一；爱看英式足球的则有女足；女子保龄球前两年是全国冠军。

范德比尔特大学与纳什维尔城

学生宿舍楼

得克萨斯州

Texas（TX）

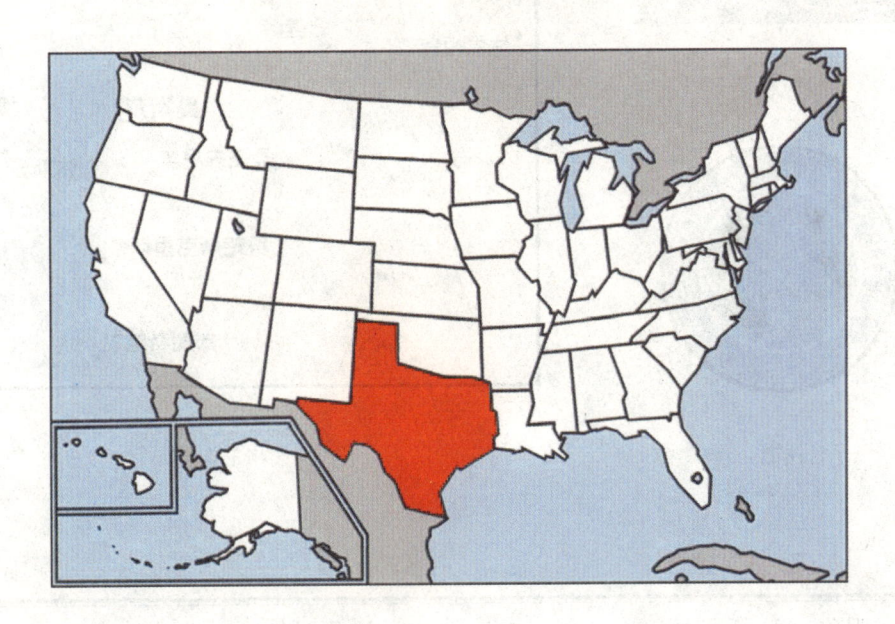

学校英文名称	学校中文名称	2011 年排名	所在地区
Rice University	莱斯大学	17	休士顿 Houston
University of Texas, Austin	得克萨斯大学奥斯汀分校	45	奥斯汀 Austin

州旗

州徽

州示意图

昵称：	孤星之州	地区划分：	西南地区
州府：	奥斯汀 Austin	主要城市：	休士顿 Houston 达拉斯 Dallas 圣安东尼奥 San Antonio
时区：	中部时间 UTC-6/-5 山地时间 UTC-7/-6（得州西部部分地区）	人口：	2085 万人（2000 年）
面积：	696241 平方千米 全美第 2 名	加入联邦时间：	1845 年 12 月 29 日 第 28 个加入美国联邦
消费税：	6.25%	网站：	http://www.texasonline.com

Rice University　莱斯大学

排　　名： 17	校训：	校徽：
建校时间： 1891 年	*Letters, Science, Art*（拉丁语）	
学校类型： 私立		
IBT 最低线： 100	学校网址： http://www.rice.edu	
SAT：	申请网址：	
CR： 640 – 750	http://www.futureowls.rice.edu/futureowls	
Math： 680 – 780	咨询电话： 713-348-7423	
Writing： 650 – 740	咨询传真： 713-348-5323	
ACT Composite： 30 – 34	咨询邮箱： admi@rice.edu	
注：提交 2 科 SAT II 成绩	申请费： $70	
	学　费： $33120	
送分代码：	总费用： $47871	吉祥物：
IBT： 6609	申请截止时间：	
SAT： 6609	ED： 11 月 1 日	
ACT： 4152	RD： 1 月 2 日	
毕业率：	申请材料邮寄地址：	
4 年毕业率： 79%	Rice　University	
6 年毕业率： 92%	Admission Office-MS 17	
学生人数：	6100 South Main Street	
在校生总数： 5156	Houston, TX 77005　USA	
本科生人数： 3154	（Fed Ex, UPS, etc.）	
人员比：	Rice University	
师生比：　 1 ： 5	Admission Office-MS 17	
男女生比： 52 ： 48	P.O. Box 1892	
国际学生比： 4%	Houston, TX 77251-1892 USA	
	（Postal Address）	

校园标志性建筑

莱斯大学占地 285 英亩（约 1 平方千米），大部分是枝繁叶茂的林地，位于休斯敦的博物馆区。莱斯大学因自己校园的绿色空间而感到骄傲，林恩·劳雷植物园（The Lynn R. Lowrey Arboretum）由

◎学校概况

观看休斯顿火箭队的比赛已经成为很多中国球迷的生活方式，人们常常把这种现象称为姚明效应，甚至以姚明命名的中餐馆——休斯顿姚餐厅也备受关注。如果到休斯顿旅游，恐怕中国的篮球迷和游客们定会去当地的丰田中心看一场原汁原味的 NBA 比赛，最好是有姚明出场。位于休斯顿东南方 45 千米处明湖湖畔的美国国家航空航天局约翰逊航天中心因阿波罗 11 号在

4000棵树木和灌木组成，这些树木遍及整个校园，据说莱斯当时希望在校园内为每一个学生植一棵树。

以莱斯大学第一任校长的名字命名的洛维特楼（Lovett Hall）是该校最具标志性的建筑。通过这幢楼的拱形太平门，对新生们来说象征着经过入学考试顺利被录取，而对毕业生则象征着毕业典礼后离开大学。该校第一任校长埃德加·洛维特上任后希望该校校园的建筑风格统一以增加整体的美感，于是，校园内几乎每一幢建筑都是拜占庭风格，以黄色和粉红色的砖为建筑材料，大型拱门和圆柱成为通用的元素。而野兽派风格的洛维特楼却是例外，以混凝土作为门、窗的格栅。

邓肯楼

邓肯楼（Duncan Hall）也与众不同，是折衷的地中海风格，这是莱斯大学计算工程楼，其设计风格旨在鼓励四个不同院系之间的合作。这幢楼多姿多彩的门廊吸收了很多世界各地的文化元素，设计师将其揉在一起，象征性地体现和表达了相互合作的主题。

从此，扬帆启航……

此升空而全球闻名，也是一个重要的旅游景点，还有一处很吸引人的可能就是莱斯大学校园里地中海风格的建筑，这在美国仅此一家。校园内风景美伦美奂，令人留连忘返，周末常有新人在此拍摄结婚照。

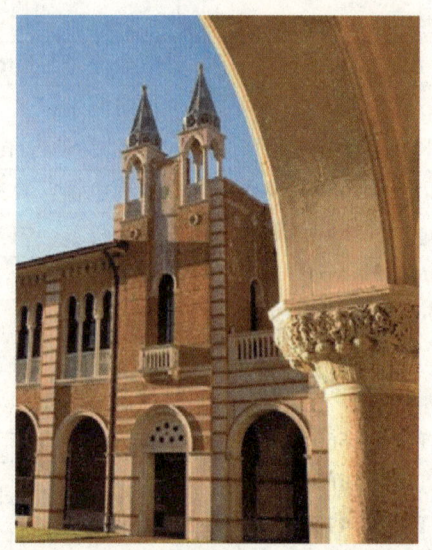

校园中地中海风格的建筑

莱斯大学是美国得克萨斯州休斯顿市一所私立的研究型综合性大学。莱斯大学以其本科教育著称，是美国最著名的大学之一，素有南方哈佛之称。美国有三所杰出的明星大学号称为"南方哈佛"：北卡罗莱纳州的杜克大学、弗吉尼亚州的弗吉尼亚大学以及得州的莱斯大学。莱大在纳米科学、人工心脏研究、结构化学分析以及空间科学等领域占有领先的地位，在教学质量和研究水平方面一直在美国大学中名列前茅。

现任校长是李达伟（David W. Leebron），这位法学教授于2004年7月1日起担任莱斯大学第7任校长。在此之前，李达伟自1989至2004年曾任哥伦比亚大学法学院系主任和教授。

莱斯大学由以下8所学院组成：杰西 H. 琼斯商学院（Jesse H. Jones Graduate School of Business）、建筑学院、乔治 R. 布朗工程学院（George R. Brown School of Engineering）、人文学院、谢泼德音乐学院（The Shepherd School of Music）、威斯自然科学学院（Wiess School of Natural Sciences）、社会科学学院、苏珊娜 M. 格拉斯科克继续教育学院（Susanne M. Glasscock School of Continuing Studies）等。此外还有相当数量的研究中心和研究所。莱斯大学多年来以工程、管理、科学、艺术、人类学闻名。对学生们来说，目前生物科学是最受欢迎的专业，紧随其后的是经济学、政治学、英语和心理学。在莱斯大学本科生中，读理工专业的还是占大多数。

莱斯大学具有这样几个特点：

第一，兼容并包，博采众长。莱斯大学的确是集"好大学"应有的特点于一身。100多年前棉花巨富莱斯建校时，在学术上以治学严谨的普林斯顿大学作模范；在宿舍管理系统上则是效仿英国牛津大学的"住宿学院制"；在建筑风格上，许多学生说校园内笔直参天的橡树、石子小径和西班牙地中海式的房屋，都会使他们想起斯坦福大学；而在学费上，莱斯大学则更像美国的一般公立大学。

刚建校时，莱斯大学的宗旨是为了"教育得克萨斯州和休斯敦市的青年一代"，但今天，校园中有52%的学生却来自全美其他各州，28%的学生是少数民族，还有1%是国际学生，而几乎所有新生都是从公立高中毕业的。莱斯大学一直倡导"文学、科学和艺术进步"的办学宗旨，每年都吸引着不同背景的有天赋的学生前来学习，学校开设包括人文科学、社会科学、自然科学、工程科学、建筑、音乐以及商业管理在内的专业广泛的高等教育课程。在政治倾向问题上，学生们声称，用得克萨斯州的标准来衡量，它属于十分开放的大学，可是跟全国的大学校园相比就保守得多，大部分学生认为校园内的政治气氛不浓，但学术氛围却非常浓厚。

校园鸟瞰

校园重大历史事件

➢ 1900年，得克萨斯州棉花大亨威廉·马歇尔·莱斯被谋杀身亡。这位实业家在房地产、铁路发展和棉花贸易方面获得了巨额利润。早在1891年，莱斯就决定用自己的名义在休斯敦建一所大学。在莱斯去世后，莱斯学院从莱斯的遗产中得到460万美元（按1904的价值计算，今天的价格约为1.12亿美元）的捐赠。

➢ 1912年，威廉·马歇尔·莱斯大学开学，起初校名为威廉·马歇尔·莱斯文学、科学与艺术发展学院（the William Marsh Rice Institute for the Advancement of Letters, Science, and Art）。当时仅有48名男生，29名女生，12位男性教员。

➢ 1916年，学校举行第一次毕业典礼，共授予36个学位。

➢ 1918年，学校的第一个博士学位授予数学专业的研究生休伯特·布雷。

➢ 1930年，纪念学校创办人莱

校园一角

第二，价廉物美，物超所值。莱斯大学便宜的收费，在美国高等院校中独树一帜，分外抢眼。在美国私立大学的学费动辄就4万美元出头的时候，莱大学费就显得相对便宜。莱斯大学的规模很小，只有2600多名本科生，可是却有高达12.5亿美元的校友捐助，这就是它之所以能够提供价廉的教育的原因之一。除此

斯的铜制塑像落成,该校铜像位于校园学术方形院内,面对洛维特楼(Lovett Hall)。

➢ 1950 年,莱斯体育场建成开放,至今该体育场仍然是休斯敦最大的室外体育场。

➢ 1957 年,在时任校长埃德加·洛维特(Edgar Odell Lovett)倡导下,莱斯大学开始实行住宿学院制度。这项制度的建立受到英国剑桥和牛津学生住宿制度的影响和启发。

➢ 1960 年,莱斯学院正式被重新命名威廉·马歇尔·莱斯大学。

➢ 1981 年,莱斯大学成为美国太空总署约翰逊航天中心的档案收藏地。

校园杰出人物

莱斯大学建校近 120 年来造就了一批杰出的校友,截止到 2008 年 1 月,仍然健在的校友共有 46509 人。其中有代表性的杰出人物如下:

➢ 赫尔曼·约瑟夫·穆勒(Hermann Joseph Muller),1914 至 1918 年曾在该校任教,美国遗传学家,获得 1946 年诺贝尔生理学或医学奖。

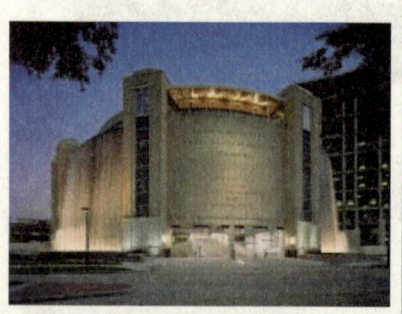

得克萨斯医学中心

从此,扬帆启航……

之外,它还给所有有需要的本科学生提供助学金和奖学金,数目从 750 美元到学费的半额不等,目的就是为了吸引家庭经济条件不那么宽裕的优秀高中毕业生。而且莱斯大学还提供种类繁多的 213 个体育奖学金,其中 60 个是专门为女生设立的,恐怕有点"重女轻男"之嫌。

工程学院的车间

莱斯大学是以工程学院出名的,可是近年来,它致力于对本科的综合教育以及对专科预备生的预科教育,仅仅用"优秀的工程学院"来概括莱斯是远远不够的,它是一所综合性的研究型大学。例如,工程系和医学预科是全校竞争最激烈的,8 年的荣誉双学位项目每年只收 15 个学生。莱斯大学建筑系是全美最好的建筑系之一,而空间物理系与美国国家航空航天局交往甚密,有几个共同开展的研究项目。

第三,教书育人,互动良好。 莱斯大学的育人理念是致力于培养具有领袖精神的学生,着力培养学生的团队合作精神、设计理念、全球竞争力、沟通能力、职业道德、国民参与意识,希望学生不仅学会具有担当领导的素质,更要学会成为团队的一部分。莱大采用小班制教学,师生之间的互动良好。学生与老师之间的关系紧密,主要体现在老师会根据学生的自身情况为其安排不同的教育课程,使学生的潜能得到最大限度的发挥。这正是很多学生喜欢莱大的原因所在。

莱大对本科教育的高度重视,还突出地体现在老教师对新教师的引导上,他们会告诉新到校任教的教师,从事本科教育对于教师的成长是非常收益的过程,教师对于学生的指导体现了莱斯大学教学相长,共同进步的办学思想。

➤ 理查德·斯莫利（Richard Smalley），曾长期在该校担任物理和化学教授，获得1996年诺贝尔化学奖。

➤ 罗伯特·柯尔（Robert F. Curl Jr.），1954年毕业，学士学位，该校荣誉退休化学教授，获得1996年诺贝尔化学奖。

➤ 约翰·克莱恩（John Kline），1969年毕业，学士学位，现任美国众议员（2003年起）。

➤ 丹尼尔·奥尔布赖特（Daniel Albright），1967年毕业，学士学位，哈佛大学英语教授。

➤ 拉里·麦克穆特瑞（Larry McMurtry），1960年毕业，硕士学位，美国小说家和电影剧本作家，以《寂寞之鸽》获得1986年普利策奖，并与黛安娜·欧莎娜合作了影片《断背山》的剧本，摘得奥斯卡最佳改编剧本奖。

➤ 阿尔韦托·冈萨雷斯（Alberto Gonzales），1979年毕业，学士学位，曾任美国第80任检察总长（2005至2007年）。

➤ 佩吉·惠特森（Peggy A. Whitson），1985年毕业，博士学位，美国生物化学研究员，美国国家航空航天局宇航员，曾在国际空间站工作。

➤ 霍华德·休斯（Howard R. Hughes），曾在该校就读，已故美国飞行员、工程师、实业家、电影制片人和导演。

➤ 兰斯·伯克曼（Lance Berkman），1997年毕业，学士学位，美国全明星职业棒球大联盟纽

生物科学研究综合楼

第四，有张有弛，轻松安然。 在课外活动方面，因为莱斯先生不赞成校园内有太多的"精英倾向"，因此兄弟会、姐妹会这类组织都被禁止。学生社交的中心是校园内的8个住宿制学院，每个学院里有大约225名学生，学生间关系融洽，对自己的学院认同感很强。莱大非常重视住宿制学院的建设，以此为平台，促进不同学科学生之间的了解与融合，加强教师对学生的引导，建立良好的沟通，并采用鼓励学生进行自我管理、自我教育的方法。

莱斯大学的每一个学生都十分用功，目标明确，重点集中，大多数美国大学要求学生在二年级时必须决定自己的专业，但莱大的学生可以到三年级再作此决定，这意味着他们有更多的时间来发掘自己的兴趣点。据统计，大约40%的学生攻读两个学位，甚至三个，而且专业相差很远，有时还相"对立"，比如同时攻读电气工程和艺术史两个学士学位。

莱斯画廊

莱斯大学学生们的课外活动却很丰富，各种娱乐活动好像一个接着一个，一年到头，盛大的正式舞会数也数不清。莱斯校园

约扬基队著名球员。
➢ 戴维·阿尔茨玛（David Aardsma），2003年毕业，学士学位，美国职业棒球大联盟投手，旧金山巨人队选秀状元第22名。
➢ 莫里斯·阿尔蒙德（Morris Almond），2007年毕业，学士学位，美国职业篮球联赛后卫，犹他爵士队选秀状元第25名。

所在地概况及公共设施

莱斯大学属于校风开放的大学，然而比起全美其他大学来讲，还是保守许多。因为靠近休斯敦市，可以尽享各种休闲活动，如爵士乐CLUB、艺术博物馆、自然科学博物馆，或是去墨西哥海湾的海滩，自行开车的话只需45分钟。

约翰逊航天中心入口

休斯敦（Houston）位于得克萨斯州东南、墨西哥湾平原的上部，距离墨西哥湾80千米，是得克萨斯州最大的城市，也是全美第四大城市。休斯敦是世界著名的太空城，位于市中心东南40.23千米处的约翰逊航天中心始建于1961年，占地6.56平方千米，从业人员19000人（包括近100名宇航员），是美国航空航天局管辖的9

的位置理想，休斯敦近在咫尺，是想要享受夜生活的学生们的好去处。那里有热闹的爵士乐俱乐部，各种艺术博物馆、自然科学博物馆和公园。因为公共交通几乎不存在，所以有辆自己的车很有必要。去墨西哥海湾中如画的海滩，开车只需45分钟就到。

面对日益变化的世界和迅速发展的科学技术，莱斯大学具有超前的发展理念和稳健的发展规划。早在25年前莱斯大学就注意吸收全球高等教育的先进理念和办学经验，致力于跨学科发展，从而发现了神奇的碳纳米球，培育了两位诺贝尔奖得主；今天的莱斯大学更是将眼光投向国际化战略，他们认为只增强莱大在美国的影响力是不够的，今后的发展目标是增强学校在国际上的影响力。

◎学校图书馆

方德伦图书馆

方德伦图书馆（Fondren Library）是莱斯大学的主图书馆，建于1931年，最初时藏书不到200册。如今，方德伦图书馆藏书达240多万册，还有6.6万多种期刊（包括纸质的和电子的）以及300多万种缩微胶卷。这座图书馆藏书范围广，涵盖了艺术、建筑、历史、文学、音乐、哲学、语言、经济、社会科学、自然科学和工程等学科。该图书馆还有选择地收藏美国联邦政府和得克萨斯州政府的出版物，以及美国的专利和商标。其他还包括一个商务信息中心，收集相关信息资料。该图书馆使用Sirsi软件作为在线目录查询系统。

方德伦图书馆还有个伍德森研究中心（Woodson Research Center），收藏有莱斯大学的档案、3.1万多册的善本书和400多份手稿。善本收藏包括：18世纪英国戏剧、历史科学、（美国南北战争时）南部邦联的印刷品、航空学历史等。手稿收藏在研究得克萨斯和休斯敦的历史、政治学和企业家精神方面，在研究南北

个宇航中心之一；是美国能源和石化工业中心，该地区集中了5000多家与能源相关的公司，全美油气上市公司前200强中，有45家总部设在这里；休斯敦的得州医学中心是美国和世界上最大的医学中心之一，中心占地2.84平方千米，由42个医疗机构组成。休斯顿的饮食多样，几乎什么都有。但与美国其他城市相比，墨西哥风味的饮食及得州牛排是其特色。紧临赫曼公园的Montrose地区有许多很有情调的小餐馆，提供各种风味的饮食。好的中餐馆大多都在中国城一带。市内黑人占人口的30%，拉丁西班牙后裔占10%。休斯敦地处平坦的沿海平原，河湖众多，平均海拔仅15米。气候湿热，1月平均气温为12.6℃，7月平均气温为28.9℃，年降水量1150毫米，夏秋之交常受飓风侵袭。夏长冬短，从5月即进入夏季，到十月才真正凉下来。夏天最高气温一般为32到36℃，超过40℃的气温每年都会有7到10天，而且经常是在9月初。冬天气候温暖，但最低气温零度及以下的天气也会有7到10天，一般在一月份；虽然晚上气温可降至零度以下，但白天气温都会回升。冬天很少下雪。

抵达方式

休斯顿有三个机场，分别是布什洲际机场（George Bush Intercontinental Airport）、威廉·P·霍比机场（William P. Hobby Airport）和艾灵顿·菲尔德

战争历史、科学、与莱斯大学有关联的20世纪文学作者等方面都有着很强的史料价值。

◎学校生活条件

学生宿舍

莱斯大学的宿舍既大又现代化。但因为住房不够，学校用抽签的方式来决定给谁分配住房。每年有25%的学生在校外房租较为便宜的地区自己解决住宿问题。

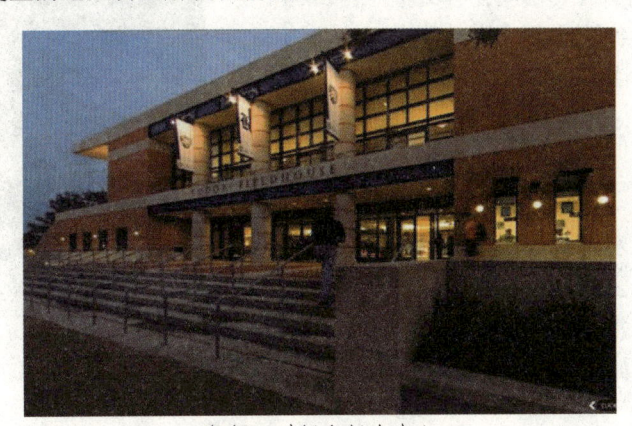

都铎运动场和扬金中心

莱斯大学实行牛津大学的"住宿学院制"，这大大增加了学生和老师之间的互动。学校有11个住宿学院，每个学院的建筑风格都不一样，有自己的休息厅以及一些特色场所。生活在这样一个独特的学院里，绝对比在传统意义上的寝室楼要幸福得多。它们有自己的标志，旗帜，有自己的传统，有自己的宪章，有自己的议会，有president、secretary、treasurer等等，有自己的funding，在行政上可以说是一个独立的单位。从个人角度来说，住宿学院的最重要的好处就是归属感，你不仅是莱斯大学学生，还有另一

从此，扬帆启航……

（Ellington Field，前身是美国空军基地军用机场）。其中最大的是位于休斯顿北部的布什洲际机场，这是美国第7繁忙的机场，每天有超过750航班停靠或飞离该机场，也是大多数华人游客来休斯顿的第一站。

从布什洲际机场到市中心地带（Downtown）或者得州医学中心（Texas Medical Center），乘出租汽车约50美元，乘公共汽车只要3美元。休斯顿大多景点都集中在市中心西南两到三千米范围内，步行即可。休斯顿地铁（Houston Metrorail）是该市第一个尝试建造的公交系统，其次才是巴士系统。经过近4年的修建，休斯顿地铁于2004年1月正式投入使用。Amtrak"美铁"（美国全国铁路客运公司）为休斯顿提供日落快车（Sunset Limited）服务（由洛杉矶至新奥尔良），途径休斯顿，停靠车站在市中心北部。METRO（城市高速运输管理局）为休斯顿提供全面的公交巴士服务。休斯顿本地服务线路几乎覆盖了休斯顿所有的街道，出行非常方便。

个身份——某住宿学院的一员。每个住宿学院又像一个温暖大家庭，同一住宿学院的同学们之间都非常照顾。学术方面，每个学院会有自己peer academic adviser，所以，选课前也会有人指导和帮助你。玩乐方面那就更丰富了，有的演唱会的海报刚张贴出来，有些学院就出现了免费发放演出票的情景。

怪异的、挂有5000个镶金乒乓球的莱斯2009艺术汽车

室外音乐会

University of Texas, Austin 得克萨斯大学奥斯汀分校

排　　名：	45	校训：	校徽：
建校时间：	1883 年	Disciplina praesidium civitatis.（拉丁语） Cultivated mind is the guardian genius of democracy.	
学校类型：	公立		
IBT 最低线：	80		
SAT：		学校网址：http://www.utexas.edu	
CR：	530 – 660	申请网址： http://www.utexas.edu/ugs/about	
Math：	570 – 700		
Writing：	530 – 660	咨询电话：512-475-7000	
ACT Composite：	24 – 30	咨询传真：512-475-7068	
送分代码：		咨询邮箱：ugs@uts.cc.utexas.edu	
IBT：	6882	申请费：$90	吉祥物：
SAT：	6882	学　费：$34180	
ACT：	4240	总费用：$47396	
毕业率：		申请截止时间：	
4 年毕业率：	48%	RD：12 月 1 日	
6 年毕业率：	76%	申请材料邮寄地址：	
学生人数：		The University of Texas at Austin School of Undergraduate Studies, Dean's Office 1 University Station, G8000 Austin, TX 78712　USA	
在校生总数：	51000		
本科生人数：	37389		
人员比：			
师生比：	1：18		
男女生比：	47：53		
国际学生比：	3%		

校园标志性建筑

得州大学奥斯汀分校占地 1438.5 英亩（约 6 平方千米），其中主校园占地 423.5 英亩（约 2 平方千米），150 幢楼房建筑总面积 170 万平方米。除奥斯汀主校区外，Pickle 研究校区位于奥斯汀北部，该校天文系负责得州西部戴维斯山区的麦当劳天文台。

◎学校概况

长期以来，美国东南部的佛罗里达州以其温暖的气候和美丽的海滨风光吸引着众多来自北方的老人南下养老。但是，近两年，得克萨斯州也正以同样宜人的自然条件外加相对低廉的生活成本，逐渐取代佛罗里达成为美国人新的"养老天堂"。得克萨斯州经济稳健，房价相对较低，物价不贵，当地人更不用向州政府缴纳收入税。这些都吸引着众多的银发一族南下，选择得克萨斯作为自己退休后的归宿。美国《国家地理杂志》曾这样描写得克萨斯州的自然风貌："在得克萨斯州的中心地带深处，丘陵地的

奥斯汀分校标志性建筑是该校的学院派主楼，这幢维多利亚时代哥德式的钟楼是奥斯汀城里最显著的建筑物，于1937年建成。

校园主楼

学院派主楼

该校设计者是法裔美国人保罗·菲利普·克莱特（Paul Philippe Cret，1876至1945年），克莱特曾担任宾夕法尼亚大学建筑系主任达30多年。

这座钟楼高达94米，过去，老一辈的人不戴手表，以远眺钟楼上的时间为准。钟楼在每天早上6:00至晚上9:00之间，每隔15分钟敲不同的旋律，在主校园各处都可听得到。钟楼晚上通常打上白光，而灯光颜色可依事件而有不同。美式足球赛季的每周六，如果得州大学得胜，则钟楼顶端打上橙色光；如果赢了宿敌得州农工大学，则整栋大楼打成橙色光。如果赢得全国冠军，除了整栋大楼打橙色光之外，

石灰岩高地沿着贝尔克奈斯悬崖向西延伸约200英里（约322千米）。岩石地带也有它柔和的地方；泉水汇成的小河中溢满鲈鱼、鲶鱼与河鲈。在得克萨斯州，没有其他任何地方的野花景象如紫色的马鞭草和火红的虎皮菊，比这里更烂漫和鲜艳夺目了。"得州是美国本土最大的州（全美最大的州是阿拉斯加州），相对而言旅游资源并不十分丰富，但确实逐步成为了一片让人向往的土地。

得克萨斯大学奥斯汀分校是得州大学系统中最主要的旗舰级大学，也是美国最好的公立学校之一和美国最大的大学之一，这所美国南部最富盛名的大学，始建于1883年。奥斯汀各科在学界皆名列前茅，工程、教育及传媒等学科尤负盛名，被称为"公立常春藤"之一。

现任校长是威廉·帕尔斯（William Powers Jr.），这位毕业于哈佛大学法学院的法学教授于2006年2月1日起担任得克萨斯大学奥斯汀分校第28任校长。在此之前，帕尔斯从2000至2006年任奥斯汀分校法学院院长。

商学院

奥斯汀分校由18个学院组成：建筑学院、麦库姆斯商学院（McCombs School of Business）、通信学院、继续教育学院、教育学院、工程学院、艺术学院、杰克逊地球科学学院（Jackson School of Geosciences）、研究生院、信息学院、法学院、文学院、自然科学院、护理学院、药学院、林登·约翰逊公共事务学院（Lyndon B. Johnson School of Public Affairs）、社会工作学院和本科生院。得克萨斯大学奥斯汀分校开设100多个本科、硕士和博士专业。学院还设有工商管理学硕士专业。

得克萨斯大学奥斯汀分校有以下几个特点：

钟楼办公室窗户则以开关，在钟楼四面亮成一个"1"字。1966年时发生顶楼观景台被强占事件，14人被狙击身亡，成为当时相当轰动的新闻。尔后，钟楼观景台关闭30多年，直至1999年才重新开放。

校园重大历史事件

➢ 1839年，得州大学奥斯汀分校在位于得州的州府奥斯汀建立，这是当时的统治政权——得州共和国鉴于高等教育对于培养国家人才的重要而决定的。但是，由于当时苦于得州的财政，得州大学奥斯汀分校的第一教学区等到1858年才正式落成。

➢ 1881年，奥斯汀被确定为这所公立大学的所在地。

➢ 1883年9月15日，得州大学正式成立，虽然直到1884的1月在临时的州议会大厦才正式开学。

➢ 1899年，该校第一幢建筑——多用途的主楼竣工。后来，该楼被毁，引起学生们的遗憾，之后建新楼时决定沿用老楼的名字，如今，该楼用作图书馆和行政办公楼。

➢ 1910年，乔治·布雷肯里奇（George W. Brackenridge）将位于科罗拉多河岸边的500英亩（约2平方千米）土地捐赠给该校，这块土地现在用于生命科学研究。

➢ 1971年，收藏有总统文件的林登·约翰逊图书馆在校园内落成。

校园杰出人物

得克萨斯大学校友中既有诺贝尔奖得主、也有普利策奖得主和图

第一，体魄超大，运行灵活。 如同该校的吉祥物"长角牛"和篮球队男女队员的身材一样，奥斯汀分校给人的感觉就是超大，不仅整个学校规模超大，有5万多的学生，一旦加入其中，就会感觉到像在大海中被巨浪吞噬一般无影无踪，而且该校很多班级的规模也是超大，像东部地区一些大学那样15至20人的小班教学在奥斯汀简直就是一种罕见的享受。

教育行政和会议中心　　音乐大楼

以规模巨大被称为"得州尺寸"的学校，占地400英亩（约2平方千米），该大学是美国规模最大、实力最强的教学和科研中心之一，所以教授常常忙于实验室和图书馆之间，他们对各自的研究领域都充满着情感和责任，然而，他们也有上班的钟点，因为所有新生的课程由全职教授讲授。尽管学校规模超大，但管理部门还是运用灵活的手段，努力采取措施给每一个学生更多的关注，提供周到的服务，当然，先进的技术手段也起到了关键作用。互联网改进了大多数服务工作，从收费到图书馆图书续借等，都可以在网上完成，教授也运用网络手段，让学生从网上就可以提交由他们完成的调查数据，等等。

第二，本科课程，精细认真。 学生们认为，奥斯汀分校的学术气氛紧张、严谨。新生们可以询问"大学101"，查询从专业的要求、健康生活方式的选择到文化多样性等所有问题。不仅如此，大学里的各个学院都对所有专业的学生提出了基本要求：4门英语课程（2门为写作）、5门社会科学课程、5门自然科学课程（包括数学）、1门美术或人文课程。城市研究、生物医学工程和女性研究等为新的课程。其余的课是可供挑选的更加广泛的课程，由该校其他各院系提供课程名单。

灵奖得主，还有3位是国家科学奖章获得者。现任教授中有13位美国国家科学院院士、32位美国国家工程院院士（其中工程院士数量为全美第4多，仅次于麻省理工学院、斯坦福大学、加州大学伯克利分校。篇幅有限，恕不一一列出）。他们中的代表人物是：

➢ 约翰·马克斯维尔·库切（John Maxwell Coetzee），1968年毕业，博士学位，南非作家，获得2003年诺贝尔文学奖。

➢ 本·萨金特（Ben Sargent），1970年毕业，学士学位，美国社论性漫画家，获得1982年普里策社论性漫画奖。

➢ 劳拉·威尔士·布什（Laura Welch Bush），1973年毕业，硕士学位，美国前第一夫人（2001至2009年）。

➢ 克劳迪娅·阿尔塔·"伯德夫人"·泰勒·约翰逊（Claudia Alta "Lady Bird" Taylor Johnson），1933年毕业，学士学位，美国前第一夫人（1963至1969年）。

➢ 雷内·别弗纽（Rene J. Bienvenu），1957年毕业，博士学位，西北州立大学第17任校长。

➢ 罗伯特·布朗（Robert A. Brown），1973年毕业，学士学位，1975年毕业，硕士学位，波士顿大学第10任校长（现任），麻省理工学院前教务长。

➢ 詹姆斯·莫索尔（James Moeser），1961年毕业，学士学位，1963年毕业，硕士学位，北卡罗来纳大学教堂山分校第9任校长。

提到本科课程，就需提到该校的一个荣誉课程"第二套计划"。这是全美国最古老的一项荣誉课程，也是全国的样板。"第二套计划"创建于1935年，是富有挑战性的跨学科课程，由顶级教授任教、小型研讨班级、个别咨询辅导，完成之后可获得文学学士学位。与其他荣誉项目的核心课程不同，它本身就是一个专业。"第二套计划"学位要求的三分之一以上的课程只针对人数有限的"第二套计划"的学生，"第二套计划"的学生还可选修其他与荣誉课程水准相当的大学课程。学校的许多课程都和荣誉课程一样富有挑战性。

化学和石油工程大楼

第三，区位优势，近水楼台。奥斯汀分校是得克萨斯州的主要智力资源，影响着得州社会生活的各个方面，在地方经济发展中发挥着巨大作用。但同时，作为得克萨斯州首府，奥斯汀也为这所大学的发展提供了诸多方便，为该校大学生参与社会活动、搞好社会实践提供了机会。例如，大约200名本科生为得州议会的立法部门工作，那里距离学校仅20分钟的步行路程。奥斯汀分校是"得州大学系统"15所大学成员中最负盛名的综合性大学，而该校法学院则被誉为西南部最优秀的院系。

奥斯汀分校像磁石一样，吸引着有才能的年轻人，把他们积聚起来，形成有活力、创造力的社区；大学能够培养、开发年轻人的智力和技能，使他们贡献家庭、服务社会；大学能够招聘和保有大量有才华的教师，他们不仅为大学工作，也能为社区提供服务和帮助；大学还能增强地区的吸引力，增强地区文化氛围，使当地成为更加适合工作和生活的地方；大学还能积聚各行各业的力量和人才，帮助社区解决目前和未来的问题，促进地区的繁荣与发展；大学是强大而稳定的经济发动机，为社区带来就业机会、创造收入。总之，该大学作为教学、科研机构，能在地方经

➢ 芮妮·齐薇格（Renée Zellweger），1991 年毕业，学士学位，美国电影女演员和制片人。

➢ 马修·麦康纳（Matthew McConaughey），1993 年毕业，学士学位，美国电影演员。

➢ 沃尔特·克朗凯特（Walter L. Cronkite），曾在该校就读，CBS 主播（1962 至 1981 年）。

➢ 保罗·贝格拉（Paul Begala），1983 年毕业，学士学位，1990 年毕业，博士学位，美国有线电视新闻网络前主持人。

➢ 法拉·佛西（Farrah Fawcett），1965 至 1968 年在该校就读，美国电影女演员。

➢ 艾伦·宾（Alan Bean），1955 年毕业，学士学位，阿波罗 12 登月宇航员。

➢ 迈克尔·戴尔（Michael S. Dell），曾在该校就读，戴尔电脑公司创始人。

所在地概况及公共设施

奥斯汀市中心

奥斯汀分校位于美国第二大州——得克萨斯州的首府奥斯汀，该市名列美国 5 座最佳居住城市，为美丽的山川湖泊环抱，景色宜人，也是美国的政治中心之一。奥斯汀还被誉为美国 IT 业的"硅山"，是

济中发挥多方面的积极作用。

布兰顿美术馆

第四，音乐流行，陶冶性情。学生们将学校所在地奥斯汀称为"实况音乐之都"，这也是该校的重要特点之一。尽管得克萨斯州在很多方面非常保守，但奥斯汀这座城市却崇尚自由主义，为每一个人都提供了很多东西：剧院、舞会、聚会、公园、街头音乐。著名的第六大街由绵延 1 英里（1.6 千米）的酒吧组成，而到处响起的音乐则是品种繁多，从爵士到摇滚、从蓝调到民谣，应有尽有。

每年由所有校园学生社团组织的嘉年华活动、得克萨斯每年 3 月独立日期间以及其他大型群众性活动都是各种音乐团体大行其道的良机，既娱乐了大众，也增添了展示自身的舞台。学校本身也是一个师生员工和整个社区的文化中心和展示的舞台，该校的表演艺术中心全年作为百老汇歌舞团、奥斯汀市立歌剧团、奥斯汀交响乐团以及来访的音乐和舞蹈演出团体的表演场地。

得克萨斯大学奥斯汀分校看上去让很多学生着迷，并不仅仅是因为这所高校的规模超大，他们说，这所大学的精神和社区的感觉让人心旷神怡。奥斯汀分校自己最引以为自豪的是该校的学费在全美是最为合理的，而提供给学生们的确实一个最佳的全方位的高等教育服务。

◎学校图书馆

得克萨斯大学奥斯汀分校图书馆系统有 19 个图书馆，其中包括佩里·卡斯塔尼达图书馆（主图书馆）（Perry - Castañeda

全球最大的计算机系统公司戴尔的摇篮。另外，奥斯汀的街头音乐和夜生活也为它在民间赢得"音乐之都"的称号。

奥斯汀是美国得克萨斯州首府，位于得州中部，面积 583.8 平方千米，人口约 57 万，是得州第 5 大城市和全美第 27 大城市。奥市气候温和，阳光充足，平均年日照日 300 天。年降雨量约 711 毫米，很少下雪。

得克萨斯纪念博物馆

得州大学位于市中心，距离穿过城市而流的得州科罗拉多河不远。到河边慢跑散步，是奥斯汀居民的享受之一；得州大学的划船队，常在清早或傍晚在河中练习。在民风较偏保守的美国南方，奥斯汀是少数主张自由开放的都市，与主张独立创新的大学校风，相辅相成。

奥斯汀整座城市沿着科罗拉多河兴建，城里的绿地空间与公共休闲设施都很完善，拥有大学城的气息与便利的生活机能，是很令人向往居住的城市。奥斯汀城内有造型复古的 Dillo 免费公交车穿梭来往，成为该城的特色景象；往东南十分钟车程即为伯格斯特隆国际机场，交通相当方便。著名景点包

（Main）Library）、建筑档案图书馆、建筑和规划图书馆、拉美图书馆、哈里·瑞恩逊人文研究中心、古希腊古罗马文学图书馆、美术图书馆、物理数学天文图书馆、生命科学图书馆、化学图书馆、海洋科学图书馆、工程学图书馆、地质学图书馆、林登·约翰逊图书馆等等，共藏书 800 多万册，是美国第 6 大学术研究图书馆系统。

林登·约翰逊图书馆

该校第一座总统图书馆建成于 1971 年 5 月 22 日，当时已经卸任的美国总统约翰逊和夫人、时任美国总统尼克松都出席了落成典礼。林登·约翰逊图书馆（Lyndon B. Johnson Library）和博物馆是由美国国家档案记录署管理的 13 座总统图书馆之一。该图书馆和博物馆收藏有 4500 万页历史文件，包括约翰逊本人和其亲密同事以及其他人的文件。

佩里·卡斯塔尼达图书馆

哈里·瑞恩逊人文研究中心藏有 21 册保存完整的古腾堡圣经中的一册、由尼埃普斯（Nicéphore Niépce）拍摄的第一张永

括得州议会山庄、约翰逊总统纪念图书馆、Barton 冷泉池、科罗拉多河的黄昏美景、Congress 桥的庞大蝙蝠群（全美最大）、与城西山区的休憩地及高地湖泊等。

抵达方式

奥斯汀伯格斯特隆国际机场（Austin-Bergstrom International Airport）位于美国得克萨斯州奥斯汀市中心东南 5 英里（约 8 千米）处，占地面积 4242 英亩（约 17 平方千米），有两条跑道和两个直升机飞机场。有飞往美国 32 个主要城市的航班，主要服务于得克萨斯州南部地区，通往奥斯汀东南方向的 71 号高速公路可以到达机场。

奥斯汀伯格斯特隆国际机场

奥斯汀伯格斯特隆国际机场启用于 1999 年，对商务旅客和托运人来说，是一笔宝贵的财富。2006 年，墨西哥航空、美国航空、大陆航空、德尔塔航空、快捷航空（ExpressJet 航空）、边疆航空（Frontier 航空）、捷蓝航空（JetBlue 航空）、中西航空、西北航空、西南航空、美联航以及全美航空公司服务 830 万人次。这些航空公司为美国和墨西哥 45 个目的地提供直航服务，并连接到其他目

恒的照片"View from the Window at Le Gras"等珍贵资料。2006 年 4 月对外开放的新建的布兰顿艺术博物馆藏有来自美国、欧洲和拉丁美洲的 1.7 万件作品。

◎学校生活条件

奥斯汀分校校内现有 14 幢学生宿舍，最新的一幢是 2007 年春建造的，共安置 7100 多名学生在校内居住。杰斯特中心是最大的宿舍楼，可容纳 2945 名学生。由于就读的学生超出了校园内宿舍的容量，其结果是，大多数学生须居住在私人拥有的宿舍楼、住房合作社、公寓、兄弟会或姐妹会组织的住处和其他校外住房。预计在不久的将来，该校将校内学生宿舍拓展至安置 9000 名学生的住宿。

传统的欢迎新生入校仪式

该校现有 1000 多个注册的学生社团，还有 3 个官方的学生自治组织，以代表学生的利益。大学联合学生活动中心是学生校园活动的服务组织。另一个旨在帮助癌症患者的学生组织——Teaxs 4000 for Cancer——自 2004 年创建至 2009 年 4 月通过每年骑自行车巡游世界的慈善活动募集了 140 万美元的善款用于癌症的研究。

不过，最大的学生组织大概还是橄榄球迷组成的团体，强大的长牛角橄榄球队有一大帮狂热的追随者。对于大多数学生来说，体育运动如同氧气一样重要，他们不仅期待着一年一度的在达拉斯"棉花碗"（Cotton Bowl）举行的得克萨斯与俄克拉何马之间的橄榄球决赛，期待着奥斯汀分校男女篮球队、男子棒球队与美国其他高校对手间的对决，而且将户外运动作为生活中不可或缺的一部分。奥斯汀的气候也非常适合各种体育锻炼项目，大学校园十分安全，学生常常走出教室、图书馆，到大自然中去"野

的地。航空货运业启用于1997年，运送了2000万美元最先进的设施。2006年从奥斯汀伯格斯特隆国际机场装运的货物总计超过22980万磅（约104235吨）（并且在过去几年里，该设施已经处理了多达35730万磅（约106069吨）的货物）。

从此，扬帆启航……

营、跑步、骑山地自行车、徒步旅行、垂钓"。

卡洛瑟斯学生宿舍

弗吉尼亚州
Virginia（VA）

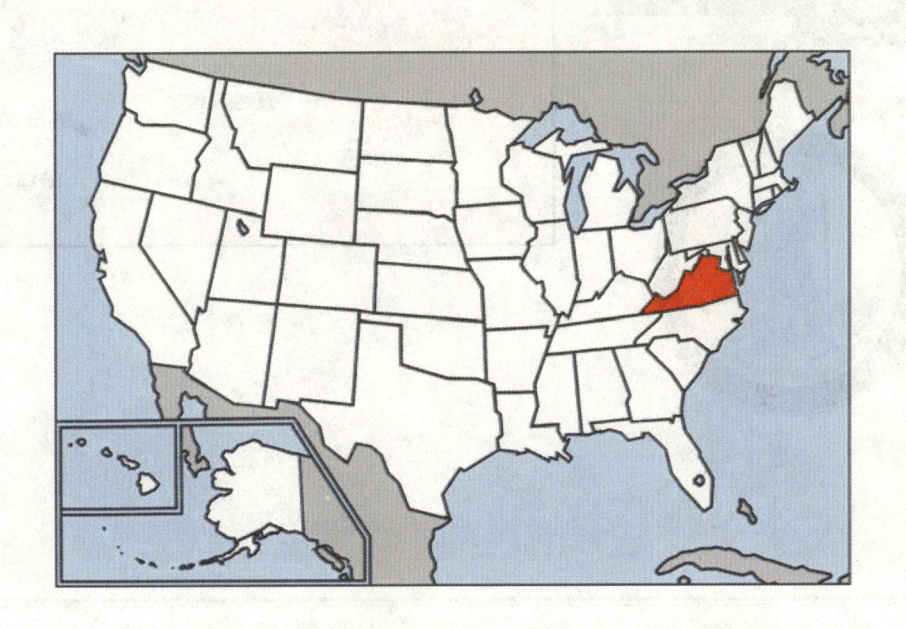

学校英文名称	学校中文名称	2011年排名	所在地区
The College of William and Mary	威廉和玛丽学院	31	威廉斯堡 Williamsburg
University of Virginia	弗吉尼亚大学	25	夏洛茨维尔 Charlottesville

Virginia

州旗

州徽

州示意图

昵称：	老自治州	地区划分：	东南地区
州府：	里士满 Richmond	主要城市：	里士满 Richmond 夏洛茨维尔 Charlottesville
时区：	东部时间 UTC-6/-5	人口：	719 万人（2000 年）
面积：	110862 平方千米 全美第 35 名	加入联邦时间：	1788 年 6 月 25 日 第 10 个加入美国联邦
消费税：	4%	网站：	http://www.virginia.gov

The College of William and Mary　威廉和玛丽学院

排　　名：	32
建校时间：	1693 年
学校类型：	公立
IBT 最低线：	100
SAT：	
CR：	620 – 730
Math：	620 – 720
Writing：	610 – 710
ACT Composite：	27 – 32
送分代码：	
IBT：	5115
SAT：	5115
ACT：	4344
毕业率：	
4 年毕业率：	90%
6 年毕业率：	不详
学生人数：	
在校生总数：	7725
本科生人数：	5800
人员比：	
师生比：	1 : 12
男女生比：	45 : 55
国际学生比：	2%

校训：

学校网址：http://www.wm.edu

申请网址：http://www.wm.edu/admission

咨询电话：757-221-4223

咨询传真：757-221-1242

咨询邮箱：admission@wm.edu

申请费：$60

学　费：$33212

总费用：$42696

申请截止时间：
　RD：1 月 1 日

申请材料邮寄地址：
The College of William and Mary
Office of Undergraduate Admission
116 Jamestown Road
Williamsburg, VA 23185　USA

校徽：

吉祥物：

校园标志性建筑

　　威廉和玛丽学院位于弗吉尼亚州威廉斯堡，占地 1200 英亩（约 5 平方千米），包括风景秀丽的玛托阿卡湖（Lake Matoaka）和学院森林（College Wood）。

　　校园里，1700 年竣工的、据说以其英国设计师命名的克里斯托弗·雷恩爵士大厦（Sir Christopher Wren Building），不仅是威廉和玛

◎学校概况

　　一般说来，一所学校能够培养出一位国家领导人，就会令该校的师生骄傲很多年，而一所学校能够培养出三位总统，这就显得十分罕见。这所学校就是威廉和玛丽学院，曾经有三位美国总统毕业于该学校：第 3 任总统托马斯·杰斐逊（任期 1801 至 1809 年）、第 5 任总统詹姆斯·门罗（任期 1817 至 1825 年）、第 10 任总统约翰·泰勒（任期 1841 至 1845 年），其中《独立宣言》的起草人杰斐逊尤其令该学院引以为豪。自 1760 至 1762 年，16 岁的杰佛逊入学威廉斯堡的威廉和玛丽学院哲学系。詹姆斯·门罗也是 16 岁进入威廉和玛丽学院（1774 至 1776 年），随后，他离

丽学院最具标志性的建筑，而且是美国最古老的大学建筑和美国国家历史地标之一。这幢建筑曾用作威廉和玛丽学院一代又一代学生的教室、图书馆、餐厅和小教堂。至今仍然作为教室在使用。

克里斯托弗·雷恩爵士大厦

这幢大厦1931年重新翻修过，因为该建筑在1700年建成数年后曾被烧毁。今日的雷恩爵士大厦是根据1716年的设计进行施工的。

在克里斯托弗·雷恩爵士大厦附近的另外两个建筑物组成了一个完整的三角形，被称为"古老的校园"，一个叫做布拉弗顿（建于1723年，最初的是印第安学校的房屋，现在为校长和教务长的办公室），另一个则是校长住所（建于1723年）。

校园重大历史事件

➢ 1691年，市民议院派詹姆斯·布莱尔（殖民地的高级宗教领导人）到英国巩固宪章，以建立一所永久的学院，并要求学院可以为学生提供哲学、语言、艺术和科学等科目。詹姆斯·布莱尔到了伦敦开始他的工作，他当地的朋友，伦敦主教亨利·坎顿及坎特伯雷大主

校从军，参加美国的独立战争。1802年，刚刚12岁的约翰·泰勒就进入威廉和玛丽学院预科，3年后正式注册本科专业，1807年毕业，年仅17岁。

此外，还让人羡慕的是，美国首任总统乔治·华盛顿从该学院获得过测量师的证书，并担任该学院的第14任校长。这所成立于1693年的学院是为纪念1688年英国光荣革命后共同主政的威廉三世与玛丽二世而建。尽管威廉和玛丽学院早已经发展成为一所现代化的综合型大学，在教育和学术上都享有非常高的声望，但由于受皇家宪章的保护，因此这所大学必须永远地保留"学院"的称号。

校园鸟瞰

威廉和玛丽学院是全美历史第二悠久的高校（历史最悠久的是哈佛大学），是一流的研究型大学；也是"公立常春藤盟校"之一，并且是学费最低的一所。近年来，该校在美国大学排名位居30名左右，在公立大学中位列第6名，仅在弗吉尼亚大学、加州大学伯克利分校、密西根大学、加州大学洛杉矶分校、北卡大学教堂山分校之后。该校校园极具历史价值，学校的硬件和软件环境都是一流，连续三年被《美国新闻与世界报道》评为最好的小型公立大学。

现任校长是泰勒·雷弗利（Taylor Reveley），这位知名的法学教授于2008年9月5日起担任威廉和玛丽学院的第27任校长。在此之前，雷福利曾任该校代理校长，也曾任该校法学院院长达10年之久（自1998的8月起）。

威廉和玛丽学院由文理学院、海洋科学学院、教育学院、商业管理学院和法学院5个学院组成，有几十个专业，涉及领域较广，大都具有很强的科研学术实力，可以授予硕士、博士学位，一些学科还在相应领域具有相当影响力。

威廉和玛丽学院

教约翰·特罗森都十分支持他，最后詹姆斯·布莱尔成功获得由英皇威廉三世和玛丽二世颁发的皇家宪章。

➢ 1693年2月8日，根据皇家宪章，学院创办。这是英国在美洲殖民地创立的第二所大学（在哈佛的1636年之后，在耶鲁的1701年之前）。为了纪念英皇威廉三世和女王玛丽二世，学院的校名成为威廉和玛丽学院。而詹姆斯·布莱尔就是学院的第一位终身任命的校长。

➢ 1776年，美国大学优秀生全国性荣誉组织（Phi Beta Kappa）由威廉和玛丽学院的大学生创办。该校与英国脱离关系。

➢ 1779年，托马斯·杰佛逊的良师益友乔治·威斯被聘为威廉和玛丽学院第一个"法学教授"，从而使威廉和玛丽学院成为美国大学中第一个教授法学的高等学校。首席大法官约翰·马歇尔就是乔治·威斯教授手下的第一批律师。

➢ 1842年，威廉和玛丽学院校友会建立，这是全美第六个资格最老的校友会。

➢ 1906年，威廉和玛丽学院成为公立大学。1918年男女合校，直到1967年才成为现代综合性大学。

法学院

威廉和玛丽学院的特点如下：

第一，诚信的荣誉。早在1776年12月，威廉和玛丽学院就创办了Phi Beta Kappa美国大学优秀生全国性荣誉组织。威廉和玛丽学的荣誉制度最早由校友托马斯·杰斐逊于1779年建立，这个制度的建立被广泛认为是全美首家。在迎新周，威廉和玛丽学院几乎每一个新生都要在雷恩爵士大厦背诵荣誉誓言作为宣誓：

作为一名威廉和玛丽社区荣誉成员我发誓，以我的名誉担保，在我的学术研究和个人生活中决不说谎、欺骗，或者剽窃。我十分清楚上述行为违背了荣誉准则，破坏了我们都是其中一员的社会的信赖。

这份誓言是由威廉和玛丽学院校友和法学教授亨利·圣乔治·塔克（Henry St. George Tucker, Sr.）在150多年前起草的。在弗吉尼亚大学任教期间，塔克建议学生重视自己的承诺，在所有考试时都确保他们的荣誉，不接受任何帮助。塔克起草的誓言起初是弗吉尼亚大学荣誉制度的基础。根据这项制度，发现学生犯有欺骗、偷窃或说谎等行为，可予以制裁的范围可能从一个口头警告，直至开除。后来，这项荣誉制度成为威廉和玛丽学院的最重要的传统之一，成为培养学生诚信和荣誉的重要保证。

第二，尽职的教授。威廉和玛丽学院师生比为1:12，是美国顶尖公立大学中最低的，共有572全职的教职人员负责全院本科生、研究生和职业培训项目的教学任务。该校之所以出名的主要原因就在于其强势的教学，绝大多数学生对教授给予了高度的评价，认为这些教授不仅在教书育人方面非常敬业，而且平易近人、十分令人感兴趣。教授们对学生们寄予厚望，对学生们遇到的问题，每一位教授都愿意提供帮助和积极的反馈。

从此，扬帆启航……

教育学院

校园杰出人物

威廉和玛丽学院造就了一批杰出的校友，目前，仍然健在的校友共有 87480 人。历史上，威廉和玛丽学院一些校友声名显赫，其中包括三位美国总统托马斯·杰斐逊、詹姆斯·门罗和约翰·泰勒，还有美国历史上的重要人物佩顿·兰多夫、亨利·克莱；美国联邦首席大法官约翰·马歇尔；美国军队知名的将军温菲尔德·斯科特等。该校校友中还有获奖的诗人、老资格的政府官员、国际银行家、富布赖特学者等。

现将具有代表性校友名列如下：

➢ 托马斯·杰斐逊（Thomas Jefferson），1760 至 1762 年在该校就读，以优异成绩毕业，《美国独立宣言》主要作者，美国第 3 任总统（1801 至 1809 年），美国第 2 任副总统（1797 至 1801 年），美国第 1 任国务卿（1790 至 1793 年）。

➢ 詹姆斯·门罗（James Monroe），1774 年在该校就读，1780 至 1783 年跟随托马斯·杰斐逊学习法律，第 5 任美国总统（1817 至 1825 年），第 7 任美国国务卿（1811 至 1817 年），第 12 和 16 任弗吉尼亚州州长。

➢ 约翰·泰勒（John Tyler），1807 年从该校毕业，第 10 任美国总统（1841 至 1845 年），第 10 任美国副总统（1841 至 1841 年）。

➢ 罗伯特·盖茨（Robert Gates），1965 年毕业，学士学位，美国中

威廉和玛丽学院大约 86%的班级学生人数在 40 人以下，近一半的班级学生人数都低于 20 人。毋庸置疑，该校如此低的师生比对于营造一种宜人、宽松的学习环境十分有益。教授们的敬业、博学和严谨，赢得了学生们的尊敬和佩服，同时师生关系更加融洽。一位二年级的学生说："对于大多数教授，我们都愿意直呼其名，教授们也清楚地记得我的名字。他们对于他们所知晓的、所讲授的以及与我们学生共享的都了如指掌。"

课堂讲座

第三，温和的氛围。威廉和玛丽学院的学生大多数是白种人，校园内民族和文化多样性的特点不太明显，但是，学生们还是对各种背景的人保持一种接受和宽容的态度。尽管学术空气十分严谨，青年人在学业上竞争倾向也很激烈，但是同学之间还是非常友好并能相互帮助，因为该校教授经常帮助所有的学生发挥出自己的最大潜能。每个人在这里都觉得很合适自己的发展和进步，这种淳朴、友好的校风可能来源于学生们温和的性情，也可能来

央情报局局长（1991 至 1993 年），现任美国国防部部长（2006 年至今）。

➢ 约翰·马歇尔（John Marshall），1780 年毕业，学士学位，第 4 任美国国务卿（1800 至 1801 年），第 4 任美国联邦首席大法官（1801 至 1835 年）。

➢ 克里斯蒂娜·罗默（Christina Romer），1981 年毕业，学士学位，曾任美国白宫经济顾问委员会主任（2008 至 2010 年）。

➢ 约翰·道尔顿（John N. Dalton），1954 年毕业，学士学位，曾任弗吉尼亚州州长（1978 至 1982 年）。

➢ 温菲尔德·斯科特（Winfield Scott），1805 年毕业，学士学位，美国军队历史上任期最长的将军（1814 至 1861 年），美国南北战争初期联邦军队总司令。

➢ 佩顿·兰多夫（Peyton Randolph），曾在该校就读，1774 年 9 月，当选为"第一届大陆会议"（北美殖民地在费城召开的殖民地联合会议）主席。

➢ 亨利·克莱（Henry Clay），曾在该校就读，1823 至 1825 年任美国众议院议长。

➢ 戴维·麦克道尔·布朗（David McDowell Brown），1978 年毕业，美国宇航员，2003 年 2 月 1 日哥伦比亚号航天飞机失事时牺牲。

➢ 威廉·巴敦·罗杰斯（William Baton Rogers），1828 年毕业，学士学位，1828 至 1835 年在该校任自然哲学和化学教授，著名的教育

自学校多年形成的传统，即温和的政策、温和的行为、温和的生活方式。有的学生说："我不断地被校园里师生之间、学生之间的温情所深深打动，教授们不仅热爱他们所讲授的专业课程，而且还真心诚意地要求学生努力地去学。"

和谐温馨的校园风气十分有助于学生的成长，优秀学生层出不穷。自 1989 年以来，威廉和玛丽学院有 6 名学生获得罗德奖学金，2000 年以来，有 60 名学生获得富布莱特奖学金、杜鲁门奖学金、歌德沃特奖学金。根据美国国际教育研究所（Institute of International Education）统计，威廉和玛丽学院的富布莱特奖学金接受率达 46%，是美国研究型大学中最高的。威廉和玛丽学还提供到 15 所国外大学交换生的项目，吸引了 12% 的本科生参加这些项目，并且还得到美国国务院的同意进一步拓展交换生项目。前美国国务卿玛德琳·奥尔布莱特夸奖威廉和玛丽学的国际研究系"或许是美国最好的"。

弗吉尼亚海洋研究所

威廉和玛丽学院是全美第一个开设法律课程的大学，也是第一个讲授政治经济学的大学，亚当·斯密的《国富论》是学生们的课本；海洋科学学院下属的弗吉尼亚海洋研究所（Virginia Institute of Marine Science，VIMS）是世界第三大专门从事河口研究的海洋研究所；该校最强的专业之一是艺术史，其中主要原因是得益于这里有美国一个最好的艺术博物馆，此外，经济学、心理学、政治学、数学、历史学等专业也是很强的。

提起威廉和玛丽学院，人们常常谈起的是该校悠久的历史和厚重的传统，实际上，历史和传统仅仅是这所学校的一部分。真正吸引很多学生来此求学的主要原因，不是威廉和玛丽学院辉煌的过去，而是其良好的学术声誉和和谐的校园氛围。

先驱、麻省理工学院创始人。
> 约翰·劳埃德·纽康姆（John Lloyd Newcomb），1900 年毕业，学士学位，曾任弗吉尼亚大学校长（1931 至 1947 年）。
> 卡洛琳·马丁（Carolyn Martin），1973 年毕业，学士学位，现任威斯康星大学麦迪逊分校校长（2008 年至今）。
> 亨利·罗索夫斯基（Henry Rosovsky），1949 年毕业，学士学位，美国经济学家，曾任哈佛大学文理学院院长（1973 至 1984 年，1990 至 1991 年），哈佛大学代理校长（1984 至 1987 年）。
> 麦克·汤姆林（Mike Tomlin），1995 年毕业，学士学位，美国橄榄球老牌劲旅匹兹堡钢人队的主教练，美国橄榄球联盟历史上最年轻的教练。
> 丹·海宁（Dan Henning），1964 年毕业，学士学位，迈阿密海豚橄榄球队进攻教练。
> 卢·克里克莫尔（Lou Creekmur），1950 年毕业学士学位，美国橄榄球联盟底特律狮队后卫（1950 至 1959 年）。

所在地概况及公共设施

威廉和玛丽学院是一所小型公立大学，校园十分美丽并且极具历史价值。该校位于历史名城威廉斯堡（Williamsburg），在华盛顿以南 150 英里（约 241 千米），距州府里士满（Richmond）和美国最大军港诺福克（Norfolk）均为 50 英里（约 80 千米），距北美最早的英

从此，扬帆启航……

艺术博物馆

◎学校图书馆

威廉和玛丽学院图书馆系统包括以下几个图书馆：格列哥·斯温伯爵图书馆（The Earl Gregg Swem Library）、麦克劳商务图书馆（The McLeod Business Library at Mason）、教育图书馆、法学图书馆和 VIMS 图书馆。每个研究生院和专业学院都有其自己的图书馆。

格列哥·斯温伯爵图书馆

2005 年，该校重新翻修了主图书馆格列哥·斯温伯爵图书馆，2008 年这个校园内最大的图书馆被《普林斯顿评论》评为美国最佳学院图书馆第 8 名。该图书馆的参考书目可以通过即时通讯、电子邮件、电话查询或本人到访获得，不仅如此，斯温伯爵图书馆的网站能够帮助读者从事研究项目的资料收集、初步分析工作，从而节省将近一半左右的时间。该图书馆的特殊收藏研究中心是世界级的第一手资料的资料库，收集了美国早期历史的珍贵资料（包括原始手稿、信件、照片和手绘地图等）。

国人定居地詹姆斯敦（Jamestown）只有几分钟的车程。

历史之所以有趣，就在于它背后藏着人的故事，威廉斯堡之所以有魅力，就在于这里是这些故事的发生地。威廉斯堡人骄傲地说："美国人争取自由与独立的梦是在这里形成的。"1765年总督帕特里克·亨利（Patrick Henry）在威廉斯堡殖民地会议上发表了著名的反对英国征税法讲话；1769年华盛顿在这里提出反对英国向殖民地征收驻军费法案；1776年威堡殖民地会议通过了《弗吉尼亚独立决议案》促成同年7月在费城发表了美国独立宣言；1781年华盛顿率军在距此15英里（约24千米）的约克镇包围英军迫使英军投降，结束了英殖民主义统治。

从1699年到美国革命成功后的1780年的80年间，就是在这个小镇上，美国最早的一代既有理想又有务实精神和操作技巧的政治家成熟了，包括华盛顿、杰佛逊、派屈克·亨利等等，如果一一列举，几乎就是美国革命时期最重要的政治家名单。这儿是美国政治制度真正的摇篮。

威廉斯堡坐落在一望无际的大西洋沿岸平原上一个狭长的半岛上，两边是詹姆斯河和约克河，依湖傍水，附近的土地质地肥沃，气候温暖宜人。冬天气温在零度上下，夏天在30℃左右。从1699年到1780年，威廉斯堡一直是弗吉尼亚州的首府。

这个殖民地时代建筑的城堡，

美国50所最佳大学

法学图书馆

法学图书馆是美国最古老的图书馆，它是对与托马斯·杰佛逊相关的历史文物收集得最全的图书馆。此外，还拥有美国英裔美国人法律方面最权威的第一手和第二手资料。

麦克劳商务图书馆为师生们提供的服务包括：书籍、影印资料、问题集、注释、盒式录像带、录音带等。每一种资料和图书都有超过一册以上的备份。

学习资源中心

◎学校生活条件

对于近四分之三的本科生来说，占地为1200英亩（约5平方千米）的校园是整个四年学习过程中的家。基于这种考虑，威廉和玛丽学院为每一位大学生提供舒适、设施完备的住宿和餐饮条件。学生宿舍绝大部分是两人合住，既有楼层层高很高的国宝级老式宿舍，也有装备有空调的现代化住宅楼。所有的学生公寓的房间都提供高速的互联网接入、有线电视、电话插口等。

威廉和玛丽学院

从此，扬帆启航……

当时仅有1780多人，但小镇上有9家酒店，10多家旅馆和药店等。1926年，慈善家小洛克菲勒捐资重建威廉斯堡，恢复其历史风貌，使其从此成为美国人重温历史的旅游区。威廉斯堡人口只有1万多，每年游客却多达500万。穿着18世纪服装的"居民"向游客讲述历史风情，游客加入"民兵"队伍，聆听"州长"的讲演，在军鼓与短笛声中走上独立战争的"前线"。

威廉斯堡这座古城是严格按照规划建设起来的，因为这里是美国的起点。1606年12月20日，第一批英国移民144人从英国伦敦出发，经过5个多月海上航行，于1607年5月13日到达北美洲，在美国的弗吉尼亚州威廉斯堡附近的詹姆斯建立了英国人的第一个永久居留地。为了保护许多名胜古迹，市中心禁止任何车辆入内，半英里长（约0.8千米）的格洛斯塔大街、涅克柯逊大街和法兰西斯大街为步行街，保留着古色古香的味道，街上行人只准骑自行车或乘坐马车游览，不通机动车。

抵达方式

威廉斯堡距离华盛顿150英里（约241千米）。在威廉斯堡市的周围共有三个机场，分别是纽波特纽斯威廉斯堡国际机场（Newport News-Williamsburg International Airport）；诺福克机场（Norfolk Airport）和里士满国际机场（Richmond International Airport），

学生宿舍

新生居住在13幢学生公寓楼里，所有公寓楼都配有自习室、公共休息室、公用厨房、洗衣设备，甚至有游泳池和娱乐设施。高年级学生住宿有多种选择，包括单人间、双人间、三人间，校园内带有厨房的公寓，以及校园内兄弟会和姐妹会式的住宅。

书店

新建的詹姆斯敦南北宿舍楼拥有更加方便的设施，包括室内控制的暖气和空调，每个楼层均有厨房、休息室、隔音的练琴房、自习室和游戏房。

威廉和玛丽学院有400个学生社团。24%的男生参加兄弟会和27%的女生参加姐妹会，这些"希腊式"的组织几乎主办了校园内所有的派对，剩下为数不多的派对由当地酒吧举办。虽然犯罪率不是较高，但校园安全工作却抓得很紧，常备不懈。

从美国东部飞往这里的时间基本在 25 至 45 分钟左右。也可以在华盛顿的联合车站搭乘火车到达这里，大概需要 3 个半小时的时间；搭乘灰狗巴士前往，从华盛顿到达威廉斯堡开车需要近 6 个小时的时间；从里士满自驾车上 I-64 号公路往东走，之后在 238 号公路看见历史三角区的红白蓝标志，顺着指示牌即可到达游客中心。

学生社团的表演

University of Virginia　弗吉尼亚大学

排　　名： 25	校训：
建校时间： 1819 年	To Be Leaders Among Men.
学校类型： 公立	
IBT 最低线：不详	学校网址： http://www.virginia.edu
SAT：	申请网址：
CR： 600 – 710	http://www.virginia.edu/
Math： 620 – 730	undergradadmission
Writing： 600 – 710	咨询电话： 434-924-4524
ACT Composite： 不详	咨询传真： 434-924-0938
注：必须提交 2 科 SAT II 成绩	咨询邮箱：
送分代码：	undergradadmission@virginia.edu
IBT： 5820	申请费： $60
SAT： 5820	学　费： $32902
ACT： 不详	总费用： $42576
毕业率：	申请截止时间：
4 年毕业率： 84%	RD： 1 月 1 日
6 年毕业率： 91%	
学生人数：	申请材料邮寄地址：
在校生总数： 22533	University of Virginia
本科生人数： 15078	Office of Undergraduate Admission
人员比：	400 Ray C. Hunt Drive
师生比： 1 : 15	P.O. Box 400229
男女生比： 43 : 57	Charlottesville, VA 22902　USA
国际学生比： 5%	

校徽：

吉祥物：

校园标志性建筑

迄今，被选入世界文化遗产的大学校园凤毛麟角，坐落在弗吉尼亚州夏洛茨维尔的美国弗吉尼亚大学校校园则是其中之一。弗吉尼亚大学占地 1682 公顷（16.82 平方千米），校园的建筑也很有特点，全部是红砖白瓦，红白相称，对比突出，显得格外的精神、整洁。

◎学校概况

美国大概没有第二个小镇像夏洛茨维尔（Charlottesville）那样吸引人们的目光了。在连绵的蓝岭山下，在高高的阿巴拉契亚山间，这个充满田园风情、山水诗意的小镇不仅是美国开国元勋托马斯·杰斐逊（Thomas Jefferson）的故乡，而且她还培养了另外两位美国总统：第四任詹姆斯·麦迪逊（James Madison），第五任詹姆斯·门罗（James Monroe），这三位美国总统是美国早期的奠基者，也是邻居、师友和同志。杰斐逊是《美国独立宣言》的作者，麦迪逊是《美国宪法》的起草人。斯人已去，墨迹也干，

美国 50 所最佳大学

圆形大厅与杰斐逊雕像

夜色下的圆形大厅

圆形大厅的内景

　　弗吉尼亚大学的标志性建筑是校园中心有着古罗马的潘提翁神殿身影的圆形大厅（The Rotunda），两排整整齐齐的大白色大理石柱连接十个楼阁并列两边，围出一个方方正正的绿色大草坪。受到该圆形大厅和草坪设计的灵感影响，很多著名大学都建造了类似或近似的建筑物，比如，杜克大学（1892 年）、约翰斯·霍普金斯大学（1902 年）、莱斯大学（1910 年）、范德比尔特大学毕保德学院（1915 年）、麻省理工学院（1916 年）、耶鲁神学院的斯特林方形院

他们留下的政治结构福荫了后世数代美国人。而那些文字"我们认为下述真理是不证自明：人生而平等，拥有不可剥夺的对生命、自由和追求幸福的权利。为了保障这些权利人们才建立了政府，而政府的正当权力，则来自被统治者的同意。"到今天还在激励着不同肤色和年龄的普通人们。

　　夏洛茨维尔是美利坚的精神摇篮之一，还保留着美国早期的人文气质，是美国第一所和最好的公立大学之一弗吉尼亚大学所在地。弗吉尼亚大学在美国大学中声名十分显赫，集众多"第一"于一身，其中包括第一所工程院校，第一所开设天文学、建筑学以及哲学等学科的院校，等等。

　　弗吉尼亚大学（简称：UVA）是由美国开国元勋之一托马斯·杰斐逊于美国弗吉尼亚州中西部的夏洛茨维尔镇创建的一所公立研究型大学，在美国公立大学排名中位列第二，仅次于加州大学伯克利分校。

　　现任校长是特里萨·安·沙利文（Teresa Ann Sullivan），这位知名的社会学教授于 2010 年 8 月 1 日起就任弗吉尼亚大学第 8 任校长，也是该校第一任女性校长。在此之前，沙利文曾任密西根大学教务长和主管学术事务的副校长。

医学院

　　弗吉尼亚大学现有 10 个学院，即文理学院与研究生院、建筑学院、达顿工商管理学院（Darden School of Business）、柯里教育学院（Curry School of Education）、工程与应用科学学院、法学院、医学院、麦金太尔商学院（McIntire School of Commerce）、弗兰克·巴腾领导与公共政策学院（Frank Batten School of Leadership and Public Policy）、护理学院和继续教育学院。另外，还有一个医疗中心。

弗吉尼亚大学

433

（1932 年）等。1895 年 10 月 27 日，弗吉尼亚大学的圆形大厅被一场因用电事故引起的大火烧毁。1976 年，为纪念美国建国 200 周年，该圆形大厅根据原来的构造和历史图片在原址重新修复。

另一处标志性的建筑是杰斐逊在建校之初设计的"学术家园"（Academical Village），这个名字一直使用到今天。刚建校时所有的学生老师都一起住在"学术家园"中，一起进行学术研究、一起研讨问题。这个庭院式的建筑别具风格，紧挨着圆形大厅，获得美国建筑协会的赞赏。这个在美国建筑界里著名的建筑物，已在 1988 年时并入世界文化遗产的名单。

学术家园

校园重大历史事件

托马斯·杰斐逊

➤ 1800 年 1 月 18 日，时任的美

从此，扬帆启航……

工程和应用科学学院

弗吉尼亚大学在众多高等学府中是非常有特色的。1819 年建校以来，一直秉承以教育促发展的理念，致力于培养有志于改变未来世界的学生。弗吉尼亚大学是开放的，这与许多校友的大力支持是分不开的。学校同时也是有选择性的。来此就读的学生是因为其表现出了杰斐逊所认为的特别优秀的能力。

弗吉尼亚大学具有的特点如下：

第一，悠久的历史，丰富的文化。 弗吉尼亚大学是北美地区唯一一所被联合国教育科学文化组织列为是世界遗产的高等院校。在美国历史上，弗吉尼亚大学以其首创建筑、天文和哲学等学术领域而著称，同时它也是第一所将教育独立于教会的高校。弗吉尼亚大学的宗旨是，通过激发学生在了解自然界和人类社会过程中的持久的自由探索精神，丰富人类的思想宝库。

1812 至 1825 年，托马斯·杰斐逊亲自筹划创建了弗吉尼亚大学，并担任了第一任校长。作为美国《独立宣言》的起草委员和美国第三任总统，托马斯·杰斐逊原来是一名法律专家，他不仅在政治上很有作为，而且关心农业，并对教育改革和科学发明也非常热心，极富创新精神。弗吉尼亚大学中心的一座圆形大厅（The Rotunda）的设计，是他从罗马的潘提翁神殿（Pantheon，又译万神殿，位于今意大利罗马，始建于公元 2 世纪，古罗马时期的宗教建筑，后改建成一座教堂，是古罗马时期重要的建筑成就之一）中得到的灵感。1987 年，弗吉尼亚大学校园同大学附近蒙蒂塞洛县的杰斐逊故居一起被列入世界文化遗产名录。在美国的各大著名高等学府里，仅有弗吉尼亚大学校园拥有此殊荣。这既是对杰斐逊建筑遗产的尊重，更是对他重视现代高等教育、开创世界一流公立大学的实践的尊重。从建校起，杰斐逊就提出和实施了用最高薪酬聘请欧洲最好教授的建议，从而保证弗吉尼亚国副总统托马斯·杰斐逊在写给约瑟夫·普里斯特莱（Joseph Priestley）的一封信中提起建立一个新大学的计划。1802年，时任美国总统的托马斯·杰斐逊在写给画家Charles Willson Peale的信中提及，"新的学校应建立在尽可能自由和宽松的环境下。"尽管当时弗吉尼亚州已经拥有一所学院——威廉和玛丽学院，但某种程度上由于这所学院存在的宗教偏见和对于自然科学教育的缺乏，托马斯·杰斐逊对其母校丧失了信心。

➢ 1817年，这片紧邻夏洛茨维尔镇的农地被当时被称为中央学院的学校筹建委员会买下。早在1788年这块土地被美国第五任总统詹姆斯·门罗就已经买下。而此时詹姆斯·门罗恰好开始了他作为美国总统的第一个任期。在托马斯·杰斐逊的主持下，学校于1817年举行了奠基仪式，并且于1819年获得了弗吉尼亚州政府的大学办学许可证。

➢ 1826年，美国第4任总统詹姆斯·麦迪逊担任弗吉尼亚大学校长，与此同时，第5任总统詹姆斯·门罗在校园所在地附近安家，并成为该校监事会成员之一。这两位美国总统卸任后一直呆在该校，直到19世纪30年代去世为止。

➢ 1904年，爱德温·艾德曼（Edwin Alderman）卸任杜兰大学校长之后，担任弗吉尼亚大学校长。艾德曼上任后，对大学和弗吉尼亚州的公共教育系统进行了一

大学从诞生之日起就处于高水准。

法学院

文理学院

第二，宁静中致远，淡泊中明志。杰斐逊是弗吉尼亚大学的奠基人，曼迪逊是弗吉尼亚大学的第二任校长，两任美国总统担任同一所大学的校长，这所大学的面子可谓气派得很。他们两人花了前后20来年时间，一起为学校筹集资金、设计校园、聘请教师、开设课程。至今，弗吉尼亚大学校园处处能看到杰斐逊的气质：高贵典雅而不事张扬。多年来把"学习"和"教育"放在发表文章前面，保留了独立独行的风格。有意思的是，因杰斐逊本人没有博士头衔，弗吉尼亚大学把博士都叫先生以表达对奠基人的尊敬。

离开白宫后，杰斐逊以农夫与哲学家的姿态度过生命中的最后17年。身为政治家、外交家和思想家的杰斐逊一直认为，不普及对民众的教育，任何共和国都不可能国力强盛。大学秉承通过教育的方式为美国乃至世界培养领导人的理念，通过近200年的

系列的改革。

校园杰出人物

具有丰富人文背景和悠久历史的弗吉尼亚大学拥有不计其数的校友，出类拔萃，纵横各界，其中具有代表性的人物如下：

➢ 伍德罗·威尔逊（Woodrow Wilson），1879年曾在该校法学院就读一年，曾任第13任普林斯顿大学校长（1902至1910年），第28届美国总统（1913至1921年）。

➢ 阿尔本·巴克利（Alben W. Barkley），1900年毕业，学士学位，第35届美国副总统（1949至1953年）。

➢ 比尔·纳尔逊（Bill Nelson），1968年毕业，学士学位，现任来自佛罗里达州的美国参议院（2001年起），曾是哥伦比亚号航天飞机航天员。

➢ 阿尔佛雷德·贝克莱（Alfred R. Berkeley），1966年毕业，学士学位，美国纳斯达克股票交易所总裁。

➢ 斯蒂文·雷蒙德（Steven Reinemund），1978年毕业，硕士学位，美国百事可乐公司总裁和首席执行官。

➢ 乔治·艾伦（George F. Allen），1974年毕业，学士学位，1977年毕业，博士学位，前美国参议员（2001至2007年），曾任第67任弗吉尼亚州州长（1994至1998年）。

➢ 埃文·拜依（B. Evan Bayh III），1982年毕业，博士学位，现

从此，扬帆启航……

不懈努力，使得今年的弗吉尼亚大学不仅是一所全美最优秀的大学之一，同时还在世界各国大学中有着相当的影响力。

商学院

第三，荣誉靠自己，教育享终身。"荣誉制度"是弗吉尼亚大学的一项防止学生撒谎、欺骗和偷窃的制度，它反映了学生自治的光荣传统。如今"荣誉制度"已成为了弗吉尼亚大学校政建设中最为重要的一环。让学生生活在一个信任与被信任的团体之中，是学生对于学校的一项诚信的承诺，源自杰斐逊的教育思想。正如杰斐逊所说："在一个文明国家，若指望在无知中得到自由，过去从未有过，将来也决办不到。"美国的公民教育本质上是民主制度下的自治教育。这种自治教育体现在公民根据自己的内心要求，进行自我管理，而不是消极地接受别人的灌输或默许别人的需求。因而，美国的学校普遍重视培养学生"自律"与"担当责任"的意识。

荣誉制度的实施在弗吉尼亚大学获得了巨大成功。1842年7月，新上任的教授团主席亨·乔治·塔克尔提出一项决议："在以后的所有考试中，每一个考生都要附上一份承诺书：我，作为一名文学学士，以我的荣誉起誓，在本次考试中绝不接受任何人的帮助。"这份承诺书就是学生向校方承诺不舞弊的"荣誉誓词"，这就是弗吉尼亚大学荣誉制度的发端。荣誉制度充分体现了学生的道德感和自治自律精神，对学校也十分有利，使老师从琐碎的纪律管理事务中解脱出来。弗吉尼亚大学的经验非常成功，一些学校开始竞相效仿。内战后，越来越多的美国学校开始实行学生荣誉制度。到20世纪上半叶，荣誉制度已从最初简单的誓词和约定发展成一套结构完善、内容丰富的制度体系。

随着时代和社会的发展，"荣誉制度"也在不断地变迁与更新。"荣誉制度"以学生自治作为重要内容，把老师的部分控制

任美国参议员（1999年至今），曾任第64任印第安纳州州长（1989至1997年）。

➢ 乔治娅·奥基弗（Georgia O'effe），1912年曾就读该校暑期班，10年之后，成为最负盛名的现代主义绘画先驱，美国本土艺术家中的传奇人物。

➢ 克里斯多夫·纳塞塔（Christopher Nassetta），1984年毕业，学士学位，希尔顿酒店公司总裁和首席执行官。

➢ 彼得·奎克（Peter Quick），1978年毕业，学士学位，前美国证券交易所总裁。

➢ 马克·约翰逊（Mark Johnson），1971年毕业，学士学位，美国电影导演，电影作品有《雨人》（获得奥斯卡最佳影片奖）、《早安，越南》等。

➢ 安·霍德·沃德（Ann Hould Ward），1978年毕业，学士学位，美国服装设计师，获得1994年"最佳服装设计"托尼奖。

所在地概况及公共设施

夏洛茨维尔小镇

夏洛茨维尔（Charlottesville）是美国弗吉尼亚州中部的小镇，位于里士满（Richmond，弗吉尼亚州首府）西102千米，濒临里万纳河

权转变成学生的自主权。此外，在弗吉尼亚大学，没有"freshmen"（新生）、"sophomores"（二年级生）这类说法，只有first-year、second-year这样的表达。杰斐逊认为，学习是具有连续性的事情，是人们整个一生的需求，因此，first-year仅仅是意味着人们终身学习开始的第一年。

健康中心

除了上述特点之外，弗吉尼亚大学还以其独创性的规划模式和优美的校园环境闻名于世，设计者杰斐逊希望通过他的校园规划来证明：对校园空间的合理安排不但有利于才智和身体的均衡发展，而且还可以表达独特的美国式教育理念。借助连接不同的建筑的拱廊，学生们可以在寒冷的气候下锻炼。花园位于那些相互连接的庭榭的背后，最初的想法是为了种植庄稼，来自卫生间的排泄物则可以为土地施肥。杰斐逊的理念与今天的"可持续发展"的概念颇有几分相似。可见，可持续发展的议题实际上早已经触及大学校园的发展历史。对可持续发展的研究最早萌芽于大学就不足为奇了。

弗吉尼亚大学校园建筑不但表达出其文化理念，也体现了物理学和环境科学法则，因此它们本身就是可资学习的良好主题。更为重要的是，今天的学生将是未来的社会栋梁，他们在这里所接受的可持续发展观念的教育，将有助于促进全社会对可持续理念的理解和接纳。

弗吉尼亚大学各个学院的学术水平领先群雄。弗吉尼亚大学总共开办了84个学士学位课程、94种硕士学位课程，以及55种博士学位课程。弗吉尼亚大学注重学术研究，每年从各界获得的研究经费总额至少1亿美金。目前就读这所大学的学生总人数逾1.8万人，其中有6800人攻读硕士及博士学位课程；并且有来自

（Rivanna），掩映在蓝岭山脚下苍翠的树林里，人口4至5万人。1737年前后始建居民点，1888年设市，棉毛纺织工业发达；1819年创立的弗吉尼亚大学；是托马斯·杰斐逊的出生地。夏洛茨维尔距离华盛顿西南2个小时车程，距离里士满西1个小时车程。

夏洛茨维尔著名的派拉蒙剧院

夏洛茨维尔是美国的一个"准都城"，是美国的文化和历史缩影，美国人的某些高贵作派和保守主义在这里尽显。世界文化遗产之一的杰斐逊故居与弗吉尼亚大学校园，都位于这个小城，成为很多旅游者观光的景点。

托马斯·杰斐逊故居

置身于世界文化遗产，人们可以领略到真实的美国传统文化。据美国《钱》杂志的报导，夏洛茨维尔市是美国最佳的城市之一。另外，美国《Point of View》杂志也

从此，扬帆启航……

世界110个国家的，共计1500多名国际学生。

◎学校图书馆

艾德曼图书馆

弗吉尼亚大学图书馆系统共有14个图书馆，包括：艾德曼图书馆（Alderman Library）、天文图书馆、生物学和心理学图书馆、布朗科学和工程图书馆（Brown Science and Engineering Library）、克莱蒙斯图书馆（Clemons Library）、化学图书馆、达顿工商管理学院图书馆（Camp Graduate Business Library）、菲斯克·金伯尔美术图书馆（Fiske Kimball Library）、克劳德·摩尔健康科学图书馆（Claude Moore Health Sciences Library）、莫里斯法学图书馆（Morris Law Library）、音乐图书馆、数学图书馆、物理图书馆和爱伯特和雪莉·斯莫尔特藏图书馆（Albert and Shirley Small Special Collections Library）。

莫里斯法学图书馆

该图书馆系统总藏书量超过400多万册，另有4.7万多种的

评述夏洛茨维尔是美国排名第7名最佳开展事业的城市。

夏洛茨维尔小城的中心是一个历史老区，一条步行街，两旁开着百年老店，街头两个老电影院，没有西海岸的宽阔奢侈，却有古老的质朴。该市附近还有不少美国南北战争时期的战场。每年吸引数十万的游客到访。

"街角"

走过"街角"，弗吉尼亚大学校园外的社区购物中心零落散布，是小城的人们交友聊天的去处。

抵达方式

夏洛茨维尔镇附近有阿尔伯马尔机场（Albemarle Airport），位于美国弗吉尼亚州阿尔伯马尔县夏洛特维尔以北 8 英里（约 13 千米），为夏洛特维尔、阿尔伯马尔及周边地区提供航班服务，其中包括飞往七大城市的21趟直达航班。

机场于2006年进行了一次大规模的修建。机场占地面积为6000平方米，航站楼设有租车、地面运输、食品和礼品店。

机场和夏洛茨维尔小镇之间有灰狗巴士、城市间公共汽车等交通服务。

期刊以及报章杂志和 5 个电子图书馆中心，设备相当先进。美国图书馆协会（American Library Association，ALA）的评价是弗吉尼亚大学图书馆在所有美国研究型图书馆里排名前 20 名。

艾德曼图书馆还包括一个世界上最大的关于西藏研究的图书和文献收藏室。

◎学校生活条件

弗吉尼亚大学建有多种校内宿舍大楼，包括研究生宿舍、单身宿舍、外语宿舍、学术荣誉宿舍等等，其中的外语宿舍允许学生除了英语外，可用法语、德语、西班牙语、俄语等等为沟通语言媒介。位于圆形大厅 The Rotunda 和 Old Cabell Hall 之间的草坪以及学术家园（The Lawn and Academical Villiage），四周有 10 幢建筑，供教师居住和教学，另外还有 54 个宿舍楼供精选出来的毕业班本科生居住，基本上都是所谓品学兼优的学生。如今，这块 200 年前杰斐逊总统曾经闲庭信步的草坪，已成为学生休闲、嬉戏的场所。

斯考特体育场

弗吉尼亚大学的竞技体育团体处于全美大学生体育协会（NCAA）的第一等级 A 组，自 1953 年，成为了大西洋沿岸联盟（Atlantic Coast Conference）的成员。该校所属的运动队被称为"弗吉尼亚骑士"（the Virginia Cavaliers）（亦被称为"Wahoo"或者"Hoos"）已经获得了 15 项公认的美国大学体育联盟的全国冠军，其中的 12 项是在 1980 年后获得。其最著名的体育设施包括斯考特体育场、大学体育馆以及健身和水上中心。新建的约翰·保罗·琼斯竞技场（John Paul Jones Arena）已于 2006 年完工。

从此，扬帆启航……

弗吉尼亚大学鼓励大学生多多参与校内及社区的各种活动。大学联会是主要负责筹办各种活动的组织，一年一度的 dogwood 假期与游行、新年夜活动、民俗文化展览，常常让学生们忙得不亦乐乎。

阿尔伯马尔机场

华盛顿州
Washington（WA）

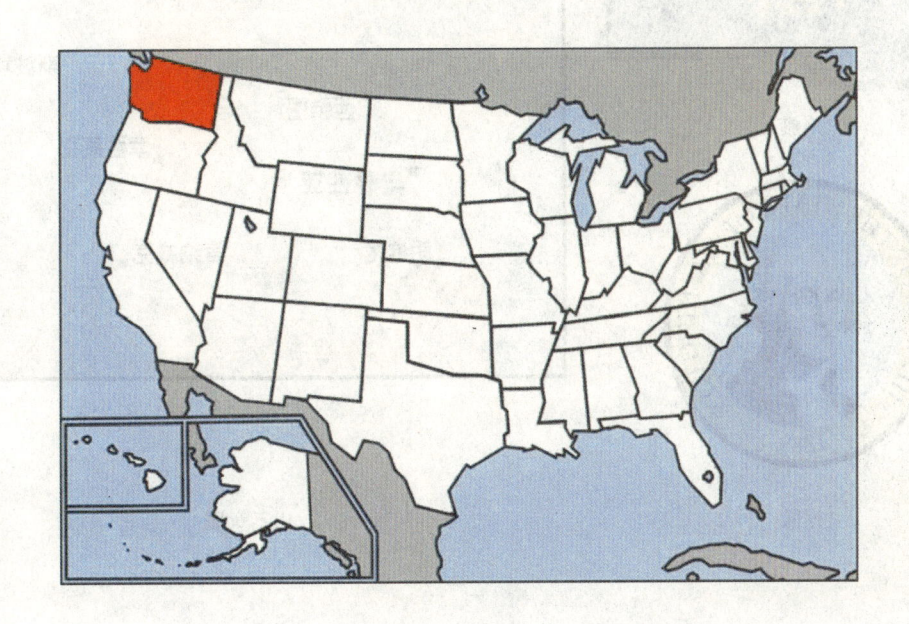

学校英文名称	学校中文名称	2011 年排名	所在地区
University of Washington	华盛顿大学	41	西雅图 Seattle

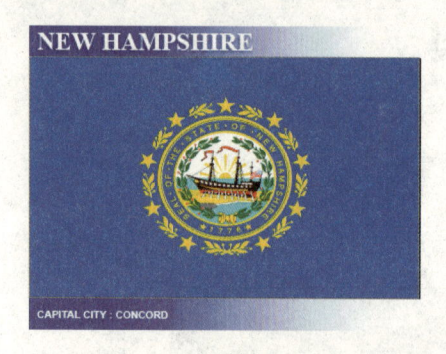

Washington

州旗

州徽

州示意图

昵称：	常青州	地区划分：	远西部地区
州府：	奥林匹亚 Olympia	主要城市：	西雅图 Seattle
时区：	太平洋时间 UTC-8/-7	人口：	589 万人
面积：	184824 平方千米 全美第 18 名	加入联邦时间：	1889 年 11 月 11 日 第 42 个加入美国联邦
消费税：	6.5%	网站：	http://access.wa.gov

University of Washington　华盛顿大学

排　　名：41	校训：	校徽：
建校时间：1861 年	Lux sit　（拉丁语）	
学校类型：公立	Let there be light	
IBT 最低线：76	学校网址：http://www.washington.edu	
SAT:	申请网址：	
CR:　　550 – 650	http://www.washington.edu/discover/admissions	
Math:　570 – 680		
Writing:　530 – 640	咨询电话：206-543-9686	
ACT Composite: 24 – 30	咨询传真：206-685-3655	
送分代码：	咨询邮箱：admit@washington.edu	
IBT:　4854	申请费：$75	吉祥物：
SAT:　4854	学　费：$25329	
ACT:　4484	总费用：$38670	
毕业率：	申请截止时间：	
4 年毕业率：48%	RD：12 月 15 日	
6 年毕业率：72%	申请材料邮寄地址：	
学生人数：	University of Washington	
在校生总数：38415	Office of Admissions	
本科生人数：28570	1410 NE Campus Parkway	
人员比：	Box 355852	
师生比：　　1：12	Seattle WA 98195-5852　USA（常规）	
男女生比：　46：54	1410 NE Campus Parkway – 225	
国际学生比：3%	Schmitz Hall	
	Seattle, WA 98195　USA（特快）	

校园标志性建筑

　　华盛顿大学主校园位于西雅图的联合湾、波蒂奇海湾和华盛顿湖之间，占地 700 英亩（约 3 平方千米），东边可以远眺喀斯喀特山脉，西边可以看到奥林匹克山脉。在晴朗的天气里，从苏拉洛图书馆（Suzzallo Library）远眺学校东南

◎学校概况

　　作为美国西海岸北部最大的城市，西雅图是一座不可思议的城市，它不但拥有古老的冰川、活跃的火山和终年积雪的山峰，同时也拥有海洋、湖泊、温暖的港湾和运河。整个城市被原始森林包围覆盖，却蕴育了人类计算机科技的最高象征——微软。这里不但拥有着美国的天才首富，而且也培育了最伟大的吉他手吉米·亨德里克斯（Jimi Hendrix）；它不仅是微软的软件和波音飞机的展示馆，而且是摇滚乐手的圣殿。很多人认识西雅图，是因

方的兰尼埃山顶，可以看到一片秀丽的景色。

冬日的兰尼埃山顶

主校园几乎所有的建筑物都以歌德式风格为主，中央广场因为铺满红转，又叫作红色广场（Red square）。

广场的特点就是把不同风格的建筑，新旧结合，使之相得益彰。正对广场的苏拉洛图书馆是典型的歌德式建筑，是该校三个标志性建筑之一，散发出一股东欧的内敛气质，众多拱门镶嵌人物雕塑，门柱与窗框上都雕有复杂的花纹。二楼阅览室的彩绘玻璃窗，在夕阳余辉的映照下会发出淡蓝色的光芒，更为这栋庄严而肃穆的建筑增添不少璀璨的色彩。

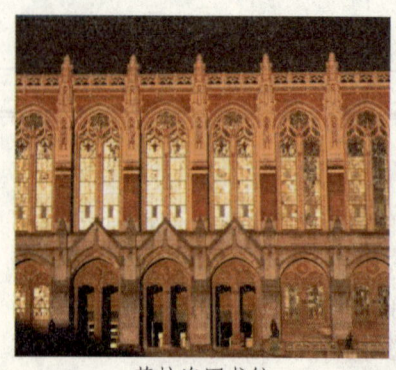

苏拉洛图书馆

沿着广场左边的台阶走下去，就会看到一座圆形的喷泉

从此，扬帆启航……

为看了那部浪漫隽永的电影《西雅图不眠夜》。由汤姆·汉克斯和梅格·瑞安两位影星主演的一"听"钟情的爱情故事，让多少人为之星夜难眠。来到西雅图，往往不可以错过的就是联合湾区。电影中的船屋就在这里，距离市中心只有5至10分钟的车程。在联合湾、波蒂奇海湾（Portage Bays）和华盛顿湖之间，是大学区。这里是一个特殊的社区，街道两旁林立的餐厅和咖啡馆里挤满了叽叽喳喳说个不停的青年学生，山水环绕再加上校园内松树、樱花以及古典与现代交汇的建筑，也正是这些朝气蓬勃的年轻人使整个西雅图充满了青春的气息，他们大多来自附近韵味雅致的华盛顿大学。

华盛顿大学位于美国华盛顿州西雅图市，是一所建于1861年的公立研究型大学。这所大学有时又被称为"The U"或是"UW"。这是美国太平洋西北区最大的一所大学，也是美国西岸历史最悠久的公立大学，为美国重要的学术联盟美国大学联合会的成员。建校时为私立学校，到1889年被收归华盛顿州所有。华大自建校以来，在各学科领域中成就卓著并拥有巨大影响力，被誉为"公立常春藤"之一。

校园鸟瞰

西雅图华盛顿大学主要分成三个校区：主校区在西雅图市东北角。除了西雅图的主校区提供从学士、硕士到博士学位的课程以外，华盛顿大学还有博塞尔（Bothell）与塔科马（Tacoma）两所分校提供学士和硕士课程的学位。

现任代理校长是菲丽丝·怀斯（Phyllis M. Wise），这位生理学和生物学教授于2010年10月1日就任西雅图华盛顿大学代理

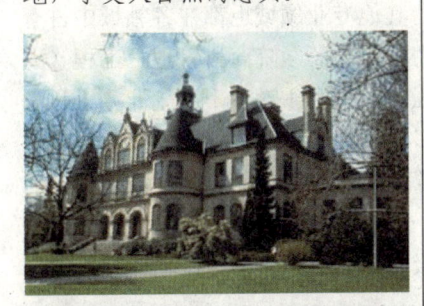

Drumheller Fountain，路的两边种满了樱花树。那白色樱花遍开校园。有山有水，再加上校园内美丽的松树、草地，华盛顿大学校园是全美公认的数一数二的美丽校园，充满着诗意。近年来，有很多学院改建重修，新式的现代建筑散落在古典浪漫的校园里，更显出其原有的独特古典美。在樱花盛开的季节与夏日中，到处可见学生悠闲地躺在草地上，不时会有松鼠出现在你周围，彷佛你就处在电影的外景地，享受大自然的恩典。

丹尼楼

主校园标志性建筑还有最古老的丹尼楼（Denny Hall），该楼建于1895年，所用建筑材料是特尼诺砂岩（Tenino sandstone），大楼体现了法国文艺复兴时期的风格，以西雅图的先驱亚瑟·丹尼和玛丽·丹尼的名字命名。这座楼的所在地很多年来都是该校的核心位置。它拥有实验室、教学用自然科

校长，因为于2004年6月就任的第30任校长马克·埃默特（Mark A. Emmert）担任了美国全国大学生体育协会主席。在此之前，怀斯2007至2010年曾任西雅图华盛顿大学教务长和常务副校长。

通往希尔文剧院的石阶及廊柱

华盛顿大学共设有16个学院，包括文理学院、建筑环境学院、商学院、牙医学院、教育学院、工程学院、环境学院、研究生学院、信息学院、法学院、医学院、护理学院、药学院、公共关系学院、公共卫生学院和社会工作学院。这16个学院开设有上万个大学课程，几乎涵盖了大部分的学科领域，是美国课程设置最丰富的大学之一。各学院的学术水平排名领先群雄，其中医学院、护理学院、药学院、牙医学院、公共卫生学院、社会工作学院和信息学院均列美国大学同类学院的前5位，这些学院每个学期提供1800余个本科生课程。科系排名全美前10名的包括医学治疗、医学研究、护理、计算机科学、信息管理、图书馆管理、生物工程、公共关系、公共卫生、临床心理学和社会学等许多学科。

华盛顿大学具有以下几个特点：

第一，重点学科，实力强劲。除了古色古香的校园外，它的医学与护理专业更是全美最顶尖的，说到医学（尤以癌症研究及器官移植最驰名），连续12年蝉联《美国新闻与世界报导》排名第一名，而医学研究也是一直在前10名之内，两个排名平均下来更是全美第一。华盛顿大学10位诺贝尔奖得主中有7位是在生理学或医学领域获得奖项的，由此可见该校医学方面的实力。在医学各专业排名中，该校医学院更是全美唯一各医学专业都在前10内的学校，并且是美国国家卫生研究所（National Institutes of Health, NIH）经费补助最多的学校之一。而护理学院亦是连续多

学博物馆和有 736 个座位的礼堂。在丹尼大楼北侧是西奥多·雅克布森天文台（Theodore Jacobsen Observatory），它用建造丹尼楼剩余的砂岩建设。尽管现在这个天文台几乎弃用，但它依然是校园内第二古老的建筑。

西奥多·雅克布森天文台

华盛顿大学的正门不远处是布尔克自然历史和文化博物馆（Burke Museum of Natural History & Culture），馆内展示许多珍贵的印地安文物，其中有图腾、独木舟以及各式各样的手工制品。还有现代化的亨利美术馆（Henry Art Gallery），馆内经常举办以现代艺术作品为主的展览活动。

华盛顿大学除了美丽的校园外，还有热闹的购物街 University Way（又称 The Ave），这里有各种不同国家风味的餐馆，以及各式各样的商店。

校园重大历史事件

➢ 1861 年 11 月 4 日，华盛顿大学在西雅图城区一幢建筑里开学，这所大学当时的校址是西雅图郊区的一个村子，仅有 250 人。现在这个校址已是西雅图的城区部分。初出茅庐的大学简陋、荒蛮，早年

从此，扬帆启航……

年荣获"全美最佳护理学院"第一名。

威廉·盖茨楼

除了亮眼的医学与护理，其他专业领域也都在各领域中占有一席之地，表现出强劲的实力。该校商学院商科管理、工程（尤以飞机工程及航天工程为最强项）、生物和生命科学、计算机科学等都属于强势专业，受到很多学生的青睐。华盛顿大学教员超过 4000 人，仅美国国家科学院院士就有 50 人，更别提其他更多的声名显赫的学者和科学家了，因此，该校很多专业的学术地位不论在美国或是世界上都是顶级的。

凯恩楼，以美国第 14 任总统托马斯·凯恩的名字命名

第二，投资教研，经费充足。20 多年来华盛顿大学从联邦政府机构拿到的纵向科研经费一直列全国前 5 位，2001 年达到第 2 位；与企业合作的横向科研经费列全国第 5 位，发明专利许可转让费收入列全国第 8 位，私人捐赠收入列第 11 位。华盛顿大学从 1969 年到今日总是名列受华盛顿州政府资助最多的学校的前 5 名。丰厚的研究经费不但使得该校学费比其他同等级学校的学费

几次因资金问题而不得不停课关门。最初的教职员工只有一名教授，课程包括拉丁语、希腊语、英语、历史、代数和生理学。

➢ 1889 年，华盛顿州成立，在此之前，华盛顿大学已经成为一所高等学府。

➢ 1895 年，华盛顿大学搬至西雅图东北方向称之为"大学区"的新校园。当时新建的丹尼楼（Denny Hall）是现在校园里仅存的建筑。这座楼的名字是为纪念亚瑟·丹尼和玛丽·丹尼（Arthur and Mary Denny），他们和查尔斯·特里和玛丽·特里以及爱德华·兰德尔等人最早将俯瞰艾略特湾的 10 英亩（约 0.04 平方千米）林地捐赠给华盛顿大学。

➢ 1900 年，学生大会制度（华盛顿大学学生联合会的前身）建立。1906 年 4 月 20 日，华盛顿大学学生联合会作为华盛顿州法律下一个非赢利组织的法人代表成立。至今，这个学生组织已经成立 100 余年。

➢ 1908 年，华盛顿大学最初的建筑被推倒，原址现已建成为费尔蒙特·奥林匹克酒店。而在最初建筑原址上保留下来的唯一建筑就是 4 根高达 24 英尺（约 7 米）的爱奥尼亚式的圆柱。

➢ 1909 年，华盛顿大学校园成为阿拉斯加—育空—太平洋博览会的会址。这次博览会为该校的发展开创了一个新时代，因为从这次博览会后，全美都把注意力集中到了华盛顿大学以及太平洋西北岸地区。

低，更增加了不少研究生申请奖学金的机会。

除了政府资助外，华盛顿大学亦有雄厚的私人及企业捐赠，比如总部在西雅图的微软、波音公司长期资助华大在计算机、信息及工程方面的研究。微软总裁比尔·盖茨及保罗·艾伦（微软创办人之一）向华盛顿大学提供了许多资助，如法学院大楼就是以盖茨之父的名义所捐助，玛丽·盖茨大楼以盖茨之母的名义所捐助，计算机工程大楼以保罗·艾伦的名义所捐助。总研发经费与约翰斯·霍普金斯大学和密西根大学长年维持在全美前三甲。

计算机科学与工程中心

第三，区位优势，就业宝地。 吸引很多国际学生来此校的原因是华盛顿州良好的生活环境与高度发展的科技产业。华盛顿州的人力素质在全美 51 个州内排名第 3 名。而在这些高水准的人才之中，高科技企业主、商人与律师占了最大的比例。这些优良的人力素质吸引不少国际知名企业前来投资与设置总部。例如，美国计算机软件巨头——微软公司、日本最著名的游戏制作公司任天堂的总部都设在华盛顿州。

另外，美国航天工业龙头——波音公司也曾将企业总部设置在西雅图（现在总部设在芝加哥，其他部门还留在西雅图），其他举世闻名的计算机硬件、软件及通讯设备制造商也有生产基地设于华盛顿州，如亚马逊网络书店、英特尔、惠普、AT&T，华盛顿州成为美国高科技产业的首选地。另外华盛顿州拥有超过 120 家生物科技公司，雇用的员工数达到 1.3 万人，年产值超过 10 亿美元。这在美国可以说是名列前茅。华盛顿大学为华盛顿州的工商、科技和政界培养下一代领军人物，也是为微软、英特尔等跨国公司提供人才最多的一所大学之一。

校园杰出人物

达特茅斯学院在世界范围内现有健在的校友约 7 万人，其中有代表性的著名校友包括：

西雅图华盛顿大学的教授中有 50 位美国国家科学院院士、13 位美国国家工程院院士、41 位医学研究所院士——三院院士总数在全美大学中列第 11 位；此外还有 51 位美国文理学院院士、3 位国家科学奖得主、6 位麦克阿瑟奖得主和图灵奖得主。该校校友和教授中有 10 位诺贝尔奖得主和 10 位普利策奖得主，他们是：

➢ 琳达·巴克（Linda B. Buck），1975 年毕业，学士学位，美国生物学家，现任华盛顿大学教授，获得 2004 年诺贝尔生理学或医学奖。

➢ 兰德·哈特维尔（Leland H. Hartwell），1968 年曾在该校任职，现任西雅图华盛顿弗雷德·哈金森癌症研究中心（Fred Hutchinson Cancer Research Center）主任，获得 2001 年诺贝尔生理学或医学奖。

➢ 马丁·罗德贝尔（Martin Rodbell），1954 年毕业，博士学位，美国生物化学家，获得 1994 年诺贝尔生理学或医学奖。

➢ 埃德蒙·菲舍尔（Edmond H. Fischer），1950 年起在该校任职，美籍瑞士人，生物化学家，获得 1992 年诺贝尔生理学或医学奖。

➢ 爱德温·克雷布斯（Edwin G. Krebs），1948 年起在该校任助理教授，美国生物化学家，获得 1992 年诺贝尔生理学或医学奖。

➢ 唐纳尔·托马斯（E. Donnall

自从 1989 年起，西雅图华盛顿大学的教员中就有多人拥有诺贝尔物理奖和诺贝尔生理学或医学奖头衔。而这些优秀教员所任教的研究系所中每年可以训练出一万多名专业的研究生，大约占全校学生人数的 25%左右。在这些研究生中，大概又有 15%来自于海外。

华盛顿大学采用学季制，一个学季只有 11 个星期（10 星期课程加上最后一星期为期末考试或交报告时间），各学季间有一至两周假期，课程繁重密集，极具挑战性。华盛顿大学是一所全方位发展的大型研究型高等学府，为从一年级新生到博士在读生的各阶段学生提供课程和专业研究机会。

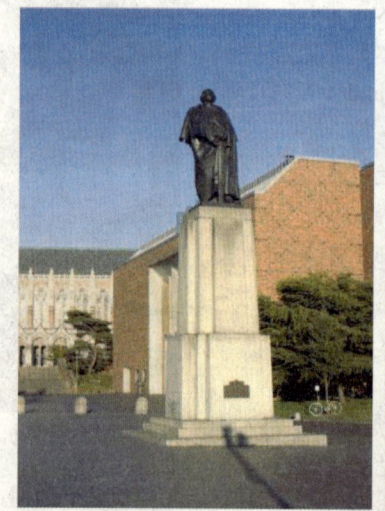

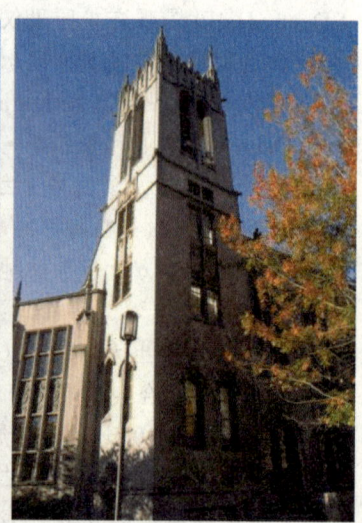

建成于 1909 年的乔治·华盛顿雕塑　　建成于 1949 年的莉格贝尔丁楼

◎学校图书馆

华盛顿大学图书馆系统位于美国最大的图书馆之列，馆藏量在北美高校图书馆中排名第 12 位。华盛顿大学图书馆拥有 730 万册藏书以及同等量的微缩资料，5 万种期刊及几百万种其他形式的资料。华盛顿大学图书馆采用计算机与网络通信技术，且图书馆员具有较高的专业素养，使得图书馆可以提供非常高效地服务。美国研究型图书馆协会（The Association of Research Libraries）根据不同的分类将华盛顿大学图书馆系统排名分别为最佳第 5 和第 15。华盛顿大学拥有 19 个图书馆，包括主图书馆苏拉洛图书馆（Suzzallo and Allen Libraries）、奥迪加特本科生图书馆（Odegarrd Undergraduate Library）、健康科学图书馆、东亚图书馆（East Asia Library）、福斯特商学图书馆（Foster Business Library）、加拉赫法学图书馆（Gallagher Law Library）和音乐图

Thomas），现任该校荣誉退休教授，美国内科医师，获得 1990 年诺贝尔生理学或医学奖。

➢ 乔治·希金斯（George Hitchings），1927 年毕业，学士学位，获得 1988 年诺贝尔生理学或医学奖。

➢ 汉斯·德默尔特（Hans G. Dehmelt），1955 年任该校助理教授，1958 年任副教授，1961 年任教授，德国出生的美国物理学家，获得 1988 年诺贝尔物理学奖。

➢ 威廉·夏普（William F. Sharpe），1968 年起在该校任教，现任斯坦福大学荣誉退休教授，获得 1988 年诺贝尔经济学奖。

➢ 乔治·施蒂格勒（George J. Stigler），1931 年毕业，学士学位，美国经济学家，获得 1982 年诺贝尔经济学奖。

➢ 提莫西·伊根（Timothy Egan），1981 年毕业，学士学位，获得 2001 年普利策新闻奖。

➢ 艾德温·格思曼（Edwin O. Guthman），1941 年毕业，学士学位，获得 1950 年普利策新闻奖。

➢ 麦克·卢科维奇（Mike Luckovich），1982 年毕业，学士学位，获得 1995 年和 2006 年普利策评论性漫画奖。

➢ 戴维·豪斯（David Horsey），1976 年毕业，学士学位，获得 1999 年和 2003 年普利策评论性漫画奖。

➢ 史蒂芬·邓恩（Stephen Dunn），曾在该校任教，出版过 15 本诗集，获得 2001 年普利策诗歌奖。

书馆，等等。

苏拉洛图书馆内景

苏拉洛图书馆于 1923 年开工建设，正式命名于 1933 年，以纪念已故校长亨利·苏拉洛（Henry Suzzallo，任期 1915 至 1926 年）。2002 年该图书馆重新装修。尽管华盛顿大学图书馆系统有 19 个图书馆，但作为主图书馆，苏拉洛图书馆依旧是"该大学的灵魂"。

奥迪加特本科生图书馆

东亚图书馆始建于 1937 年，当时洛克菲勒基金会拨款购买了一小批中国文学作品。到 1940 年，该馆藏书已达 2 万册，其中包括哥伦比亚大学捐赠的 2 千册图书以及洛克菲勒基金会增加拨款购买的图书。到 1945 年，这批图书在苏拉洛图书馆的"东方研讨班阅览室"上架，供师生们研究之用。1946 年，远东研究所成立，东方研讨班阅览室的收藏就成为远东图书馆的一部分。1976 年，该馆更名为东亚图书馆。到 2000 年该馆收藏有关东亚地区的中文、日文、藏文、蒙古文和西文的图书大约 55 万多册。

- 理查德德·埃伯哈特（Richard Eberhart），曾在该校任教，出版过12本诗集和论著，获得1966年普利策诗歌奖。
- 西奥多·罗特克（Theodore Roethke），曾在该校任教，出版过多本诗集，获得1954年普利策诗歌奖。
- 玛丽琳·罗宾逊（Marilynne Robinson），1977年毕业，博士学位，美国小说家和散文作家，获得1982年和2005年普利策小说奖。
- 弗农·路易·帕林顿（Vernon Louis Parrington），1908年起在该校任教，美国历史学家，获得1928年普利策历史学奖。
- 威廉·波尔肯（William Bolcom），11岁就开始进入该校学习音乐，后获得硕士学位，美国作曲家和钢琴家，获得1988年普利策音乐奖。

其他杰出人物还有：
- 迈克尔·安德森（Michael P. Anderson），1981年毕业，学士学位，美国国家航空和宇宙航行局宇航员，失事的哥伦比亚号航天飞机机组成员。

所在地概况及公共设施

华盛顿大学主校区所在地西雅图（Seattle）是华盛顿州最大的城市，距离加美边境约174千米。西雅图也是金县的县政府所在地。西雅图建于1869年，是美国太平洋西北部商业、文化和高科技的中心，也是贯穿太平洋及欧洲斯堪的纳维亚半岛之间的主要旅游及贸

◎学校生活条件

樱花盛开的校园

大多数新生都住在校园内的学生宿舍，其中最受欢迎的是Hansee和McCarty这两幢楼，此外还有一些根据学生兴趣爱好设计的主题宿舍，这些主题宿舍在一些大楼占据着一、二层。根据借记卡制度，每一个宿舍都有自己的食堂和快餐店。其他年级的学生则居住在校外或金县的其他地方。校园伙食比较不错，有的学生甚至认为华盛顿大学伙食服务是全美最好的。当然，尽管校园内食堂很多，但有些学生还是愿意选择那些更加便宜、诱人的地方去就餐，比如星巴克咖啡。

校园生活

在2020年以前，该校有新建和翻新学生宿舍的计划，包括新建3幢6层楼宿舍、2幢公寓楼，翻新6幢现有的宿舍楼，估计

易港口城市，大西雅图地区常年被青山绿水环绕。

西雅图属于华盛顿州，是美国西北部的最大城市，也是美国西北地区最重要的渔港、商港、军港。第二次世界大战期间，成为美国飞机和军舰的制造中心，人口约57万。西雅图白人占大多数，少数是黑人和亚洲人，生活水平和文化素质都较高，50%以上的居民有大学学士的学位，拥有数量庞大的技术人才。华盛顿州有大量印第安人的原住地，留下了印第安人的图腾柱和一系列文化遗产。西雅图就是一位印第安酋长的姓名，他曾在1851年给予第一批到这里定居的白人很大的帮助，该酋长的钢塑像仍矗立在开拓者广场上。广场中有18米高的印第安图腾柱。广场上还有一座长形的铁铸凉亭，旁边一幢红砖古老楼房，就是开拓者大楼。这里可以说是西雅图的发源地，1970年被规划为历史参观区，这儿几乎是游客必到之处。

西雅图属海洋性气候，温度适中，但雨水经年。西雅图还是全世界最知名的咖啡联锁店星巴克（Starbucks）的发源地。喜欢星巴克的同学在西雅图街头随便绕一圈，肯定可以看到一间又一间的星巴克。

抵达方式

华盛顿大学主校区到西雅图交通非常便利，从学校到市区只需要10分钟的车程。

西雅图–塔科马国际机场或西

完工之后该校将增加约2400个床位。

Hansee学生宿舍楼

希腊式生活占据了学校邻近的北部，有29个兄弟会和16个姐妹会。华盛顿大学拥有550个学生社团，涉及的领域包括学术、文化、工程、娱乐、环境保护、宗教、法律、健康科学、服务、体育、特殊兴趣等等。

大学体育场

1922年"哈士奇"这只宠物狗被华盛顿大学学生会选为该校的吉祥物，该校的学生、体育运动队和校友便被称之为"华盛顿哈士奇"。传统上，该校的橄榄球队具有一定的竞争力，曾在1960年、1985年、1990年和1991年获得过4个全美冠军称号。篮球也有过不错的成绩，近些年有回升的趋势。

从此，扬帆启航……

塔国际机场（Seattle-Tacoma / Sea-Tac International Airport）是美国华盛顿州大西雅图地区的一个主要机场，目前是美国西北最大的机场和全美第17繁忙的机场，主要服务西雅图、塔科马市、大西雅图都会区及其附属区域。西雅图□塔科马机场位于西雅图和塔科马（Tacoma）之间的州际99号公路上，是连接美国与亚洲和欧洲的重要机场之一。西雅图机场共有九个航厦，排列成马蹄形，其中由接驳公共汽车接送往来旅客。机场距西雅图市中心12英里（约19千米），约30分钟车程。

学生仪仗队

威斯康星州
Wisconsin（WI）

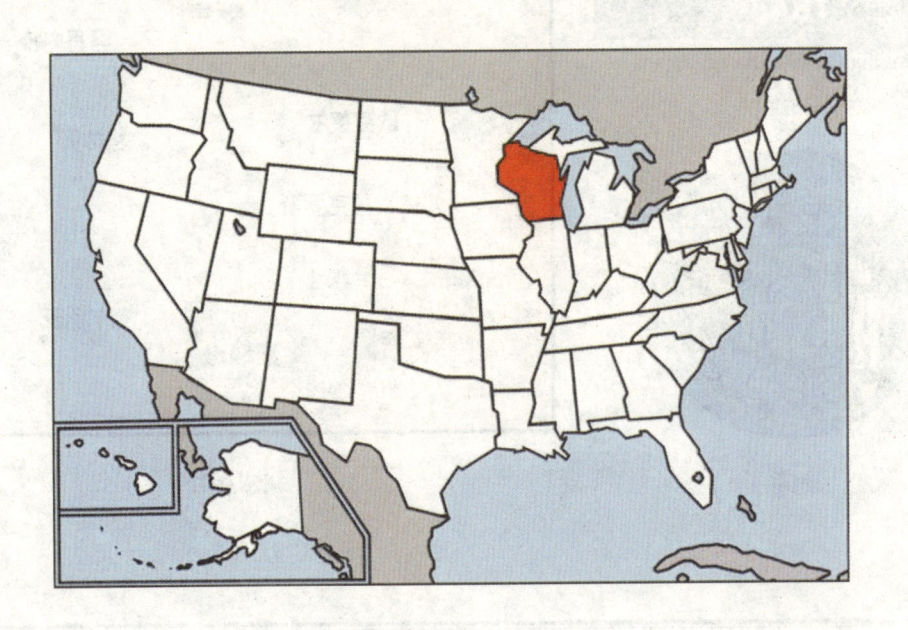

学校英文名称	学校中文名称	2011 年排名	所在地区
University of Wisconsin, Madison	威斯康星大学麦迪逊分校	45	麦迪逊 Madison

州旗

州徽

州示意图

昵称：	美洲獾之州	地区划分：	大湖地区
州府：	麦迪逊 Madison	主要城市：	密尔沃基 Milwaukee
时区：	中部时间 UTC-6/-5	人口：	555 万人（2006 年）
面积：	169790 平方千米 全美第 23 名	加入联邦时间：	1848 年 5 月 29 日 第 30 个加入美国联邦
消费税：	5%	网站：	httwww.wisconsin.gov

University of Wisconsin, Madison 威斯康星大学麦迪逊分校

排　　名：45	校训： *Numen Lumen* （拉丁语） God, our light.	校徽：
建校时间：1848 年		
学校类型：公立		
IBT 最低线：80	学校网址：http://www.wisc.edu	
SAT I:	申请网址： http://www.admissions.wisc.edu	
CR:　550 – 670		
Math:　620 – 720	咨询电话：608–262–3961	
Writing:　570 – 670	咨询传真：608-262-7706	
ACT Composite: 26 – 30	咨询邮箱： international@admissions.wisc.edu	
送分代码：		
IBT:　1846	申请费：$44	
SAT:　1846	学　费：$24237	吉祥物：
ACT:　4656	总费用：$37757	
毕业率：	申请截止时间： Priority Date: 12 月 15 日	
4 年毕业率：49%		
6 年毕业率：80%		
在校人数：	申请材料邮寄地址： University of Wisconsin-Madison Office of Admissions 716 Langdon Street Madison, WI 53706-1481 USA	
在校生总数：42041		
本科生人数：27680		
人员比：		
师生比：　1 : 13		
男女生比：47 : 53		
国际学生比：6%		

校园标志性建筑

　　威斯康星大学麦迪逊分校位于麦迪逊市，距威斯康星州议会仅 1 英里（1.6 千米），在"梦到她"湖（Lake Mendota）和莫诺娜湖（Lake Monona）之间狭长的地块上。主校园占地 933 英亩（约 4 平方千米），而整个校园，包括分布在威斯康星州各处的研究站点，一

◎学校概况

　　著名的五大湖地区位于北美大陆中部，是五个彼此相连、相互沟通的湖泊的总称，它们自西向东依次是：苏必利尔湖、密西根湖、休伦湖、伊利湖和安大略湖。除密西根湖属于美国外，其余四个湖泊均为美、加两国共有。五大湖总面积约 24.5 万平方千米，是世界上最大的淡水水域。这里还汇合了附近的一些河流和小湖，构成北美一个独特的水系网。在密西根湖南岸，有一个名字很特别的小湖 Mendota，中文译名"梦到她"或"迷倒她"湖，在这个湖边，如果正好赶上夕阳西下，碧波荡漾的湖面，游弋的

从此，扬帆启航……

共是1.06万英亩（约43平方千米）。作为展示当地生态系统的区域，威斯康星大学麦迪逊分校的植物园位于麦迪逊市的西部。主校园的很多建筑由著名建筑师詹宁斯（J.T.W. Jennings）和亚瑟·皮博迪（Arthur Peabody）设计或监理。

作为校园地标性建筑之一，巴斯康楼（Bascom Hall）坐落于巴斯科姆山的顶部，被认为是麦迪逊分校的"校园心脏"。1859年建成，穹顶被火烧毁，迫使这幢建筑的结构被加固了好几次。目前校长和副校长的办公室就在此楼中。巴斯康楼被收录在"美国国家史迹名录"中，因为巴斯科姆大厅以及巴斯科姆山都见证了威斯康星大学麦迪逊分校反越战等历史事件。

帆船，游客可能会感到"梦到她"或"迷倒她"的确名不虚传，因为周围的一切总是将"湖光山色"四个字演绎得淋漓尽致，更让人流连忘返的是湖边那所很著名的高校，它就是威斯康星大学麦迪逊分校。

校园一角

威斯康星大学麦迪逊分校是美国一所综合性研究型公立大学，也是世界著名的研究型大学。在美国，它经常被视为公立的常青藤名校之一。出色的教学和科研实力使威斯康星大学被普林斯顿、巴朗、费思克等多家权威机构评为美国最经济实惠和具有相当学术水平的大学之一。麦迪逊分校建立于1848年，是威斯康星大学系统的旗舰校园，其933英亩（约4平方千米）的主校园拥有四处美国国家级的历史地标。

巴斯康楼

校园内美国国家史迹名录中建筑：Armory & Gymnasium

现任校长是卡罗琳·马丁（Carolyn Martin），这位研究德国文学的教授于2008年9月1日就任威斯康星大学麦迪逊分校第

科学楼

科学楼也是麦迪逊分校的一

个地标性建筑，建于1887年，是在1884年被烧毁的最初那座科学楼原址上修建的。1993年科学楼成为美国国家级的历史地标。这幢楼现在是该州制图师办公室、地图制作实验室和地理系所在地。

音乐堂

麦迪逊分校的另一座标志性建筑是维多利亚哥特式的建筑，起初被叫做"大会堂"（Assembly Hall），1878年开工，1880年3月2日竣工。其中包括一个800座的会堂、一个图书馆和一个钟楼。该楼最初用于会议、舞会、毕业典礼，还用于借阅图书。1900年重新装修之后，这座楼于1910年就正式更名为"音乐堂"（Music Hall），成为该校重要的音乐场所和歌剧演出地。

校园重大历史事件

➢ 1838年，威斯康星领土立法机构通过法案，在麦迪逊政府所在地附近建立一所威斯康星大学。

➢ 1846年7月26日，威斯康星州首任州长纳尔逊·杜威（Nelson Dewey）签署法令，正式创建威斯康星大学。

24任校长。在此之前，马丁从2000年7月1日至2008年8月31日任康奈尔大学教务长。

威斯康星大学麦迪逊分校由19个学院组成：农业与生命科学学院、商学院、研究生院、工程学院、纳尔逊环境研究学院（Nelson Institute for Environmental Studies）、人类生态学院（School of Human Ecology）、国际研究学院（Division of International Studies）、新闻和大众传播学院、文理学院、法学院、图书馆和信息研究学院（School of Library and Information Studies）、医学和公共健康学院、音乐学院、护理学院、药剂学院、拉·福利特公共事务学院（La Follette School of Public Affairs）、社会工作学院、兽医学院、继续学习学院。这些学院共设有本科生专业133个，硕士生专业150个，博士生专业108个。

校园夜景

威斯康星大学麦迪逊分校几个比较鲜明的特点如下：

第一，思想超前，内涵丰富。威斯康星大学麦迪逊分校的科研、教学和服务深受"威斯康星思想（Wisconsin Idea）"传统的影响，这个教育新理念在1904年由该校第10任校长查尔斯·范海斯（Charles R. Van Hise）首次明确提出，范海斯宣称自己"直至大学的有益影响到达整个州的每一个家庭，他才会觉得满意"。

"威斯康星思想"主张教育应远远超越课堂的范围，影响并改善人们的生活，利用大学的力量把理论用于实践造福人民。威斯康星思想明确地把服务社会作为大学的重要职能，提出大学的基本任务是：把学生培养成有知识、能工作的公民（培养人才）；进行科学研究，发展创造新文化、新知识（发展科学）；传播知识给广大民众，使之能用这些知识解决经济、生产、社会、政治及生活方面的问题（服务社会）。

从此，扬帆启航……

20世纪初，作为大学和州政府的领导者，范海斯校长与威斯康星州第20任州长罗伯特·拉富莱特（Robert M. La Follete）工作卓著且有着亲密合作，两人都出生于威斯康星州，都是威斯康星大学1879届的学生。大学与州政府领导人之间良好的关系无疑是"威斯康星思想"成功的重要因素。作为"威斯康星思想"的关键性人物，范海斯和拉弗雷特都做出了突出贡献。"威斯康星思想"创造性地提出了大学的第三职能——为社会提供直接的服务，使大学与社会生产、生活实际更紧密地联系在一起，赋予了大学服务行为的政治、经济和社会意义。在这一理念的影响下，威斯康星大学以其卓越的成就受到世人的称赞，其做法为各州大学所效仿。

➤ 1849年2月5日，约翰·斯特林成为该校第一位教授（数学），与第一个班级的17名学生聚会在麦迪逊女子专科院校。一处占地50英亩（约0.2平方千米）的土地被选中作为永久校址。

➤ 1849年秋天，约翰·莱思罗普（John H. Lathrop）成为该校的首任校长。

➤ 1859年，计划中的大学董事会董事楼，现在被称之为"巴斯康楼"，最终建成。这幢大楼面对威斯康星州议会，三层楼高，半圆拱顶是天文台。1916年10月0日，一场大火摧毁了这幢建筑的圆顶，从此，该圆顶没有复原。

➤ 1863年，第一批女学生被录取。

➤ 1892年，该校将第一个博士学位授予查尔斯·范海斯。范海斯此后曾任该校的校长。

➤ 1946年，二战退役老兵使威斯康星大学的入学人数比1944至1945学年增长了三倍，开始了学校持续10年的师资和校园的扩张。

➤ 1970年，学校反对美国参加越南战争呼声越来越高，学生组织多次游行。1970年8月24日，反

该校的冰激凌和其他奶制品声名远扬

第二，注重科研，竞争激烈。作为研究型大学，麦迪逊分校在人文、生命科学、工程等领域都开展了广泛的研究，并且科研经费充足。2007至2008年该校的研究经费高达8.32亿美元，为全美第二高（仅次于约翰斯·霍普金斯大学）。美国国家科学基金会数据显示，2008年该校的研究开支为8.82亿美元，居全美第三。总的来说，大学的研究中心拥有将近100个项目，从农业到艺术，从教育到工程，师资力量、科研力量都十分雄厚。自麦迪逊分校教授詹姆斯·汤姆森（James Thomson）成为第一个分离出人类胚胎干细胞的科学家，该校已经被认为是一个重要的研究胚胎干细胞的学术中心。该校的引擎研究中心，主要开发内燃机引擎，与通用公司有五年的合作协议；该研究中心还从联邦政府获得了数百万美元的资助。

尽管该校教授有时候会更关注研究，对学生的精力投入会少一些，但这所学府聘请的教授都很有才华，而且大多数教授的教

越战激进分子在斯特林楼前引爆炸弹，致使在楼里的一名研究人员死亡。

➢ 1984 年，大学研究园区（University Research Park）成立，旨在鼓励技术转让和为研究项目募集资金。

➢ 1998 年，麦迪逊分校的细胞生物学家詹姆斯·汤姆森（James Thomson）首次分离和培养出人类胚胎干细胞。

➢ 2006 年，威斯康星校友约翰和塔西娅·莫格里奇（John and Tashia Morgridge）捐赠 5 千万美元，这是该校史上最大一笔个人捐助，以支持麦迪逊分校发展威斯康星探索学院（the Wisconsin Institutes of Discovery）。

校园杰出人物

威斯康星大学麦迪逊分校现有健在的校友 37.5 万人。作为美国最佳大学之一，该校工作或学习过的著名学者中拥有 19 人获诺贝尔奖，其中包括：

➢ 约翰·巴丁（John Bardeen），1928 年毕业，学士学位，1929 年毕业，硕士学位，美国物理学家，分别获得 1956 年和 1972 年诺贝尔物理学奖（在历史上唯一一位两次获得该奖项的科学家）。

➢ 索尔·贝娄（Saul Bellow），1930 年前后曾在该校完成研究生论文，加拿大出生的美国作家，获得 1976 年诺贝尔文学奖。

➢ 君特·布洛贝尔（Günter Blobel），1967 年毕业，博士学位，

学水平非常出色。所有教学人员都鼓励学生们深入思考，教授一般每周会有答疑时间。如果学生主动的话，师生互动应该不是问题。在校学生感觉学业负担很重而且竞争很激烈。不少本科生觉得，在这所优秀的大学中，学习如同逆水行舟，稍不努力，就会掉队，所以唯一的办法就是加倍用功。这所学校的规模决定了它可以为学生提供很多选择，包括 100 多个本科专业以及每学期的 4200 多门课程。其化学、统计、分子生物、政治学、历史、数学、核物理、工程、农业等专业都位列全美前 10。麦迪逊分校毕业生很受大公司和其他用人单位的欢迎，博士生们可以敲开任何高校和研究所的大门，本科生可以较容易地找到与自己专业相关的工作。迄今为止，有超过 1050 校友在公司中担任首席执行官，约 1.6 万位校友在行政管理职位上任职。

高科技的工程中心大楼　　　课余攀岩活动

第三，能学会玩，张弛有道。威斯康星麦迪逊学生奉行"学时认真学，玩时尽情玩"的宗旨，因而学生的课余生活丰富多彩。学校重视对学生进行领袖训练，培养他们的个人魅力、影响力和执行力，以帮助学生完善自我，影响他人，最大限度地发挥潜能。该校拥有超过 800 个学生团体，开展多姿多彩的活动。虽然"派对学校"的名声渐渐淡去，学生们仍然热衷于周末的聚会、饮酒和"派对"的狂欢，这些派对通常都与各类体育赛事有关，尤其是橄榄球和冰球比赛。当然，除了喝酒、狂欢，还有其他娱乐，包括看电影、看演出、听音乐会，参加校园里各种各样的学生社团等。

德国籍美国生物学家，获得 1999 年诺贝尔生理学或医学奖。

➢ 保罗·博伊（Paul D. Boyer），1941 年毕业，硕士学位，1943 年毕业，博士学位，美国生物化学家，获得 1997 年诺贝尔化学奖。

➢ 赫伯特·斯宾塞·加瑟（Herbert Spencer Gasser），1910 年毕业，学士学位，1911 年毕业，硕士学位，美国生理学家，获得 1944 年诺贝尔生理学或医学奖。

➢ 艾伦·麦克迪尔米德（Alan G. MacDiarmid），1952 年毕业，硕士学位，1953 年毕业，博士学位，美国化学家，获得 2000 年诺贝尔化学奖。

➢ 斯坦福·莫尔（Stanford Moore），1938 年毕业，博士学位，美国生物化学家，获得 1972 年诺贝尔化学奖。

➢ 欧文·内尔（Erwin Neher），1967 年毕业，硕士学位，德国物理学家，获得 1991 年诺贝尔生理学或医学奖。

湖上竞舟

➢ 西奥多·舒尔茨（Theodore Schultz），1928 年毕业，硕士学位，1930 年毕业，博士学位，美国农业经济学家，获得 1979 年诺贝尔经济学奖。

威斯康星大学运动队昵称"獾"（Badger），是美国全国大学体育协会最高级别 I-A 组和十大联盟的成员。橄榄球队是最受学生和附近居民支持的运动队，曾获得过 1994 年、1999 年和 2000 年"玫瑰杯"冠军。队中明星朗·黛恩（Ron Dayne）是 1999 年大学橄榄球最佳球员的获得者。篮球队曾于 1941 年获得全美大学生体育协会（NCAA）男子篮球决赛冠军，近年来也有不俗的战绩，2000 年进入了大学篮球冠军赛四强。

"梦到她"湖畔的校园

第四，校园秀美，视野开放。作为美国大学协会的创始成员之一，麦迪逊分校另外一个显著的特色便是它那秀美迷人的校园风光。该校校园之美主要得益于威斯康星州首府麦迪逊，该市在全美最佳 10 座居住城市的评选中，长期以来一直榜上有名，其中两次甚至名列榜首，因为这里既有小城镇的精巧秀美之处，又有艺术博物馆、书城和餐馆等大城市丰富的文化生活设施。地处这座城市，麦迪逊分校几乎无需装扮就可展现自己靓丽一面。由于该校这一带景色美不胜收，好莱坞几次拍摄大学生校园生活的故事片时，都以麦迪逊分校作为外景地，大队人马几次三番开进校园，好不热闹。

麦迪逊分校之所以出名，不仅仅依赖风景如画的自然风光，和声望卓著的强大师资阵容和杰出的学术成果上，同时该校也具有开放的国际视野。学校对国际学生的服务十分完备。国际学生服务中心（ISS）为国际学生提供很多资源，经常开办讲座或是午餐会。国际学生服务中心和学生组织 GUTS 都有一对一的"纽带项目"——给国际学生联系一名本土学生，以帮助国际学生尽快克服语言和文化障碍。威斯康星大学麦城中国学生学者联合会

➢ 爱德华·劳里·塔特姆（Edward Lawrie Tatum），1931 年毕业，学士学位，1932 年毕业，硕士学位，1935 年毕业，博士学位，美国遗传学家，获得 1958 年诺贝尔生理学或医学奖。

➢ 约翰·范弗莱克（John H. Van Vleck），1920 年毕业，学士学位，美国物理学家和数学家，获得 1977 年诺贝尔物理奖。

其他的杰出人物还有很多，其中具有代表性的人物有：

➢ 卡罗尔·巴茨（Carol Bartz），1971 年毕业，学士学位，雅虎公司董事长和首席执行官。

➢ 雪莉·亚伯拉罕森（Shirley Abrahamson），1962 年毕业，博士学位，威斯康星州最高法院首席法官。

➢ 迪克·切尼（Dick Cheney），1968 年就读于该校，攻读博士学位，但未获得学位，2001 至 2009 年任第 46 任美国副总统。

➢ 丽塔·布里巴（Rita Braver），1970 年毕业，学士学位，哥伦比亚广播公司（CBS）知名新闻记者。

➢ 戴尔·契胡里（Dale Chihuly），1967 年毕业，硕士学位，美国著名玻璃雕塑家及企业家。

➢ 吉姆·洛维尔（Jim Lovell），1950 年毕业，学士学位，美国国家航空和宇宙航行局宇航员。

➢ 劳雷尔·克拉克（Laurel Clark），1983 年毕业，学士学位，美国国家航空和宇宙航行局宇航员，2003 年 2 月 1 日在哥伦比亚号航天飞机失事中遇难。

（Chinese Students and Scholars Association at UW-Madison，简称 UW－CSSA）是主要的中国留学生社团。学校中还有很多面向世界文化、国际间交流的学生组织。威斯康星大学是相对开放、自由的学校，对国际学生抱以接纳的态度。就接纳外国留学生方面而言，麦迪逊长期以来一直在全美大学中名列第三位。

校园里的雕塑

◎学校图书馆

威斯康星大学图书馆系统拥有 40 余个图书分馆，730 多万册图书、620 万个缩微胶卷、2 万多种电子期刊和 700 多万种各式资料，比如政府文献、地图和音像制品。威斯康星大学麦迪逊分校图书馆系统的收藏量高居北美地区第 11 名，并拥有威斯康星州最大的图书馆——纪念图书馆（Memorial Library），该图书馆是该校主图书馆，是人文和社会科学的主要研究设施，其中图书馆还包括位于海伦·怀特楼（Helen C. White Hall）的学院图书馆、柯特·温特图书馆（Kurt F. Wendt Library）和埃伯灵（Ebling）图书馆。

纪念图书馆内部一角

从此，扬帆启航……

- 亚瑟·尼尔森（Arthur C. Nielsen Sr.），1918 年毕业，学士学位，于 1923 年在美国建立了第一家市场调查公司——AC 尼尔森公司。
- 查尔斯·范海斯（Charles R. Van Hise），1879 年毕业，学士学位，1882 年毕业硕士学位，1892 年毕业，博士学位，曾担任该校第 10 任校长，创下了威斯康星大学的多项第一：获得大学授予的第一个博士学位；成为第一个担任本校校长的校友；在任时间最长的校长（1903 至 1918 年）。
- 罗伯特·拉富莱特（Robert M. La Follette），1879 年毕业，学士学位，美国众议员，第 20 任威斯康星州州长（1901 至 1906 年）。
- 乔伊斯·卡罗尔·欧茨（Joyce Carol Oates），1961 年毕业，硕士学位，美国作家，美国国家图书奖获得者，普林斯顿大学教授。

所在地概况及公共设施

麦迪逊市为威斯康星州第二大城市，被评为全美最适宜居住的城市之一。麦迪逊位于五大湖地区，自身有时被称做四湖之城，因为麦迪逊包括了接连 Yahara 河的四个湖：Mendota、Monona 湖、Waubesa 湖以及 Kegonsa 湖。麦迪逊的市中心就在 Mendota 与 Monona 湖中间形成的陆桥上。虽然 Waubesa 湖和 Kegonsa 湖不在麦迪逊的市区范围内，不过就在市区以南 10 千米处左右。根据美国人口统计局的资料，麦迪逊都会区面

麦迪逊分校图书馆系统拥有很多善本和特殊收藏，其中比较有名的有：特殊收藏部（Special Collections（Rare Books and Manuscripts））、米尔斯音乐图书馆（Mills Music Library）、埃伯灵图书馆（健康科学类）（Ebling Library for the Health Sciences）的历史服务部、斯廷博克图书馆（Steenbock Library）的生命科学特藏部。

斯廷博克图书馆

查森艺术博物馆

所有图书馆都提供免费无线网、计算机房、学习室（供集体学习和会议之用）、数字收藏、电子版文献和咖啡屋等设施和服务。

该校还建有一些知名的博物馆，其中地质博物馆（Geology Museum）收藏岩石、化石和矿物等；查森艺术博物馆（Chazen Museum of Art）收藏时间跨度达 700 多年的油画、素描、雕塑和摄影作品等；动物学博物馆（Zoological Museum）收藏了 50 多万个动物标本等。

积 219.3 平方千米，其中 177.9 平方千米是陆地，41.5 平方千米（18.91%）是水。因而麦迪逊环境优美但气温随季节变化明显。

威斯康星大学位于麦迪逊市中心，交通方便，餐馆、书店及超市一应俱全。市中心有一家中型剧院，经常举办名人讲座或歌剧演出等。学生也可以乘车去较远的沃尔玛或 West town Mall 购买必需品。

麦迪逊市的 Overture Center

可爱的"警察叔叔"

五大湖对周围地区气候有很大的和缓作用。湖水在暖月吸收大量热气，然后在冷月释放到大气中去。麦迪逊与其他威斯康星南部的地方一样，是温带气候，更确切点说是湿润大陆型气候，特色是气候景观多变，季节间的温差大，冬天时气温低于零下，有时候会下很大的雪；夏天时的高温可以到达 26℃ 至 32℃，湿度一般来说并不高。

抵达方式

◎学校生活条件

自习的学生

麦迪逊分校的学生宿舍被分为更小的单元被称为"房子"，由 50 至 80 名学生形成一个生活社区。而"房子作为社会核心"的传统，是该校大学宿舍的独特功能。自入住学生宿舍起，高年级的学生顾问就和住宿学生生活在一起，促进他们的社区和自治意识。大多数学生都住双人间，但学校也有个别宿舍是单人间。所有学生都使用同性别卫生间，虽然有些宿舍楼是男女混住。有些学生宿舍还具有自己的特色，如 Bradley 是大一新生的学习社区，Chadbourn 也是很重要的学习社区，会为 Chad 的住宿生提供小型的课程和举办丰富多彩的活动，例如讲座、茶会、卡拉 OK 等等。

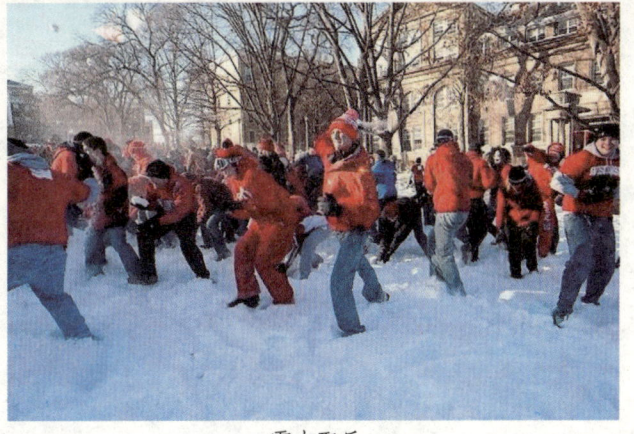

雪中取乐

除学生宿舍外，学校还有一些学生公寓，但离主校区较远，而且主要为已婚的在校学生准备。威斯康星大学麦迪逊分校可以说是一个相对独立的小社会，它有自己的警察部队、餐食服务、

从此，扬帆启航……

麦迪逊分校周围最近的机场为 Dane Country Airport，距离麦迪逊分校校园只有 20 分钟左右的车程。该机场提供飞往芝加哥、密尔沃基、圣路易斯、明尼阿波利斯、底特律、辛辛那提、丹弗、克里夫兰、孟菲斯和纽华克及国际目的地的航班。机场位于威斯康星州麦迪逊的戴恩县，在机场可选择的地面运输包括出租车、特许巴士、酒店大巴、公共汽车。此外，麦迪逊距离芝加哥有 2 个小时左右车程。可以先从中国乘国际航班到芝加哥奥黑尔国际机场（O'Hare International Airport），再转乘美国国内航班飞往麦迪逊，或是从芝加哥机场直接乘"灰狗"前往麦迪逊。

医院、娱乐设施、植物园、电力设施和校内牛奶乳品场。

麦迪逊分校每年注册登记的学生社团超过 800 个，领域涉及各个方面。该校还是全美唯一的一所拥有两份相互竞争的学生报纸的大学，一份是创办于 1892 年的《The Daily Cardinal》，另一份是创刊于 1969 年的《The Badger Herald》。

该校的体育运动更是具有狂热的传统，其中最受欢迎的项目是橄榄球、男女篮球、冰球等，该校的这些项目代表队在全美大学中具有相当强的实力，是很多比赛中的得奖热门。

坎普·兰德尔体育场

参考书目

1. The Princeton Review – The Best 373 Colleges（2011 Eidition）. Random House. Inc. New York.
2. The Princeton Review – The Best 371 Colleges（2010 Eidition）. Random House. Inc. New York.
3. 普林斯顿评论. 全美最优秀的357所大学. 中国人民大学出版社.
4. The Inside's Guide to the Colleges (36th Edition, 2010). St. Martin's Griffin, New York.
5. Peterson's Applying to Colleges and Universities in the United States (18th Edition). Peterson's.
6. Fiske Guide To Colleges (24th Edition, 2008). 世界图书出版公司.
7. U.S. News & World Report. May. 2010.
8. 麦彻同美国本科留学解读（第2版）. 电子工业出版社. 2009.
9. 周敏，沈明德等美国一览. 中国地图出版社. 2004.
10. 中国地图出版社编著美国地图册（世界分国系列），中国地图出版社，2004.

参考网站

1. http://ranking.abroadstar.com/princeton
2. http://en.wikipedia.org/wiki
3. http://www.collegeboard.com
4. http://www.act.org
5. www.lidicity.com
6. http://zh.wikipedia.org/zh/%E7%BE%8E%E5%9B%BD%E5%90%84%E5%B7%9E%E6%9C%80%E5%A4%A7%E7%9F%8E%E5%B8%82%E5%88%97%E8%A1%A8
7. http://www.dreams-travel.com/usatour/map/USA.htm
8. http://blog.sina.com.cn/s/articlelist_1418666283_4_1.html
9. http://www.harvard.edu
10. http://www.princeton.edu/main
11. http://www.yale.edu
12. http://www.columbia.edu
13. http://www.stanford.edu
14. http://www.upenn.edu
15. http://www.caltech.edu
16. http://web.mit.edu
17. http://www.dartmouth.edu
18. http://www.duke.edu
19. http://www.uchicago.edu/index.shtml
20. http://www.northwestern.edu
21. http://www.jhu.edu

22. http://www.wustl.edu
23. http://www.brown.edu
24. http://www.cornell.edu
25. http://www.rice.edu
26. http://www.vanderbilt.edu
27. http://www.nd.edu
28. http://www.emory.edu/home/index.html
29. http://www.georgetown.edu
30. http://www.berkeley.edu
31. http://www.cmu.edu/index.shtml
32. http://www.usc.edu
33. http://www.ucla.edu
34. http://www.virginia.edu
35. http://www.wfu.edu
36. http://www.tufts.edu
37. http://www.umich.edu
38. http://www.unc.edu/index.htm
39. http://www.bc.edu
40. http://www.wm.edu
41. http://www.nyu.edu
42. http://www.brandeis.edu
43. http://www.gatech.edu
44. http://www.ucsd.edu
45. http://www.lehigh.edu
46. http://www.rochester.edu

47. http://www.ucdavis.edu/index.html
48. http://www.ucsb.edu
49. http://www.case.edu
50. http://www.rpi.edu
51. http://www.uci.edu
51. http://www.washington.edu
53. http://www.utexas.edu
54. http://www.wisc.edu
55. http://www.psu.edu
56. http://illinois.edu
57. http://www.miami.edu
58. http://www.yu.edu

美国部分学术奖项简介

（美国）国家科学奖章（National Medal of Science）

也称总统科学奖章（Presidential Medal of Science），是由美国总统授予曾在行为与社会科学、生物学、化学、工程学、数学及物理学领域作出重要贡献的美国科学家。由美国国家科学基金会(NSF)下属的国家科学奖章委员会负责向总统推荐奖章候选人。

国家科学奖章，是在美国国会法令 86-209 的基础上于 1959 年 8 月 25 日建立的。该荣誉勋章，原本是奖励在物理、生物、数学、科学或工程等领域的科学家。美国总统肯尼迪通过行政命令于 1961 年成立国家科学奖章委员会，该委员会由美国国家科学基金会管理。1979 年，美国科学促进会建议将奖项扩大到社会及行为科学。

第一次国家科学奖章由肯尼迪总统于 1963 年 2 月 18 日颁发给加州理工学院喷气推进实验室的西奥多·冯·卡门，以表彰他在火箭科学方面的贡献。虽然国会法令 86-209 规定每年可以有 20 人领取奖章，但实际上每年约 12 至 15 人获得。另外有的年份没有颁奖，1962 年至 2004 年间已有 6 年没有颁奖。截至 2006 年 2 月 13 日，已有 425 名科学家获此荣誉。

迄今为止，只有 9 位华人有幸获得美国国家科学奖章，他们是：吴健雄（1975 年，南京大学物理系）、陈省身（1975 年，南开大学）、杨振宁（1986 年，清华大学）、李远哲（1986 年，台湾大学）、林同炎（1986 年，西南交通大学）、朱经武（1988 年，台湾成功大学）、卓以和（1993 年，美国伊利诺大学）、丘成桐（1997 年，香港大学）、冯元桢（2000 年，南京大学）。

图灵奖（A.M. Turing Award）

由美国计算机协会（ACM）于 1966 年设立，又叫"A. M. 图灵奖"，有"计算机界诺贝尔奖"之称，专门奖励那些对计算机事业作出重要贡献的个人。其名称取自计算机科学的先驱、英国科学家阿兰·麦席森·图灵（Alan Mathison Turing）。获奖者的贡献必须是在计算机领域具有持久而重大的技术先进性的。图灵奖偏重于在计算机科学理论和软件方面作出贡献的科学家。

阿兰·麦席森·图灵（1912 年 6 月 23 日－1954 年 6 月 7 日，是英国著名的数学家和逻辑学家，被称为计算机科学之父、人工智能之父，是计算机逻辑的奠基者，提出了"图灵机"和"图灵测试"等重要概念。人们为纪念其在计算机领域的卓越贡献而设立"图灵奖"。

图灵奖奖金金额不算太高，设奖初期为 2 万美元，1989 年起增到 2.5 万美元，奖金通常由一些计算机大企业提供（通过与 ACM 签订协议）。由于图灵奖对获奖条件要求极高，评奖程序又是极严，一般每年只奖励一名计算机科学家，只有极少数年度有两名合作者或在同一方向作出贡献的科学家共享此奖。这是计算机界最负盛名、最崇高的一个奖项，有"计算机界的诺贝尔奖"之称。目前图灵奖由英特尔公司和谷歌公司赞助，奖金为 25 万美元。

从 1966 年到 2009 年的 44 届图灵奖，共计有 56 名科学家获此殊荣，其中美国学者最多，此外还有英国、瑞士、荷兰、以色列等国少数学者。截止到2009年，获此殊荣的华人仅有一位，他是2000年图灵奖得主姚期智。

普利策奖（Pulitzer Prize）

也称为普利策新闻奖。1917年根据美国报业巨头约瑟夫·普利策（Joseph Pulitzer）的遗愿设立，二十世纪七八十年代已经发展成为美国新闻界的一项最高荣誉奖，现在，不断完善的评选制度已使普利策奖成为全球性的一个奖项。约翰·肯尼迪（1917年5月29日—1963年11月22日）是唯一获得这个奖项的美国总统。

普利策奖在每年的春季，由哥伦比亚大学的普利策奖评选委员会的十四名会员评定，5月由哥伦比亚大学校长正式颁发。90多年来，普利策奖象征了美国最负责任的写作和最优美的文字。特别是新闻奖，更是美国报界的最高荣誉。每一个希望有所作为的美国记者无不以获得普利策新闻奖作为奋斗的目标。

普利策奖分为两类，分别颁给新闻界和文学创作界人士。普利策也是一个鼓励美国新闻和文学创作界人士的奖。新闻界的获奖者可以是任何国籍，但是获奖条目必需是在美国周报（或日报）中发表的。文学创作界获得者必须是美国公民，唯一例外是历史奖。只要是关于美国历史的书都可获奖，作者不必是美国人。

普利策奖包括新闻奖和艺术奖两大类，其中新闻奖主要有：公共服务奖、报道奖、社论奖、漫画奖、批评评论奖、通讯奖、特写奖、新闻摄影奖等；文学艺术奖有小说奖、戏剧奖、诗歌奖、美国历史作品奖、自传或传记奖和非小说作品奖；还有音乐1项作曲奖。另外，还颁发2项特别奖。美国普利策奖的奖金为7500美元，但获得公众服务贡献奖的报道不得奖金，获奖的报社将得到一枚普利策金牌。

菲尔兹奖（Fields Medal）

全名"The International Medals for Outstanding Discoveries in Mathematics"，是一个在国际数学联盟的国际数学家大会上颁发的奖项。第一次菲尔兹奖颁发于1936年，而后每四年颁奖一次，颁给有卓越贡献的年轻数学家，每次最多四人得奖。得奖者须在该年元旦前未满四十岁。它是据加拿大数学家约翰·查尔斯·菲尔兹的要求设立的。菲尔兹奖是最著名的世界性数学奖，由于诺贝尔奖没有数学奖，因此也有人将菲尔茨奖誉为"数学界的诺贝尔奖"。

菲尔兹1863年5月14日生于加拿大渥大华。他11岁丧父，18岁丧母，家境不算太好。他17岁进入多伦多大学攻读数学，24岁时在美国的约翰斯·霍普金斯大学获博士学位，26岁任美国阿勒格尼大学教授。1892年他到巴黎、柏林学习和工作，1902年回国后执教于多伦多大学。菲尔兹于1907年当选为加拿大皇家学会会员。他还被选为英国皇家学会、苏联科学院等许多科学团体的成员。

菲尔兹强烈地主张数学发展应是国际性的，他致力于数学的国际交流，对于促进北美洲数学的发展作出了很大的贡献。为了使北美洲数学迅速发展并赶上欧洲，他第一个在加拿大推进研究生教育，全力筹备并主持了 1924 年在多伦多召开的国际数学家大会（这是在欧洲之外召开的第一次国际数学家大会）。正是这次大会使他过分劳累，从此健康状况再也没有好转，但这次大会对于促进北美的数学发展和数学家之间的国际交流，确实产生了深远的影响。他提议设立一个国际数学奖，并为此积极奔走于欧美各国谋求广泛支持，打算于 1932 年在苏黎世召开的第九次国际数学家大会上亲自提出建议。但不幸的是未等到大会开幕他就去世了。

菲尔兹生前要求奖金不要以个人、国家或机构来命名，而用"国际奖金"的名义。但是，参加国际数学家大会的数学家们为了赞许和缅怀菲尔兹的远见卓识、组织才能和他为促进数学事业的国际交流所表现出的无私奉献的伟大精神，一致同意将该奖命名为菲尔兹奖。奖金总额为 1500 美元。

沃尔夫奖（Wolf Prizes）

其下设的数学奖和菲尔兹奖被共同誉为"数学界的最高荣誉"。由于菲尔兹奖只授予 40 岁以下的年轻数学家，所以年纪较大的数学家没有获奖机会。沃尔夫奖具有终身成就性质，是世界最高成就奖之一。

世界上先后树起了两个国际性的数学大奖：一个是国际数学家联合会主持评定的，在四年召开一次的国际数学家大会上颁发的菲尔兹奖；另一个是由沃尔夫基金会设立的一年一度的沃尔夫数学奖。这两个数学大奖的权威性、国际性，以及所享有的声誉都不亚于诺贝尔奖，因此被世人誉为"数学中的诺贝尔奖"。

1976 年，外交家、实业家和慈善家里卡多·沃尔夫及其家族捐献 1000 万美元成立了沃尔夫基金会，其宗旨是为了促进全世界科学、艺术的发展。

沃尔夫基金会设有数学、物理、化学、医学、农业五个奖（1981 年又增设艺术奖）分别奖励在农业、化学、数学、医药和物理领域，或艺术领域中建筑、音乐、绘画、雕塑四大项目之一中取得突出成绩的人士。1978 年开始颁发，主要是奖励对推动人类科学与艺术文明做出杰出贡献的人士，通常是每年颁发一次，每个奖的奖金为 10 万美元，可以由几人分得。其中以沃尔夫数学奖影响最大，由于沃尔夫数学奖具有终身成就奖的性质，所有获得该奖项的数学家都是闻名遐迩的当代数学大师，他们的成就在相当程度上代表了当代数学的研究水准和最新进展。

普立兹克建筑奖（Pritzker Architecture Prize）

由凯悦基金会在 1979 年设立，用以每年授予一位在世的建筑师，表彰其在建筑设计中所表现出的才智、想象力和责任感等优秀品质，以及通过建筑艺术对建筑环境和人类文明做出的持久而杰出的贡献。因其独一无二的权威性和影响力，有"建筑界的诺贝尔奖"的美誉。

该奖项在 1979 年由杰·普立兹克与其妻子辛迪设立，并由普立兹克家族提供资金；它被公认是全球最主要的建筑奖项之一。普立兹克奖授奖"无关国籍、种族、宗教或思想"；受奖者可获得奖金 10 万美元、奖状，以及自 1987 年起增颁的铜质奖章一枚。奖章背面的拉丁文铭刻着"firmitas, utilitas, venustas（坚固、适用、美观）"的字样，这三个单词源自罗马建筑师维特鲁威。1987 年前，受奖者可获得限量版的亨利·摩尔雕像与奖金。

第一任普立兹克建筑奖得主是菲利普·约翰逊，得奖原因是他"50年来体现于无数博物馆、剧院、图书馆、房屋、庭园及企业建筑的创造力与热情"。2004年的获奖者萨哈·哈帝是该奖项唯一的一位女性得主。克里斯丁·德·波棕巴克是最年轻的得主，1994年获奖时年仅50岁。第33任得主彼得·卒姆托得奖是因为他"将建筑精简至最简洁，摒弃最奢华的要素"。

阿贝尔奖（Abel Prize）

是一项由挪威王室向杰出数学家颁发的奖项，每年颁发一次。2001年，为了纪念2002年挪威著名数学家尼尔斯·亨利克·阿贝尔200周年诞辰，挪威政府宣布开始颁发此种奖金。2001年挪威政府拨款2亿挪威克朗作为启动资金。设立此奖的主要目的是扩大数学的影响，吸引年轻人从事数学研究，也因为诺贝尔奖没有数学奖项。奖金的数额大致同诺贝尔奖相近。

尼耳斯·亨利克·阿贝尔（Niels Henrik Abel，1802－1829）1802年8月出生于挪威西南城市斯塔万格附近的芬岛的一个农村。他很早便显示了数学方面的才华。16岁那年，他遇到了一个能赏识其才能的老师霍姆伯（Holmboe），霍姆伯介绍他阅读牛顿、欧拉、拉格朗日、高斯的著作。大师们不同凡响的富有创造性的研究方法和成果，一下子开阔了阿贝尔的视野，把他的思维提升到一个崭新的境界，他很快被推进到当时数学研究的前沿阵地。阿贝尔在五次方程和椭圆函数研究方面远远地走在当时研究水平的前面，社会并没有给他的才能和成果以公正的承认。这位卓越的数学家命途多舛，年纪轻轻就染上肺结核去世，只活了短短的27年。法国数学家埃尔米特曾感叹地说："阿贝尔所留下的思想，可供数学家们工作150年。"

在此之前，国际数学界的最高荣誉是从1936年开始颁发的菲尔茨奖和1978年开始颁发的沃尔夫奖。菲尔茨奖金额只有阿贝尔奖的二百分之一——1500美元。

托尼奖（Tony Award）

也译做东妮奖、东尼奖，是戏剧界最知名的奖项之一，包括音乐剧。托尼奖设立于1947年，被视为美国话剧和音乐剧的最高奖，相当于电影界的奥斯卡奖，共设21个奖项，获提名剧目均是在百老汇各剧院演出的剧目。托尼奖是以著名女演员兼导演安朵涅特·佩里的名字的命名（即全名：Antoinette Perry Award），每年颁发19个奖项，由600名专家参与投票。

1947年的托尼奖设立了8个奖项，只有最佳男女主角、男女配角、最佳导演和作曲等个人奖项。而随着时代的前进，托尼奖的项目也逐年增删，并修正名称。现在的托尼奖正式奖项共有21个，除了话剧类的最佳剧作、导演、男女主角、男女配角、重推剧目以及设计类奖项（其中的布景、服装、灯光奖由话剧和音乐剧新旧作品共同角逐），其余11个奖项皆属音乐剧的范畴，包括最佳音乐剧，最佳经典音乐剧重演，最佳音乐剧男主角、女主角、男配角、女配角，最佳音乐剧导演，最佳音乐剧剧本，最佳词曲，最佳编曲和最佳编舞。早年的托尼奖还设置过最佳指挥奖，也曾设立过单独的作曲奖，歌词创作奖则与剧本奖合并。后来，指挥奖被取消，作曲作词被合并为最佳词曲，至1997年又增设了最佳编曲。

1947年4月6日，第一届托尼奖在纽约市著名的华尔道夫大饭店揭幕，并由佩瑞的好友兼合作伙伴、美国戏剧协会主席布鲁克·佩贝顿主持。当时的决策机构 6 人委员会聘请了 15 位专家，通过秘密投票方式选出了获奖人。从那之后，托尼奖与百老汇的艺术声望、美学地位和票房收入等一起，成为全球舞台艺术的焦点。1949 年，美国布景师协会帮助托尼奖举办了一次奖杯设计评比活动，赫尔曼·罗西的设计最终胜出之后，才有了今天的托尼奖奖杯。该奖杯正面是希腊悲剧、喜剧的面具，反面则是佩瑞女士的浮雕头像。早期的托尼奖通过广播向全美转播。1956 年，托尼奖被电视台正式转播，如今已是备受关注的年度热门电视转播节目之一。而自 1997 年第 51 届颁奖礼开始，纽约无线电城音乐厅成为托尼奖永久颁奖仪式举行地。

麦克阿瑟奖（MacArthur Fellowship）

是由麦克阿瑟基金会（John D. and Catherine T. MacArthur Foundation）颁发的一个奖项，每年有代表性的奖励 20 至 25 名美国各界有才气、创意、对社会有贡献的人，该奖是颁发给那些在各个领域、不同年龄"在持续进行创造性工作方面显示出非凡能力和前途"的人。根据基金会主页所述，该奖不是奖励过去的成就，而是奖励那些有创意、有胆识、有潜力的人。基金会指定评选委员 12 人提名推荐，并经过八、九次审议后，最后由董事会决定得奖者。

麦克阿瑟奖被视为美国跨领域最高奖项之一，创立于 1981 年，为纪念银行生命灾难公司的创始人约翰·D·麦克阿瑟而命名。基金会总部设在芝加哥，奖金颁发给在各个领域内具有非凡创造性的杰出人士，获奖者一般被看做本专业内的领军人物。奖金额 50 万美元，且没有附加条件，获奖者可自由支配。

麦克阿瑟奖的评选制度很特别，由私人搜索、匿名提名审核，既不要求个人提交申请，也不需要面谈，只需遵循成就性、原创性与前瞻性等遴选标准。事先毫不知情的获奖者面对"从天而降"的荣誉和巨额奖金，往往不知所措。曾经出过这样的让人啼笑皆非的事情，2008 年麦克阿瑟奖的获奖者之一，发育生物学家苏珊·芒戈接到获奖的电话通知后，一度还以为这是一个诈骗组织。

有数位华人获得该奖项。其中，2003 获得麦克阿瑟基金会天才奖的庄小威，是该基金会史上第一位华裔女科学家获奖者。获得该奖的还有数学家丘成桐教授、数学家陶哲轩、分子生物学家何琳、剧作家王涵、女科学家陈路、现代编舞家沈伟等。

美国部分奖学金简介

罗德奖学金（Rhodes Scholarships）

也译为罗兹奖学金或罗氏奖学金，是一个世界级的奖学金，有"全球本科生诺贝尔奖"之称的美誉，得奖者被称为"罗德学者"Rhodes Scholars。奖学金评审团每年11月在13个国家（包括美国、德国、加拿大、澳洲、新西兰、印度、南非等）选取80名全球25岁以下最优秀的青年去英国牛津大学攻读硕士或博士学位。2009年罗德奖学金的全球录取率是万分之一，也是全球最难申请上的奖学金。此奖学金的数目随着学习科目而不同，每位罗德奖学金得主每学年大约可得到3万英镑或5万美元（最多可补助四年）。罗德学者的评定标准则除了优秀的学术表现之外，还包括个人特质、领导能力、仁爱理念、勇敢精神和体能运动。

这是英国大学历史最长并且也是声誉最高的奖学金，是塞西尔·罗兹先生（英国殖民时期矿业大亨，当时拥有全世界90%的钻石工业，也是当时的世界首富）自1902年创设的奖学金，每年一度，奖励学术和品格优秀的学生，获得者将在牛津大学万灵学院学习两到三年。获得者包括比尔·克林顿等著名领导人。罗德奖学金通常被认为是全球隐秘权谋集团罗兹会社招收人才的途径。

马歇尔奖学金（Marshall Scholarship）

设立于1953年，第二次世界大战后，美国提出并实施了"马歇尔计划"帮助欧洲重建，为了表达对美国的感激之意，并纪念那些共同拥有的理念而设立了该奖学金。该奖学金由英国外交和联邦事务部提供资金，每年选择40名美国学者在英国的大学里进行两年本科或研究生学习，所有费用则由英国政府支付。每个奖学金为期两年。

马歇尔奖学金1954年正式开始实施，第一批获得者包括8名男生和4名女生，他们是从700名申请者中精心挑选的。迄今为止，共有1500人获得过该奖学金，其中绝大多数人现居美国。该奖学金获得者大部分选择在牛津大学、剑桥大学、伦敦经济学院或者其他伦敦著名高校进行学习，也有一些奖学金获得者在英国其他世界知名高校学习。

每年，大约只有4%的美国大学批准的申请者获得该项奖学金，申请者的平均分（GPA，即每门课程的成绩乘以学时，加起来以后除以总的学时，得出的平均分至少须达到3.7）才有资格提出申请。

杜鲁门奖学金（Truman Scholarship）

1975年，为了纪念第33任美国总统哈里·杜鲁门，让那些有明显潜力并计划从事公共服务事业的人能够完成他们的教育，美国国会通过《纪念哈里·杜鲁门奖学金法令》。根据这项法令，申请者须向审核委员会提交学业成绩单、公共服务报告及研究所计划，同时还要到指定地点接受评委面试，说明自己的公共服务理念及志向。一般情况下，该奖学金获得者可以获得3万美元奖学金。

根据4项标准，即在校园和社区的服务、恪守对公共服务职业的承诺（政府、军警部门、研究、教育、或公共利益组织等）、作为一个"变革推动者"所需的沟通能力和态度、能够保证被一流研究生院接受的学术能力，每年大约有60至65名大学本科生获得该奖学金。

杜鲁门奖学金由哈里·杜鲁门奖学金基金会（一个独立的联邦执行机构）管理，基金会在一个有13位成员组成的董事会领导下工作。该基金会的捐款达5500万美元，以联邦信托基金的形式由美国财政部托管。

巴里·戈德华特奖学金（Barry M. Goldwater Scholarship）

1986年美国国会成立该杰出教育奖学金计划，以提供奖学金援助那些符合杰出资格的科学、数学以及工程系学生为目标。这在美国被广泛视为是最具权威性的奖学金之一，每年向大约300名正在美国各大学上述院系学习的学生颁发此项奖学金。奖学金金额一个学年最高为7500美元。

戈德华特是美国政治家，共和党人，分别于1953至1965年、1969至1987年代表亚利桑那州任参议员，1964年成为美国总统选举共和党的总统候选人。身为政治家，戈德华特被视为是1960年代开始的美国保守主义运动复苏茁壮的主要精神人物，常被誉为是美国的"保守派先生"。

该奖学金的竞争非常激烈，每年每所美国大学只允许推荐4名本科生作为该奖学金的候选人。因而，巴里·戈德华特奖学金被视为是美国学习自然科学的本科生中最有声望的奖学金。

温斯顿·丘吉尔奖学金（Winston Churchill Scholarship）

为纪念已故英国著名首相温斯顿·丘吉尔而设立，得奖人可去英国剑桥大学（University of Cambridge）丘吉尔学院深造一年，奖学金约为4.4万至5万美元，2004年美国仅11名大学生荣获该奖项。

申请该奖学金者必须是年龄在19岁至26岁之间，且没有获得过博士学位的美国公民。1963年，第一批丘吉尔奖学金获得者共有3名。20世纪80年代初，丘吉尔奖学金基金会决定只赞助一年到英国学习的项目，以增加该奖学金获得者的人数。自该奖学金设立以来，共有400余人获得过此项奖学金。这项奖学金成功地培养了众多优秀人才，其中，共有8位丘吉尔奖学金获得者获得过诺贝尔奖。

富布赖特科学奖学金（Fulbright Fellowship）

是一项美国和约150个国家之间的学术交流计划，它始于二次世界大战后，由时任美国参议员的威廉·富布赖特于1946年创立，但一直没有正式登上台面。根据这项奖学金计划，美国公民可以到其他国家交流学习，其他国家的公民也可以到美国交流。

2006年1月6日，在美国务院举行的"大学校长会议"上，美国副国务卿休斯正式提出，这个计划将是美国2007财年预算中"科学交流计划"的一部分。能够入选"富布赖特科学奖学金计

"划"的学生，要由一流专家小组推选并在全球竞争产生，而不是通过传统的双边协议来推出。对这些研究生的资助时间也要长于传统的 3 年期。

该项奖学金是一项世界范围内著名的奖学金，从 1946 年至今，共有 30 万人获得过此项奖学金，其中 11.4 万是美国人，18.8 万来自其他国家。在这些该项奖学金获得者中，共有 43 人获得诺贝尔奖、78 人获得普利策奖。

美国大学协会简介

英文 Association of American Universities，是由美国和加拿大的主要研究性大学（61个美国大学和2所加拿大大学）组成的一个组织。它是由14所授予博士学位的美国大学于1900年成立的，起初的目的是为了加强和统一博士学位的标准。现在，该协会的宗旨是提倡加强这些大学间的学术交流和为本科、研究生和职业教育的学院性与全国性政策提供一个研讨的机构。这个协会只邀请在学术研究和研究生教育领域非常出众的大学成为会员。

美国大学（按学校加入时间排序）

公立大学	加入时间	私立大学	加入时间
加州大学伯克利分校	1900年	哥伦比亚大学	1900年
密西根大学安娜堡分校	1900年	康奈尔大学	1900年
威斯康星大学麦迪逊分校	1900年	哈佛大学	1900年
弗吉尼亚大学	1904年	约翰斯·霍普金斯大学	1900年
伊利诺伊大学厄巴纳–香槟分校	1908年	普林斯顿大学	1900年
明尼苏达大学	1908年	斯坦福大学	1900年
密苏里大学	1908年	芝加哥大学	1900年
印第安纳大学	1909年	宾夕法尼亚大学	1900年
爱荷华大学	1909年	耶鲁大学	1900年
堪萨斯大学	1909年	西北大学	1917年
内布拉斯加大学林肯分校	1909年	圣路易斯华盛顿大学	1923年
俄亥俄州立大学	1916年	布朗大学	1933年
北卡罗来纳大学教学山分校	1922年	加州理工学院	1934年
得克萨斯大学奥斯汀分校	1929年	麻省理工学院	1934年
华盛顿大学	1950年	杜克大学	1938年
爱荷华州立大学	1958年	罗切斯特大学	1941年
宾夕法尼亚州立大学帕克分校	1958年	纽约大学	1950年
普度大学	1958年	范德比尔特大学	1950年
密西根州立大学	1964年	杜兰大学	1958年
科罗拉多大学	1966年	雪城大学	1966年
马里兰大学	1969年	凯斯西储大学	1969年
俄勒冈大学	1969年	南加州大学	1969年
加州大学洛杉矶分校	1974年	卡内基梅隆大学	1982年
匹兹堡大学	1974年	布兰迪斯大学	1985年

从此，扬帆启航……

公立大学	加入时间	私立大学	加入时间
加州大学圣迭戈分校	1982年	莱斯大学	1985年
亚利桑那大学	1985年	埃默里大学	1995年
佛罗里达大学	1985年		
罗格斯大学	1989年		
纽约州立大学布法罗分校	1989年		
加州大学圣塔芭芭拉分校	1995年		
加州大学戴维斯分校	1996年		
加州大学尔湾分校	1996年		
纽约州立大学石溪分校	2001年		
得克萨斯农工大学	2001年		
佐治亚理工学院	2010年		

注：以前成员还包括：美国天主教大学（1900至2002年），克拉克大学（1900至1999年）

美国大学（按学校名称排序）

公立大学	加入时间	私立大学	加入时间
亚利桑那大学	1985年	布兰迪斯大学	1985年
加州大学伯克利分校	1900年	布朗大学	1933年
加州大学戴维斯分校	1996年	加州理工学院	1934年
加州大学尔湾分校	1996年	卡内基梅隆大学	1982年
加州大学洛杉矶分校	1974年	凯斯西储大学	1969年
加州大学圣迭戈分校	1982年	哥伦比亚大学	1900年
加州大学圣塔芭芭拉分校	1995年	康奈尔大学	1900年
科罗拉多大学	1966年	杜克大学	1938年
佛罗里达大学	1985年	埃默里大学	1995年
佐治亚理工学院	2010年	哈佛大学	1900年
伊利诺伊大学厄巴纳–香槟分校	1908年	约翰斯·霍普金斯大学	1900年
印第安纳大学	1909年	麻省理工学院	1934年
爱荷华大学	1909年	纽约大学	1950年
爱荷华州立大学	1958年	西北大学	1917年
堪萨斯大学	1909年	普林斯顿大学	1900年
马里兰大学	1969年	莱斯大学	1985年
密西根大学安娜堡分校	1900年	罗切斯特大学	1941年
密西根州立大学	1964年	斯坦福大学	1900年
明尼苏达大学	1908年	雪城大学	1966年

公立大学	加入时间	私立大学	加入时间
密苏里大学	1908 年	杜兰大学	1958 年
内布拉斯加大学林肯分校	1909 年	芝加哥大学	1900 年
罗格斯大学	1989 年	宾夕法尼亚大学	1900 年
纽约州立大学布法罗分校	1989 年	南加州大学	1969 年
纽约州立大学石溪分校	2001 年	范德比尔特大学	1950 年
北卡罗来纳大学教学山分校	1922 年	圣路易斯华盛顿大学	1923 年
俄亥俄州立大学	1916 年	耶鲁大学	1900 年
俄勒冈大学	1969 年		
宾夕法尼亚州立大学帕克分校	1958 年		
匹兹堡大学	1974 年		
普度大学	1958 年		
得克萨斯大学奥斯汀分校	1929 年		
得克萨斯农工大学	2001 年		
弗吉尼亚大学	1904 年		
华盛顿大学	1950 年		
威斯康星大学麦迪逊分校	1900 年		

加拿大大学

麦吉尔大学（1926 年）
多伦多大学（1926 年）